极简上海志

上海市地方志办公室　编

上海人民出版社

2024年上海市政区图

沪S〔2025〕010号

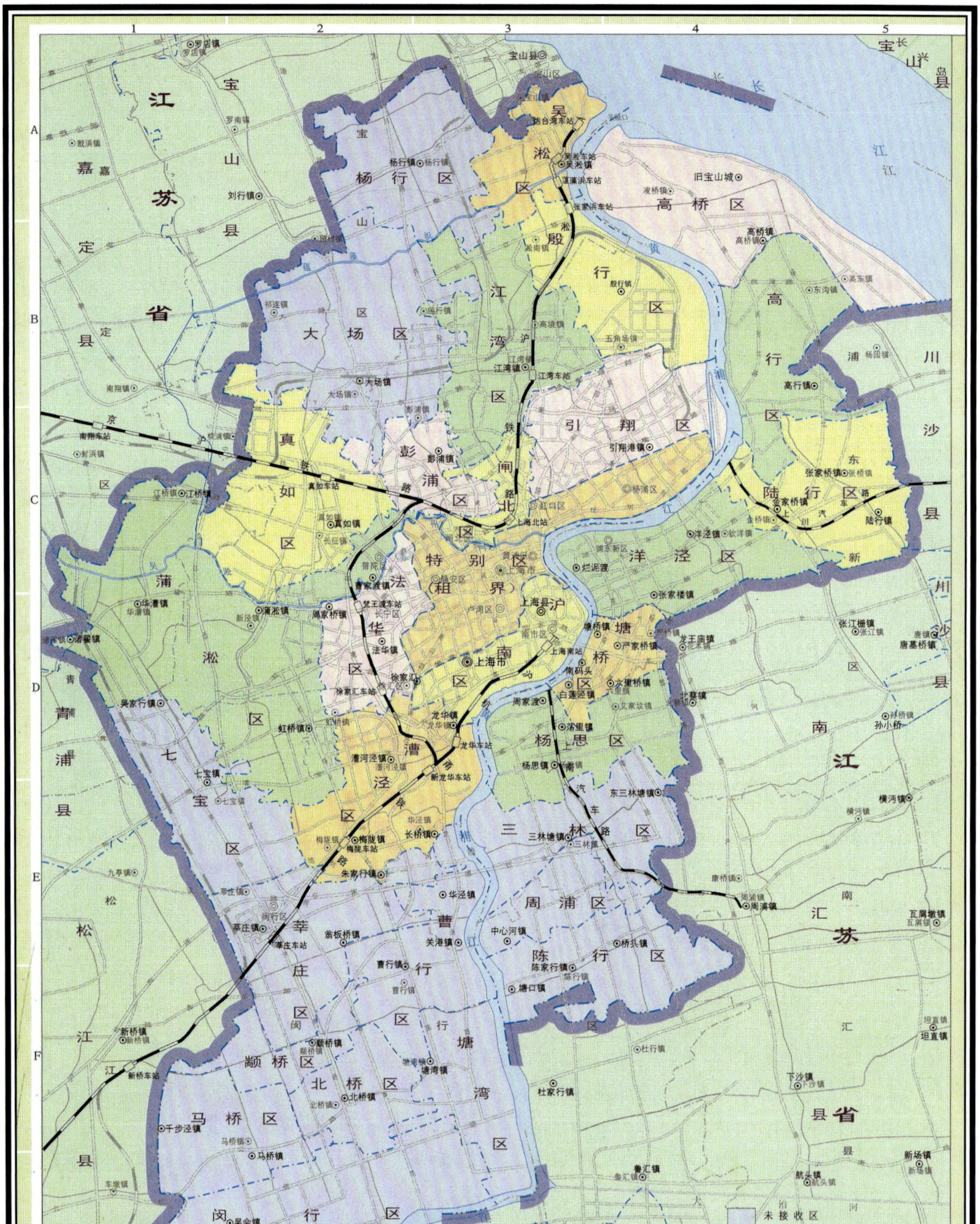

1928年民国上海特别市政区图

沪S〔2025〕010号

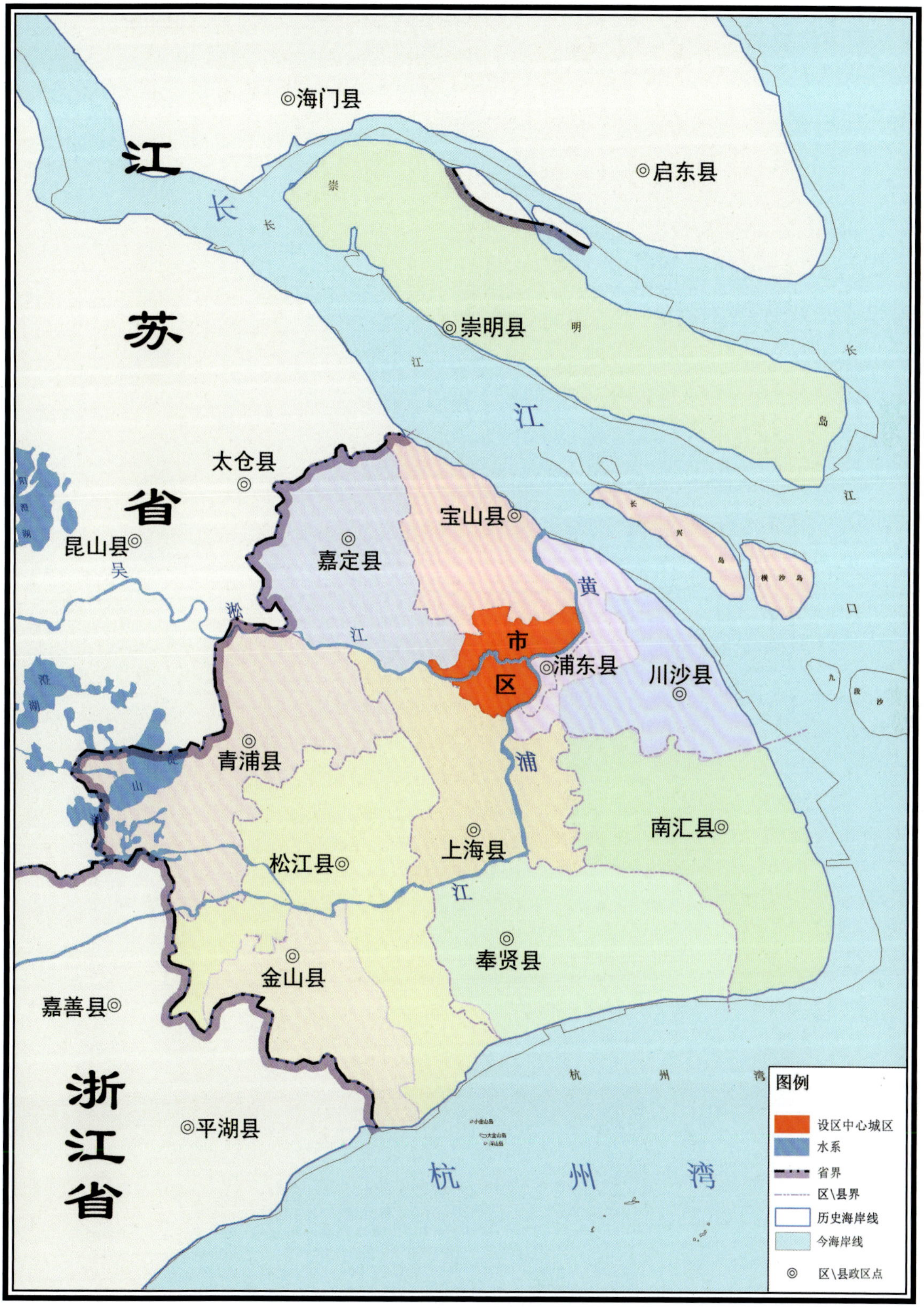

1958 年上海市行政区划示意图（整体）

沪 S〔2025〕010 号

目　录

凡　例

一、本志坚持以马克思列宁主义、毛泽东思想、邓小平理论、“三个代表”重要思想、科学发展观和习近平新时代中国特色社会主义思想为指导，遵循辩证唯物主义和历史唯物主义原理，实事求是记述上海的历史与现状，力求做到内容极简明、体例极简要、文字极简约。

二、本志记述地域范围，以 2022 年底上海行政区划为准。由上海辐射至外省市及国外、境外事物，兼及记述。

三、本志断限，上起事物发端，下讫 2022 年。

四、本志内容，总体按自然、政治、经济、文化和社会为序设门类，事以类从，类为一志。全志首列总述，正文设政区、政事、法治、军事、交往、经济、农业、工业、商贸、金融、城建、交通、口岸、科教、文化、民生，以大事年表殿后。

五、本志体例，采用纲目体结构，体裁主要包括述、志、表，力求内容与形式高度统一。

六、本志纪年，凡 1912 年 1 月 1 日以前的用历史纪年，一般标示朝代、年号、年份，括注公元纪年；1912 年 1 月 1 日起，一律采用公元纪年。

七、本志文体，一律采用规范的语体文、记述体，行文力求严谨、朴实、简洁、流畅、合乎文法，以第三人称记述。

八、本志所记述的地名、机构名称、职称及币种、计量单位，一般按当时称谓。

九、本志内容设资料链接，在各门类下相关层次后，置“上海通”网站网络版相关志书电子二维码，方便读者扫描，以便深度阅读志书，起到对上海地方志书导读作用。

十、本志资料，主要来源于上海市首轮社会主义新方志“一纲三目”（即1部10册约1100万字《上海通志》、112部专业志、12部区志、10部县志，共约1.86亿字），上海市第二轮社会主义新方志三大系列（《上海市志（1978—2010）》140部、上海市级专志54部、区县志24部，共约3.21亿字），以及《上海市人民政府公报》《上海年鉴》《上海经济年鉴》《上海统计年鉴》《上海工业年鉴》《上海商务年鉴》等资料。

总　述

上海市，简称沪，别称申，因吴淞江下游原有支流上海浦而得名，是中华人民共和国直辖市。地处东经 120°51′～122°12′，北纬 30°40′～31°53′，位于太平洋西岸，亚洲大陆东沿，中国南北海岸中心点，长江和钱塘江入海汇合处。北界长江，东濒东海，南临杭州湾，西接江苏和浙江两省。境内属亚热带季风气候，湿润多雨，光照充足，四季分明，整体地势为坦荡低平的平原，平均海拔高度 4 米左右，河网湖泊密布，台风、暴雨等气象灾害较多，植物和矿产资源较少。距今 7000 年前，今上海地区绝大部分被海水覆盖。距今 7000～1000 年前，随着海岸线的缓慢东移，上海大部分地区逐渐成陆，中国第三大岛——崇明岛于唐武德年间露出水面。距今 1000～600 年前，浦东地区最终发育形成，今上海境域基本成形。自距今 6000 年前在上海境内有先民活动始，上下六千年，沧海巨变，上海从吴淞江下游富庶的江南水乡发展成为具有世界影响力的社会主义现代化国际大都市。至 2022 年底，全市总面积 6340.5 平方公里，下辖浦东新区和黄浦、静安、徐汇、长宁、普陀、虹口、杨浦、宝山、闵行、嘉定、金山、松江、青浦、奉贤、崇明 16 个区，全市生产总值 44652.80 亿元，常住人口 2475.89 万人。

一

今上海地区，原始先民出现较早。距今 6000～4000 年前，今上海青浦崧泽、福泉山和金山查山，松江汤庙村、广富林，闵行马桥等多地，已有先民渔猎采摘，繁衍生息。考古发现有石器、玉器、陶器，人工培植的粳稻、籼稻谷粒及草茎，以及中国最早的两口古井，分别涵盖有马家浜、崧泽、马桥3种新石器文化特征。公元前2500年左右，上海地区进入良渚文化时期，出现男女劳动分工，农业成为主要的经济活动，陶器制作从使用慢轮进展到快轮，已出现原始手工纺织技术。

公元前1100年左右，随着吴国的建立，为包括上海在内的太湖流域初步开发奠定了行政组织基础。春秋时期，公元前500年前后，吴王阖闾在今闵行华漕镇筑南武城。战国时期，越灭吴，楚并越，今上海地区随之先后归隶。秦汉时期，上海地区分属娄、由拳、海盐3县，归辖会稽郡。汉初，上海地区地广人稀，火耕水耨种植水稻，居民饭稻羹鱼，滨海地带盐田相望。东汉末年及西晋末年，中原板荡，为躲避战乱，黄河流域人口连续两次大量南迁，地广人稀的上海地区口齿日繁。陆氏等望族，“童仆成军，闭门为市，牛羊掩原隰，田池布千里”，人丁兴旺，富甲一方。西晋“云间二陆”，江东名士陆机、陆云兄弟以文才称雄，蜚声海内。

隋唐至两宋时期，上海进入快速发展阶段。隋重新完成统一大业后，大业年间开凿大运河，北起涿州、南至余杭，成为南北交流的纽带；两宋之际，衣冠南渡，又带来新的发展契机，这些都极大地促进了上海地区的经济、文化和社会发展。唐天宝十载（751年），上海地区第一个县级行政建置——华亭县设置，标志着上海地区开启相对独立发展的进程。华亭建县初，在册人口12780户，北宋元丰初年增至近10万户，南宋末达20万户。随着人口的增加，商品经济发展，多个市镇逐步成型。唐代，青龙镇成为上海最早的贸易口岸，大中年间就有日本、新罗海船到港贸易。北宋政和三年（1113年），华亭县设市舶务；青龙镇设税务监官，“市廛杂夷夏之人，宝货富东南之物”，人称“小杭州”。北宋熙宁年间，上海浦西岸设上海务。南宋景定五年（1264年），青龙镇市舶分司移驻上海镇，专管航海贸易，“上海镇”始见于文献。此期，捍海治水，农业生产得到长足发展。唐开元元年（713年），为防海涌，西起海盐、东至吴淞江南岸，沿杭州湾海岸线筑捍海长堤捍海塘百余里。五代吴越国于上海西部设都水营使和撩浅军，专门疏浚吴淞江及治理淀山湖上下水道，并多建闸门、堤堰、配套灌溉沟渠，形成圩田水利网络。宋代，西部肥沃圩田亩产稻谷已达500～600斤。沿海盐业盛极一时，南宋建炎年间，南起今金山、柘林，北至吴淞江口，设浦东、袁部、青村、下沙、南跄、崇明天赐场等6个盐场，景定元年（1260年），年产盐达2500万斤。佛教自西晋传入上海，延续兴盛，寺院众多，龙华寺、重玄寺（静安寺前身）等绵延至今的寺院已建立，唐大中十三年（859年）华亭县城南（今松江区西司弄43号中山小学校内）建高9.3米陀罗尼经幢，至今犹存。

元、明至清上海开埠前，上海经济社会发展至封建社会鼎盛阶段。元至元十四年（1277

年），华亭县升格为府，次年改称松江府，至元二十九年（1292 年）析华亭县五乡设上海县，与华亭县同隶松江府，后境域内不断析地分县。至清嘉庆十五年（1810 年）置川沙抚民厅，上海地区已形成 1 府、10 县、1 厅的行政建置格局，人口逾 400 万。宋末元初，植棉及棉纺技术传入，对上海经济发展具有划时代意义。元元贞年间，黄浦江西岸乌泥泾人黄道婆从海南带回捍、弹、纺、织器具，改革纺织工具和技术，教习乡亲“错纱配色，综线挈花”，织成美观实用的番布，极大地推动了棉纺手工业发展。此后，松江府棉布逐渐行销天下。明王鏊弘治《上海志》序中称，上海县“木棉文绫，衣被天下”。万历年间，上海县城乡人口 30 万人，有 20 万人从事棉纺织手工业，棉布品种、花色繁多，质地优良。整个上海地区，年产棉布在 3000 万～3500 万匹，年贸易额白银 500 万～600 万两。清中叶，上海地区年产棉布 4500 万～5000 万匹，所产紫花布等经广州出口西方各国，被称为“南京布”。高峰期，国内外棉布贸易额白银 700 万～800 万两。在棉纺织手工业的引导下，明后期，上海地区农业生产形成东棉西稻格局，西部地区水稻亩产最高达 3 石以上。明永乐元年（1403 年）始，户部尚书夏原吉治水苏松，开浚范家浜，接黄浦江直通入海，黄浦江成为上海地区最大的河流，连长江、通东海，上海成为条件优越的良港。同时，发达的内外贸易，直接推动清康熙二十四年（1685 年）江海关的设立，以及应海运漕粮而兴的沙船业，上海港迅速成长为全国重要的贸易大港和漕粮运输中心。市镇从元末 30 余处，明末增至 110 余处，至清道光年间，多至 300 余处，分布密度居江南地区前列。经济的发展带来文化的繁荣，明陆深、陆楫、王圻等，文声名重一时，董其昌书画卓然不群，徐光启著《农政全书》，并开启中西交流一代新风，清钱大昕、王鸣盛执乾嘉学派之牛耳。

二

上海开埠后至解放前，因被迫开放通商，进入转型嬗变阶段。清道光二十三年九月二十六日（1843 年 11 月 17 日），上海正式辟为商埠。英、美、法 3 国辟设租界，使上海一地分为租界和华界，对上海城市结构功能塑造，以及经济社会的发展产生重大影响。19 世纪 40 年代，上海地区政治、经济中心已从松江府城移至上海县城，租界偏处上海县城西、北。咸丰三年（1853 年）至咸丰五年（1855 年），上海小刀会起义，大量人口涌入租界避乱，上海城市重心开始转向租界。19 世纪 60 年代以后，上海公共租界、法租界体系基本定型，近现代市政设施建设成绩突出，大城市特点逐渐凸显，市面繁华，被称为“东方巴黎”。至 1927 年 7 月 7 日，上海特别市成立，上海跻身世界五大城市之列。1937 年八一三淞沪抗战爆发，上海沦陷，租界成为“孤岛”。1943 年初，上海公共租界和法租界被收回。开埠后，上海经济发展迅速。工业方面，19 世纪中后期，船舶修造业、军事工业、纺织业在全国均居领先地位；1914—1918 年第一次世界大战期间，上海民族工业得到发展契机，棉纺织、面粉、缫丝、卷烟、化妆品、皮革、火柴、机器等业发展尤为迅速，产生了众多实力雄厚的民族工业代表性企业。到 1933 年，在全国 12 个大城市中，上海工厂数占 36%、资本额占 60%，成为全国工业中心。近代金融业得风气之先，同治四年（1865 年）汇丰银行开设分行，后成为上海最大的外资银行。之后，银行业迅速发展。至 1935 年，全国 164 家银行，有 58 家总行设在上海，加上分支银行，上海有银行机构 182 个。国家资本垄断的金融机构四行（中央银行、中国银行、交通银行、中国农民银行）、两局（中央信托局、邮政储金汇业局）均设在上海，全国金融中心地位进一步加强。对外贸易于咸丰初年超越广州，一跃成为全国对外贸易中心。港口航运业于同治年间，已居远东港口城市首位。开埠后，上海得风气之先，新式文化事业成就斐然。墨海书馆、商务印书馆等大批出版机构不断涌现，《北华捷报》《申报》《新青年》等各种报刊竞相创办，各类文化社团百舸争流，新式教育、科技事业引领全国，国内外大量外来人口推动丰富的市民生活，最终形成大放异彩的“海派文化”。突出的经济地位，成熟的产业工人，大量的文人知识分子和学生，以及租界的特殊治理体系，为开展政治革命活动创造了适宜的社会环境。清末震惊中外的“苏报案”，使上海成为反清革命宣传中心。1919 年五四运动爆发，上海随即声援，并于 6 月 5 日开始罢工、罢课、罢市的“三罢斗争”，标志着中国工人阶级走上政治舞台。1915 年，陈独秀在上海创办《青年杂志》(1916 年改名《新青年》)，吹响新文化运动的号角，前期宣传资产阶级民主革命思想，五四运动前后逐渐转变成宣传马克思主义的刊物，对中国革命事业起到启蒙作用。1921 年 7 月，中国共产党在上海正式成立，此后长达 12 年，中共中央长期设在上海领导全国革命斗争。日军侵华战争使上海经济社会发展受到重创，1945 年抗战胜利后，上海经济社会在短暂恢复后，却由于三年内战，通货膨胀，物价飞涨，民生凋敝。

三

上海解放后至中共十一届三中全会前，上海进入社会主义制度建立、巩固和探索阶段。1949 年 5 月 27 日上海解放，次日上海市人民政府成立，中华人民共和国成立后，列为中央直辖市。1958年，江苏省上海、宝山等10县归隶，上海市行政区域基本形成。次年，上海人口达到1028.39万人。1949年8月，上海市第一次各界代表会议召开，各界代表共商大计。同时，各民主党派、工会、共青团、妇联等人民群众团体上海市地方组织逐步建立、健全，以高涨的热情参政议政，参加社会主义建设事业。至1954年8月，上海市第一届人民代表大会第一次会议召开，基本形成由中共上海市委全面领导，上海市人民代表大会代表全市人民行使民主权力，市政府负责执行，市政协团结各界人士民主协商、参政议政的总体格局。“文化大革命”中，各级党政机关受到严重冲击。1949—1952年，全市在解放前濒临崩溃的经济基础上，没收官僚资本，建立新的金融体系，国营工业骨干企业、交通运输机构和国营贸易系统；力挽狂澜，打击投机势力，稳定粮价、工业品原料价格等市场物价，统一财经工作。1953—1957年“一五计划”时期，完成对资本主义工商业、农业和手工业实行社会主义改造，基本完成对生产资料私有制的变革。至中共十一届三中全会前，虽然受“左”的错误影响，上海实施至第五个“五年计划”，全市生产总值仍从1949年的20.28亿元，升到1978年的272.81亿元。工业方面，重点建设钢铁、机械等重工业，新建一批冶金、机械制造和化学、电子仪表工业骨干企业，完成上海石油化工总厂一期工程等多个重大技术装备项目，形成全国最大的门类齐全的综合性工业基地。农业方面，全面提高机械化水平，1976年，机耕、机电排灌面积分别达到90.4%、98%，农副产品加工和运输基本实现机械化、半机械化，畜牧业、渔业均得到发展。商业实行统购统销，占全市生产总值从1949年的45.7%，降至1978年的18.6%。城市建设方面，按照1951年确定的“为生产服务，为劳动人民服务，首先是为工人阶级服务”的方针，建造了曹杨新村等一批新工房，辟建闵行、嘉定等卫星城和工业区，新建和改建道路、供水、供电等基础设施。社会事业方面，上海解放初，接收并改造旧政府办、外资办或接受外国津贴的文化教育事业机构，创建人民新闻、出版、广播、通讯事业。1952年下半年，调整高等学校的院系设置，逐步提高工农子弟入学比例。调整和扩充科研机构，1965年，全市科研机构已达88个、科研人员1.2万人。建立各级卫生和防疫机构，形成市、区、街道公社三级网络，居委会和生产大队建立卫生站（室）。人民收入水平，总体在低位徘徊，全市全民所有制职工月平均工资1958年为71.55元，1976年为57.2元。1976年“文化大革命”结束后，中共中央改组上海市委、市革命委员会，上海开始整顿和恢复经济社会秩序以及各项社会事业，国民经济进入恢复和较快发展时期。

1978年中共十一届三中全会后至2012年十八大召开前，上海进入改革开放和社会主义建设新时期阶段。中共十一届三中全会后，全面拨乱反正。1979年12月，市七届人大二次会议决定将市革命委员会改为市人民政府，并在党的领导下，不断加快政府职能转变，加强依法施政。区县行政区划随着经济社会发展需要，历经多次撤并和新建，由1978年的10个区、10个县，调整为2012年的1个新区、16个区、1个县。全市常住人口，2007年突破2000万大关，达到2063.58万人。1990年浦东开发开放、2001年中国加入世界贸易组织（WTO），历经“五五计划”至“十二五规划”，上海经济建设迅速驶入快车道，全市生产总值2012年达到2.06万亿元。1979年起，逐步扩大企业经营管理自主权，推行厂长经理负责制、承包经营责任制及租赁经营制，试行拍卖制和股份制改革等，改革行政性公司，增强企业活力，发展多种经济形式，培育和发展市场体系。1995年，上海组建汽车、电气、广播电视等40家大型工业企业集团、31家国有资产经营公司，撤销17个行政性管理局，至20世纪末，全市工商业企业基本建立现代企业制度。农村先后推行家庭联产承包制、土地适度规模经营等改革。金融业得到恢复发展，1978年4月中国人民银行上海市分行与市财政局分设，1979年后中国农业银行上海市分行等大型国有法人银行分行恢复成立，保险、信托、证券等专业公司以及上海证券交易所、上海期货交易所等相继成立，金融中心建设全面得到加强。随着对外开放的不断扩大，外资经济和对外贸易规模日益增大，2010上海世博会等各种类型的国际性会议、会展等重大活动纷纷在沪举办。上海港货物吞吐量2005年达4.43亿吨，跃居全球第一大港。民营经济自1980年4月恢复个体工商户申请登记后，逐年壮大。至2012年，上海三次产业结构，由1978年一、二、三次产业分别占4%、77.4%、18.6%，工业遥遥领先，逐步调整为2012年分别占比0.6%、39.2%、60.2%，第三产业增长迅猛。城市建设成就显著，2002年上海申办世博会成功后，集中进行一批基础设施建设，取得前所未有的进展，城市面貌焕然一新。创新多种投融资方式，建立利用外资的“94专项”基金，实行土地批租等，集中完成上海铁路新客站、虹桥国际机场候机楼、浦东机场、沪嘉和莘松高速公路、延安东路隧道、通信网络设施等重大市政工程，推进枢纽型、功能性、网络化重大基础设施建设。社会事业得到长足发展，科技研发经费支持占全市生产总值比例从1978年的0.48%提升至2012年的3.31%，2012年全市科技成果2415项、专利申请82682件。学前教育、普通教育、高等教育、职业教育、成人教育和特殊教育体系形成，普及九年制义务教育。优化整合医疗卫生布局，医疗卫生水平进一步提升，2012年全市卫生机构3465家，病床10.96万张。各级图书馆、群众艺术馆等文化场馆布局完备，上海国际服装文化节、上海国际电影节等在国际上产生影响。全民健身运动如火如荼，举办2007年世界特奥会、上海马拉松赛、上海网球大师赛、F1赛车上海站等各类重大国际体育赛事。人民生活水平显著提高，城市、农村居民家庭年人均可支配收入，分别从1978年的406元增加到2012年的40188元、281元增加到17401元；1978年城镇居民人均居住面积4.5平方米，2012年人均住房建筑面积增至33.9平方米。至2012年，上海国际经济、金融、贸易、航运中心和社会主义现代化国际大都市建设取得重大进展，城市国际化、信息化、市场化、法治化水平明显提高，城市国际竞争力和影响力显著提升。

2012年中共十八大开始至今，上海进入中国特色社会主义新时代阶段。区县行政区划进一步优化调整，2016年最后一个郊县崇明撤县建区，最终形成16个区。10年间，上海按照中共中央总书记习近平“继续当好全国改革开放排头兵、创新发展先行者”的要求，国务院“建设国际经济、金融、贸易、航运、科技创新中心‘五个中心’”战略部署，完成十二五、十三五两轮五年规划，全市生产总值2017年突破3万亿元，2021年突破4万亿元，排于纽约市、东京都和大洛杉矶地区之后，跃居全球各城市第4位。工业制造业方面，推动中芯国际、大型客机、商用飞机发动机等重大项目的实施，构建“3+6”产业体系，即以集成电路、生物医药、人工智能三大先导产业引领，电子信息、生命健康、汽车、高端装备、先进材料、时尚消费品六大高端产业为集群。国产大型客机C919成功首飞，墨子号量子卫星等问世。农业落实粮食生产的功能区、重要农产品的保护区、特色农产品的优势区“三区”功能区，都市现代绿色农业建设卓有成效。第三产业继续保持优势地位，至2022年，上海社会消费品零售总额达1.64万亿元，金融市场交易总额2932.98万亿元，口岸贸易总额突破10万亿元、占全球比重提高到3.6%左右，保持世界城市首位。2013年设立中国（上海）自由贸易试验区，2018年举办中国国际进口博览会，推动新一轮高水平对外开放。坚持城乡一体，全市基本公共服务均等化水平逐步提高，建立城乡统一的居民基本养老保险制度，全面实施城乡基础教育发展一体化工程，义务教育质量达到国际先进水平；优化城乡医疗卫生资源布局，郊区三级医院建设工程取得重大进展；大力推进城乡基础设施建设，基本形成城乡一体的交通网络格局。人民生活更加殷实，走向富裕，2022年，城市、农村居民家庭年人均可支配收入分别为84034元、39729元，城镇居民人均住房建筑面积增至37.50平方米。城市治理方面，坚持党的领导，践行“全过程人民民主”理念，治理能力和水平得到提高。

历尽千帆，初心不改。中共二十大吹响了全面建设社会主义现代化国家的进军号，发出了以中国式现代化全面推进中华民族伟大复兴的动员令。上海秉持“海纳百川、追求卓越、开明睿智、大气谦和”的城市精神，在中共中央、国务院的坚强领导下，中共上海市委、市政府带领全市人民，勠力同心，笃行不息，稳步为加快建设具有世界影响力的社会主义现代化国际大都市目标不断前行。

政　　区

JI JIAN SHANG HAI ZHI

上海市，地处东经 120°51′ ～ 122°12′，北纬 30°40′ ～ 31°53′，亚洲大陆东缘、太平洋西岸，中国南北海岸线中心点，长江和钱塘江入海汇合处。北界长江，东濒东海，南临杭州湾，西接江苏和浙江两省。全市总面积为 6340.5 平方公里，占全国总面积的 0.06%，东西最大距离约 100 公里，南北最大距离约 120 公里。其中，陆地面积为 6218.65 平方公里，水域面积有 121.85 平方公里。大陆海岸线长 213 公里。

距今 7000 年前，上海地区绝大部分被海水覆盖。随着时间的推移，沧海桑田，长江三角洲冲积平原逐渐向东延伸，缓慢发育成陆。在距今 7000 ～ 1000 年前，随着海岸线的缓慢东移，上海大部分地区逐渐成陆。崇明岛于唐武德年间开始露出水面。至距今 1000 年前，今上海地区基本形成三面环水、襟江带海的地理形势：北挽长江，南傍杭州湾，东临东海，宛如一鱼嘴伸向东海之中。在距今 1000 ～ 600 年前，浦东地区最终发育形成，今上海自然境域基本成型。

上海地区属亚热带季风气候，湿润多雨，光照充足，四季分明，整体地势为坦荡低平的滨海冲积平原，河网湖泊密布，气象灾害较多，野生动物资源丰富，植物和矿产资源较少。早在距今 6000 年前，马家浜文化的人群来到今上海青浦崧泽建立家园，生息繁衍。之后，崧泽文化、马桥文化先民先后在此定居，均在上海留有远古文明遗迹。

自先秦至 1927 年上海特别市成立前，今上海境域建县置府立州设道，归属不一。春秋战国时期，上海地区先后属吴、越、楚等国。秦统一后地属海盐县。唐天宝十载（751 年），以其地设华亭县，人口已达 9 万余人。元至元二十九年（1292 年）再以华亭县东设上海县。清初江南分省后，上海地区各府县均隶属江苏省。至清嘉庆十五年（1810 年），上海地区设有 1 府、10 县、1 厅。近代上海开埠后，作为五个通商口岸之一，上海迅速崛起为中国最大的城市。南京国民政府成立后，1927 年 7 月设立上海特别市，隶属中央政府。此时上海特别市人口达 264.1 万余人。1930 年 6 月，上海特别市更名为上海市。抗战胜利后，国民政府调整上海市行政区划，至 1948 年底共设有 30 个区。中华人民共和国成立后，上海市行政区划历经多次调整，1958 年将郊区 10 县由江苏省划入，上海市域行政区划格局基本定型。全市人口也从 1950 年的 492.7 万人增至 1958 年 750.8 万人。1959 年在计入新划入郊县人口后，全市人口达到 1028.39 万人。改革开放后，因上海经济社会发展、产业布局调整等方面的需要，郊区逐渐撤县建区，市区也撤并区划，至 2022 年全市设 16 个区，年末常住人口 2475.89 万人。

自 1843 年开埠通商后，上海凭借江海通津的优越地理位置，历经一百八十余年风雨，发展成为中国最大的工商业城市和国际化大都市。

建 置

上海地区，春秋属吴。战国先后属越、楚。秦汉以后分属海盐、由拳、娄县诸县。秦海盐县治在今金山区张堰镇南，为上海首个县治所在地。唐天宝十载（751 年）设华亭县，为上海地区设立的首个独立的县级行政建置，治所在今松江区老城厢，属吴郡，下辖北平、昌唐、谷阳等 22 乡。县境略当今上海市吴淞江故道（虬江—高桥港一线）以南地区，范围略大于明清时期松江府境。

南宋嘉定十年十二月初九日（1218 年 1 月 7 日），析昆山县东 5 乡置嘉定县，隶两浙西路平江府，县治练祁市（今嘉定区嘉定镇街道）。其南界与华亭县接壤，有今虬江—高桥港一线以北之地，北、东濒长江，西界在今江苏省太仓市区附近。

元至元十四年（1277 年），华亭县升府，隶江淮行省嘉兴路。次年，改称松江府，仍置华亭县隶之。同年，在崇明沙置崇明州，隶江淮行省扬州路。至元二十九年（1292 年）设上海县，析华亭县东北的高昌、长人、新江、北亭、海隅 5 乡地置，也隶于松江府，县治在今黄浦区中华路、人民路环线以内。元贞二年（1296 年），嘉定县升为嘉定州。元代后期，上海地区设有松江府（下辖华亭县、上海县）与嘉定州、崇明州。松江府界与两宋华亭县界基本相同，即隶有今上海地区虬江—高桥港一线以南地。崇明州包括今上海市崇明区和江苏省启东县、浙江省嵊泗列岛等地。

明洪武二年（1369 年），降嘉定州、崇明州为县。洪武十九年（1386 年）置金山卫，隶中军都督府。弘治十年（1497 年），嘉定县西北境划归太仓州，西部界线与今界基本相同。

嘉靖二十一年（1542年），析华亭县2乡、上海县3乡地置青浦县，隶松江府，县治青龙镇（即今青浦区旧青浦镇）。嘉靖三十二年（1553年）废青浦县，万历元年（1573年）复置，县治移唐行镇（今青浦区盈浦街道）。至明末，上海地区直隶南京，包括松江府及所属华亭、上海、青浦3县和苏州府属下的嘉定、崇明2县及金山卫。

清代，上海地区先后隶属江南省、江苏省，府级区划未变。县级区划先后增加娄县、宝山县、福泉县（乾隆八年裁归青浦县）、奉贤县、金山县、南汇县、川沙厅等。其中，顺治十三年（1656年），析华亭县西北部置娄县，与华亭县同治，隶松江府。此外，顺治年间，设苏松兵备道，道署驻太仓州，苏州、松江2府隶之。康熙二十一年（1682年）改称分巡苏松道。雍正二年（1724年），因江南大县财赋繁重，难以治理，析嘉定县4乡置宝山县，析青浦县2乡置福泉县，析华亭县2乡大半置奉贤县，析娄县2乡置金山县，析上海县长人乡大半置南汇县。雍正八年（1730年），分巡苏松道改称分巡苏松兵备道，道署移至上海县城，亦称苏松道、上海道，上海地区行政中心逐渐从松江府移至上海县城。乾隆六年（1741年），又以苏松道领太仓州，由此改名苏松太道。乾隆十五年（1750年），裁撤金山卫。嘉庆十五年（1810年），析上海县、南汇县地置川沙抚民厅，治川沙城（今浦东新区川沙新镇城厢社区），隶松江府。至此，上海地区形成10县1厅的格局，分别是松江府的华亭、上海、青浦、娄、奉贤、金山、南汇7县及川沙抚民厅，太仓州的嘉定、宝山、崇明3县。其中，苏松太道辖区在嘉庆十三年（1808年）前屡有变化，此后至清末则保持稳定，辖有苏州府、松江府和太仓州，略当今上海市全境，及江苏省苏州、吴江、昆山、常熟、太仓、启东等地，以及浙江省嵊泗列岛。其中，松江府辖境同于明代，约有今上海市区大部，及闵行、浦东新区大部，和奉贤、松江、金山、青浦等区之地。

清道光二十二年（1842年），中英《南京条约》签订，上海被辟为五个通商口岸之一。道光二十三年九月二十六日（1843年11月17日），上海正式宣布开埠。道光二十五年（1845年），上海道公布《上海土地章程》23款，划上海县城北面的洋泾浜以北、李家厂以南、黄浦江以西地区为英租界，面积约830亩。道光二十八年（1848年），划吴淞江北岸虹口一带为美租界。道光二十九年（1849年），划上海县城以北、英租界以南地区为法租界，面积986亩。同治二年（1863年），英、美租界合并为英美公共租界。光绪二十五年（1899年），英美租界改称国际公共租界。租界辟设后，不断向外扩展，至1914年公共租界和法租界总面积达48653亩。19世纪60年代后，租界地区逐渐成为上海市区的主体部分。

中华民国成立后，1912年1月裁撤清代的府及直隶州，厅、州一律改称县，川沙厅更名为川沙县。同年，娄县并入华亭县。1914年1月，设上海道观察使，驻上海县（即今黄浦区老城厢）。同年5月23日改上海道为沪海道，辖上海、松江、南汇、青浦、奉贤、金山、川沙、太仓、嘉定、宝山、崇明及海门12县，1927年沪海道废。南京国民政府成立后，1927年7月7日，上海特别市成立，列为民国政府直辖市，直隶中央政府。1928年7月，上海县、市分治，上海特别市接收上海县属上海（沪南）、闸北、蒲淞、洋泾、引翔港、法华、漕河泾、高行、陆行、塘桥、杨思11个市乡和宝山县属吴淞、殷行、江湾、彭浦、真如、高桥6市乡，并改置为17区，成为上海特别市的实际境域，面积约494.69平方公里（不含租界）。上海地区的行政地位与行政区划格局为之大变。1930年6月27日，上海特别市改为上海市，直辖于行政院，仍辖17个区。1943年，汪伪政府宣布"收回"上海公共租界和法租界。1945年抗战胜利后，上海市接收战前实际管辖的17个区和公共租界、法租界区域。同年12月，全市按先行接收的警察分局范围划分为29个区。1948年底，今上海地区境域内有上海市属30区及江苏省属上海、松江等10县。

1949年5月至1957年，上海地区分属上海市和江苏省。1958年，上海、松江等10县先后由江苏省划归上海市，今上海市境域形成。

1949年5月27日，上海解放。28日，上海市人民政府成立。上海市为中央直辖市，设黄浦、老闸、邑庙、蓬莱、嵩山、卢湾、常熟、徐汇、长宁、普陀、闸北、静安、新成、江宁、北站、虹口、北四川路、提篮桥、榆林、杨浦20个市区及新市、江湾、吴淞、大场、新泾、龙华、洋泾、杨思、高桥、真如10个近郊区，共30个区。

5月13—26日，上海、嘉定、宝山等9县先后解放，隶苏南行署区松江专区。松江专署驻松江县。6月2日，崇明县解放，隶苏北行署区南通专区。

1950年1月，华东军政委员会成立，驻上海市，兼行中央人民政府派出机关和地方一级政府双重权力，上海市和苏南行署区隶属。1951年，以嵊泗列岛特区设嵊泗县，隶松江专区。松江专区辖10个县。

1952年，苏南、苏北行署撤销，与南京直辖市合并设立江苏省，松江专区隶江苏省。是年，华东军政委员会改华东行政委员会，为中央人民政府的派出机关，驻上海市，上海市和江苏省属其管辖。9月，上海市析洋泾区为东昌、洋泾2区，新市区并入江湾区。全市仍辖30个区。

1953年，嵊泗县划归浙江省舟山专区，松江专区辖9县。11月，上海市设水上区，上海市共辖31区。

1954年6月19日，中央人民政府撤销华东等全国六大区行政委员会，上海市由中央政府直接领导。

1956年2月，上海市撤销老闸、嵩山、常熟、静安、北站、北四川路6区：老闸区并入黄浦区，北四川路区并入虹口区，北站区并入闸北区，常熟区并入徐汇区，静安区分别并入新成区、长宁区，嵩山区分别并入邑庙区、卢湾区；撤销高桥、洋泾、杨思区，设立东郊区；撤销吴淞、江湾、大场区，设立北郊区；撤销真如、新泾、龙华区，设立西郊区。6月，撤销水上区。全市辖黄浦、邑庙、蓬莱、卢湾、徐汇、长宁、普陀、闸北、新成、江宁、虹口、提篮桥、榆林、杨浦、东昌及东郊、北郊、西郊18个区。

1958年1月，江苏省松江专区撤销。原松江专区所属上海、宝山、嘉定3县划入上海市，松江、川沙、南汇、奉贤、金山、青浦6县划入苏州专区。10月，上海市撤销西郊区，其城市地区并入徐汇、长宁、普陀3区，农村地区并入上海、嘉定2县；撤销北郊区，其城市地区并入闸北、虹口、提篮桥、榆林、杨浦5区，郊区并入宝山县；撤销东昌、东郊区，设立浦东县。11月，江苏省苏州专区所辖松江、川沙、南汇、奉贤、金山、青浦6县，12月南通专区所辖崇明县划入上海市。上海市辖黄浦、邑庙、蓬莱、卢湾、徐汇、长宁、普陀、闸北、新成、江宁、虹口、提篮桥、榆林、杨浦14个区，浦东、松江、上海、川沙、南汇、奉贤、金山、青浦、嘉定、宝山、崇明11个县。

1960年1月，撤销蓬莱、邑庙2区，以原蓬莱区全境和邑庙区部分地区设立南市区；邑庙区的其余地区分别划归黄浦、卢湾2区。撤销江宁、新成2区，以原江宁区全境和新成区部分地区设立静安区；新成区的其余地区并入黄浦区。撤销提篮桥区，并入虹口区。撤销榆林区，并入杨浦区。析上海县闵行、吴泾地区置闵行区，析宝山县吴淞地区置吴淞区。1961年1月，撤销浦东县，其城市地区并入黄浦、南市、杨浦3区，农村地区并入川沙县。全市辖黄浦、南市、静安、卢湾、徐汇、长宁、普陀、闸北、虹口、杨浦、闵行、吴淞12个区和上海、嘉定、宝山、川沙、南汇、奉贤、松江、金山、青浦、崇明10个县。

1961年3月，浙江省舟山县嵊泗人民公社划属上海市。次年，又划归浙江省。

1964年5月，撤销闵行区、吴淞区，分别并入徐汇、杨浦区。全市辖黄浦、南市、卢湾、徐汇、长宁、闸北、静安、虹口、杨浦、普陀10区和上海、嘉定等10县。

1980年10月，析宝山县置吴淞区。1981年2月，析徐汇区和上海县置闵行区。1988年9月，撤销吴淞区和宝山县，合并设立宝山区。

1992年9月26日，撤销上海县和闵行区，合并建立新的闵行区。10月11日，撤销嘉定县，设立嘉定区。1993年1月1日，撤销川沙县；以原川沙县境域和黄浦、南市、杨浦3区的浦东地区及上海县三林乡设立浦东新区。全市辖黄浦、南市、卢湾、徐汇、长宁、普陀、静安、闸北、虹口、杨浦、宝山、嘉定、闵行、浦东新区14区和南汇、奉贤、松江、金山、青浦、崇明6县。

1997年4月，撤销金山县和石化地区办事处建制，设立金山区。1998年2月，撤销松江县，设立松江区。1999年9月，撤销青浦县，设立青浦区。2000年7月，撤销原黄浦区、南市区建制，设立新的黄浦区。2001年1月，撤销奉贤县，设立奉贤区；撤销南汇县，设立南汇区。2009年5月，撤销南汇区，将其行政区域并入浦东新区。2011年5月，撤销原黄浦区、卢湾区建制，建立新的黄浦区。2015年10月，撤销原静安区、闸北区建制，设立新的静安区。2016年7月，撤销崇明县，设立崇明区。

至2022年底，全市共辖有浦东新区和黄浦、静安、徐汇、长宁、普陀、虹口、杨浦、宝山、闵行、嘉定、金山、松江、青浦、奉贤、崇明16个区，共107个街道、106个镇、2个乡、4849个居委、1556个村。

资料链接：

《上海通志》第一卷

《上海旧政权建置志》

《上海市志·地理分志（1978—2010）》

区

浦东新区 位于上海市东部，总面积1210平方公里。清雍正二年（1724年），析上海县置南汇县。嘉庆十五年（1810年），置川沙抚民厅，1912年改县。1992年10月，撤销川沙县，设立浦东新区，行政区域包括原川沙县，上海县三林乡，黄浦区、南市区、杨浦区浦东部分。1993年1月1日，浦东新区管委会成立。2000年8月8日，浦东新区人民政府成立。2001年1月，撤销南汇县，设立南汇区。2003年，将人民塘外滩涂面积计入浦东新区区域。2009年5月，撤销南汇区，并入浦东新区。2022年，下辖12个街道、24个镇、1141个居委会、355个村，常住人口578.20万人。

黄浦区 位于上海市中心城区，总面积20.52平方公里。1945年8月，分属第一区（黄浦区）、第二区（老闸区）。1956年3月，撤销老闸区并入黄浦区。1959年12月至1991年，先后将原新城区、邑庙区、浦东县、川沙县以及卢湾区部分区域划归黄浦区。1992年10月，黄浦区浦东部分划归浦东新区。2000 年 6 月，撤销原黄浦区和南市区，设立新的黄浦区，以原黄浦区和南市区的行政区域为新黄浦区行政区域。2011 年撤销原黄浦区、卢湾区建制，建立新的黄浦区。2022 年，下辖 10 个街道、169 个居委会，常住人口 50.78 万人。

静安区　位于上海市区中北部，总面积约 37 平方公里。1945 年 12 月，分属上海市第十区（静安区）、第十一区（新成区）、第十二区（江宁区）。1949 年 5 月，静安区改为静安寺区。1950 年 6 月，复改为静安区。1956 年 2 月撤销，境域分属新成区、江宁区、长宁区。1960 年 1 月，撤销新成区、江宁区，并将新成区成都路以西部分，江宁区全部，长宁区镇宁路以东部分合并重建静安区。2015 年 10 月，原闸北、静安两区“撤二建一”，设立新的静安区。2022 年，下辖 13 个街道、1 个镇、266 个居委会，常住人口 94.05 万人。

徐汇区　位于上海市区西南部，总面积 54.93 平方公里。1945 年 12 月，分属上海市第七区（常熟区）、第八区（徐家汇区）、第二十六区（龙华区）。1948 年 2 月，徐家汇区改名为徐汇区。1956 年 3 月，常熟区并入徐汇区。1957 年，划入卢湾区日晖港部分地区（面积 0.06 平方公里）。1958 年 8 月，龙华镇、漕河泾镇划归徐汇区，10 月划属上海县。1964 年 5 月，闵行、吴泾两地区划入，1982 年 4 月复划出。1984 年，原属上海县所辖的龙华、漕河泾等地区划入。1986 年 2 月，上海县管辖漕河泾微电子工业区的虹梅路以东、蒲汇塘以南部分地区划入。1992 年 7 月，上海县龙华乡和虹桥乡 7 个村划入。2022 年，下辖 12 个街道、1 个镇、311 个居委会，常住人口 109.85 万人。

长宁区　位于上海市区西部，总面积 37.18 平方公里。1945 年 12 月，分属上海市第九、二十区，1947 年，两区分别改为长宁区、新泾区。1948 年长宁区改称法曹区。1949 年 6 月，法曹区改称长宁区。1950 年 7 月，新泾区苏州河以南、天山路以北、古北路以东部分划入。同年 12 月，新泾区周家桥地区划入。1956 年，原属新泾区第一办事处全部辖地及第二办事处一部分辖地划入。同年，撤销静安区，其西境并入长宁区。1958 年 10 月，北新泾镇大部和华漕乡部分地区划入。同年 11 月，北新泾镇及镇郊划属上海县。1960 年 1 月重设静安区，长宁区镇宁路以东地区划归。1981 年，上海县北新泾镇、新泾公社、虹桥公社部分地区划属长宁区。1982 年，仙霞等住宅小区划入。1983 年 3 月，国家名誉主席宋庆龄陵园所在地及邻近的上海县部分土地划入。1984 年，上海县北新泾镇，新泾乡 35 个自然村，虹桥乡 2 个村，以及虹桥国际机场、上海动物园、西郊国宾馆等地区划入。1991 年，区境扩展到虹桥国际机场兴建的机场新村地区。1992 年 7 月，上海县的新泾乡和虹桥乡 2 个村划入。1994 年，西郊、虹四两个建制村划归闵行区。2022 年，下辖 9 个街道、1 个镇、185 个居委会，常住人口 68.46 万人。

普陀区 位于上海市区西北部，总面积 55.53 平方公里。1945 年 12 月，设上海市第十三区，1947 年 1 月改称普陀区。1950 年 7 月，新泾区苏州河以北、中山西路以南及真如区朱家湾、平民村部分工商业地区划入区境。同年 8 月，闸北区潘家湾、潭子湾地区划入。1956 年 2 月，真如区曹杨新村、华东师范大学和大场区宜川新村、甘泉新村划入。1958 年 8 月，西郊区石泉新村、真如新村、曹杨三村、北新泾工业区等划入。同年 10 月，真如镇、交通乡大部、北新泾镇部分和曹杨乡部分地区划归嘉定县。1982 年 8 月，宝山县彭浦公社 1 个居委会和 1 个大队划入。1984 年 11 月，嘉定县真如镇全部，长征乡 42 个生产队及 3 个生产队的一部分，桃浦乡李子园村一个半生产队划入。1985 年 4 月，嘉定县真北路一带划入。1992 年 7 月，嘉定县长征乡、桃浦乡划入。1994 年、1999 年、2001 年，先后 3 次与嘉定区、闸北区勘定区界。2022 年，下辖 8 个街道、2 个镇、272 个居委会、7 个村，常住人口 124.29 万人。

虹口区 位于上海市区东北部，总面积 23.48 平方公里。1945 年 12 月，分属上海市第十六区（虹口区）、第十七区（北四川路区）、第十八区（提篮桥区）。1956 年，撤销北四川路区，并入虹口区。1958 年 10 月，江湾镇及工农、塘南两乡地区复归宝山县。1959 年撤销提篮桥区，并入虹口区。1962 年 12 月，罗浮路以西地段划归闸北区。1982 年，杨浦区四平街道玉田新村划归虹口区。1984 年，宝山县江湾镇、大八寺（今大柏树）地区划入虹口区。1992 年划定区界时，杨浦、虹口区以密云路北端为界，路东划归杨浦区，路西划归虹口区。2022 年，下辖 8 个街道、197 个居委会，常住人口 68.19 万人。

杨浦区 位于上海市区东北部，总面积 60.61 平方公里。1945 年 12 月，分属杨树浦区、榆林区、新市区。1950 年 6 月，杨树浦区改名杨浦区。同年 7 月，新市区引翔、长阳两镇划入。1958 年 10 月，走马塘以南的五角场和邯郸路两个办事处划入，1959 年 6 月划归宝山县。1960 年，撤销榆林区，并入杨浦区。1961 年 1 月 25 日，撤销浦东县，浦东大道以北，洋泾办事处大部分及其昌栈以东沿江地带划入。1964 年撤销吴淞区，浦西部分划入。1979 年 7 月，宝山县与杨浦区部分地区（今曲阳地区）划入虹口区。11 月，吴淞、泗塘两街道划入宝钢地区。1982 年，四平街道玉田新村划归虹口区。1984 年，宝山县五角场镇和吴淞区 2 个居委会划入。同年，川沙县东沟以西，获柴浜以北和上川路以东地段划入。同年9月，吴淞区殷行地区划入。1985年5月，沪东街道2个居民委员会划归黄浦区。1989年8月，五角场乡划入。1992年10月，浦东部分划归浦东新区。1997年，宝山区原江湾机场区域划入。2022年，下辖12个街道、291个居委会，常住人口119.92万人。

宝山区 位于上海市区东北部，总面积299.15平方公里。清雍正二年（1724年），析嘉定县置宝山县。1928年，县属吴淞、高桥、江湾、彭浦、真如、殷行等乡划归上海市。1947年，大场区划归上海市。1960年，吴淞镇及其附近地区，以及新桥公社部分地区划归吴淞区。1980年10月，城厢镇全境和吴淞、淞南、庙行、月浦、盛桥5公社的112个生产队划归吴淞区。1988年1月，撤销吴淞区、宝山县，设立宝山区。1989年8月，五角场乡划归杨浦区。1992年9月，彭浦乡2个村划归闸北区。1997年9月，原江湾机场区域划归杨浦区。2005年5月，长兴乡、横沙乡划入崇明县。2022年，下辖3个街道、9个镇、463个居委会、103个村，常住人口227.19万人。

闵行区 位于上海市西南部，总面积372.56平方公里。元至元二十九年（1292年）设上海县。1960年，析上海县闵行镇及吴泾地区设立闵行区。1964年5月，撤销闵行区，并入徐汇区。1981年2月，复设闵行区，下辖闵行、吴泾地区及上海县15个大队。1982年，上海县曹行、塘湾、北桥、马桥公社15个大队划入闵行区。1984年，上海县剑川路、沪闵路东南（东至淡水河），南抵黄浦江，西至原区界，北到剑川路以北铁路区域划入闵行区。1992年9月26日，撤销上海县和闵行区，以其行政区域设立新的闵行区。1994年，长宁区新泾乡2个村划入。2022年，下辖4个街道、9个镇、476个居委会、114个村，常住人口268.88万人。

嘉定区 位于上海市西北部，总面积463.16平方公里。南宋嘉定十年（1218年）底，析昆山县置嘉定县。元元贞元年（1295年），升为嘉定州。明洪武二年（1369年），降州为县。清雍正二年（1724年），析嘉定县置宝山县。1992年10月，撤销嘉定县，设立嘉定区。1994年，对真光新村居住区涉及嘉定区江桥镇所管辖的部分区域作适当调整，将部分区域划归普陀区。2001年6月，上海国际汽车城建设中涉及的青浦区白鹤镇3个村全部区域和2个村部分区域，划入嘉定区安亭镇范围。2022年，下辖3个街道、7个镇、243个居委会、141个村，常住人口189.34万人。

金山区 位于上海市西南部，总面积586.05平方公里。清雍正二年（1724年），析娄县、华亭县各一部分置金山县。1997年4月，撤销金山县，设立金山区。2022年，下辖1个街道、9个镇、120个居委会、124个村，常住人口82.37万人。

松江区 位于上海市西南部，总面积604.64平方公里。唐天宝十载（751年），置华亭县。元至元十四年（1277年）升为华亭府，翌年改为松江府。1912年废府，华亭、娄县合并为华亭县。1914年，改称松江县。1998年2月，撤松江县设松江区。2022年，下辖6个街道、11个镇、293个居委会、84个村，常住人口195.45万人。

青浦区 位于上海市西部，总面积668.49平方公里。明嘉靖二十一年（1542年），析华亭县、上海县部分置青浦县。嘉靖三十二年（1553年）废县，万历元年（1573年）复置。1999年9月，撤销青浦县，设立青浦区。2001年6月28日，上海国际汽车城建设中涉及的青浦区白鹤镇的3个村全部区域和2个村部分区域划入嘉定区安亭镇范围。2022年，下辖3个街道、8个镇、167个居委会、184个村，常住人口126.56万人。

奉贤区 位于上海市南部，总面积720.68平方公里。清雍正二年（1724年），析华亭县东南部置奉贤县。2001年1月，撤销奉贤县，设立奉贤区。2022年，下辖3个街道、8个镇、165个居委会、175个村，常住人口112.63万人。

崇明区 位于上海市北部长江入海口，总面积1413平方公里。元至元十五年（1278年），在崇明沙置崇明州。明洪武二年（1369年），降崇明州为县。1928年3月，崇明外沙划出，另设启东县。1946年12月，嵊泗列岛划出。2005年5月，宝山区长兴乡、横沙乡划入崇明县。2016年7月，撤销崇明县，设立崇明区。2022年，下辖16个镇、2个乡、90个居委会、268个村，常住人口59.74万人。

资料链接：

《上海通志》第一卷　　《上海市志·地理分志（1978—2010）》

自然环境

地质地貌 上海地处扬子板块的东北部，和邻近各省相似，在漫长的地质历史时期，曾经历过基底形成、板块迁移及沉积盖层发育、碰撞造山和造山后板内变形三大阶段，每一阶段都曾留下特有的建造、构造形变以及生物演化的记录。

上海境内最古老地层距今约 19 亿年。地层组成有前震旦系、震旦系、寒武系、奥陶系、志留系、侏罗系、白垩系、古近系、新近系、第四系（泥盆系、石炭系、二叠系、三叠系地层尚未发现）。基岩地表出露分布零星，为低山残丘，总面积 2.5 平方公里。大面积基岩位于地下 300 米，有沉积岩、变质岩、侵入岩、火山岩。其中以火山岩为主，约占总基岩面积的 2/3。在漫长的地质历史时期，下伏基岩经多次构造运动。区内新生代地层分布广泛并埋藏深厚，尤其是第四纪地层更为发育，无论在基底凹陷区或相对凸起部位均有较厚的第四系沉积，第四系厚度自南西向北东增加，一般为 200 ～ 400 米。

上海地貌景观的形成与现代长江三角洲的发育密切相关，其总体趋势为不断向东发展。成陆最早的西部地区形成以湖沼平原为主的地貌类型；而长江带来的巨量泥沙在河口沉积，在东部地区形成了滨海平原相沉积，并于长江河口形成了星罗棋布的沙洲和沙岛。现长江口心滩仍有往东南方向伸展的趋势，而崇明岛向北逐渐并岸，九段沙等水下沙洲也相继出露成陆，南汇嘴以每年 50 ～ 60 米的速度向海洋扩张。这一过程仍在继续中。

上海是长江三角洲冲积平原的一部分，地势坦荡低平。境内陆上只有西南部有 18 座山丘，分布在松江、青浦、金山 3 区。秦望山、甸山、查山 3 座位于金山区，福泉山、淀山 2 座位于青浦区，天马山、西佘山、薛山、东佘山、辰山、横山、小昆山、凤凰山、北竿山、钟贾山、机山、厍公山、卢山 13 座位于松江区。其中，天马山海拔最高，为 98.2 米；厍公山最低，海拔仅 10 余米；甸山于 1958 年采石炸平，卢山自新中国成立后炸山采石，形成直径 200 米、深 60 米大坑，2017 年建成深坑酒店。海中则有大金山岛、小金山岛、浮山岛、佘山岛和鸡骨礁等，其中大金山最高点高程 103.7 米，为上海市地面最高点。

上海境内有岛屿 20 余个，大小不等，主要包括河口沙岛和基岩岛两种类型。基岩岛数量较少，面积较小。面积最大的大金山岛，仅为 0.229 平方公里。河口沙岛是上海最常见的岛屿类型。沙岛的年龄普遍较新，年龄最老的崇明岛于唐初出露水面，长兴岛于清顺治年间出水成洲，其余沙岛则多形成于清末及民国之后。沙岛面积大小不等，其中崇明岛面积最大，达 1269.1 平方公里，为中国第三大岛；还有不少沙岛面积不足 0.1 平方公里，如三星细沙等。很多沙岛仍处于不稳定状态，淤涨、冲刷、合并等尚在进行中，同时还不断有新的沙洲和沙岛持续形成。

上海矿产资源种类少，储量也极其有限。20 世纪 50 年代末至 2022 年底，仅发现在金山区张堰镇有一中型富铜矿床。此外，还有少量浅层天然气、天然建筑材料和湖积菱铁矿等。

气候 上海位于东亚季风区内，是典型的亚热带季风气候，四季分明，雨量充沛，日照充分。每年 4—8 月盛行东南风，11 月至次年 2 月盛行西北风，3 月和 9—10 月东南风和东北风交替出现。季风气候给上海的夏季、秋季带来丰沛的降水，全年 40% 以上的降水集中在 6—9 月，特别是梅雨期降水更为集中；降水量年际变化较大，1999 年最多，高达 1699.8 毫米，而 1978 年仅有 704.8 毫米，2022 年，年平均降水 1086.8 毫米。纬度适中，昼夜长短变化不大，夏至日昼长为 14 小时 11 分钟，冬至日昼长为 10 小时 7 分钟。全年日照时数平均为 1930 小时，1967 年最多为 2277 小时，1948 年最少为 1459 小时。2022 年，年平均气温 17.7 ℃，其中 7 月最热，平均气温 28.0 ℃；1 月最冷，平均气温 4.2 ℃。热量资源丰富，全年 10 ℃ 以上的活动积温和有效积温分别为 5631 ℃·日和 2801 ℃·日。

自 19 世纪中叶以来，上海迅速发展为中国第一大城市，也是世界上著名的大都市，适宜的气候为上海的社会经济发展提供了良好的环境条件。在过去一百多年间，上海气候变化明显：1873—2022 年，年平均气温呈上升趋势，平均每 10 年升高 0.16 ℃。特别是进入 21 世纪以来，盛夏高温热浪呈增强趋势，而隆冬的严寒日数有明显减少的趋势。这既有全球变暖的影响，也是上海城市化持续扩张的后果。

资料链接：

《上海气象志》　　《上海市志·气象分志（1978—2010）》

水文 上海地区江、海、河、湖相间，水网交织，水资源总量丰富，水多、沙丰、地势低平，水、旱、风、潮等天灾威胁较大，水利自然环境具有明显的地域特点。

上海北滨长江口，东、南临海，西南有淀山湖等湖群，境内水网稠密，是全国水面积比重较大、河网较密地区。主要水域和河道有长江口，黄浦江及其支流大泖港、圆泄泾、斜塘和太浦河、拦路港，以及吴淞江、蕴藻浜、川杨河、淀浦河、大治河、金汇港、油墩港等。

其中，黄浦江干流全长80余公里，河宽大都为300～700米，其上游在松江区米市渡处承接太湖、阳澄淀泖地区和杭嘉湖平原来水，贯穿上海至吴淞口汇入长江。吴淞江发源于太湖瓜泾口，在市区外白渡桥附近汇入黄浦江，全长约125公里，其中上海境内约54公里（北新泾至黄浦江一段称苏州河），为黄浦江主要支流。崇明、长兴、横沙3个主要江岛的河道各自独立，自成体系。上海的湖泊集中在与江苏、浙江交界的西部洼地，最大湖泊淀山湖，总面积约62平方公里，属上海市部分47.5平方公里。大陆外围被长江口与杭州湾水体环绕，包括长江口、杭州湾、近海水域（即长江口外水域）和毗连的东海陆架部分水域和南黄海部分陆架水域。江、海岸线长449.66公里，大陆岸线长172.31公里，岛屿岸线长227.35公里，沿海0～20米等深线范围内水域面积0.72万平方公里。

长江口、杭州湾与吴淞江、黄浦江等内陆河道，在历史时期均发生过很大变化，其演变过程受自然规律与人类治水的共同作用。明代以前吴淞江是太湖地区主要入海水道，后因潮水带来大量泥沙淤积在河道中，加之太湖上游来水减弱，下游日益淤浅。明永乐初年，夏原吉治水，开范家浜，上接黄浦（上海浦），下接吴淞江的吴淞口，形成黄浦江水系，吴淞江反而成为黄浦江的支流。上海开埠以后，随着城市建成区的不断扩展，许多河道在近一个多世纪中因填没淤堵而逐渐消失，河流水网大幅度萎缩。据调查，上海市中心区的河网水系早在20世纪50年代前就基本消失；50年代到70年代是上海周边地区河流快速消亡时期，80年代是河网稳定期，90年代以后上海地区的河流又呈现快速消亡趋势。

2022年，上海市共有河道46771条，长30397.66公里，面积577.44平方公里，河网密度每平方公里4.79公里；湖泊51个，面积75.5平方公里；河湖总面积652.94平方公里，河湖水面率10.30%。太湖流域来水量183.0亿立方米，长江干流来水量7409亿立方米。黄浦江吴淞口站年平均高潮位3.35米（上海吴淞基面，下同），长江口高桥站年平均高潮位3.30米，杭州湾芦潮港站年平均高潮位3.68米，比多年平均高0.16米。全市主要河湖水质（259个主要河流监测断面）Ⅱ～Ⅲ类水质断面占95.6%，Ⅳ类断面占4.4%，无Ⅴ类和劣Ⅴ类水质断面。

资料链接：

《上海水利志》

《上海市志·水利·水务分志（1978—2010）》

土壤　上海土壤主要为水稻土、潮土、滨海盐土、黄棕壤4个土类。水稻土有4个亚类：潜育水稻土亚类集中分布于青浦、金山、松江3区湖沼平原的湖荡洼地。其前身是沼泽潜育土，由于地势低洼，地下水位高，地面高程都在3.2米以下；脱潜水稻土亚类集中分布在淀泖洼地的低田和低平田地区，地面高程都在3.2～3.5米；潴育水稻土亚类分布最为广泛，西起淀山湖湖滨，东至钦公塘内侧，北至崇明岛，南到杭州湾内侧，都有连片分布，地面高程在3.5米以上，稳定地下水位在1米以下；渗育水稻土亚类主要分布在东部沿海地区，其次为西部泖田地区和宝山沿江地区，东部的地面高程都在4.0～4.5米，地下水位在1米以下，成土为晚江海沉积母质，而西部的地面高程多在3.2米以下，地下水位在0.8米左右，成土亦为晚江海沉积母质，是分布面积较广的一个亚类。潮土土类仅有灰潮土一个亚类，广泛分布于各郊区境内，但以近郊蔬菜种植区和东部沿海及沙岛地区的分布较为集中。滨海盐土在上海境内只有滨海盐土一个亚类，主要分布在浦东、奉贤、宝山、金山、崇明5区境内。黄棕壤在上海境内亦仅有黄棕壤一个亚类，主要分布于市境西南部的残丘上。

1979—1988年，上海市完成第二次土壤普查。全市土壤资源总面积38.3万公顷（包括海涂面积3.7万公顷、丘陵面积373公顷），耕地资源总面积34.5万公顷。地带性土壤为西南部零散山丘上残存的弱富铝化母质发育的黄棕壤，湖沼平原、滨海平原由不同母质发育成隐域性土壤水稻土、灰潮土，三角洲平原、滩涂发育有滨海盐土。而构成上海绝大多数土壤的母质是江河湖海综合形成的第四纪石灰性冲积物。

动植物　上海陆生动物，以适应田野生活和人工豢养种类为主，如啮齿目动物和饲养牲畜等。大型脊椎动物已消失，在马桥、崧泽文化遗址中有豺、虎、金钱豹、麂、獐、亚洲象、野猪、梅花鹿、麋鹿等中大型哺乳动物遗骸。旧志中见野生鹿、虎、獐等动物记载，今已不存。20世纪80年代，上海地区共有鱼类250种，分隶于25目、88科、185属。其中，软骨鱼类共有5目、11科、13属、19种占上海地区鱼类总数的7.6%；硬骨鱼类共有20目、77科、173属、231种，占上海地区鱼类总数的92.4%。海洋鱼类有165种，占上海地区鱼类总数的66%，以鲈形目种类最多，鲱形目、鲀形目、鲽形目、鲉形目和鳗鲡目的种类有一定数量；淡水鱼类计85种，占该区鱼类总数的34%，以鲤形目和鲈形目为主要组成部分，鲶形目、鲑形目、鲟形目、鲻形目、鲱形目和合鳃目也有一定数量。20世纪90年代至2022年，陆续有新的鱼类种类发现。2000年，上海市全市陆生野生动物资源调查显示：上海地区分布有陆生野生脊椎动物472种，其中鸟类最为丰富，有379种（其中属国家一级保护的5种、国家二级保护的54种；列入附录Ⅰ的17种，附录Ⅱ的34种），哺乳类43种（其中属国家一级保护的1种、国家二级保护的6种；列入附录Ⅰ的3种，附录Ⅱ的5种），两栖类14种（其中属国家二级保护的2种；列入附录Ⅰ的1种，附录Ⅱ的1种），爬行类36种（其中属国家一级保护的4种、国家二级保护的1种；列入附录Ⅰ的5种，附录Ⅱ的1种）。动物区划属东洋界中印亚界华中区东部丘陵平原亚区，是东洋界和古北界成分相互混杂的过渡地带，2022年，约有哺乳动物40种、爬行动物32种、两栖动物13种、鱼类203种、鸟类424种。

上海地处长江三角洲东缘，只有佘山山系和大金山岛等20多个低矮山丘，大部分地区是冲积平原。鉴于冲积平原的绝大部分已被开垦，因此除淡水的江河湖泊植被和沿海的盐生植被外，自然植被几乎已荡然无存。据2010年调查，上海市共见有露地维管植物202科1100属2991种，其中野生植物150科601属1199种（原生植物842种、外来植物275种、栽培逸生植物82种），作为栽培的植物1792种（另含上海野生及逸生的栽培植物291种、栽培植物共计170科824属2083种）。上海乡土植物的主要常绿成分是由山毛榉科青冈属的青冈、锥栗属的苦槠，樟科的樟属、润南属，冬青科的冬青属植物组成，主要有苦槠、乌饭树、美丽胡枝子、算盘子、冬青等。落叶成分主要由山毛榉科的栎属，榆科的朴属、榉属、榆属，胡桃科的化香属，大戟科的野桐属所组成，主要有白栎、糙叶树、榉、紫檀树、黄连木、麻栎等；针叶林的组成以松属的马尾松、黑松，杉属的杉木，柳杉属的柳杉为主。2022年，全市约有乡土植物500种、外来植物350种。

自然灾害 上海地区的自然灾害以气象灾害为主，主要有洪涝、干旱、暴雨、潮汐、台风、大风、雷暴、冰雹、龙卷风、大雾、大雪、严寒、酷暑、霜冻等10多种。据历史文献记载，三国吴太元元年（251年），上海已有潮灾记录。西晋至晚清，各种气象灾害频发。据1873—2022年气象灾害统计，上海气象灾害几乎每年都有出现，年概率高达约0.98。其中，台风、暴雨灾害的年概率分别约为0.57和0.61，大风灾害为0.65，冰雹灾害约为0.45，龙卷风灾害约为0.41，雷击灾害约为0.50，洪涝灾害约为0.27，干旱灾害约为0.28，浓雾灾害约为0.31，寒潮灾害约为0.30，高温灾害约为0.08。在全球气候变化背景下，随着上海经济社会的快速发展，城市下垫面特征也发生明显的改变，城市热岛、雨岛等局地气候效应更加明显，短时强降水、高温热浪等气象灾害发生的频率和强度越来越高。同时，由于人口和产业高度密集，气象灾害影响连锁效应和放大效应明显增强。上海城市气象灾害呈现出以下特点：一是灾种多，影响时段全覆盖。受季风气候影响，影响上海的气象灾害种类多，夏半年多台风、暴雨、强对流、高温热浪等灾害性天气，冬半年则是雾霾、雨雪冰冻、大风等灾害的高发期，气象灾害的防范一年四季都不能放松。二是城市化效应的影响使局地气候环境更为复杂。受城市热岛效应影响，上海市平均气温呈明显的中心高、周边低的趋势分布，近、远郊温度随距离增加而相应降低，城区与郊区的年平均温差高达 1.5 ℃。上海市平均年降水量呈中心多、周围郊区少的分布形态，市中心徐家汇站比降水最少的青浦站多 210 毫米，远郊如松江区、崇明区降水量也明显少于市中心。三是城市运行对气象灾害高度敏感。上海市人口密度高，经济要素密集，气象灾害对城市运行影响显著。四是次生衍生灾害影响显著。气象灾害不仅会对市民生命和财产安全造成直接影响，其带来的次生衍生灾害造成的间接损失也愈发严重。如多次发生雷击天气造成城市供电、给排水、交通等基础设施出现故障，进而影响城市安全运行，并引发其他突发事件。

资料链接：

《上海通志》第二卷

《上海市志·地理分志（1978—2010）》

人 口

人口规模 位于今上海青浦境内的崧泽古文化遗址表明，早在 6000 年前，上海已有先民劳动、生息和繁衍。先秦至汉晋时期，上海地区主要分布着海滨渔村，人口稀少。隋唐前，因时常发生海潮、洪水、内涝和土地斥卤等灾害，农业经济发展滞缓，人口增长缓慢，少有迁移活动。隋唐时期起，上海经济发展迅速，人口及市镇逐渐增多，经济规模扩大。中唐以后，随着与海内外经济、文化联系的进一步加强，人口迁移活动愈益频繁。至唐天宝十载（751 年）华亭建县时，人口已达 90360 人。天宝年间，华亭县青龙镇烟火万家，人口数量可比肩杭州。宋代，上海地区经济发展，人口持续增加。北宋末年，金人大规模南侵，北方人口南迁至江、浙、川、湘等地。南宋末年，蒙古军队南下，又迫使北方大批人口南迁。故到元至元二十九年（1292 年）上海置县时，人口约 10 万人。至明洪武二十四年（1391 年），上海县人口更增至 532803 人，成为人口大县。明代，苏州、松江两府赋税繁重，战乱不断，人口大量逃匿。清康熙年间，实施休养生息，永不加赋，人口逐渐增加。

19 世纪中叶上海开埠后，随着经济的发展，人口迅速增长。特别是太平天国时期，江浙周边省市居民躲避战乱，纷纷涌入租界地区，上海人口急剧增加。上海华界人口从清咸丰二年（1852年）的54万余人增至同治五年（1866年）70万人。而外侨人口也大幅度增长：咸丰五年（1855年）英、美租界仅2万余人，至同治四年（1865年）公共租界达9.29万余人，法租界5.59万人。太平天国运动失败后，上海人口回流，故同治九年（1870年）公共租界人口比同治四年减少约1.6万余人，同治八年（1869年）法租界人口比同治四年减少约2.2万余人。

晚清至20世纪初，上海民族工业发展。辛亥革命后，人口增长迅猛。宣统二年（1910年）至1927年，上海人口约从128.9万人增至264.1万余人，年均递增4.3%。与此同时，人口迁移频繁，大量人口移居上海，上海迅速发展成为全国第一大城市。1937年八一三事变后，外地难民大规模迁往上海，但亦有大量工厂和企业迁往内地以避战乱，此时上海人口基本稳定：1937年为385.2万人，至1942年为392.0万人，仅增加6.8万人。1945年抗战胜利以后，聚集在上海的外地居民大多返还故里，上海人口数量有所减少。1946—1949年，因内战爆发，出现第三次外地人口流向上海的大规模移民潮。上海人口从1945年330余万人，猛增至1949年初的540余万人。

上海解放后，上海人口进入一个新的发展时期。20世纪50年代，国民经济恢复，人民生活安定，人口迅速增长，从1950年492.7万人增至1958年750.8万人。1959年，新划入的郊区10县人口纳入统计，上海人口达到1028.39万人。60年代，严格控制人口迁入，开展计划生育，人口增长趋缓。70年代初中期，全面实施计划生育，大批知识青年到外地务农，出生率下降，全市人口从1966年的1095.8万人，降至1976年的1081.3万人。70年代末80年代初，因大批上海知青返沪、50年代生育高峰期出生人口进入婚育年龄等原因，人口增长迅速。随后因提倡一对夫妻只生育一个孩子，80年代后期起出生率逐步回落。自90年代人口自然增长率持续下降，1993年起上海户籍人口出现自然变动负增长，至2022年仅有2012年、2014年、2016年3个年份为小幅正增长，分别为0.26‰、0.32‰和0.5‰。2022年，上海市常住人口2475.89万人，其中外来常住人口1006.26万人；户籍数573.05万户，平均每户人口2.62人。上海仍为中国人口最多的城市之一。

人口特征 清代以来，尤其是19世纪中叶开埠以来，上海人口发展呈现六大特征。

第一，人口基数大，密度高。入清以后上海已成为全国人口较多、密度较高的地区之一。清咸丰二年（1852年），上海人口54.5万余人，人口密度每平方公里977.4人。之后，一直保持人口众多、分布密集这一基本特征。上海解放后，人口增长及密度提高更快。

1949—1958 年，上海市人口密度不断变大，1958 年达到每平方公里 11472 人。1958 年原属江苏省的郊区各县划归上海，1959 年全市人口密度骤降为每平方公里 1740 人。1978 年全市常住人口密度每平方公里 1785 人，2010 年增加到每平方公里 3631 人。至 2022 年，全市常住人口密度每平方公里 3926 人，户籍人口密度每平方公里 2355 人。1959—2022 年，全市人口密度逐步提高了 126%。

第二，人口素质不断提高。1947 年，文盲半文盲占总人口 49.28%，1995 年全市 15 岁以上文盲半文盲人口占总人口 7%。2010 年、2020 年，上海先后开展第六、第七次人口普查，全市具有大学文化程度人口由 505.31 万人上升为 842.42 万人；15 岁及以上人口的平均受教育年限由 10.7 年升至 11.8 年；文盲率由 2.74% 下降为 1.61%。

第三，人口总量增长中迁移增长占相当比重。上海开埠后，迁移增长幅度较大，迁入大于迁出。1929—1936 年，每年均为净迁入，年均净迁入 12.08 万人。上海解放后，总体上迁出多于迁入；改革开放后，迁入多于迁出。2002 年，迁入 15.41 万人，迁出 4.38 万人。2022 年，迁出 2.40 万人，迁入 21.17 万人。

第四，人口再生产已转为低出生率、低死亡率、低自然增长率类型。1949 年以前，上海人口出生率、死亡率均很高。上海解放后，人口再生产类型发生几次较大的转变。20 世纪 50 年代，人口出生率高增长，死亡率稳步下降，人口再生产类型转为高出生率、低死亡率、高自然增长率。60 年代中期后，推行计划生育，人口出生率迅速下降，人口再生产类型开始转化为低出生率、低死亡率、低自然增长率。70 年代末起，提倡一对夫妻只生育一个孩子，1993 年，人口自然增长率首次负增长。2003 年，人口自然增长率下降至 –3.24‰，之后略有回升，2022 年，全年户籍人口出生 6.82 万人，出生率 4.53‰；死亡 14.66 万人，死亡率 9.75‰；户籍人口自然增长率 –5.22‰。

第五，人口年龄构成老化，性别构成趋于平衡。清末、民国时期，迁入上海的人口主要为成年人口。上海解放后，人口年龄构成变化较大：20 世纪 50 年代因高出生率，人口中少年儿童比重急剧上升，人口年龄构成趋向年轻型。后因开展计划生育，少年儿童系数逐步下降，加之预期寿命从 1952 年的男、女分别为 52.4 岁、55.5 岁，增长到 1995 年的男、女分别达 74.1 岁、78.0 岁，因此老年人口的比重逐步上升，人口年龄构成趋向老龄化。在上海常住人口中，65 岁及以上老年人口占总人口比重已从 1982 年 11.51% 上升至 1990 年 14.17%，2010 年虽稍有回落，为 10.1%，到 2020 年再上升至 16.3%。与此同时，上海人口性别比例也渐趋平衡，清末、民国时期，上海人口男性多于女性，到 1930 年性别比高达 142。中华人民共和国成立后，男女性别构成趋于平衡，2000 年、2010 年、2020 年上海常住人口性别比分别为105.68、106.19、107.33。2022年，全市户籍人口1503.83万人，其中男性742.39万人，女性761.43万人。全市户籍人口平均期望寿命83.18岁，其中男性80.84岁、女性85.66岁。

第六，人口分布由向市中心集中转为逐渐向外扩散。上海开埠后，市中心区人口急剧增加，到20世纪50年代渐趋平稳。80年代起，因进行大规模住宅建设及旧区改造，城市建成区不断扩大，市中心人口随之逐渐向市郊扩散，市中心区人口密度趋于下降。2020年，中心城区人口占26.9%，比2010年下降3.4%；浦东新区人口占22.8%，比2010年下降0.9%；郊区人口占50.3%，比2010年提高2.5%。

资料链接：

《上海通志》第三卷

《上海市志·人口分志（1978—2010）》

政　事

JI JIAN SHANG HAI ZHI

上海地处东南江海一隅，自古一直远离历代封建王朝政治中心，独立设置地方行政机构较晚。随着六朝时期江南的加快开发，唐宋时期中国经济重心南移的完成，上海地区政治机构设置逐渐绵密、完备。南朝梁，今上海地区始有县治之设，唐天宝十载（751 年），有较为翔实史料记载的政权机构华亭县正式设立。元代置松江府、上海县。清代又设监察机构上海道。至 1843 年上海开埠以前，上海地区行政机构有上海道、松江府，以及 10 县 1 抚民厅。

1843 年开埠后，上海成为帝国主义殖民中国的主要基地，并迅速成长为全国经济、文化中心，重要的政治中心，以及全国工人阶级和资产阶级最集中的地区。代表各种政治力量和社会阶层利益的政党、团体应运而生，并以上海为中心进行政治活动。清光绪三十一年（1905 年），国民党前身中国同盟会即在上海设立分会。1921 年，中国共产党在上海召开第一次全国代表大会，宣告正式成立，并将党中央设在上海长达 12 年之久。1927 年后，爱国民主人士以上海为基地，开展爱国民主运动。民国北洋政府时期，上海地方政权实际操诸上海镇守使等地方驻军最高长官。1927 年，上海特别市政府成立，上海正式由原属江苏省的一部分独立出来，直辖于中央政府。

中华人民共和国成立后，上海作为全国经济中心，为中央直辖市之一。上海解放后，中共中央华东局兼上海市委全面领导上海工作，并于解放次日成立上海市人民政府。同年 8 月，上海市第一次各界代表会议召开，各界代表共商大计。1950 年 1 月，华东局与上海市委领导机构分开设置。同时，各民主党派、工会、共青团、妇联等人民群众团体上海市地方组织建立、健全，以高涨的热情参政议政，参加社会主义建设事业。至 1954 年 8 月，上海市第一届人民代表大会第一次会议召开，基本形成由中共上海市委全面领导，上海市人民代表大会代表全市人民行使民主权力，市政府负责执行，市政协团结各界人士民主协商、参政议政的总体格局。“文化大革命”中，上海的各级党政组织、人民群众团体等均受到严重冲击。“文化大革命”结束后，尤其是中共十一届三中全会后，全市迅速拨乱反正，将工作重心转移到经济建设上来，开启了改革开放的大幕。中共上海市委、市人大、市政府、市政协按照不同阶段的发展需要，不断依法健全、规范体制机构，定期召开全体会议，进行换届选举，部门设置历经多次改革调整。各民主党派和人民群众团体立足宗旨，建设组织，围绕全市的中心工作和重点工作，以及人民群众关心的民生问题等，积极深化和拓展工作内涵与外延。同时，区县、街道乡镇人民政权建设也在改革发展中，随着区县、街道乡镇行政区划的撤并，体制机构逐步规范、优化。

中国共产党

中共中央在上海 上海是中国共产党的诞生地和早期活动中心。1920 年 2 月，为躲避反动军阀政府的迫害，陈独秀从北京秘密迁移到上海。在护送陈独秀离京途中，李大钊和他商讨在中国建立共产党组织的问题。同年 6 月，中国共产党的最早组织中国共产党发起组在上海成立。发起组成立后，积极组织开展建党理论准备工作。同年夏，陈独秀在上海成立社会主义研究社。8 月，陈望道翻译《共产党宣言》中文全译本，在沪由社会主义研究社出版；《劳动界》周刊创刊，对工人进行马克思主义启蒙教育。9 月，《新青年》杂志从第 8 卷第 1 号起，改为中国共产党发起组的机关刊物。11 月，半公开理论性机关刊物《共产党》月刊创刊。同月，中国共产党发起组制定《中国共产党宣言》。

1921 年 7 月 23 日，经发起组的联络，中国共产党第一次全国代表大会在上海法租界望志路 106 号（今兴业路 76 号）召开，后门从贝勒路树德里进去（今黄陂南路 374 弄）。第一、二天会议在白尔路 389 号（今太仓路 127 号）博文女校举行。出席代表有上海李达、李汉俊，北京张国焘、刘仁静，长沙毛泽东、何叔衡，汉口董必武、陈潭秋，济南王尽美、邓恩铭，广州陈公博，旅日代表周佛海；还有陈独秀派遣的包惠僧出席了会议。共产国际代表马林和尼柯尔斯基列席大会。会议原定陈独秀主持，因未出席，另推举张国焘主持。7 月 24 日，代表汇报各地建党筹备情况。7 月 25—26 日休会，由董必武、李达、张国焘起草党纲和决议。7 月 27—29 日讨论会议文件，研究党的性质、纲领、组织原则和开展工人运动等问题。7 月 30 日会议进行中，受法租界巡捕房的骚扰，会议停止举行，代表转移到浙江嘉兴。会议最后一天，大会在嘉兴南湖一条游船上继续举行，完成议程，通过《中国共产党第一个纲领》和关于党的工作任务的《中国共产党第一个决议》后闭幕。大会决定设立中央局作为中央的临时领导机构，选举产生以陈独秀为书记的中央局。中共一大的召开，宣告中国共产党在上海诞生。

中国共产党自成立后至1933年1月，中共中央领导机关除一度先后短暂迁北京、武汉、广州外，长期设在上海，指挥全国的革命斗争，并直接领导上海地区党的工作。1933年1月中共中央领导机关迁中央革命根据地瑞金后，仍先后在上海设中共上海中央局、中共上海临时中央局、中共中央上海分局、中共中央上海局等代表机构，代表中共中央领导上海等地的白区工作。1949年上海解放后，在上海设立过中共中央华东局、中共中央上海局。

中共中央在沪期间，先后在沪召开全国代表大会2次。1922年7月16—23日，中国共产党第二次全国代表大会在南成都路辅德里625号（今成都北路7弄30号）李达寓所召开。出席大会的代表12人，代表全国195名党员。大会发表《中国共产党第二次全国代表大会宣言》，制定党的最高纲领和最低纲领，通过《中国共产党章程》《关于共产党的组织章程决议案》《关于民主的联合战线的决议案》和《中国共产党加入第三国际决议案》等，选举中央执行委员会，推选陈独秀为委员长。大会决定出版机关刊物《向导》周报。1925年1月11—22日，中国共产党第四次全国代表大会在上海东宝兴路广吉里（今东宝兴路254弄28支弄8号）举行。出席代表20人，代表全国994名党员。中心议题：加强党对日益高涨的革命运动的领导，讨论宣传、组织和群众工作，准备迎接大革命高潮。大会通过《对于出席共产国际第五次大会代表报告之议决案》《对于中央执行委员会报告之议决案》等11个决议案和《中国共产党第二次修正章程》，发表《中共第四次全国大会宣言》。大会选举新的中央执行委员会，中央执行委员会选举陈独秀、张国焘、彭述之、蔡和森、瞿秋白组成中央局，陈独秀被推选为总书记。1923年11月—1931年1月，中共中央先后在上海召开中共三届一次中央执行委员会会议、中共三届三次扩大执行委员会会议、中共四届中央执行委员会第三次全体（扩大）会议、中共中央临时政治局扩大会议、中共六届二中全会、中共中央政治局会议、中共六届三中全会（扩大）、中共六届四中全会（扩大）8次重要会议。

资料链接：

《上海通志》第四卷

《中共上海党志》

中共上海地方组织 1921年7月中国共产党成立后，同年11月，按照党的纲领和章程的有关规定，中共上海地方委员会成立。1922年6月，上海党员发展至50人。中国共产党第二次全国代表大会以后，中央委托上海地委代行区执行委员会的职权，上海地委改建为中共上海地方兼区执行委员会，其组织范围扩大到领导江苏、浙江两省党的工作。1925年9月，上海地区已建立81个支部，党员共1080人。1927年6月，中共江苏省委和中共浙江省委分别成立。上海是江苏省委所在地，由江苏省委兼上海市委，至1943年1月总体格局未变。1927年中央“八七会议”后，江苏省委着重抓组织建设，把原来上海市区的部委改建为区委，调整充实各区委的领导干部；在上海市郊各县陆续建立县委，并设立淞浦特委领导各县党的工作。1928年中国共产党第六次全国代表大会前后，上海革命力量逐步恢复，党的工作也有发展。至1929年冬，上海7个区委共有基层支部138个，其中产业支部60多个。1930年7月起，受“左”倾冒险主义路线影响，致使上海地下党组织频频遭受破坏。1934年9月，上海党员仅有475人。1935年1月，江苏省委书记被捕，党的省级领导机构已不存在。上海各区委或遭破坏、或因失去组织联系而停止活动，但共产党员仍然坚持地下斗争。1936年春，中共中央为重建上海地方党组织作准备。经过初步整理，到1937年5月，各系统分别成立工人临时工作委员会、学生临时工作委员会、救国会工作委员会和文化界、海关职员、巡警3个党支部，加上思想理论界和文艺界党员组成的2个特别委员会，共有党员160人左右。1937年11月，中共江苏省委员会在上海重新成立。江苏省委根据形势变化，利用上海租界成为“孤岛”和江南敌后日伪统治尚未稳定的时机，积极开展工作，发展党的力量，到1939年底所属党员已发展到2310人（上海市区1610人、外县700人）。

1943年1月，中央决定撤销江苏省委，在中共中央华中局下设立敌区工作部（又称城市工作部），负责领导上海及江苏敌占区重要城市地下党的工作。1945年8月9日，中共上海市委员会宣布成立。抗日战争胜利前夕，在上海市区坚持斗争的党员有2000余人。1945年9月，华中局与山东分局合并，成立中共中央华东局。1946年6月后，市委领导各系统党组织发动广大群众，开展反饥饿、反内战、反迫害的斗争。1949年初，根据中共中央和上海局的部署，上海市委把工作重心转到准备迎接上海解放和配合接管上海方面来。2月，上海地下党的组织形式作了较大调整，将原来按系统垂直领导改变为基本上分地区领导。市委下辖9个区委和市政、交通等5个工作委员会及上海人民团体联合会总党组。党的组织在斗争中得到发展壮大，1949年初，全市党基层组织有10个总支、133个支部，到上海解放前夕有党员8665人。

1949年5月上海解放后，中共中央华东局直接领导上海的工作，华东局部分领导成员同时担任上海市委领导职务，并一度使用过中共中央华东局暨上海市委员会名称。中共中央在 1949 年 3 月七届二中全会后确定上海市委委员 9 人，其中常委 5 人，饶漱石为市委书记。1949 年 6 月，市委委员增加到 16 人。同年 12 月，华东局暨上海市委纪律检查委员会成立。上海解放初期，市委工作机构只有 6 个部门，宣传、统战、纪律检查和机要工作都由华东局有关部门兼管。1950 年 1 月，华东局与上海市委领导机构分开，市委委员为 24 人，其中常委 4 人，陈毅为市委第一书记；11 月，纪律检查委员会相应分开。同年底，全市有基层党组织 1245 个，其中基层党委 3 个，总支部 102 个，党支部 1140 个。1952 年 3 月，中央批准，市委委员为 17 人，常委 7 人，陈丕显任市委第四书记，代理第一书记。之后，根据工作需要，市委委员、常委人数时有调整。1954 年 10 月，柯庆施任市委第一书记。1965 年 4 月，柯庆施病逝，由市委书记处书记陈丕显主持工作，同年 11 月担任市委第一书记。1954 年华东大区一级机构撤销，许多工作下放上海市委。并且为适应大规模有计划经济建设的开展和社会主义改造的深入，市委逐步增设工业、交通、市政建设、财贸、教卫、科技、经济计划和政法等部和委员会，以加强对各条战线党的领导，到 1966 年 5 月，市委工作部门增加到 21 个。1956 年，市纪委改为市监察委员会。同年，根据全市私营工业企业实现全行业公私合营的新情况，市委决定除市政、交通、铁路、航运外，撤销各个产业党委，将工厂企业党的组织划归所在市区的区委领导。1964 年，中央号召学习解放军，加强政治工作，市委决定各工业局党组改为党委，并设立政治部作为党委的办事机构，原属区委领导的工厂基层党组织划归各工业局和工业公司党委领导。1956 年 7 月、1958 年 12 月底至次年 1 月中旬、1963 年 12 月，中共上海市先后召开 3 次代表大会，分别就工作建设和发展科技作出部署。至 1965 年底，全市有党员 345456 人，基层党组织 22682 个。

1966 年 5 月“文化大革命”开始后，市委不断受到冲击，市委监委被撤销。至同年底，全市党政机关陷于瘫痪、半瘫痪状态，基层党组织被迫停止活动。次年 1 月 6 日，市委被造反派“夺权”。同年 2 月 5 日，上海建立全市性政权组织“上海人民公社”，宣布张春桥任临时委员会主任；2 月 23 日，上海人民公社临时委员会改为上海市革命委员会。市革委会取代市委近 4 年之久。1971 年 1 月，中共上海市第四次代表大会举行，会议由“四人帮”帮派体系控制了领导权，选举出中共上海市第四届委员会，并经市委全会选出常委会，张春桥为市委第一书记。中共上海市第四届委员会成立后，市委日常工作由市委书记王洪文主持。1973 年 5 月，王洪文调离上海，由市委书记马天水接替主持。“文化大革命”期间，市委和市革命委员会下设 13 个组、室，实行党政机构合一。

1976 年 10 月，江青反革命集团被粉碎后，中共中央决定对中共上海市第四届委员会和市革命委员会进行改组，苏振华兼任市委第一书记。1977 年 1 月，中共中央改组中共上海市委，任命新的市委常委会。同年 11 月，市委恢复重建办公厅、组织部、宣传部、统一战线工作部、党校等部门。80 年代初，为适应新的形势和任务需要，又增设了老干部工作委员会和老干部局、党史资料征集委员会、党史研究室、对台工作小组等部门。1979 年 1 月，彭冲任市委第一书记；次年 3 月，陈国栋继任。1983 年 3 月，根据中共中央关于机构改革按照革命化、年轻化、知识化、专业化方针建设领导班子和实行新老合作交替的要求，市委领导班子进行大幅度调整，平均年龄显著下降。同年，为了改变市政府委、办党组代行党委职权、党政不分的状况，改进和加强党的领导，市委决定成立中共上海市工业、交通、建设、财贸、对外经济贸易、农村、科学技术、教育卫生 8 个工作委员会，作为市委派出机构，行使一级党委的职权。1984 年，市纪律检查委员会成立。1985 年 6 月，市委改设书记、副书记，芮杏文任市委书记。随着改革开放的推进，党的基层组织得到较快发展。至 1985 年底，全市有党的基层组织 49645 个，其中党委 1973 个，党总支 2545 个，党支部 45127 个。1985 年 3 月，中共上海市顾问委员会成立，1992 年 12 月不再设立。1987 年 10 月，江泽民任市委书记。1989 年 7 月，朱镕基任市委书记。1991 年 4 月，吴邦国任市委书记。1994 年 9 月，黄菊任市委书记。1995 年，市委机构改革，从 21 个工作机构精简到 9 个，增设信访办公室等 5 个。至 1995 年底，市委直辖党组织有 13 个区委、1 个浦东新区工委、6 个县委，99 个局党委（党组）和产业党委，12 个市级政权、军事、统战、群众团体党组（党委）；全市基层党组织有 66088 个，其中党委 2986 个，党总支 3638 个，党支部 59464 个，党员总数为 114.67 万人。

2000 年，市委机构改革，调整后，设置工作机构 11 个，部门管理机构 5 个，与政府部门合署机构 8 个。2003 年，市委机构改革，调整后，设置市纪委机关和市委工作机构 10 个、派出机构 9 个，部门管理机构 5 个。2006 年 9 月，市委副书记韩正代理市委书记。2007 年 3 月，习近平任市委书记。同年 10 月，俞正声任市委书记。2008 年，市委工作党委体制调整，调整后，设置 9 个工作党委和市委农村办公室。2012 年 11 月，韩正任市委书记。2017 年 10 月，李强任市委书记。2022 年 10 月，陈吉宁任市委书记。至 2022 年底，市委直辖党组织有 16 个区委、9 个市委工作党委和 6 个总部在沪央企党委；全市基层党组织有 116447 个，其中党委 4912 个，党总支 9881 个，党支部 101654 个，党员总数 223.37 万人。

改革开放以来至 2022 年，中共上海市委分别于 1986 年 3 月、1992 年 12 月、1997 年 12 月、2002 年 5 月、2007 年 5 月、2012 年 5 月、2017 年 5 月、2022 年 6 月，先后召开第五至第十二次共 8 次党代表大会，换届产生 8 届市委，并分别就各阶段上海经济社会发展战略任务作出部署。

资料链接：

《中共上海党志》　　《上海市志·中国共产党分志·组织卷（1978—2010）》

人民代表大会

上海解放后，人民当家作主，人民代表大会制度是根本制度。经上海解放至1954年的各界人民代表会议过渡阶段后，1954年8月市一届人大会议召开，上海市人民代表大会制度正式建立。

1949年8月3—5日，上海市第一次各界代表会议（后统一定名为上海市第一届第一次各界人民代表会议）在逸园（今复兴中路597号）召开，656名代表出席，副市长潘汉年致开幕词，市军管会主任、市长陈毅致闭幕词，中共中央华东局书记、上海市委书记饶漱石作《关于粉碎敌人封锁和建设新上海的方针的报告》，陈毅作《关于上海市军管会和人民政府七、八两月的工作报告》。会议期间，代表提出59件提案。同年12月举行的市一届二次代表会议，决定设立常设机关——协商委员会，陈毅被推选为主席。次年4月，市协商委员会决定设立常务委员会。按照中央规定，1950年6月起，市协商委员会代行中国人民政治协商会议上海市委员会职权；同年10月始，市各界人民代表会议代行上海市人民代表大会职权。1949年8月—1954年8月，市各界人民代表会议经历3届，召开会议9次，协商委员会召开全体会议38次，常务委员会召开会议54次。市一届一次代表会议代表由军管会和市人民政府商定邀请；市一届二次代表会议代表以协商为主的办法产生，部分团体由团体成员选举产生；自市一届三次代表会议起，除特邀代表外，各界别代表大都由界别成员选举产生，少数代表由单位指派。市各界人民代表会议从传达政策、联系群众的协议机关，到代行上海市人民代表大会职权，扩大了职权范围：主要是审查市人民政府工作报告，决定施政方针和政策，审查、批准财政预决算，建议、决议有关市政兴革事宜，选举市人民政府委员会成员。会议听取和讨论有关建设新上海的方针、推行人民胜利折实公债、开展抗美援朝运动、镇压反革命、进行土地改革、严惩贪污反对浪费等重大事项的报告，并通过相应的决议、决定，付诸实施。

1953年冬至1954年春，上海市开展解放后第一次普选，由选民直接选举产生第一届区、乡两级人民代表大会代表；随后，各区第一届人民代表大会和人民解放军驻沪部队选举产生市一届人大代表。1954年8月16—21日，上海市第一届人民代表大会第一次会议在市政府大礼堂召开，736名代表出席，审议议题5项，听取报告3个，通过决议、决定14项，收到议案1件。按照国家《宪法》《地方组织法》规定，上海市人大每届任期2年。至1966年，市人民代表大会历经第一至第五届，举行全体会议15次。“文化大革命”期间，全市各级人民代表大会被迫中止活动。1977年10月，中共中央确定：1967年、1968年成立的革命委员会作为一届人民代表大会计算。据此，1967年2月建立的上海市革命委员会，作为上海市第六届人民代表大会计算。

“文化大革命”结束后，1977年12月24—30日，市七届人大一次会议召开，上海市人民代表大会活动在中断11年后得到恢复。次年，按照《宪法》的规定，自市七届人大始，每届任期改为5年。1979年7月，根据全国人大新修订、制定的《宪法》和相关法律，上海市实行直接选举人大代表的范围扩大到县；选民或代表也可以联名提出候选人；将原来的等额选举改为差额选举；市、区县两级人民代表大会设立常务委员会。同年12月，市七届人大二次会议选举产生上海市第七届人民代表大会常务委员会组成人员，建立了上海市人民代表大会常设机关——常务委员会。市人大常委会由市人民代表大会在代表中选举主任、副主任若干人、秘书长（1986年后设）和委员若干人组成。市人大常委会组成人员名额定为65人，下设办公厅，在秘书长领导下参与政务，掌管事务。1980年5月，市七届人大常委会四次会议决定，在市人大常委会下设政治法律、财政经济、市政建设、科学文教4个专门委员会。1983年5月，市八届人大四次会议决定设立市人大法制、财政经济、教育科学文化卫生、市政建设4个专门委员会，取消常委会下设专门委员会。同年，市人大常委会设立代表资格审查委员会和人事工作委员会，负责代表资格审查和人事任免初审。至2022年，市人大共设置13个专门委员会。自1977年至2022年，市人大先后经历第七至十五届，共9个届次，先后选举严佑民、胡立教、叶公琦、陈铁迪、龚学平、刘云耕、殷一璀、蒋卓庆为常委会主任。

市人民代表大会实行民主集中制，通过会议集体行使职权。市人民代表大会预备会议的主要议题是选举会议的主席团和秘书长，通过会议的议程，通过会议各委员会组成人员名单等。市人民代表大会会议主席团的主要职责是主持市人民代表大会会议，决定副秘书长的人选，领导市人民代表大会各委员会的工作，提出各项决议、决定的草案，依法提出国家机关领导人员的候选人选，决定议案、罢免案和质询案的审议程序等。会议设立秘书处，在秘书长领导下，负责大会各项会务工作。市人民代表大会会议各项议题的审议，采取按代表团分组审议为主、辅以全体会议审议两种形式；自1987年市八届人大六次会议以来，还由市人大专门委员会组织有关代表进行专题审议。每次会议除有关人员依法列席会议外，自1962年7月市四届人大一次会议以来，市政协委员等也列席全体会议听取有关报告。1989年4月市九届人大二次会议以来，市人大常委会、市人民政府及其有关部门、市人民法院、市人民检察院派出专门人员到会场直接听取和处理代表的意见。1991年4月市九届人大四次会议以来，设立市民旁听席，邀请各界人士旁听会议。会议期间，代表可以提出议案以及建议、批评和意见（简称书面意见），还可以提出质询案和询问事项。2017年，上海全面推进市人大代表向原选举单位报告履职情况。自1954年至2022年底，市人民代表大会共召开64次全体会议，1次临时会议。

上海解放后至1954年，原属江苏省的上海、嘉定等10县均召开多个届次的各界代表大会。1954年，各区、县及乡、镇相继举行第一届人民代表大会首次会议。“文化大革命”期间，区、县及乡、镇人民代表大会被迫停止活动。1978年后，区、县及乡、镇人民代表大会工作与建设得到恢复和发展。1979年始，区、县人民代表大会每届任期3年。1980年8月、1981年4月，全市各区、县人民代表大会先后分别建立常务委员会。1980—1993年，各区、县人大共经历4届。1995年起，区、县人大每届任期改为5年。1993—2022年，各区、县人大经历6～7届。1980年12月—1981年2月，全市238个人民公社和镇，先后举行第八届人民代表大会第一次会议。1988年3月，市八届人大常委会第三十五次会议通过关于乡、镇人民代表大会设主席团常务主席的决定。1995年始，乡、镇人大设主席、副主席。2004年，乡、镇人大每届任期由3年改为5年。1995—2022年，全市各乡、镇人民代表大会共经历7届。

资料链接：

《上海人民代表大会志》

《上海市志·人民代表大会分志（1978—2010）》

政 府

旧政权建置 南朝梁天监年间，分海盐县东北境置前京县，上海地区始有相对独立的行政建置。梁中大通六年（534年），分海盐县东北境置胥浦县。二县县治均在今上海地区，县衙具体位置不详。唐天宝十载（751年），华亭县设立，是上海地区有比较翔实史料记载政权机构的开始。南宋嘉定十年十二月初九（1218年1月7日），嘉定县设。元至元十四年（1277年），在崇明岛设崇明州。同年，华亭县升为华亭府（后改松江府）。至元二十九年（1292年），上海县设立。明嘉靖二十一年（1542年），青浦县设立。清顺治十三年（1656年），置娄县。雍正二年（1724年）、雍正四年（1726年）宝山县、福泉县、奉贤县、金山县、南汇县相继设立。雍正八年（1730年），分巡苏松兵备道移驻上海，后添辖太仓州，称分巡苏松太兵备道，简称上海道。乾隆八年（1743年），福泉县并入青浦县。嘉庆十年（1805年），川沙抚民厅设立。至上海开埠以前，上海地区行政机构基本分道、府、县三级，包括上海道、松江府，以及10县1厅。

上海道设道台1员，正四品，管辖范围包括苏州、松江二府和太仓州，除了承担协助省政权管理政务、监督府县的基本职责外，还兼管海关，负有整饬兵备、监察地方武官及参与军机、领兵作战的职责。上海开埠后，地方外交事务亦由道台掌管。府是县的上一级机构，设知府、同知、通判、推官等官员，有经历所、司狱司等机构。明代松江府设知府1员，正四品；同知1员，正五品；通判1员，正六品；推官1员，正七品。府下设有经历所、照磨所、司狱司等办事机构。知府掌一府之政，同知、通判分管巡捕、税粮、农田水利等事。清代松江府官吏设置及职能沿袭明制，知府衙门内部组织机构由府堂、经历司、照磨所、司狱司等组成。府堂分吏、户、礼、兵、刑、工六房办理具体事务，是直接为知府服务的综合性机构。晚清时期，松江府曾设立松沪捐厘局（原名江南捐厘总局），征收厘金。从唐代到清代，县都是最基本的地方政权机构。县的组织结构大体相同，知县（元称监县）为行政长官，下设县丞、主簿、巡检、教谕、训导、典史、僧会道会司等官员和属吏，分别执掌粮马、赋税、户籍、巡捕、司法及县学、宗教管理等事务。县署内设吏、户、礼、兵、刑、工六房，为铨选、财赋、祭祀、武备、司法、营造等事务的办事机构。此外还有执行缉捕、看守、行刑事务的壮班、兵班、捕房等若干差役。

1911年10月辛亥革命后，上海出现过短暂的过渡型政权沪军都督府。北洋政府时期，上海地方政权实际操诸驻军最高长官。1913年，袁世凯任命海军中将郑汝成为上海镇守使，为上海驻军最高长官，不受江苏督军节制，并有处置上海地方内务、警政之权。1912 年，上海地区废除上海道，裁松江府，撤娄县，并入华亭县，改川沙抚民厅为川沙县。1914 年，上海恢复道的建制，设上海观察使，初由特派江苏交涉员兼任，不久改称沪海道尹，辖上海、宝山等 12 县。沪海道尹公署设内务、财政、教育、实业 4 科。这一时期上海地方政权的各个部分隶属关系复杂，政出多门，加之各派军阀相互倾轧，政局动荡。1915 年 11 月，郑汝成被刺杀，上海镇守使与松江镇守使合并为松沪护军使。1924 年江浙战争后，北京政府下令裁撤松沪护军使，拟建立淞沪特别市，未果。1925 年，孙传芳占领上海，于翌年建立淞沪商埠督办公署。公署为管理包括吴淞、闸北在内的上海一切行政、外交、治安及地方自治事务的政权机构。1927 年 3 月 22 日，中国共产党发动领导的上海工人第三次武装起义取得胜利，建立上海特别市临时市政府，不到一个月，蒋介石发动四一二反革命政变，临时市政府被解散。1927 年 7 月，上海特别市政府成立，实行市长负责制，设秘书处及财政、工务、公安、卫生、公用、教育、社会、土地、港务等局，并设立由 13 人组成的咨询性的市参事会，后改称参议会，但基本没有活动。1930 年 7 月，上海特别市改称上海市。市政府初设在枫林桥旧道署内，后迁至江湾新楼。1937 年 11 月上海沦陷后，租界以外地区被日本侵略军占领。同年 12 月，日本特务机关操纵在浦东建立伪上海市大道政府，又先后改称“督办上海市政公署”和“上海特别市政府”。1945 年抗战胜利后，上海市政府恢复。此后，上海市政府陆续设有警察、财政、社会、教育、卫生、工务、公用、地政、民政局，秘书、人事、总务、会计、调查、统计、新闻处及参事、机要、外事、研究室，建立了市政谘议、经济、保卫、房屋租赁管理等多个咨询性质的委员会。民国时期，上海地区共有上海县、松江县等 10 个县级政府。1912 年，各县行政机构为民政署，长官为县知事，下设立民政、财政、建设、总务等科。1927 年国民政府成立以后，民政署改为县政府，行政长官为县长。此后，各县政府陆续添设公安、教育、土地、人事、军事等科或局。区级机关，并不是一级政权机构。上海特别市成立以后，设 17 个区，主要以警力分区。1945 年抗战胜利后，设 30 个区，属自治性基层组织，各区的称谓称自治区。区公所内设民政、户政、警卫、经济、文化等股，全体人员一般二三十人。

上海开埠后至 1943 年，上海英美公共租界、法租界分别设有工部局、公董局，行使行政管理职能。

1949 年 5 月 27 日，上海解放。次日，上海市人民政府成立，旧政权结束。

资料链接：

《上海通志》第四卷

《上海旧政权建置志》

人民政府　1949 年 5 月 28 日，上海市人民政府成立，陈毅任市长。市政府是地方国家行政机关，也是市人民代表大会执行机关；既领导上海的行政工作，也领导地方立法和司法工作；由市长、副市长及市政府委员组成。与中国人民解放军上海市军事管制委员会的许多工作部门合署办公，军政一体开展工作。年底，市政府设办公厅、秘书处等 23 个工作部门。1954 年 6 月，中央撤销大区及大区行政机构，华东行政委员会所属部分部门逐步下放移交上海市。1955 年 2 月，市政府改为上海市人民委员会（简称市人委会），并对所属工作部门作较大调整，至年底，直属机构和工作部门共 56 个。同年，因“潘汉年、扬帆反革命”冤案，市人委会工作受到影响，1957 年 1 月始得到加强。1958 年 9 月，根据中央精神，明确实行党政不分原则，市人委会各部门工作直接向市委及相关部委请示汇报，市人委会职能和工作受到严重削弱。同年 11 月，柯庆施任市长。1962 年，市委重申党委领导下的分工负责制，市人委会工作得到加强，职能、作用重新得到发挥。1965 年 4 月，曹荻秋任市长。

1966 年“文化大革命”开始后，市人委会无法正常工作。1967 年 1 月，“造反派”组织非法夺取中共上海市委和市人委会的领导权，2 月 5 日宣布成立所谓“上海人民公社”，同月 23 日改称为上海市革命委员会（简称市革委会），张春桥任市革委会主任。市革委会是党政合一的，集党权、立法权、行政权、司法权于一身的临时权力机构。市革委会成立后，“造反派”层层夺权，原中共上海市委、市人委会的部、委、办、厅、直属处工作机构撤销或合并，另设党政合一的市革委会办公室和各个组，原市人委会各职能局除人事、档案等少数局被撤并外，大多数局的建制没有变动，不再列入市革委会机构序列。1971 年 1 月，中共上海市委选举产生后，市革委会将党的工作转交市委。至 1976 年 10 月，市革委会有下属机构 18 个。

粉碎“四人帮”后，中共中央改组市革委会领导班子。1976 年 10 月，苏振华任市革委会主任。1979 年 1 月，彭冲继任。1977 年，针对市革委会内部机构“大组套小组，上下都是组”的形式进行较大的调整，改为厅、委、办、局模式。至 1979 年 12 月，市革委会所属工作部门 72 个。

1979年12月，市七届人大二次会议决定将市革命委员会改为市人民政府，由市长、副市长和秘书长、局长、委员会主任组成，所属工作部门76个。1980年3月，彭冲调离，同年10月，副市长汪道涵代理市长，次年4月任市长。1985年7月，江泽民任市长，1988年4月、1991年4月、1995年2月，朱镕基、黄菊、徐匡迪先后继任市长。市革委会改为市政府以后，一方面根据当时政府工作的需要，恢复或增设了一批工作机构；一方面按照中央有关改革政治体制、整顿人员编制的规定，本着“精简、统一、效能、节约”的原则，对政府机构设置和人员编制进行整顿、改革，并先后于1983年、1995年进行两次集中的机构改革。随着经济体制改革的开展，按照“政企分开”的原则，20世纪80年代中期逐步转变政府职能，简政放权，先后撤销或解体77个行政性专业公司，下放企业经营管理权。1990年，市政府有下属工作部门85个。进入90年代，特别是中共十四大之后，市政府按照建立社会主义市场经济体制的要求，进一步改革政府管理体制，由直接管理逐步转为间接管理，先后撤销了机电、仪表、纺织、轻工、二轻、建工、建材、水产、一商、二商等多个专业管理局，将这些局改制为国有资产投资控股公司或生产经营型公司；同时组建国有资产管理机构，逐步形成相对独立的国有资产管理体系，以改进和加强对国有资产的监管。1998年，市政府工作部门共56个。2000年、2003年、2008年，按照中央关于地方政府机构改革的方针、原则，结合上海特大型城市的功能、特点和社会经济发展状况，上海先后3次进行市政府机构改革，持续转变政府职能，优化政府组织结构，完善运行机制，建立与国务院机构框架大体协调的办事高效、运转协调、行为规范的行政管理体系。2008年机构改革后，市政府机构设置45个。2013年，市政府进一步推进法治政府建设，加快转变政府职能，简政放权。2003年2月，韩正任市长。2012年12月，常务副市长杨雄代市长，2013年2月任市长。2017年1月，应勇任市长。2020年3月，副市长龚正代理市长，同年7月任市长。至2022年底，市政府机构设置44个。

1949年5月28日上海市人民政府成立后，各区、乡镇、街道派出组织建设同步进行。1950年6月，市政府批准成立30个区人民政府，并任命区长、副区长。同年，各区政府冬防办事处（街道办前身）、乡镇政府成立。1958年，郊区10县由江苏省划入上海，10县政府隶上海市政府领导。自成立起至2022年，街道办、乡镇政府随着市政府体制机构演变而不断变化。1995年起，市政府不断完善市区“两级政府、三级管理”（即市、区两级政府，市、区、街道三级管理），郊县“三级政府、三级管理”，向区县下放事权，赋予区县更多的社会管理权力和责任。2001年、2009年，区县政府先后进行两次机构改革，精简机构，转变职能，提升效能。至2022年底，全市有16个区政府，107个街道办、106个镇政府、2个乡政府。

资料链接：

《上海人民政府志》　　《上海市志·人民政府分志（1978—2010）》

人民政协

1949年12月，上海市第一届第二次各界人民代表会议决定设立常设机关——协商委员会，陈毅被推选为主席。次年4月，市协商委员会决定设立常务委员会。按照中央规定，1950年6月起，市协商委员会代行中国人民政治协商会议上海市委员会职权。市协商委员会既是上海市各界人民代表会议休会期间的常设机构，又是代行中国人民政治协商会议上海市地方委员会职权的人民民主统一战线组织。市协商委员会设置专门委员会和专门工作组，作为开展各项活动的工作机构。除常设的机构外，还设立临时性机构，如反革命案件审查委员会等。市协商委员会第一届设有4委6组，以后迭有增减调整，最多时设有13个委员会。市一届二次各界人民代表会选举产生第一届市协商委员会委员52人，后最多增至79人。委员来自在上海和全国有声望、有影响、有代表性的12个方面人士。从成立到1955年5月结束，市协商委员会共经历3届。市协商委员会在中共上海市委领导下，为履行市各界人代会常设机构的职能，参与市政府为恢复国民经济和争取财经状况好转而采取的各种举措的协商和决策；参与为保卫、巩固和建设人民政权而进行的各项政治运动的重要政策的协商和决策；参与重要人事安排和市人民代表人选的协商和决策；参与对市政府拟订的各种法规条例的审议等。另一方面，为履行代行人民政协地方委员会的职权而开展统一战线工作，协调统一战线内部的各种关系，在推动各民主党派地方组织开展工作和调整公私关系、劳资关系等方面，做了大量的工作。

1955年5月12—15日，市政协一届一次全体会议召开，通过《中国人民政治协商会议上海市委员会组织简则》，选出主席、副主席、秘书长和常务委员共80人，组成常务委员会，柯庆施任主席，中国人民政治协商会议上海市委员会正式成立。市政协一届委员会由27个界别、275名委员组成，委员由协商产生，其中，中共党员67人，占24.4%；民主党派和无党派人士208人，占75.6%；女委员30人，占10.9%。历届市政协基本沿用该组织形式，但界别数和委员人数逐届有所增加和调整。市政协一届委员会常委会下设20个委组机构。按《政协章程》规定，每届任期2年。1955—1956年，适逢“一五”计划和三大改造，知识分子工作被提上议事日程。市政协开展各种形式的协商活动，民主空气十分活跃。1957—1966年，因反右派斗争扩大化、"大跃进""反右倾"等一系列干扰，市政协工作反复受到影响。该阶段，市政协在履行协商监督的职能方面，曾就上海的建设方针、主副食品的计划供应、开展技术革命、上海工业贯彻"调整、巩固、充实、提高"八字方针和动员知识青年支援边疆建设等项工作，进行传达和组织一些讨论。自1955年至1966年，市政协共历4届，第二届起陈丕显任主席。1966年8月以后，由于"文化大革命"，市政协工作被迫中止。

1977年12月24—29日，市政协五届一次全体会议召开，标志着人民政协全面恢复活动。会议通过《政协上海市第五届委员会第一次全体会议决议》，选举出市政协第五届主席、副主席、秘书长和常委共130人，组成第五届常委会。市政协五届委员会由28个界别、627名委员组成，其中，中共党员239人，占38.1%；民主党派和无党派人士388人，占61.9%；女委员80人，占12.7%；少数民族11人，占1.7%；委员中还有台湾籍同胞6人，老红军12人。后经历届不断补充调整，2018年1月协商产生市政协十三届委员会，由32个界别、835名委员组成，其中，中共党员315人，占37.7%；非中共党员520人，占62.3%；少数民族18人，占2.2%；女委员218人，占26.1%；非公有制经济人士62人，占7.4%；新的社会阶层人士44人，占5.3%；港澳委员68人，占8%。1982年起，根据修订的《政协章程》，每届任期改为5年。1977—2022年，市政协经历第五至第十三届，共9届，先后选举彭冲、王一平、李国豪、谢希德、陈铁迪、王力平、蒋以任、冯国勤、吴志明等任主席。1978年3月，根据1978年2月修订的《政协章程》，决定成立学习委员会、对台宣传工作委员会、文史资料工作委员会、编译工作委员会、国际问题研究委员会、调查研究工作委员会、信访接待工作委员会7个工作委员会。之后又屡次增设委员会和工作组，至2022年底，市政协共设12个专门委员会。自第七届政协始，明确专门委员会是在常委会和主席会议领导下履行政协职能，分类进行工作，组织委员开展经常性活动的工作机构。

市政协作为中共上海市委领导的多党合作和政治协商的重要机构，切实履行政治协商、民主监督、参政议政三大职能，是上海人民政治生活中发扬社会主义民主的重要形式。自1977年市政协恢复至2022年，市政协通过一般每年召开1次的全体会议，共召开46次全体会议，听取和审议市政协常委会的工作报告，听取和审议提案委员会的工作报告，列席市人民代表大会（简称市人代会），听取和讨论市政府工作报告、市国民经济和社会发展计划执行情况报告、市财政预决算情况报告、市检察院和市法院的工作报告等；不定期召开的常委会会议，共300次，协商决定常委会工作中的重大问题，协商讨论有关上海的大政方针、重要事务和群众生活中的重要问题，听取和讨论中共上海市委、市政府及其所属部门的有关重要报告，审议市政协重要的视察报告、调查报告和建议案，协商决定本届和下一届市政协的参加单位、委员名额和人选。1980 年起，市政协每年围绕市委、市政府的中心工作，人民群众关心的热点问题组织若干次视察活动，自第七届政协起，基本形成每年 1 ～ 2 次委员集中视察和若干次专委会专题视察制度。同时，政协委员提案数量不断提高，五届政协期间，仅限于全体会议期间提交提案，1985 年 4 月六届政协决定增设提案工作委员会，政协委员可随时提交提案。六届政协 5 年间立案提案 2083 件，八届政协最高达 5858 件，之后各届一般保持在 5000 件左右。1995 年，八届政协起逐步开展反映社情民意信息工作，八届政协 5 年间收到此类信息 100 余篇，之后快速攀升，十三届政协为 8.5 万件。

区县政协与市政协发展历程基本同步，1955 年 5 月前，全市各区及原属江苏省 10 县均成立政治协商委员会，1955 年 5 月后相继成立区县政协。“文化大革命”期间，区县政协被迫中止活动。“文化大革命”后，区县政协相继恢复，并随着区县区划撤并而变化，至 2022 年，全市有 16 个区政协。

资料链接：

《上海人民政协志》　　《上海市志·人民政协分志（1978—2010）》

党　派

中国国民党上海地方组织　中国国民党为上海解放前最重要的政党之一。清光绪三十一年（1905 年），中国国民党前身中国同盟会在上海设分会，开始在上海地区进行早期建党活动。宣统三年（1911 年）同盟会中部总会在上海成立。随后，1912 年成立的国民党和 1914 年成立的中华革命党，均在上海设立分部机构。1919 年，孙中山将中华革命党改组为中国国民党，总部设在上海。1922 年，孙中山在中国共产党帮助下，以上海为基地改组中国国民党，促成第一次国共合作。1925 年起，中国国民党在上海地区秘密建立地方党部。1927 年 3 月，国民革命军北伐进入上海，中国国民党上海地方组织及活动开始公开。先后设立中国国民党上海特别党部、中国国民党上海特别委员会、中国国民党上海执行委员会。上海市各区和上海近郊的江苏省各县成立区党部、县党部，基层设立区分部及总支部、支部等。中国国民党还在上海设立全国性的京沪区铁路特别党部、中华海员特别党部等。中国国民党西山会议派、改组派、再造派等派系均在上海建立组织，开展活动。1937 年全民族抗战爆发后，中国国民党上海地方组织或迁往内地、或转入地下，开展秘密活动。1939 年，汪精卫伪中国国民党在上海建立中央党部和地方党部，进行卖国投降活动。抗战胜利后，中国国民党上海地方组织恢复，党员从 1925 年的 900 人，到 1947 年增至 5 万余人。到 1949 年 5 月上海解放，中国国民党上海各级地方组织自行解体或被取缔。

中国国民党革命委员会上海市委员会 由原中国国民党民主派和其他爱国人士创建。1948 年 1 月，中国国民党革命委员会（简称民革）在香港成立。之后，在上海先后组建民革上海临时工作委员会（1948 年 6 月）、民革上海临时分会（1948 年 12 月）、民革上海特别小组（1949 年 1 月）和民革上海分会（原为中国国民党民主促进会华中总支部，1949 年 3 月正式成立）等 4 个地下组织。1946 年春，国民党爱国民主人士组成的三民主义同志联合会（民联）由重庆移至上海，建立民联联络处，同上述 4 个组织之间均无联系。1949 年 9 月，遵照民革中央指示，上述 5 个组织与民革南京分会合并成立民革沪宁区临时工作委员会，主要任务是整顿各地下组织，统一会务，办理党员重新登记审查工作。1950 年 3 月，民革中央通知撤销民革沪宁区临时工作委员会，成立民革上海市分部筹备委员会，先后委派 14 名委员，以丁超五为召集人。1955 年 3 月，筹委会召开全体党员大会，选举产生第一届民革上海市委员会。“文化大革命”中停止活动，1977 年恢复活动。至 2022 年历 15 届，是年底共有党员 7899 人，直属基层组织 53 个，其中区级组织 15 个。

中国民主同盟上海市委员会 以教育、科技、文化事业中的上层知识分子为主组成。1941 年 3 月，中国青年党、国家社会党、中华民族解放行动委员会、中华职业教育社、乡村建设派、救国会（统称“三党三派”）在重庆组成中国民主政团同盟，实行团体会员制。1944 年 9 月改为中国民主同盟（简称民盟），改为以个人身份参加。抗战胜利后，重庆、昆明、成都等地部分民盟盟员到上海。1945 年 12 月，民盟中央派员到沪筹建上海市组织。次年 2 月，民盟上海市支部筹备委员会成立，8 月正式成立。1947 年 10 月，国民政府内政部宣布民盟为“非法团体”，民盟上海市组织转入地下。同年 12 月，民盟上海市支部（地下）组织成立。上海解放后，民盟上海市支部临时工作委员会成立。1951 年 10 月，根据民盟总部通知，结束临时工作委员会，经选举产生民盟上海市第一届支部委员会。1956 年 5 月，改称为中国民主同盟上海市委员会。“文化大革命”中停止活动，1977 年恢复活动。至 2022 年历 16 届，是年底共有盟员 23349 人，市属组织 97 个，其中区级委员会 16 个。

中国民主建国会上海市委员会　初建时以爱国民族工商业者及与其有联系的知识分子组成，改革开放后主要由经济界人士组成。1945 年 12 月，中国民主建国会（简称民建）在重庆成立。1946 年初，民建总会函请在沪理监事推动上海分会筹建，成立上海分会筹备委员会。4 月，民建总会迁上海；10 月，改组上海分会筹委会；11 月，民建上海分会成立。1947 年 10 月，受国民政府镇压，活动被迫转入地下。次年 11 月，民建总会与上海分会举行常务理监事联席会议，成立临时干事会（简称临干会），承担总会与上海分会的双重职权。1949 年 5 月，“临干会”扩大为临时工作委员会（简称临工会）。7 月，撤销上海“临工会”代行总会的职权，明确“临工会”是上海分会的临时代行职权机构。9 月，民建总会迁北京。1953 年，“临工会”改建为民建上海市分会。1956 年 5 月召开会员大会，改称为民建上海市委员会，选举产生中国民主建国会上海市第一届委员会。“文化大革命”中停止活动，1978 年恢复。至 2022 年历 14 届，是年底共有会员 17394 人，区级委员会 16 个，直属基层组织 48 个。

中国民主促进会上海市委员会　以教育、文化、出版工作的知识分子为主组成。1945 年 12 月，中国民主促进会（简称民进）在上海成立。1947 年下半年，国民党白色恐怖日益严重，民进被迫转入地下，部分领导人先后秘密抵达香港、东北和华北解放区。1949 年 2 月，民进主要领导人进入北平，组建民进总部。6 月，民进上海市分会成立，选举产生民进上海市分会第一届理事会。1956 年 11 月，民进上海市分会改为民进上海市委员会。“文化大革命”中停止活动，1977 年 11 月恢复。至 2022 年历 17 届，是年底共有会员 11969 人，区级组织 16 个，其中区级委员会 14 个，区总支部 2 个；基层委员会 23 个，直属支部 6 个。

中国农工民主党上海市委员会　主要由医药卫生界中上层知识分子组成。前身为 1930 年 8 月在上海创立的中国国民党临时行动委员会（简称临委），随后成立上海小组。1931 年 8 月，临委及其上海组织遭到破坏。11 月，中央改组上海组织，恢复活动。1933 年，临委大部分领导人离沪赴闽参与建立福建人民政府的反蒋斗争，临委在上海的活动基本停顿。1935 年 11 月，党名改为中华民族解放行动委员会（简称解委），同时建立以上海为基地的华东区领导机构，恢复上海市组织。1937 年上海沦陷，解委领导人和成员撤离上海，停止组织活动。1947 年 2 月，解委在上海召开会议，党名改为中国农工民主党（简称农工党），同时成立农工党上海市党部委员会。1947年10月，农工党中央被迫迁往香港，上海市党部转入地下。1949年6月，上海市党部改组为农工党上海市整理党务工作委员会，8月成立农工党上海市临时工作委员会。1950年1月，成立农工党上海市工作委员会。1954年8月，农工党上海市第一次党员大会召开，选举产生农工党上海市第一届委员会。至2022年历14届，是年底共有党员10860人，区委员会16个、市委直属基层组织45个。

中国致公党上海市委员会 以归侨、侨眷中的上层人士为主和其他有海外关系的代表性人士组成。1925年10月，美洲致公总堂在旧金山发起成立中国致公党（简称致公党）。1950年初，致公党总部由香港迁往广州。1953年7月，致公党中央迁至北京。1979年10月，中国致公党第七次全国代表大会决定在上海等大中城市建立地方组织。1980年8月，致公党中央决定筹组致公党上海组织。同年12月，中国致公党上海市支部委员会成立。1984年3月，全体党员大会召开，选举成立致公党上海市委员会。至2022年历9届，是年底共有党员5177人，区委及直属组织46个，其中区级委员会11个。

九三学社上海市委员会 以科学技术界高中级知识分子为主组成。前身为1944年在重庆发起的民主科学座谈会。1945年9月，为纪念抗日战争及国际反法西斯战争的胜利，改名九三座谈会。1946年1月，决定成立永久组织，定名九三学社。同年5月，九三学社在重庆成立。同年6月，在沪社员会议召开，成立九三学社上海分社，公推产生第一届理事会。1953年8月，改为九三学社上海分社委员会。"文化大革命"中停止活动，1977年11月恢复。1984年4月，经九三学社中央批准，改称九三学社上海市委员会。至2022年历18届，是年底共有社员15303人，区级委员会16个，直属基层组织51个。

台湾民主自治同盟上海市委员会 由台湾省人士组成。1947年11月，一部分从事爱国民主运动的台湾省人士在香港发起成立台湾民主自治同盟（简称台盟）。1949年3月，台盟总部迁北平，11月，迁上海。同年7月，台盟华东总支部在上海成立。1954年，台盟华东总支部与台盟总部合并办公。1955年2月，台盟总部迁北京。同年4月，台盟华东总支部撤销，成立台盟上海市支部。"文化大革命"中停止活动，1977年11月恢复。1983年11月，改为台盟上海市分部。1987年11月30日，改为台盟上海市委员会。至2022年历13届（其中华东总支部1届，上海市地方组织12届），是年底共有盟员346人，区级委员会4个、直属基层组织2个。

资料链接：

《中国民主党派上海市地方组织志》　　《上海市志·民主党派分志（1978—2010）》

人民团体

上海市工商业联合会　1949 年 8 月，根据中共中央关于成立工商业联合会的决定，上海市第一次各界人民代表会议决议筹备建立工商业组织。同月，上海工商业组织问题委员会召开会议，定名为“上海市工商业联合会”，其任务是接管旧上海市商会、市工业会，整理工商业同业公会，召集工商业同业公会召开工商界代表会议民主产生代表，领导全市工商业有计划有步骤地进行各项具体工作。随后，上海市工商业联合会筹备会成立，推选产生常务委员会，并下设 6 个专门委员会。9 月，接管上海市商会和市工业会。1951 年 2 月，上海市工商界第一届第一次代表会议举行，正式成立上海市工商业联合会（简称工商联），会议产生执行委员会。1957 年 8 月，市工商联与民建市委联合组成“上海市工商界整风工作委员会”。市工商联和民建市委由于联系的对象和任务趋同，于 1958 年 5 月合署办公。至“文化大革命”前，市工商联历第一至第五届共 5 届。“文化大革命”中，市工商联停止活动。1977 年 11 月，市工商联恢复活动，由第五届继续履职。1992 年前后，市工商联和民建市委结束合署办公。1993 年 11 月起，上海市工商业联合会同时称上海市商会。1995 年 2 月，上海市商会揭牌。1977 年至 2022 年，市工商联历第五至第十五届共 11 个届次。

初期，市工商联组成有团体会员、个别会员和个人会员。团体会员主要是各业同业公会和工商业组织，有企业 8 万余户。个别会员系尚无同业公会可加入的工商企业。市工商联筹备会对全市 337 个同业公会进行整理，至 1951 年调整成立工商业同业公会 276 个。1957 年底，又调整改组为 176 个。公私合营后，原来的私营工商业者成为个人会员。1985 年 8 月，开始进行会员结构改革试点，发展以各类工商业企业为主，包括新的工商团体、企业家和经济工作者为新会员。1987 年 10 月，市工商联有新会员 2562（个）人，原工商业者会员 20670 人。1992 年，重点吸收非公有制企业为会员。1995 年，市工商联会员 24653 个（人），其中非公有制经济企业会员 5671 个，国有企业等会员 4982 个（人），原工商业者会员 14000 人。随着非公经济的日益壮大，市工商联会员数迅速攀升，2010 年达 34081 户

（人），其中，非公企业会员 26746 户。至 2022 年底，全市有逾 9.6 万个工商联会员，213 个乡镇、街道商会。

自成立伊始至“文化大革命”前，市工商联发动工商界人士在抗美援朝运动中捐款、捐物、慰问志愿军，参加“三反五反”运动，指导私营工商业者在国家总的计划下发展生产，改善经营，代表私营工商业的合法利益，向政府或有关部门反映意见，提出建议；组织全市各行业实行公私合营，安排工商界人士担任专业公司领导职务，参加社会主义建设运动，举办工商界政治学校等。“文化大革命”结束后，市工商联协助中共和政府落实对民族工商业者的各项政策，为错划右派的工商界人士平反，发挥工商业者技术和管理专长，使其为经济建设献计出力。1979 年，上海工商界组团访问香港，同年又集资组建“上海工商爱国建设公司”。由市工商联牵线搭桥，1980 年成立上海第一个沪港合资企业——联合毛纺织厂。之后，创办上海工商专业进修学院、上海工商职工中等专业学校和上海工商学院。1987 年、1990 年 2 次成功举办上海市工商联企业会员名特优新产品展销会。1991 年后，市工商联作为政府管理非公有制经济的助手和政府联系非公有制经济代表人士的桥梁，其工作对象，除原工商业者外，主要是私营企业、个体工商户，“三胞”（侨胞、台胞、港澳同胞）投资企业和部分乡镇企业及其他企业的代表人士。2005 年起，开展年度上规模会员企业调研和两年一次的上海私营企业抽样调查。2022 年，上海民营经济圆桌会创办。同时，随着上海改革开放的发展，市工商联不断调整会员结构、完善商会职能、拓宽商会服务功能，深入调查研究，大胆实践，先后试行非公有制企业和企业代表人士评定职称、质量管理、档案管理、协助办理出国出境护照、贷款担保等；贯彻执行“团结、帮助、引导、教育”的方针，做好非公有制经济代表人士的思想政治工作；培养和推荐非公有制经济代表人士担任各级工商联领导职务，推选人大代表和推举政协委员，积极参政议政；加强拓展对外联络工作，多次接待国外及中国港澳台地区工商团体。

资料链接：

《上海工商社团志》

《上海市志·群众团体分志·工商联卷（1978—2010）》

上海市总工会 新民主主义革命胜利，工人阶级成为国家的领导阶级和企业的主人。1949 年 5 月 31 日，上海解放后第 4 天，上海总工会筹备委员会成立，选举产生第一届委员会、监察委员会（第二次代表大会起改称经费审查委员会）。在一届一次全委会上，选出常务委员和正、副主席。1950 年 2 月，上海市第一次工人代表大会举行，恢复历史上的光荣名称上海总工会。1955 年 1 月，根据《中国工会章程》，改称上海市工会联合会。1959 年 8 月，根据中华全国总工会决定，又改称上海市总工会。“文化大革命”开始后，市总工会领导权于 1967 年 1 月被以王洪文等成立的“上海工人革命造反总司令部”（简称“工总司”）所篡夺。1972 年 1 月，“工总司”及所属各级联络站统一改名为“工代会”，并以“工代会”取代了各级工会。“文化大革命”结束后，上海各级工会随即恢复活动。1978 年，市工会第六次代表大会召开，拨乱反正，重建工会。市总工会每届任期 5 年。至 2022 年，市总工会历 14 届，召开代表大会 14 次。

1950 年上海总工会成立之初，有下属产业工会 37 个、区办事处 20 个，会员达 88 万余人，占上海职工总数的 91%。同时，上海总工会在全市各区设办事处。随着上海工人阶级的队伍不断壮大，上海工会不断发展。1962 年“二五”计划完成之时，全市共有职工 233.33 万人，工会会员 147.67 万人。改革开放以后，全党工作重点转到以经济建设为中心，职工人数和工会组织均得到快速发展。1979 年底，通过重建与民主选举，建立基层工会 9707 个，会员达 305 万人。1988—1991 年，各区相继成立区总工会。至 1992 年，全市有基层工会 16739 个，会员 442 万人。1992 年后，受国企改革深化和国企大规模重组、下岗分流、减员增效等影响，工会会员有所流失。1997 年底，全市基层工会降至 15388 个，会员减少至 361.5 万人。1998 年后，市总工会针对非公经济不断发展壮大和职工队伍结构变化状况，以非公经济为重点领域，以农民工群体为重点对象，积极推进工会组织建设。2009 年底，全市外资企业工会高达 1.7 万家。 2010 年后，工会组织建设保持较快增长。至 2022 年底，上海市总工会辖区局（产业）工会、企业（集团）工会和直属机关工会 119 个，工会基层组织 4.83 万家，基层工会涵盖单位 15.52 万家，会员总数 711.20 万人。

自上海解放初至“文化大革命”前，上海工会广泛地组织和动员全市职工群众响应党和政府号召，积极参加解放初期的清点接管、反对美蒋封锁轰炸，以及镇压反革命、抗美援朝等各项政治运动和对私营工商业实行社会主义改造，并在恢复发展生产、完成国家计划、推进社会主义建设事业中，作出了卓越的贡献。在“文化大革命”中，一批工人中的败类发起成立的所谓“上海工人革命造反总司令部”，篡夺了上海工会的领导权，成为江青反革命集团篡夺上海党政大权的骨干力量。但广大职工对他们的倒行逆施进行了抵制和斗争。中共十一届三中全会召开后至 2022 年，上海工会坚定不移地贯彻党的基本路线，坚持以经济建设为中心，充分发挥上海工人阶级的“带头羊”作用，全面履行工会的维护、建设、参与和教育的社会职能，团结和组织广大职工深入开展各种形式的社会主义劳动竞赛和合理化建议活动，并从各方面提高职工队伍的素质；积极推行和完善以职工代表大会制度为基本形式的职工民主参与、民主监督和民主管理制度；关心职工生活，为职工办实事、办好事，保护和调动广大职工的社会主义积极性，为上海改革开放、社会主义物质文明和精神文明建设，以及建设具有世界影响力的社会主义现代化国际大都市作出了卓越的贡献。

资料链接：

《上海工运志》　　《上海市志·群众团体分志·工会卷（1978—2010）》

中国共产主义青年团上海市委员会　1920年6月，中国共产党发起组成立的同时，上海社会主义青年团组织也开始筹备。8月22日，上海社会主义青年团正式成立。不久，团员发展到30余人。但因思想信仰不一、人事变动和经费不足等原因，1921年5月宣告暂时解散。同年11月，上海社会主义青年团恢复，同时，以上海机关代理中央局职权至1922年5月中国社会主义青年团第一次全国代表大会召开之前。团一大后，上海团组织改组为中国社会主义青年团上海地方执行委员会，直属团中央领导。团上海地委成立后，团组织发展相对较快。1923年1月，团上海地委下辖9个团支部，有团员约160人。1924年6月，团中央决议江苏、浙江、安徽三省团组织成为一区，取消团上海地委的建制，成立团江浙皖区委兼上海地委，领导机关设上海。1925年1月，中国社会主义青年团第三次全国代表大会在上海举行，决定改名中国共产主义青年团。2月，团江浙皖区委撤销，团上海地委恢复。同年初，上海团员约有200人。五卅运动中，大批青年工人和学生被发展为团员，共青团组织得到壮大。1926年3月，上海地委下辖10个团部委、94个团支部，团员2285人。同年4月，共青团江浙区委成立，领导江苏、浙江和上海的团工作，上海地委作为一级组织仍然保留。1927年四一二反革命政变中，团组织遭到破坏。1927年5月，团第四次全国代表大会后撤销共青团上海地委，成立共青团江苏省委，原共青团上海地委下属各部委改组为区委，与中国共产党的建制一样，直接受中共江苏省委领导。此时的团组织在中共领导下，吸引劳动青年群众直接参加革命斗争。1935年7月，共青团中央临时工作委员会遭到破坏，但共青团江苏省委及其下属组织仍然坚持斗争。同年12月，为了建立世界反法西斯统一战线，团结各阶层青年，共青团中央决定取消共青团。共青团江苏省委决定坚持工作，全民族抗战爆发后，要求团员和团干部奔赴前线和后方。

上海解放后，1949 年 6 月，中国新民主主义青年团上海市工作委员会组成。在全市开展建团工作与团干部培训，领导全市青年积极参加生产、对敌斗争。很快自上而下建立各级组织，包括 31 个区工委和 6 个直属团工委。1953 年 5 月，中国新民主主义青年团上海市第一次代表大会召开，成立中国新民主主义青年团上海市委员会（简称团市委），全市团员 17 万人。1957 年 5 月，中国新民主主义青年团改为中国共产主义青年团，中国新民主主义青年团上海市委员会也随之改为中国共产主义青年团上海市委员会。1954 年 9 月底，全市有团员 211479 人，基层组织达 4575 个，其中团委 79 个、团总支 601 个、团支部 3775 个、直属团小组 120 个。至 1965 年，全市团员达 47.55 万人。“文化大革命”开始后，1966 年 8 月，第一个造反组织出现，后扩大为红卫东造反兵团。1967 年 1 月，团市委被红卫东造反兵团夺权。1969 年，上海市革命委员会成立上海市整团建团小组，1973 年召开第六次团代会。1975 年，在全市中学铺开“红卫兵代团”，即将中学毕业生中绝大多数红卫兵转为共青团员，并把转团工作与批林、反击右倾翻案风结合起来，造成严重的思想与组织混乱。粉碎江青反革命集团后，六届团市委开展“揭、批、查”运动。1978 年，第七次团代会召开，共青团上海市委得到新生，领导上海青年走向新的历史时期。20 世纪 80 年代后，团组织和团员规模不断发展壮大。自 1953 年成立至 2022 年，团市委历 15 届，共举行 15 次共青团上海市代表大会。至 2022 年底，团市委有直属团组织 105 个，基层团总支、支部 80180 个；全市有社会领域团组织 4.33 万个，其中非公有制经济组织团组织 10719 个，社会组织团组织 786 个。

自 1920 年成立后，上海青年团带领广大青年在革命运动中充分发挥先锋和桥梁作用，为创建新中国努力奋斗，作出积极贡献。新中国成立后，团市委团结、教育和组织广大青年在社会主义革命和建设中建功立业，为实现国家的繁荣富强贡献青春力量。中共十一届三中全会后至 2022 年，团市委以经济建设为中心，坚持四项基本原则，坚持改革开放，团结带领广大青年参加社会主义现代化建设，在建设中国特色社会主义的伟大实践中，造就有理想、有道德、有文化、有纪律的共产主义新人，努力为中国共产党输送新鲜血液，为国家建设培养青年人才。伴随着改革开放的持续深入发展，团市委坚持中国共产党的领导，以青年为本，履行引领凝聚青年、组织动员青年、联系服务青年、维护青年合法权益职责，不断推进团组织改革创新，不断增强对青年的凝聚力、组织力、号召力，不断巩固和扩大党执政的青年群众基础；围绕党和政府工作大局，结合共青团重点工作，引导广大青年在上海建设国际经济、金融、贸易、航运、科创“五个中心”和建设具有世界影响力的社会主义现代化国际大都市的实践中奉献青春。

资料链接：

《上海青年志》　《上海市志・群众团体分志・共青团卷（1978—2010）》

上海市妇女联合会　上海解放后，1949年6月，上海36个妇女团体联合成立上海市民主妇女联合会（简称市民主妇联）筹备委员会，对上海妇女团体进行调查和整理。将其中的中国妇女联谊会上海分会、上海妇女联谊会、妇女生活互助社、公余联谊会、新民妇女会、上海妇女生产协进会6个妇女团体合并组成上海市家庭妇女联合会（简称市家庭妇联）。同年10月，上海各界妇女代表会议召开，确定市民主妇联筹委会在市民主妇联没有建立前，是上海各种妇女组织的统一的联合组织，通过工会、学联、教联、农协、科协、文协等团体中的妇女工作部门及市家庭妇联和其他民主妇女团体，组织和团结各阶层妇女，推动和指导妇女工作的全面开展。1950年8月，上海市第一次妇女代表大会召开，上海市民主妇女联合会成立，13个妇女组织成为市民主妇联首批团体会员。1952年1月，市家庭妇联与民主妇联合署办公，1955年4月撤销。1957年11月，市民主妇联改为上海市妇女联合会（简称市妇联）。“文化大革命”中，市妇联领导权被“四人帮”及其上海余党窃取，各项工作受到严重挫折和损失。“文化大革命”结束后，市妇联工作迅速拨乱反正，迎来蓬勃发展机遇。自1950年成立至2022年，市妇联历15届，共举行15次上海市妇女代表大会。至2022年底，上海有市、区、街镇、居村四级妇女联合会6343个，专职妇女干部（包括街镇妇联社工）722人；机关、事业单位、高校及民主党派等妇女委员会436个，“四新”（新领域、新业态、新阶层、新群体）领域妇联541个，民政部门登记注册由市妇联主管的女性社会组织19个；全市建有“妇女之家”8811家，“妇女微家”4375家。

市妇联作为党和政府联系妇女群众的桥梁和纽带，是国家政权重要的社会支柱，代表和维护妇女权益，促进男女平等。1950—1965年，市妇联按照党的路线、方针、政策建立各级基层组织，动员广大妇女走出家门投入火热的新中国建设事业中，展现出一派生机勃勃的景象。“文化大革命”中，上海妇女克服重重困难，坚守生产、工作岗位，与林彪、江青反革命集团进行坚决斗争。党的十一届三中全会后至2022年，市妇联抓住改革开放的历史大机遇，引领全市妇女投身社会主义现代化建设和改革开放的伟大实践，在经济社会建设主战场和精神文明建设主阵地建功立业，为充分发挥上海妇女的聪明才智和劳动积极性，维护她们的合法权益，创造了空前有利的机遇和条件。与上海的经济和社会的发展同步，上海妇女以日益提高的文化心理素质，自强不息、积极进取的奋斗精神和面向世界、求知求新求美的开放意识，以及对生活、事业的多层次追求，活跃在经济建设和社会生活的各个领域，与男子并驾齐驱，撑起了半边天。

资料链接：

《上海妇女志》

《上海市志·群众团体分志·妇联卷（1978—2010）》

法　　治

JI JIAN SHANG HAI ZHI

元至元年间上海建县，到元、明、清三代，民事和刑事案件由知县审理和裁决，设有县狱。清道光二十三年（1843 年）上海开埠后，在上海城区范围内，相继形成公共租界、法租界、华界 3 套司法机关。1911 年 11 月上海光复后，民国政府开始按西方政体建立司法机构和司法制度。1913 年，江苏省淞沪警察厅成立。同年，中国最早的律师团体——上海律师公会组建。1927 年 7 月，上海特别市公安局成立。同年 11 月，上海地方审判厅及检察厅改组为江苏上海地方法院，隶属于江苏高等法院。1936 年，上海在全国率先试办公证。

1949 年 5 月上海解放，6 月上海市人民政府公安局成立，8 月上海市人民法院成立。1951 年 1 月上海市人民检察署成立，1954 年更名上海市人民检察院；1949 年 9 月上海市人民法院监狱成立。1955 年上海市司法局成立，建立市级公证处、法律顾问处等。上海解放后，公安政法机关集中力量打击国民党潜伏特务以及惯匪、惯盗，对遗留的烟、赌、娼采取"三整"行动。到 20 世纪 50 年代初，全市烟、赌、娼绝迹。1951 年 11 月至 1953 年，全市开展镇压反革命运动。1957 年上海开始实行劳动教养制度。1965 年是上海解放后发生刑事案件最少、社会治安最好的一年。"文化大革命"开始后，上海公安政法工作遭到严重破坏。

1974 年 1 月，市公检法军管会撤销，上海市公安局和上海市高、中级人民法院恢复建制。1979 年 8 月，上海市人民检察院恢复重建。1980 年，上海市司法局恢复重建。1983 年 7 月起，上海监狱、劳教系统整建制划归司法局领导。1983 年 8 月起，公安机关三年内组织 3 次"严打"斗争。同时开展打击经济领域内严重犯罪活动的斗争，不间断组织"反盗窜""打流窜""抓逃犯"等专项斗争，并依法加强治安、户口管理，逐步形成上海坚持打防并举的"严打"斗争特点。

1990 年以后，上海以建立"110"报警服务中心为抓手，形成交警管"点"、巡警管

"线"，特警机动和派出所民警管"面"相结合的治安防控体系。1993年，公安系统建立以市公安局指挥部、政治部、后勤部为主的指挥管理体系。1995年，上海市人民检察院成立反贪污贿赂工作局。同年6月，上海市劳改局更名为上海市监狱管理局，另外组建上海市劳教局。20世纪90年代，各类案件数量逐步上升，1995年全市共受理案件14.58万件，审结13.94万件，其中92.13%的案件由法院依法直接受理。1996年起，市检察机关按照中央部署，投入历时3年的"严打"集中统一行动。1989—1998年，全市共审查批捕119281人，审查起诉78982件、124172人。1997年，上海实现"110"接处警在内环线以内中心城区3～5分钟、环线以外郊区城区和郊县8～10分钟到达指定现场。1998年6月18日，市司法鉴定工作委员会成立，成为全国第一家省级司法鉴定工作委员会，被司法部称为"上海模式"。1999—2010年，全市直接立案查办贪污贿赂挪用公款犯罪案件4843件。至2000年，全市已成立13家区一级的社会矛盾调解中心，建立乡镇、街道司法科（所）214家，占全市乡镇、街道总数的64.5%。

2001年，城区14个公安分局推行"网格化"街面治安巡逻工作。2003年，上海在全国法院系统率先建立审判质量效率评估体系。2006年，上海在全市范围内启动治安分级（分色）预警机制建设；2007年，全面启动特警武装巡逻。经过3年改革，各公安分（县）局基层一线警力已占总警力的94.3%，其中派出所占50.2%；建立警务室、社区民警工作点3964个，配备社区民警4302人。2008—2012年，上海法院在年人均办案数为全国法院人均办案数2倍的情况下，司法公正指数连续5年列全国法院第一位。2010年5月1日—10月31日，市公安机关开展"平安世博"打击整治攻坚战和"捉漏治顽"治安专项行动，会同相关部门组织85万名平安志愿者参与群防群治工作，完成678批次的各类等级警卫任务，确保2.4万余场次重大活动的安全顺利举行。2014—2019年，上海开展司法体制综合配套改革，完成司法体制综合配套改革117项任务，推进9家市级法院、检察院内设机构改革，内设机构共减少34个。2018年5月26日，沪苏浙皖政法系统在沪召开座谈会，签署《沪苏浙皖政法系统关于推进更高质量平安长三角法治长三角建设的总体方案》。2022年，上海推进司法体制改革和制约监督体系建设，推动全市政法单位建立健全与改革后执法司法权运行机制相适应的制约监督机制。

公 安

机构 清代，上海县衙设县丞、巡检，掌理社会治安。咸丰四年（1854年），英租界设巡捕房。咸丰六年，法租界设巡捕房。英美租界合并后，在工部局设警务处。同治元年

（1862 年），在华界，上海道创设巡防保甲局，又称保甲总巡局。光绪三十一年（1905 年）上海警察总巡局建立，翌年改称上海巡警总局。辛亥革命后，沪军都督府改上海巡警总局为民政总局，设南市警务公所和闸北警务公所；1913 年 5 月，组合为江苏省淞沪警察厅。1927 年 7 月，上海特别市公安局成立；1930 年 7 月，改称上海市公安局；1937 年改称上海市警察局。1945 年 9 月，国民政府重新组建上海市警察局。

1949 年 5 月上海解放，6 月 2 日，上海市人民政府公安局成立；1955 年 5 月，易名上海市公安局。1968 年 1 月，实行军管，市公安局和市法院、市检察院合并为上海市公检法军事管制委员会。1973 年 1 月上海市公安局建制恢复。1978 年后，为适应经济社会发展和治安管理的需要，调整内设机构，将劳改局和有关部门移交市司法局、市国安局。1988—1998 年，上海对机构体制作较大调整，形成指挥、政治、后勤保障三大机关，强化市公安局对各级公安机关的统一领导和指挥。

2000 年，市政府批准《上海市公安局职能配置、内设机构和人员编制规定》，初步解决职能交叉、机构重叠、机关化严重等问题。2003—2010 年，按照国家政府机构改革部署，上海进一步规范机构设置，整合机构职责，完善机构体制。上海公安机关包括市公安局、区县公安机关以及公安边防、消防、警卫等现役部队，还包括上海市公安局铁路公安局、上海港公安局、长江航运公安局上海分局、上海海事公安局、上海出入境边防检查总站等专门公安机关，分别列入上海市公安局序列。

各分（县）局的内设机构名称、职责与市公安局职能部门在名称、职责上基本对应。派出所是公安机关的一级基层组织，为分（县）局的派出机构。1977 年，全市设有公安派出所 252 个。1978 年，全市区县公安机关共有 12 个分局、10 个县公安局。1993 年，市公安局在市区开始试行建立警察署机构，至 1996 年撤销 131 个派出所，新建 67 个警察署。2003 年，全市恢复派出所建制，撤销 84 个警察署机构。2010 年，全市共设 17 个区公安分局、1 个县公安局，共设派出所 389 个。2012 年，上海推动市局、分（县）局两级公安信息中心实体化运作，推行网站安全分级管理模式。 2018 年 11 月，市公安局启动实施改革工作，历时 3 个月完成执法勤务警员、警务技术两个职务序列的职务套改工作。全局共 37707 名民警参加套改，占总警力数的 74.5%。全面配齐配强社区民警队伍，实现“一居一警”“一村一警”。全市社区民警 5532 人，比警务改革前增长 23.95%。2021 年，上海发挥平安上海建设协调小组和 8 个专项工作组作用，推动 16 个区成立相应机构。至 2022 年，全市共设 16 个区公安分局。派出所“两队一室”设置完成，“一居（村）一警一室”配置落实到位。推广“平安屋”“平安商户联盟”建设，2022 年内，全市建成“平安屋”2162 个、组建“平安商户联盟”队伍276支，日均参与值守群防群治力量1.2万余人。

1978—2022年，上海各级公安机关职责除惩治刑事犯罪、惩治经济犯罪、承担治安管理、道路交通管理外，还负责消防管理、人口管理、出入境管理与边防检查、网络安全监督管理、防爆处突与反恐怖、监所管理、专门领域保卫等，其间职责略有增减。

惩治刑事犯罪 上海解放前，盗匪横行，刑事犯罪活动十分猖獗。1950年，全市发案4.19万起，盗窃占61.7%、诈骗8.7%、制毒贩毒占5.8%、抢劫1.7%，破案率70.5%。至1965年，全市出现发案少、治安好的安定局面。“文化大革命”期间，上海公安机关遭到破坏，社会秩序混乱，凶杀、流氓、强奸、盗窃等严重刑事案件大幅度上升。1978年以前，上海刑事犯罪案件每年发案数一般在1万起左右，发案类型多集中在盗窃、伤害等犯罪，其中盗窃案占全部案件80%左右。20世纪80年代后，重大、特大刑事案件增多。1983—1986年，上海公安机关按照中共中央在全国开展严厉打击严重刑事犯罪的决定，开展“三年为期、三个战役”的“严厉打击严重刑事犯罪活动”，有效遏制了刑事犯罪上升势头。

20世纪90年代，上海刑事犯罪的发案总量处于起伏中的逐级攀高，大案要案发案比例逐年上升。1990年，刑事案件发案数突破3万大关。1991年，重大刑事案件发案数突破1万起，其中抢劫、诈骗发案量增幅很大，犯罪主体中流动人口占全部刑事犯罪主体的38.1%。根据新的刑事犯罪形势及特点，上海在刑侦工作体制、机制和方法上不断进行改革和创新，推进责任区刑侦队建设，实行侦审一体化，加大刑事科学技术建设，不断丰富侦查破案手段，破案打击能力持续增强，刑侦基础建设日趋完善。1996年4月开始，按照中共中央在全国范围开展“严打”斗争的决定，全市组织开展“春季战役”和3次“严打”战役，有力打击和震慑各类违法犯罪分子。1998—1999年，全市刑事案件立案数增长较快，基本保持在每年10万起左右，凶杀案、贩毒案增长最快。

21世纪，上海刑事犯罪受经济发展、人员流动、科技发展等因素的影响，进一步呈现出专业化、动态化、智能化的特征。全市刑事案件发案量呈逐年上升态势，每年均在10万～14万起。2001年4月—2002年10月，全市开展为期一年半的“严打”整治斗争，此后继续坚持“严打”精神，按照“什么问题突出就整治什么问题”的原则，连续不断地严厉打击各种严重刑事犯罪活动，逐步形成每年组织3次严打战役的工作格局，并先后开展“打黑除恶”“命案侦破”“网上追逃”等一系列专项行动。2003年发案数和破案数最多，全年杀人案立案269起、破案232起，随后杀人案件逐年递减。2008年，上海强化刑侦改革工作，将原有责任区刑侦队与派出所执法办案力量整合，成立执法办案队；与此同时，不断加强刑侦科学技术及刑侦信息系统建设及应用。至2010年，刑事科学技术信息系统建成。2010年杀人案件立案175起、破案164起。2021年，违法犯罪案件接报数比上年下降19.9%，刑事案件破案率、治安案件结案率分别比上年上升2.9个和7.4个百分点，电信网络诈骗既遂数和立案数连续三年下降，命案、抢案继续保持全破。2022年，全市开展夏季治安打击整治“百日行动”和“砺剑”系列专项行动，74起命案、45起抢案保持全破，侦破命案积案17起。

惩治经济犯罪 上海解放后，在市人民政府领导下，上海公安机关开展取缔金银、外币非法贩卖活动及取缔地下钱庄非法私营拆放。改革开放后，随着社会经济的活跃，经济犯罪活动也日渐猖獗。1982年，中共中央、全国人大常委会、国务院先后发出打击严重经济犯罪的紧急通知和决定后，市公安局成立打击经济犯罪办公室，治安处成立经济组。1984年，上海市公安局重新设立的刑事侦察处主管包括经济犯罪在内的各类刑事犯罪的侦查工作。1982—1984年，全市共侦破各类经济犯罪案件335件，打击、惩处经济犯罪分子650人，缴获赃款赃物3亿多元。1987年3月，鉴于打击严重经济犯罪是一项长期任务，市公安局决定撤销打击经济犯罪办公室，把打击严重经济犯罪的业务交给刑侦部门。

1992年后，随着转换经营机制和商品经济的发展，新型诈骗犯罪突出，至1994年，全市共侦破各类经济犯罪案件1500件，其中诈骗案件969件；打击、惩处经济罪犯2318人，缴获赃款赃物总值3.01亿元。20世纪90年代，经济犯罪数量的日益增多和案件复杂性的增强，公安机关迫切需要一支承担打击经济犯罪职责的专业警种。1999年7月，市公安局将经济保卫总队更名为经济犯罪侦查总队，并将刑侦总队的打击经济犯罪业务并入该总队，此后，各分（县）局设立经侦支（大）队。由此，上海公安经侦部门逐步走上专业化道路。

21世纪，为维护社会主义市场经济秩序，震慑经济犯罪活动，上海始终对经济犯罪保持高压态势，开展各种专项打击和联合行动，建设“预警、防范、协作”三大机制，推进现代警务机制和“三基”工程建设，履行“打击、参谋、服务”三大职能。至2010年，上海公安经侦部门先后侦破一大批在全国乃至国际上具有较大影响的大案要案，其中涉案金额亿元以上的约170起、千万元以上的约1100起，涉众型案件650余起，全力为上海经济社会发展保驾护航。2022年，上海依托经济风险洞察等系统，主动监测经济金融“风险因子”80余项，预警推送治理漏洞50余项。全市侦破经济犯罪案件3000余起，挽回经济损失100余亿元，其中侦破合同诈骗、侵犯知识产权、制假售假等破坏市场经济秩序案件3075起，保障市场主体合法权益。

治安管理 清末，西方警察制度传入中国。清光绪三十一年（1905 年），清政府撤销上海巡防保甲局，改设警察总巡局，从清兵驻防营勇中，汰弱留强挑选巡警，派驻城厢内外维持治安，当年处理违警案件 170 件。光绪三十二年（1906 年），清政府制定《违警章程》，共 5 条。这是中国最早的违警法规。光绪三十四年五月（1908 年 6 月），清政府颁布《违警律》，敕令全国实施。清宣统二年（1910 年）二月十五日，清政府公布《总工程局违警章程》，在上海城厢内外实施。1915 年 11 月，北洋政府内务部公布《违警罚法》，共 9 章 53 条。1942 年，全市查处违警案件 2.83 万件。抗战胜利前夕，国民政府公布新的《违警罚法》，1946 年 6 月作了修改，1947 年 7 月实施，共 7 章 79 条。1945 年至 1949 年 5 月，上海违警案件由市警察局司法科管辖。

上海解放初，先后公布实施了一些治安管理规则。1949 年 7 月，《公共卫生管理规则》公布，共 14 条。1951 年 2 月，《管理旅店业违警暂行罚法》公布。1951 年 4 月，《修正公共卫生违警暂行罚法》公布，共 12 条。1949 年 6 月—1951 年 12 月，全市发生卫生违警案件 3.97 万件。1951 年，全市发生特种营业违警案 654 件，其中旅店业违警案件 388 件，公共娱乐场所违警案件 266 件。1952 年后，上述规则停止执行。1957 年 10 月 22 日，第一届全国人民代表大会常务委员会第八十一次会议通过并公布施行《中华人民共和国治安管理处罚条例》，共 34 条。“文化大革命”开始后，上海治安工作遭受严重破坏。

1980—1982 年，上海治安案件查处数在 8 万～ 9 万起，其中扰乱公共秩序、偷窃、扒窃等案件占 70% 以上。1983 年，全市开展“严厉打击严重刑事犯罪活动”（简称“严打”），社会治安秩序得以好转，治安案件查处数有所下降，1984—1987 年，治安案件查处数在 4.6 万～ 5.8 万起。1988 年，全市查处治安案件 5 万多起。1992 年后，因实行新的刑事案件立案标准，原属刑事案件中的一部分盗窃案件划为治安案件，全市治安案件查处数升幅明显，达 8.2 万多起。1993 年，执行新的刑事案件立案标准后，对于未立为刑事案件的盗窃、诈骗案件都作为治安案件统计，全市查处治安案件 12.29 万余起。1999 年，治安案件查处统计中增加“违反户口、居民身份证管理规定”查处数，案件数明显增加，查处 24 万余起。

21 世纪，在加强治安日常管理的同时，上海不断打击、整治突出治安问题。对部分公共场所、特种行业取消行政审批，加强行业场所治安监管，同时推出便民利民措施。加强社会面治安防控，建立完善图像监控值守与街面巡逻的协作联动机制，实施视频巡逻和实兵巡逻，提高现场处置能力。2004—2005 年，治安案件查处统计中增加“非法持有、私藏爆炸物品”“丢失爆炸物品”“非法制造、销售烟花爆竹”“毒品违法案件”查处数。2006—2010 年，根据《中华人民共和国治安管理处罚法》，治安案件查处统计类种增至 65 项，每年全市查处治安案件数大幅度增加，查处数在 42 万～ 57 万起间。根据《上海市烟花爆竹安全管理条例》，2016 年春节期间，全市 5 万公安干警、消防战士和 30 多万平安志愿者全力守护城市安全，外环线内烟花爆竹产生垃圾为“零”，引发火灾事故为“零”，烟花爆竹致伤人数为“零”，并将重要节点“运动式”管控转变为日常常态化管控，实现了市委决策和市人大立法目标。2021 年，全市开展滚动排查，消除七大领域 500 种共 60 万起公共安全风险隐患。2022 年，上海常态化推进扫黑除恶专项斗争，打掉恶势力犯罪团伙 39 个，重点保护妇女、儿童、老人等弱势群体；深化小恶小乱小案治理，查处黄赌违法犯罪案件 5569 起，破获跨境赌博案件 817 起。

道路交通管理 上海的道路交通管理工作始于晚清，先在公共租界实行，逐渐推及全市。民国时期，公用局主管车辆牌照发放、机动车驾驶员考核、交通信号灯安装；工务局主管交通标志牌设置；警察局管理交通秩序。上海解放后，道路交通统一由公安机关管理。

1978 年，上海市开始实施部分路段时间性禁止非机动车通行、限制货运机动车行驶等措施。该年事故 11229 起、死亡人数 392 人、受伤人数 10333 人。20 世纪 80 年代，上海公安交警部门在全国率先引入单向通行交通管理模式，投入交通信号自适应协调控制系统，为配合全国首条高速公路沪嘉高速通车制定《上海市高速公路交通管理暂行办法》，结合上海交通实际制定《上海市处理交通违章试行办法》《上海市处理交通事故试行规定》等法规。

20 世纪 90 年代，上海市逐步完善道路交通管理地方立法，并制定一系列交通管理制度，推出道路交通管理巡察制度、违章抄告制度和处罚记分制度，建立电子警察执法制度，交通违法罚缴分离，完善事故处理程序，开启事故快处机制，颁布《上海市高架道路交通管理暂行办法》。1999 年，上海实行全市交警、巡警合署办公、统一执法，交巡警成为集治安、交通、市容管理职责于一身的街面防控力量。2000 年，道路交通事故 41262 起、死亡人数 1492 人、受伤人数 16119 人。随后，上海公安交通管理部门会同有关部门探索推广可变车道、非机动车和行人二次过街、部分路段左转车道中置或右置等措施；推出机动车互碰物损交通事故自撤现场的赔偿处理办法等措施；建立完善交通拥堵滚动排摸机制；依托国家和地方不断健全的交通法律、法规、规章，逐步完善道路交通管理体制。2005 年，上海公安交警、巡警停止合署办公，交警、巡警分为 2 个独立警种。至 2010 年，全市各级公安交警部门采取一系列行之有效的行政管理措施，先后完成内环线、南北高架、延安路高架等重大工程施工配套交通组织工作。2010 年，道路交通事故 2176 起、死亡人数 1011 人、受伤人数 1863 人。2022 年，深化交通大整治和道路交通事故预防“减量控大”工作，严查严处易致祸交通违法行为 599 万余起，道路交通事故伤亡人数比上年下降 12.5%，未发生死亡 3 人及以上的道路交通事故。

资料链接：

《上海通志》第九卷　　《上海公安志》　　《上海市志·公安司法分志·公安卷（1978—2010）》

检　察

机构　1912 年 1 月，上海地方检察厅成立，隶属江苏高等检察厅；1927 年 11 月裁撤，并入法院，改称江苏上海地方法院检察处。清同治八年（1869 年），上海公共租界和法租界会审公廨成立，1927 年 1 月改为上海公共租界临时法院及上诉法院。1930 年、1931 年，江苏上海特区、第二地方法院检察处（后改为江苏上海第一、第二特区地方法院检察处）及其上诉机关江苏高等法院第二、第三分院检察处先后在公共租界、法租界内设立，隶属国民政府司法部。1937 年 8 月，伪政权占据江苏上海地方法院检察处，1943 年 8 月，上海所有法院、检察处撤并为伪上海高等法院、上海高等检察署和上海地方法院、上海地方检察署。1945 年 8 月，上述机构由国民政府接管，改组为上海高等法院、上海高等法院检察处和上海地方法院、上海地方法院检察处，1949 年 5 月由上海市军管会接收，并予以解散。

1951 年 1 月 24 日，上海市人民检察署成立，1954 年 12 月易名上海市人民检察院。1975 年 1 月起检察机关职权由各级公安机关行使。1978 年 8 月，上海市人民检察院恢复重建。按照与各审级人民法院相对应的法律规定，1979 年，市检察院分院恢复设立，各区县检察院陆续重新建立。1981 年 12 月，在上海铁路系统设立全国铁路运输检察院上海分院，并在上海铁路局管辖区域设置 4 个基层铁路运输检察院。1985 年起，在位于安徽省皖南地区的军天湖、白茅岭和江苏省盐城地区的四岔河、川东地区等上海监管场所，以及在上海金山石化总厂地区、浦东张江地区设立派出检察院。1987 年 6 月，全国铁路运输检察院撤销，铁路运输检察院上海分院由市检察院领导，更名为上海市人民检察院上海铁路运输分院。1995 年 6 月，市检察院分院撤销，成立市检察院第一、第二分院。至此，全市形成由市检察院领导的、由市检察院和分院、各区县检察院以及专门检察院、派出检察院构成的法律监督检察体制。2010年起，上海在部分街镇试点设立派驻社区检察室。至年底，全市设立31个派驻社区检察室，覆盖86个街镇和117个公安派出所。2012年6月11日，上海铁路检察机关两级六院全部完成移交协议签署工作，实行属地管理，正式纳入国家统一司法管理体系。2018年，支持配合国家监察体制改革，全市各级检察院638名干警、1007个编制转隶至市、区两级监察委员会。2022年，市人民检察院与市公安局召开公检联席会议，明确共同健全完善侦查监督与协作配合机制的目标任务，并指派专人组成联合工作专班，加强组织协调。3月，全市16个区级人民检察院均与公安机关共同成立侦查监督与协作配合办公室，并通过与公安机关会签相关规范、细则、指引，实现区级层面全覆盖设立和规范化运行。

1978—2022年，上海各级检察机关职责除负责刑事检察、立案侦查，还有诉讼法律监督、预防违法犯罪、控告申诉检察、民事行政检察、税务检察以及其他经济检察等职责。

刑事检察　清光绪末年，清政府规定检察官在刑事诉讼中有逮捕、公诉、审判监督等诸项权力。民国时期基本沿用清律规定。1912年，上海地方检察机构建立后，实施刑事诉讼诸项活动情况资料记载不详。据国民政府司法公报记载，1914年，上海地方检察厅受理的刑事案件数已达5468件，且结案数为5429件。

20世纪50年代初，检察机关尚未承担审查批捕职责；1954年，逐步承担起审查批捕职权；1955年4月开始参与由市公安、检察、法院联合组成的审批委员会，担负全市的审查批捕人犯工作。1956年6月审批委员会撤销，检察机关全面担负起审查批捕职权。1955年，全市检察机关受理公安机关审查起诉案件0.44万件，审结予以起诉0.36万件，不起诉246件；1966年起诉663件，免予起诉3件，不起诉44件。侦查监督工作全面开展始于1956年贯彻中共中央指示，对已经逮捕、但未经人民检察院办理批准逮捕法律手续的人犯，补办法律手续；在补办法律手续工作中，发现公安机关侦查中违法的情况，予以纠正。刑事审判监督工作开展比较早，50年代初期，检察机关即已对反革命案件的判决实施审查，发现判决不当的，提请上海市军管会复判。至1955年上海市各级人民检察院普遍建立后，审判监督工作逐步推开。1955年，全市检察机关受理公安局提请批准逮捕3.86万人，审结逮捕的2.85万人，不逮捕的0.57万人；1966年，受理公安局提请批准逮捕22.61万人，审结逮捕的10.08万人，不逮捕的1.52万人。上述工作在“文化大革命”开始后均停止。

上海市检察机关恢复重建后，随即承担起审查批捕、审查起诉和出庭支持公诉的刑事检察职能。1979—1988年底，全市检察机关共批准逮捕各类刑事犯罪分子72114名，向法院起诉48707件（1980—1988年）78071人。1981年，全市检察机关刑事检察工作机制基本形成。1983—1986 年，全市检察机关协同公安、法院连续完成“严打”三个战役，共受理公安机关提请批准逮捕人犯 45335 人，经审查批准逮捕 36336 人；对不构成犯罪或没有逮捕必要的 6488 人，作出不批准逮捕决定；对事实不清，证据不足的 2057 人，退回公安补充侦查。整个“严打”统一行动中批捕的案件，起诉率达 91.2%；免诉率为 5.3%，起诉案件中 99.8% 的案件法院作了有罪判决。1986 年之后，主动复查“文化大革命”前由检察机关决定免予起诉、不起诉的 6000 余件历史老案，其中 2000 余件得到平反纠正。1986 年初，长宁区人民检察院率先在起诉科内设立“少年刑事案件起诉组”，专门办理未成年人犯罪案件。1987 年《上海市青少年保护条例》通过，规定公、检、法、司机关都要成立专门机构来审理未成年人犯罪案件。至 1991 年底，全市各级检察院全部成立审理未成年人刑事案件专门小组。1991 年，检察机关在“反盗窃”专项斗争中共批准逮捕盗窃案嫌犯 7814 人；1992 年，在“禁赌、禁娼、禁黄”三禁专项斗争中，各级检察院通过对 3487 件案件提前介入，快审快捕，共批捕嫌犯 5239 人，占批捕总数的 64.1%。持续打击危害铁路安全的车匪路霸，1988—1992 年，全市共批准逮捕该类犯罪案件嫌犯 5349 人；1994 年，将“破大案、打团伙、追逃犯”作为审查批捕重点，批捕犯罪团伙 876 个、嫌犯 3350 人；在“打流窜”专项斗争中，批捕外来流窜作案嫌犯 6886 人。

自 2001 年起，各级检察机关协同公安机关开展打击暴力袭警、暴力抗法、“两抢一盗”、毒品犯罪等犯罪行为，开展打黑除恶专项斗争。2002 年，全市共受理公安机关提请报捕的涉及未成年人刑事案件犯罪嫌疑人 1312 人，经审查，批准逮捕 1205 人，其中未成年人 772 人；不批准逮捕 104 人。全市受理公安机关移送审查起诉的涉及未成年人刑事案件 765 件、1737 人，经审查，提起公诉 756 件、1699 人，其中未成年人 1023 人；不起诉 30 人，其中未成年人 24 人。2006—2008 年，全市检察机关受理移送审查起诉的非法吸收公众存款案件 35 件、104 人，非法经营案件 283 件、547 人，集资诈骗案件 33 件、57 人，合同诈骗案件 999 件、1333 人，受案数较前 3 年分别上升 169.2%、141.9%、106.3% 和 30.6%。检察机关通过完善公诉一体化机制、完善矛盾调处机制，努力提高执法能力，实现 100% 的公诉准确率。2008—2009 年，全市检察机关共依法对 465 名犯罪嫌疑人作出不起诉决定，其中 2008 年不起诉 162 人，2009 年不起诉 213 人。2010 年，上海市检察机关继续深化职务犯罪案件审查逮捕程序改革工作，规范适时介入、同步审查、案件报送、案件审查、逮捕执行及捕后变更强制措施等一系列办案流程和内部工作要求。是年，市检察院、各检察分院共受理下级检察院提请逮捕的职务犯罪案件 159 件、168 人，经审查，决定不予逮捕 20 人，不捕率 11.7%。不捕案件中，相对不捕 12 人，存疑不捕 8 人。2011 年，检察机关探索轻罪记录封存制度，已封存记录的91名未成年人，均顺利复学、就业，无一人重新犯罪。2020年，检察机关从严从快办理妨害疫情防控犯罪案件415件，其中7件入选最高人民检察院涉疫典型案例。2022年，全市检察机关共受理审查逮捕12926人，批准和决定逮捕6691人，不捕6484人；共受理移送审查起诉35698人，决定起诉24528人，决定不起诉9151人。

立案侦查 上海检察机关在20世纪50年代初期即开始办理贪污案件，比较重要的活动主要是参与“三反”（反对贪污、反对浪费、反对官僚主义）运动中揭露的贪污案件的审核定案及量刑工作。1955年，全市办结经济犯罪案件306件，起诉182件。1959年市检察机关撤销了自行侦查的业务机构，大部分交由公安机关侦查，只办理少数需由检察机关侦查的案件；1962年又逐步恢复了对贪污案件的侦查工作。经过1963年的“五反”运动，贪污犯罪得到遏制，1964年办结31件，1965年办结54件，1966年仅办结贪污案17件。

1979—1980年，全市共受理公民信访5.4万余件。1979年4月，各级检察院相继设立经济检察和法纪检察机构。1980—1981年，全市共立案查办各类经济犯罪案件474件、各类法纪犯罪案件89件；1982—1989年，共立案查办各类经济犯罪案件8350件，各类法纪案件1112件。1988年6月，各级检察院相继设立控告检举贪污受贿罪案接待室（即“举报中心”），专门接受群众举报；9月，分别与市、区县税务机关联合组建税务检察室，统一办理偷税、抗税案件以及税务机关工作人员的贪污、贿赂等案件。

1990年开始，市检察院在最高检察院的领导下，同港澳地区司法部门开展个案协查，为对方办理案件相互提供便利和帮助，加强职务犯罪案件的取证工作；对必须向外国取证的案件，按照最高检察院《关于检察机关办理司法协助案件有关问题的通知》精神，通过最高检察院商请外国司法机关给予协助，并根据最高检察院交办函，协助调查外国司法机关要求协查的事项。1993—1995年，全市立案查办处级干部212名，查办局级干部16名。在查办犯罪的同时，检察机关更加重视对职务犯罪的预防工作。1995年12月，市检察院撤销贪检处、预防处，设立反贪污贿赂工作局，内设综合处、侦查处、预防处。各区县检察院也在次年相继设立反贪污贿赂工作局。1996—2001年，上海在全国率先通过讯问犯罪嫌疑人“12小时全程录像”等规定规范办案工作。1999年，全市查办国家工作人员贪污贿赂5万元以上和挪用公款10万元以上的大案320件；2000年，查处贪污受贿5万元以上、挪用公款10万元以上案件404件，其中贪污受贿10万元以上、挪用公款50万元以上的案件248件。

2002—2005年，市检察院在反贪部门实施主办检察官办案责任制改革；在反渎部门设立渎职侵权大案要案侦查队，规范和加强职务犯罪侦查工作。2006—2010年，各级检察机关加快侦查一体化建设，加强与纪检、公安、工商、财政和审计等部门的协作，集中力量突破案件。2010 年，全市查办发生在社会保障、劳动就业、环境保护、征地拆迁、医疗卫生等民生领域的职务犯罪 70 件、81 人，共立受贿案件 180 件、193 人，行贿案件 42 件、60 人，单位受贿案件 2 件、2 人，单位行贿案件 9 件、12 人，介绍贿赂案件 1 件、1 人。其中，在国有企业中查办受贿案件 80 件，行贿案件 3 件，单位受贿案件 1 件。是年全市查办商业贿赂案件 138 件，其中城镇建设领域商业贿赂案件 53 件。2022 年，全市查处行贿案件 25 件、39 人（单位），行、受贿两类案件的查处比例为 1∶2.76，行贿类案件的查处量比上年有所上升；共办理非羁押起诉案件 1 万余件，诉前羁押率由 2021 年底的 52.3% 降至 24.1%。

资料链接：

《上海通志》第九卷

《上海检察志》

《上海市志·公安司法分志·检察卷（1978—2010）》

审 判

机构 清咸丰三年（1853 年），英国驻沪领事取得审理英租界内中国人违警事件及轻微民、刑案件的权力，情节较重的人犯由上海县衙审理。同治三年（1864 年），洋泾浜北首理事衙门创立，同治四年（1865 年）上海公共租界会审公廨和法租界会审公廨成立。宣统元年（1909 年），上海城厢内外总工程局附设裁判所，审理违警案件及民、刑诉讼案件，命盗重案仍由上海县署审理。宣统三年九月（1911 年 10 月），上海司法署设立，主管司法审判。1912 年 1 月，上海司法署改为上海地方审判厅。1927 年 11 月，上海地方审判厅、检察厅改组为江苏上海地方法院和检察处，又名南市地方法院，隶属江苏高等法院。1926 年 8 月，北洋政府收回公共租界会审公廨。1927 年 1 月，上海公共租界临时法院及上诉院成立，1930 年 4 月撤销，成立江苏上海特区地方法院（后改为第一特区地方法院）及江苏高等法院第二分院。1931 年 8 月，江苏上海第二特区地方法院和江苏高等法院第三分院在法租界设立。1943 年 8 月，上海所有司法审判机关分别合并成立伪上海地方法院、上海地方检察署、上海高等法院和上海高等检察署。1945 年 8 月抗日战争胜利，国民政府接管汪伪在沪的一切司法审判机关，成立上海地方法院、上海地方法院检察处以及上海高等法院、上海高等法院检察处。

1949年8月，上海市人民法院成立。1952年9—11月，10个郊区相继成立基层人民法院。1954年6月15日，上海增设水上区人民法院。1955年4月30日，上海市人民法院撤销，成立上海市高级人民法院、第一中级人民法院、第二中级人民法院和第三中级人民法院。1956—1964年，随着上海市行政区划的变化，上海审判机构逐步调整为上海市高级人民法院、上海市中级人民法院以及21个基层人民法院。“文化大革命”开始后，1968—1971年间审判机构由上海市公检法军事管制委员会取代；1974年1月，恢复重建。1978年，全市设有上海市高级人民法院、上海市中级人民法院和21个基层人民法院。1982年5月1日，上海铁路运输中级法院和上海铁路运输法院成立。1984年6月1日，上海海事法院成立。1988—1993年，随着上海市行政区划的调整，审判机构也相应撤并或转制。1995年6月30日，上海市中级人民法院撤销，成立上海市第一中级人民法院和上海市第二中级人民法院，下辖20个基层法院。后随行政区划调整而撤并或改制，至2010年，全市有市高院、市一中院、市二中院、海事法院、铁路中院以及18个基层法院和上海铁路运输法院，共24个法院。2011年，上海法院先后在徐汇、闵行、普陀区法院设立知识产权审判庭。2012年6月，上海铁路中级法院和上海铁路运输法院改制移交属地化管理工作顺利完成。2014年12月28日，上海市第三中级人民法院和上海知识产权法院挂牌成立，合署办公。2018年8月20日，上海市金融法院成立。2019年2月，上海破产法庭成立。2022年，上海推进法院审级职能定位改革试点，建立改革试点规则指引体系，完善案件级别管辖、提级管辖、再审程序改革等配套机制。

刑事审判 元至元二十九年（1292年），上海县建立，县署掌管审案，刑民合一，主要审理刑事案件。明、清两代，由县令掌管本县司法审判，县令集司法、行政于一身，无独立审判机构。1927年4月—1949年5月，刑事审判分为普通和特种刑事审判两类。

1949年8月至1956年，在土改、镇反、三反、五反和贯彻婚姻法和社会改革运动中，全市共审结案件158139件，其中，反革命案件7119件，占4.5%；普通刑事案件151020件，占95.5%。1957年至1966年5月，全市共审结案件123805件，其中，反革命案件41060件，占33.17%；普通刑事案件82745件，占66.83%。1966年5月—1976年10月，审判制度被破坏，刑事审判工作发生重大失误。

1976年10月，全国开始对大批冤假错案进行复查纠正。至1981年8月底，全市共复查处理刑事案件28200件，其中反革命案件5620件，普通刑事案件22580件。1983年8月

25 日，中共中央作出《关于严厉打击刑事犯罪活动的决定》。同年 9 月 2 日，上海依法开展严厉打击严重刑事犯罪分子的斗争。1983 年 8 月—1987 年 2 月，全市共审结一审刑事案件 24214 件。

20 世纪 90 年代后期全市深入开展“严打”斗争，1996 年 4—6 月，共受理各类一审刑事案件 3016 件，共受理“严打”斗争中侦破并提起公诉的案件 228 件、349 人。其间，上海选择典型案件，共召开各种规模的宣判大会 118 场（次），对 571 件严重刑事犯罪案件的 1009 名被告人公开进行一审宣判，参加旁听的群众 8 万余人。6 月 21—28 日，全市开展第三次集中宣判活动，共召开各种规模的宣判大会 19 场（次），对 75 件严重刑事犯罪案件的 146 名被告人进行一审宣判。

2000 年初，全市继续深入开展“严打”斗争。2001 年 4 月—2002 年 8 月底，全市共受理严重危害社会治安的一审犯罪案件 13071 件、18457 人；共受理严重破坏市场经济秩序的一审犯罪案件 1350 件、2064 人；判处 5 年以上有期徒刑、无期徒刑和死刑的罪犯 4198 人。2004 年起，上海探索轻微刑事案件和解制度以及刑事被害人救助制度，对失足青少年继续坚持教育、感化、挽救方针，对符合缓刑条件的依法适用缓刑，积极稳妥推进社区矫正工作，积极推进量刑规范化改革。

2007 年 6 月开始至 12 月，全国范围内开展打击盗窃破坏电力电信广播电视设施违法犯罪专项斗争（简称“三电”犯罪专项斗争）。全市法院在打击“三电”犯罪专项斗争中，对 19 件破坏电力设备案件进行集中公开宣判。2008—2010 年，法院除常态化审判一般刑事案件外，还特别对 2008 年“5・12”四川汶川特大地震发生后，向灾区销售假冒伪劣商品、有毒有害食品的犯罪，以及散布谣言、干扰破坏救灾活动等破坏灾区社会秩序、侵犯公民人身和财产权益的犯罪，依法从严惩处，并在法定期限内，从速立案、从速审理、从速宣判。2011 年，全市受理一审刑事案件 2.10 万件，审结 2.10 万件。2018—2022 年，全市审结一审刑事案件 13.3 万件；审结涉黑涉恶案件 441 件、1631 人，重刑率 38.2%，惩治“套路贷”“消费贷”“敲墙党”等涉黑涉恶犯罪；累计判处追缴、罚没、退赔财产 16 亿元，坚决摧毁黑恶势力经济基础；严惩杀人、抢劫等严重暴力犯罪 6599 件。

民事审判 清代，沿袭唐律，民、刑不分。县衙依据大清户律审判婚姻、田宅、钱债等案件，制裁违法者。清宣统三年（1911 年）九月十九日，清政府设立上海司法署，下设裁判所，分别受理刑、民诉讼事件。1912 年民国政府成立后，上海司法署改组为上海地方审判厅，设立民事庭。1914—1923 年，上海地方审判厅受理一审民事案件 18095 件。1929 年 10

月以后，民事诉讼增多。1929—1930年，上海地方法院（含特区法院）受理一审民事案件117772件，审结117118件。1945—1948年，上海地方法院受理15701件，审结15170件。其间，涉外民事诉讼较多。

1949年8月至1956年，全市各级法院受理一审民事案件371138件，债务、婚姻、房屋、劳资纠纷案件数量位列前4位。1954—1957年，全市受理涉外民事案1919件。1957—1965年，全市受理一审民事案件140644件。1968年，全市法院实行军管，民事案件受理很少。1974年法院组织机构恢复后，民事审判逐渐恢复正常。1966—1976年，受理一审民事案件44521件。1978年12月中共十一届三中全会后，民事权益扩大，收案骤增。1977—1995年，全市受理一审民事案件428990件，其中，离婚232788件，债务40690件，房屋43102件，继承14626件，赔偿33653件。1983—1995年，全市受理涉外民事案2902件，涉港澳台民事案697件。

20世纪90年代末，全市法院以改革民事庭审方式为起步，探索民事审判方式改革的新思路、新方法。强化当事人的举证责任，强化庭审功能，从传统的“纠问式”转变为“诉辩式”，强化合议庭职责，推行案件繁简分流，改革裁判文书制作，增强质量意识。进入21世纪，重视民事审判调研与指导，贯彻依审判搞调研，以调研促审判的原则，为全市法院民事司法水平的不断提高做出努力。1998—2010年，全市法院受理各类民事一审案件1963577件，审结1914067件；受理各类民事二审案件172331件，审结167664件。2011年，全市受理一审民事、商事案件26.28万件，审结26.31万件。2020年，法院系统发布涉疫典型案例20个，助推经济社会恢复常态、加快发展。2018—2022年，全市审结一审民事案件145.5万件。深入贯彻实施民法典，全市依法审结与群众利益密切相关的房屋买卖、网络购物、社会保障等纠纷25.1万件，妥善处置长租公寓“爆雷”、教育培训引发的群体诉讼，加强对外卖骑手、快递小哥、网约车司机等从业者合法权益的保护；妥善审理劳动争议案件6.4万件，常态化开展“为农民工讨薪”活动；加大妇女儿童权益司法保护力度，审结婚姻家庭、赡养抚养等案件15.4万件。

经济审判 清代，上海地区长期处于自给自足的小农经济状态。1843年上海开埠后，经济贸易发展。上海知县依据清律审判民商纠纷案件。民国时期，民经不分。1949年8月至1955年，全市各级法院受理一审工商业纠纷案459件、公私纠纷案3319件，依据民事法规分别审结4388件、3933件。1956年，经济纠纷多由行政主管部门调处或仲裁解决，民事诉讼很少。1956—1965年，受理一审工商业纠纷案491件、公私纠纷案73件，分别审结551

件、85 件。1966—1978 年，经济纠纷由行政主管部门调处。

1978 年后，经济纠纷增多。1979 年 4 月，上海市高级人民法院组建经济审判庭。1980 年 9 月—1983 年 4 月，市中级法院和区、县法院相继设立经济审判庭。1982 年 1 月，市高院决定将经济犯罪案件转由刑事审判庭审判，经济审判庭仅限于审判法人之间、法人与公民之间的经济纠纷案件。1983—1995 年，全市各级法院受理一审经济纠纷案 165408 件，审结 158992 件，诉讼标的总金额 2463544.54 万元。其中经济合同纠纷 148892 件，诉讼标的金额 2124151.48 万元；涉外、涉港澳台经济纠纷 297 件，诉讼标的金额 41672.88 万元；企业破产案件 76 件，诉讼标的金额 117857.33 万元；股票债券票据纠纷 2227 件，诉讼标的金额 38102.67 万元；海事海商纠纷 1453 件，诉讼标的金额 130288.40 万元；运输纠纷 1479 件，诉讼标的金额 6420.17 万元。

1993 年始，经济纠纷案件大幅上升，当年一审经济纠纷案件收案数突破 2 万件，达 22802 件，比 1992 年上升 54.5%；以后，每年平均以 15.2% 的增幅上升。至 1997 年，一审经济纠纷案件收案数达 40138 件，与 1993 年相比增加 76%。1998—2002 年，随着中国加入世界贸易组织，全市法院商事审判格局、案件数量类型、疑难程度发生重大变化。全市共受理一审商事案件 186993 件，审结 189486 件，年平均结案 37897.21 件，较上一个 5 年相比分别上升 10.96% 和 15.51%，其中公司治理方面的案件显著增加。2001 年，全市法院商事审判从原来的经济审判庭改为民事审判第二庭。2005 年，公司治理层面引发的案件上升明显，群体性诉讼及矛盾激化案件上升，申请破产案件总量上升。同年，市高院对 1987 年以来制定的商事类执法意见进行检查清理，部分保留、部分废止。2006 年 1 月 1 日，新修订的公司法正式施行，公司纠纷案件中新类型、疑难案件增多，全市法院相继受理诉请确认一人公司的案件、诉请法院解散公司的案件等涉及公司法案件。2007 年，新《企业破产法》实施，市高院编制公布了全市第一批破产管理人名册。2008 年 3 月，上海对各级法院管辖第一审民商事案件标准予以调整。高级法院管辖诉讼标的额 2 亿元以上的第一审民商事案件，以及诉讼标的额 1 亿元以上且当事人一方住所地不在上海市的第一审民商事案件或者涉外、涉港澳台的第一审民事案件。中级法院管辖诉讼标的额 5000 万元以上的第一审民商事案件，以及诉讼标的额 2000 万元以上且当事人一方住所地不在上海市的第一审民商事案件或者涉外、涉港澳台的第一审民事案件。2009 年，受管辖标的额调整等因素影响，基层法院收案数占一审总收案数的 99.5%。2010 年，全市依法受理涉世博商事案件 40 件，其中绝大部分以调撤解决，妥善化解了纠纷，保障了世博的平安和谐。2011 年，全市审结金融案件 2.11 万件。2018—2022 年，全市审结一审商事案件 111.9 万件；审结涉买卖合同、股权转让、投资贸易等合同类纠纷54.5万件；办结破产、清算案件数从2018年161件上升到2022年1288件，盘活650亿元的资产，清理了结2.3万户债权人逾2500亿元债权债务，让危困企业脱困重生、僵尸企业快速出清；审结一审知识产权案件16.7万件，依法判决赔偿总额52.4亿元，使侵权者得不偿失；审结一审金融商事案件84.4万件，标的额4220.8亿元。

行政审判 清代、民国时期直至20世纪70年代末期，上海法院不受理行政诉讼案件。从1979年起，国家陆续颁布一系列有关行政诉讼方面的法律、行政法规，明确规定不服行政机关的行政处理、处罚者，可以向人民法院提起诉讼。

1983年，上海法院受理上海市华生电扇总厂诉上海市黄浦区工商局行政处罚案，开启全市法院行政审判第一案。1987年4月，市高院成立行政审判庭。至1988年底，市中院及各区、县法院相继成立行政审判庭，将行政诉讼案件从经济审判庭或民事审判庭分离出来，由行政审判庭专门进行审理。1987—1995年，上海法院受理一审行政案件2943件，审结2870件。其中维持具体行政行为的1143件，撤销或改变原决定的411件，履行法定职责的21件，驳回起诉的110件，撤诉的1117件，移出、终结或作其他处理的68件。行政案件的类型，从1983年的4类，增加到1995年的36类。

《中华人民共和国行政诉讼法》于1990年10月1日实施后，全市法院的行政审判工作进入新的历史发展阶段，逐步建立起立案、管辖、诉讼参加人、证据规则、协调和解等行政诉讼制度，依法审判各类行政诉讼案件。20世纪90年代，将审查具体行政行为的合法性贯穿行政案件审理全过程，从根本上改变了用审理民事案件的方式来审理行政案件的做法。1997年，上海法院被最高法院确定为全国9个行政审判方式改革——行政案件集中管辖试点法院之一。

2004年，上海法院在全国率先撰写年度行政案件司法审查情况报告，后在全国范围推广。2007年，市高院制定《关于加强行政案件协调和解工作的若干意见》，将行政争议的实质性解决贯穿行政审判工作全过程。2008年起，上海法院试点探索由法院签发令状、政府实施的非诉执行令状制度，得到最高法院的肯定。全市法院和政府法制部门积极推动行政机关负责人出庭应诉工作，行政机关负责人出庭应诉工作机制在市、区两个层面得以建立实施。2010年，市高院关于政府信息公开法律适用问题的重点调研课题，为信息公开司法解释的出台贡献了上海经验。2002—2010年，全市法院共受理一审行政案件1854061件，审结1846721件。年收案量从2002年的145690件发展到2010年的273313件。2011年，全市共受理一审行政案件1803件，审结1827件。2022年，全市法院涉诉行政争议数量有所减少，全市法院共受理一审行政案件 4050 件，较 2021 年下降 30.5%。

资料链接：

《上海通志》第九卷　　《上海审判志》　　《上海市志·公安司法分志·审判卷（1978—2010）》

司法行政

机构　中国封建社会长期以来行政与司法不分，司法行政与司法审判不分，地方长官同时是审判治狱之官。1912 年民国成立，上海县司法署改组为江苏省上海地方审判厅，管理司法行政事务。1927 年 11 月 1 日，上海地方审判厅改组为上海地方法院，司法行政工作由法院管理。1949 年 5 月上海解放，国民政府的司法制度被废除。1955 年 6 月上海市司法局成立，但 1959 年被撤销；1980 年 1 月恢复重建。至 1982 年底，全市各区、县普遍成立司法行政机构，同时成立法律顾问处（律师事务所）和公证处，街道乡镇设立司法助理员。1983 年后，全市劳改、劳教工作划归市司法局管理。1995 年 6 月起，全市监狱、劳教工作分离，市劳动改造工作管理局更名为市监狱管理局，市劳动教养工作管理局成立，均隶属于市司法局。1996 年，市司法局开始实施国家公务员制度，设置政治部（副局级）以及 14 个职能处（室）。随着司法行政工作职能配置不断强化，1997 年 6 月，市法律援助中心成立。2003 年，市社区矫正工作办公室成立。2004 年，上海政法学院组建。2009 年，市戒毒管理局成立。至 2010 年，经过历次机构改革，市司法局下辖市监狱管理局、市劳动教养工作管理局（市戒毒管理局）、市社区矫正工作办公室 3 家局属行政单位，指导管理 18 个区、县司法局，主管 11 家事业单位和 8 个社会组织，领导管理律师事务所 1064 家、公证机构 21 家、司法鉴定机构 105 家、人民调解组织 5900 余个、基层法律服务所 84 家以及多种形式的法制宣传教育组织。2011 年，上海全面开展场所警戒、教育改造、计分考评、后勤服务与管理、警务与改造质量评估等机制改革，形成监狱现代警务机制基本框架。监狱劳教所两级管理体制改革全面完成，一线警力达到 80% 以上。 2018 年全市全面建成“临街落地”的市、区、街镇、居村四级公共法律服务实体平台，街镇公共法律服务工作站 222 个，居村工作室 5900 个，签约律师、基层法律服务工作者2429名，覆盖率均达100%。2022年，覆盖城乡、便捷高效、均等普惠、智能精准的现代公共法律服务体系基本形成。全市各区全面推行基层法治观察工作机制，已建立基层法治观察点479个，设立法治观察员1401名。

狱所 唐以来，府、州、县、厅衙均设有监狱，分内监、外监和女监。清代松江府上海县设有县衙监狱。上海开埠后，存在3套司法和监狱系统。清同治九年（1870年），英国在华高等法院在厦门路启用上海英国监狱，又称厦门路监狱，关押外国籍犯人，这是近代外国列强在上海建立的第一所监狱。19世纪末20世纪初，上海道于上海县城北九亩地建改过局，关押罪犯。租界各巡捕房押所继续行使监狱职能，关押短刑期华籍罪犯。由于人满为患，上海公共租界工部局在虹口购地建造上海公共租界工部局警务处监狱（又名华德路监狱或提篮桥西牢）；法租界在卢家湾建造会审公廨监狱（又名薛华立路或马斯南路监狱），关押公共租界的罪犯（包括华籍和外国籍）。

辛亥革命上海光复后，沪军都督府成立上海县司法署，将县监狱改为司法署监狱（以后称上海地方监狱、上海模范监狱等）。民国时期，上海陆续新建和成立新的监狱或看守所，政府接管法租界会审公廨监狱并改称上海第二特区监狱，在市郊北新泾建成司法行政部直辖第二监狱。漕河泾、部辖第二和华德路监狱规模最大。华德路监狱押犯最多达8000多人，堪称"远东第一大监狱"。抗战胜利后，国民政府上海高等法院派员接收部辖上海监狱，并在长阳路成立部辖上海监狱第一分监（女监）；国防部在江湾成立战犯监狱，集中关押日本战犯。

上海解放后，成立人民法院监狱，彻底废除旧监狱制度。20世纪50年代初期起，至"文化大革命"前，人民政府开始组织罪犯劳动改造。上海在组建市内劳改工厂的基础上，在苏北、皖南、闽北组建3家农场，在青海省西宁市建劳改支队，劳改场所由市内逐步发展到外省，接收并改编江苏省移交的3个劳改队，逐步建立起监狱、管教队、少管所和看守所4种劳改机关形式。"文化大革命"开始后，市劳改管理机关撤销。

1978—2010年，市监狱（劳改）系统由于改造、生产实际需要，执行机构数量时增时减。1978年，市公安局劳改局劳改执行机构有14家，分别是市监狱，监狱医院，精神病犯收容所与劳教收容站，少管所，第一、二、三、四、七、九劳改队，第六劳改支队，第一、二、三劳改总队。之后，通过改制、移交等，至1981年10月，劳改执行机构有8家，分别是第一、七劳改队，市监狱，第二劳改总队一、二大队，第三劳改总队，少管所，监狱医院。1982年9月—1983年8月，第一、七劳改队升格为支队建制，平板玻璃厂被编为第二劳改支队。1991 年 6 月起，第二监狱筹建。1995 年 6 月起，各执行机构更名为监狱，狱名大多以监狱所在地地名命名。之后，全市相继迁建少年管教所、监狱总医院，新建女子、新收犯、宝山和南汇监狱，分别建成白茅岭、军天湖中心监区。至 2010 年，全局有执行机构 13 家（含监狱总医院）。2022 年，全局下辖 15 所押犯单位。另有司法警官学校、农业技术推广总站 2 个事业单位。

资料链接：

《上海监狱志》

《上海市志·公安司法分志·监狱卷（1978—2010）》

律师、律师组织　中国古代诉讼中，有私下帮人写诉状的“讼师”“刀笔师爷”，没有律师。清同治八年（1869 年），律师最早出现在租界，上海公共租界、法租界会审公廨成立，律师始参与诉讼，都为外国籍律师。1913 年，由回国留学生组建上海律师公会，会员近百人，为中国最早的律师执业团体。20 世纪 30 年代，上海律师人数增加迅速，为全国各省市之冠。至 1949 年 4 月，律师公会会员 0.13 万人。

1949 年 5 月上海解放后，上海律师公会解散，律师停止活动。同年 8 月，上海市人民法院设辩护室，有公设辩护人 2 人，1953 年公设辩护人改称公设律师。1955 年，市司法局设立公证律师处。1956 年 4 月，上海律师协会筹备会成立，年底全市成立 6 个法律顾问处，律师和工作人员 308 人，1959 年 6 月均撤销，上海律师制度中断。1980 年 4 月，在市区南部和北部组建市属第一、第二法律顾问处。为解决郊县群众请律师难的矛盾，崇明县于 1980 年 8 月率先成立第一家县属法律顾问处。到 1983 年，全市 22 个区（县）法律顾问处相继成立，市属法律顾问处增至 9 家。

1984 年，上海市法律顾问处改称律师事务所。律师工作由恢复进入发展阶段。该年底，全市律师有 711 人，1985 年达 1230 人。1988 年，合作制律师事务所（简称合作所）开始试点，全市共有 53 家律师事务所，其中合作所有 8 家。同年，全国首家以个人名字命名的律师事务所——“李国机律师事务所”成立。1989 年，试点的合作所有 10 家。1996 年，全市律师事务所有 259 家。1997 年，《律师法》实施后，全市有律师事务所 286 家。同年 3 月，全市首家合伙制律师事务所“上海市万邦律师事务所”获准成立。1999 年，全市共有律师事务所381家。

2000年，市司法局全面启动国资所脱钩改制工作，有61家国资所按照国务院规定进行资产处置、人员分流等，转制成为合伙所或合作所。至年底，全市有律师事务所400家。2001年，列入脱钩改制的61家国资所，全部完成脱钩改制工作，其中2家申请解散，4家申请合并为2家。改制后重新登记的57家。至年底，全市共有律师事务所457家。2001年，执业律师有4668人。2002年11月，全市首家个人律师事务所——翟建律师事务所成立，个人开业律师事务所开始试点，至年底，全市共有503家律师事务所。2010年，全市共有律师事务所1064家，执业律师13002人。至2022年12月，上海共有律师事务所1845家，执业律师33929人。

公证 中国民间有“中人”见证习俗。东晋以后，由官府加盖公印，证明所有权。1911年辛亥革命后，始有公证制度。1936年8月，国民政府司法行政部指定上海第一特区、第二特区地方法院及上海地方法院设立公证处。1949年8月，上海市人民法院设公证处，1954年在6个区法院建立公证室，工作人员18人；1955年，分别改并为市第一、二、三公证处，1956年合并为市公证处，有公证员1人、助理公证员20人、书记员20人。1959年市公证处撤销，国内公证停办，涉外公证由市高级法院涉外组兼办；1980年4月重建。全市公证处从1980年只有1家，至2010年发展到21家，遍布19个区县；公证从业人员从20多人发展到820余人；公证业务数量从1980年的5822件增加到2010年的407614件；公证业务范围，从开始单纯地办理涉外民事公证，发展为涉外、国内公证业务并举，从以民事公证为主，发展为以开拓经济公证为重点，从出具公证证明，发展为向社会提供多样化的法律服务。2022年，全市共有26家公证机构、499名公证员，累计推出200项“最多跑一次”公证服务事项、120项“一次都不跑”公证服务事项，持续提供便捷高效的惠民服务。上海探索参与司法辅助与诉讼全流程协同公证8412件，办理海外远程视频公证1500余件，试点“智慧公证”系统公证执业活动实时监管功能，首次开展公证执业行政检查。

人民调解 周代官制设有“调人之职”，专门负责调解事务。明代设有“申明亭”，由“里长”“里老”调解纠纷。1946年，上海各区成立调解委员会负责调解纠纷。1949年5月上海解放，10月，各区先后成立新的调解委员会。1957年后，调解组织处于瘫痪状态，调解工作名存实亡。1979年，全市开始恢复发展调解工作，有调解委员会4522个，调解人员2.69万人。1985年后，市区街道和郊县乡镇政府逐步配备专职司法助理员和兼职司法助理员，负责管理基层调解工作。1989 年 6 月,《人民调解委员会组织条例》颁布实施后，调解工作走向制度化、规范化。1993 年，全市基本形成街道（乡镇）、居委会（村委会）、居民组（村民组）调解工作三级网络。1996 年，上海市人民调解协会成立。1999 年，人民调解工作实施改革，探索走专业化、规范化、社会化发展之路。2006 年，全市推进民事纠纷案件、轻伤害等轻微刑事案件、治安案件、信访事项委托人民调解工作，大力参与房地物业纠纷、医患纠纷、劳动争议等专业性纠纷调解，参与消费、保险等行业纠纷化解，探索构建人民调解与司法调解、行政调解以及其他行业组织调解相衔接配合的大调解工作体系。至 2010 年，全市共有人民调解委员会近 6000 个，全年共排查出纠纷 39921 件，化解 39919 件。2020 年，司法行政部门建立复工复产复市大调解工作机制，上海仲裁委员会“无接触”庭审入选司法部十大公共法律服务案例。2022 年，上调完善大调解工作格局；发挥大调解工作机制作用，纳入市政府“高效办成一件事”项目的解纷“一件事”上线运行；联合市高级人民法院深化探索调解程序前置，将 7 类矛盾纠纷纳入前置调解范围；健全人民调解与“110”非警务警情对接分流机制；加强消费纠纷、劳动争议等重点领域纠纷调解化解。全市各级人民调解组织受理纠纷 32 万件，成功调解 28.9 万件，成功率 90.3%。

社区矫正与戒毒 2002 年 8 月，上海率先在全国拉开了社区矫正试点工作的帷幕。2003 年，市社区矫正工作办公室成立。街道（乡镇）司法所（科）明确专人负责社区矫正的日常管理工作，社区矫正试点工作指导管理体制基本确立。2004 年，社区矫正工作开始全面推进，从 5 个区的 59 个街镇扩大到全市 19 个区（县）的 185 个街道、镇，共 4921 名社区服刑人员被纳入矫正工作范围。至 2006 年 12 月底，全市在册社区服刑人员 5445 人，新收 3728 人。全年累计矫正社区服刑人员 8895 人，期满解除矫正 3010 人。2007 年，全市分类、分阶段、分级矫正框架落实，非监禁刑罚执行逐渐被社会接受，全年累计接收社区矫正人员 9633 人，12 月底在册人数 5939 人。全年有 3409 人矫正期满顺利回归社会。2008 年，全市累计矫正社区服刑人员达 10206 人，至 12 月底，在册人数 6226 人，有效监管率达 99.89%。全年累计矫正社区服刑人员 10516 人，矫正期满 4131 人，在册社区服刑人员 6121 人。全年度社区服刑人员获得减刑 8 人，由暂予监外执行被依法裁定为假释 6 人。

自 1992 年开始收治吸毒人员后，随着戒毒劳教人员数量的急速增长，1996 年 11 月，市戒毒劳教所成立，作为全市集中收治吸毒人员的专门场所。2003 年 6 月，在上海农场、川东农场、青东农场、女劳教所分别设立戒毒康复中心。2007 年 3 月，集“戒毒、治疗、劳动、康复、就业”为一体的“上海市司法局青浦戒毒康复中心”正式启用，开展戒毒康复中心试点工作。2008 年 9 月，劳教收容所接收首批强制隔离戒毒人员，各劳教所增挂强制隔离戒毒所牌子。2009 年 10 月，市戒毒管理局正式挂牌，与市劳教局两块牌子、一套班子。2001—2010 年，社区矫正工作和安置帮教工作成为上海司法行政工作的新亮点。2011 年，上海深入探索戒毒工作规律，规范戒毒流程，丰富戒毒手段，强制隔离戒毒人员综合康复戒治模式基本形成。2012 年，上海司法行政机关完成全部在教劳教人员的依法解教工作，实现戒毒管理部门工作重心的转移，强化社区戒毒和社区康复工作。2013 年，“社区矫正执法规范建设年”活动开展，规范执法流程和内容，出台实施教育矫正大纲。全市 11 个区的 13 个社区矫正中心正式运行。2016 年，全市推进标准化建设，形成由 107 个标准组成的社区矫正管理服务标准体系，并在浦东、崇明等六区试点。2019 年，戒毒领域诊断评估和个别教育地方标准体系建立，提出“4+1+1+1”（即每周 4 天劳动、1 天教育、1 天康复训练、1 天休息）戒毒康复运动模式，并在全国推广。2022 年，上海深化全国统一的司法行政戒毒工作基本模式建设，落实戒毒人员集中管理和收治工作。

资料链接：

《上海通志》第九卷

《上海司法行政志》

《上海市志·公安司法分志·司法行政卷（1978—2010）》

军　　事

JI JIAN SHANG HAI ZHI

上海地处中国东海岸中部，长江口南岸，长江口流域出海门户，是华东地区战略要地，特别是吴淞口，素有“南为上海门户，西为苏常藩篱，乃东南第一险要”之称。东汉阳嘉元年（132 年）始屯兵。东晋咸和元年（326 年）修沪渎垒。明初设金山卫，统辖 7 个千户所，上海地区始有常设军事机构。明嘉靖年间，为抵抗倭寇，自吴淞口，经黄浦江外围至钱塘江北岸乍浦一线构筑所、堡、墩等军事工事，加强海防；上海、宝山等各县修筑城墙以自卫。明嘉靖二十一年（1542 年）至三十八年（1559 年），在宝山、吴淞、南汇、金山一线及周浦、松江王江泾、上海县城、崇明等地发生抗倭激战，平息倭患。

清顺治二年（1645 年），在松江府设江南提督署。雍正八年（1730 年），分巡苏松道由苏州移驻上海县城大东门，始有上海道之称，兼管军事。道光二十二年（1842 年）五月，江南提督陈化成率官兵 1300 余人，在长江口吴淞炮台抵抗 2000 余英军入侵，壮烈阵亡。咸丰三年（1853 年）小刀会起义，占领上海县 17 个月。咸丰十年（1860 年），太平军先后三次攻打上海。同治四年（1865 年），江南制造局在上海设立，上海始有近代兵器生产。

1911 年辛亥革命，上海光复，沪军都督府成立。1913 年，革命党人组织讨袁战争，在江南制造局、吴淞一带与袁军激战。1924 年、1925 年，奉、直系军阀为争夺上海，先后爆发三次江浙战争。1926 年至 1927 年初，中国共产党在上海组织工人先后举行了三次武装起义，配合国民革命军北伐占领上海。南京国民政府建立后，始以陆、海军重兵驻防上海，建立淞沪警备司令部。1931 年九一八事变后，日本以南北夹攻之势，于次年在上海挑起一·二八事变。1937 年日本在上海又挑起八一三事变，淞沪抗战爆发。11 月，上海沦陷，租界成为孤岛。沦陷期间，中国共产党领导抗日保卫团等多支抗日武装，在上海市郊展开游击战，反日伪“清乡”，打击日伪势力。1945 年抗战胜利，上海重建淞沪警备司令部，20 余万军队驻防。

1949 年 5 月 27 日上海解放，中国人民解放军上海市军事管制委员会成立。随后，淞沪警备司令部、华东军区海军机关、上海防空司令部、空军上海基地等军事机构相继建立。11 月 4 日，上海市人民防空委员会成立，开启中华人民共和国上海人民防空的历史。1950 年，政府组织上海民兵，在经济建设和维护社会治安中发挥生力军作用。1954 年以后，中国人民解放军驻沪陆海空和内卫部队经过多次整编，先后改称为上海警备区、海军 37501 部队、空军 39034 部队、武警上海总队。 20 世纪 50—60 年代，全市组织建造四级以上防空地下室 137 个，面积 24955 平方米。至 1975 年，全市共构筑人防工程使用面积 200 多万平方米。

20 世纪 80 年代起，人民防空工程建设从简易人防工程，发展到人防工程建设和城市建设、城市地下空间开发、城市防灾、抗灾建设相结合。90 年代起，随着上海城市建设不断加快步伐，驻沪部队积极投身“申”字形高架、轨道交通、东方明珠、上海世博场馆等一系列工程建设和人民广场、南京路步行街、外滩等重大工程改造。1999 年夏，上海地区发生了历史上罕见的洪涝灾害，部队、民兵和预备役人员以及武警奔赴受灾地区参加抗洪救灾。进入 21 世纪，上海先后圆满完成上合组织峰会、APEC 会议、女足世界杯、特奥会、奥运会、世博会、亚信峰会、G20 峰会、进博会等重大活动安保任务，担负轨道交通四号线塌方、黄浦江清污、雨雪冰冻灾害、汶川抗震救灾等抢险任务。2017 年 6 月，机构体制改革，警备区机关“一办四局”成立。2018 年起，武警部队实行中央军委—武警部队—部队领导指挥体制。至 2021 年，上海已建成民防工程 1.2 万余处，遍布社区、学校、医院、机关、企事业单位等。

驻 军

机构 东汉时上海地区军事防务归会稽郡（今绍兴）管辖。晋朝时属吴郡（今苏州），因防海患设沪渎垒置军固守外，本地区无军事机构。唐朝沿袭隋制，设镇将，负责地区防务。宋朝设巡检司。元朝设达鲁花赤万户府。明洪武十九年（1396 年），松江上官场设金山卫（今金山东南），委指挥使 1 人（正三品），统辖松江前、后、左、右、中及青村（今奉贤奉城）、南汇、吴淞、宝山等地守御千户所。明嘉靖三十二年（1553 年），倭寇掠扰江浙沿海，松江府增设海防道衙署。清初，松江府仍设海防道同知，管辖海上军务。清顺治二年（1645 年），在松江府设江南提督衙署，统理苏州、松江、常州、镇江 4 府军务，辖有本标 5 个营及松江城守营等。康熙元年（1662 年），江南提督统理江南全省的军务。清顺治十四年，设立崇明水师镇，委总兵 1 人，驻防吴淞江和崇明海口。康熙十四年（1675 年），水师总兵升为水师提督。清雍正八年（1730 年），分巡苏松兵备道由苏州移驻上海县城大东门；乾隆元年（1736 年），增辖太仓，改称分巡苏松太兵备道（亦称上海道）。清宣统三年（1911 年）九月十四日上海光复，十六日沪军都督府成立，设沪防水陆全军司令部（简称沪防军）。1913 年 7 月，设上海镇守使，1915 年 11 月与松江镇守使合并为松沪护军使，1925 年 1 月撤销。1927 年 3 月，国民革命军北伐东路军进驻上海，6 月设上海警备司令部，8 月改称淞沪卫戍司令部，1928 年 4 月改为淞沪警备司令部，1937 年撤销，1945 年 8 月 16 日在重庆重组，9 月上旬迁沪。同月，淞沪警备司令部改称京沪卫戍总司令部，1948 年 12 月改称京沪杭警备总司令部，同月迁往无锡，后移至南京，1949 年 3 月又迁回上海，直至 5 月上海解放结束。

1949 年 5 月 27 日上海解放，中国人民解放军上海市军事管制委员会设立，为全市军管时期最高权力机关，陈毅任军管会主任，下设军事、政务、财经、文教 4 个接管委员会。1949 年 5 月 28 日，中国人民解放军成立淞沪警备司令部，1950 年 10 月改编为华东军区公安司令部兼淞沪警备司令部，1951 年、1955 年先后改称华东军区、南京军区公安部队司令部。1955 年 11 月，上海警备区成立。1949 年 7 月 8 日，华东军区海军后勤司令部在沪成立。1950 年 8 月，华东军区海军司令部由南京移驻上海。1955 年 10 月，华东军区海军改名为海军东海舰队，1969 年 10 月调防，建东海舰队上海基地。1950 年 3 月，上海防空司令部建立，9 月和华东军区空军合并为华东军区空军司令部兼上海防空司令部。1951 年 2 月，华东军区防空兼上海防空司令部成立。是月，空军上海基地成立，1952 年 7 月以此为基础，组建空军第四军，1957 年 9 月防空军番号撤销。1985 年 10 月，空军第四军整编为空军上海指挥所。1986 年人民武装部交地方领导管理。1993 年 10 月，空军上海指挥所改编为空军上海基地。1993 年，上海第一支预备役部队成立。1996 年 3 月底，全市 14 个区、6 个县的 20 个人民武装部，按时顺利完成收归军队建制任务。1997 年 11 月，“中国人民解放军上海警备司令部”挂牌。2016 年 1 月 16 日，上海警备区划归中央军委国防动员部领导管理。2016 年 8 月 15 日零时，警备区指挥关系由中央军委联合指挥中心移交解放军东部战区。随后，上海警备区机关进行机构体制改革，由原来的四大部即司令部、政治部、后勤部、装备部，调整为“一办四局”即办公室、政治工作局、战备建设局、国防动员局、保障局。新体制下，警备区将主要承担国防动员、兵役征集、国防教育、国防设施保护、双拥工作和军民融合协调、离退休干部服务保障等职能。2017 年 6 月 24 日，上海警备区新调整组建单位领导任职命令宣布大会召开，上海警备区下属有 16 个区人民武装部。7 月 1 日零时起警备区按新编制运行。

驻沪部队 上海地区自东汉开始驻扎军队以来，历朝在上海都派兵捍守。除战争需要短期在上海地区集结大量军队外，如晋朝的“孙恩攻沪渎”，南宋的“韩世忠抗金”等，此外，各时期驻军规模都较小。至清朝顺治二年（1645 年），自建立江南提督衙署于松江后，驻军规模逐渐增大。到了清末，由于西方殖民主义者频频犯境，除在崇明设总兵府外，其他各要地也都派出参将、游击、千总等率营防守。根据清道光二十三年（1843 年）中英《虎门条约》、道光二十四年中美《望厦条约》和中法《黄埔条约》规定，外国兵舰可常出入吴淞口，停泊黄浦江。咸丰十年（1860 年）夏，为阻止太平军进攻上海，英、法军 1200 人驻守上海县城，500 余人驻守上海城北江湾和城西徐家汇，法军 200 人驻守董家渡天主堂附近。同治元年（1862 年）初，英、法军驻沪总兵力增至 4000 人，光绪二十六年（1900 年）增兵 3000 人。此后，德国等亦派兵驻沪。

随着上海经济的发展，其军事地位日益重要，民国开始在上海专设管辖淞沪地区的军事机构，并驻有陆军和海军。1927 年 3 月，国民革命军北伐逼近上海，英日美法等国军队 2.3 万余人先后在上海登陆。1928 年，驻沪外国军舰 26 艘。1934 年 11 月，驻沪外国军队有英国驻沪陆军司令部，驻大西路兵力 1000 人；法国驻沪陆军司令部，兵力 1600 人；美国驻沪海军陆战队，兵力 1200 人。光绪二十八年（1902 年）起，日本开始在上海驻军，1932 年一·二八事变前，日驻沪海军陆战队兵力 1800 人。1937 年上海沦陷后，日军设立上海警备部队，总兵力约 1.2 万人。1945 年抗日战争胜利后，国民党政府在上海地区迅速重建陆海空军机构，通过美援和美国的“全面顾问”，驻沪兵力达到空前规模，多达 20 余万。美国在上海所设军事机构有：中国战区美军总司令部、美军驻华基地司令部、中国战区美军调防部、美军驻华空军司令部、美军第十四航空队、美军第十航空队、美空军后勤司令部、美国驻华海军总部、美军第七舰队、美国驻华联合军事顾问团上海办事处。另有英国皇家空军大队。上海港军事管制一年，在港美国军舰最多时达 120 多艘，驻沪美军最多时达 2 万余人。1949 年 4 月 30 日，美国在沪最后一批海军陆战队 400 人撤离。美军驻沪军事机构相继撤离。

1949 年 5 月上海解放后，中共中央军委及中国人民解放军华东军区、第三野战军立即在上海部署防务并迅速建立海、空军驻沪机构，保卫上海地区。7 月，第三十三军九十七师、九十八师、九十九师和第一〇〇师、吴淞要塞部队组成淞沪警备部队。1950 年 11 月，第九十七师、九十八师、九十九师改编为华东军区公安部队兼淞沪警备部队，第一〇〇师整编后调防，吴淞要塞部队划归华东海军。1955 年 11 月，上海警备区成立，执行副兵团级权限，担负上海海防和城市警备。同年，华东军区海军改称海军东海舰队，驻沪海军部队有 1043 部队、淞沪水警区、海军航空兵基地和航空兵 37753 部队、海军修船管理支队、海军护卫舰支队等。以后驻沪海军部队多次精简整编。1949 年 5 月上海解放后，中国人民解放军在沪组建高射炮兵第三师，中国政府邀请苏联空军防空集团驻防上海。1950 年 8 月，人民解放军空军混成第四旅进驻上海，10 月参加抗美援朝。1951 年后，空军航空兵 2502、2680、3796 等部队驻沪。1954 年 4 月，在上海组建高射炮兵 4154 部队，8 月高射炮兵 4152 部队驻沪。1957 年，驻沪高炮部队划归驻沪空军建制。其他驻沪空军部队有 2644、4153、4158、3777 等部队。以后驻沪空军部队经过多次精简整编。1993 年 12 月，上海正式组建了预备役部队，隶属上海警备区。1995 年，驻沪部队开展以爱国奉献教育、革命人生观教育、尊干爱兵教育和艰苦奋斗教育为主要内容的思想政治教育，以理论学习、课堂灌输、班排讨论为主要方法，组织了 200 多场革命传统报告会。全年接待了来访的 69 个国家、79 批外国军事代表团，共 1518 人，进一步增强了中国与外国军队之间的交往和友谊。1999 年 6 月 30 日—7 月 2 日，上海警备区部队、民兵和预备役人员 4350 人，奔赴青浦、松江等灾区，支援地方抗洪抢险。由于连降暴雨，太湖流域水位暴涨，又值第四次天文大潮，上海地区发生了历史上罕见的洪涝灾害。在抢险过程中，警备区广大指战员共抢修、加固堤坝 37540 米，封堵决口、排除险情 144 处，修复公路 2300 米，抢救、转移群众 548 人，抢运物资 285 吨，医治群众 372 人。1999 年 11 月上旬，上海警备区依托上海航天局 803 研究所，成功地组建了全军第一支由国产某型防空导弹装备起来的民兵连。这是警备区军事斗争准备工作的一次重大突破，为改善上海地区防空作战力量结构和火力配系，为民兵建设由保障型向战斗型转变奠定了基础。

2013 年 1—3 月，警备区分支援、应急、储备三类队伍，通过调整、重组、新建，完成国防后备力量编组任务。2017 年，警备区按“值班指挥、应急力量、法规制度、方案计划”4 个方面，构建本级、人武部、基层分队 3 个层面日常战备值班体系。修订应对重大事变军事行动方案，制定完成“本级首长机关、直属分队、人武部”3 级 12 类 24 个战斗力标准。推进上海地区环网扩容、“三网”建设等 5 类 15 个通信工程建设。根据国家战略总体部署，自 2018 年起，上海每年举办一届中国国际进口博览会，驻沪部队严密组织安保行动，坚持最高标准、最强部署、最严措施，构建起立体安全屏障，充分展现出“我为进博会添光彩，我为祖国做贡献”的精神风貌。

2020 年，武汉暴发新冠肺炎疫情，驻沪部队医疗人员除夕夜紧急出征驰援。海军军医大学依令派遣 2 批次 300 余名医疗队员千里驰援武汉抗击新冠肺炎疫情。2022 年，军地联防联控，军民齐心协力，为上海疫情防控工作贡献力量。军队从陆军、海军、联勤保障部队所属 7 个医疗单位，抽组卫勤力量 2000 余人，由上海警备区总体协调，支援全市做好医疗救治、核酸检测等疫情防控工作。5 月下旬，军队卫勤力量圆满完成疫情防控任务陆续归建。

2022年，上海警备区紧紧扭住政治建军根本，坚持不懈用强军思想凝聚意志、培塑忠诚。聚焦"打仗型"国防动员，科学规划统领，常态备战塑势，优化体系保战，动员援战能力在实践中得提升，深化战法攻关和动员指挥研究攻关，聚焦落实抓民兵编组，调整优化力量结构。

军事院校　上海市境内主要军事院校有2所，分别是中国人民解放军海军军医大学和国防大学政治学院。中国人民解放军海军军医大学前身是中国人民解放军第二军医大学，创建于1949年9月，当时称华东军区人民医学院，1950年10月，更名为上海军医大学；1951年7月9日，由中央军委正式命名为中国人民解放军第二军医大学；2017年6月29日，更名为中国人民解放军海军军医大学。学校附属长海医院、长征医院和东方肝胆外科医院3所三级甲等医院。2017年随学校改名，三所医院也分别改为海军军医大学第一附属医院、第二附属医院和第三附属医院。国防大学政治学院成立于2017年8月26日，由原南京政治学院、西安政治学院和武警政治学院合并组建，分为上海松江教学区、杨浦教学区以及南京教学区和西安校区，院机关设在上海松江。南京政治学院上海校区的前身是1951年1月在河南洛阳组建的空军军政干部学校，1954年9月迁址南京市中和桥，改建为空军政治学校；1962年7月迁至上海市；1986年6月更名为空军政治学院；1999年5月转隶并入南京政治学院，改称南京政治学院上海分院，是隶属总政治部、面向全军培养政治军官的中级任职教育院校和全军"2110工程"重点建设院校。2011年6月23日，中央军委决定撤销南京政治学院上海分院建制，改建为南京政治学院上海校区。中国人民武装警察部队政治学院前身是武警上海指挥学校，创建于1984年；2000年5月，更名为武警上海指挥学院；2006年9月，改建为武警上海政治学院。2011年6月29日，经中央军委批准，武警上海政治学院改建为武警政治学院，编制等级由正师级升格为副军级，直属武警政治部；9月2日，中国人民武装警察部队政治学院在上海挂牌成立；2017年8月，并入国防大学政治学院。

征兵　中国古代推行"郡县征兵"制（秦朝）、"募兵制"（汉武帝时）、"府兵制""兵募制""团结兵"（唐朝）、募兵制（宋朝）等兵役制度，延至元朝、明朝、清朝，以至民国，种类较多，但归纳起来可分为志愿兵役制与义务兵役制两大类。上海地区的古代兵役，已无资料可考。鸦片战争后，驻上海的清军仍以募兵制为主。直至民国初期，仍用募兵制。1924年中国国民党第一次代表大会通过《兵役宣言》，开始由募兵制改为征兵制，后因战争爆发等未能正式实行。抗日战争胜利后，1946年国民政府开始恢复征兵制。上海兵役机构也逐步建立并实施征兵制度。由于政治原因，国民政府采用征兵办法无法完成所需的兵源，因而同时仍实行募兵制（所谓志愿兵），以高额酬金来招募兵士，但应募者很少。时有“好铁不打钉，好男不当兵”之说。国民政府后期只得采用抽壮丁、卖壮丁的办法来勉强凑足所需的兵员数。

中国共产党领导下的人民武装力量实行兵役制度，大体经过三个阶段。从建军开始至中华人民共和国成立初期，实行志愿兵役制；1955 年中华人民共和国颁布第一部《兵役法》后，实行义务兵役制；1984 年颁布新的《兵役法》，改为实行以义务兵役制为主体的志愿兵与义务兵相结合、民兵与预备役相结合的兵役制度。为了更好储备兵员，根据有关法律还规定在民兵的基础上实行预备兵役制，这是加强国防建设的重要战略措施。1955—1995 年，全市征集兵员 40 余万人。上海解放初期，士兵退出现役，实行复员制度。1958 年 5 月后，士兵退出现役，一律作退伍安置，至 1995 年全市安置 38 万人。上海市第十届人民代表大会常务委员会第十三次会议于 1994 年 10 月 20 日通过上海市第一部地方性兵役法规《上海市征兵工作条例》。2002 年是贯彻修改后的《上海市征兵工作条例》和实施“属地属户”征兵的第一年，警备区会同市政府相关部门，切实抓好征兵工作。全市共征集新兵 4500 人，其中 300 人去西藏部队服役，69 名在校大学生被批准入伍，其中 16 人成为上海首次征集的女大学生士兵。2011 年 7 月，市委、市政府发布《关于进一步加强和改进本市征兵工作的若干意见》，着眼激励更多高学历高素质青年参军入伍，建立在校大学生参军入伍激励机制。2017 年，全市制定印发《上海市区级国防动员工作考核评估方案》，高标准完成新兵征集任务，大学生征集比率达 88.9%，连续第三年创全国第一。2017 年，全市重点优抚对象共 56792 人（户）。2022 年，全市开展征兵工作，大学生征集率为 98.58%，大学毕业生征集率为 60.19%。

兵事　据史料记载，上海地区自东晋成帝咸和二年（327 年）发生历阳（安徽和县）内史苏峻反对晋朝，分军东下攻打娄县（今松江部分地区）与前义兴太守顾兴激战，这是发生在上海境内的第一场战争。之后，在近二千年的历史中几乎在各朝都发生过性质不同、规模不等的战争。在古代战争中，尤以明朝嘉靖年间，沿海平倭寇战斗最为频繁，持续的时间也最长，是上海军民首次反抗外国侵犯的正义战争。

上海地区兵事主要有东晋隆安三年（399 年）沪渎之战、明嘉靖三十年至三十四年（1551—1555 年）抗倭、清道光二十二年（1842 年）吴淞抗英之战、清咸丰三年至五年（1853—1855 年）小刀会起义、清咸丰十年至同治元年（1860—1861 年）太平军进攻上海、清宣统三年（1911 年）上海光复之役、1913 年上海讨袁之战、1924—1925 年北洋军阀争夺上海之战、1932 年一·二八淞沪抗战、1937 年八一三淞沪抗战、1949 年解放上海战役、1950—1964 年剿匪肃特战斗。

沪渎之战。东晋安帝隆安三年（399 年）十月，浙东一带爆发了孙恩领导的江南第一次大规模农民起义。起义军以舟山群岛为据点，多次登陆作战，得到江南八郡广大农民的响应，威胁东晋王朝的统治。东晋吴郡太守左将军袁山松奉命抵御孙恩，在沪渎沿岸大筑军事堡垒——沪渎垒。隆安五年（401 年）五月，孙恩率水军万余人，自浙江海盐渡海北攻沪渎垒，突然间发起攻势，摧毁东晋设在海口的第一道防线，战斗中太守袁山松及士兵共 4000 多人被起义军杀死。东晋派大军围攻，孙恩损失惨重，在沪渎被击溃，投水自杀。余部数千人在卢循率领下退往浙江继续坚持斗争。

一·二八淞沪抗战。1932 年 1 月 28 日 23 时 30 分，日海军陆战队突然袭击闸北天通庵路第十九路军翁照垣部。第十九路军自卫还击，接防的宪兵团一部亦奋起抵抗，战役正式开始。3 月 4 日，正式停战。5 月 5 日，国民政府被迫与日军签订《淞沪停战协定》，协定禁止中国正规军队驻防上海。上海成为不设防城市。此战，日方出动陆军 6.5 万余人、海军陆战队 1.3 万余人，加上海、空军，总兵力达 8 万余人，各型舰船约 80 艘，飞机 300 余架。中国军队出动 5 万余人，飞机 30 余架。

八一三淞沪抗战。1937 年 8 月 13 日上午 9 时许，一支日军窜入横浜路，保安队哨兵对天鸣枪以示警告，日军开枪射击。下午 4 时，日军主力向宝山路、八字桥、天通庵路进攻，中国守军奋起抵抗，战役正式开始。11 月 5 日拂晓，日军 2 个师团及国崎支队，在杭州湾北岸全公亭、金山卫登陆，对淞沪实施迂回包围。中国守军猝不及防，阵地相继失守，战局急转直下。8 日，国民政府统帅部下令全线撤退。12 日，上海失陷，淞沪战役结束。此次会战，日军 9 个师团投入总兵力 22 万余人，坦克、装甲车 260 余辆，作战舰艇 130 余艘，飞机 400 余架。国民政府守军一再增加兵力，最高时总兵力达 64 个师 70 余万人，作战飞机近 200 架。

解放上海战役。1949 年 4 月下旬，中国人民解放军解放南京后，第三野战军一部直逼浙江宁波，其余各部多路疾进上海。国民党军京沪杭警备总司令部守军 8 个军 26 个师及海、空军和特种兵共 20 余万人，凭借 4255 个永备型碉堡工事，固守顽抗。解放军第三野战军以第九、第十 2 个兵团 8 个军（后又增加 2 个军）、30 个师及特种兵纵队近 40 万人，沿太湖南北走廊发起解放上海战役。5 月 23 日夜，发起总攻。27 日下午 3 时，第二十七军在杨树浦受降最后一批国民党军，上海解放。此次战役，解放军歼灭国民党军约 15.3 万人，缴获火炮 13710 门、枪支 8 万余支（挺）。解放军牺牲 7613 人，伤 24000 人。

资料链接：

《上海通志》第十卷　　《上海军事志》

武　警

旧上海武警　清道光二十五年（1845 年），英租界自行招募更夫，把原击竹巡夜变为武装巡夜。咸丰四年（1854 年），租界设立巡捕房，招募英、法、俄、葡、日、印、越等国以及华人充当武装巡捕，管理租界内的治安、刑事、司法等警务。同治元年（1862 年），清政府推行保甲制度，在除租界以外地区建立巡防保甲制度，抽抚标沪军营兵弁充当局丁，专司防御盗贼，维持治安。但局丁尚属军警未分。光绪三十一年（1905 年），上海设立警察总巡局，指挥管理巡警。驻九亩地的沪军营亲兵入警察学堂学习警务，3 个月后速成毕业，编成巡警（又称巡丁、警察兵、警兵）。不久上海警察总巡局又添募巡士 500 余人。同时，上海还驻有武装警察性质的清军巡防营，协助地方维持治安。清宣统三年（1911 年）九月，上海光复后，设立南市警务公所，招募民团 200 人，以补巡警不足。此前，武装巡警兼武装警察与行政警察双重职能，市民对武装巡警俗称警兵、警丁。

1912 年 1 月 1 日，南市警务公所和闸北警务公所成立。1913 年 5 月，江苏省淞沪警察厅成立，下设有警备队（后改为游巡队）4 个队、保安队 1 个队和骑巡队等武装警察。同月，驻沪的沪防水师营等部队改编为江苏省水上第一警察厅和第二警察厅，部队驻扎于上海、宝山、松江、浦东、奉贤、南汇等地。1927 年 7 月，上海成立特别市，江苏省淞沪警察厅改组为上海特别市公安局。原淞沪警察厅游巡队、保安队、骑巡队改编为上海特别市公安局保安队，共编 6 队。1930 年，上海改为直辖市，上海特别市公安局改称上海市公安局；原上海特别市公安局警察大队改称上海市公安局警察大队，建制不变；7 月 10 日在原有 4 个警察中队的基础上添编第五、六 2 个中队。另增编车巡一队作为机动警力。1932 年宪兵（为国民政府武装警察兼司法、行政、外事警察，负责警卫、护卫、押解、侦察、逮捕、巡查、弹压等平时警务和战地维持军纪等战时警务）第六团、税警总团等国民政府武装警察部队先后调驻上海，参加一·二八淞沪抗战。同年 7 月，设立上海市保安处（1936 年 4 月改为保安总团），下设保安第一团、第二团等建制，兵力达2000余人，以协助公安局维持治安。

1935年，经淞沪警备司令部批准，上海市公安局警察大队扩编，成立上海市警察局警察总队，下设第一、二、三、四中队和机枪中队。1937年11月，上海沦陷；12月5日，伪上海市大道政府警察局设警察大队。1939年2月1日，伪上海特别市警察局改称警察署，设警卫队、警察大队等武装警察，人数有600余人。至1940年9月，警卫队有100人，警察大队648人，武装警察人数逐年增加。1941年6月，伪政府成立“上海特别市保安司令部”，辖保安第一、二、三、四团等部队。后增设南汇、奉贤、川沙、嘉定、宝山、北桥、崇明等7个保安队及特务大队。1942年，伪政府又在上海成立税警总团。1943年8月，伪政府接收上海公共租界，原工部局警务处改为伪上海特别市第一警察局；原伪上海特别市警察局改为第二警察局；接收法租界警务处，成立伪上海特别市第三警察局。第一、二警察局分别辖有1个警察总队，第三警察局辖有1个警察大队。1944年，伪上海特别市警察局第一、二警察局合并为上海特别市警察局，将原来的第二警察局警察总队改编为保安警察总队。1945年9月，国民政府接收汪伪上海特别市警察局，成立上海市警察局，辖有保安警察总队（后改为保安警察第一总队，另又成立保安警察第二总队）、机动车大队、骑巡队等武装警察。同时，国民政府宪兵、武装交通警察部队等先后驻扎上海。

为维护帝国主义的殖民统治和国内封建地主阶级、官僚资产阶级的统治，旧上海的武装警察部队对革命人民和进步人士进行残酷镇压。清光绪三年（1877年），小车工人抗捐罢工，遭到租界工部局武装巡捕镇压。1915年12月，因“公堂事件”引发上海市民罢市、拒交捐税等，许多市民围攻老闸巡捕房和租界工部局，以示抗议，武装巡捕和万国商团等武装开枪镇压，死伤群众多名。1919年，五四运动爆发，上海工人、学生上街示威游行，声援北平学生反帝、反封建斗争，遭到巡捕、武装警察镇压，死伤10余人。上海沦陷后，汪伪上海特别市保安部队、警察总队等武装警察与日本宪兵、特务勾结，在上海地区进行“清乡”扫荡，大肆捕杀共产党人和抗日爱国人士，迫害无辜群众。1945年8月，日本投降后，国民党政府实行独裁统治，发动内战，引起物价暴涨，民不聊生。1946年7月，上海市政府以“妨碍市容”“有碍交通”等为由，宣布黄浦、老闸两个区禁止摊贩营业，引起摊贩不满。11月中旬，警察捕捉违反禁令的摊贩。30日，300余名摊贩和被捕者家属包围黄浦警察分局。12月1日，市政府派出宪兵和保安警察镇压，打伤多人，被捕93人。1947年12月，同济大学学生掀起“反饥饿、反内战、反迫害”以及“要民主、要自由、反独裁”的和平民主运动，国民党淞沪警备司令部派出宪兵和保安警察、骑警包围同济大学，冲击、劈杀学生，69名学生受伤，3人失踪，20余名学生被捕，酿成“一·二九”同济血案。1948年1月30日，申新第九棉纺厂工人因要求资方发薪，举行罢工。2月2日，当局调集大批宪兵、保安警察包围申新九厂，工人反抗，被保安警察开枪枪杀3名女工，100余人受伤，236人被捕。旧上海武装警察，是国民党实施统治的工具。但国民党宪兵、税警总团、保安总团、保安警察总队等也先后参加了“一·二八”“八一三”淞沪战役，抗日卫国。1949年5月，上海解放前夕，中共地下党组织争取市警察局代局长陆大公等弃暗投明，策动警察局机动车大队官兵起义，有力地配合了上海的解放。

武警上海总队 1949年5月27日，上海解放。中国人民解放军华东军区警卫旅（简称华东警卫旅），随中共中央华东局机关进入上海，接收原国民党上海市警察局保安警察第一、第二总队、机动车大队、骑巡队等武装警察。6月22日，华东警卫旅改编为上海市人民政府公安局警察总队（简称上海警察总队）。以后，这支部队的名称、体制随全国公安部队历经多次改变。1950年7月，上海警察总队改编为中国人民公安部队上海市总队（简称上海公安总队），隶属于上海市公安局建制领导，同时接受华东公安司令部兼淞沪警备司令部指挥；1952年5月24日，改编为中国人民解放军公安部队上海市总队（仍称上海公安总队），调归华东军区公安部队建制领导；1955年11月，改称中国人民解放军公安军上海市总队（简称公安军上海市总队），隶属上海警备区建制领导；1958年12月30日，移交上海市公安局；1959年1月起，改编为上海市公安局人民武装警察总队（简称上海民警总队），接受上海市委和市公安局的直接指挥，并接受公安部四局即人民武装警察局的指导；1962年1月，改编为中国人民武装警察部队上海市总队（简称武警上海总队），领导体制改为由军事系统和公安机关双重领导；1963年1月，改编为中国人民公安部队上海市总队（简称上海公安总队），隶属于中国人民公安部队建制和上海市公安局双重领导；1966年9月，改编为中国人民解放军上海警备区警备师（简称上海警备师），划归上海警备区建制领导；1982年8月，改编为中国人民武装警察部队上海市总队（简称武警上海总队），隶属武警部队和上海市公安局双重领导。1950年至1955年1月，驻沪公安部队除上海公安总队外，还驻有中国人民解放军华东军区公安部队领导机构（华东公安司令部），公安第十四师（1952年5月移驻山东）、公安第十五师（1955年7月撤销番号）、公安第十六师（1953年2月移驻浙江）、公安第十七师（1952年2月撤销番号）、苏南边防保卫局（1952年并入公安第十五师）。1983年1月以后，原上海市公安局所辖消防部队、边防部队、警卫机构先后列入中国人民武装警察部队序列，划归武警上海总队建制领导。1985年9月以后，上述武警部队又划归上海市公安局建制，分别成立上海市公安局消防处（后改消防局）、上海市公安局边防局、上海市公安局警卫处（后称警卫局）。消防局、边防局对外分别称中国人民武装警察部队上海市消防总队（简称武警上海消防总队）和中国人民武装警察部队上海市边防总队（简称武警上海边防总队）。1992年12月，中国人民武装警察部队交通指挥部独立支队一营进驻上海，并成立上海工程指挥所（简称武警交通上海指挥所），担负上海地区公路、桥梁等工程建设等任务。该部队原为中国人民解放军基建工程兵，1985年1月转入武警部队序列，是一支担负国防公路、交通工程建设和维护社会稳定双重任务的部队。1994年7月，中国人民武装警察部队水电指挥部第二总队部分部队进驻上海，成立水电第二总队上海工程指挥所（简称武警水电上海指挥所），担负上海地区的工业厂房、大型商场、住宅及机场等建设。该部队原为中国人民解放军基建工程兵部队，1985年1月转入武警部队序列，是一支担负水利、水电交通设施、工业及民用建筑和维护社会治安双重任务的部队。武警上海总队还辖上海武警指挥学校和若干警卫、船艇等大队、中队。2002年2月，武警上海市总队反恐怖机动中队成立；7月反劫机中队成立。2009年10月2日，武警上海总队组建上海世博会安保女兵训练管理基地，由从上海新征集的2000名女大学生组成。2012年11月5日，武警上海市总队第十支队改称浦东新区支队。自2018年1月1日零时起，中国人民武装警察部队由党中央、中央军委集中统一领导，实行中央军委—武警部队—部队领导指挥体制。武警部队职能属性不变，不列入解放军序列。

上海解放初期，社会治安情况十分严峻。国民党逃离上海时，潜伏了大量武装特务，他们趁上海社会秩序尚未稳定之际，冒充中共地下武装和民主党派，冒名接收旧政权机构遗留的武器和资产；不法商人无视军管法令，非法倒卖金银、外币，哄抬物价；凶杀、抢劫等重大刑事案件不断发生，严重威胁人民政权的巩固和人民生命财产的安全。担负上海警备任务的中国人民解放军淞沪警备部队成立军法处，全面负责对匪特案件的侦破、逮捕、审讯、结案处理等工作。华东警卫旅除担负警备外，分散在全市31个公安分局协助接管。1949年6月10日，华东警卫旅奉命派出1个营，协助市公安局查封专门从事金融投机的场所——上海证券交易所，打击非法买卖金银和外币活动。同年7月底，原担负上海警备任务的第九兵团第二十军、二十六军和二十七军先后移驻市郊整训待命。同时以第三十三军机关为基础，第九兵团抽调部分干部组成新的淞沪警备司令部（华东公安司令部前身），统一指挥第三十军、三十三军、第一〇〇师、上海警察总队、华东警卫团等部队共7万余人，接替原由21万人担任的警备任务；重新划分成5个警备区，岗哨由500余处减少到130余处。至同年10月底，警备部队先后收容散兵游勇15427人，取缔武装匪特40余股，侦破各类案件1456件，逮捕各类案犯6400余人，缴获各类枪支1235支，电台14架，汽车14辆以及大量弹药和黄金、银元、药品等。1950年初，美国和盘踞台湾的国民党当局加紧对上海的封锁和轰炸，尤其是2月6日，对上海一些地区狂轰滥炸，人民生命财产遭受惨重损失。驻沪警备部队全力投入反封锁、反轰炸的斗争和抢险救灾等工作；同时，增设岗哨，加强巡逻，调整防空力量，加强对重点单位的保卫工作。同年6、7月间，警备部队先后派出第九十八师（后改为公安第十五师）一部，在人民海军和上海海运局的密切协作下，一举歼灭盘踞在上海附近海域滩浒岛和嵊泗列岛上的残匪，打通海上通道，粉碎了国民党当局封锁上海的阴谋。1951年4月27日，根据中共中央《关于镇压反革命活动的指示》，在中共上海市委统一领导下，驻沪公安部队出动15个团兵力，与全市公安警察、人民群众密切配合，捕获8400余名反革命分子。镇反运动肃清了上海的土匪、恶霸、特务等反革命分子。随着社会稳定局面的形成，驻沪公安部队逐渐撤收一些厂、库守卫勤务，加强对边、海防的管理。1952年10月，驻沪公安部队守卫的工厂、仓库、码头减少到159个。1955年11月以后，上海市党政机关、党和国家领导人来沪、重要外宾、外国驻沪领事馆和重大社会活动的安全警卫，重要的工厂、仓库、车站、机场、码头、通讯枢纽、尖端科研单位的守卫，重要铁路、公路桥梁、隧道的守护，监狱、看守所看押、看守，重要物资的押运以及城市武装巡逻等内卫执勤任务全部由上海公安总队担任。“文化大革命”期间，上海警备师完成内卫执勤任务受到一定影响，但广大官兵牢记职责，坚守岗位，在保证重要目标绝对安全的前提下，派出部队积极参与武装巡逻维护社会治安。

中共十一届三中全会后，上海警备师贯彻执行中共上海市委、上海警备区党委的指示，参加整顿社会秩序活动。1979年，上海警备师驻市区分队分别与驻地13个公安分局及街道、里弄、工厂挂钩，实行军、警、民联防，搞好治安巡逻。1983年8月起，武警上海总队坚决贯彻中共中央、全国人民代表大会常务委员会《关于严惩严重危害社会治安的犯罪分子的决定》，配合公安机关依法从重、从快，坚决打击犯罪分子。至1985年，派出官兵共参加3个战役13次行动，担任依法逮捕、武装看押、押解罪犯的任务，协助公安机关摧毁一大批犯罪团伙。同时，根据上海各个时期的治安特点，有组织、有计划地派出部队，进驻各公安分局、派出所，与公安干警、工人纠察队员一起，进行武装巡逻，直接参与社会综合治理。处置突发事件，维护社会稳定，是武警上海总队的重要任务。1989年北京春夏之交的政治风波波及上海，其间，武警上海总队在中共上海市委、市政府和市公安局的领导下，派出部队与公安机关密切协同，宣传政策、疏导群众，全力维护社会稳定。

1990年后，外来人口大量涌入上海，群体性突发事件和其他治安事件相应增多。武警上海总队适应形势和任务需要，积极做好处置群体性暴力事件的准备工作，参与市公安局组织的历次集中整治行动。每当上海遇到自然灾害，人民群众生命财产受到威胁时，武警上海总队都派出部队以最快的速度赶赴灾区，抢险救灾。武警上海边防总队担负着上海虹桥国际机场、上海港等处的出入境护照和安全检查、外轮监护和海防管理等任务。20世纪80年代前，出入境的旅客不多，每年只有数千人。80年代，出入境人员增多，护照、证件检查、安全检查任务日益繁重。1983—1985年，上海海、空港护照证件检查中，发现证照不符者达370余人次，查获违禁品达2000余件。随着沿海地区走私偷渡活动的日益猖獗，1994年后，武警上海边防总队担负上海市沿海及长江口一线的巡逻检查和边防管理，严密沿江、沿海一线社会控制，完善边防法规，严厉打击海上违法犯罪活动。武警上海消防总队担负着上海市火灾的预防、扑救等抢险救灾任务，在做好消防宣传、成立各级消防组织的同时，全力以赴做好火灾的扑救工作。1985年6月，上海造漆厂硝基车间发生大火；1986年9月，上海市第二轻工业局大楼发生大火；1996年11月，四川中路居民区发生特大火灾。武警上海消防总队官兵冒着生命危险奋勇扑救，为保护国家和人民群众生命财产安全作出了重要贡献。武警水电二总队上海工程指挥所、武警交通独立支队上海工程指挥所担负着上海地区道路、桥梁、大型厂房、商场、住宅等基础工程建设任务，在上海的经济建设中发挥了重要的作用。仅1997年总队参加的17项重点工程和其他社会公益事业建设就达12万多个劳动日。

2001年，武警上海总队完成APEC会议、上海六国元首会议等重大活动安全保卫工作；2002年，圆满完成以执勤和“处突”为中心的各项工作任务，全年动用兵力近7万人次，分别承担中俄总理第七次定期会晤、第三十五届亚行年会、APEC第五次电信部长会议、上海合作组织总检察长会议、庆祝“申博成功”以及中共十六大召开等重大活动的安全保卫任务；还动用兵力6000多人次，配合市公安局开展严打整治行动，处置各类治安事件86起，抓获犯罪嫌疑人67名，押解犯人2957人，遣送“三无”盲流18万人。2003年，总队共参加抢险救灾35次，出动兵力2483人次，动用车辆124台次，抢救遇险群众500多人，运输各种物资3100多吨；2005年，参加夏季治安巡逻的部队就协助公安机关处理各类案件5823起，扭获违法人员7500余名。2008年，面对新中国成立以来罕见的雨雪冰冻灾害，武警上海总队先后出动1.8万人次、车辆680台次，扫雪除冰600公里，救助受灾群众150人，运送救灾物资250吨，处置因灾突发事件11起，维护2个机场、2个火车站春运秩序1个多月，疏散滞留旅客19万人；一次性出动41台车辆，往返300多公里，为上海光明食品（集团）有限公司安全运送受困奶牛200多头，解决市场牛奶供应的燃眉之急；坚决执行中央“平安奥运”指示，确保奥运圣火在沪传递万无一失。奥运赛事期间，武警上海总队共动用兵力5160人、20余万人次，完成上海赛区12场足球比赛、595名运动员教练员和中外政要住地警卫、专机警卫，以及社会面巡逻、反恐处突、目标守卫等任务。2010年世博会期间，总队圆满完成7个大类22项任务，应对22个超50万人次参观日和10月16日103万人次极端大客流参观日，成功处置“5·30”韩流歌迷聚集扰序事件。2014年5月20—21日，亚信峰会在上海举行，总队圆满完成峰会期间要人住地、重要活动现场、专机警卫，社会面巡逻防控、市境道口查控、轨交重点站执勤，中俄联合军演启动仪式现场警戒、路线警卫以及应急机动和反恐备勤等任务，查获违禁物品233件，抓获犯罪嫌疑人14人，处置突发情况95起，妥善处置有碍目标安全险情291起。2016年8月20日至9月6日，G20峰会期间，武警上海总队完成公安检查站警戒设卡、与会领导人在沪期间住地和专机警卫、16个区和2个机场武装巡逻、5座轨交重点站执勤，以及处置群体性事件、处置恐怖和劫机事件、抢险救援机动备勤等任务。

资料链接：

《上海通志》第十卷

民　防

机构　1937年，日军内设上海陆海军防空司令部。太平洋战争爆发后，为防备盟军飞机轰炸，日军先在伪上海特别市警察局建立协力防空指挥部，后成立伪上海特别市市民防空本部，负责上海地区的防空。1947年，国民党上海市政府在上海地区先后建立防护团、救护委员会；1948年12月，成立上海市防空指挥部；1949年1月，改称淞沪民防司令部，至上海解放。

上海解放后，中共上海市委、上海市人民政府和中国人民解放军淞沪警备司令部为了防备敌机的空袭，确保上海人民生命财产安全，于1949年11月4日成立上海市人民防空委员会（以下简称市人防委）及其办事机构。市人防委统一领导指挥全市的人民防空工作。1950年2月，各区相继成立防空治安委员会（后改人民防空指挥部）。从1965年起，各县也先后成立人防委。区、县人防委在同级中共区、县委和人民政府及军事部门的领导下，负责本地区的人民防空和抗灾救灾工作。区、县人防委下设人民防空办公室（后改民防办公室），负责指挥处理本地区的人防和抗灾救灾的日常工作。市人防委下设上海市人民防空办公室（以下简称市人防办），具体负责全市人防日常工作。1969 年 10 月，市人防委更名为上海市人民防空领导小组；1981 年 11 月，更名为市人防委。

1986 年 2 月，市政府决定由市人防委兼管抗震救灾工作，成立抗震救灾委员会，同年更名为抗震委员会，实行一套机构、两块牌子，该委员会设抗震救灾工作常务委员会，下设办公室，由市人防办兼。1987 年 7 月，市政府批准成立上海市抢险救灾领导小组，由市人防委兼管，负责全市抢险救灾的组织指挥协调工作，日常工作由市人防办兼管；1990 年 7 月，该小组更名为上海市抗灾救灾领导小组。1989 年，中共上海市人防办直属机关委员会建立，随后建立共青团、工会、市民防协会等群众组织和社会团体。因人防建设发展的需要，上海市人民防空工程公司、上海市人民防空工程管理处、上海市人民防空通信站和上海市地下空间开发实业总公司等 11 个直属单位先后组建。1991 年 7 月，化学事故应急救援工作由市、区（县）人民防空（抗震）委员会领导，日常工作由市、区（县）人民防空办公室负责。1992 年 7 月，市人防办更名为上海市民防办公室，对内仍保留上海市人民防空办公室名称，实行一套机构、两块牌子。1995 年 10 月，上海市成立国防动员委员会，下设与国家国防动员委员会相对应的 4 个办公室。其中上海市国防动员委员会人民防空办公室，设在上海市民防办公室。原上海市人民防空委员会撤销。原由市人防委兼管的市抗震委员会、市抗灾救灾领导小组和市核化救援工作委员会由市政府直接领导。1999 年，明确有关局（公司）人民武装部履行人民防空工作管理职责。2001 年 12 月，上海市减灾领导小组成立，2005 年 7 月撤销，成立上海市突发公共事件应急管理委员会。2006 年 10 月—2009 年 3 月，各区（县）民防办先后承担区（县）地下空间管理联席会议办公室的职责。2014 年，上海警备区军民融合深度发展领导小组成立，加强对军民融合深度发展工作组织领导，办公室设于市国动委综合办。2023 年 2 月 20 日，上海市国防动员办公室挂牌，以市民防办公室为基础组建的市国防动员办公室正式履职运行。

防空指挥　1932 年一・二八事变发生后，上海地区首次遭日军飞机轰炸。1937 年 8 月 5 日，上海慈善团体联合救灾会组织防空总队担任非常时期的防空任务。1941 年 12 月 8 日太平洋战争爆发，日军占领上海公共租界，在日军上海陆海军防空司令部控制下，工部局成立公共租界民防空本部，1943 年 9 月 29 日改称为上海特别市市民防空本部。1948 年 8 月，国民党上海市政府成立上海市救护委员会，建立在市政府领导下的防空指挥体制。

上海解放后，建立市人民防空委员会及其领导下的市、区（县）两级人民防空指挥体制。1978年至1995年10月，全市人民防空工作实行上海市人民防空委员会（领导小组）统一领导下的指挥体制；1995年10月起，实行市国防动员委员会统一领导下的指挥体制。1978—1995年，市、区（县）和大的企事业单位，积极组织各类防空演习。1996年起，市、区（县）、街道（乡镇）、居（村）委会每年都组织开展不同形式、不同规模、不同范围、不同参演对象的各类防空演习。《上海市民防条例》于1999年6月1日经市第十一届人大常委会第十次会议审议通过，8月1日正式实施。该条例是中国第一部地方性民防法规，也是上海市贯彻《中华人民共和国人民防空法》的具体措施，它打破以往部门立法的局限，第一次将人民防空和抗灾救灾有机结合，体现“大民防”的构思。2000年后，针对高技术条件下空袭与防空袭的特点，在修订人民防空基本方案时，注意突出防侦察监视、防精确制导武器攻击、防电子信息攻击，以及加强重要目标防护对策的研究，力求使防空预案符合未来城市防空袭斗争的实际。

1978—2010年，上海市人民防空组织指挥建设遵循“军地一体、联合防空，统一指挥、分级控制，灵敏高效、稳定可靠”的原则，按照国家和南京军区人民防空办公室的统一部署，紧密结合上海实际，重点加强人民防空组织指挥体系、指挥场所、防空袭预案、人防专业队伍、重要经济目标防护、疏散地域（基地）与应急避难场所建设，人防机关和专业队伍训练演练实现常态化，执行任务的能力得到提升。完善各级指挥所编制，基本形成统一高效的组织指挥体系。2016年底，国家人民防空办公室在上海市浦东新区建立国家级人防改革试验区，开展以完善责任清单管理为重点的管理制度创新，以转变政府职能、强化事中事后监管为主要内容的人防改革试点工作。

通信警报　防空警报始于1942年。国民党政府接管上海后，防空警报汽笛只剩16台。上海解放前，上海市的防空部门没有设立通信机构。国民党淞沪民防司令部从上海撤退时，遗留下10部电话机。上海解放后，中国人民解放军淞沪警备司令部民防处编制有1个通信排。1954年人防通信建制归属市公安局防空处。

上海解放后，防空警报由人防部门主管。1953年开始研制电动警报。1967年淘汰“万能操纵机”改装JB-3警报发放控制系统。1980年全部安装由上海跃进电机厂生产的JO3F-100L2双翼卧式电动警报器。1987年超短波电台集群网组建。1988年无线移动集群电话网组建。1989年，防空警报器实行市、区民防办及警报器设置单位三级管理模式，上海制定防空警报发放暂行规则，明确发放警报的程序、步骤和要求。1990年三级指挥通信网组建。1996年，全市民防系统全面实现有线电话交换机程控化。2002年卫星地面站建立。2006年，集群通信“模转数”实现升级改制。2007年12月，市政府颁发《上海市防空警报管理办法》，全市防空警报的日常管理走上规范化、法制化轨道。2008年起，全市每年进行防空警报试鸣，警报器完好率和音响有效覆盖率均达到95%以上。2022年9月17日是第22个全民国防教育日，上午11时35分至58分，上海全市范围（除浦东国际机场、虹桥国际机场地区外）进行防空警报试鸣，这也是上海举办全市防空警报试鸣的第15个年头。防空警报按照预先警报、空袭警报、解除警报的顺序依次鸣放，先后历时23分钟。警报试鸣期间，全市保持了正常的工作、生产和生活秩序，公共场所秩序井然。

民防工程 1944年7月—1945年6月，伪上海特别市警察局组织人员挖防空壕（洞）3171个，后因妨碍交通，停止挖掘。1945年8月15日，日本投降，国民党政府接管上海后，没有修建防空工事。

上海解放后，开始有计划地开展人防工程建设，从简易工程向等级工程发展。1950—1953年，上海主要学习苏联的人防工程建设经验，初步完成自行设计的木制和竹制防空壕的试验示范性工程构筑。1953年11月，第一次全国人民防空工作会议提出“长期准备、重点建设”的方针，1953—1968年全市修建人防工程使用面积达17余万平方米。1969年珍宝岛事件发生后，10月16日，市人民防空办公室成立，发动群众献砖、烧砖，利用工业废料修建地道式人防工程，将房屋的隔水层加固改造成地下室。1971年7月，上海被确定为一类人民防空重点城市。1972年全市有计划地修建一批单建式人防工程，工程质量得到提高。至1978年，全市共修建人防工程建筑面积200余万平方米。

从1979年起，上海人防工程实行平战结合，积极开发利用已建工程，为生产、生活服务，部分缓解地面用房紧张，解决群众吃、住难和就业难的问题，在发挥战备效益的同时，增加经济和社会效益。进入20世纪80年代，根据国家人防工程建设与管理的方针、政策、规定，上海人防工程建设与城市建设相结合，下发《结合基本建设修建防空地下室的规定》，编制上海市人防建设与城市建设相结合的规划，制定设计、建设、计划管理、质量监督、竣工验收等一系列规定、办法和技术规程。1984年，按国家和上海市规定，市区和郊县的重点城镇新建民用建筑必须修建防空地下室，按其总投资的6%提取人防经费；1989年，改为按民用建设项目地面总建筑面积每平方米征收人防结建费，用于集中修建大型的地下工程和重点配套工程。

1992年，由人防向民防转变，平战结合工程开始按现代化城市的要求发展，使用现代材料装饰，配备现代先进设备。1993年，市政府颁发《上海市民防工程管理办法》，使民防工程建设与管理纳入法制化的轨道。民防工程建设既保证战时使用为主，又考虑便于平时使用，并为临战时功能转换做好准备。对已建成的人防工程进行第二次投资，加固改造、装饰后使用。市民防办招商引资，对新建人防工程实行有偿投资，积极引进外资共同开发地下空间。一批大型地下工程相继开工，出现不同标准、不同结构、不同防护等级的人防工程，人防工程的功能呈现多样化。一批有影响的人防工程建成，如人民广场地下商业街（香港名品街）、人民广场地下停车库（迪美广场）、延中绿地二、三期地下车库、黄浦江人行隧道、莘庄地铁轻轨站广场、上海火车站南广场地下车库、上海民防大厦（上海市民防抗灾救灾指挥中心）等。

“十五”期间上海民防为适应军事斗争人民防空准备工作的需要，提升已建民防工程的完好状态，加大资金投入和维护管理的力度，维修养护公用民防工程。2007 年下半年，全市各区（县）进行试点，在认真总结试点经验的基础上，从 2008 年 3 月开始，在全市逐步推开社区民防建设工作。2008 年，全市完成民防工程平战转换应急实施方案编制工作。至 2010 年底，全市有 220 个街道、镇，3687 个居委会全面启动社区民防建设工作，覆盖 98% 以上的街道、镇和居委会。全市已建等级民防工程，按城市户籍人口计算，人均使用面积超过 1 平方米；人防工程平时利用率（平时利用面积占人防工程总面积的百分比）达 60%，创造产值或营业额 80.82 亿元，利润 12 亿元。至 2021 年，上海已建成民防工程 1.2 万余处，遍布社区、学校、医院、机关、企事业单位等。另外，轨道交通等地下设施也兼顾设防，供群众防空避难。此外，上海还建成 117 个不同等级的应急避难场所，1 个市级、8 个区级人防疏散基地。

应急救援　上海解放后，抗震救灾由各系统负责。1985 年 12 月，市政府决定由市人防办承担上海市抗震救灾委员会办公室工作。1990 年 1 月，市政府决定市人防办承担化学事故应急管理及救援任务。1990 年 10 月，市政府决定上海市抢险救灾领导小组更名为上海市抗灾救灾领导小组，其办公室设在市人防办。1991 年 12 月，市政府决定核事故应急准备和救援方面的日常工作由市人防（抗震）办兼负。 2002 年 3 月—2005 年 7 月，市民防办承担全市防灾救灾的综合管理工作。1990 年，市人防办开始组建应急救援队伍。根据上海城市特点，按照防空防灾一体化的建设原则，在人防专业队伍基础上，全市先后组建 8 支社会型化学事故救援队。1991—1998 年，市民（人）防办先后组建 9 支民防专职特种救援队、市核化事故应急救援工作站和 19 个区（县）民防化救站，建立 4 届核应急、化学事故救援和综合型应急救援专家委员会（组）。1997 年，市民防办赋予上海市民防干部学校（上海市民防培训勤务中心）承担应急救援相关工作。

2002 年 3 月，市政府决定建立上海市减灾领导小组，办公室设在市民防办，负责全市减灾管理日常工作及减灾应急指挥中心运作和维护工作。2005 年 7 月开始，市民防办在市应急委员会的领导下，承担全市突发公共事件应急管理工作的部分任务，继续承担相关灾害事故的现场处置以及组织开展民众防护和地下空间应急管理任务。2006 年 11 月，市民防办成立市民防特种救援中心，原市民防干校（培训勤务中心）承担的应急救援相关工作由该中心负责。2007 年起，市民防系统除继续参与核化事故应急救援工作外，同时承担市反恐办、市地铁抢险指挥部赋予的应急救援任务。1986—2010 年，市民（人）防办先后编制应对地震灾害、核化事故、地下空间突发事件、恐怖袭击事件以及参与重大国际活动安全保卫工作方面的应急救援预案，并坚持举行民防救灾队伍的实兵演练，组织和参与多灾种规模不等的应急救援演练（演习）500 余次，全市民（人）防系统共受理和处置地震、风暴潮、核化事故、建（构）筑物倒塌事故、重大交通事故（含民航飞机事故）、地热、马蜂窝相关的突发性灾害事故共 4661 起，用实际行动践行“战时保护人民，平时服务人民”的宗旨，为保护国家、人民财产和生命安全作出应有贡献。2009—2010 年，在全市 1 万多个居民小区配置民防应急箱，向 25 万户居民家庭赠送应急包。2021 年上海首批 5 支人民防空空中救援专业队成立，主要负担空中应急救援任务，救援范围以上海为核心，能够辐射到整个长三角。

资料链接：

《上海通志》第十卷

《上海民防志》

《上海市志·民防分志（1978—2010）》

交　　往

JI JIAN SHANG HAI ZHI

上海地区自唐代即渐启海上对外来往。唐大中元年（847 年）已有中国船只从青龙港扬帆出海，开往日本。北宋淳化二年（991 年）在华亭县设立青龙镇时，这里已是中国东南地区对外联系的重要港口市镇。南宋咸淳年间和元朝至元年间，先后在华亭县、青龙镇和上海镇设立市舶务、市舶提举分司和市舶司，管理航海贸易和征税事宜，其中便有涉外事务。明代，上海地区已是中国最为富庶的地区之一，商业日盛，开始有倭寇骚扰。明正德九年（1514 年）以后又有欧洲海盗式商人、冒险家来到中国港口肆虐，朝廷开始实施海禁，对海上贸易时开时禁。嘉靖二十五年（1546 年）前后，葡萄牙人已抵闽、浙沿海进行海盗活动。嘉靖三十二年（1553 年），上海 5 次遭受倭寇劫掠，以后 3 年间，倭寇又连续来犯。朝廷因“海疆不靖”，厉行海禁。到清初，清王朝为剿除沿海抗清势力，更是“海禁严切”，规定“片帆不许入海”。上海海上贸易和对外接触来往发展的势头受到抑制。清康熙二十四年（1685 年）部分开放海禁，在上海设江南海关（亦称江海关），与广州粤海关、福州闽海关、宁波浙海关共列为东南四海关，上海的海上贸易逐渐复苏并有了发展，日本、朝鲜和南洋商船常有来往。雍正七年（1729 年）海禁完全解除，乾嘉年间，上海已有“江海通津，东南都会”之称，上海港成为繁盛的港口。在此期间，虽然清廷在东南沿海所指定的对外通商口岸主要还是广州，乾隆二十二年（1757 年）后又限定“只许洋船在粤收泊交易”，但清廷仍允许上海与日本、朝鲜和一些东南亚邻国特别是华侨经营的船只来往，并特许经由乍浦、上海两港向日本出口生丝、绸缎，去日本办铜。而国内沿海和长江沿岸各地往来于上海港的船只，则每年数以千计，上海港仍为国内外、南北方海上贸易的重要中转港。这时，以英国为主的西方殖民主义势力加紧东扩，企图在中国冲破清廷以广州为主与西洋通商的限制，开辟新的通商口岸。从清乾、嘉到道光年间，英国人已逐渐注意到上海在地理位置和贸易、港口方面的有利条件，开始觊觎上海。道光十二年（1832 年），东印度公司派人到上海，提出通商贸易要求，并搜集情报。

1840—1842 年，英国通过鸦片战争，率先以炮火强加给中国第一个不平等条约中英《南京条约》，迫使清政府开放包括上海在内的五个口岸。上海控江踞海的地理位置，为英国和接踵而来的美国、法国等列强所特别重视，成为它们所着力控制和经营的、由此而不断扩张其对中国的经济侵略和文化渗透的一个重要据点。因而，上海开埠后，一直是列强侵略扩张行径所引起的中外交涉纷繁之地。中外政府代表之间的不少谈判在上海进行，上海地方政府与外国领事、租界当局之间的交涉连绵不断。在此年代来上海的外国官方人员，主要就是到上海进行谈判、交涉，或为干预中国政局、扩张其势力范围而来的外交、军事人员。列强不断扩张势力，引发了不少中外争端。自清同治到民国年间，列强在上海接连不断地制造了四明公所血案、五卅惨案、压制抵制美货日货运动等一系列事件，进而发动军事侵犯。1932 年一·二八事变，日军进犯上海；1937 年八一三事变，日军侵占上海，租界成为孤岛；1941 年太平洋战争爆发，日军占领公共租界。1949 年 4 月 30 日，驻扎在上海的最后一批美国海军陆战队 400 多人撤离上海。1949 年 5 月上海解放，人民政府清除了美、英等国在上海的一切特权。

上海解放后，开始了新的国际交流合作。1949 年 12 月苏联在上海开设新的总领事馆后，捷克斯洛伐克、印度等国相继在上海设立领事机构。上海与苏联、东欧、亚洲各人民民主国家和一些民族独立的亚洲邻国陆续开展了经济贸易、科学技术和文化教育等各方面的交流合作。与英、法、联邦德国、日本等一些国家陆续开始了贸易往来，并渐趋活跃。瑞士、丹麦、挪威、瑞典、英国等一些国家曾先后在上海设立总领事馆或派驻办理侨务人员。到 1959 年，已有 10 个国家在上海设立总领事馆。20 世纪 60 年代有 25 个亚非拉国家的元首、政府首脑在访华期间访问上海，比 50 年代增加两倍多。同时还有 20 多个国家和地区的民族民主政党和民族解放运动组织的代表团来访。同一时期，英、法等西欧国家相继有一些政要来访。1966 年，“巴黎—上海”民用航空线通航，更便利了西方国家人士与上海的来往。上海对外开放的范围和对外交流的领域都有所扩大。1972 年 2 月，美国总统访华期间，中美双方在上海最后达成并发表联合公报（也称中美《上海公报》）。中美关系开始走向正常化，上海各方面的对外交往日趋扩大。日本、美国和西方各国访沪的各界人士迅速增多。1973—1974 年，上海与日本横滨、大阪市结为友好城市，开始了与外国城市建立地方间友好交流合作关系的新进程。

1979 年后，上海日益广泛地发展国际来往和交流合作，扩大与友好各国多方面的相互联系。派遣出国进行各种交流合作的人员，从过去最多时年均近千人增至年均万余人。上海的国际交往逐渐呈现出前所未有的全方位、多领域、多层次、多种形式宽广发展的局面。1980年起，联合国专门机构和一些国际组织、国家有关部委在上海举办国际会议、开展多边交流活动。1990年后，随着浦东开发开放，国际来往合作进一步扩大，在沪举办的重要国际会议和国际交流活动更为频繁。20世纪90年代末，由100多家成员单位组成的友好城市工作协调委员会成立。进入21世纪，对外交往进入一个崭新时期。2010年世博会举办期间，上海共接待外国元首、政府首脑和议会议长117位，创中华人民共和国成立以来上海接待最高级别外国代表团数量年度之最。截至2010年，外国驻沪领事机构69家，约占外国在中国大陆设立领事机构的2/5；国际友好城市92个，与1978年相比净增90个。2022年，外国驻沪领事机构76家，包括亚洲22家，欧洲14家，美洲30家，非洲5家，大洋洲5家。

上海人出国（境）可追溯到元代。14世纪初至16世纪中后期，旅外侨民形成。17世纪中后期“海禁”开放及1840年鸦片战争以后，旅居海外华侨人数不断增加且分布更为广泛。上海是“苦力贸易”中贩卖“契约华工”的口岸之一。抗日战争和解放战争时期，不少民族工商业者及亲属和部分企业人员徙居海外。1949年中华人民共和国成立前夕，上海有不少国民党官吏、民族工商业者出境，形成近代上海海外移民的群体。中华人民共和国成立后，上海出国人数逐步增多。1979年以后，由于全面推行改革开放的方针，形成了中国历史上前所未有的留学热潮。至2010年底，上海籍海外华侨华人、港澳居民和留学生共有102万人，上海归侨、侨眷、外籍华人眷属、港澳居民眷属、留学生眷属108万人。

新中国成立初期，上海就提出“全国支援上海，上海支援全国”的发展方针。从20世纪50年代支援国家水利工程、支援工厂内迁、支援“一五”计划重点项目，到20世纪六七十年代支援新疆农业建设、支援三线建设、支援唐山抗震救灾等，都体现了上海在全国发展中的地位和作用。1978年12月，中共十一届三中全会作出改革开放的重大决策，1980年7月，国务院颁布《关于推动经济联合的暂行规定》，上海开始开展同兄弟省市间的横向经济联合。从发展横向经济合作开始，上海的合作交流工作成为政府工作的重要方面。1978—1990年，上海合作交流工作处于恢复探索阶段，在从计划经济向市场经济转轨的过程中，加强横向经济联合成为重要的合作方式。与此同时，区域合作组织建设也在初步酝酿。1990—2000年，随着市场经济的不断深化以及浦东开发开放等政策环境的变化，合作交流在形式上、内容上得到进一步深化，上海的国内合作交流工作进入一个新的阶段。进入21世纪至2022年，随着浦东开发开放不断深入和国家加快推进区域发展总体战略的实施，上海树立“全国一盘棋”思想，与各地优势互补、互融共进，区域经济合作出现蓬勃发展的局面，对口支援工作取得阶段性成效。

外 事

外国驻沪领馆 清道光二十三年（1843 年）九月，英国首先在上海建立领事馆。至 20 世纪初、中华民国建立前，美国、法国、德国等 18 国相继设驻沪领事馆。1912—1927 年北洋政府时期，又有智利等 4 国建馆。其间，1917 年北洋政府与德、奥同盟国断绝外交关系，两国关闭驻沪领事馆。1927 年南京国民政府成立至 1937 年全民族抗日战争爆发前，又有捷克等 6 国在沪设馆。1928 年北洋政府结束后，意大利等 7 国原驻北京大使馆和公使馆改迁上海，英国等 4 国在沪设使馆代办处。1940 年 3 月汪伪国民政府成立，凡未承认汪伪政府以及 1941 年太平洋战争爆发后对德日宣战的国家，其在沪领馆，或被日伪限令停止活动，或被封闭。与汪伪政府保持"外交关系"的德国、意大利、西班牙、丹麦和法国维希政府，其驻沪"领馆"继续存在。中立国瑞士驻沪领馆继续业务，并代管美国、荷兰、英国在沪利益与侨民事务。1945 年 8 月抗日战争胜利，美、英、苏等领馆恢复。至 1949 年 5 月，有美国、英国、苏联、法国等 22 国在沪设领事馆或总领事馆。其间，瑞典大使馆和丹麦、巴拿马等国驻华公使馆也设于上海，巴西、秘鲁、墨西哥、多米尼加、希腊、奥地利等国在上海设使馆办事处。

1949 年 5 月上海解放后，各国驻沪使领馆或撤闭、或停止外交事务。1949 年 10 月中华人民共和国成立，中央人民政府宣布不承认前国民政府同各国建立的外交关系，提出同各国另行建立新的外交关系。12 月，苏联第一个设立新的总领事馆。1950 年至 1961 年初，捷克斯洛伐克、印度、瑞士等 10 国先后在沪设馆，瑞典、英国在沪驻办理侨务人员。20 世纪 60 年代，苏联、捷克斯洛伐克、民主德国、印度、印尼驻沪领馆先后撤闭，瑞士、朝鲜、越南等部分国家驻沪领馆因领事、侨务事务不多，或因改变有关事务管理而闭馆。1978 年前，外国驻沪领馆仅有波兰、日本 2 家。

随着改革开放和 1979 年中国加入《维也纳领事关系公约》，在沪设领的国家至 20 世纪 80 年代末已增至 11 家。进入 20 世纪 90 年代后，中国外交事业的发展和上海改革开放的深入，使外国驻沪领事机构以年均增加 3 家的速度进入新的发展阶段。2010 年 12 月底，外国驻沪领事机构达 69 家（其间开设后又关闭的民主德国、马绍尔总领馆未统计在内），其中，总领事馆 63 家，领事馆 1 家，名誉领事馆 5 家，约占外国驻中国内地的 100 多家领事机构的 2/5。此外，已有 5 个国家在上海委派名誉领事。常驻上海的领馆官员和行政技术人员有

1000余人，享有领事特权和豁免的领馆人员（含家属）2000余人。设领和委派名誉领事的国家遍及世界五大洲，其中，欧洲国家31个，亚洲国家19个，美洲国家12个，大洋洲国家4个，非洲国家3个。领区管辖范围主要以长江三角洲地区为主，除上海外，一般包括苏、浙、皖等邻近诸省，有的还远达闽、赣、鄂、鲁、湘、粤等省。2022年，科威特国驻上海总领事馆开馆，辖区范围为上海、江苏、浙江和安徽。2022年，外国驻沪领事机构达到76家，包括亚洲22家，欧洲14家，美洲30家，非洲5家，大洋洲5家。

国际会议和活动 在沪召开的重要的国际会议活动，上海解放前有：第二次万国禁烟会议、第四次太平洋国际学会年会、联合国亚洲暨远东经济委员会第一次全体会议。上海解放后至20世纪80年代有：基层妇幼卫生保健组织区间讨论会、国际台风学术讨论会、国际海事会议、卫星通信国际研讨会、上海市市长国际企业家咨询会议、亚太地区城市合作网上海会议。1986—1990年，有20多个涉及国际大都市共同关心的问题和科技、经济等专业的大中型国际会议和展览在沪举办。上海也多次主办、承办或去国外参加国际交流活动。1986年，上海首次举办国际友好城市电视节，并由此开始举办多种文化艺术的大型国际交流活动。1989年起，每年举办一次的上海市长国际企业家咨询会议，为经济和城市建设的发展吸收借鉴国际有益经验。

20世纪90年代起，联合国所属机构和一些国际组织，包括国家部委办，在沪举办或与上海联合举办一系列国际会议，在上海举办的重大国际会议和活动越来越多，既有国际组织和国家委办合作、由上海协办的各类专业性国际会议和活动，又有上海和各国际组织合作负责承办的各类地区性国际会议和年会，还有中共中央、国务院交付上海承办的各类重大国际会议和活动。诸如亚太地区裁军与安全问题研讨会、国际行动理事会年会、全球扶贫大会、'99《财富》全球论坛上海年会、亚洲开发银行年会、非洲开发银行年会、中俄哈吉塔五国元首会晤等，会议与会人员层次高、国别多、专业性强，中国通过举办国际会议，扩大对外影响，创造良好的国际形象和对外合作关系。上海作为举办地东道主，尽心尽力做好各项工作，为会议的顺利召开添砖加瓦。

进入21世纪，有“上海五国”元首第六次会晤、亚洲太平洋经济合作组织（简称“APEC”）第九次领导人非正式会议、2003年福布斯全球行政总裁会议、联合国亚太经社会（ESCAP）第60届会议、首届全球扶贫大会、首届沃特金融峰会、中国2010年上海世界博览会、中国国际友好城市大会、全球CEO发展大会、上海论坛、陆家嘴论坛、浦江论坛、全球城市论坛、第九届全球健康大会、世界顶尖科学家论坛、世界人工智能大会云端峰会、中国共产党与世界政党领导人峰会设立上海分会场、中国国际进口博览会，等等。此外，上海还举办了第12届世界夏季特殊奥林匹克运动会和“万国禁烟会”百年纪念活动。这一系列重大国际活动在沪举行，提高了上海的知名度，印证了上海组织、承办重大国际活动的软硬实力。

国际友好城市 从1973年上海市和横滨市正式缔结第一对国际友好城市，至2010年12月，上海已与世界52个国家的70个城市（省、州、大区、府、道、区、县）结为友好城市，其中市级友好城市57个，市级友好交流关系（指虽未签署正式结好协议，但开展实质性交流的结对城市）城市5个，区级友好城市8个。此外，至2010年12月，上海还与13个国家的22个城市（州、大区、道、县）建立友好交流合作协议（备忘录）关系（指虽已签署友好交流合作协议或备忘录，并已开展合作交流，但尚未报经批准正式结好的城市）。至2022年，上海市、区两级已与59个国家的92个市（包括省、州、大区、道、府、县和区），建立了友好城市关系。

重大外交事件 上海开埠交涉。1843年11月9日，英国据《南京条约》派驻上海的首任领事巴富尔（George Balfour）拜会上海道宫慕久。双方讨论了上海开埠及英领馆馆址等问题，议定11月17日上海正式开埠。宫慕久同意在洋泾浜北设立“西洋商船盘验所”，正式办理外国商船入关通商事宜，并由松江府海防同知沈炳垣管通商，受理华洋交涉事件。

五卅惨案交涉。1925年5月30日，为抗议上海内外棉七厂的日本资本家枪杀工人顾正红及工部局巡捕房关押爱国学生，打死学生、工人13人，伤者不计其数的暴行，从6月1日起，上海市民掀起了声势浩大的罢工、罢市、罢学的“三罢”斗争，五卅运动爆发。此后，国内政局动荡不已。除收回会审公廨和工部局增设华董两条勉强得以实现外，中国政府在沪案谈判中所提13条中的其他条件，都没有得到解决。

“金福”号货轮在索马里被劫持事件。2010年6月28日，上海鼎衡船务有限公司（简称鼎衡公司）租赁的“金福”号货轮在索马里被海盗劫持，此事引起各方高度关注。鼎衡公司是在上海注册的民营企业，被劫货轮系该公司从新加坡的一家船公司租赁，租期3年。事发时，该货轮悬挂新加坡国旗，行驶线路为欧盟海军划定的安全通道，船上共有19名船员，均为中国籍。此事件引起各方高度关注，事发后，中国驻外使馆及时了解情况，协助开展营救工作。上海成立“营救工作协调小组”，研究制定营救工作方案。经过艰苦谈判，海盗于当地时间11月5日中午分批撤退离船。当晚，中国海军特战队员成功登轮。至此，船上19名船员全部获救。11月10日下午，船员最终安全返抵上海并与家属团圆。

资料链接：

《上海通志》第十二卷　　《上海外事志》　　《上海市志·外事·港澳台侨事务分志·外事·港澳事务卷（1978—2010）》

侨港澳台事务

侨务　上海人出国最早见诸历史资料记载的是元大德五年（1301年），在松江府任职的杨枢率致用院官本船从上海港至西洋（今印度洋一带）进行贸易，历时约3年。元泰定三年（1326年），松江真净寺高僧清拙正澄应邀东渡日本传经。明郑和下西洋，随从人员3名是上海人。永乐十六年（1418年），上海麴祥被倭寇掳往日本17年，是被迫长时间居留国外最早的一位华侨，也是见于史籍记载的日本华侨中的第一个上海人。14世纪初至16世纪中后期，随着人口不断增加，社会变动频繁剧烈以及"海商"贸易的发展为海外移民创造了条件，由此形成旅外侨民。清顺治十六年（1659年），朱舜水因反清，从上海流亡日本，在日传授中国文化，被尊为"国师"。17世纪中后期"海禁"开放及1840年鸦片战争以后，旅居海外华侨人数不断增加且分布更为广泛。上海是"苦力贸易"中贩卖"契约华工"的口岸之一。道光二十九年（1849年）至咸丰九年（1859年）从上海贩至美、澳、非等洲的劳工约在0.1万人以上。第二次鸦片战争后，各列强在华公开大量招募华工，同治七年（1868年）至光绪三十二年（1906年）上海运至美洲、非洲的华工至少有0.3万人。同治十一年至光绪元年间，清廷选派120名"留美幼童"，其中上海籍的18人，为上海人最早出国留学人员。1914年第一次世界大战爆发后，英法在上海设立招募华工的机构，1917年数千华工被送往法国，1916—1918年数千华工被送往英国。1917年，英法在上海、青岛等地设立招工局，招募华工10.24万人，次年送往欧洲等地。20世纪二三十年代，部分民族工商业者陆续派遣人员在美、欧和东南亚等地创建企业和营销分支机构。上海有大批商人、知识分子及其子女移居国外。抗日战争和解放战争时期，不少民族工商业者及亲属和部分企业人员徙居海外。1949年中华人民共和国成立前夕，上海有不少国民党官吏、民族工商业者出境，形成近代上海海外移民的群体，其中旅外知识分子及工商业者为数众多。

中华人民共和国成立后，上海出国人数逐步增多。根据上海市公安局1996年的调查，上海因私出国人员以1976年为界，分为前后两个不同的历史发展时期。第一个时期（1949—1976年），全市获准因私出国并领取护照的人员总计为39649人，出国事由以探亲、定居者居多（其中探亲的占53.1%，定居的占34.2%），77.5%流向东南亚地区，仅印度尼西亚就占了总数的32.1%。“文化大革命”期间，公民出国一度处于停滞状态。第二个时期（1977—1995年），上海因私出国共计383214人，出国事由仍以探亲为主，但定居的逐渐减少，留学和就读的迅猛增加，就业和旅游的也有所增多，主要流向从东南亚转移到美国、日本、澳大利亚、欧洲等经济发达国家和地区。1979年以后，由于全面推行改革开放的方针，中国形成了历史上前所未有的留学热潮。1985年，市政府侨办在全市范围开展侨情调查，以广义口径调查统计的结果为上海籍海外侨胞34万人，上海归侨侨眷、港澳同胞眷属及留学生眷属38.72万人。1995年，市政府侨办会同市公安局出入境管理局开展全市侨情抽样调查，以狭义口径调查统计的结果为上海籍海外侨胞18万人，上海归侨侨眷（含港澳同胞眷属）42.22万人。2004年，市政府侨办会同市侨联在全市范围开展上海市基本侨情调查工作，对全市常住半年以上的归侨、侨眷、港澳同胞眷属、留学生眷属及其境外亲属和全市常住半年以上华侨华人、港澳同胞及其境外亲属的基本情况进行普查。调查结果显示，至2003年底，上海籍海外侨胞、港澳同胞及留学生有68万人；上海归侨侨眷、外籍华人眷属、港澳同胞眷属及留学生眷属73万人。截至2010年底，上海籍海外华侨华人、港澳居民和留学生共有102万人，上海归侨、侨眷、外籍华人眷属、港澳居民眷属、留学生眷属108万人；海外侨团中以上海籍人士为主要成员、以上海籍人士为主要负责人、与上海市侨务部门联系紧密的侨团共有79家，分布在亚洲、美洲、欧洲、大洋洲、非洲。

港澳台事务 上海开埠后，同港澳间人员交往以经商为主，抗日战争和解放战争期间，一批政界、文化界和民主党派人士，利用港澳的特殊地位，开展爱国民主活动；一批工商业者到香港，开办实业。1945年至上海解放前夕，随着国民党当局退往台湾，近10万人由沪迁台，而去台人员的家属有5万多户20多万人和台湾省籍同胞600多户1500多人则定居上海。在此期间，一批上海工商界、知识界人士及其家属移居国外和港澳地区，1947年有288户上海企业在香港注册，还有一些政界、文化界和民主党派人士利用港澳的特殊地位开展爱国民主活动。上海解放前后，约有10万人分别赴香港、澳门。

1978年后，上海和港澳台地区之间交往恢复。是年，上海市民有2607人因私赴港澳，至1995年有16448人。港澳同胞到沪旅游观光、探亲访友、洽谈业务等，1986年10.6万人，1995年15.5万人，台胞1988年到沪13.6万人，1990年达31万人，创历史最高。各界人士互访、经贸往来和文体、卫生、教育、科技等交流日益频繁。1983 年起，上海市历届市长都考察访问过港澳，1985 年、1987 年香港总督访沪。2010 年，上海居民赴港达 53.7 万人次，香港到沪旅游、工作、观光人数已达 62.4 万人次；上海居民赴澳门 12.6 万人次，澳门居民赴上海 4 万人次；上海居民赴台 107574 人次，经上海口岸入境台胞 929118 人次，出境台胞 939828 人次。2022 年，港澳地区来沪访问、旅游 2.6 万人次，其中香港 2.1 万人次、澳门 0.5 万人次；上海口岸内地居民赴香港 1.4 万人次，赴澳门 10.8 万人次；签发因公赴港澳通行证 442 本，签发因公赴港澳签注 725 证次；签发因私赴港澳通行证 73711 证次，签发短期往来港澳地区签注 231957 证次。香港在沪投资新设企业 1380 家，合同外资 247.88 亿美元，实际投资 183.67 亿美元。至 2022 年底，来自港澳地区的 240 人办理了海外人才居住证（B 证）。

贸易是上海同港澳台地区之间往来的重点。鸦片战争后，大量鸦片从香港进口，抵上海丝茶出口额之和。20 世纪 30 年代中期，上海通过香港的转口贸易发展，出口丝茶、中药材和桐油等土特产品，转运至东南亚和欧美各国。上海解放初期，因西方对华禁运，国内进口的工业品和西药等，大部分经香港转运到沪。1952 年上海从香港进口商品占总进口额的 30.3%，1955 年占 38%。上海向港澳出口额，新中国成立初至 1963 年均占上海出口总额的 10% 以内，1964 年后上升至 20%。1978 年后，上海和港澳台地区贸易迅速发展，至 1995 年底，进出口额 301.18 亿美元，占上海进出口总额的 22.8%。同时，文化、体育等交流日趋频繁。1982—1995 年上海出访港澳的艺术团组有 144 个、3671 人次；港澳访沪团组有 32 个、682 人次。1989—1995 年沪、台两地文化交流项目 1512 个，其中到沪交流 1086 个，赴台交流 426 个。1997 年香港回归和 1999 年澳门回归后，上海与香港、澳门的交往在原来的基础上有了更大的发展，从经济领域逐步扩大到卫生、旅游、文化、教育、城市治理乃至公务员交流实习等领域。上海是香港对内地投资最大、最主要的城市。沪澳交流从 20 世纪 90 年代起也渐入佳境。至 2010 年底，香港在沪投资项目 17734 个，占全市外商投资项目总数的 29.81%；合同金额 608.25 亿美元，占全市外商投资合同金额的 34.73%。澳门累计在沪投资项目 246 个，占全市外商投资项目总数的 4.13%；合同金额 4.01 亿美元，占全市外商投资合同金额的 0.23%；台湾累计在沪投资项目 8141 个，合同金额 244.5 亿美元。2022 年，香港对沪实际投资为 183.67 亿美元，占实际使用外资总额的 76.7%；上海企业对香港的直接投资项目 223 个，备案中方投资额 19.52 亿美元；上海与香港进出口总额 1418.4 亿元，其中出口总额 1320.7 亿元，进口总额 97.7 亿元。澳门在沪投资新设企业 27 家，合同外资 1.54 亿美元，无实际使用外资金额；上海企业对澳门的直接投资项目 1 个，备案中方投资额 535.27 万美元；上海与澳门进出口总额 8.16 亿元，其中出口总额 7.97 亿元，进口总额 0.19 亿元。

资料链接：

《上海通志》第十三卷　　《上海侨务志》　　《上海市志·外事·港澳台侨事务分志·华侨事务卷（1978—2010）》

合作交流

驻各省市机构　1986年8月，为加强和促进上海与兄弟省市的横向经济联系，市政府决定设立驻外办事处，作为市政府的派出机构。2010年底，市政府先后设立14个办事处。至2022年，上海市政府在全国共设驻北京、广州、昆明、西藏、新疆、西宁6个办事处。

上海市人民政府驻北京办事处。1957年1月成立。办公地址为北京市西城区北长街前宅胡同7号。在“文化大革命”中，驻京办撤销，直至1979年4月20日经国务院批准重新恢复，行政级别为副局级。1990年，市委、市政府根据上海市工作发展需要，将驻京办行政级别由副局级升格为正局级，编制20人，下设秘书处、业务处和接待处。原招待所改为驻京办后勤服务中心，事业编制30名。

上海市人民政府驻广州办事处。1987年2月19日正式挂牌成立。行政级别为副局级。设立秘书处、业务处、招待所和驻厦门党委。负责联络广东（除深圳、珠海外）、福建两省。办公地址设在广州市三育路44号东山宾馆6号楼。在编8人。2010年8月13日，上海市人民政府驻海南办事处和驻深圳办事处调整为联络处，机构级别由副局级调整为正处级，作为分支机构，划归广州办管理。2013年10月25日，撤销海南、深圳联络处，其职能并入广州办。

上海市人民政府驻昆明办事处。1996年10月20日成立。行政级别为副局级。负责联系云南、贵州两省，以云南省为主。设秘书处、业务处。在编16人。地址为云南省昆明市北门街9号。

上海市人民政府驻西藏办事处。2005年7月25日在拉萨市成立。行政级别为副局级。设秘书处和业务处。编制10人。驻地位于拉萨市德吉南路15号。

上海市人民政府驻新疆办事处。2005年8月3日在乌鲁木齐市正式成立。行政级别为副局级。设秘书处、业务处。编制10人，其中外派干部5人，驻地聘用干部5人。地址位于新疆乌鲁木齐市南湖南路145号。2014年1月驻疆办迁至喀什市解放南路264号院。

上海市人民政府驻西宁办事处。2017年4月11日成立。行政级别为副局级。负责联系青海省，重点联系果洛地区各部门。设综合管理处、援外服务处、联络协调处。在编12人。地址为青海省西宁市西川南路23号。

对口支援 1979年4月，中央召开全国边防工作会议，组织沿海及内地发达省市对口支援边境地区和少数民族地区。上海按照“支援为主、互补互济、积极合作、共同繁荣”的原则，先后开展支援云南、宁夏、西藏、新疆的工作。对口支援以经济技术协作为主，偶尔也涉及项目援建。1991年9月，国家民委在上海召开为期3天的全国部分省、自治区、直辖市对口支援工作座谈会，上海市在会上汇报支援云南、宁夏、新疆、西藏的做法和成果。1992年，中央开始部署对口支援三峡工程移民工作；8月，国务院召开三峡工程库区移民对口支援工作会议，明确上海对口支援四川省万县地区和湖北省宜昌县。同年，上海市成立对口支援三峡工程库区移民工作领导小组。由此，上海对口支援三峡工作拉开序幕，并逐步把“看得见、摸得着、见实效”确立为对口支援工作原则。此后，中央1994年决定“分片负责”对口支援西藏，1996年决定对口支援新疆和结对扶贫云南。根据中央安排，上海陆续开展对口支援西藏日喀则地区、新疆阿克苏地区，以及对口帮扶云南省思茅、文山、红河三地州的工作。继成立市对口支援三峡工程库区移民工作领导小组后，上海又成立市援藏工作领导小组（后改名为市援藏援疆工作领导小组）和市对口云南帮扶协作领导小组。3个领导小组的办公室均设在市政府协作办。1996年1月，经上海市政府批准，市政府协作办经济处具体负责对口支援工作。1997年1月，市政府协作办成立对口支援处，专门负责上海市对三峡库区和西藏、新疆、云南等省区市的对口支援和帮扶工作。

2004年6月，上海市国内合作交流工作联席会议制度建立。为进一步统筹对口支援工作，2005年4月，市委决定撤销市援藏援疆工作领导小组、市对口支援三峡工程移民领导小组、市对口支援云南帮扶协作领导小组和市国内合作交流工作联席会议，成立市合作交流与对口支援工作领导小组（办公室设在市政府合作交流办），作为负责统筹协调市合作交流与对口支援工作的议事协调机构。2005年，与《上海市国民经济和社会发展第十一个五年规划纲要》相配套的专项规划《上海市服务全国和对口帮扶“十一五”规划》发布，该纲要把“统筹兼顾、突出重点、分类指导、注重实效”确定为对口支援的基本原则。2008年5月12日，四川汶川发生特大地震。根据中央安排，上海市对口支援都江堰市。上海市成立对口支援都江堰市灾后重建工作领导小组（办公室设在市政府合作交流办），并组建对口支援都江堰市灾后重建指挥部。

2010 年 1 月，中央第五次西藏工作座谈会提出对口支援青海藏区的要求，确定由上海市对口支援青海省果洛藏族自治州。同年 3 月、5 月，全国对口支援新疆工作会议和中央新疆工作座谈会相继召开，中央确定上海由对口支援阿克苏地区调整为对口支援喀什地区叶城、泽普、莎车、巴楚四县。在调研中，市委、市政府主要领导提出“民生为本、产业为重、规划为先、人才支撑”的新一轮援疆工作总体思路。为更好落实中央一系列会议精神，2010 年 8 月，市委决定，将上海市合作交流与对口支援工作领导小组更名为上海市对口支援与合作交流工作领导小组，把对口支援工作放在更重要位置。为组织协调好全市对口支援工作，市政府合作交流办将对口支援处进行拆分，对口支援一处以援新疆、援三峡等工作为主，对口支援二处以援西藏、援云南、援青海等工作为主。2011 年，上海在新疆喀什地区，西藏日喀则地区，云南文山州、红河州、普洱市、迪庆州，青海果洛州，重庆万州区，湖北宜昌夷陵区 9 个对口地区安排资金 21 亿余元，实施帮扶项目 310 多个；与都江堰建立完善长效合作机制；为中西部地区、对口地区投入人力资源开发资金 3400 多万元，培训各类人员近 3 万人。此后，每年都有资金项目支援。2018 年起，每年举办一届上海市对口帮扶地区特色商品展销会。2019 年 5 月，上海市政府办公厅印发《关于本市深入开展消费扶贫助力打赢脱贫攻坚战的实施意见》。2020 年 5 月，“上海市消费帮扶工作平台”搭建，市政府以此为载体，塑造“百县百品”品牌，依托国资国企商业流通主渠道优势，按照产品认定平台、推广销售平台、数据整合平台“三台共建”的思路，不断建立健全上海市消费帮扶的市场前端、营销后端、消费终端“三端联动”机制。“百县百品”品牌已覆盖到蔬菜、水果、肉蛋禽、食用菌等 9 大类 762 个产品，2022 年度“平台”销售包括对口支援、对口帮扶地区在内的中西部地区农产品的规模已达 132.5 亿元。2020 年，上海对口帮扶的 98 个贫困县全部实现脱贫摘帽。至 2022 年，上海对口支援工作包括对口支援（重庆万州、湖北宜昌、西藏日喀则、新疆喀什、四川都江堰、青海果洛）、对口帮扶（云南、贵州遵义）、对口合作（福建三明、安徽六安）。

区域合作　改革开放初期，国务院决定成立上海经济区，范围最初为上海以及江苏四市、浙江五市，后来扩大到包括安徽、江西、福建在内的五省一市，主要发挥省市间的沟通协调作用，解决条块矛盾，促进生产力发展。上海提出“三个空间”层次的经济发展战略，从上海经济区、长江流域到全国有计划、有重点地开展经济联合。1985 年，在加强横向经济联合的背景下，上海、南京、武汉、重庆发起成立长江沿岸中心城市经济协调会，推动长江流域多领域的合作。至2022年，该会已召开22次。1986年8月，国务院批准福建加入上海经济区。上海经济区的范围扩大到除山东之外的整个华东地区。扩大后的上海经济区，包括五省一市，共40个省辖市、19个地区、363个县。面积63.78万平方公里，占全国总面积的6.64%；人口2.28亿，占全国总人口的21.8%。

进入20世纪90年代，随着浦东开发和三峡工程建设等重大决策的相继实施，国家相关部门提出发展“长江三角洲及长江沿江地区经济”的战略构想。与此相适应，沿江各省也纷纷将其经济发展重点逐步转向临江城市或地区，并确定各自的战略开发区域，如“江苏长江经济带”“安徽皖江经济带”“湖北长江经济带”“四川沿长江经济走廊”等，与国家整体发展战略遥相呼应。1992年，中共十四大提出“以上海浦东开发为龙头，进一步开放长江沿岸城市，尽快把上海建成国际经济、金融、贸易中心城市之一，带动长江三角洲和整个长江流域地区经济的新飞跃”。中共十四届五中全会进一步明确：建设以上海为龙头的长江三角洲及沿江地区经济带。至此，中国最大的区域经济体——长江经济带正式展现在世人面前。1992年，长三角各城市政府的相关职能部门顺应时代要求，从市场要素配置资源出发，自发倡议成立长三角协作办（委）主任联席会议，以上海为核心，成员城市包括上海、南京、苏州、无锡、常州、扬州、镇江、南通、杭州、嘉兴、湖州、宁波、绍兴、舟山，共计14个。1996年扬州市进行行政区划调整，县级泰州市从扬州市划出，组建地级泰州市。泰州加盟为长三角协作办（委）主任联席会议成员。1997年，长三角协作办（委）主任联席会议升格为长三角城市经济协调会。在长江三角洲城市经济协调、协商机制的推动下，长三角区域城市共同促进了区域内交通、科技创新、环保、能源合作等重要平台的建设。与此同时，随着上海浦东开发开放政策的溢出效应逐步凸显，长三角地区经济开始实现由内向外转变，苏南、浙北经济发展模式基本形成。

进入21世纪以后，以市场为基础的国内合作交流日益密切。这一时期，上海充分利用浦东开发开放政策和“世博经济”的溢出效应，实现了经济由内向外的转变。长三角地区经济融合度逐步增强，竞争与合作共存，政府推动、企业主体、市场运作成为经济合作的基本原则。通过实施对内、对外开放并举，上海经济不断融入全国和国际的产业链，同时，积极参与西部大开发、中部崛起、东北振兴等国家区域发展战略，逐步成为兄弟省区市借梯登高、借船出海的窗口和平台，在服务全国中实现自身发展。2000年，上海市、江苏省、浙江省政府为加强省市间和长三角地区的战略合作与协调发展，建立起了由常务副省（市）长参加的“沪苏浙经济合作与发展座谈会”合作机制。座谈会以轮流做东的方式，每年召开一次。2004年开始，上海、江苏、浙江的党政主要领导每年举行会晤，商议、提出推进长三角地区合作的要求和方向，由此开启了沪苏浙主要领导会晤机制。2008 年，国务院发布《关于进一步推进长江三角洲地区改革开放和经济社会发展的指导意见》，长三角合作与发展上升至国家战略。此后，安徽省以泛长三角身份参与长三角区域合作。2008 年 12 月在宁波召开的长三角地区主要领导座谈会，首次邀请安徽省委书记、省长出席，确定安徽参加长三角区域合作有关活动，积极探索泛长三角区域合作的机制和内容。自此，长三角区域合作形成上海、江苏、浙江、安徽三省一市的格局。2009 年，“沪苏浙经济合作与发展座谈会”改为“长三角地区合作与发展联席会议”。截至 2010 年，长三角已正式形成了决策层、协调层、执行层“三级运作、统分结合、务实高效”的区域合作协调机制。2017 年，三省一市搭建长三角城市群合作新机制，用好“长三角协调会”“长江协调会”两个平台，落实定期召开市长联席会议、共建产业发展联盟、探索专业委员会机制等措施，推进城市合作。

2018 年 11 月 5 日，中共中央总书记习近平在首届中国国际进口博览会上宣布，支持长江三角洲区域一体化发展并上升为国家战略，着力落实新发展理念，构建现代化经济体系，推进更高起点的深化改革和更高层次的对外开放，同“一带一路”建设、京津冀协同发展、长江经济带发展、粤港澳大湾区建设相互配合，完善中国改革开放空间布局。2019 年，中共中央、国务院印发《长江三角洲一体化发展规划纲要》。规划期至 2025 年，展望到 2035 年。规划范围包括上海市、江苏省、浙江省、安徽省全域，总面积为 35.8 万平方公里。以上海市，江苏省南京、无锡、常州、苏州、南通、扬州、镇江、盐城、泰州，浙江省杭州、宁波、温州、湖州、嘉兴、绍兴、金华、舟山、台州，安徽省合肥、芜湖、马鞍山、铜陵、安庆、滁州、池州、宣城 27 个城市为中心区，总面积达 22.5 万平方公里，辐射带动长三角地区高质量发展。2021 年 2 月 19 日起，上海、浙江、江苏、安徽（合肥）的户籍居民在长三角区域内跨省迁移户口时，只需在迁入地公安派出所申请办理即可，再也不用在迁出地和迁入地间来回奔波，真正实现“一地办理、网上迁移”。2022 年 11 月 7 日，2022 长三角一体化发展指数报告发布，2021 年长三角一体化发展指数为 192.56 点，同年 12 月 1 日，长三角能源一体化重点输电通道——海门至崇明 500 千伏输变电工程顺利跨越长江。

省市合作 自 20 世纪 70 年代末开始，上海按照“扬长避短、形式多样、互利互惠、共同发展”的原则，积极开展横向经济联系与协作。根据中央提出的“发挥优势、保护竞争、促进联合”的方针和 1980 年 7 月国务院《关于推动经济联合的暂行规定》精神，上海开始突破原有经济体制框架，逐步探索同兄弟省区市的经济联合模式。为适应蓬勃发展的经济合作形势，1982 年 5 月，市政府决定成立上海市政府协作办公室。2003 年 8 月，在市政府协作办公室、市政府接待办公室的基础上组建市政府合作交流办公室。

1983年1月，上海根据中央的有关方针政策，明确了与兄弟省区市开展横向经济联合的工作原则。年底，上海同兄弟省区市领导部门商定安排的合作项目就有511个。1984年10月，中共十二届三中全会通过《中共中央关于经济体制改革的决定》，强调各地区之间要互相开放，明确指出要大力促进横向经济联系。中央的这一精神对推动上海向各地敞开门户、加快横向经济联合的步伐起到了积极的作用，从10月起到11月，上海市政府先后批转《关于兄弟地区来本市开店办厂的暂行办法》《关于本市企业同兄弟地区企业经济技术合作若干问题的规定》，明确"各兄弟地区的企业事业单位和个人可以来本市开设商店、货栈或贸易公司，批发、零售各地农副土特产品、原材料、工业品；可以新建、改建、扩建大楼，举办各种旅馆、旅游、饮食、娱乐等服务业；也可以按照本市工业发展方向和城市规划布局开办工厂"。

1985年2月，国务院向全国批转《关于上海经济发展战略的汇报提纲》。该提纲提出：对内联合，上海要按三个空间层次有计划、有重点地展开。第一层次是上海经济区四省一市的紧密联合，第二层次是长江流域包括武汉、重庆等城市的经济联合，第三层次是与全国各地开展的各种形式的经济技术联合与合作。开展内联，应当本着"扬长避短，互通有无，平等互利，共同发展"的原则，采用经济办法，有计划地帮助各地发展生产，联合开发资源，组织交通运输，进行商品交换，开展对外经济贸易。1986年2月，上海改变原来"一个省、一个部可在沪设一个办事处"的规定，欢迎沿海开放城市和地、市一级政府在上海设立联络处。同年5月起，上海市政府先后在重庆、哈尔滨、广州、武汉、西安等设立了驻外省市办事处，加强了与兄弟省区市的经济联系和信息沟通。同年6月，上海市政府发布《上海市进一步推动横向经济联合的试行办法》。至年底，上海与全国27个省区市的有关企业建立了各种形式的联合体近6000个；合作开发原材料，获得了30多个品种的紧缺物资，联营产值占全市工业总产值的13%。

1987年4月，上海市市长江泽民在《政府工作报告》中提出，要加强宏观指导，进一步修订和完善推动横向经济联合的各项法规，为兄弟地区来沪开店办厂努力创造良好的投资环境和条件。该年兄弟省区市企业来沪开店办厂达858家，仅市商业一局就新增联合项目667个；兄弟省区市提供的商品占上海商品销售的比重不断增加，南京路商业街销售的商品中有70%来自各地企业。据年底统计，上海外贸系统出口的产品中，约1/3是通过横向经济联合提供的，仅市科协、高等院校和科学院等单位通过横向转让的技术商品，转为出口的货源就达2亿多元。1988年4月，江泽民在《政府工作报告》中进一步指出："要花大力气切实抓好原材料筹措工作，通过加强横向经济合作，扩大物资串换和集资开发原材料基地，并按照商品经济规律，在国内外广开渠道，稳定和增加原材料供应来源，保证生产的正常进行。”1989—1990年，上海市委、市政府根据中共中央提出的“治理整顿、深化改革”总方针，明确横向经济联合要以经济效益为中心，在“调整、整顿、管理、改革”上下功夫，紧紧围绕工业结构调整，优化生产要素组合，加强横向经济联合项目管理，严格投资项目的审批程序，使横向经济联合的管理逐步实现规范化和制度化。两年中，市政府先后同黑龙江、吉林、四川等省市签订了《关于横向经济联合中企事业合法权益的保护协定》。经过治理整顿，虽然横向经济联合规模有所收缩，但联合的基础更加扎实，联合成果得到巩固和提高。这一时期，上海按照对外开放、对内联合的指导思想，积极发挥外挤内联、外引内联两个扇面的辐射作用，坚持横向经济联合为全国“四化”建设服务，为上海经济结构调整服务，为弥补上海原材料缺口和促进物资交流服务，为提高经济效益、增强企业自我改造能力服务，同兄弟省区市的经济联系和合作在广度和深度上都有了较大的发展。

1990年4月，中共中央、国务院宣布开发开放浦东以后，上海把横向经济联合的重点放在改善投资环境、吸引内资共同开发浦东、推动双向联合方面。上海市市长朱镕基多次指出：浦东开发开放，坚决打“中华牌”，绝不打“上海牌”。1991年4月，市九届人大四次会议通过《上海市国民经济和社会发展十年规划和第八个五年计划纲要》，提出今后十年上海国民经济和社会发展总体的战略思想是“振兴上海，开发浦东，服务全国，面向世界”。上海要为全国服务，为长江流域乃至全国经济的发展作应有的贡献。同年5月，市政府批转《上海市鼓励外地投资浦东新区的暂行办法》，明确了投资范围、投资形式和审批办法，并在投资计划、进出口、财税、户籍、土地使用、融资等方面提出了12条优惠政策。1992年6月，上海市政府进一步放宽各地在沪设立办事机构的条件，规定全国各县、大企业均可在沪设立工作处。同年7月，市政府决定，对前来浦东新区参与发展的长江三角洲及长江沿江地区的省市给予优先政策。市政府合作办还在浦东新区设点，为内资企业提供“一站式”管理和“一条龙”服务，从而使上海的横向经济联合迈上了一个新台阶。1993年《国务院关于加快发展中西部地区乡镇企业的决定》中规定：“凡是东部地区和大中城市到中西部地区投资兴办乡镇企业或乡镇联营企业的，都享受当地制定的优惠政策。同样，中西部地区到东部地区兴办或联办的乡镇企业，也享受东部地区优惠政策。”

2000年《国务院关于实施西部大开发若干政策措施的通知》指出：“支持东部、中部地区企业到西部地区以投资设厂、参股入股、收购兼并、技术转让等多种方式进行合作。”2003年10月，中共中央、国务院下发《关于实施东北地区等老工业基地振兴战略的若干意见》。2004年，国家明确提出促进中部崛起，形成“东部率先发展、西部大开发、东北振兴、中部崛起”区域协调发展战略。上海积极推进企业到中西部和东北地区开展跨地区合作，2006年，与中部地区签订合作项目196个，项目总额358.31亿元；与西部地区签订合作项目95个，项目总额80.19亿元；与东北地区签订合作项目46个，项目总额147.45亿元。2007年8月，国家发展改革委、国务院西部办等六部门联合发布《关于加强东西互动深入推进西部大开发的意见》；商务部实施“万商西进工程”，鼓励中西部地区承接沿海产业转移和加工贸易转移，鼓励沿海企业和经济技术开发区西进。为贯彻落实中央战略和自身发展的需要，上海主动做好服务全国的工作。2008年，上海与各地签订合作项目391个，资金总额144137亿元；与中部地区签订合作项目230个，资金总额61461亿元；与西部地区签订合作项目93个，资金总额59175亿元；与东北地区签订合作项目45个，资金总额1484亿元。

2006年后，上海市政府先后与黑龙江、山西、安徽、山东、内蒙古、吉林、广西等省（区）政府签署了合作框架协议。推进落实上述协议，是上海服务全国，开展国内合作交流工作的重要抓手。2009年4月，市政府合作交流办公室牵头组织有关部门和浦东新区政府组成了推进落实框架协议合作的工作小组。工作小组多次赴六省（区），就协议内容进行全面对接，双方还拟定落实措施和工作计划。按照协议内容，市经信委、商务委、教委、科委、人保局、建设交通委、农委、文广局、国资委、工商局、旅游局、金融办、浦东新区政府等部门和单位，以及上海市政府相关驻外办事处共同参与了工作推进。经与兄弟省区协商，上海明确了双方牵头部门和相关责任单位，初步建立了对口联络渠道和工作推进机制，突出了合作重点、确定了合作任务、细化了合作内容，拟定了相关工作措施，为落实合作框架协议夯实了工作基础。2011年，上海为适应各省、自治区、直辖市相关地区的产业特色和上海自身的发展需求，以组团参与大型经贸合作展会项目、组织上海企业进行跨区域合作为主渠道，加强与中西部地区和东北地区，尤其是黑龙江等6个省、自治区的合作，推进粮食、煤炭等资源的深度合作。2012年7月17—18日，第三届全国各省（自治区、直辖市）国内合作交流工作研讨会在上海举办。会议围绕“深化战略合作、促进转型发展”主题，交流开展合作交流工作的经验和体会，分析国内合作交流工作面临的形势、机遇和挑战，提出加强国内合作交流工作的意见和建议。2018年，上海就深化改革开放、自贸试验区建设、粤港澳大湾区建设、房地产调控等方面的经验做法与广东省进行交流，推动沪粤两地合作交流迈上新台阶。同年，上海分别与吉林省、青海省、海南省、大连市签署政府间合作框架协议，吉林省的10个职能部门、宁波市的7个职能部门分别与上海相关部门签署合作框架协议，拓宽省市间合作范围和渠道。2020 年，上海与河南省签署政府间合作框架协议，在开放合作、制造业、农业、金融、旅游、教育、卫生、国资国企改革等领域制定 23 项措施，推动沪豫双方开展深入合作；同年，上海相关部门与湖北省相关部门共同签订《鄂沪支持扶贫劳动力外出务工及劳务协作帮扶协议》，建立劳务协作对接机制。2021 年，上海组织全市 80 余家企业参加“贵州茶产业博览会”“丝绸之路博览会”“中国青海绿色发展投资洽谈会”3 个经贸展会，组织 300 余件展品参展，参观观众 3 万余人。2022 年，上海与安徽、内蒙古、山东、海南、河南等协议和备忘录处于有效期内的省、自治区、直辖市共同形成《上海与兄弟省区市政府间战略合作框架协议 2021 年推进情况总结》。

资料链接：

《上海市人民政府志》

《上海市志·合作交流分志（1978—2010）》

经　济

JI JIAN SHANG HAI ZHI

上海滨江带海，位于江南核心地区，河网密布，水陆交通发达，经济发展条件得天独厚。自距今6000年马家浜先民开展农业水稻种植始，随着上海逐渐成陆，中原地区开发成熟后人口外溢，尤其是两晋之际、唐“安史之乱”，大量人口迁移南下，上海经济发展速度逐渐加快。到南宋时期，上海所在江南地区已成为全国经济重镇，稻棉种植、渔盐蚕丝、棉纺织业等业态相当发达。历元、明至清，上海棉布、航运、商贸等一直较发达。清初，上海征收税种即有地赋、丁赋、牙税、当税、烟酒税等多个人口、土地、商业税种，并有征收关税的江海关之设。

上海开埠后，作为全国最大的通商开放口岸，外国资本、技术快速输入，近现代工商业迅速崛起。同时，工商行政管理、质量技术监督、统计、审计等经济管理方式也随之引进。至20世纪初，上海基本确立在全国的经济中心地位。20世纪30年代，上海已成为远东经济中心城市，工业、航运业、对外贸易、金融业、工商业等行业，均处于全国中心地位。1935年，上海有工厂6097家，商业批发企业8300多家，34个主要商品交易市场，区域经济网络遍布全国。1927—1937年上海沦陷，全民族抗战期间，上海经济遭受重创，租界区域内经济曾畸形繁荣一时。上海市地方财政收入高达10363.22万银两（元）。抗战胜利后至上海解放前，上海经济在短暂恢复后，随着国民政府的溃败濒临崩溃的边缘。

上海解放后，人民政府迅速平抑物价，稳定市场，恢复经济。社会主义“三大改造”完成后，上海建立起以公有制为主体的社会主义经济体制。1953—1980年，上海先后实施5个五年计划，尽管受“大跃进”“文化大革命”等因素干扰，经济建设仍取得巨大成就。全市生产总值，从1949年的20.28亿元，增加到1980年的311.89亿元，工业占据三大产业的70%以上。改革开放后，上海从农业经济体制改革着手，不断调整三大产业结构，重点推进国资国企改革，大力引进外企外资。同时，进一步加强经济发展战略规划引领和监督管理，至2022年，上海先后实施“六五”计划至“十三五”计划8个完整的五年规划，并通过《上海经济发展战略汇报提纲》、以浦东开发开放为核心的“一个龙头、三个中心”、中国（上海）自由贸易试验区建设等发展战略，上海经济得到全面、快速、高质量发展，取得举世瞩目的伟大成就。2020年，上海已经基本建成国际经济、金融、贸易、航运中心，形成具有全球影响力的科技创新中心基本框架。2022年，上海全市生产总值达44652.80亿元，位居全球各大城市第4位；一般公共预算收入7608.2亿元；拥有市场主体328.39万户。

经济总量

距今6000年前，上海马家浜文化时期，先民已从事农业水稻种植。距今5500年前后，上海崧泽文化时期，先民已掌握旱耕农业技术。春秋战国至秦汉时期，上海经济发展相对缓慢。六朝时期，大量的移民不断迁入，加快了上海经济发展的步伐。唐开元元年（713年），自海盐至吴淞江南岸长达150里的海岸线，修筑捍海塘，堤内大片滩地脱离咸潮侵袭。天宝十载（751年），在上海设华亭县，等次为上，人口已达9万余人。北宋天圣年间，设专门征榷酒税的上海务。宋乾道八年（1172年），在“开元”海塘外修筑更为完善的海堤里护塘。海塘的修筑，促进了上海沿海盐业、农业的发展。宋代，上海西部亩产稻谷500～600斤。两宋之际，衣冠南渡，再次极大地促进了上海经济发展。南宋景定、咸淳年间（1260—1274年），上海地区的稻棉种植、渔盐蚕丝、棉纺织业日益发达，商贾云集，上海镇设立市舶提举司及榷货场。元初，上海县乌泥泾人黄道婆改革纺织技术，推动了棉花种植和棉织手工业发展。明清时期，上海地区的棉布畅销全国各地，有“木棉、文绫，衣被天下”之称。

明初，江浦合流，黄浦江成为出海航道，上海航运迅速发展。明代中叶，形成内河、长江和沿海北洋、南洋以及国际等水上航运，年货运量约5万～6万吨。清康熙二十四年（1685年），朝廷在上海境内设江海关，负责征收外贸关税。乾隆、嘉庆年间，随着海上漕粮运输线路的重新开辟，沙船运输业加速发展，港口日见兴旺，年吞吐量达120万～150万吨。上海县城的黄浦江边，自南至北五六里江面泊满来自国内福建、广东和西洋、暹逻等地船只。

上海开埠后，外国资本势力以上海为中心在华进行大规模的商业贸易活动，上海出现大批洋行，港口、航运业迅速发展，外商在上海形成船舶修造工业和缫丝、轧花、制革、打包等出口加工工业。甲午战争后，外资势力继续把上海作为对华倾销商品和收购原料并用以出口的主要基地，同时开始大规模输出资本，广泛投资各行业，棉纺工业和卷烟工业发展成为上海最大的产业。同时，外商银行进入上海，钱庄等传统金融机构经营活动活跃。清道光二十七年（1847 年），上海首家外商银行英商丽如银行成立。至同治四年（1865 年）上海有 11 家外商银行，其中 10 家为英商银行。银行业务以经营国际汇兑为主。19 世纪 90 年代，美、日、法、俄、德、荷、比等国银行进入上海。另外，官办军用工业、官督商办工业和华商工业迅速崛起。同治元年设立洋炮局，四年创办江南机器制造总局，产生一批官督商办、官商合办的近代企业。19 世纪 80 年代开始，华商工业投资活跃，投资领域从船舶与机器修造、印刷、木材加工三大行业，扩大到缫丝、棉纺织（包括轧花）、造纸、面粉、玻璃、制革、火柴、制冰及冶炼等行业。

民国初期，上海掀起创办实业的潮流，并出现较大的华资集团，金融、交通运输、电信通讯、内外贸易获得长足进步，具备对各类经济要素集散和内外辐射能力。20 世纪 20 年代中期，在沪外商银行达 30 家以上，远超过各只有 10 余家银行的东京、大阪、孟买、香港等城市。华资金融业大发展，1925 年发展至 158 家。五卅反帝运动发生后，中外银行的金融地位发生重大转变，大量华商资本存款从外商银行转移到华资银行，华资银行在内地各大、中小城市广设分支机构、通汇点、办事处和寄庄，组成全国性的金融网。包括中央银行在内的四大银行在沪设立，更奠定了上海在全国的金融中心地位，上海成为全国金融网的中心和决策地。20—30 年代，上海与全球 100 多个国家 300 多个港口城市有贸易往来，对外贸易约占全国 50%，成为国内埠际贸易中心。至 1937 年全民族抗战爆发前，上海已高度聚集了全国的人才、物力、财力，确立了在中国的经济、金融、内外贸易中心和交通运输枢纽地位，成为全国最大的多功能城市。抗日战争全面爆发，上海经济发展停滞。租界沦为“孤岛”，房地产业、工商业等短暂繁荣。1945 年抗日战争胜利，上海经济一度复兴，特别是制造业和航运业。国民党发动内战后，全市经济因通货膨胀、市场缩小、美国剩余物资大量倾销而停滞，到 1949 年初几乎全面崩溃。

上海解放后，党和政府迅速着手恢复经济。1949 年，上海全市生产总值为 20.28 亿元。1949—1957 年，上海完成国民经济恢复和第一个五年计划任务，完成对农业、手工业、资本主义工商业的社会主义改造，初步确立国营经济领导地位。“一五”计划结束的 1957 年，上海全市生产总值提升到 69.60 亿元。这一时期，上海作为全国最重要的工业基地，工业生产迅速发展，建立起了社会主义工业化的初步基础；同时，上海的金融中心地位不复存在，贸易中心地位也随计划经济的确立而消失，成为全国最大的物资调拨中心，外贸成为中央统一计划下的地区外贸。1958—1965年，“大跃进”严重影响上海经济发展，又因全国经济建设发展的需要，上海及时大力调整产业结构和产业布局，工业实现由轻纺工业为主，向以重工业为中心的综合性工业基地转变，发展以新材料、新设备、新技术、新工艺为中心的新兴工业，基本完成新的工业布局，形成较为齐全的工业门类。1965年，全市生产总值113.55亿元。

“文化大革命”期间，上海经济受到严重干扰，大批工厂生产受影响，各项管理制度严重破坏，产品质量下降，能源和原材料消耗上升，生产技术水平停滞不前。全市总体经济发展水平和国际先进水平差距重新扩大，国民经济比例失调严重，企业经济效益下降。同时，新技术、新材料、新产品、新工艺开发取得进展，在江苏、安徽、山东等地建设一批原材料基地，兴建上海石油化工总厂一期工程，试制成功地面卫星接收站、大型运载火箭等。1976年，全市生产总值为208.12亿元，比1966年的124.81亿元仅增长83.31亿元。

中共十一届三中全会后，中共中央确立改革开放的基本国策，全市工作以经济建设为中心，上海经济开始全面发展。80年代初期，全市重点进行农村改革和发展农村非农产业；实行企业整顿，扩大企业自主权试点，放权让利，分类搞活经济，极大增强了经济发展活力。1984年，全市生产总值达390.85亿元。1985年3月，中共中央批复上海进一步对外开放的方案，上海利用外资工作迅速启动，建设闵行、虹桥、漕河泾3个经济技术开发区。1990年，中共中央、国务院决定开发开放浦东，在浦东实行经济技术开发区和经济特区的政策，给上海经济发展注入强劲的增长动能。1992年，上海全市生产总值一举突破千亿元大关，为1114.32亿元。90年代，上海形成和发展资金、土地、资产、劳动力、技术等一系列要素市场，建立房地产市场，不断扩大规模；货币市场扩大，发挥重要作用；资本市场迅速扩容，产权市场粗具规模；劳动力市场发展迅速，劳动力流动规模扩大；技术、信息市场兴起，发展势头良好，形成证券、外汇、航运、资金拆借、期货、产权、房地产、人才、技术等一批以国家级市场为龙头、区域性市场为骨干、地方性市场为基础的要素市场体系。2000年，全市生产总值为4812.15亿元，是1992年的4.32倍。2001年中国加入世界贸易组织，上海抓住机遇，围绕建设国际经济、金融、贸易、航运中心和社会主义现代化国际大都市目标，经济总量实现长时段的跨越式大发展。2006年，全市生产总值首次突破万亿大关，达到10718.04亿元；2012年突破2万亿元，2017年突破3万亿元。2020年，上海基本建成国际经济、金融、贸易、航运中心，形成具有全球影响力的科技创新中心基本框架。2021年，全市生产总值突破4万亿元，达到4.32万亿元，排在纽约市、东京都和大洛杉矶市之后，跃居全球各城市第4位。2022年，全市生产总值44652.80亿元。

经济结构

宋代上海农业已高度发展。南宋民谚所谓“苏湖熟，天下足”，就泛指今上海在内的太湖流域。元明清时期，上海沿海盐业，尤其是桑蚕棉布等手工业发达，棉布闻名天下。明清两代，黄浦江成为出海航道，上海航运业迅速发展。1843年开埠后，上海成为帝国主义倾销工业品和掠夺中国资源的桥头堡，外国资本涌进上海，开办银行，发展商贸，投资工业，棉纺工业和卷烟工业发展成为上海最大的产业，官办军用工业、官督商办工业和华商工业迅速崛起。至20世纪30年代，上海已成为远东中心城市，航运业发达，国际贸易兴旺，港口吞吐量居世界第14位，对外贸易约占全国50%；金融业在远东首屈一指，建有远东最大的外汇市场、黄金市场和证券交易市场，1936年上海银行、钱庄和信托公司资力估算为32.7亿元，占全国近50%；工商业处于全国中心地位，1935年有工厂6097家，商业批发企业8300多家，建有全国规模最大的纱布交易所和中国机制面粉交易所，以及米、粮食、油饼、南货、烟叶、茶、火腿腌腊、猪鬃、油脂、棉花、土布、颜料、药材、木材、漆、竹、瓷器、生皮等34个主要商品交易市场，区域经济网络遍布全国。全民族抗战期间，上海工商业受损严重，上海租界房地产业、工商业等曾短暂畸形繁荣。抗日战争胜利后，美国剩余物资和各种商品倾销上海市场，民族工业遭受打击。至1946年上半年1600多家工厂倒闭。内战期间，通货膨胀加剧。1949年初，上海社会经济陷入全面崩溃，通货恶性膨胀，工商业濒于破产。1948年末至1949年初，据对全市87个重要行业13647家民营工厂的调查，开工的仅占1/4。

上海解放后，历经国民经济恢复和对农业、手工业、资本主义工商业的社会主义改造，确立国营经济领导地位的公有制经济体制，并按照“维持、利用、调整、改造”的方针实施“一五”计划，第二产业占比显著提升。1949年，全市经济结构中，第一产业1.45亿元，第二产业9.56亿元，第三产业9.27亿元，第一、第二、第三产业占比分别为7.2%、47.1%、45.7%；“一五”计划完成的1957年，第一、第二、第三产业占比分别为3.9%、58.7%、37.4%。“二五”计划期间，全市工业从以轻纺工业为主向以重工业为中心的综合性工业基地发展，开辟桃浦、彭浦和漕河泾3个工业区。1961—1965年，上海贯彻以调整为中心的“调整、巩固、充实、提高”方针，按照农轻重次序全面调整国民经济。“文化大革命”期间，上海工业加强发展科技和“四新”（新技术、新材料、新装备、新工艺）以及基础工业改造，商业经营特色遭受破坏，花色品种减少，商业饮食服务网点剩 2 万多个。1958 年至改革开放前，上海的经济结构中，第二产业占绝对主导地位，绝大部分年份均占全市生产总值 70% 以上，1960 年最高达到 77.9%，1978 年仍高达 77.4%；第三产业占比持续下降，1958 年占全市生产总值 28.7%，1972 年最低降到 17.3%，1978 年仍仅占 18.6%；第一产业占比相对稳定，1958 年占全市生产总值的 3.7%，1978 年为 4%。

改革开放后，从 1979 年起，上海集中 3 年时间贯彻中共中央“调整、改革、整顿、提高”方针，按照农轻重次序调整国民经济计划，继续调整工业结构，包括轻重工业比例关系、长短线产品比例、产品结构和发展出口产品；实行企业整顿，扩大企业自主权试点，提高经济效益；合理调整农林牧副渔生产。1984 年，按中央提出的上海要成为全国现代化建设开路先锋的要求，上海市政府制订《关于上海经济发展战略的汇报提纲》，提出上海要充分发挥对外开放和多功能的中心城市作用，实行对国内外开放，加快改造传统工业，开拓新兴工业，发展第三产业，为全国服务和逐步改造老市区和积极建设新市区相结合；第三产业要以发展内外贸易、金融、咨询服务、旅游为重点，启动和扩大利用外资。至 1992 年，第二产业占全市生产总值比重降至 60.8%，第三产业升至 36.1%。同时，经济所有制结构中，非公经济逐步发展，1978 年，公有制经济占全市生产总值的 99.01%，非公有制经济占比不到 1%，1992 年占比增长到 6.59%。

1992 年 10 月，中共十四大报告提出“一个龙头，三个中心”战略，即以上海浦东开发开放为龙头，进一步开放长江沿岸城市，把上海建成国际经济、金融、贸易中心之一。上海加快由传统工业城市向国际经济中心城市转变，城市功能从单一的生产加工功能转变为综合服务功能；产业发展排序从“二、三、一”调整为“三、二、一”，优先发展第三产业；坚持优先发展高新技术的原则，大力发展金融保险、商业贸易、交通通讯、房地产、信息咨询和旅游业等行业，逐步淘汰纺织、有色冶炼等一批初级加工产业，扶持汽车、通信设备、电站设备、钢铁、石油化工、家用电器六大工业支柱产业，培育以电子信息通信业、现代生物与医药、新材料为代表的高新技术产业；建立社会主义市场经济运行机制，经济体制由计划经济向社会主义市场经济转变。此后，上海第一、二产业占全市生产总值比重持续下降，第三产业占比迅猛增长，经济所有制结构中，非公有制经济大幅度增长。至 2022 年，第一产业增加值 96.95 亿元，占全市生产总值比重仅 0.22%；第二产业增加值 11458.43 亿元，占比下降至 25.66%；第三产业增加值 33097.42 亿元，占比增加至 73.12%；经济所有制结构方面，公有制经济增加值 20715.29 亿元，非公有制经济增加值 23937.51 亿元。

资料链接：

《上海通志》第十五卷　　《上海市志·经济综述分志（1978—2010）》

规划（计划）

五年规划（计划） 上海解放后，市政府始重视经济社会发展规划。1951 年 7 月，市政府财政经济委员会成立，内设综合计划处，负责经济发展计划工作。1952 年底，上海正式开始编制“一五”计划（1953—1957 年），1955 年 11 月经国务院批准实施。“一五”计划的主要任务是有步骤、积极地对私营工商业、手工业、郊区农业的社会主义改造（简称“三大改造”），对主要工业部门生产管理进行改革和技术设备的改进，保证社会主义经济比重稳步增长。“一五”计划期间，上海取得“三大改造”的胜利，全面完成各项经济计划指标，奠定了社会主义工业化的初步基础。1958—1980 年，上海市先后实施“二五”计划（1958—1962 年）、“三年调整计划”（1963—1965 年）、“三五”计划（1966—1970 年）、“四五”计划（1971—1975 年）、“五五”计划（1976—1980 年），因受“大跃进”“文化大革命”“反右倾翻案风”等影响，大都只提出计划提纲，未下达正式计划文本，计划的执行也受到较为严重的干扰，实施成效有限。

20 世纪 80 年代起，市委、市政府对五年计划的编制、执行、评估逐步制度化、规范化。1982 年，市政府部署编制“六五”计划方案，并于 1983 年 4 月贯彻执行。1981—2020 年，上海市先后实施“六五”计划（1981—1985 年）、“七五”计划（1986—1990 年）、“八五”计划（1991—1995 年）、“九五”计划（1996—2000 年）、“十五”计划纲要（2001—2005 年）、“十一五”规划纲要（2006—2010 年）、“十二五”规划纲要（2011—2015 年）、“十三五”规划纲要（2016—2020 年），经济社会快速稳步发展，2020 年全市生产总值达到 3.87 万亿元。2019 年第一季度，上海市启动“十四五”规划（2021—2025 年）研究和编制工作，专门成立“十四五”规划工作领导小组，并首次由市委书记、市长担任双组长。2021 年 1 月，市十五届人大五次会议批准“十四五”规划和二〇三五年远景目标纲要，宣告正式实施。“十四五”规划，上海主要考虑与高质量发展要求相契合，注重各类各项指标的匹配性和可测性，按照“高端、数字、融合、集群、品牌”的产业发展方针，加快释放发展新动能，立足于服务打造国内国际双循环的战略链接，围绕更好促进国内国际两个市场、两种资源联动流通，统筹重点突破与系统集成相结合、对内开放与对外开放相促进，着力强化开放窗口、枢纽节点、门户联通功能，率先基本形成更高水平开放型经济新体制。

在五年规划的统领下，全市农业、工业、交通运输、商贸服务业等产业均制定具体的产业五年发展规划，推动上海经济有序有力发展。

经济发展战略　改革开放后，上海市委、市政府按照中央要求，准确研判上海发展形势，先后制定多个经济战略发展规划。1982 年 9 月，市委、市政府决定围绕如何贯彻和实现翻两番的目标、长远发展的奋斗目标如何确定、现存的各种矛盾如何解决这些战略性、全局性问题，组织“上海向何处去，建设什么样的上海”的大讨论，广泛征求各方面专家学者的意见。1984 年 4 月 25—27 日，市计委、市经济研究中心和上海社科院联合召开第一次研讨会，市内专家、学者 300 余人参会。1984 年 5 月，在北戴河召开的中央财经领导小组会议专门讨论了上海的发展方向问题。同年 8 月，国务院委托国务委员宋平组织调研组到上海，帮助研究拟订上海经济发展战略。1984 年 9 月，上海市委、市政府主持召开“上海经济发展战略战役研讨会”的第二次研讨会。国务院有关领导、全国著名专家学者及外省市和上海市相关领导等 500 余人参会。同年 12 月，国务院改造振兴上海调研组与上海共同制定《上海经济发展战略汇报提纲》。这是改革开放以来上海制定的第一个经济发展战略，主要解决上海如何改革振兴、重振雄风的问题。《提纲》不仅明确提出到 20 世纪末，上海建设成开放型的、多功能的、产业结构合理的、经济繁荣、科技发达的社会主义现代化中心城市的发展目标，而且提出浦东开发的未来远景。

20 世纪 80 年代，开发浦东被正式提上议事日程。1984—1988 年，上海市委、市政府多次召开“上海发展和浦东开发”国际和国内研讨会，研讨通过开发浦东带动上海经济社会发展。1984 年 12 月上海上报国务院的《上海经济发展战略汇报提纲》，1986 年 10 月国务院批复的《上海市城市总体规划方案的汇报提纲》，均明确提出浦东开发的设想。1990 年 2 月，市委向中共中央提交《关于开发浦东的报告》，中共中央政治局常委、国务院副总理姚依林到上海调研，形成《关于上海浦东开发的几个问题的汇报提纲》。同年 6 月，中共中央正式批复同意开发开放浦东。1992 年 10 月，中共十四大报告明确提出“以上海浦东开发、开放为龙头，进一步开放长江沿岸城市，尽快把上海建成国际经济、金融、贸易中心之一，带动长江三角洲和整个长江流域地区的新飞跃”，标志着上海浦东开发开放从一个地方发展战略上升为国家发展战略，从而为上海的振兴和浦东的腾飞注入新的能量。

中共中央对上海提出“一个龙头，三个中心”的重大战略决策背景下，客观形势要求上海在20世纪80年代制定并实施的经济发展战略基础上，按照“面向世界、面向未来”的要求，在新的更高的起点上，在新的更宽的空间范围内，在新的更长的时间跨度上，重新研究和提出上海新的经济和社会发展战略。1993年7月，在市长黄菊提议和领导下，市政府组织迈向21世纪的上海经济社会发展战略研究，先后召开多次研讨会，组织国内外600多位专家学者进行大讨论，于1994年上半年形成《迈向21世纪的上海经济社会发展战略》。《战略》主要解决“上海怎样崛起成为一个国际经济中心城市”问题，提出在2010年上海基本建成国际经济、金融、贸易中心之一，浦东基本建成具有世界一流水平的外向型、多功能、现代化的新区，实现崛起成为又一个国际经济中心城市的战略目标。

“一个龙头，三个中心”重大战略决策实施后，中央领导多次提出要加快上海国际航运中心建设。1992年12月，在中共上海市第六次党代会上，市委将深水港建设列为上海新一轮城市建设十大工程之首。1995年9月，市政府正式向国务院提出在大、小洋山岛建设集装箱深水枢纽港的设想。2000年11月，中共中央总书记、国家主席江泽民对上海国际航运中心洋山港作出批示，为上海建设成太平洋西岸的国际经济、贸易、金融和航运中心城市之一指明了方向。2001年5月，国务院批复同意的《上海城市总体规划（1999—2020）》提出：上海要建成国际经济、金融、贸易、航运中心之一，率先基本实现现代化。上海建设社会主义现代化国际大都市的目标，从“一个龙头，三个中心”发展为“四个中心”国家战略。2017年12月，国务院批复《上海市城市总体规划（2017—2035年）》，规划上海的目标是建设国际经济、金融、贸易、航运、科技创新中心，“四个中心”战略提升为“五个中心”战略。

中国（上海）自由贸易试验区建设，是新时代中共中央深化改革和扩大开放的重大战略决策。2013年3月，中共中央总书记习近平参加全国“两会”上海代表团审议，听取上海关于设立自贸试验区的设想后，明确表示支持，要求进一步研究论证。同月，国务院总理李克强考察上海，要求在上海28平方公里保税区范围内建立具有国际水准的投资贸易便利、监管高效便捷、法治环境规范的自贸试验区，使之成为推进改革和提高开放型经济水平的“试验田”，推动政府管理模式创新，完善开放型经济体制机制，培育中国面向全球的竞争新优势。4月，上海市委书记韩正、市长杨雄到北京向国务院作专题汇报。同月，习近平、李克强先后批示。6月，商务部和上海市政府正式向国务院上报上海自贸区总体方案送审稿。9月，国务院印发《中国（上海）自由贸易区总体方案》。2015年、2019年，上海自贸区先后两次扩区，共包括保税区片区、陆家嘴金融片区、金桥开发区片区、张江高科技片区、临港新片区五大片区，面积120.72平方公里。

资料链接：

《上海计划志》　《上海市志·经济综述分志（1978—2010）》

经济体制改革

上海解放前，以官僚资本企业和私营民族资本工商企业为主；上海解放后，迅即将官僚资本企业收归国有，建立起国营经济（改造为国营企业）。1953—1956 年，全国经过“三大改造”，完成对农业、手工业和资本主义工商业改造，建立起公有制经济体制，开始实行高度统一集中的计划经济管理体制。但在社会主义经济建设过程中，政府对企业统得过死，干预过多，企业缺乏独立的经营自主权。

中共十一届三中全会后，全党的工作重点转移到经济建设上来，正式拉开改革开放的大幕，由计划经济体制开始向市场经济体制转变。农村经济制度率先进行改革，1978 年嘉定县马陆公社北管大队冲破“包”字禁区，推行农业承包制。到 1984 年，全市各郊县普遍完成家庭联产承包制改革。国有企业改革紧随其后，1979 年选择上海柴油机械厂等 8 家工业企业进行试点，实行责、权、利相结合的经济责任制，扩大企业经营管理自主权，稳步推进企业利润留成和以税代利、税利并存等一系列改革。1984 年 6 月，上海在工业系统选择 61 家企业，试行厂长（经理）负责制。至 1986 年底，全市 1032 家企业实行厂长（经理）负责制及奖金分配“上不封顶、下不保底”、工资总额包干等相关配套改革，极大地调动企业积极性，增强竞争实力。同时，探索企业经营机制改革，1979 年，区县集体饮食企业实行各种形式的承包经营责任制；1983 年，上海石油化工总厂、上海标准件公司等 9 家企业开始实行上缴利润包干经济责任制，上海二轻工业系统 17 家集体企业开展内部经营承包制；1983 年初，飞乐音响公司（俗称“小飞乐”）从上海电声总厂（俗称“大飞乐”）分离出来，次年 11 月成为中华人民共和国成立后第一家公开发行股票的股份有限公司，开启上海探索股份制企业改革的先河。1987 年，市政府选择上海第二纺织机械厂等 5 家国营企业试点承包经营责任制。到 1988 年 5 月，全市 1623 家国有工业企业中，98.2% 实行承包经营合同制，市级商业和服务业系统有 3700 多家企业实行多种形式的承包经营。对外开放方面，上海亦早早开始改革探索。1980 年即出现第一家中外合资企业——迅达电梯有限公司，到 1985 年底，全市外商投资企业达160多家。1987年12月，市政府决定成立上海久事公司，作为利用外资的专门投融资平台。同时放开市场，发展集体和私营企业，鼓励个体、私营工商户发展。1980年7月，改革开放后上海第一家私营饭店——味美斋开业；1988年8月，市工商局向上海珊瑚工艺时装有限公司颁发改革开放后第一家私营企业执照，同年底登记的私营企业增至207家。

20世纪90年代，利用浦东开发开放的历史机遇和先行先试的政策优势，上海全方位持续推进改革。1991年，新中国成立以来首家中外合资财务公司——上海国际财务有限公司在上海正式开业。同年3月，上海率先取消福利分房制度，逐步推行住房商品化。1992年起，上海按照发展“大外贸、大外经，建立大口岸”战略思路，加快外经贸领域改革开放进程，先后组建东方国际、兰生、外经、外运、外经贸投资、东浩等外经贸企业集团。国有企业和国有资产管理体制是20世纪90年代上海改革的重点之一。1993年7月，上海在全国率先开展国有资产管理体制改革，建立市国资委及其办公室，形成了由市国资委、国有控股公司、国有企业3个层次构成的国有资产管理和经营体系。1994年3月，市体改委等相关委办联合颁布《本市进行现代企业制度试点若干问题的意见》，启动上海现代企业制度试点。按照“产权清晰、权责明确、政企分开、科学管理”的要求，采取增资减债，优化企业资本结构，实行“抓大放小”，推行破产兼并、股权变动、强强联合组建大型集团等方式搞活大型国有企业，并将部分国有小企业划转区县管理或改制成股份合作企业；逐步减少企业富余人员，实施“再就业工程”，建立再就业中心，多渠道、多形式、多层次妥善解决百万工人下岗问题。1995年，上海撤销行政管理局，改组为国有资产控股公司或集团公司，由国有资产管理机构按照“国家所有、分级管理、授权经营、分工监管”的原则进行授权经营，既保证企业经营的独立性，又通过国有资产运营公司进行资产运作，优化资本结构，增强企业实力，实现国有资产保值增值。1997年3月，市政府召开国有企业改革工作会议，提出“五个机制”（即企业优胜劣汰机制、国有资产保值增值机制、职工能进能出机制、经营者择优录用竞争上岗机制、覆盖全社会的保障机制）建设，在提高企业自身综合素质方面落实“五个加强”（即加强产品开发，形成产品更新换代的升级替换系列；加强技术改造，增强企业发展后劲；加强市场开拓，扩大企业发展空间；加强内部管理，提高企业经营效益；加强队伍建设，增强企业凝聚力）。到2000年，全市国有企业基本建立现代企业制度。农村农业改革方面，根据中共十四大关于建立社会主义市场经济目标要求，农业经营向规模化、产业化、集约化发展，1996年，市郊规模化经营的粮田已占商品粮田的60%左右，畜禽规模养殖场达700多个；改革乡镇企业产权制度，创办私营经济园，发展私营经济和外向型经济，逐步构建多种所有制共同发展地方经济格局；改革农产品流通体制，发展农产品市场，加快推进农业市场化。同时，上海通过一系列改革，以金融、资本、人力资源、房地产等要素市场为重点，大力发展市场，调整商业布局，对商业市场体系进行改革调整，形成统一开发的大市场体系。

2001年12月中国正式加入WTO、次年12月上海获得2010年世界博览会举办权，为上海进一步深化体制改革、加快经济建设提供了强大的动力。继续深化外贸体制改革与对外开放，上海按照“大外贸、大口岸、大通关”方针，创新管理体制和机制，着力提高外贸运行质量和效益，形成货物贸易与服务贸易并举、本市贸易与口岸贸易并举、一般贸易与加工贸易并举、进口贸易与出口贸易并举的新局面。2010年，上海外贸进出口总额达3688.639亿美元。改革完善市场体系，市政府贯彻落实国务院《关于推进资本市场改革开放和稳定发展的若干意见》，努力打造一个全方位、多层次、基本和国际规则接轨的现代市场体系，要素市场进一步趋向完善，各类生产要素的流动性大大提高。2002年10月，上海黄金交易所开业，结束中国黄金市场不能自由买卖的严格管制历史。2003年，上海将产权交易所和技术产权交易所合并，成立新的上海联合产权交易所。2006年，中国金融期货交易所股份有限公司正式在上海挂牌，系中国内地首家采用公司制为组织形式的交易所。2008年，上海市土地交易市场正式建立，土地在统一的交易平台进行交易。2010年4月，全国第一个股指期货——沪深300股指期货在中国金融期货交易所上市交易。至2010年底，全市商品销售总额达到373832.25亿元，上海证券市场股票交易额位居全球第三位，上海商品期货市场合约成交额位居全球商品期货和期权交易所第二位，成为全球三大有色金属定价中心之一，上海黄金交易所黄金现货交易量全球排名第一。继续深化国有企业改革，促进各种经济成分企业融合发展，全市在国有企业中深入开展开放式资产重组和国有持股上市公司股权分置改革，推动国有企业通过产权置换实现核心资产上市和整体上市，增强国营经济综合竞争力和带动效应。加快促进非公经济发展，2005年5月，市政府提出“平等待遇、开放领域、引导产业、调整结构、创新服务”的指导方针，要求通过深化改革，冲破一切阻碍，从整体上提高民营企业的创新能力和竞争力，形成多种所有制经济融合，共同推动上海经济社会协调发展的格局。2008年10月，市委、市政府颁布《关于加快促进上海非公有制经济发展的若干意见》，鼓励、支持、引导非公有制经济的发展。2010年4月，市政府颁布《贯彻国务院进一步促进中小企业发展若干意见的实施意见》，从营造良好环境、解决融资难题、帮助开拓市场、提高管理水平、完善服务体系等6个方面提出23条具体意见，为进一步增强中小企业的发展活力，充分发挥以中小企业为主的民营企业在调结构、促转型、加快转变经济发展方式方面的积极作用创造条件。同年末，全市私营企业达70.62万家，注册资本14170.33亿元。

2012 年，中国特色社会主义进入新时代，上海继续深化经济体制改革。2013 年起，上海以自贸试验区建设为重点，持续推进自贸试验区制度创新，启动市场准入负面清单制度试点，深化外商投资管理、境外投资管理和商事制度改革，确立以负面清单管理为核心的投资管理制度；实施国际贸易“单一窗口”2.0 版，确立符合高标准贸易便利化规则的贸易监管制度；确立适应更加开放环境和有效防范风险的金融创新制度；制定实施自贸试验区和浦东新区事中事后监管深化方案，确立以规范市场主体为重点的事中事后监管制度。国有企业改革方面，上海制定实施国有企业混合所有制改制的操作指引，基本完成企业集团公司制改革，实现国有金融企业的国资统一监管，规范国资流动平台运作，75% 的国有资产集中到战略性新兴产业、先进制造业、现代服务业、基础设施和民生保障等领域。至 2022 年，上海经济体制历经持续的改革和创新，不断构建完善法治化、国际化、便利化的营商环境。

资料链接：

《上海通志》第十五卷

《上海市志·经济体制改革分志（1978—2010）》

财政税务

六朝以降，随着今上海地区逐渐开发和商品经济的发展，财源税赋逐步相应扩展。北宋熙宁十年（1077 年），青龙镇赋税收入 15789 贯。宋后期，华亭县每年赋税粮 42 万余石。元代，上海县“岁计粮十有二万余石，酒醋课税统钞一千九百余锭”。明清两代，上海地区赋税不断增加。清康熙二十一年（1682 年），朝廷在上海征收地赋、丁赋、牙税、当税、烟酒税等税种，咸丰六年（1856 年）开征厘金。上海开埠后，上海道台设立西洋商船盘验所，征收进口货税。租界出现后，由租界当局管理财政收入和支出。上海县随之形成沪南、闸北、吴淞、浦东等块分治，依照租界办法，征收房捐、地捐、车捐、船捐、烟灯（鸦片）捐等，解决经费来源。

辛亥革命后，北洋政府时期，军阀各自为政，对上海实行“国地分税”财政管理体制，历届政府陆续增加税种，有出厂捐、“二五”捐、洋酒税、卷烟税等。1912—1926 年，上海县财政收入 280.94 万银两，财政支出为 236.97 万银两。1927 年 7 月上海特别市成立后，执行中央、省（市）、县三级财政体制，收入多的税种归中央，地方财政收入主要是田赋、契税、房捐、屠宰税，以及地方财产和行政收入等，支出主要项目有行政费、公安费、教育费、卫生费以及党务费等。1927—1937年上海沦陷，上海市地方财政收入10363.22万银元，财政支出10192.76万银元。抗战胜利后，上海恢复战前财政体制。随即，国民党发动全面内战，通货膨胀，物价飞涨，上海市财政连年赤字，已相当困难。

1949年5月上海解放后，上海市人民政府迅速成立新的财税机构。1950年1月，中央政府颁布统一的税制。同年，国家为平衡财政收支，稳定物价，制止通货膨胀，实行财经统一，上海财政收入全部纳入国家预算，实行高度集中的统收统支体制。次年，全国财经状况开始好转，按“统一领导，分级管理”的原则，正式建立上海市的财政年度预算，财政收入划分为中央财政收入、地方财政收入和中央、地方的比例解留收入3种。上海市的地方财政收入主要是城市房地产税、车船使用牌照税等一些小税种和地方所属企业的收入，以及地方自筹的附加收入等，总体收支平衡，略有结余。“大跃进”运动和“文化大革命”期间，受各种政治运动干扰，上海财税工作受到损害。1974—1976年，上海市连续3年没有完成国家下达的收入指标。

改革开放后，上海财税围绕“以经济建设为中心”，加快财税改革。1979年底，按照财政部的部署，配合经济体制改革，扩大企业财力分配，上海市在轻工机械公司等单位进行“以税代利”试点。1983年、1984年，按国务院部署，上海市全面推行两步“利改税”，开征部分新税种，逐步建立起多环节、多层次复合税制。同时，改革企业固定资产折旧提取办法，建立工业技术进步基金，对引进彩电、电冰箱、轿车和出口船舶等项目的消化吸收给予政策优惠和资金支持，对生产出口产品的企业给予各种形式的低息贷款和税收优惠，对计划内和计划外的出口商品创汇，分别给予奖励。改革财政管理体制，扩大地方财力。经国务院批准，1985年起，上海市财政体制由统收统支改为“核定基数，总额分成”的办法，使地方财力分配有了改善。1988年起，国家对上海市实行“基数包干上缴，一定五年”的体制。1990年，上海地方财政收入166.99亿元，支出75.56亿元。1994年起，国家全面实施分税制管理体制，按照“统一领导、分级管理”原则，中央对上海、上海对区县、区县对乡镇，分别根据事权与财权相一致的原则，划分收入与支出范围。2004年，上海市地方财政收入达1119.72亿元，首次突破千亿元，财政支出为1395.69亿元。2004—2006年，上海市分阶段实行以“税收属地征管、地方税收分享”为核心的市与区县财税管理体制改革，促进各区县财税均衡发展。2010年，上海市地方财政收入2873.58亿元，财政支出3302.89亿元。2012年1月，按照国务院部署，上海市在6个现代服务业领域试点营业税改征增值税（即“营改增”），2016 年 5 月全面推行。2017 年 6 月，市政府下发《关于推进市与区财政事权和支出责任划分改革的指导意见（试行）》，推进市与区财政事权和支出责任划分改革，全面理顺市、区两级政府间事权和支出责任关系。2022 年，全市一般公共预算收入 7608.19 亿元，支出 9393.16 亿元。

资料链接：

《上海财政税务志》

《上海市志 · 财政 · 税务分志 · 财政卷（1978—2010）》

《上海市志 · 财政 · 税务分志 · 税务卷（1978—2010）》

综合经济管理

工商行政管理 上海开埠后，近代工商行政管理自租界始，由租界行政执行机关，或外国驻沪领事馆、外国政府向租界内工商企业发给营业执照。同时，租界还对广告招牌规范管理。清同治二年（1863 年），江苏巡抚规定，开设牙行须领部帖（执照）。咸丰十一年（1861 年），南洋通商大臣兼管包括上海在内的东南沿海地区商标注册管理。光绪二十九年（1903 年），清政府颁布《商人通例》等多个工商行政管理法规，开始实行近代工商企业登记管理。次年，清政府在上海海关设商标挂号分局，方便就近专办商标注册事务。宣统三年（1911 年），在上海注册的中国工业企业有 112 家，商业服务业注册量超 30 家的有 29 个行业。

1914 年 1 月，北洋政府颁布《商人通例》，明确了工商登记管理范围和登记程序。1923 年 5 月，北洋政府农商部商标局设上海办事处。1929 年 2 月，经上海特别市政府批准，市社会局设立商业注册所和公司注册分注册所，凡在上海营业的工商企业，除特种行业另按规定外，一律申请登记。同月，上海特别市制定发布《上海特别市广告管理规则》。1933 年，上海全市共注册商号 72858 家（包括公共租界 22818 家、法租界 11239 家）。全民族抗战爆发后，上海沦陷，工商业凋敝，租界内经济畸形繁荣，1938 年底在公共租界注册登记工厂达 4709 家。抗战结束后，上海市社会局接管工商注册事宜。1948 年 8 月，全市重新登记注册开业的工商企业 89016 家，其中公司 5827 家、商号 78375 家、工厂 4814 家。

上海解放后，人民政权接管工商行政管理工作。1949 年 6 月—1950 年 3 月，全市开展主要工商业和新开办企业临时登记工作，对企业开业登记，变更、转业和歇业均作规定，总登记户达 131287 家。1949 年 10 月、12 月，《上海市厂商商标临时使用办法》《上海市广告管理规则》分别出台，对商标登记、广告商申领登记许可证予以规范。至 1949 年底，有 1117 件商标向市工商局申报暂行登记。1950 年，市政府发布《上海市摊贩管理暂行办法》等规定，对小商小贩、行商、经纪人等全部予以登记。1956 年公私合营后，工商企业、个体工商户、行商和经纪人按行业归口管理，企业登记管理工作基本停止，1963 年恢复。“文化大革命”期间，上海工商行政管理工作受到严重冲击，企业登记管理工作停顿。

改革开放后，上海工商行政管理工作进入全面发展新阶段。1979 年 1 月，上海电视台播出中国大陆地区第一条电视广告。同年 11 月，按照国家工商总局通知，停止上海地方注册商标，由全国统一注册。次年 4 月，上海恢复对个体工商户申请登记工作；8 月，市政府发布《关于中外合资经营企业申请和审批程序的暂行规定》，由市工商局受理外商投资企业申请注册登记，报国家工商总局审批。1979—1981 年，全市开展工商企业普查登记，开始建立上海企业“经济窗口”，筹建企业登记管理计算机网络，每年统一进行企业年检。至 1990 年底，全市共有注册登记工商企业 112474 户；中外合资企业 714 户、中外合作企业 100 户、外商独资企业 40 户、外商常驻代表机构 563 户；注册商标的企业有 755 户，注册商标 15006 件；有广告经营单位 534 户。20 世纪 90 年代后，随着改革开放的深入发展，上海工商行政管理简化手续，全面提升服务效率，不断加大查处商标侵权、合同监督、广告监测力度。1991 年 10 月，市工商局在虹桥开发区设外资企业注册登记窗口，并编印《外商投资企业及外商常驻代表机构名录》。1992 年，新成立公司企业登记一般只需要 10 天，最快 24 小时办妥。同年，市工商局发布《关于发展上海个体私营经济的若干政策性规定》，鼓励个体工商户和私营企业发展；制定《广告经营单位资质标准（试行）》，把广告经营单位数量控制改为资质标准审批。1997 年起，上海开展著名商标认定。1998 年，上海市消费者申（投）诉中心成立，开通全市联网投诉热线“88315”，次年底与“12315”消费者投诉服务专用电话并网。2000 年，全市推广企业注册登记并联审批办法。至 2000 年底，全市有内资企业 191821 户，外资企业 15930 户。2003 年，上海制定实施《关于在登记注册中扩大出资者范围的试行意见》，突破企业登记中投资者身份限制。2004 年，对企业实施“分类管理，距离监管”。2011 年，上海制定《关于积极支持企业创新驱动、转型发展的若干意见》，推出 16 条政策措施改善制度环境。2016 年 10 月，上海在全国率先实现“五证合一”（将由工商、质监、税务、社保、统计部门分别核发的营业执照、组织机构代码证、税务登记证、社会保险登记证、统计登记证，改为由工商部门核发加载法人和其他组织统一社会信用代码的营业执照）、

"两证整合"（将个体工商户登记时依次申请，分别由工商部门核发营业执照、税务部门核发税务登记证，改为一次申请、由工商部门核发一个营业执照）。至 2022 年底，全市共有市场主体 328.39 万户，其中企业 276.45 万户。

资料链接：

《上海工商行政管理志》

《上海市志·综合经济管理分志·工商行政管理卷（1978—2010）》

食品药品监督管理 上海开埠后，公共租界、法租界建立公共卫生机构，职能逐步扩大到食品卫生监管。清末，上海城厢内外总工程局颁布卫生条约，禁止售卖有碍卫生的寒冷食物。中华民国成立后，淞沪警察厅负责出口肉类检查、取缔不卫生食品。1927 年 7 月上海特别市成立，将中西药各业同业组织改建为同业公会，行使行业管理职能；设立上海特别市卫生局，将食品监管、药品检验检疫纳入监管。1946—1948 年，市卫生局对宰牲场、牛奶棚及饮食店、厂进行检验管理。

中华人民共和国成立后，上海更加重视食品药品监督工作。1949 年 10 月，市卫生局发布组织规程，明确其主要职责任务范围为：食品卫生监管，药品、医疗器械厂商业务督导，药品、生物制品、毒剧类药品管理等。1950 年 4 月，市政府公布《上海市人民政府卫生局管理成药暂行办法》，经市卫生局注册成药 393 种，13 种未达注册标准。1951 年起，市卫生局组织拟订《制剂规范》，至 1983 年，先后公布 16 份药品标准和规范。1952 年，上海市制定制药厂针剂制造、丸片剂制造、酊膏剂制造最低标准等多个规定，并对 155 家药厂进行检查。1957 年起，上海正式实行新药审批和临床试验制度。20 世纪 50 年代中期，上海实行食品卫生许可证制度。"文化大革命"中，食品卫生工作遭到严重破坏，食品受家畜疫病及农药、工业废水污染严重，食物中毒事件增加。

改革开放后，上海食品药品监督管理工作进入规范化、法治化阶段。1979 年 7 月，上海市医药管理局成立，对药品生产按市场需求进行调控指导，对医疗器械生产进行统一管理。1980 年，上海恢复食品卫生许可证发放制度。1983 年，出台市食品生产许可证发证办法，并对全市 14612 户食品生产经营单位开展审核，发证 14531 户。1984 年，上海开始持续建立药品不良反应监察试点。1985 年，对药品生产、经营和医院制剂实行许可证制度，对保健食品进行监督。1990 年、1992 年，《上海市食品卫生监督处罚办法》《上海市新药审批工作程序》先后发布。至 1995 年，上海食品药品监督管理体系初步形成。1996—1999 年，上海医药管理部门转变职能、政企分开，在药品和医疗器械准入制度上确定“一个标准、共同下厂、分别验收、各自发证”的工作原则和联合审核办法，并实行统一的医疗器械注册制度，减轻医药企业负担。食品监督逐步常态化，日常检查企业数逐年增加。2000 年后，上海食品药品监督管理体系进一步统一、集中、高效。2000 年，上海全面展开对一类、二类医疗器械的注册准入以及医疗器械生产（经营）企业许可认证管理工作。2001 年，全市召开药品不良反应监测管理工作会议，部署上海药品不良反应报告制度工作。2003 年，全市开展《医疗机构制剂管理规范》（GPP）达标工作，规范医疗机构制剂配制行文。2004 年，上海对食品安全监管体制进行调整，逐步形成“分段监管为主、品种管理为辅”的监管模式。2002—2006 年，上海先后颁布修订《上海市非特殊用途化妆品卫生备案管理办法》《上海市开办药品零售企业验收实施标准（试行）》等多个规定。2007 年，上海建立联席会议制度，鼓励保健品生产企业实施药品生产质量管理规范（GMP）认证；2009 年，正式启动药品再注册审核工作，建立药品再注册常态管理机制。至 2010 年，上海基本形成食品、药品、保健品、化妆品和医疗器械“四品一械”综合监管模式。2015 年，上海制定和修订药品医疗器械生产企业监管、质量管理等方面多份规范性文件。2022 年，上海实施低风险食品生产许可告知承诺制、连锁食品经营许可便利化管理、食品相关产品生产许可补充检验方法改革，在全国率先建立食品生产企业信用风险分级及预警制度。至 2022 年底，上海基本形成与人民生活相适应的食品药品监督管理体系。

资料链接：

《上海卫生志》

《上海医药志》

《上海市志·综合经济管理分志·食品药品监督管理卷（1978—2010）》

质量技术监督管理　秦统一度量衡，历代沿用。1929 年，国民政府决定采用公制为标准制。1930 年 9 月，上海市度量衡检定所成立，负责度量衡器具检查、检定。但由于半殖民地半封建社会环境和战乱频仍，至上海解放前，市制、公制、英制和各种杂制并行。

上海解放后，1950年，上海执行中央“推行公制、沿用市制、限制英制、废除杂制”指示，在商业和工业中进行计量改制，初步改变计量制度混乱局面。1951年始，全市320个公私菜场设置标准秤和标注砝码。1958年，为保证企业产品质量，上海市计量工作由度量衡管理发展到长度、力学、热工、电工等计量器具管理；至1964年，又增加电磁、无线电、时间频率等计量管理项目。1959年，上海开始对标准化工作进行管理。至1963年，全市制定企业标准4595项，82%的工业产品有了技术标准。“文化大革命”期间，标准计量工作受到严重冲击。

改革开放后，标准计量工作恢复发展。1979年，上海对全市城乡商用衡器进行联合检查，并对地方企业标准进行整顿。1980年，上海着手组建产品质量监督检验网。次年，在钟表、自行车、机床等行业建立首批20个市产品质量监督检验站，并开始对生产领域企业产品质量进行日常监督检查，之后又延伸到流通领域。1985年、1988年，国家计量法、标准化法先后颁布，上海进一步加强对计量器具的监督管理，推行国际标准。至1988年底，全市采用国际标准数累计达2200项。1989年，上海市技术监督局成立，实现标准、计量、质量三位一体协调管理。1989—1999年，上海市提出“质量是上海的生命”指导方针，着重抓质量的宏观管理，实施名牌战略，组织实施市重点产品质量振兴攻关活动，加强产品质量监督抽查，打击制造、销售假冒伪劣产品，加速推进质量认证；抓好上海市地方标准制定，加快采用国际标准的步伐，加强对标准实施的监督，组织开展消灭无标生产活动，组织推进农业标准化示范区建设；强化计量法制管理，有力推动上海产品质量的提高。2000—2010年，上海市在计量、标准化和质量工作的基础上，增加了特种设备安全监察、食品生产加工环节监管等职能，逐步形成以特种设备和食品为重点，计量、标准化和质量工作共同发展的工作格局。2000年2月，《上海市城乡集贸市场计量监督管理细则》发布。2001年，上海出台中国首部标准化工作地方性法规——《上海市标准化条例》。2001年6月，全市开展锅炉、压力容器、压力管道及特种设备普查登记；2004年，全市组建19支特种设备安全协管队伍，加强巡查，形成特种设备安全监察工作保障机制。2005年，上海在全国率先建立“市标准化工作联席会议”机制，推进上海标准化战略实施。2007年4月，市政府办公厅发布《上海市标准化发展战略纲要（2007—2020年）》，并先后推出与之配套的先进制造业、农业、环境保护、现代服务业、资源节约和综合利用等重点领域标准化三年行动计划。2008年，上海市设立市长质量奖。2011—2022年，上海质量技术监督管理工作进一步规范化、常态化。2012年9月，上海市“企业质量监管信息综合查询系统”开通，全过程记录对企业实施监管和服务过程。2014年，国务院考核组对上海2013—2014年度质量实地考核，评价上海走在全国前面，质量竞争力很强。2016 年，“上海品质”标准体系建立，《上海市检验检测条例》在全国率先出台。2017 年，上海形成以市质量工作领导小组、3 个联席会议（标准化、特种设备安全、计量）为主体的“1+3”质量工作组织架构。至 2022 年，上海制造业质量竞争力指数连续多年排名全国第一。同年，上海获批国家标准化创新发展试点城市。

资料链接：

《上海质量技术监督志》

《上海市志·综合经济管理分志·质量技术监督卷（1978—2010）》

物价管理 历代，上海地方政府主要对粮价管制。元至元二十九年（1292 年），上海县设平准务、常平仓，对粮食实行平粜、平籴。明末，上海米价高达每石纹银 4 两。清初至乾隆三年（1644—1738 年），上海米价低位稳定，中米最低每石白银 1 两 2 钱。之后，上海米价大幅上涨，乾隆二十年中米每石达 2 两 5 钱。至上海开埠前，上海粮价基本稳定在此水平。上海开埠后至清末，兵祸连结，粮价连年攀升，宣统二年（1910 年），中米每石最高 5 两 7 钱。

辛亥革命后至 1927 年，上海物价共上涨约 33%，总体比较平稳。1912 年米价最高每石 9.47 元，1925 年为 12.67 元。1927 年上海特别市成立至 1937 年上海沦陷，上海物价受国际市场白银价格变化影响，涨跌变化较大，总体呈快速上涨趋势。1928 年、1929 年，上海批发物价指数分别下跌 2.6%、上涨 2.8%；1930 年、1931 年，分别大涨 20.7%、16.7%；1932—1935 年，持续下跌；1936—1937 年，又进入快速上涨阶段。全民族抗战期间，受战争和通货膨胀影响，上海物价直线上涨。米价从 1937 年 6 月的 11.3 元，上涨至 1945 年 8 月的 150 万元，上涨 132742 倍，比物价指数高 50% 以上。抗战胜利后至上海解放前，国民政府迅速走向崩溃，上海物价在短暂下跌后持续暴涨。1946 年 12 月，金价每条（312.5 克）从上年同期 731374 元涨至 3164680 元，米价从每石 7625 元涨至 62333 元。1947 年初，国民政府发行大面额关金券，物价飞涨，经济失控。1949 年 5 月上海解放前夕，米价比 1948 年 9 月上涨 507 万倍，黄金上涨 403 万倍。

上海解放后，党和政府采取稳定金融、抛售物资等行政经济手段，遏制恶性通货膨胀，平抑物价。1949 年 5 月 27 日至 6 月 9 日，上海物价上涨 2.7 倍，其中银元涨 5 倍，黄金涨

2.11 倍，大米涨 2.2 倍，纱涨 1.49 倍。6 月中旬，市政府查封“证券大楼”，打击金银外币投机操纵者，禁止金银外币流通和私自买卖，人民银行挂牌收兑金银外币，银行办理折实储蓄存款，人民币地位得到稳定。同年 6 月 23 日至 7 月下旬、10 月 5 日至 11 月 25 日、1950 年 1 月 4 日至 3 月，上海物价又先后发生过 3 次涨价风，市政府采用多种限制投机、保障供应措施，最终趋于稳定。1952 年 12 月，上海物价指数比 1951 年下降 6.6%。1953 年起，逐步实行价格计划管理办法，统一定价，统购统销。至 1955 年，除部分小商品外，上海市场商品零售价格均执行国家统一牌价。“大跃进”时期，许多生活必需品逐步实行凭票定量供应。20 世纪 60 年代至改革开放前，上海物价总体由国家统管，部分工业品价格甚至多年不变。

改革开放后，上海随即展开对计划价格体制进行改革，逐步建立和完善社会主义市场经济价格体制。1979—1984 年，考虑到人民群众的承受能力，上海价格改革采取“走一步看一步，调放结合，小步前进”的方针，提高农副产品收购价格和 8 类主要副食品销售价格，调整部分重工业品出厂价格和交通运输价格，有升有降地调整部分轻纺工业品价格，逐步放开小商品价格。1984 年与 1978 年相比，居民消费价格上涨 11.3%。1985 年，上海城市经济体制改革全面展开，价格改革迈开较大步伐，从“以调为主”转变为“放调结合，以放为主”，放开大部分农产品、工业品价格，工业生产资料价格实行计划价格和市场价格“双轨制”以及并轨放开，调整城市煤气、电、自来水、交通等公用事业价格。价格总水平经历 3 次通货膨胀，1985 年、1988 年、1994 年上海居民消费价格指数分别达到 115.2、120.1 和 123.9，通过压缩基本建设投资、整顿经济秩序和价格秩序、实行物价控制目标责任制、最高限价、适当集中价格管理权限等措施，3 次平抑价格上涨，平稳价格总水平。1997 年以后，随着国民经济快速发展，市场供求关系发生根本改变，长期的商品紧缺状况结束，多数商品供大于求。市场价格呈现低水平波动，食品类价格连续几年呈下降趋势，价格总水平处于轻度紧缩状态。1997—2003 年，价格总水平上下波动幅度在 0 到 2.5% 之间，2003 年与 1997 年相比，居民消费价格涨幅仅为 4.7%。2001 年中国加入 WTO 后，国际市场对中国的影响逐步显现，加上生产成本和劳动力成本的提高以及自然灾害对市场价格的影响，上海价格出现结构性上涨。2015 年与 2003 年相比，食品类价格上涨明显，累计上涨 109.1%；家庭设备用品及维修服务类价格累计上涨 36.7%；娱乐教育文化用品及服务类价格累计下降 8.3%。工业消费品价格增长较缓，2015 年比 2005 年累计上涨 3.1%。至 2022 年，上海基本形成国家对政府定价、政府指导价、市场调节价的调控管理，综合运用法律、经济、行政手段管理价格，建立政府听证、监督监测、规范市场行为等管理机制。

资料链接：

《上海价格志》

《上海市志·综合经济管理分志·物价管理卷（1978—2010）》

统计 自唐天宝十载（751年）上海首个行政建置华亭县设立，至清末，上海地区历代所设县、府、道、州、卫、厅等各级行政机构，均设有兼负赋税、人口等统计工作的部门。同时，统计科目也日益增加健全。明弘治《上海志》载有岁课、夏税、秋粮、税课、土地、人口等统计内容，清同治《上海县志》进一步增加了海关口数、税额、水利治理、学校经费等多项统计科目。上海开埠后，租界实施现代统计制度。《申报》从同治十一年（1872年）创刊起，每日登载金融、花纱布、金属品、主副食品等40多种商品市价。光绪二十八年（1902年）上海商业会议公所成立后，不断加强各工商行业统计调查工作。

中华民国成立后，北洋政府时期，上海统计工作基本沿袭清代模式。财政部设驻沪调查货价处编印《上海物价月报》《上海输出入物价指数》，上海海关编印《中国海关华洋贸易报告总册》。1927年上海特别市成立后，加强统计工作。1928年11月，市政府秘书处编辑《上海特别市市政统计概要（民国十六年度）》，包括财政、土地等8类统计项目。1929年、1932年真如区市政委员、中央研究院社会科学研究所罗志如先后编辑《上海特别市真如区调查统计报告表册》《统计表中之上海》，极大地拓展了统计范围。抗战胜利后，市政府规范各级统计机构和人员的职能、要求。1946—1948年，全市进行了商情、工业调查。

上海解放后，市政府及时组织人员，搜集、整理、编印各类物价指数和有关的基本统计数据，编印综合统计资料汇编。1951年初，上海完成工业普查，开始实行全国统一的公营及公私合营工业企业定期统计报表制度、国营贸易企业和对外贸易定期统计报表制度。1952年6月，全市私营工业61个行业大型企业、10多个重点行业小型企业分期建立定期统计报表制度，接着，125个行业亦分批建立私营商业定期统计报表制度。同年11月，上海开展1952年工农业总产值和劳动就业调查。1953年5月，全市完成第一次人口普查。1954年，进行私营10人以上的工业企业调查、私营9人以下工业企业与个体手工业调查，完成75000个单位的统计调查任务，次年又调查6万多户坐商、近19万户摊贩，基本摸清私营商业（包括饮食服务业）户数、从业人员及营业情况。1956年初，市统计局根据“赎买”政策、制定“定息”方针要求，又进行了“资本主义工商业资金及盈余分配”调查，从“四马分肥”到定期发给资本家固定利息（年息百分之五）的统计调查，为制订对私改造政策，提供了重要的依据。社会主义改造完成后，全市基本形成以“条”（工商业局）为主，“条”“块”（区、县）结合的统计体制。1958 年至改革开放前，受“大跃进”“文化大革命”等影响，上海统计工作受到严重冲击。改革开放后，上海迅速恢复统计机构，进一步加强统计工作。1982 年 4 月，市政府发文加强和改革统计工作，决定每年 11 月作为全市统计数字质量检查月。同年，全市开展第三次人口普查，首次应用电子计算机进行数据处理，提前 1 年多完成全部数据处理任务。1987 年，上海从 12 个方面提出统计改革的状况、发展战略与实施步骤，形成《上海统计改革与发展综合研究报告》，经国家统计局与市人民政府批准，逐步组织实施。同年，上海市统计信息计算中心成立，逐步充实硬件配置和软件开发，不断提高统计数据处理能力。20 世纪 90 年代，上海统计改革发展全面深化和提速。1993 年，根据全市行政区划变动情况调整统计口径，研究改进工业经济评价考核指标，对重大投产项目进行了跟踪调查，印发要素市场经济信息开发计划，举行经济形势分析会议，建立生产资料交易市场统计月报制度，组织实施全市第三产业的普查和统计一套表的试点和推广工作。1994 年 4 月，《上海市统计管理条例》施行。1997 年，上海印发《统计调查项目审批管理规定》，进一步加强规范化。其间，上海先后完成第三产业普查、第一次全国农业普查、第一次基本单位普查等大型统计调查。

进入 21 世纪后，上海不断完善统计标准，统一业务流程，加强数据质量全面控制。2004 年，上海首次将能源调查范围扩大到全市所有工业企业、交通运输及电信业企业、具有建筑企业资质等级的建筑业企业，年主营业务收入 2000 万元及以上、年末从业人员 20 人及以上的批发企业，年主营业务收入 500 万元及以上、年末从业人员 60 人及以上的零售企业，年主营业务收入 200 万元及以上、年末从业人员 40 人及以上的餐饮企业、星级宾馆、饭店、研究与试验发展、公共设施管理业、教育、卫生、体育场馆、室内娱乐活动和游乐园等行业。同年，首次全国经济普查开展。2006 年，全市开展能源消费专项调查。自 2005 年定报起，上海采用“以块为主”的“在地统计”方式采集、汇总全市主要总量统计数据，不再对按条与按块采集的企业数据进行逐一核对，而改为重点对区域总量数据进行核对与审核。2008 年，上海调查总队开始对城镇 20% 低收入居民（按城镇住户处的标准划分）的消费价格进行调查，试编制低收入居民消费价格指数。自 2009 年年报起，全市统计调查对象通过计算机网络实施统计数据网上直报。2011—2022 年，上海统计先后实施企业“一套表”制度、开展城乡住户一体化调查试点，改革统计指标体系，推进大数据研究和应用，完成全市第四次经济普查、第七次全国人口普查等大型统计调查。

资料链接：

《上海统计志》　　《上海市志·国民经济社会发展图表（1978—2010）》

审计　上海开埠后，英美人士曾设西方会计师事务所。中华民国时期，审计工作逐步受到重视。1921 年 7 月，徐永祚会计师事务所在上海创办。1925 年，上海会计师公会成立。1927 年 1 月，立信会计师事务所前身潘序伦会计师事务所在上海成立。同年 7 月，上海特别市成立，市政府秘书处第三科设审计股，并制定各项审计法规。1933 年，第一个全国性会计师团体——全国会计师协会在上海成立。1935 年，国民政府审计部上海市审计处正式成立，负责办理对上海市政府及地方各级行政机关的审计业务。至上海解放前，上海的银行、大型官办企业，都设有内部审计稽核部门，履行监督职能。

中华人民共和国成立后至 1956 年，随着“三大改造”完成，上海的会计师事务所全部歇业。国民经济实行计划管理体制，财政、税务、银行、物价等部门行使专业监督职责，审计监督由财政部和监察部负责，未设立专门审计机构。

改革开放后，多种经济成分蓬勃发展，率先催生了民间审计组织。1981 年，上海会计师事务所、上海社会科学院会计师事务所、大华会计师事务所、立信会计师事务所等审计组织相继成立。1983 年 6 月，按照国家要求，上海市决定成立市、区、县审计机构。次年 6—9 月，市、区、县审计局相继正式成立。随后，市属各部门、大中型企业的内部审计机构陆续建立。1984 年下半年至 1986 年，全市加强审计监督纠正经济领域不正之风，重点开展经济效益审计，并较早运用审计调查方法，逐步完善后得到推广。1986—1988 年，上海提出通过审计，帮助企业改善管理，促进企业提高经济效益（即“一审二帮三促”）。至 1989 年，上海以国家审计机关为主体，内部审计机构和社会审计组织组成的审计体系初步形成，全市审计事务所达 29 所。20 世纪 90 年代，上海加强对财政、金融、固定资产投资、国有企业、行政事业单位、外资运用等领域审计监督，对商品期货市场、股份制上市公司、国外贷款项目等改革发展中出现的新情况、新问题进行审计调查。至 1999 年，上海逐步建立起本级预算执行审计、社会保障资金审计、重点建设项目审计、重点专项资金审计、国有企业经济责任审计、国有企业内部审计等有上海特点的审计监督机制。2000—2022年，上海加大对违法违纪问题和经济犯罪的审计力度，加强对权力的制约和监督，推进审计结果公告制度和绩效审计，不断深化和完善财政审计、金融审计和企业审计，探索经济责任审计。审计业务量逐年攀升，2022年，全市共开展审计和审计调查项目463个，促进财政增收节支，避免和挽回损失32.5亿元，向纪检监察机关、司法机关和相关主管部门移送处理事项34件，推动建立健全制度436项。

资料链接：

《上海审计志》　　《上海市志·综合经济管理分志·审计卷（1978—2010）》

国有资产管理　晚清“洋务运动”期间，上海作为最大的对外通商口岸，以官僚资本、官督商办等形式，先后创办江南机器制造总局、轮船招商局、机器织布局等军工、新式民用企业。至20世纪30年代，上海已发展成为远东的经济、贸易和金融中心。1933年，上海的工厂数与资本额分别占全国12个大城市的36%与60%；1935年，上海有商业银行58家，占全国总数的35%。1949年初，上海有纺织工业、轻工业、垄断性贸易公司，及铁路、公路、邮电、航海运输业务；中央银行、中国银行、交通银行、中国农民银行、中央信托局、邮政储金汇业局等国家金融机构的总行或总管理处都设在上海。

上海解放后，对官僚资本金融机构、工交企业、交通和贸易垄断机构等进行接管。到1949年7月底，共接管国民党政权的中央各部门驻沪机构，官僚资本工厂、银行、贸易和交通运输机构共411个单位、员工15.3万人和一批重要的资财，其中包括占全市1/2的纱锭、1/3的机器制造设备、1/5的钢铁冶炼工业企业和一大批贸易机构，建立起人民政权的重要经济基础。在没收官僚资本、建立全民所有的国营企业后，上海贯彻落实中央统一财经的措施和调整工商业的政策，有步骤地在国营企业内部进行一系列统一财经的民主改革和生产改革，确立国营经济在金融业和商品市场的领导地位。1953年，上海开始社会主义“三大改造”。1956年初，市委制定“充分利用，合理发展”方针，对全市工业和商业进行大规模调整改组，2.26万家工厂裁并改组为1.63万家，按行业建立74个专业公司，连同原建的9个，共计83个行政性专业公司按行业归口领导，逐步形成高度集中的计划经济管理体制，建成完整的工业体系，形成一大批优质名牌产品。1958年，大批工业企业由中央下放到地方管理，国家和企业实行利润分成。“文化大革命”前期，上海经济管理削弱，经济出现混乱，国有企业生产经营受到严重干扰，在曲折中缓慢发展。1970年，中央进一步扩大地方经济的管理权限，再次下放一部分中央企业，国有企业增长速度加快。1970—1975年，上海工业生产总值年均增长7.48%。1978年，上海国有经济贡献国内生产总值为235.22亿元，占全市国内生产总值86.2%；国营企业总数占全市企业总数的95%以上。

改革开放后，上海逐步探索改革国有企业管理体制。1979年5月，上海柴油机厂等3家企业开始扩大国营企业经营自主权、探索企业经营权和所有权分离试点，逐步实行企业利润留成制度，实施两步利改税。1986年，上海第十三丝织厂、上海轻机模具厂和北京皮鞋厂3家国有小企业开始租赁经营责任制，工资总额同经济效益挂钩浮动，实行以保上缴利润、所得税和调节税，保技术进步和保固定资产增值为主要内容的综合承包。同年，在纺织、二轻等系统中首先对21户企业实施全员劳动合同制试点。1985年撤销行政性工业公司，先在机电、医药两局试点，1986年全面铺开，77个工业公司通过撤、并、转等方式基本改革完毕。行政性商业公司也参照工业公司改革方案进行改革，到1988年，国营中心店撤销113个，占总数的42%。1987年4月，上海第二纺织机械厂等5家大中型骨干企业率先试行全员承包责任制，至同年9月底，全市预算内1700多家全民所有制企业基本实行承包经营制。在改革管理体制的同时，积极探索国有企业多元产权与股份制。1980—1988年，先后有中外合资企业上海电梯厂、上海联合毛纺织有限公司、上海大众汽车有限公司等中外合资企业开办。1988年，上海第二纺织机械厂等18家企业，比照“三资”企业享受类似中外合资企业的政策，在投资决策、财务支配、劳动人事管理、内部分配等方面具有比其他内资企业更多的自主权。1992年邓小平南方谈话发表后，根据中共中央关于建立社会主义市场经济体制的要求，上海提出实行国有资产管理体制改革、推进政府机构改革和建立现代企业制度“三位一体，整体联动”的改革思路，在全国率先探索政企分开、政资分开的改革实践。1993年12月，按照“出资人代表行使所有者职能”的国资管理基本思路，上海从纺织、仪电局开始改革试点，先后将工业、建设、商业、农业和交运等系统19个企业主管局，改制为40个国有资产控股公司或企业集团，明确国有资产投资主体和授权经营体制，形成国有资产出资人制度。1994年，按照“产权清晰、权责明确、政企分开、管理科学”的要求，上海率先探索国有企业建立现代企业制度的基本框架，推动国有企业通过制度变革适应社会主义市场经济。1996年，上海轻工系统的231家市属国有小企业和集体企业下放到17个区县，电气集团的10家企业下放到区县。至1997年，上海国有资产分级、分层管理体系初步形成。至2002

年，上海通过政企和政资分开的实践探索，初步构筑国有资产管理、营运和监督的制度框架，形成比较完整的国有资产基础管理工作体系。同年，上海市国有资产总量为5495.57亿元，国有企业20170家。

2003年8月，上海市国有资产监督管理委员会在全国率先成立，代表国家履行出资人职责，以“权利、义务和责任相统一，管资产和管人、管事相结合”原则，享有所有者权益，对上海地方产业、金融等经营性国有资产实施统一监管，包括金融性、产业性，以及文化体育等方面国有资本的统筹监管。同年，上海通过建立委托监管模式，在教育、文化、卫生、体育、民政、司法、公安、国家安全等部门，以及金融保险领域，对国有资产实行委托监管，完善并统一委托监管的方式和制度。2008年，上海将市属经营性国有资产统一纳入国资监管范围，按照“统一授权，统一规则，分类监管”的原则，提高国资监管的规范性、有效性和专业性；以企业市场化改革为核心，通过开放性、市场化双向联合重组、资本证券化、规范公司法人治理结构等，建成“出资监管为主、委托监管为辅”的上海国资监管全覆盖体系。2003—2010年，上海通过国有资本运作，变资产、资源为资本，以国资引导民资、外资等社会资本流向，扩大国有资本的引导力和控制力，提升国有企业的竞争能力。至2010年底，上海国有资产总量14481.18亿元，其中，经营性国有资产总量11020.84亿元，国有企业18807户。2011年后，上海逐步完善“出资监管为主、委托监管为辅”的监管模式，实施分类监管考核，健全国有资产基础监管体系，促进经营性国有资产的扩量、提质、增效。至2022年底，上海地方国有企业营业收入3.81万亿元，国有资产总额达到28.01万亿元。

资料链接：

《上海市志·国有资产管理分志（1978—2010）》

农　　业

JI JIAN SHANG HAI ZHI

上海地处长江三角洲冲积平原，属亚热带季风气候，四季分明、雨量充沛，农业生产条件比较优越。上海古代农业起自渔盐之利，盛于稻棉种植，水稻是上海地区种植历史最为悠久的作物。6000年前，冈身以西地区已开始有水稻种植、家猪饲养。至秦末汉初，松江两岸先民基本以捕鱼为生，上海之简称“沪”，原意即为一种捕鱼工具，吴淞江下游地区称为“沪渎”。西汉初，滨海地带盐田相望，成为重要产盐地区，延续千年。三国东吴时期，上海地区开始成为“粮赋之地”。唐宋时期，修筑海塘、浚治港浦、建造堰闸，生产条件大为改善，水稻种植发展迅速。唐代中期，华亭县成为江淮漕粮的重要供给地。五代吴越国，“募民能垦荒者，勿取其税”，鼓励垦殖滩涂，“境内无弃田”，持续兴修水利，上海地区农业生产进一步得到发展。到南宋绍熙年间，稻谷亩产300～600斤，为全国粮食高产地区之一。南宋后期，引入棉花，种植面积不断扩大。元代，黄道婆改革纺织工具、纺织技术，手工棉纺织业兴起，进一步促进棉花种植。明中叶，棉花种植面积约占耕地一半。明末清初，冈身以东地区和崇明县，种植面积更达到“棉七稻三”。上海地区粮食供给由余变缺。

19世纪中叶上海开埠后，随着城市发展，上海农业发展出现了分化趋势。近城市地区逐步向城郊型农业演变，以供应市场为主要目的，发展蔬菜、瓜果、花卉等商品生产，出现了规模经营的奶牛场、鸡鸭场和海洋渔业企业。上海地区引进国外蔬菜、棉花、花卉、奶牛品种和饲养技术，引进农业机械，开始使用化肥，但大多数地区农业仍以粮棉种植为主，种植比例约为1∶1。1937年7月全民族抗战爆发，上海沦陷后因粮价飞涨，农民竞相压棉增粮，扩大粮食种植面积，棉花种植面积约减至占耕地的30%。到1949年，上海粮食总产量70.19万吨，棉花总产量1.32万吨，菜地面积发展到11.5万亩、上市蔬菜16万吨，奶牛场131个、牛奶产量0.61万吨，瓜果、花卉、食用菌生产园场80多个，海洋渔业企业渔轮162艘、水产品产量0.75万吨。

1949年5月上海解放后，从50年代开始，农村生产关系进行多次重大改革，逐步开展农田水利建设，建立农业技术推广队伍，普及农业科技。1956年，上海农村基本实现农业合作化。1958年，初步实现人民公社化。20世纪70年代末，全市农村有204个政社合一的人民公社，乡村户数122.30万户，乡村总人口429.56万，农林渔牧从业人员210.30万。耕地面积保持在540万亩，以骨干河道和水闸、泵站为主的农田水利排灌工程体系基本形成，机电灌溉面积达到耕地总面积的99.2%，机耕面积占90%，植保、脱粒、农副产品加工和运输等基本实现机械化和半机械化。种植业、渔业和畜牧业贯彻为城市服务的方针，发展副食品生产，重点发展蔬菜、养猪、牛奶和海洋捕捞，农产品产量大幅度增长。1978年，上海农业总产值为18.26亿元，粮食总产量达237.54万吨，棉花总产量12.1万吨，油菜籽总产量11.63万吨，蔬菜上市145.4万吨、猪肉上市295.69万吨、牛奶产量6.34万吨、水产品产量21.4万吨。

改革开放后，80年代初，上海郊区农村推行家庭联产承包责任制。1983年，实行既有集体合作经济组织统一经营，又有以农民家庭联产承包为主的双层经营方式，开始探索依托市场发展多种经营方式。1984年春，人民公社撤销，乡人民政府建立，经济联合社或农工商联合社兴起。“以城市为依托、适应城市市场需要、利用优越地理位置，生产鲜活农副产品为主的商品性农业”的城郊型农业迅速发展，农业商品供给大幅增加，原有统派购制度已不再适应发展的需要。1985年上海提出“郊区农民口粮立足于自给，城市主要副食品供应立足于郊区”的“两个立足点”农业生产方针，加快发展农副产品生产。同时，调整农业生产结构，减少棉花种植面积，稳定粮食、蔬菜生产，增加瓜果及市场需要的其他经济作物生产，建立猪、禽、蛋、牛奶、淡水鱼生产基地以及良种繁育、饲料配制、防疫、产品加工等社会化服务体系；推进技术创新，增加花色品种，发展适销对路的“鲜、活、名、优、特、新”的农副产品，以满足国内外市场需要。1988年，上海在全国首创建设“菜篮子工程”，这是由“产—供—销”三个层面产业构成的系统工程，先后建立现代化副食品生产基地1200多个，为保证上海的副食品供应起了重要作用。

1992年10月，国务院批复设立上海市浦东新区。随着浦东开发开放，上海经济快速发展，城市化进程明显加快，蔬菜等副食品生产基地由近郊向中远郊转移，农业生产用地不断减少，上海农业逐步向都市型农业转型。1994年，上海市政府在《上海市国民经济和社会发展“九五”计划与2010年远景目标纲要》中提出“上海农业要走出一条具有生态平衡、观光休闲、科技示范、出口创汇等多种功能的都市型农业发展新路”。同年9月，上海浦东孙桥现代农业开发区成立，这是全国第一个综合性的现代农业开发区、全国首批农业产业化重点龙头企业之一。90年代起，市政府为加强对农业的保护，建立各类农副产品的风险基金和主要农副产品的保本临界线制度。上海建立农业保险制度，粮油、蔬菜、生猪等主要农副产品都参加保险；多渠道筹集农业资金，增加对农业的投入。1995年，市财政预算内的农业资金比上年增长12%，水利基建投资和菜地建设投资都有较大幅度增长。全市建设常年菜地近17.9万亩。浦东、闵行、宝山、南汇和东海农场着手从荷兰、以色列引进15公顷蔬菜温室。“九五”期间，上海围绕建设高起点“菜篮子工程”和“米袋子工程”，继续加大科技成果推广力度，实施科技兴农战略；实行科技攻关项目向全社会公开招标，推进农业科技体制改革，加快科研成果转化。1998年，郊区GDP（国内生产总值）达到1120亿元，人均17178元，开始进入小康型向富裕型转化新阶段，农村城市化水平已处于全国领先水平。1978—1998年，市郊的种植业产值占农业总产值的比重由73.9%下降到43.1%；牧业产值比重由20.1%上升到42.2%；渔业产值比重由5.4%上升到14.3%。1999年下半年起上海全面开展现代农业园区建设，12个总规模达120平方公里的市级现代农业园区建设先后启动。依托现代农业园区建设，一系列农业新品种、新技术、新农艺、新设备被引进、消化、推广，加快了技术装备由传统型向现代型转变、经营方式由粗放型向集约型转变的步伐。农业园区成为上海现代农业的新亮点。

进入21世纪后，上海加大政策扶持力度，为上海农业现代化创造良好环境。2000年后，上海在全国率先免征农业税，逐步开始农村综合配套改革。同时，郊区农业在发展过程中，坚持“资源配置市场化、土地经营规模化、设施操作机械化、生产服务社会化、经营管理企业化和产加销运一体化”，从而实现农业劳动生产率和农产品商品率的不断提高。上海郊区在加强“菜篮子工程”建设、不断增强鲜活农产品生产功能的同时，农产品外贸出口也呈上升趋势。全市建有投资额分别在100万元以上的大型农产品批发交易市场45家，经营总面积达180万平方米，基本形成良好的农产品集散市场网络体系。2001年，以国内外市场需求为导向，上海建设具有国际竞争力的六大农业出口商品生产基地。

2004年，中央出台新时期第一个“三农”方面的1号文件，国家和上海市相继出台一系列强农惠农富农政策，上海农业进入新阶段。2005年，全市将推进农民专业合作社建设作为推进农业产业化经营的重要抓手，工商注册登记农民专业合作社310家；2007年起，发展“种粮+养猪”种养结合的家庭农场，并涌现出一批种养结合、机农结合、产销结合的家庭农场，实行农业适度规模经营；2008年，推动区域化、专业化、规模化的区域特色农产品生产基地建设。至年底，郊区启动建设特色农产品生产基地13个，面积1.07万亩。至2010年，上海农业管理的重点由确保数量转变为质量安全和环境保护，上海都市现代农业的框架已经基本形成。市郊耕地总面积301.5万亩，全市实现农业总产值287.03亿元，其中种植业产值155.27亿元，占农业总产值的54.1%；畜牧业产值62.91亿元，占21.9%；渔业产值52.62亿元，占18.3%；林业产值7.53亿元。农业商品的商品率为83.7%。上海年产粮食10.37亿千克，自给率约为20%；绿叶蔬菜自给率约为90%；生猪、鲜奶、肉禽、鲜蛋和养殖水产品自给率分别约为25%、55%、50%、20%和30%。农业组织化水平达到61.18%，各类农业产业化龙头企业402家，其中国家级龙头企业15家，市级龙头企业50家，农产品生产加工型龙头企业271家。全市设施农业覆盖率达到60%，粮食主要生产环节实现机械化，主要农作物耕种收综合机械化率为72%，高于全国水平20个百分点。全市农业科技进步贡献率达到60%，高于全国水平8个百分点。2011年后，上海农业以发展都市现代农业为引领，建设国家现代农业示范区，打造上海都市现代农业升级版，率先实现农业现代化。上海农业生产总值趋于下降，现代化水平快速提升。2022年，全市农业生产总值273.53亿元，其中种植业149.26亿元、林业8.32亿元、畜牧业46.36亿元、渔业51.21亿元、农林牧渔服务业18.39亿元。全市有效期内绿色食品企业数共987家，产品1902个，地产农产品绿色食品认证率达30.9%；农产品地理标志16个。

耕 地

春秋战国时期，上海地区“火耕水耨”。汉代，土地连年耕作，耕地固定。唐、宋修筑海塘，开垦滩地，耕地扩大。元至正十五年（1355年），定准府官民田土45722顷61亩5分8厘6毫。明隆庆二年（1568年），清丈田亩，定准松江府垦种田地山池荡娄44028顷47亩有奇；苏州府嘉定县141.87万亩；苏州府崇明县22.6万亩。此后，田亩数均以此为准。

1949年，上海市耕地面积为37.5万公顷（包括1958年两次从江苏省划过来的上海、嘉定、宝山、川沙、南汇、奉贤、松江、金山、青浦、崇明10个县）。1951年土地改革前夕，上海市郊区、松江专区、崇明县土地623.5万亩。1978年，全市统计口径耕地面积36.01万公顷。1981年，土地利用现状调查，全市耕地面积38.75万公顷，园地面积0.45万公顷。至1990年，全市土地总面积6340.5平方公里，其中耕地面积为484.79万亩，农业区域包括9个县，宝山区的农村、杨浦区的五角场乡，共211个乡（镇），以及15个市属国营农场。

2006年，全国第二次农业普查，全市实际种植农作物面积14.7万公顷。2010年，全市统计口径耕地面积20.10万公顷，比1978年减少44.18%。1978—2010年，考虑到围垦因素，市郊实际约有15万公顷种植业用地转为城市建设用地和造林绿化用地。2012年，全市统计口径耕地面积19.9万公顷。2012年后，市统计部门不再对外发布全市耕地面积数。根据国家农业农村部官网发布的统计数据，上海市2019年耕地面积为16.2万公顷。

资料链接：

《上海通志》第二十二卷　《上海农业志》　《上海市志·农业分志·种植业卷（1978—2010）》

农业生产关系

在封建社会，上海农村长期实行土地私有制，地主、富农占有大量土地。鸦片战争后，地主、富农、工商业资本家，还有庙宇、教堂、学校、医院等社会团体，都占有数量不等的土地。

1950—1951年，上海郊区全面完成土地改革，废除了封建土地所有制，解放了农村生产力。土改前，占总人口6.2%的地主、富农，占有45.3%的土地。土改中没收和征收地主、富农90%的土地，共300.82万亩，分给70%以上无地和少地的农民；同时引导农民建立互助组、初级农业生产合作社和高级农业生产合作社。全郊区有高级社2793个，入社农户76.65万户，占总农户的97.5%。1958年的“大跃进”和人民公社化运动，严重挫伤农民的生产积极性，破坏了农业生产力。1962年3月，农村基本核算单位调整为生产队。这一“三级所有（人民公社、大队、生产队）、队为基础”的组织形式一直延续到1983年。1963—1965年，农业生产又得到恢复和发展。“文化大革命”期间，农业生产片面贯彻“以粮为纲”，在“割资本主义尾巴”口号下收社员自留地，限制家庭副业和集市贸易，收益分配上推行评工记分，搞平均主义等，使得农业生产力受到抑制。

1978年中共十一届三中全会后，上海农村逐步进行农业经济体制改革。1982年，上海全面推行家庭联产承包责任制，农民获得生产和分配的自主权，使集体经济的优越性和农民个人的积极性得到更好发挥。1983年春，种植粮棉的生产队全面推行家庭联产承包生产责任制；种植蔬菜的生产队一般实行集体统一经营、联产联值到劳（或组）的生产责任制，形成以家庭经营为主并与集体统一经营相结合的农业生产双层经营体制。到1985年，上海国营农场已兴办各种类型的家庭农场509个，上海郊区开始出现农业适度规模经营，并逐年有所发展。1986年10月21日，南汇县彭镇乡农民徐明官筹资13.5万元，与乡政府签订为期15年的承包合同，建起上海最早的集农副工为一体的农场，是上海郊区第一个直接冠名的家庭农场。1998年第二轮延包，上海家庭农场出现较大增长。

1987年，农村人民公社改组为乡经济联合社，生产大队（包括生产队）改组为村经济合作社，生产队保持独立核算，作为基层经济组织。1990年，郊区农民合作经济组织首先在南汇得到推广。全郊区有72.4%的村建立农业综合服务队，服务队伍总人数达7.5万人，平均每村25人，农作物从种到收的农活约有70%由服务队承担。农业以家庭经营为主体的双层经营体制渐趋完善，郊区农业生产出现持续稳定发展的局面。1993年5月成立的上海沪郊蜂业联合社是上海第一家农民专业合作组织，比较成功的合作社有“上海农本蔬菜专业合作社”“上海健绿花菜专业合作社”。1990年，全郊区粮田适度规模经营单位已达9367个，经营粮田20.53万亩，占粮田总面积的6%。同时，县、乡、村三级的农业服务网络，也逐步形成与壮大。

1990年后，为稳定和完善双层经营体制，上海农村对农民的承包地实施延长手续，在新一轮土地承包到期后，承包期再延长30年。至1999年11月底，上海郊区基本上完成2119个村的土地延包，占应开展村数的92%；延长土地承包期耕地面积279.6万亩，占应确权面积的85%。2006年12月下旬确定50家合作社为市试点合作社。农民专业合作社数量从2003年底的24家，猛增到2006年底的510家。全郊区合作社入社社员共计70425人，带动农户数108421户，入社社员数和带动农户数占全市郊区总农户数的14.5%。全市销售农产品约30.45亿元。2009年12月21日，上海市首张完善农村二轮土地延包后的经营权证在浦东新区北蔡镇同福村发出。至2010年底，全市201.1万亩农村集体承包地中，流转面积为119.2万亩，流转率为59.3%。签订流转合同面积116.4万亩，土地承包权证发放率70%。2011年10月，全市完成9个区县、97个乡镇、1113个村的稳定完善农村土地承包关系工作；全年承包合同签订率为99.68%，权证发放率99.44%；建设完成74家乡镇流转管理服务中心，基本实现全市涉农地区承包地流转管理与服务的全覆盖。农村土地承包经营纠纷调解仲裁体系形成。2012年，完善土地承包关系工作基本完成，承包合同签订率达99.77%，权证发放率达99.58%。《关于切实加强当前土地流转管理工作的通知》印发，规范土地承包经营权流转行为，全市土地承包经营权流转率约为60%。农村土地承包经营权流转市场建成并运行，共受理纠纷案件556件，调处率达97.3%。2015年，农村土地承包经营权确权登记颁证工作加快推进。全市934个村完成确权登记颁证工作，占全市应开展登记总村数的86.8%，涉及承包农户数50万户，承包地确权面积143.5万亩。2016年，上海推进农村集体经济组织产权制度改革，进一步完善农村土地承包关系，完成改制1580个村，占全市1677个总村数的94.2%。1068个村基本完成确权登记颁证工作，占全市应开展登记总村数的99.2%，全市农户确权登记率达到99.2%。推动全市建立土地承包经营权公开市场流转，形成公开流转交易规则，全市流转率达75%左右，促进农业适度规模经营。2017年，农村土地承包经营权确权登记颁证成果通过市级检查验收，完成确权登记颁证农户数55.76万户，占全市应开展确权登记颁证农户总数的99.57%；承包土地确权登记颁证面积167.46万亩，占应确权登记颁证总面积的99.62%。2018年，提高农村土地流转交易信息化管理水平，全市有78个镇建立农村土地流转公开交易市场，全市土地承包经营权规范流转率为80%，示范流转合同签订率达99.7%，集中流转给新型农业主体的面积占承包地总面积的81%。

农田水利

上海地区上承太湖来水，下有潮水涌入，处在江河湖海众水包围之中，地势低平。水利是农业的命脉，上海郊区把兴修水利放在改善农业生产条件的首位。据北宋郏亶《吴门水利书》记载，五代吴越钱镠（852—932年）时期，采取“浚三江，治低田，蓄雨泽，治高田”的方法，旱涝兼顾，高低分治。吴越治水营田成就，一直为后人所称道。

北宋以后，实行以漕运为纲的治水方法，治水治田分割，养护撩浅制度废弛。因贪图漕运之便利，原有的塘浦圩田系统遭到破坏。南宋偏安江南，豪门富室盲目围垦，圩田水利进一步趋于恶化。元代圩田水利面貌较宋代无多大改善。明清两代对圩区水利的治理虽然相当注意，治圩的工程技术也有发展，但圩田水利面貌并没有改观，水旱矛盾也未见缓和。民国期间，圩区水利处于自流状态，河港越淤越浅，塘浦紊乱无纲，圩区零散，灾害连年。

上海早期灌溉依靠人力提水或自流水。东汉末毕岚发明龙骨水车以后，以人力、畜力、风力（四级风）为动力牵引刮水上田的“三车”灌溉传入上海地区，成为农民灌溉农田的主要工具，并一直延续到20世纪50年代后期。1949年之前，上海圩区水利处于自流状态，河港越淤越浅，灾害连年。50年代中期，政府组织广大农民筑堤疏河，兴修农田水利，大力加高培厚圩堤，并疏浚骨干河道，借以增强低洼地区的防洪排涝能力。1955 年全市第一座圩区水闸——青浦练塘东目圩小泖河闸兴建，以代替堵坝。1956 年又在练塘泖河地区把分散在 261 个圩区内的 5.23 万亩洼地联建成两个圩区，修建圩区水闸 6 座。1959 年，嘉定县长征公社朝阳大队自筹资金 9000 多元，在金家浜兴建近郊菜区第一座小型排涝泵站。由于电力的发展，1961 年开始在近郊的上海、嘉定、宝山圩区建设排涝泵站。1970 年后又在青浦、松江、金山等县低洼地集中的圩区，大力发展排涝泵站，以保证圩区排涝能力。

1949 年至 20 世纪 70 年代，上海发展机电灌溉、实行联圩并圩、并港建闸，治理低洼地、高亢地、盐碱地，发展灌溉输水渠道，改建和新建灌溉机站，推广暗沟排水治理渍害，改善农田水利条件。80 年代，全市开展以治理中低产田为重点的水利建设，完善大控制工程和圩区泵闸等配套设施；整治乡村河道、增加内河调蓄库容；通过干渠改暗渠，减少耕地占用。90 年代，随着农田水利建设的深入，衬砌明渠普及率提高，在结构形式上，从单一的梯形断面，发展到 U 形断面。郊区水利技术现代化重点实施“节水增效”“小型农田水利重点县”以及“大型灌溉区节水改造”等示范项目。1991 年，为配合太湖流域综合治理，上海开展西部防洪除涝工程建设及圩区达标工程建设，共建新排泵站 40 座，改造 54 座。90 年代初起，上海水利建设进入城乡一体化新时代，郊区水利重点开展圩区、灌区及河道疏浚等建设，实施设施粮田（菜田）水利、农场设施配套、节水灌溉、菜篮子配套等多项工程，形成一批水利现代化样板，郊区形成干河成纲、支河成网、引水有源、排水有门，过境水有路、抗旱有电灌、排涝有闸泵、洼地有圩区、除渍有暗管局面，水利设施在城乡防洪、引排、预降、调蓄等方面综合效益明显。2010 年，农田水利建设转向以科技、生态、效益为中心，注重供水、灌溉、排涝、景观多重功能，进一步向“城乡一体化水利”和“改善城乡水环境”的格局发展。至 2010 年底，全市拥有固定喷灌面积 2960 公顷，半固定喷灌面积 6373 公顷，微灌面积 1120 公顷；共有排涝泵站 1499 座，总装机流量 3114.62 立方米 / 秒，总装机功率 157587.3 千瓦；共建设圩区水闸 2203 座。2011 年，上海郊区共有灌溉渠道 18044 公里。全市灌区共有 6021 个，其中中型灌区 1 个、小型灌区 6020 个，灌溉泵站 6021 座，灌溉水泵 7591 台。2013 年，《上海市农田水利规划（2012—2020）》编制完成，全市加大农田水利项目市级资金补贴力度，加快农田水利建设进度。2014 年，《上海市农田排涝设施维修养护技术规程（试行）》印发，围绕“六个到位”（设施改造到位、绿化配套到位、通信防盗到位、公告公示到位、台账资料到位和制度建设到位）的目标，标志标牌、制度和运行、养护、维修、检查台账等全统一，完成松江、金山、青浦 3 区 6 镇圩区泵闸设施规范管理试点。《关于开展农田排涝设施规范管理工作的实施细则》出台，开展农田灌溉设施长效管理研究工作，计划确定在松江、青浦、崇明开展灌溉设施长效养护试点。2017 年，建立市—区—街镇三级河长体系，设立三级总河长，成立三级河长制办公室，并对所有河道、湖泊和小微水体落实河长，全市 16 个区、202 个街镇均设立总河长、副总河长。从具体河道管理的角度，上海设立一级河长、二级河长，对其所承担的河道、湖泊治理和保护工作进行指导、协调、推进、监督，上一级河长领导下一级河长，下一级河长对上一级河长负责；同时，探索设立民间河长、河道监督员等 3441 人。

资料链接：

《上海水利志》　　《上海市志·水利·水务分志（1978—2010）》

农业科技

明代万历年间，徐光启的农业科学巨著《农政全书》中就有上海地区合理施肥经验的论述。清代，褚华的《木棉谱》《水蜜桃谱》、姜皋的《浦泖农咨》、孙峻的《筑圩图说》等农书记载了上海农业的丰富经验。上海近代农业科学研究始于晚晴，清光绪二十二年（1896 年）成立上海农学会，次年 5 月创办会刊，即中国最早的农学刊物——《农学报》(1897—1906 年)。1917 年 9 月，上海商务印书馆主办《农学杂志》(季刊)。以后《农业丛刊》《中国新农业》《实验生物学报》等一批农业科技刊物相继在上海出版发行。光绪二十四年（1898 年），中国近代第一所农业科研机构——上海育蚕试验场在沪成立。上海蚕桑生产历史悠久，南宋绍熙年间，上海就有“桑麻”的文字记载。光绪二十九年（1903 年），著名新闻事业家、松江县泗泾镇人史量才创立了私立上海女子蚕业学校，培育蚕业技术人员。1921 年，国立东南大学与县绅穆氏合作，在南汇设立棉虫研究所，系全国首次采用科学方法研究棉虫尺蠖生活史及防治方法。1927—1931 年，中华农学会上海农学研究所、上海市立农事试验场、牛瘟血清制造所、江苏省立渔业试验场、中华棉产改进会等农业科研机构相继成立，在引进作物和畜禽良种，试验推广化肥、农药和农业机具方面做了一些工作，上海农业科研工作一度得到发展，但很多试验机构由于人才、经费和设备短缺，鲜有建树。1928 年，吴福桢在上海第一次应用二硫化碳大规模熏治进口美棉籽 100 吨，中华农学会在真如办的农事试验场从事洋葱高产栽培技术等研究。1930 年，上海试制牛瘟血清成功，开创我国兽医生物药品制造的新纪元，以后又研制出猪瘟血清。随着城市发展，外侨增多，蔬菜促成栽培研究也应运而生，真如、杨思一带试用温室栽培番茄、生菜、甘蓝、刀豆等蔬菜，蘑菇和新的蔬菜品种在这段时间相继引种、试种和推广。黑白花奶牛、莱亨鸡、约克猪等外国畜禽良种，也引入上海。抗战全面爆发后，这些科研机构大都内迁或解体。

1949 年中华人民共和国成立后，上海农业科研得到恢复和发展。50 年代前期，郊区各县建立农场，示范推广良种和农业科学技术。在沪的高等农业院校和中央研究单位，也深入郊区开展农业科学实验活动。1956 年，上海市农业试验站成立，1957 年上海市畜牧兽医试验站建立，1958 年又相继成立上海市乳牛科学研究所和上海市农业机械化研究所。1959 年，在两站两所的基础上，上海市农业科学研究所组建，并于 1960 年改名为上海市农业科学院，从此上海农业科学研究进入新的发展时期。1961 年，上海市农科院食用菌所经过多年试验，获得银耳纯菌丝，这是国内首次获得银耳生产纯菌种。1963 年上海组织全市有关科研单位和大专院校的科技力量，成立上海市农业科技委员会，各县也先后建立农科所。利用科技优势，上海联合植物生理研究所、复旦大学生物系等有关单位和专家学者，在郊区建立马桥、徐行等综合研究基点，农业机械化试点，以及低产田改良，蔬菜、果树、食用菌等专业研究基点，在市农科院农业试验场建立农牧业高产样板，带动上海县北部纪王、诸翟、华漕、新泾 4 个公社的样板田，把试验、示范、推广、科研、教学、生产结合起来，很快取得了一批成果，仅市农科院就有 32 项。其中晚粳“沪选 19”，油菜“胜利青梗”“胜利 52”，棉花“613”，棉花河泥育苗，稻板麦、稻板油菜栽培技术，蔬菜薄膜覆盖早熟栽培技术，银耳菌种分离技术等成果，均大面积应用于生产。

1978 年，上海农业科技进入新阶段，取得新进展。1978—1990 年，上海农业科技获国家和上海市科技奖励 111 项，其中国家发明奖三等奖 5 项、国家科技进步奖二等奖 4 项、国家科技进步奖三等奖 5 项、上海科技进步奖一等奖 7 项、上海科技进步奖二等奖 28 项。香菇良种选育与木屑栽培、“矮抗青”青菜、新浦东鸡、瘦肉鸭、拟沙丁鱼资源开发、粉锈宁、克瘟灵、杀灭菊酯、麦类病毒病防治、保幼激素等成果推广，覆盖全国各有关产区。至 1990 年，全市共有农业科研院所 28 个单位，科研人员 999 人，共取得县级以上单位鉴定的农业科研成果 906 项，其中市农科院 436 项。这些成果中相当一部分已在郊区农业生产中应用推广，转化为新的农业生产力。

1991—2000 年，上海提出“科技兴农”四大工程，即种子（苗）工程、温室工程、生物工程和绿色农业工程，围绕六大产业（种子种苗产业、温室产业、农机产业、农副产品加工产业、生物技术产业、先进农艺和先进农用生产资料产业）开展农业技术研究，农业科技工作有了较大发展。共有169项农业技术获得国家和上海市奖项，其中国家发明奖二等奖1项、国家科技进步奖一等奖1项、上海科技进步奖一等奖15项等。2001年10月10日，上海市农业科学技术大会召开，提出4项科技行动：农业高新技术研究、应用技术开发、现代农业装备、农产品精深加工；建立农业科技五大体系：农业研究开发体系、农业技术推广服务体系、农业科技管理体系、农业科技投入体系、农业科技人才体系。2005年，科技入户试点工作开展。2006年，都市现代农业创新中心建立。2007年，《上海市促进农业科技进步若干规定》颁布。2008年5月，上海现代农业技术转移中心成立。2010年，上海现代农业产业技术体系建设启动。2001—2010年，共有182项技术获国家和上海市科技奖项，其中国家科技进步奖一等奖1项、二等奖13项，上海技术发明奖一等奖2项、上海科技进步奖一等奖23项等。2012年，农委系统获2011年上海市科学技术奖17项，其中科技进步奖一等奖4项、二等奖4项、三等奖9项。

2012年，《上海农业物联网发展实施方案》制定，农业部将上海作为全国农业物联网试点城市之一，安排950万元专项资金扶持上海农业物联网区域试验工程。2015年，上海实施现代农作物种业发展项目，重点支持产学研相结合、育繁推一体化的现代种业科技创新模式的建立，提升种业科技创新、企业竞争力和供种保障能力。2017年，上海推进农业科技自主创新，加快农业技术示范推广，加强农业科技成果转移转化和产业化，为都市现代绿色农业发展提供技术支撑和保障。2018年，加强农业科技国际合作交流，崇明区成立中荷农业与食品研究院，开展农业和食品产业的引智和创新工作。2013—2022年，水稻、绿叶蔬菜、中华绒螯蟹、瓜果、食用菌、花卉等十大现代农业产业技术体系建立，平均每年40—60多个专业组、40—70多个综合实验站，共完成1000多项计划任务。其中中华绒螯蟹产业技术体系育成国家级良种“江海21”；西、甜瓜产业技术体系使西、甜瓜种苗优良率较体系实施前提高12.5%，自主育成的哈密瓜品种已成为主栽品种，占郊区哈密瓜种植面积的96.3%，品牌西、甜瓜年销售量占全市地产西、甜瓜总量的33.2%；绿叶菜产业技术体系选育耐热、耐寒的青菜品种10个，青菜种子在全国同类市场占有率达50%以上；水稻产业技术体系选育的新品种“沪软1212”获得首届全国优质稻品种食味品质鉴评金奖，首创“保险＋订单＋品种＋品牌＋体系科技支撑”优质稻米产业化新模式“穗优行动”，“申恢26”系列杂交粳稻品种连续获长江下游水稻新品种大会推荐品种；果业产业技术体系选育的早熟蜜梨新品种“早生新水”获全国优质早熟梨鉴评会一等奖。

资料链接：

《上海农业科研志》

《上海市志·农业分志·综述卷（1978—2010）》

《上海市志·科学分志·科学技术卷（1978—2010）》

农业机械

20世纪30年代，上海开始引进国外农业机械，少量用于种植业。1949年上海解放后，郊区开始有计划地推进农业机械化建设。1954年起，上海首先解决灌溉机电化问题，到1970年，机电灌溉面积达到占耕地面积的90%以上，古代传统戽水用的风车、牛车、人力车，已全部为现代化的电力机械灌排所取代。到1975年，郊区基本实现了耕耙、植保、脱粒、农副产品加工和运输的机械化半机械化，农村照明全部用上电灯。广大农民长期盼望的“耕田不用牛，点灯不用油”终于变成现实。自20世纪70年代末期起，上海重点提高蔬菜园艺设施和饲养业机械化水平。到1990年，蔬菜生产基本实现了从种苗、栽培、排灌、耕作到包装运输的5个系列化现代化设施建设。化肥、农药、除草剂等已在农业生产中广泛应用。免耕麦、免耕油菜和直播稻、抛秧稻等粮油轻型栽培新技术有步骤地推行，在大型畜牧场、水产养殖场也逐步推广应用机械作业。1999年，上海农业机械总动力为151.12万千瓦，平均每万公顷耕地拥有5.20千瓦动力。2000年后，市财政对农业生产的农机补贴不断增加，从2005年的0.075亿元增加到2010年的1.21亿元。2010年，上海农业机械总动力为104.15万千瓦，平均每万公顷耕地拥有5.18千瓦动力，主要农作物的耕种收综合机械化水平达到72.3%。郊区水稻生产形成了种植以人工直播为主、机械插秧为辅，收获由收购、脱粒、筛净一体的高性能自走式联合收割机完成的新格局，基本解决了几千年来水稻生产“三弯腰（拔秧、插秧、收购）”问题。

2020年，上海市粮食生产全程机械化向纵深推进，水稻机械化种植进程加快，农忙时节作业机具调配加强，作业技术路线优化完善，水稻生产综合机械化水平达到96%。全市发展精准施肥和高效植保技术，推广水稻机械化种植同步侧深施肥装备，建立30个示范点，示范推广作业机械，开展技术操作培训，跟踪测评作业效果，完成作业面积8.25万亩；推广农作物高效植保，农用无人机植保飞防作业覆盖面22.35万亩；加强区域性粮食烘干中心建设，粮食烘干能力2.4万吨；利用物联网、北斗导航、5G等技术，探索无人驾驶农机作业试验。2021年，上海强化“上海数字农业云平台”系统集成和数据汇聚功能，利用地理信息系统（GIS）等先进信息技术，对2017—2021年全市购置的3400台自走式农业机械安装北斗定位终端，在国内率先实现所有自走式农业机械全面物联。2022年，《上海关于贯彻落实〈“十四五”全国农业机械化发展规划〉的实施意见》编制。上海推动果蔬机械化智能化生产、智能牧场和智慧农场建设，聚焦粮食生产无人农场、蔬菜生产“机器换人”、高精度农业北斗导航技术等领域，全面推动农机数字化、智能化转型升级。

资料链接：

《上海农业志》

《上海市志·农业分志·综述卷（1978—2010）》

种植业

粮食生产　水稻种植在上海有6000多年历史，是最主要的粮食作物。上海地区的水稻生产在唐朝末年已被誉称“苏湖熟，天下足”。华亭县大量稻米作为贡米运入京城长安，已成为江淮漕粮的重要供给地。吴越国时华亭县从海滨到内地，逐河逐浦都建有堰闸保护农田，使圩田旱能灌、涝能排，保证粮食丰收。到宋代，上海地区水稻生产进一步发展。据明正德《松江府志》的主纂人顾清所著《傍秋亭杂记》载，南宋绍熙时（1190—1194年），华亭县亩产稻谷2～3石（150～225公斤），成为当时粮食亩产量最高地区。至明弘治年间，松江一府的粮食产量达940万石（70.5万吨）以上。其中除留作农民口粮和向朝廷缴纳赋税之外，不少是作为商品粮提供给市场的。麦子是上海仅次于水稻的主要粮食作物，有小麦、大麦和元麦，统称“三麦”。明清时期，西部松江、金山、青浦3县，仍以种植水稻为主。上海的小麦种植面积约占耕地10%。1920年前后，产量约占粮食总产量1/4。

1949年，全市种植麦子156.82万亩，小麦占46.98%，大麦占16.5%，元麦占36.52%，平均亩产59.5公斤。1978年，麦子栽培方式以翻耕麦为主，播种面积224.10万亩，总产49.50万吨。其中，大麦种植面积占56.13%，小麦和元麦分别占28.46%和15.41%。1978年全市水稻面积34.29万公顷，总产量190.44万吨，以种植双季稻为主。80年代末，水稻以单季晚稻为主。1995年，元麦基本不种。1999—2003年，上海实施农业结构战略性调整，郊区水稻面积从205.08万公顷减至10.62万公顷，总产量从154.12万吨减少到82.20万吨。郊区小麦面积从145.5万亩减至32.55万亩，总产量从38.44万吨降至7.39万吨。2010年，全市粮食总播种面积20.12万公顷，其中水稻12.05万公顷，麦子6.57万公顷；粮食总产量132.12万吨，其中水稻100.33万吨，麦子25.84万吨。2010年，市郊粮食生产用地主要分布于崇明三岛片区，黄浦江上游农业片区和杭州湾北岸片区。其中，崇明三岛片区占市郊粮食生产用地的44%，黄浦江上游农业片区和杭州湾北岸片区合计占42%，其余14%呈组团状分散布局于市郊其他农业片区。2018年，全市粮食总产量103.74万吨，其中水稻87.97万吨，麦子13.96万吨。2022年，上海粮食播种面积184.2万亩，产量95.57万吨，超额完成国家下达的粮食生产任务。

棉花生产　上海种植棉花始于南宋。明正德《松江府志》记载："木棉本出闽广，可为布，宋时乡人始传其种于乌泥泾（今徐汇区华泾镇），今沿海高乡多植之。"徐光启《农政全书》载：万历年间，松江府"官民军灶垦田凡二百万亩，大半植棉"。元代元贞年间黄道婆返乡，带回了海南岛的先进纺织技术和工具，向乡人传授，遂远近闻名。明初，朝廷明令植棉，规定百姓可用棉布缴纳田赋。到明万历年间，棉花已成为上海地区主要农作物之一，"官民军灶垦田凡二百万亩，大半种棉"。明末清初，上海、嘉定、宝山、川沙、南汇、奉贤和崇明等县（厅）已形成"棉七稻三"的种植格局。当时上海人叶梦珠在《阅世编》中写道："吾邑地产木棉，行于浙西诸郡，纺绩成布，衣被天下；而民间赋税公私之弗赖以济，故种植之广与粳稻等。"当时上海地区植棉织布已是面向全国的商品性生产。从始种到清末，棉花的品种都是亚洲棉（中棉），并逐渐形成众多地方品种。上海县有黑籽、白籽、青梗、红梗、通棉、紫棉、红梗鹰爪、红梗鸡脚等，嘉定县有羊毛白、江阴白籽、硬籽等，崇明县有黑籽、白花、紫花、青茎鸡脚等。清同治四年（1865年），上海引种陆地棉（美棉）。

到民国时期，上海地区棉花种植面积多数年份在300万亩左右，约占耕地面积的一半。1920年，上海市郊和松江、青浦、上海、嘉定、宝山、川沙、南汇、奉贤、金山、崇明10县棉花种植面积356.28万亩，籽棉总产4.85万吨。1930年后，上海华商纱厂联合会建立中华棉产改进会，国民政府农林部设棉产改进处上海分处，在上海地区试验推广陆地棉。1937年上海沦陷后，上海粮食短缺，减少植棉面积，改种粮食作物。1943年，棉花种植面积为142万多亩，降到新中国成立前上海植棉史上的最低点。上海解放后至50年代初，棉花种植稍有恢复，50 年代末又下降。60 年代前期，市棉花原种场、上海市农业科学院作物所和奉贤、宝山、上海、崇明等县良种繁育场，从岱字棉 15 号中分别选育并试种沪棉 204、613，奉棉 160，宝棉 13、114，上棉 1 号，崇棉 249，崇抗 55，沪棉 479 等品种。20 世纪 70 年代，棉花一直是上海最主要的经济作物。上海棉纺织工业所需原料的 25% ～ 30% 来自郊区。1978 年，全市棉花播种面积 144.90 万亩，平均亩产 83.47 公斤，总产 12.10 万吨。80 年代，部分品种种性退化，枯萎病日趋严重，从江苏引进 9101、泗棉 2 号、盐棉 48 等。1985 年，上海调整种植业结构，减少棉田面积。1990 年，棉花播种面积减少至 19.50 万亩。1993 年，棉花播种面积再次下降，1996 年减至 4.65 万亩，1999 年进一步下降至 3.00 万亩。2000 年后，全市棉花呈零星种植状态。棉花种植面积锐减后，种植品种主要以农户自引品种为主，产量仅 0.12 万吨。

油菜生产　据新编《上海县志》记载，菜籽始种于元代。此外，上海还种植有大豆、花生、向日葵、芝麻和蓖麻等油料作物。油菜籽和大豆为主要油料作物，农民一般夏收后食菜油，秋收后食豆油。明天顺年间，油菜种植开始由稻后撒直播改为育苗移栽。清代，松江府各县和崇明县普遍种植油菜。1919 年，《奉贤县实业视察报告书》载：“菜籽产额八万担，足够本境应用，并运销沪上。”1936 年，嘉定县种油菜 4 万亩，亩产 25 公斤。1949 年，郊区种植油菜 50.28 万亩，亩产 32.5 公斤。20 世纪 50 年代起，油菜种植密度每亩 4000 株左右。50 年代中期，推广甘蓝型油菜后，始用专田育秧；大豆种植面积逐步减少，发展油菜籽种植；其他油料作物除蓖麻外，均作为副食品，种植面积不大。传统的油菜品种，以白菜型为主，有上海小棠、嘉定本地油菜、金山篦萁种和绿帚种、崇明黄籽等 10 多个。也有少量的芥菜型油菜，如弥陀芥等。亩产约 30 公斤。1954 年，上海引进甘蓝型早生朝鲜油菜，较本地油菜增产 60% ～ 100%，次年推广；同时推广胜利油菜。1958 年起，全市推广甘蓝型晚熟油菜品种，先后推广的品种有胜利青梗、胜利 52、矮箕胜利和沪油 2、3、4、23 号等。60 年代，移栽方法废弃打潭，均用拉条移栽，种植密度增至每亩 7000 ～ 8000 株。60 年代中期，奉贤等县试验稻茬生坂移栽（不耕翻）。1964 年，甘蓝型油菜占种植总面积的 90%，亩产 100 公斤以上；推行粮食三熟制后，选用一部分早中熟品种。60 年代，油菜全市年均种植 75.9 万亩，1965 年亩产超过 100 公斤，达 131 公斤。20 世纪 70 年代末期，早中熟品种以 7055、上油 1 号、7401 等为主，占种植面积 56%；晚熟油菜以胜利青梗、漕泾胜利为主，占种植面积 44%。70 年代，油菜年均种植 78.2 万亩，1978 年油菜种植面积 76.65 万亩，油菜籽总产量 11.63 万吨，被国家农业部誉为全国油菜籽高产地区。80 年代，国家实行以粮换油政策，鼓励油菜产区多种油菜。1982 年油菜播种面积增至 107.70 万亩，总产量 16.66 万吨。1985 年后，上海调整种植结构，增加油菜面积，免耕种植成为全市油菜种植主要方式。1986 年，市农业局将“油菜良种‘汇油 50’的推广”和“油菜高产模式技术推广”列为农业科技重点项目。1988 年该品种推广面积达 74.40 万亩，占全市油菜总面积的 58.15%。栽培技术由原来传统耕翻移栽改为稻板茬免耕移栽。1990 年，“汇油 50”推广面积占油菜总面积的 95% 以上，并被国家科委列入“八五”时期（1991—1995 年）重大科技成果和重点推广项目，除上海外，在江苏、浙江、安徽、湖南、湖北、四川、江西 7 省油菜种植区域也得到大面积推广应用。1993 年、1994 年，国内油料市场与价格放开以后，市场食用植物油供过于求、价格下跌，油菜播种面积分别减至 108.60 万亩和 102.75 万亩，平均亩产降至 119.00 公斤和 92.90 公斤。1995 年，全市开展优质“双低”油菜新品种选育和栽培技术攻关。1997 年，市农科院作物所筛选出“9715”双低优质油菜新品系，2000 年 12 月通过市品种委员会审定，定名“沪油 15”，成为郊区油菜主推品种。1999—2003 年，在全市农业结构战略性调整过程中，郊区油菜面积从 89.55 万亩减至 56.85 万亩，总产量从 12.98 万吨降至 5.92 万吨。2010 年，全市油菜播种面积 14.70 万亩，总产 2.14 万吨。优质“双低”油菜推广面积 13.70 万亩，占油菜播种面积 93.20%。2018 年，油菜播种面积进一步减少到 3.15 万亩，产量 0.54 万吨。2022 年，油菜籽产量仅 0.21 万吨。

蔬菜生产 清中叶，静安寺、法华镇、徐家汇等一带有“园地”，专门种植蔬菜，上市出售，逐渐成为菜区。上海开埠后，菜区逐渐扩大。1931 年，商品蔬菜种植 2.2 万亩。1935 年《上海市年鉴》载：“沿吴淞江畔之农家，皆以种植蔬菜为业。”1948 年，菜地面积 11.5 万亩。1953 年，常年菜地增加到 19.6 万亩，集中在新泾、龙华、真如、大场、杨思 5 区。1958 年，菜地扩大到 30 万亩。1959—1962 年，粮食供应紧张，全市推行“以菜代粮”，菜地增至 42 万亩。1963 年，市人民委员会按照市区人均 3 厘菜田的标准，计划安排 17 万亩常年菜地作为生产基地，绝大部分在近郊的上海、嘉定、宝山、川沙 4 县，同时安排崇明、青浦、南汇等县季节插种蔬菜作为补充，各县对城镇的蔬菜供应自行安排。以后菜地种植面积基本稳定。到 20 世纪 70 年代末，全市固定蔬菜生产形成常年菜、季节菜、出口菜 3 个生产基地。1978 年，常年菜地总面积 18.4 万亩，产量 145.45 万吨。1988 年起，上海实施“菜篮子工程”，建设了一批现代化蔬菜生产设施。上海的生产基地分常年菜生产基地、季节菜生产基地、出口菜生产基地三种。季节菜主要有大白菜、水生蔬菜、插种菜。1985—1995 年，年种植面积约 10 万亩。大白菜生产基地在崇明县，水生蔬菜生产基地主要在青浦县练塘、沈巷、莲盛3乡和川沙县凌桥乡，葱头生产基地在嘉定县南翔、马陆等乡镇，大蒜生产基地在嘉定县娄塘镇、朱桥乡一带，青豌豆生产基地原在上海县七宝镇一带，1995年已不种植。甜玉米生产基地在崇明县陈家镇、汲浜乡、裕安乡和前哨农场。

20世纪90年代，蔬菜大市场、大流通逐步形成后，县属常年菜地减少。1990年，上海拥有县、乡、村蔬菜种子场243个，工厂化育苗温室215座，温室、大棚、中小棚等各类保护地面积4000公顷，常年菜田喷灌面积达到95%，耕作、植保全部实现机械化半机械化，蔬菜优良品种覆盖率达到80%左右。1990年，常年菜地16.69万亩。后因市区扩展，开发、开放浦东，近郊菜地被征用7万亩。1993年起，在中、远郊建设新菜地，遍及市郊各区县和部分市属国有农场。1995年，常年菜地17.9万亩。

2005年，上海开展更大规模的设施菜田建设，全市建设1000公顷保护地设施。2010年底，全市常年菜田面积3.3万公顷，季节性菜田面积3.7万公顷，出口蔬菜基地面积1600公顷。全市蔬菜播种面积12.7万公顷，产量374.5万吨，产值58.66亿元，蔬菜质量安全合格率99.9%，形成了崇明花菜、青浦茭白、南汇青扁豆、崇明莴笋等区域化特色蔬菜生产基地。

通过引进和自主培育，上海种植的蔬菜品种不断增加。19世纪后期引进的洋菜有番茄、甜椒、洋葱、甘蓝、花椰菜、朝鲜蓟、马铃薯、石刁柏等。1936年，上海蔬菜品种增至76种。1954—1957年，市农业局征集到的蔬菜品种有82种、334个品种。20世纪50—70年代，上海从国内外引进和自行育成一批品种。引进的品种主要有苏联球茎甘蓝、日本黄苗甘蓝、荷兰雪球花椰菜、津研黄瓜，以及北京早红、日本大红、强力米寿、强丰等番茄品种。育成的品种主要有矮抗青、冬常青、新选1号、七宝红明等青菜，四月慢、北杨、郊赛、夏光等甘蓝，慢慢种、早熟23号、申花3号等花椰菜，浦红系列番茄，上海甜椒，上海黄瓜等。70年代末，上海蔬菜有89种、400多个品种。80年代起，上海从外省引入紫果叶、蛇瓜等，从国外引进茎椰菜、美国芹、紫甘蓝、甜豌豆、羊角豆、结球生菜、埃及米苋等，共300多个品种；育成争春甘蓝杂交系列，夏冬青、605等青菜，嘉配甜椒系列，申花花菜杂交系列等。至1995年，上海种植的蔬菜有食叶、食果、食茎、食花、食根5个大类，716个品种；2007年，有852个品种，蔬菜良种覆盖率达90%以上；2010年，蔬菜种类计有88个，品种达上千个。2022年，全市蔬菜播种面积131.20万亩次，总产量（含食用菌）259.63万吨，其中蔬菜产量255.36万吨、食用菌4.27万吨。落实288家绿叶菜生产核心基地，基地面积7.6万亩。

瓜果生产 明正德《松江府志》记载:“西瓜出黄土桥者佳。”清叶梦珠《阅世编》载:“西瓜之产于吾郡者,向惟闵行、周浦称最美。顺治中南桥一种,两头锐而复(腹)圆,状类橄榄,名曰橄榄瓜,其味尤为鲜美,超出诸种之上。”清同治《上海县志》载:“沪郊西瓜以三林塘雪瓤瓜(又称崩瓜)为最,味甜、质脆、水多,为西瓜中上品。”民国时期,种植西瓜面积较多的金山县,以平湖瓜、马铃瓜居多。20世纪50年代初,市果品公司从广东引进解放瓜种。1954年,川沙县花木乡龙沟村从香港引入台黑(蜜宝)瓜种。从20世纪60年代起,台黑瓜、解放瓜成为郊区主栽品种。1982年,台黑瓜占种植面积60%,解放瓜占30%。1984年,上海从广东引进新澄,从浙江引进浙蜜1、2号,从新疆引进伊选、早佳,从北京引进京欣1号,从台湾引进新红宝、金钟冠龙等杂交良种。1990年,新澄占种植面积64%,伊选、新红宝、金钟冠龙3个品种约占27%。1995年,种植的品种中,增加从新疆引进的8424、8417。三林塘崩瓜,因产量低,在70年代绝迹。1978年,上海市农业科学院从日本引进原种,再度种植,面积很少。崇明老黑皮瓜,是用瓜皮加工成西瓜酱的特种瓜,主要产于崇明县向化、汲浜、陈家镇等乡镇,年种植1000～2000亩。

明正德《松江府志》记载:甜瓜“有青、白、花斑三种,又一种大如鹅子皮黄如金,曰金瓜。亦有银色者,通谓之香瓜”。民国时期,种植的品种主要有黄金瓜、海东青、亭林雪瓜等。20世纪50年代,种植面积较大的是十条筋黄金瓜、海冬青、蜜筒瓜、金鹅蛋、全黄、香瓜、绵瓜和崇明黑皮等薄皮甜瓜。20世纪50年代末期,上海从日本引进新品种“20世纪”甜瓜,集中在南汇县栽培;1984年,从国内外引进26个厚皮(网纹)甜瓜品种,经筛选,网纹甜瓜博鲁卡、拿忌鲁和光皮型甜瓜三子、伊丽莎白种植成功,成为主栽品种;90年代初,引进日本西薄洛托、古拉巴等品种,推广种植。

20世纪50年代,郊区西、甜瓜的种植面积为3万～4万亩,市场上供应的西瓜大都来自江浙等地。传统种西瓜,大多直播或小苗移栽,插种于棉田。50年代初,西瓜年种植面积1万～2万亩,大部分为瓜农自食,其后种植面积逐年扩大。甜瓜种植在1954年约3.5万亩,其后因种性退化,品质下降,种植面积减少。1966年,西瓜种植纳入计划生产,种植面积计划安排,产品实行统购包销,种植3万余亩。70年代,西瓜种植面积增至6万多亩。1982年上海推广地膜覆盖、小拱棚等保护地栽培,西瓜上市提早7～10天。是年,西瓜种植面积11.41万亩。1985年,西瓜种植改为指导性计划,产品改为市场调节,放开经营,是年种植面积18.93万亩。1985—1986年,上海县龙华乡港口大队和虹桥乡种子场秋季试种西瓜成功,可在国庆节甚至元旦期间供应市场。1988年,西瓜种植面积增至28.75万亩,上市西瓜44.3万吨。1989年,政府对西瓜征收特产税,每亩10元。1990年,西瓜种植面积为

18.24 万亩，1995 年为 12 万亩。

1999—2003 年，全市调整种植业结构，瓜果产业快速发展。2003 年，全市西、甜瓜面积 34.5 万亩，产量 76.49 万吨，水果产量 33.31 万吨。上海初步形成南汇远东大道、大团乡、新场乡的南汇水蜜桃生产区，松江仓桥乡的梨生产区，金山干巷乡的蟠桃生产区，奉贤光明的黄桃生产区，嘉定马陆的鲜食葡萄生产区。2010 年，全市西、甜瓜总面积 19.35 万亩，产量 55.49 万吨，水果产量 40.85 万吨。2018 年，全市西、甜瓜总面积 7.5 万亩，产量 22.2 万吨，水果产量 29.54 万吨。2022 年，水果产量 16.63 万吨。

花卉生产 明弘治《上海志》载，上海县有花卉 45 种。清乾隆三年（1738 年），浦东龙王庙凌家花园开始以种植花木为业。到咸丰年间，龙王庙一带有凌、罗、徐、金、沈 5 家经营花木，均以种植金桂为主，称为五大桂花园。清咸丰三年（1853 年），浦东陆恒甫在方浜路购地 6 亩，开设了陆永茂花园，这是上海第一个花木繁育基地。清同治《上海县志》载全县花卉有 78 种。清光绪二十年（1894 年），康乃馨作为最时尚的鲜切花品种引入上海，在梅陇乡试种成功后，开始小规模生产。至 20 世纪 30 年代初，漕河泾、梅陇一带形成了以鲜切花生产为主的中心区域，面积达数十公顷，品种也从单一的康乃馨扩展到菊花、月季、唐菖蒲等。民国《上海县续志》载，上海有包括洋月季、洋水仙、洋百合等花卉 162 种。民国《上海县志》载全县有 187 种花卉。1932 年，全市有草花 78 种、温室花卉 15 种、木本花卉 26 种、观赏苗木 60 种，合计 179 种。1949 年初，上海花树商业同业公会会员中，有花卉园艺场 80 家、花农 575 家，种植面积 1000 亩。

1954 年，龙华苗圃和北新泾苗圃创建。同年，花木公司成立。1965 年，全市花卉生产单位 54 家，种植面积 1500 亩，观赏苗木 600 亩。1967 年起“文化大革命”中，禁种花卉。1980 年，有 13 家单位恢复生产花卉，栽培面积 282 亩。1985 年，上海从美国引进 2037 平方米全套温室花卉生产设备，建成了当时全市最大、技术最先进的 2 个花卉生产基地——上海花卉联营公司、洛神园艺公司。1986—1995 年，上海从国外引进 120 个品种花卉。上市的鲜切花以康乃馨、唐菖蒲、切花月季、非洲菊、菊花等几大品种为主，辅以香雪兰（小苍兰）、百合、红掌、满天星、晚香玉、马蹄莲、鸢尾等。1995 年种植面积达 7000 亩。1998 年，上海花卉良种场九亭基地建成，并组建花卉育种中心。

2010 年，全市花卉种植面积 34080 亩，全年花卉销售额 7.35 亿元，出口创汇 996.9 万美元。

资料链接：

《上海通志》第二十二卷　　《上海农业志》　　《上海市志·农业分志·种植业卷（1978—2010）》

畜牧业

家畜　青浦崧泽文化遗址和马桥文化遗址出土的猪骨表明，4000～5000年前上海地区已有畜牧养殖。上海奶牛饲养已有170余年历史。清同治九年（1870年），英国侨民引进英国爱尔兰黄白奶牛。不久，法国人引进法国红白奶牛。光绪五年（1879年）前后，有英商乔治、可的、模范，俄商华德，西班牙商派克等开办牛奶棚。光绪十年（1884年），上海商人在殷行开办牧场，饲养奶牛约20头。光绪十六年（1890年）前后，徐家汇天主教堂修女院引进荷兰黑白花奶牛。后各有一头英国黄白花、荷兰黑白花雏牛引入川沙县合庆乡农村，长成后与当地唐脚牛（黄牛）杂交，经几代杂交优选，育成川沙黑白花奶牛，成为本地当家奶牛。1933年，上海日产牛奶3万多磅。19世纪40年代，川沙杂交牛约占全市奶牛头数70%。1949年，年产牛奶0.61万吨。1956年1月，私营牧场公司合营，可的牛奶公司由政府接管，成立上海市牛奶公司。1957年，市牛奶公司育成上海荷斯坦（黑白花）奶牛品种。1978年改革开放后，上海兴建了各种规模的奶牛场，私人养殖奶牛政策放开，许多农民开始养牛。到20世纪80年代末，上海更新全部奶牛群。1978年底上海奶牛头数约为21860头，至2010年，上海饲养中国荷斯坦奶牛67210头，是1978年的3倍多。1978年底上海奶牛总产奶量约为62335吨，2010年底生奶总产量247051吨，约为1978年的4倍多。1978年奶牛年单产4548千克，到1993年奶牛单产6023千克、1999年7312千克、2010年7731千克，单产分别提高了32.4%、60.8%、70%。

上海生猪地方良种有梅山猪、枫泾猪、沙乌头猪、浦东白猪。浦东白猪是中国唯一白色地方猪种，其成形距今已有200多年的历史。19世纪50年代开始，上海引进品种有长白猪、大约克猪、杜洛克猪、巴克夏猪等品种，后与本地猪种杂交，育成上海白猪。1963年，市农业科学院畜牧兽医研究所选种培育白猪，到1979年育成农系、上系、宝系3个品系的上海白猪。1980—1982年，以引进种猪与上海白猪进行两元、多元杂交，育成杜上、杜长上、杜汉长上瘦肉商品猪。1978 年前，上海 10 个郊区（县）及农场都发展养猪业，其中金山、松江、嘉定 3 县年出栏数均超过 30 万头。随着市场经济的建立，肉品市场供应充沛，2002 年上海减少生猪饲养量，推进种源农业——种猪产业；同时为减少污染，上海关停并转中心城镇地区、水源保护区内的猪场，发展域外养殖。以江苏大丰地区的 3 个上海市属农场为重点，全市进行养殖基地建设。2001—2010 年，上海规模化猪场的数量逐渐稳定在 250 个左右，呈中、小型猪场减少、逐步向大型猪场发展的趋势。1978 年上海生猪出栏率为 62.7%，1993 年出栏率为 203.3%，1999 年出栏率为 195.5%，2010 年出栏率为 154.3%。

至 2010 年，全市主要规模化猪场有上海市种猪场、上海申兰集团公司、上海祥欣畜禽有限公司、上海东方种畜场有限公司、上海农场畜牧场、上海松林畜禽养殖专业合作社、松江区种养结合家庭农场养猪场。上海主要奶牛生产企业分 3 种：（1）郊区养殖场和奶牛合作社：上海希迪乳业有限公司、上海忆南奶牛养殖有限公司、上海双瀛奶牛养殖专业合作社、上海锦晟奶牛专业合作社、上海秋红奶牛有限公司、上海金麟奶牛养殖合作社有限公司；（2）光明荷斯坦所属规模化奶牛场：上海光明荷斯坦牧业有限公司、金山种奶牛场、上海申星奶牛场、星火农场奶牛一场；（3）牛奶集团所属规模化奶牛场：上海金牛牧业有限公司、上海香花奶牛场、上海瀛博奶牛场、上海海丰奶牛场、上海第一牧场、上海第七牧场、东风农场奶牛二场、长江农场奶牛二场、燎原农场奶牛场。2022 年，全市生猪累计出栏 99.35 万头，奶牛存栏 5.74 万头，成乳牛存栏 2.88 万头，鲜奶累计产量 30.35 万吨，累计上市量 28.92 万吨，奶牛平均单产 10666.81 公斤。

家禽 上海郊区从事家禽养殖已有很长的历史，90% 以上的农村家庭养鸡养鸭。清雍正《南汇县志》载："鸡产浦东者大，有'九斤黄''黑十二'之名，因而有浦东鸡之称。"清道光十四年（1834 年），浦东鸡始出口欧美。浦东鸡产于浦东地区，黄嘴、黄脚、黄羽，肉嫩，脂黄，肉质鲜美，公、母鸡重量分别可达 4～5 公斤、3～4 公斤。1924 年，上海引进来克亨蛋鸡，每羽年产蛋约 160 只。蛋鸭品种主要以绍鸭为主，肉鸭以娄门鸭为主。长兴岛、横沙岛农民利用沿江沿滩、圩堤养鸭，"鸭窝沙"因养鸭得名，松江陈坊桥、佘山一带是有名的鸭蛋产区，私人养鸭盛行。

上海解放初，家禽饲养数量在 205.1 万只左右，平均每个农户 3.1 只。1949 年末，全市农村户均养鸡鸭 3.1 只，市郊、松江专区、崇明县合计圈存 205.1 万羽。20 世纪 50 年代，上海引进北京白鸭。1958 年，上海县新泾公社田杜生产队、周家塔生产队办集体鸭场，始有集体饲养。是年，全市有0.7万个肉鸡场。1950年末，全市圈存家禽218.38万只，当年上市活禽4.67万只，鲜蛋43.5万千克。上海早期饲养鸡种基本上是肉蛋兼用型的浦东鸡、芦花鸡、狼山鸡、萧山鸡、乌骨鸡和本地杂草鸡等；20世纪60年代起，分蛋鸡、肉鸡。肉鸡中，1965年引进白洛克、白考尼许、红考尼许，早期生长快，饲养期比原来地方品种缩短近一个月。70年代以来，上海引进星波罗、宝星、AA等白鸡系列，红波罗、迪高等黄鸡品种和安卡红系列。20世纪70年代，市农科院采用浦东鸡和白洛克杂交方法，历经10年，于1980年培育成“新浦东鸡”，并远销国内20多个省市。肉鸡的主要品种有浦东鸡、白洛克鸡、海波罗肉鸡、星波罗鸡、新浦东鸡、红波罗鸡、海佩科鸡、狄高肉鸡、罗斯1号肉鸡、明星肉鸡、AA肉鸡、安卡白鸡、安卡红鸡。1978年末，全市家禽存栏数达1005.9万只，上市活禽1732.5万只，上市鲜蛋2230万千克，分别是上海解放初的4.6倍、370倍和52倍。

蛋鸡中，上海1981年引进产褐壳蛋罗斯鸡、罗曼鸡等品种；1987年，引进伊莎，每羽年产蛋约260个；以后又引进迪卡、罗曼等品种。1991年，华申罗曼褐壳蛋鸡曾祖代鸡场建立。1995年，罗曼鸡饲养量占全市蛋鸡饲养量83%，每羽年均产蛋15.06公斤。蛋鸡的主要品种有白来航蛋鸡、海塞克斯蛋鸡、罗斯褐壳蛋鸡、迪卡•沃伦蛋鸡、伊莎蛋鸡、罗曼褐壳蛋鸡、海兰蛋鸡、金黄Ⅲ系蛋鸡、北京白蛋鸡、新杨白蛋鸡、新杨褐蛋鸡、新杨绿蛋鸡。

20世纪80年代，上海引进狄高鸭和瘦肉型樱桃谷鸭。1987年，上海市农科院畜牧兽医研究所育成芙蓉鸭，用北京白鸭与樱桃谷鸭杂交出青浦白鸭。20世纪八九十年代，上海引进饲养肉鸽、鹌鹑、火鸡、鸵鸟、水貂等畜禽。1995年，全市肉禽上市14882万只，鲜蛋上市14783万公斤，年末圈存2269.8万只。1978—2000年，上海家禽年末存栏数、肉禽上市量、禽蛋上市量从1006万只、1733万只、2.28万吨，上升到4058万只、17213万只、16.64万吨。

进入21世纪，上海家禽养殖业按照生态化要求进行调整。全市畜禽生产总量调减30%，规模化畜禽场控制在700家左右，鲜蛋年产量从1.6亿千克下调到0.6亿千克，肉禽饲养量稳定在0.8亿只。大量家禽养殖场歇业转产或搬迁至外地。2002—2003年，上海的肉鸭和蛋鸭养殖达到高峰，肉鸭年上市数量达到4000万只，鸭蛋年产量达到10.6万吨，2003年后，肉鸭和蛋鸭生产因禽病困扰、环境治理、养殖规模缩减等多重因素影响，逐年下降。至2010年，全市肉鸭上市652万只，鸭蛋上市3.23万吨。2010年，全市家禽存栏量、出栏数和鲜蛋上市量分别下降为1308万只、4083万只、6.28万吨。至2022年，家禽累计出栏457.88万只，蛋鸡存栏380.06万只，鲜蛋产量4.64万吨。

资料链接：

《上海通志》第二十二卷　　《上海农业志》　　《上海市志·农业分志·畜牧业卷（1978—2010）》

渔　业

捕捞　上海地处东海之滨，捕鱼历史悠久，汉晋之际，松江两岸居民多捕鱼为生，渔民创造一种用于捕鱼捉蟹的工具称为“沪”（即“簖”）。当时吴淞江下游近海处一段称为“沪渎”。晚唐诗人陆龟蒙在其《渔具咏》序中说：“列竹于海澨曰沪，吴之沪渎是也。”上海也因此而简称“沪”。唐代上海渔业兴盛，诗人皮日休在《钓侣二章》诗注中说，“吴中卖鱼论斗”，“海濒之民以网罟蒲嬴之利而自业者，比于农圃”。上海素有食鱼的习俗。鱼虾的分散自由交易，早已存在。清康熙六年（1667年）上海已有中间商鱼行产生。1843年上海开辟为通商口岸后，日本船“千岁丸”在同治元年（1862年）载水产品来沪贸易。当时，在小东门大街（今方浜东路十六铺一段）已是鱼行林立，形成鱼行街。

自清光绪三十年（1904年）张謇引进“福海”号拖网渔轮，首创江浙渔业公司后，至1934年上海已有经营海洋捕捞的企业21家，共有拖网渔轮16艘，手缲网渔轮25艘，年产量近4000吨。1936年，国内规模最大的上海鱼市场开业，成为华东地区水产品集散地，也是全国设施最完善、交易量最大的鱼市场。抗日战争期间，长江口渔场基本被日本渔轮霸占。1946年8月，国民政府为了接受联合国善后救济总署价值2700万美元的救济物资，在复兴岛原鱼市场旧址成立了渔业善后物资管理处，共接受美式渔轮70艘、澳式渔轮56艘，并在岛内设立配套的修船厂、修网厂、鱼肝油厂等后勤设施，初步形成复兴岛海洋渔业基地。还接管了日伪渔轮及配套设施，成立了中华水产公司。民营的机轮捕捞企业在抗日战争胜利后亦有所恢复，至1948年已有10余家公司。虽然上海的机轮海洋捕捞产量达1.93万吨，但上海渔业仍以水产品贸易为主，机轮海洋捕捞为辅。

上海解放后，政府重视发展渔业生产，渔轮由解放初期的26艘发展到70年代的250余艘。1956年12月，上海市水产局成立。1958—1964年，每年水产品产量一直稳定在

15万～17万吨，但货源已逐渐转为自产为主。1964年从渔轮和郊县的收购量达到12.06万吨，占货源63.3%。在猪肉货源短缺的1961年，上海曾一度"以鱼代肉"弥补计划供应。此外，从1959年起，上海还承担向全国各地中转水产品任务，1964年中转的水产品达5.24万吨。市水产局于1959年成立上海市郊区渔业指挥部，具体负责群众海洋捕捞。

淡水捕捞方面，上海以长江捕捞和内河捕捞为主，以市民喜爱的长江口盛产的银鱼、凤鲚、刀鲚、虾蟹为主。1971年，产量7483吨，创历史最高纪录。以后，由于受城市污水影响，产量逐年下降。

1979年，郊区群众海洋捕捞有拖网、围网和沿海定置网，占全市海洋捕捞总产量的19.38%。机轮捕捞技术突破的同时，作业渔场亦相应扩大，不仅开拓了海礁产卵带鱼渔场、东海中北部外海的带鱼渔场，而且发现大黄鱼等多种底层鱼的渔场，作业渔场已涉及大陆架边缘。机轮捕捞的产量，从1959年的5.03万吨增至1964年的10.44万吨。机轮海洋捕捞产量已占上海水产品货源的59.4%，形成了"吃鱼靠船"的新格局。1964年，产值达到4910万元。1970年后3年内共投资6000多万元，新建了84艘渔轮，生产渔轮数增加到255艘。1973年渔轮的年产量达到12.70万吨。由于带鱼和鲱鱼资源的变化，虽然新开发了外海的马面鱼资源，渔轮拖网的年产量仍保持在10万吨水平。1980年后，上海渔业资源增殖保护力度不断加大，制定了禁渔区和禁渔期，防止过度、违规捕捞。上海逐步调整捕捞渔业，积极发展远洋捕捞渔业，开始跨出东海、黄海，走向世界渔场。1985年，从国外引进的我国第一艘远洋拖网加工渔轮"开创"号抵达上海。上海远洋渔业公司成立，先后引进大型拖网加工渔轮"开创""开拓""开发""开丰"号4艘及"开源"号远洋运输船1艘去白令海投入生产。此外，上海还通过国际渔业合作的方式开展过洋性合作捕鱼，1986—1990年，先后有12艘渔轮与伊朗合作捕鱼；1989年5月—1991年6月，又先后4次派出渔轮20艘在西非摩洛哥沿海合作捕鱼。至1990年，全市有远洋拖网加工船2艘，冷藏运输船1艘，过洋性拖网渔轮24艘投入远洋渔业。为了适应远洋渔业的需要，上海先后在美国西雅图设立代表处，在西班牙拉斯帕尔玛斯设立上海远洋渔业公司驻西非总部，负责远洋渔业的生产经营管理工作。远洋渔业的发展为国营渔轮摆脱近海渔业资源困境，闯出了一条新路。1990年，远洋渔业的产量达到2.28万吨，占当年机轮渔业产量17.2%。1993年起，上海又发展了北太平洋鱿钓渔业，1995年有18艘鱿钓渔轮投产，共产鱿鱼6400吨。远洋渔业的总产量（包括鱿钓产量）达到7.66万吨，占渔轮总产量达60.3%，超过近海产量。2002年，上海实施农业部海洋捕捞渔民转业的减船拆解规定，在长江流域实施禁渔，上海每年从4月1日至6月30日在南汇嘴与启东嘴连线以西至江苏浏河口长江段实施禁渔制度。2006 年，根据国家政策规定，上海实施以减船为主的转产转业方针。共拆解海洋渔船 130 艘，转产转业渔民 857 人，渔船数量从 2002 年的 704 艘减到 2010 年的 441 艘。2007 年，国有捕捞企业退出近海捕捞生产。2010 年，内陆河沟自然水域捕捞量 5507 吨。上海市海洋渔业公司是上海唯一的大型国营海洋捕捞企业，在东海、黄海从事拖网和围网两种捕捞生产作业。至 2010 年，上海海洋渔业生产渔船 459 艘，年产量 2.15 万吨；长江捕捞渔船 262 艘，年产 228 吨；内陆渔船 933 艘，年产量 5507 吨。2022 年，上海水产品总产量 25.89 万吨，其中淡水水产品产量 11.66 万吨，海水水产品产量 14.23 万吨，渔民人均纯收入 30306.99 元。全年，上海远洋渔业企业运回远洋自捕水产品 12.09 万吨，占全市远洋捕捞总产量的 91.45%。

养殖 上海郊区农村，民间素有淡水养鱼传统。南宋绍熙四年（1193 年）编纂的《云间志》记载,《陆瑁养鱼池》诗云：“野人非昔人，亦复水上居。纷纷水中游，岂是昔时鱼？吹波浮还没，竞食糟糠余。吞舟不可见，守此岁月除。”可见当时在今松江一带已有池塘养鱼。明吴郡黄省曾著《鱼经》记载：“今之俗，惟购鱼秧，其秧也，渔人泛大江，乘潮而布网取之者。初也如针锋然，乃饲之以鸡鸭之卵黄，或大麦之麸屑，或炒大豆之末。稍大，则鬻鱼池养之。”“白鲢，乃鱼之贵者，白露左右，始可纳之池中。”“鲻鱼，松之人于潮泥地凿池，仲春，潮水中捕盈寸者养之，秋而盈尺，腹背皆腴，为池鱼之最。”由此可见，在明代渔民已经具有采捕长江鱼苗和沿海鲻鱼苗从事淡、海水养鱼的习惯，民间也早已有在村前屋后园沟宅河养鱼自给习惯。民国期间，嘉定、南汇等县曾先后成立过养鱼合作社，但因偷抢鱼等社会矛盾，未能持久。

上海解放后，渔民组织起来，走上淡水养鱼集体化道路。1960 年淡水养殖鱼产量 4849 吨。1960 年后，郊区曾进行海水养殖试验，试养过鱼、虾、蟹、贝、藻类 20 余个品种，均未见成效而告终。1978 年起开始由原有河沟养殖转向精养鱼塘养殖，并大规模建设了商品鱼基地。1978 年，淡水养殖总产量 1.11 万吨，到 1984 年末共建成精养鱼塘 5.98 万亩。1979 年起，上海市水产研究所试验成功的对虾养殖迅速推广发展，到 1985 年，奉贤和金山县围垦滩涂，开挖精养对虾塘达 6300 亩，年产对虾 568 吨，产品主要出口创汇。1987 年，南汇、崇明县也相继发展对虾养殖生产。由于崇明岛滩涂盐度太低，试养 3 年后结束。随着郊区副食品生产布局的调整，各县精养鱼塘的建设步伐加快，1985—1988 年，全市共拨出补贴资金 7500 万元，无息贷款 6000 万元以及世界银行贷款 743 万个 SDR（特别提款权），累计建成精养鱼塘 15.8 万亩。随着资金、技术的到位，精养鱼塘亩产从 1985 年的 305 公斤提高到1990年的446公斤。1990年，全市淡水鱼的总产量达到10.31万吨，其中精养鱼塘产量为7.39万吨，占71.6%，淡水鱼一年四季有活鱼上市。1995年全市淡水养殖总面积达32990公顷（合49.485万亩），年产淡水鱼123064吨。1999年，全市累计建成精养鱼塘1.10万公顷（合16.54万亩），年产鲜鱼7.4万吨。海水养殖方面，至1990年底，郊县和沿海国营农场共发展对虾养殖面积1600公顷（合2.4万亩），年产对虾3500吨，出口占71%，累计创汇8500万美元，其中，对虾养殖面积最大的奉贤县10年中累计创汇达7200万美元。1992年全市对虾养殖面积24174亩，产量5200吨，对虾成为上海水产出口的拳头产品。1993年夏，因暴发虾病，对虾大批死亡，97%的对虾塘绝产，对虾总产量仅445吨，养虾渔民经济损失近亿元，对虾养殖一蹶不振。1999年起，上海水产养殖进行产业结构调整，形成沿长江口以河蟹养殖和蟹种培育为主的产业区域、沿杭州湾以虾类养殖为主的产业区域和沿淀山湖以淡水鱼和虾类养殖为主的产业区域，逐步形成“南虾北蟹”的区域养殖优势。1991—2010年，以四大家鱼为主的淡水鱼养殖单位面积产量高，总产量比较稳定。2005年，随着杭州湾沿海化工区的建设和污染加重，原海水养殖部分池塘被征用。2007年，海水养殖产量35吨。2008年，沿杭州湾存留的养殖水面开始引入淡水养殖南美白对虾和罗氏沼虾等品种。2010年，上海淡水鱼养殖建成生态型标准化养殖场75个，养殖面积合7.04万亩；建成健康型标准化养殖场120个，养殖面积2.81万亩；全市水产养殖总产量16.25万吨。

至2022年，全市拥有淡水养殖面积20.25万亩，水产品25.89万吨，捕捞渔船和渔业辅助船等各类渔船512艘。上海地区主要经济水产品种类有50多种。海洋经济种类包括黄海南部和东海及长江口外的鱼类有大黄鱼、小黄鱼、带鱼、鲳、鳓、绿鳍马面鲀、棘头梅童鱼、海鳗、舌鳎、日本鲭，甲壳类有葛氏长臂虾、哈氏仿对虾、中华管鞭虾、鹰爪虾、中国明对虾、三疣梭子蟹、细点圆趾蟹。其他类有曼氏无针乌贼、海蜇等；长江口水域和杭州湾北岸带的鱼类有长吻鮠、银鱼、凤鲚、刀鲚、日本鳗鲡苗、鲥、鲻、河鲀，甲壳类有白虾、中华绒螯蟹苗等；内河经济种类的鱼类有青鱼、草鱼、鲢、鳙、鲤、鲫、鳊、翘嘴红鲌、蒙古红鲌、花䱻、黄颡鱼、鳜、乌鳢、松江鲈、细鳞鲴、黄鳝，甲壳类的有日本沼虾、中华绒螯蟹，鱼鳖类有中华鳖，贝类有方形环棱螺、河蚬、三角帆蚌、褶闻冠蚌；引进外来品种中，鱼类有斑点叉尾鮰、大口黑鲈、尼罗罗非鱼、淡水白鲳、革胡子鲶、美洲西鲱，甲壳类有罗氏沼虾、南美白对虾、克氏原螯虾。

资料链接：

《上海通志》第二十二卷　　《上海渔业志》　　《上海市志·农业分志·渔业卷（1978—2010）》

农 垦

1954年9月，奉贤农场（今五四农场）建立，是上海地区最早的国营农场。1960年9月，上海市围垦总指挥部成立；1963年3月撤销，成立上海市农垦局。20世纪五六十年代上海的农垦职工队伍比较多样化，有县属农场职工、当地农民，经营以农业为主，种植业以种植粮食、棉花和油菜为主，养殖业以养猪为主。1966年后，上海国营农场的隶属关系几经变化，先后由上海市上山下乡办公室、上海市革命委员会郊区组（农场组）、上海市农业局管辖。1968年农垦职工队伍以安置城镇上山下乡的知识青年为主。至1978年，上海先后安置知青达36.88余万人。1976年6月，上海市农场管理成立，统一管理市域内外18个国营农场及有关公司、工厂。

20世纪80年代，上海大力发展第三产业。1980年上海市农垦农工商联合会企业总公司的成立，标志着上海农垦有了自己的商业体系。1981年，上海农垦在农业上开始实施联产承包经营责任制。至1990年底，上海共有18个国营农场，15个域内农场：崇明有跃进、新海、红星、长征、东风、长江、前进、前哨、前卫9个农场；南汇有朝阳、东海、葫潮港3个农场；奉贤有五四、燎原、星火3个农场。5个域外农场：海丰农场、上海农场、川东农场，位于江苏省大丰市境内；白茅岭农场位于安徽省郎溪、广德两县境内；军天湖农场位于安徽省宣城市境内。1991年，上海农垦利润总额、职工年平均创立居全国之首。

随着20世纪90年代上海农工商集团的整合发展，上海农垦经营更具商业性、规模化。1994年9月，上海市农场管理局撤销，组建上海市农工商（集团）总公司。1995年12月，上海市国资委授权上海市农工商（集团）总公司经营上海农垦系统国有资产。1998年12月，市政府同意将上海农场局下属前卫农场划归宝山区管理。1999年6月，农工商集团总公司设“上海市农场管理局社区管理办公室”，各农场相应成立社区管理办公室。2000—2004年，农工商集团将属下的18个国营农场整合归并为7个。2005年，国营农场归并为5个，分别是跃进农场、长江农场、东海农场、五四农场和海丰农场。2005 年 8 月，农工商集团和奉贤区政府就原五四、星火、燎原农场行政和社会管理等职能属地化移交工作签订协议。2006 年 7 月，农工商集团和南汇区政府就原朝阳、芦潮港农场行政和社会管理属地化移交工作签订协议。2006 年 8 月，上海农工商集团完成变更登记，成立光明食品（集团）有限公司。2008 年 9 月，光明食品集团和崇明县政府就原跃进、新海、红星、长征、东风、长江、前进、前哨等农场行政和社会管理等职能属地化移交工作达成协议。2009 年 7 月，市劳教局与光明食品集团签订移交协议，实施“所场分开”后的上海农场、川东农场移交给光明食品集团管理。2010 年，光明食品（集团）有限公司拥有土地 5.2 万公顷，耕地 2.2 万公顷。2022 年底，光明食品集团所属农场经过拆并后，下辖上海市崇明农场、五四农场有限公司、花卉集团及域外江苏盐城上海农场、安徽宣城白茅岭农场，耕地总面积 1.64 万公顷。

资料链接：

《上海农垦志》

《上海市级专志·光明食品（集团）有限公司志》

工　　业

JI JIAN SHANG HAI ZHI

上海是中国近代工业的发源地之一。19 世纪 40—60 年代，上海出现以修船造船、丝绸纺织、印刷等为主的近代工业，多为外国人开办。清道光二十三年（1843 年），上海首家工业企业英商墨海书馆创办，经营书籍印刷。咸丰二年（1852 年），美商伯维修造船公司和杜那普船坞创立，上海出现首批造船厂。同治年间洋务运动兴起，同治四年（1865 年）李鸿章等创办官办江南制造总局，制造军火、轮船、火药、机床，冶炼钢铁，开设翻译馆，传播西方先进技术，成为中国近代工业的摇篮。至 19 世纪 90 年代初，华商企业增至 30 多家，经营业务由船舶修造扩展到多种行业。光绪二十一年（1895 年）《马关条约》签订后，外商在中国通商口岸设厂和输入机器合法化，英、美、日等国资本进入上海，开设大批工厂。同时，清廷放宽对私人办企业的限制，并颁布《振兴工业给奖章程》等，华商企业得到进一步发展。到辛亥革命前夕，上海出现华商造纸、面粉、染织、呢绒、麻纺织、卷烟、食品、榨油、烛皂等新行业，有电灯公司、求新机器轮船制造厂、大隆机器厂等知名企业。

1914—1918 年第一次世界大战（简称一战）期间，西方列强减少对中国的商品和资本输出，为上海华商工业发展提供契机。1921 年，上海主要工业行业棉纺织业有企业 109 家，华商纱厂纱锭从 1913 年 15 万枚增至 80 万枚。一战后，外商重新加强对中国的资本输出，在上海开设的工厂规模、水平都超过以前。国际资本的大规模投入，加快上海工业的发展，同时给民族资本工业带来严重威胁。1925 年五卅运动，激起民众抵制外货、提倡国货运动，为上海华商工业发展提供新的机遇。20 世纪 30 年代，上海工业发展达到新的高峰，生产规模几乎占全国之半。1933 年，工业资产总额约占全国 40%，产业工人约占全国 43%，工业产值约占全国 50%。到 1937 年 6 月，全市有工厂 5515 家，其中，棉纺厂 65 家，约占全国 43.9%，纱锭占全国 40.2%；卷烟厂 46 家，约占全国 76.7%；面粉厂 12 家，占全国 9.8%，磨粉机占全国32.7%；发电厂7家，装机容量26万千瓦，占全国总量45.5%。

1937年8月淞沪抗战爆发，11月上海沦陷，对上海工业造成极大的摧残。全市约有2270家工厂毁于日军炮火，148家民营企业和1.2万吨机器物资转移到重庆等后方，一批工厂迁入租界经营，3年间租界增加工厂1000多家。1943年，华商工厂约倒闭2/3，剩1145家；纺织业约90%纱锭闲置，面粉厂开工率不到10%，化学工业、电器工业和机器五金工业企业开工率为5%～8%。1945年抗日战争胜利后，上海工业有所恢复。1946年内战全面爆发，上海工业又陷入困境。1949年1月，74家毛纺织厂仅2家正常生产。开埠至上海解放前夕，以轻纺工业为主体的上海工业规模、生产水平均居全国之首，但在总体上，基础薄弱，许多工业门类空白，对外国资本有很大的依赖性。1949年，全市工厂20307家（其中私营企业20164家），工业总产值35.06亿元，生产规模在全市工业居前八位的纺织、卷烟、火柴、肥皂、面粉、皮革、橡胶等轻工业门类总产值占76%，钢铁、化工等原材料工业占3.3%，装备工业占8.5%。

1949年上海解放后，采取一系列措施，恢复和发展工业生产。经过三年经济恢复，全市工业生产恢复到民国以来的最高水平。1952年和1949年相较，全市工业总产值增至68.06亿元，增加94%；工厂增至25878家（其中私营25613家）；棉纱产量从13.3万吨增至25.07万吨，钢产量从0.52万吨增至7.14万吨，金属切削机床产量从690台增至3789台。

“一五”（1953—1957年）期间，按照中央对上海要发挥老工业基地作用、上海为市场提供更多轻纺产品、从各方面为国家重点建设出力的要求，组织21万名上海工人（其中技术人员0.54万余人、技工6.3万人）落户外省市，支援外地建设。工业建设实施“改建为主、新建为辅”的方针，加强薄弱环节，发挥老企业作用。“二五”（1958—1962年）期间，上海继续调整全市工业地区布局，大批企业新建和改造项目向市郊发展，形成闵行、吴泾、嘉定、安亭、松江、吴淞、桃浦、彭浦、高桥、漕河泾等多个卫星工业城镇和工业新区。从“一五”开始，上海工业就把投资重点放在重工业方面，同时在1956—1965年先后对全市工业进行三次大规模的调整改组，裁并改合生产能力过大的纺织、卷烟、制笔等轻纺行业，从无到有建立了电子、自动化仪表、航天、汽车、石油化工、航空等新的工业部门或企业。20世纪70年代后，上海已经由一个以轻纺工业为主的工业基地演变为一个生产体系健全、协作能力较强、轻重工业比重较为适当的综合性工业基地。

1978年改革开放后，上海工业产业结构持续调整。1979—1983年，上海工业进行恢复性调整，发展适销对路产品，增加生产能力，提高产品质量。将原来属于轻工业、手工业系统生产电子产品的18家全民所有制工厂和75家集体所有制工厂划归仪表电讯工业局领导，集中经营资源，生产电视机等市场短缺产品。1984—1990 年，上海工业由适应性调整转为恢复性调整，重点发展“高、精、尖”产品和优质名牌产品，同时有针对性地对汽车、电站设备、钢铁、石油化工、轮胎、家用电器等十几个行业进行重点改造。

1990 年 9 月，上海提出重点发展轿车制造业、通信设备制造业、微电子和计算机制造业、电站设备制造业、石油化工工业、化学工业及机电一体化装备工业、家用电器、精细化工等行业；同时，大规模压缩纺织、轻工、仪电等传统产业。1991—1995 年，上海工业由适应性调整转向战略性调整。1992 年 12 月，中共上海市第六次代表大会提出，上海调整产业结构必须按照“三、二、一”发展顺序，优先发展第三产业，积极调整第二产业，稳定提高第一产业。到 2000 年，上海形成具有相当规模的高新技术产业群，重点行业和骨干企业的技术水平达到 20 世纪 90 年代的国际水平。汽车、通信设备、电站成套设备、石油化工及精细化工、钢铁、家用电子电器六大支柱产业迅速发展并形成规模经济，支撑了整个工业的发展速度和运行质量。1996—2000 年，全市围绕提高工业经济水平和质量上档次，加快调整中发展，形成以高新技术产业为主导，支柱工业为支撑，都市型工业为特色的现代工业体系。按照“面向新世纪、建设新高地、再创新辉煌”的战略决策，2000 年起，上海工业领域进入在发展中调整提升阶段，“十五”（2001—2005 年）期间支柱工业调整为电子信息设备制造业、汽车制造业、石油化工及精细化工制造业、精品钢材制造业、电站设备及大型成套设备制造业、生物医药制造业，集成电路与计算机、现代生物医药、新材料三大高新技术产业继续发展。“十一五”（2006—2010 年）期间，上海工业积极转变经济增长方式，探索二、三产业联动发展，使先进制造业和现代服务业并驾齐驱，提高国际竞争力。在发展先进制造业中，上海以提升自主创新能力为核心，运用新技术、新装备、新工艺提升支柱产业，壮大战略产业，推进装备产业，发展新兴产业；在发展现代服务业中，以信息化为基础，以现代服务业集聚区为突破口，以大型服务企业集团为载体，积极承接国际服务外包业务，不断提升服务业的规模和水平。“十二五”（2011—2015 年）期间，全市认真实施“高端化、集约化、服务化和二、三产业融合”发展的方针，加快实施一批国家战略项目和重大项目，推进产业技术创新体系建设，推动实施“制造 + 服务”，推动了上海工业转型升级和机构优化，不断提升发展质量和效益。2001—2018 年，六大支柱产业总产值在全市工业总产值中的比重始终占据半壁江山。2005—2013 年，上海高新技术产业总产值占到全市的 25% 左右。同时，上海都市型工业发展势头超越 1998—2000 年，年均增长率达到 9.4%。

“十三五”（2016—2020 年）期间，“上海制造”品牌有力打响，形成一批名品、名企、名家、名园。3 家企业进入世界 500 强，48 家企业和产品获得“上海品牌”认证，制造业

"隐形冠军"企业超过 500 家；培育引进一批重点产业领域的高端人才；国家新型工业化产业示范基地达到 20 个，推出首批 26 个市级特色产业园区。上海工业在关键战略领域创新突破。C919 国产大型客机成功首飞，CR929 宽体客机启动设计，ARJ21 支线客机开展商业运营，大型邮轮开工建设，国家重型燃气轮机试验基地启动建设，建成全球北斗地基增强系统，参与"墨子号""嫦娥五号""天问一号"等航天发射任务，国家集成电路、智能传感器 2 个制造业创新中心落户上海。上海瞄准关键领域，实施 169 个工业强基项目，布局一批国家级、市级制造业创新中心和企业技术中心；加快培育引领未来发展的新动能产业，推动集成电路、生物医药、人工智能 3 个"上海方案"落地。集成电路实现 14 纳米先进工艺规模量产，5 纳米刻蚀机、12 英寸大硅片、国产 CPU、5G 芯片等技术产品打破垄断；生物医药加快向"首发引领"转型，涌现阿尔茨海默症等领域全球首研新药、PET-CT（正电子发射计算机断层显像）等国际一流医疗器械；人工智能入选国家创新发展试验区和创新应用先导区，云端智能芯片取得突破，连续成功举办 3 届世界人工智能大会。战略性新兴产业制造业产值从 8064 亿元提高到 13931 亿元，占规模以上工业总产值比重从 26% 提高到 40%。新业态新模式蓬勃兴起。制造业和服务业、工业化和信息化加快融合发展。生产性服务业重点领域营业收入超过 3 万亿元，生产性服务业功能区单位土地面积营业收入达到 319 亿元 / 平方公里，认定一批服务型制造示范企业、项目和平台。在线新经济、新生代互联网企业快速发展，软件和信息服务业营业收入突破万亿规模，年均增速超过 12%，文化创意产业年均增长超过 10%。

"十四五"（2021—2025 年）规划开始，上海发挥产业基础和资源禀赋优势，以集成电路、生物医药、人工智能三大先导产业为引领，大力发展电子信息、生命健康、汽车、高端装备、先进材料、时尚消费品六大重点产业，构建"3+6"新型产业体系，打造具有国际竞争力的高端产业集群。2022 年，全年完成工业总产值 42505.68 亿元，工业增加值超 1 万亿元。三大先导产业规模超 1.4 万亿元，其中集成电路产业超 3000 亿元，生物医药产业超 8000 亿元，人工智能产业超 3500 亿元。

规模与效益

清道光二十三年（1843 年）至光绪二十年（1894 年），有 88 家外商工厂在上海开办，在沪外商企业有从业人员 3.6 万人。同治四年（1865 年），江南制造局创办。宣统二年（1910 年），员工 500 人以上企业从业人员 7.6 万人。宣统三年（1911 年）上海有 90 余家中资官办、华商工厂。民国时期，外商华商企业都有发展。1926年3月，上海对棉纺、制革、造纸、水电、翻砂等58个行业统计，有员工13.37万人。20世纪30年代，上海工业发展达到新的高峰，生产规模几乎占全国之半。1933年，工业资产总额约占全国40%，产业工人约占全国43%，工业产值约占全国50%。据1935年上海社会局调查统计，全市外商企业113家，官办、华商企业3618家，从业人员25.92万人。1937年6月，全市有工厂5515家，其中，棉纺厂65家，约占全国43.9%；纱锭占全国40.2%；卷烟厂46家，约占全国76.7%；面粉厂12家，占全国9.8%，磨粉机占全国32.7%；发电厂7家，装机容量26万千瓦，占全国总量45.5%。1937年八一三事变，约有2270家工厂被毁。同时，因抗日战争全面爆发，有148家工厂内迁，外商企业亦一蹶不振。抗日战争胜利后，官僚资本、华商企业一度复兴，此后因内战，美国倾销剩余物品，企业大都停业、倒闭。

1949年6月，全市有工业企业20307家。其中，除由上海市军管会接管的81家工厂和外商企业较有规模外，70%为从业人员厂均不足10人、设备简陋的私营小厂。1949年末，全市工业部门有职工53.08万人。经过三年经济恢复，私营企业增加。1952年，全市有工厂25878家，其中私营企业25613家、大中型企业82家。全市工业部门职工83.38万人，其中集体所有制单位8.74万人。1953年起，全国开展社会主义改造。1956年，全市企业减为18724家，其中全民所有制工业17090家，集体所有制工业企业1628家。"一五"期间，工业基本建设以"改建为主，新建为辅"，改建扩建石油化工、制药、机电等基础工业，到1957年大中型骨干企业增为121家。

1958年，嘉定、松江等江苏省10县的213家公私合营工业企业划归上海市。其间，区属里弄生产组迅速发展，城乡集体工业企业增至6499家，其中县属及农村人民公社工业企业3718家。同时，全市工业基本建设增加冶金、化工、电力、建筑材料等行业投资，新建、扩建一批骨干企业，到1965年，大中型企业增为404家。全市工业企业经过裁、并、改、合，农村社队工业通过整顿、调整收缩，全市工业企业减为8189家，其中国有企业3424家，集体企业4765家；县属及公社以上工业企业减为1034家。至1978年，全市工业总产值514.01亿元，较经济恢复结束时的1952年增长7.1倍。

改革开放以后，上海工业得到恢复性发展。1978年，全市完成工业总产值514.01亿元。其中，轻工业产值266.02亿元，重工业产值247.99亿元。至1989年，上海工业在调整中保持稳定发展。全市有工业企业13277家，工业企业从业人数355.68万人，拥有固定资产净值485.06亿元，完成工业总产值1524.67亿元，实现利税总额227.62亿元。工业增加值为432.92亿元，占全市国内生产总值的62.2%。

1992年12月，中共上海市第六次代表大会提出，要形成一批体现上海特大型城市功能、地位和作用的重点产业，大规模压缩纺织工业。至1998年，全市有工业企业22450家，工业企业从业人数284.67万人，拥有固定资产净值2853.76亿元，完成工业总产值5763.67亿元，实现利税总额481.01亿元。工业增加值为1646.70亿元，占全市国内生产总值的44.6%。

进入21世纪，上海工业经济总量继续保持快速增长。2000年，上海有村及村以上工业企业19719家，其中，独立核算工业企业19516家，从业人数248.90万人。全市完成工业总产值7022.98亿元，其中，轻工业产值2903.40亿元，重工业产值4119.59亿元，分别比"八五"期末的1995年增长31.28%、19.35%、41.23%。重工业在上海工业中的比重达到58.66%。全市实现工业增加值1956.66亿元，六大支柱产业完成总产值3336.76亿元，占全市工业总产值的52.3%。尤其是信息产品制造业实现产值达819.5亿元，增长41.7%，成为上海工业第一支柱产业。全市独立核算工业企业实现利税总额757.96亿元。至2010年，全市有工业企业59510家，工业企业从业人数367.63万人，拥有固定资产净值8070.95亿元，完成工业总产值31038.57亿元，实现利税总额3694.67亿元。工业增加值为6536.21亿元，占全市国内生产总值的38.1%。高新技术产业重点领域产业规模达8859亿元，占全市工业总产值的21.1%。六个重点发展工业行业完成工业总产值19891.08亿元，占全市工业总产值的66.1%。2008—2010年，上海用3年时间实现工业总产值从2万亿元到3万亿元的飞跃。1991—2008年，工业经济总量连续17年保持两位数高速增长。1978—2010年，上海工业总产值从500亿元到1000亿元，花了10年；从1000亿元到5000亿元，花了8年；从5000亿元到1万亿元，花了8年；从1万亿元到2万亿元，花了4年；从2万亿元到3万亿元，花了3年。2010年与1978年相比，上海工业总产值增长59.39倍，工业增加值增长30.5倍，工业企业数增加6.47倍，工业企业从业人数增加0.5倍，工业企业固定资产净值增长68.4倍。

2011—2015年，全市规模以上工业增加值年均增长4.3%，工业利润年均增长3.6%，战略性新兴产业增加值占GDP比重15%，工业增加值占GDP比重28.5%，工业税收占全市税收29.9%，单位工业增加值能耗等6项约束性指标全部完成。

2016—2020年，工业总产值从33212亿元提高到37053亿元，平均增速2%；工业增加值从7110亿元提高到9657亿元，平均增速2%。2020年，工业增加值占全市GDP比重为25%。

2020年以来，面对新冠肺炎疫情冲击，上海加强应急防疫物资生产保障，组织企业复工复产复市，持续发挥制造业支撑经济平稳运行的重要作用。2022年，全年实现工业增加值10794.54亿元，完成工业总产值42505.68亿元。其中，规模以上工业总产值40473.68亿元，工业产销率99.64%，产销衔接情况较好。全年新能源、高端装备、生物、新一代信息技术、新材料、新能源汽车、节能环保、数字创意等工业战略性新兴产业完成规模以上工业总产值17406.86亿元，占全市规模以上工业总产值比重达到43.0%。其中，新能源汽车产值增长56.9%，生物产值增长5.9%，新一代信息技术产值增长4.7%。光伏电池、新能源汽车、工业机器人、集成电路圆片产量分别增长1.2倍、56.5%、7.1%、5.5%。全年规模以上工业销售产值40328亿元，产品销售率为99.6%。规模以上工业企业主要产品中，太阳能电池产量36.19万千瓦，发电机组产量2618.08万千瓦，新能源汽车产量98.86万辆，电站用汽轮机产量1735.60万千瓦。全市工业战略性新兴产业总产值17406.86亿元，占规模以上工业总产值的43.0%。全年规模以上工业出口交货值8889亿元，工业外向度达22%，对工业销售产值增长贡献率达135%，拉动规模以上销售产值1.6个百分点；实现利润总额2788.19亿元，实现税金总额1841.67亿元。

资料链接：

《上海通志》第十七、十八卷

《上海市志·工业分志·工业综述卷（1978—2010）》

所有制结构

上海解放前，工业中私营企业占绝大比例，但官僚资本和外国资本企业掌握命脉。上海解放后，立即接管官僚资本企业，形成第一批社会主义的国有企业，分布在冶金、化工、机械、纺织等事关国计民生的重要工业部门。“一五”期间，上海市政府集中力量对一批国有企业投资，使之在全市工业和国民经济中起到了关键作用。“二五”期间，上海利用私有工业企业全部公私合营后生产资料掌握在国家手中的有利条件，新建、改建和扩建了上海第五钢铁厂、上海重型机器厂等上百个大中型国有企业。至改革开放前，公有制经济在上海工业所有制结构中占绝对主导地位，其中国有经济又在公有制中占极大的比重。1978年，上海国有工业产值占全市工业总产值的90%以上，集体所有制工业产值占8.8%，其他类型工业所占的比例极小。国有、集体和非公经济所提供的增加值之比为 89.7∶10.1∶0.2。

改革开放以来，上海工业的所有制结构逐步从过去单一的公有制结构演变成以公有制为主体，多种所有制并存、共同发展的新格局。上海工业系统一方面着力提高国有工业的竞争力和控制力，充分发挥国有工业的先导、支撑、渗透、示范和保障作用，大力扶持有利于提高上海综合竞争力的高新技术产业、支柱产业发展，增强国有工业的控制力；另一方面，对一般竞争性行业，探索建立国有资本逐步退出和社会资本进入的互动机制，营造有利于各种所有制经济共同发展的投资环境。凡是市场竞争性强的领域，向各种经济主体开放，逐步建立多元化、市场化、社会化的投融资机制，形成多种所有制形式互补发展、共同参与市场竞争的局面。

国有工业始终在国民经济中占据主导地位。改革开放以来，上海工业运用参股、合资等多种形式，以较少的国有资本调动与控制较多的社会资本，放大国有资产功能。上海全资国有资本在工业总资本中的比重虽相对有所下降，但国有经济仍牢牢控制着国民经济的重要行业和关键领域。国有经济在净资产、增加值、上缴利税总额等总量指标上始终保持着增长态势，发挥着国有企业在国民经济中支撑大局的作用。在“有所为，有所不为”原则下，根据上海要建成国际经济中心城市的长远目标，国有工业在支柱产业、高新技术产业和关系国家安全、社会稳定的关键领域和关键行业发挥着先导作用、支撑作用和保障作用。同时，国有工业有序退出一般竞争性行业，使国有资本的增量投入和存量调整都向重点领域、重点行业集中。这使得上海国有工业既保证必要的数量，在支柱产业和高新技术领域发挥国家队和主力军作用，同时也优化国有资本分布，提高国有资本质量。20 世纪 90 年代末，上海国有及国有控股企业工业总产值占全市工业总量的 47.7%，但创造的利润总额却占到 60.8%，资产负债率降至 50%，企业亏损面降至 20.5%。2010 年，国有及国有控股企业工业总产值占全市工业总量的 37.2%，创造的利润总额占到 49.2%，资产负债率降至 48.8%，企业亏损面降至 18.3%，在全国处于领先地位。2022 年，在规模以上工业总产值中，国有控股企业总产值 14600.90 亿元。

集体工业蓬勃发展给上海工业注入新的活力。20 世纪 80 年代初，上海工业为满足市场需求，大力发展轻纺、手工业和扩大外贸出口，将市区工业向郊区扩张，实现城乡经济一体化，使以城乡经济联合为主体的乡镇企业得到快速发展。80 年代中期开始，乡镇企业实行“酬利挂钩、定比分成”等经营承包责任制，调动了企业和职工的积极性，大大促进了生产力发展，使乡镇工业进入快速发展、显著收效时期，至 1990 年底，乡镇工业企业达 13574 家，从业人员达 144.94 万人，完成工业总产值 292.09 亿元，上缴税金 15.65 亿元。20 世纪

90年代中期，乡镇工业依托浦东开发开放进入高速增长期，涌现出一批规模大、市场占有率极高、效益好、有发展前途的重点骨干企业和企业集团。集体工业的蓬勃发展给上海工业经济注入了新的活力，成为上海工业经济的重要组成部分和新的经济增长点。发展高峰时的1996年上海集体工业总产值达1621.38亿元，是1979年的78倍，占全市工业经济总量由1979年的仅占3%猛升至39.46%。此后逐年回落，至2010年，上海集体工业总产值为244.53亿元，占全市工业总产值的0.81%。2022年，上海集体工业总产值为17.1279亿元。

港澳台及外商投资企业成为上海工业效益最好的领头羊。1979年7月，国家颁布《中华人民共和国中外合资经营企业法》。1980年，上海诞生第一家中外合资企业——中国迅达电梯有限公司上海电梯厂，以后上海陆续出现一些港澳台及外商投资企业。1985年，国务院决定把长江三角洲、珠江三角洲及闽南三角地区开辟为沿海经济开发区，并给予上海在吸收外资上一些特殊政策和优惠措施。1990年，中共中央、国务院宣布开发开放浦东，对外商在浦东投资的项目进一步给予优惠，港澳台及外商投资企业有了快速发展。20世纪末，世界500强中有144家在沪投资设立各类企业510余家。进入21世纪，随着上海工业国际化、市场化程度的加深，港澳台及外商投资企业规模继续扩大并占据主导地位。2010年底，港澳台及外商投资企业完成工业总产值18407.67亿元，占全市工业总产值的61.1%；实现主营业务收入19618.84亿元，占全市工业主营业务收入的61.1%；实现利润总额1370.93亿元，占全市工业利润总额的59.6%，主要经济指标所占比重居各经济类型之首，确立起在上海工业经济中的重要地位，给上海工业经济插上腾飞的翅膀。2015年，外商及港澳台投资实现工业总产值占全市规模以上工业总产值比重约60%。2022年，港澳台及外商投资企业完成工业总产值7126.4168亿元。

股份制经济发展迅速，各项指标增幅明显。1984年11月，上海成立了新中国成立后第一家由集体所有制企业改制的上海飞乐音响股份有限公司，并向社会公开发行股票。1986年，上海又成立了由国有企业改制的上海真空电子器件股份有限公司。至1993年底，上海共有44家上市的工业性股份有限公司，股金总额77.88亿元，有23家企业发行B股，另有一批企业的H股在境外发行。44家股份制企业完成销售收入240.36亿元，实现利润50亿元。20世纪90年代后期，社会资本继续向上市公司集中，证券化程度稳步提高；通过不断注入优质资产，至1998年底，国有控股的上市公司达到75家，资产总额1324亿元，占上海国有企业资产的13.9%。当时，授权经营公司基本上都拥有数量不等的上市公司，特别是出现一批如上海汽车股份有限公司、申能股份有限公司等涉及支柱产业和基础产业的特大型国有控股上市公司。进入21世纪，上海工业股份制经济增长更加迅速。2010年，股份制企业总计达到 8356 家，占上海市工业企业的“半壁江山”；从业人数 103.5 万人，拥有总资产 10339.16 亿元，实现主营业务收入 9843.62 亿元，各项指标增幅均居各经济类型之首。工业类上市公司 52 家，上市股票 53 只，其中 A 股 52 只、B 股 1 只，股票市价总值 8148.4 亿元。2022 年，工业类上市公司 238 家，国有控股工业企业工业总产值 13412.303 亿元，平均用工人数 35.7807 万人，资产总计 24819.6774 亿元。

私营经济是上海工业发展的重要组成部分。随着改革开放政策的实施和所有制结构的调整，私营经济重新获得生存空间与发展机会。20 世纪 80 年代末，上海有私营工业企业 94705 家，是 1979 年的 89 倍，并以每年 15% 的淘汰率快速发展。20 世纪 90 年代，上海私营经济取得迅速发展，成为国民经济中增长最快的部分之一。1998 年，上海私营工业企业发展到近 10 万家。在政府的积极引导下，私营经济成为社会劳动力的蓄水池，对于解决国有企业下岗职工再就业、促进社会稳定起着重要作用。进入 21 世纪，私营经济继续飞速发展。2010 年，规模以上私营工业企业 8065 家，从业人数 74.63 万人，完成工业总产值 3483.32 亿元，实现主营业务收入 3516.10 亿元，利润总额 191.57 亿元。2022 年规模以上私营工业总产值 9165.50 亿元，实现营业收入 10627.75 亿元，利润总额 718.65 亿元。私营经济占上海工业总产值 23.1%，成为上海工业经济发展重要的组成部分和最具活力的重要增长点。

资料链接：

《上海通志》第十七、十八卷　　《上海市志·工业分志·工业综述卷（1978—2010）》

空间布局

19 世纪中叶上海开埠后，从开始出现近代工业至第一次世界大战期间，外商及华商企业大多设在黄浦江、苏州河沿江地区，形成杨树浦、南市、曹家渡、闸北 4 个工业地区。1930 年，上述 4 个地区集中工厂 1781 家。1934 年，上海市颁布《上海市管理工厂设厂地址暂行通则》，规定吴淞、闸北、南市、浦东等地段为设厂区域。1937 年八一三事变后，大量工厂迁入租界，和居民住宅区混杂。1949 年 5 月上海解放前夕，全市工厂 10079 家，分布于工业区的工厂 2263 家，占全市工厂 22.5%；分布于非工业区的工厂 7816 家，占 77.5%，其中

5886家工厂与居民住宅交错在一起。

1956年、1957年，全市进行首次工业调整改组，按政府部署，部分混杂于居民住宅区的小厂并入大厂，或几家、几十家小厂合并迁至近郊。在近郊形成漕河泾、北新泾、彭浦、五角场、高桥、庆宁寺、周家渡、长桥8个有行业特点的工业区。

1957年，中共上海市委、市人大要求“逐步改造旧市区，严格控制近郊工业区的规模”，集中建设征地批准权，决定开辟闵行、吴泾、安亭、嘉定、松江5个卫星城，扩建、新建工业建设项目尽量安排在卫星城和市郊城镇。到1962年，5个卫星城基本建成。1971年，在金山县金山卫建上海石油化工总厂，1978年宝山县盛桥、月浦、石洞口一带建上海宝山钢铁总厂，连同工厂所在地区，分别形成上海第六、七个卫星城，成为全国石油化工和钢铁工业基地。

1986年10月，国务院批准《上海市城市总体规划方案》。根据方案对调整工业布局的要求，在第七个五年计划期间，加强卫星城市政建设，改善住房、商业、服务、教育、文化体育设施。市政府提出鼓励产生“三废”（废气、废水、废固体物）工业企业迁建卫星城的各项优惠政策，卫星城对中心城区企业吸引力增强，一批在市中心区的企业迁往市郊。同时，20世纪80年代中期上海又建国家级经济技术开发区：闵行经济开发区和漕河泾经济技术开发区。到1990年，市中心10区剩工业企业5739家，占全市工业企业43.8%。

20世纪90年代，随着浦东对外开发开放，上海工业系统按照工业经济发展战略和中心城工业布局调整实施规划，以产业结构调整为导向，在加快工业产品升级换代和提高产品附加值的过程中，加大中心城区工业布局调整步伐。至1995年底，对内环线106平方公里中心城区内中央和市属工业企业700个生产点进行调整，涉及企业450家，占地300万平方米。中心城区企业数量在全市企业中的比重降至34.8%。部分工厂迁址，或关闭、停产、合并、转产，出让原址，以发展房地产和其他产业。市郊各县开发、建设一批工业园区，接纳从市区迁入的工厂，引进三资项目。其间，上海重点推进“1+3+9”工业区建设。至1996年底，“1+3+9”工业开发区逐步形成。“1”指浦东新区；“3”指3个重点高新科技工业区：闵行经济技术开发区、漕河泾新兴技术开发区、上海化工区；“9”指9个市级工业区：上海工业综合开发区（原奉浦工业区）、莘庄工业区、松江工业区、康桥工业区、嘉定工业区、青浦工业区、宝山城市工业园区、崇明工业区、金山嘴工业区。与此同时，全市建成45个县级工业区。

随着六大支柱产业规模不断壮大，高新技术产业迅速崛起，以及都市型工业的发展，中共上海市委、市政府要求新一轮产业结构和工业布局要以郊区为主，推进工业重心向郊区转移、向工业园区集中，推动工业向全市区域范围科学、有序地拓展。工业系统集中力量推进大产业、大项目、大基地建设，至2002年，全市初步形成“东南西北中”的五大产业基地：东有浦东电子信息基地、南有石油化工基地、西有汽车生产基地、北有精品钢材基地、中有都市型工业，工业布局得到进一步优化。

“十一五”期间，根据上海城市总体发展战略，按照“存量优化、增量集中、产业集聚、协调发展”的方针，全市进一步形成“三环”和“东南西北中”分布的工业总体格局。同时，健全和完善41个国家级或市级开发区，新辟临港装备、长兴岛造船、航天航空、生物医药等4个新的产业基地，以及若干个各具特色的生产性服务业集聚区。截至2010年，全市已有经国家审核公示的41个开发区。其中，国家级15个，包括：经济技术开发区4个，保税区2个，出口加工区6个，高新技术开发区1个，金融贸易区1个，旅游度假区1个；市级开发区26个。开发区约占全市土地面积的10%，创造全市工业税收的49%、工业利润的39%。

“十二五”期间，产业园区集约水平稳步提升，上海建成15个国家新型工业化示范基地，工业园区每平方公里土地（已供应工业用地）工业总产值67.4亿元、营业收入126亿元，工业向开发区集中度达到80%。

“十三五”期间，上海优化产业空间布局，在全国首创发布产业地图。产业园区单位土地工业总产值从67.4亿元/平方公里提高到76.7亿元/平方公里，园区工业总产值占全市工业总产值比重超过80%。全市累计完成市级产业结构调整项目5973项、成片调整重点区域51个；绿色制造不断深入，开发设计116项绿色产品，建设100家绿色工厂、20个绿色园区、11条绿色供应链，“十三五”以来工业单位增加值能耗累计下降17%。

2022年，上海继续推进产业园区和结构调整工作，产业园区规模以上工业企业完成工业总产值32828.3亿元，占全市工业的81.8%；营业收入37087.8亿元，比上年增长1.9%；销售利润率为6.2%，高于全市工业企业平均水平。

资料链接：

《上海通志》第十七、十八卷　　《上海市志·工业分志·工业综述卷（1978—2010）》

行 业

纺织工业 上海是中国近代纺织工业的发源地。元元贞年间，松江府乌泥泾人黄道婆从海南带回捍、弹、纺、织之具，改革纺织工具和技术，教习乡亲“错纱配色，综线挈花”，织成美观实用的番布。明清时期，江南以棉纺织生产、贸易为中心的市镇不断形成，上海成为全国最大的棉纺织业中心，享有“衣被天下”的美誉。元末直至明清，棉纺织业和航运业一起成为上海的两大经济支柱。清咸丰十一年（1861 年），英商怡和洋行在苏州路（今南苏州路）创办上海第一家以蒸汽为动力的缫丝厂，取名纺丝局。光绪四年（1878 年），李鸿章在上海创立中国第一家近代棉纺织工厂上海机器织布局。1922 年，上海有棉纺锭 175 万枚，其中华资 77 万枚、日资 72 万枚、英资 26 万枚。针织、巾被、毛纺织、印染、丝绸、线带等厂相继出现，上海纺织业初步形成规模。

1949 年 5 月上海解放，纺织工业部华东纺织管理局和上海市纺织工业管理局成立。全市有纺织企业 4552 家、从业人员 23.88 万人；棉纺锭 243.54 万枚，占全国 47.23%。上海解放以后，纺织工业通过公私合营、社会主义改造、经济改组，生产力有了很大的发展。1958 年，纺织工业部华东纺织工业管理局和上海市纺织工业管理局合并为上海市纺织工业局。20 世纪 60 年代后，通过重点抓技术改造、发展化纤、开发产品、扩大出口，纺织工业跃上新的台阶。1981 年，纺织业利润 30.1 亿元，税金 13.09 亿元，创历史最高纪录，创利在全市各工业部门中居于首位，上海纺织的从业人员也是上海工业各类产业中最多的，市纺织局常年职工有 50 万～55 万人。1980—1989 年，上海纺织累计利润总额 197.17 亿元。因此，纺织业被誉为上海财政的“摇钱树”，上海的母亲工业。

进入 20 世纪 90 年代，随着上海从中国重要工业基地向建设“四个中心”的发展，从工业化城市向国际化大都市的转型，传统的劳动密集型的上海纺织工业因设备陈旧、冗员过多、负担沉重等原因，陷入困境。上海纺织业喊出“第二次创业”的口号，进行以“减员压锭”为标志的大规模适应性调整，果断实施产业结构、资本结构和劳动力结构的大调整。至 2007 年，上海关停国有纺织企业达 300 多家，职工从 20 世纪 80 年代 55 万人锐减到 2010 年 1.8 万人。同时进行体制改革，1995 年 5 月 24 日，上海市纺织工业局转制为上海纺织控股（集团）公司。纺织控股公司出资组建 14 家有限责任公司和 4 家股份制公司。2000—2010 年，上海纺织工业国资国企改革进入开放性、市场化的攻坚阶段。纺织控股公司基本结束规模性调整，国有资本从竞争性的纺织行业大幅度退出，非公经济逐步占上海纺织工业的九成以上。上海纺织初步形成“两头在外”的生产格局，“科技与时尚”成为转型发展的两大旗帜，由此走向新的发展道路。2005 年 4 月，M50 和卓维 700 被市经委命名为上海市首批创意产业集聚区，创意园区成为纺织行业转型升级的切入点。2007 年，产业园区粗具规模。2008 年，2008 年上海时装周开幕式暨上海纺织时尚之夜，以及“2008 上海时装周 · 时尚峰会”举办。至 2010 年底，上海纺织控股（集团）公司已蜕变成一家以科技为先导，以品牌营销和进出口贸易为支撑，以实业为依托的大型企业集团。公司 70% 以上的业务是进出口贸易，其中服用纺织品和产业纺织品各占半壁江山，全年以 41.8 亿美元的进出口额排名中国纺织企业第 1 位，公司的外向度达到 75%，实现传统纺织业态的根本转变。2011 年，上海纺织（集团）有限公司划归上海国资委直管。2017 年，东方国际集团和上海纺织集团联合重组为新的东方国际集团。2022 年 9 月，东方国际集团入选“2022 中国企业 500 强”榜单，排名第 251 位。2022 年，上海纺织行业实现工业总产值 400.68 亿元，利润总额 15.59 亿元，出口交货值 94.94 亿元。

资料链接：

《上海纺织工业志》　　《上海市志 · 工业分志 · 纺织业卷（1978—2010）》

轻工业　上海是中国近现代轻工业的主要发祥地之一。上海手工业起源很早，历史悠久。考古发现，6000 年前的“上海人”已经使用石质、骨质的工具，生产陶质的生活器皿和玉质的装饰礼仪用品。清道光二十三年（1843 年），英国传教士麦都思在麦家圈（今山东路福州路口）创办墨海书馆。咸丰十一年（1861 年），老妙香室粉局生产和经销香粉（鹅蛋粉）、花露水等化妆品，成为上海首家华商轻工业企业。至一战前夕，英、美、日、德等国商人开设工厂 69 家，分属 13 个行业；华商轻工企业有 38 家，分属 14 个行业。1937 年八一三事变前，全市华商轻工业企业发展到 1160 家。1949 年，全市轻工业有 30 多个行业、1975 家企业，从业人员 6 万余人，知名产品有无敌牌牙粉、明星牌花露水、三角牌雅霜、三五牌木钟、三星牌蚊香、箭刀牌肥皂、金钱牌热水瓶、梅林盾牌罐头、金鸡牌饼干、佛手牌味精、冠生园月饼、大无畏电池、ABC 糖果、孔雀牌香精等畅销全国，出口欧美、东南亚及港澳等几十个国家和地区。

上海解放后，经过三年经济恢复，到 1952 年私营企业发展到 3814 家，工业总产值 5.67

亿元，比 1949 年增长 98.5%。1956 年 1 月 20 日，全市私营轻工业全面实现社会主义改造，企业实行公私合营。手表、照相机及器材、感光材料、合成洗涤剂、工业缝纫机等中国一系列新兴产业在上海创立，上海牌手表、凤凰牌自行车、白猫牌洗衣粉、英雄牌金笔、海鸥牌照相机、上工牌工业缝纫机、红心牌电熨斗等著名品牌应运而生。1976 年，上海市轻工业局完成工业总产值 46.84 亿元。

改革开放后，上海作为中国轻工业最大的产地和内、外销中心，上海轻工业进入发展新时期。沪产手表、自行车、缝纫机等“老三件”均需凭票供应，消费者对优质上海轻工产品求之若渴。“新三件”家用洗衣机、冰箱、空调器及文体饰品行业发展了花色品种，大批上海轻工品牌产品享誉全国。1995 年之前，上海轻工业的规模长期居全国各省区市首位。1995 年 12 月 22 日，市委、市政府撤销上海市轻工业局、上海市第二轻工业局建制，组建上海轻工控股（集团）公司，拥有 883 家企业、涉及 35 个行业，职工总数逾 40 万，资产总额 400 亿元，为当时沪上最大规模的控股（集团）公司。1996 年，上海轻工 231 家小企业、6.9 万名职工“放小”划归区县。2004 年，轻工控股公司实施“市区联手、抓大放小”的国企改革，大多数二级公司整建制下放到区。2006 年 11 月，轻工控股公司由光明食品（集团）有限公司托管。2008 年 9 月 25 日，由上海表业有限公司制作的“神七”航天表的太空机芯，随神舟七号载人飞船升空，中国成为继美国、瑞士之后具有自主研制航天表机芯能力的国家。2010 年，上海轻工业规模退居全国第 11 位，但内涵提升，一批优势企业发展壮大，如光明食品（集团）、上海老凤祥有限公司等。上海轻工业着力融入时尚元素，提升自主品牌价值，光明、冠生园、梅林食品、老凤祥金银首饰、红双喜乒乓器材等知名老品牌长足发展，海立空调压缩机、佰草集及六神化妆护肤用品、晨光笔、太太乐调味品、石库门黄酒等新名牌产品成长壮大。生产性服务业发展加快，一批创意园区和轻工产业工业园区陆续建立，上海粗具规模的轻工业园区有 100 多个。

2022 年，上海轻工业规模以上企业 2257 家。全年轻工业总产值 5985 亿元，占全市制造业的 15.2%；销售收入 5960.1 亿元，利润总额 521.81 亿元，出口交货值 788 亿元。

资料链接：

《上海轻工业志》

《上海市志·工业分志·轻工业卷（1978—2010）》

机械工业　上海机械工业的历史可追溯到中国最早的机器电气工业。清同治六年（1867年），江南制造总局最早制造国产机床和轮船，成为上海机械工业的起点。光绪三年（1877年），打铁铺业主广东中山人方举赞等创办上海首家华商机器厂上海发昌机器厂，制造机床。1924年，上海机械工业企业增至284家，生产机床、抽水机、碾米机、榨油机、轧花机、纺织机、印染机、印刷机、小型柴油机、直流发电机、交流电动机、自动开关、变压器等产品。

1949年上海解放后，上海机械工业获得新生，成为上海经济发展的主力军。1954年3月，上海市人民政府重工业管理局成立，1955年3月24日改为上海市人民政府第一重工业管理局和第二重工业局；1957年4月，又合并为上海市机电工业局。1958年8月12日，分别组建上海市机械工业局和上海市电机工业局，至1961年7月两局合并为上海市第一机电工业局。

上海解放时，全市有机器厂1200多家，从业人员2.28万人，开工的工厂不到1/10。1956年，私营工商业实现社会主义改造，企业公私合营。按产品相同、工艺相近的要求，6700多家公私合营和国营企业，归口成立机床、内燃机、旋转电机、通用机械等19个专业制造公司，并扩建改建上海汽轮机厂、上海机床厂等一批大型国营企业，发展生产矿山设备、发电设备、精密机床、电缆等产品。1976年，全市工业总产值52.52亿元，利税总额17.29亿元，有工厂414家，从业人员28.05万人。

改革开放后，上海机械工业首先进行体制改革。20世纪80年代，全市平均每年开发新产品500多项。1985年10月，第一机电工业局改名为上海市机电工业管理局，至1995年5月撤销，转制为上海机电控股（集团）公司。至1990年，上海引进技术230多项，大批老企业得到改造，主要产品实现机电一体化，接近或达到当代国际水平。另一方面加强与境外知名大公司的合资、合作。汽车制造业在与德国大众和美国通用合资的同时，加紧零部件国产化配套设施建设，迅速发展成为上海工业的支柱产业。1992年起，上海机械工业跨国经营出现快速发展势头，开始向海外融资、就地加工生产和建立原材料基地。1996年10月，机电控股（集团）公司与电气（集团）公司联合重组为上海电气（集团）总公司。1996年底，上海机械工业获批境外工业企业184家。1998年后，上海汽车、申能股份等大型集团整体上市。

进入21世纪后，上海机械工业迈出跨国并购的步伐。上海电气集团出资900万美元，收购日本秋山印刷包装机械株式会社，拓展国外市场，寻求广阔的发展空间。2004年3月，上海电气（集团）总公司改为上海电气集团有限公司；9月，成立上海电气集团股份有限公司。至2010年，上海机械工业类上市公司52家，上市股票53只，股票总市值8148.4亿元。上海机械工业从“内向型”转向“外向型”，以创新驱动、提质增效为主线，坚持高端化、智能化、绿色化和服务化，构建战略性新型产业引领、现金制造业支撑、生产服务业协同发展的新型工业体系，同时着力引进国外先进技术和工艺。

2022 年，上海机械工业完成总产值 7695 亿元。上海电气控股集团有限公司下属企业 943 家，拥有 4 家上市公司和 138 个境外机构，在册员工 27.5 万人，完成工业总产值 1010 亿元，营业收入 1533.67 亿元。产品包括火力发电机组（煤电、气电）、核电机组、风力发电设备、输配电设备、环保设备、自动化设备、电梯、轨道交通和工业互联网等。集团以 1617.39 亿元的品牌价值连续 6 年跻身中国最具价值品牌 TOP50。

资料链接：

《上海机电工业志》　　《上海市志·工业分志·机械业卷（1978—2010）》

船舶工业　元代，上海开始建造海上漕粮用船平底木沙船。上海开埠后，出入上海港船只增多，外商竞相在上海开办船舶修造厂。清道光二十三年（1843 年）至光绪十八年（1892 年），全市开办船厂 27 家，占上海外商企业 1/3，投资额约占 1/4。知名的祥生、耶松、瑞镕等船厂，控制甚至垄断了上海修造船业。同治四年（1865 年），江南制造总局创办，开始建造兵船。此后，招商局浦东机器厂和张华浜修理厂等官办船厂，以及发昌、公茂、求新、大中华等几十家华商船厂创办。同治七年（1868 年）江南制造局建造惠吉号兵船，后续又建造金瓯、保民号等铁甲兵船，开创了中国近代军用舰船的制造历史。1937 年上海沦陷后，官办和商办船厂被日军占据。太平洋战争爆发后，英、美等商办船厂也被日军占据。华商船厂或倒闭或内迁。

1949 年 5 月，全市有 9 家船厂，从业人员不足 6000 人。上海解放后，通过接管、改造、改组，江南、沪东、上船、中华、求新、东海、4805 等船厂和航海仪器厂、新中动力机厂等配套厂成为上海船舶工业的主要组成部分。1954—1960 年，上海船舶工业共建造各种船舶 1246 艘 /40 余万载重吨，修船 2700 余艘。20 世纪 70 年代末，上海年造船产量徘徊在 40 万载重吨左右，为中国船舶建造的半壁江山，占世界造船总产量的 1%，世界排名第 13 位。1970 年前，上海船舶工业企业事业单位均由国家主管部（局）领导。1970 年 9 月 20 日，成立上海市造船公司，隶属上海市第一机械电机工业局，归口管理上海船舶企业。

改革开放以来，上海船舶工业立足国家战略，经历自我发展、多元发展、跨越发展几个阶段，率先开放、走向世界，以出口导向模式，向科技要生产力、要创造力，在船舶市场低迷中起步，在深化改革中前行，在国际竞争中壮大。1981 年，上海船舶工业公司成立，作为中船总公司的地区公司，成为上海船舶工业的主体；1999 年，又被定位为中船集团的派出机构。2008 年，上海船舶工业由上海市经济和信息化委员会负责管理。通过改革，上海船舶工业造船产量，从 1978 年造船 23.6 万载重吨、1990 年 37 万载重吨、2000 年 117 万载重吨，到 2010 年 1314 万载重吨，实现了举世瞩目的跨越式发展；建成外高桥造船基地、长兴岛修船基地和船舶配套制造基地、崇明造修船基地、临港造机基地等现代化生产基地，奠定了上海在世界船舶工业领域的重要地位。至 2010 年，上海船舶工业系统具有一定规模的船舶企业由 2002 年的 38 家发展到 145 家。

2022 年，中国船舶集团有限公司旗下上海三大船企——沪东中华造船（集团）有限公司、江南造船（集团）有限责任公司和上海外高桥造船有限公司完工交船 48 艘，新接订单 72 艘，累计手持订单已达 183 艘。2022 年，中船上海船舶工业有限公司完成造船产量 620 万载重吨，工业总产值 637 亿元，销售产值 637 亿元，出口交货值 349 亿元。中国自制全球最大的 2.4 万箱集装箱船、全球首艘 20.9 万吨纽卡斯尔型液化天然气（LNG）双燃料动力散货船、中国首艘 21 万吨纽卡斯尔型升级版智能散货船相继交付。

资料链接：

《上海船舶工业志》

《上海市志·工业分志·船舶业卷（1978—2010）》

钢铁工业　上海是中国近代钢铁工业的发源地之一。清光绪十六年（1890 年），江南制造局从英国购进一座 3 吨酸性炼钢平炉，上海钢铁工业由此诞生。1913 年，陆伯鸿集资 8.3 万两银，创办和兴化铁厂，1918 年出铁，1922 年改名和兴钢铁厂，1925 年出钢。1936 年，日商在上海开办亚细亚钢业厂。抗战胜利后，上海钢铁股份公司成立，至 1949 年 5 月炼钢 10 万吨。1949 年，全市钢产量 5233 吨，钢材产量 15040 吨。

中华人民共和国成立后，人民政府对上海解放前遗留下来的冶金企业进行裁并、改造，至1958年，逐步形成以上海第一钢铁厂、上海第三钢铁厂、上海第五钢铁厂为代表的一批大型钢铁厂，并与一些中小型钢材加工厂一起，形成一个具备炼钢能力及多品种轧钢加工生产能力的较为完整的钢铁生产体系。1978年，全市生产钢476.52万吨、钢材360.08万吨、铁149.86万吨（含梅山产量）。

改革开放后，上海钢铁工业进入新的发展时期，成为上海市六大支柱产业之一。1985年9月，宝钢一期工程投产，上海钢铁工业成为支撑上海城市发展和国家经济发展的重要支柱。1995年，全市有钢铁企业35家，职工185989人，工业总产值322.42亿元，产品质量和劳动生产率达到世界一流水平。主要产品冷轧板、热轧板、无缝钢管，用于汽车工业、造船、石油、轻工家电、建筑、机械等工业，石油管、船板、汽车用板中有11个系列产品部分替代进口货，甚至可供出口。1998年11月，按照中央“抓大放小”、实现国有经济战略性调整的要求，宝山钢铁（集团）公司、上海冶金控股（集团）公司和上海梅山（集团）有限公司联合，成立上海宝钢集团公司，完成上海地区钢铁产业重组。至2010年，宝钢集团基本建成具有世界先进水平的钢铁精品生产基地和钢铁工业新工艺、新技术、新材料研发基地。2016年，原宝钢集团与原武钢集团实施联合重组，成立中国宝武钢铁集团有限公司。

2022年，上海钢铁业完成总产值1543亿元。宝武集团资产规模达1.32万亿元，钢产量1.3亿吨，营业总收入1.2万亿元，员工总数26.23万人。宝武集团在2022年公布的《财富》世界500强排行榜位列44位，继续位居全球钢铁企业首位。

资料链接：

《上海钢铁工业志》

《上海市志·工业分志·钢铁业卷（1978—2010）》

化工业 上海是中国化学工业的发祥地，也是中国石油化工发展的重要基地。清同治四年（1865年），清政府在上海建厂试制无烟火药的基本原料硫酸、硝酸；同治十三年（1874年），生产硫酸、硝酸。光绪二年（1876年），两个火药厂在上海龙华建成，这是中国近代化学工业的开端。1915年，中国第一个工业化生产涂料的上海开林造漆颜料厂（今上海开林造漆厂）建立。次年，振华实业公司（今上海振华造漆厂）建立。1929年，中国氯碱化工的鼻祖吴蕴初创办中国第一家生产烧碱的企业天原电化厂股份有限公司。1927—1928年，中国第一批生产轮胎、橡胶制品的大中华橡胶厂和正泰橡胶厂建立。1938 年，日本丸善石油株式会社在浦东高桥天灯口建立上海制油所。1949 年，上海化工系统有 436 家工厂（含医药工业 126 家），产品大类 99 种，工业总产值 8168 万元，全部固定资产 814 万元，全部从业人员 2.8 万人（含医药工业 0.7 万人）。同时，企业规模小，大多数是小型加工企业。

上海解放初，重点发展化工原料业，以摆脱西方国家经济封锁和对西方国家的依赖。经过三年经济恢复，到 1953 年全市新增化工企业 544 家，其中化工原料 110 家、塑料 34 家、橡胶 400 家，多数是小厂，归上海市化学工业局管理。1949—1978 年，上海化学工业发展成为集石油化工、化学工业、医药为一体的全国最大综合石油化工和化学化工基地。

改革开放后，上海形成石油化工和化学工业的大化工格局，成为上海国民经济的重要支撑、全国石油化工和化学工业的重要基地。1978 年，上海石化总厂一期工程动工。1981 年 11 月 6 日，中国第一家跨部门、跨行业的特大型石油化工联合企业上海高桥石油化工公司诞生。1983 年，上海石油化工总厂与上海高桥石化公司一起划归中国石油化工总公司。1986—1990 年，上海石油化工和化学工业发展成为上海六大支柱产业之一。1995 年，上海有石油化工和化学工业企业 982 家。1995 年，上海化工局改制为上海化工控股（集团）公司。1996 年，原上海化工系统和原上海医药系统的全国国有资产，联合重组为跨行业的大型企业集团上海华谊（集团）公司。上海化工系统实现政企分开、政资分开。1996 年 8 月，上海化工区发展有限公司成立，开发建设“上海化学工业区”。2010 年，上海化工区已发展成为中国一流、产业链衔接完整、以石油化工为主的化工园区，形成以乙烯为龙头、异氰酸酯为中游、聚异氰酸酯和聚碳酸酯等精细化工中间体以及涂料、胶黏剂等精细化工产品为终端的产业链，实现工业产值 806.3 亿元，销售收入 870.7 亿元，税收 44.8 亿元。

2022 年，上海化工区总投资 130.8 亿元，工业总产值 1347.98 亿元，销售收入 1454.24 亿元。上海石化实现营业收入 825.18 亿元；归母净利润为亏损 28.72 亿元，下降 243.57%，上年同期为盈利 20 亿元。高桥石化公司实现营业收入 33181.68 亿元，比上年增长 21.06%；归母净利润 663.02 亿元，下降 6.89%；扣非归母净利润 571.82 亿元，下降 20.82%。

资料链接：

《上海化学工业志》

《上海市志·工业分志·化工业卷（1978—2010）》

仪表电子工业 上海是中国仪表电子工业的摇篮，孕育了上海民族资本电信业。清同治十年（1871 年），丹麦大北电报公司在上海开设。光绪八年（1882 年），英商开设上海电气公司。光绪二十七年（1901 年），华商开设科学仪器馆，专营理化仪器、测绘仪器、教育模型标本并设制造厂，成为上海最早的工、商兼营的仪器仪表企业。到 1937 年 8 月，全市有仪表电机生产厂 130 余家。1949 年 5 月，全市有仪器仪表、有线电、无线电、灯泡 4 个制造业，工厂 259 家，从业人员 5500 人，大多数企业是数人到十多人小作坊。

中华人民共和国成立以后，上海仪表电子工业开始进入快速发展期。到 1952 年，全市新增仪表电信企业达 558 家。1956 年 1 月，全行业公私合营开始实行。至年底，上海生产的仪器仪表约占全国总量的 60%，产品供应全国各地。1960 年，上海市仪表电讯工业局（简称市仪表局）成立，按专业细化，加速产业发展，开拓了包括电子计算机等新的技术领域产业和产品。其间，制造出铁氧体磁钢、波导测量仪器、电子专用设备、电工仪表、自动化仪表、光学和分析仪器、计算机等，基本上建成一个独立的门类比较齐全的新兴的仪表电子工业部门。

改革开放后，上海仪表电子行业坚持管理创新，大刀阔斧地开展三大结构调整，发生脱胎换骨的深刻变化，步入持续、稳步、有效益发展的轨道，成功转型。20 世纪 80 年代初、中期，上海仪表电子工业创造出辉煌的历史，金星、凯歌、飞跃等品牌的家电产品热销数十年，在上海工业发展史上留下浓墨重彩的一笔。1984 年 11 月，市仪表局创建新中国第一家股份上市公司——上海飞乐音响股份有限公司。1992 年，第一家中外合资的上市股份公司（首次发行 B 股）——上海真空电子器件股份有限公司创建。1994 年 9 月 17 日，长江集团实行国有资产授权经营，改制成为“长江计算机（集团）公司”。1995 年 5 月，仪电国资总公司更名为上海仪电控股（集团）公司（简称仪电集团），同时撤销上海市仪表电讯工业局，在全国率先进行国有资产管理体制改革。1996 年 4 月 9 日，上海华虹微电子有限公司正式成立；1998 年 10 月 23 日，更名为上海华虹（集团）有限公司。1999 年，将其时国内集成电路行业的领军企业上海贝岭股份有限公司划拨给华虹集团。

进入 21 世纪，上海仪表电子业发展战略和布局日趋清晰，进入快速发展阶段。2002 年 12 月 19 日，上海集成电路研发中心成立，这是国内第一家产学研结合、企业化运作的研发中心。2006 年，将其时国内系统集成度最高，具有核电生产资质的企业集团上海自动化仪表股份有限公司划拨给上海电气集团。2010 年，上海占全国集成电路产业的 37.4%，绿色照明、汽车电子、电子制造服务业务、精密科学仪器等产业有了长足发展，并进入互联网+时代，初步构建新一代信息技术较为完整的产业链布局。

2022 年，上海仪器仪表制造业完成产值 499 亿元，电子工业完成产值 5746 亿元。

资料链接：

《上海电子仪表工业志》　《上海市志 · 工业分志 · 仪表电子 · 计算机业卷（1978—2010）》

电力工业　清光绪八年六月十二日（1882 年 7 月 26 日），第一盏弧光灯在上海点亮，中国第一盏电灯在上海问世。光绪八年（1882 年），英国人立德尔（R. W. Little）等招股筹银 5 万两，成立上海电气公司（Shanghai Electric Company），在南京路江西路的西北角（今南京东路 190 号）创办了上海第一家电厂，标志着中国电力工业从上海起步。1936 年，上海发电设备容量已达 26.62 万千瓦，占全国总容量的 45.5%，在国内 15 个一等电气事业中，上海就有 5 个，占 1/3，职工增至 4185 人。至 1949 年底，上海共有发电设备容量 25.96 万千瓦，是全国的 14%，年发电量 10.09 亿千瓦时，占全国的 23.4%，人均年用电量 201 千瓦时，发电标准煤耗率 647 克 / 千瓦时，厂用电率 7.96%，发电设备年平均利用小时 3886 小时，线路损失率 10.68%，5.2 ～ 33 千伏线路 1580 公里，380/220 伏低压线路 2064 公里，22 ～ 33 千伏变电容量 24.85 万千伏安，最高负荷 21.6 万千瓦，年售电量 8.18 亿千瓦时。

中华人民共和国成立后，上海开始大规模的电网建设。1952 年，上海电力公司建成第一座火力发电厂，标志着上海电网的自主发电能力得到提升。由于种种原因，改革开放前的上海，缺电情况依旧严重。1972 年，市政府设立上海市计划用电办公室。1978 年，全市总装机容量 197.72 万千瓦，发电量 139.71 亿千瓦时。

改革开放以来，上海电力工业跨上一个新台阶。 20 世纪 80 年代初，国务院制定“政企分开、省为实体、集资办电、联络电网、统一调度”的电力体制改革二十字方针。1985 年，全市总装机容量 319.19 万千瓦，发电量 178.94 亿千瓦时。1986—1990 年，上海市电力工业局完成基本建设总投资 48.34 亿元，产值为 67.56 亿元，实现利税 31.69 亿元，上缴利税 28.48 亿元，名列上海各行各业前茅。全市发电设备容量年均递增率 6.9%，人均年用电量上升到 2052 千瓦时，是 1985 年的 1.5 倍、1949 年的 10.21 倍。电力科研在对设备、产品进行革新、改造、试验、探索中，取得丰硕成果，收到显著效益，共获国家、部、市科技成果奖和优质产品奖 35 项。

步入 21 世纪，上海电业在完成“厂网分开”改革、建立现代企业制度的基础上，致力于建设与现代化国际大都市相匹配的一流超大型城市电网，谋划行业的长远和可持续发展。2001 年，国家重点建设工程上海外高桥发电厂第二期工程破土动工。2001 年 1 月 1 日起，撤销上海市电力工业局。2002 年，上海电力股份公司、上海申能电力股份公司、华能集团上海分公司等发电企业完成改革重组。“十一五”期间，上海建成国内首个 10 万千瓦大型海上风电示范项目，全市风电装机达到 20 万千瓦时左右；建成 500 千伏南外半环、深入市中心 500 千伏静安站与世博园智能电网综合示范工程等重大工程。2010 年，除临港燃气电厂一期工程在建外，上海共有 34 家发电厂（站），发电设备总容量 1987.38 万千瓦，是 1978 年的 10.05 倍。2015 年，上海电力公司与国家电力公司合并，改为国家电网上海市电力公司，下属各类电网企业、发电企业、施工科研、能源服务等单位 28 家。至 2022 年底，全市发电装机容量 2830.11 万千瓦，最高用电负荷 3806.83 万千瓦，年售电量 1522.97 亿千瓦时。

资料链接：

《上海电力工业志》　　《上海市志·工业分志·电业卷（1978—2010）》

烟草工业　上海是中国近代民族卷烟工业主要发源地和卷烟工业中心。19 世纪末，上海出现手工卷烟作坊。清光绪十五年（1889 年），美商上海老晋隆洋行将美国品海等牌卷烟运抵上海经销，卷烟在市面上逐渐流行。之后，外商相继在上海开设烟厂，就地销售卷烟，并以上海为中心辐射全国，垄断卷烟原料、生产、销售达半个世纪之久。20 世纪初，上海民族机制卷烟工业开始崛起，其中以德伦烟厂为最早。上海开始成为中国烟草工业之中心。一战期间，上海民族卷烟工业得到发展，南洋烟草公司已成为中国民族卷烟工业规模最大、设备最先进的企业。1927 年，上海民族资本烟厂发展至 182 家，达到近代高峰。国民政府统治时期，中国 60% 的民族资本烟厂集中在上海。

上海解放初，共有 113 家烟厂，职工人数 41047 人。上海解放后，卷烟工业较长时期在中国卷烟工业中仍占龙头地位。“一五”期间，上海卷烟工业调整，大部分烟厂先后转产，上海卷烟厂成为上海唯一的一家，也是当时全国规模最大的卷烟厂。1956 年，上海卷烟产量达 1483976 箱，占全国卷烟产量的 38%。20 世纪六七十年代，上海烟草工业发展平缓。

改革开放以来，上海卷烟工业在供产销、内外贸、技术改造等方面均有新的发展。1991年，中华牌卷烟获“中国驰名商标”称号，被誉为“国烟”；红双喜、牡丹等牌号卷烟也多次被评为部优、行优、市优产品。1993年，上海烟草集团成立后，上海烟草行业更有了突飞猛进的发展。至1995年，上海烟草集团已形成一个以卷烟生产经营为龙头，集工业生产、销售、进出口、房地产、餐饮业等为一体的跨行业、跨地区的大型企业集团。年创税利44.69亿元，名列上海市工业企业最佳经济效益排行榜前列，并在全国500家大型企业中被评为23家优秀脊梁企业之一。上海卷烟厂生产的中华牌卷烟多年被评为名优产品并荣获国家“金质奖”。

21世纪的第一个10年，是上海烟草确立并实施“做精做强”发展战略的10年。上海市烟草专卖局、上海烟草（集团）公司以“国内一流、国际先进”为目标，苦练内功，夯实基础，着力提升企业内涵，进一步净化卷烟市场，增强创新能力、产品开发能力、市场竞争能力、企业抗御风险能力和企业拓展渗透能力，走集约发展、创新发展、持续发展的道路。2010年，全年实现工商税利587.3亿元，利润150.3亿元，公司净资产达到701.01亿元。2016年12月26日，上海烟草集团有限责任公司浦东科技创新园区南地块土建工程结构封顶。

2022年10月20日，“中南海”（冰耀中支）实现年销量突破10000箱，成为品牌首款万箱级一类混合型卷烟。11月9日，“中华”（双中支）实现年销量突破20万箱，成为行业首款20万箱级中支卷烟。全年实现产值1080亿元，实现税利1211.18亿元，实现利润302.33亿元。“中华”品牌实现商业销售额1689.46亿元，均创历史新高，为国家财政增收和经济社会发展作出积极贡献。

资料链接：

《上海烟草志》

《上海市志·工业分志·烟草业卷（1978—2010）》

航天工业 1958年，上海机电设计院成立，重点研制探空火箭，揭开了上海航天事业的序幕。1959年，中央军委决定在上海建立导弹试制技术基地。1961年8月，上海市第二机电工业局（简称上海机电二局）成立，上海航天基地正式进入建设发展时期。1969年，上海开始承担运载火箭和人造卫星研制任务，形成防空导弹、运载火箭和人造卫星研制并重的发展格局，成为中国发展航天事业的重要基地。

改革开放后，1978—1990年，上海航天基地以发展武器装备和宇航产品为抓手，理顺科研体系，加强内部管理，加大能力建设，增强发展活力，逐步进入良性发展时期。1978年1月，上海机电二局成立上海地空导弹武器系统总体研究设计所，开始自行设计研制“长征四号”三级液体火箭。1982年6月，上海机电二局改称航天工业部上海航天局。至1990年末，上海航天局所属单位有32个，包括12个研究所、11家工厂、4家公司等；全局固定资产原值6.58亿元；建有各种专业技术试验室、各类环境试验室和火箭发动机试车台、试验场及专用测试设备，各类设备13.6万余台（套）。全局共有职工3万余人，其中具有高级技术职称的科技人员和管理人员2300余人、中级职称3300余人。1992—1996年，上海航天系统军民分立体制改革逐步深入。1993年9月，航天总公司将上海航天局改建为中国航天工业总公司上海航天技术研究院，代号为第八研究院。1998年，上海航天技术研究院组建上海航天工业总公司，实行军民分线管理。1997年至2000年末，上海航天工业总公司发起成立首家以航天命名的上市公司——上海航天汽车机电股份有限公司，发展汽车配件产品，使其很快成为上海航天系统民品发展的重要增长点。1999年3月，上海航天工业总公司改制为中国航天科技集团和中国航天机电集团公司，上海航天技术研究院归属中国航天科技集团公司。

进入21世纪，上海航天基地进入快速发展阶段。2005年9月，上海航天技术研究院新建的闵行航天城一期工程全面开工，2008年1月正式启用。其间，结合闵行航天城的建设，按照相同、相近专业的研究所整合重组，散、小、弱企业合并的原则，行业进行大规模的产业布局调整、研究所专业重组和民用企业合并。上海航天技术研究院成为集团公司三大总体院和八个大型科研生产联合体之一。与此同时，民用产业规模扩大，产品结构得到优化。

经过60余年发展，上海航天技术研究院主要业务领域覆盖防务装备、运载火箭、应用卫星、空间科学、航天技术应用产业和航天服务业，是中国航天科技集团有限公司三大总体院之一，也是中国航天唯一的综合性总体院，成为中国航天科技工业的骨干力量。在防务装备领域，多型装备参加多次国庆阅兵；在运载火箭领域，抓总研制的运载火箭占中国长征系列运载火箭发射任务总量的三分之一强；在应用卫星领域，抓总研制以风云系列气象卫星为代表的应用卫星，部分卫星技术水平领跑或并跑世界一流，有力支撑国家空间基础设施建设；在空间科学领域，上海航天技术研究院圆满完成以载人航天工程、探月工程、火星探测工程为代表的历次任务，推动了从地月系到行星际的跨越。

2022 年，上海航天技术研究院完成以“长征六号”甲运载火箭首飞为代表的 32 次发射任务，“长征二号”丁运载火箭成功发射 15 次。全年实现营业收入 518.1 亿元，实现利润 50.55 亿元。

资料链接：

《上海市志·工业分志·航天业卷（1978—2010）》

航空工业　1927 年，国民政府在虹桥建立上海航空工厂，工厂经费不足，设备简陋，职工仅一二百人，所造又都是老式飞机，工厂很难得到发展。全民族抗日战争期间，虹桥航空工厂被炸毁，上海制造飞机的历史遂告中断。抗日战争胜利后，上海仅有中国航空公司和中央航空公司设在龙华机场的机航组，承担一些美制民航机的维修保养任务。20 世纪 50 年代初，上海航空工业于龙华机场建立飞机修理队，成立飞机修理工厂，为空军改装和修理战斗机。70 年代初，中共中央决定在上海研制运 10 飞机。至此，上海航空工业开启了自主设计、研制民用大飞机的新征程，从修理小飞机到研制百吨级民用大飞机，实现高质量的蜕变。

改革开放初，上海已组建飞机设计研发、总装、发动机制造、航空电子电器研制等骨干科研生产单位；完成运 10 飞机静力试验机制造，并获得静力破坏试验成功。1986 年 10 月，行业以上海航空工业公司（简称上航公司）为主体，实行部、市双重领导，以部为主的管理体制，负责规划上海航空产业发展，对所属研究所、工厂实行企业化管理。80 年代初，上海航空工业坚持改革开放，“军民结合”大力发展非航空产品，贯彻落实国家关于自主研发民用大飞机的方针和决策。80 年代中期，中美合作总装麦道飞机，开展补偿贸易，生产麦克唐纳-道格拉斯公司（McDonnell-Douglas Corporation，简称麦道公司）飞机零部件。至 1990 年末，已初步形成以航空航天工业部所属及上航工业公司所属共 25 个企事业单位为主体，由上海市和部内外有关单位参与协作配套，以民用飞机为主的航空工业基地。

1992 年 6 月，中国上海航空工业集团组建，上航公司为企业集团的核心企业，1992 年 8

月，改名为上海航空工业（集团）公司，后改制为上海航空工业（集团）有限公司。企业集团由飞机、发动机、机载设备和航空院校及相关的科研、设计、进出口等40余家企事业单位组成，为技工贸一体的综合性、多功能、跨地区的经济联合体。1998年，AE-100飞机研制停止。2000年3月，与麦道公司合作的干线飞机和补偿贸易生产项目全部终止。至此，中国民用飞机产业满怀信心的“三步走战略”计划落空，从运10到MPC-75项目再到AE-100项目，从MD-80到MD-90，历经艰辛，屡遭挫折。

进入21世纪，上海航空工业跨入自主规划阶段，肩负大飞机研制重任，面向国际一流，迈入民机产业新征程，上海民用航空产业基地建设快速推进。2000年，中航一集团在上海组建项目公司筹备组，启动以ARJ21-700飞机作为代号的中国新型涡扇支线飞机系列研制工作。2002年4月，新支线飞机项目正式立项，总装线设在上海。2004年，中航商用飞机发动机有限责任公司（简称中航商发）注册地由西安迁至上海，公司行政业务由中国航空工业第一集团公司管理。2006年，设立上海航空工业局，和上航公司合署办公。2008年5月11日，中国商用飞机有限责任公司（简称中国商飞公司）在上海成立，承担新支线ARJ21和C919大型客机科技项目，成为实施国家大型飞机重大专项中大型客机项目的主体，也是统筹干线飞机和支线飞机发展、实现中国民用大飞机产业化的主要载体。2008年10月28日，ARJ21-700飞机在大场机场首飞成功。

2022年，中国商飞公司ARJ飞机生产下线20架，总计已交付34架；C919飞机生产下线1架，交付1架；新增C919大型客机订单300架，ARJ飞机订单30架。5月14日，C919大型客机圆满完成首次飞行。

资料链接：

《上海航空工业志》　　《上海市志·工业分志·航空业卷（1978—2010）》

有色金属工业　上海有色金属冶炼、铸造业历史甚久。早在清乾隆末期至嘉庆年间，相继就有许天源、大泰、袁万顺等10家锡铺铜铺，俗称锡匠作、铜匠作。清同治六年（1867年）江南制造总局设铸铜铁厂，光绪元年（1875年）又在枪子厂中设轧铜厂，配置熔铜炉、轧铜机及烘铜炉等设备，生产紫、黄铜皮，从此揭开上海近代有色金属工业的序幕。至

1949年，上海先后出现过200余家小厂，但形成一定规模的仅15家，从业人员二三千人，产品品种规格少，最高年产量才6000多吨。

中华人民共和国成立后，上海有色金属工业才开始加快发展。1955年底，全市有色金属冶炼、加工、铸造厂（含炉坊）600余家。1958年6月18日，上海市冶金工业局成立。至20世纪60年代，上海逐步形成轻有色金属、重有色金属、稀有金属、贵金属、稀土金属冶炼及其加工，以及粉末冶金和半导体材料工业，成为全国重要的有色金属科研生产基地之一。20世纪60年代末至70年代中期，为适应国防、科技、新兴产业发展需要，有色金属加工业试制并生产镍材、贵金属材、双金属复合异型材，以及军用、航空用扁管等高精尖材料，基本满足电视、无线电、原子能、航天航空、电子工业等新兴工业发展和国家重点工程的需要。1976年，全市有色金属工业总产值达28.46亿元。

改革开放后，上海有色金属工业进入新的发展时期。1984年底，上海冶金系统有色金属工业产品品种1370个，规格37816个，居全国之首。1985年，上海市有色金属工业公司成立，次年更名为上海市有色金属总公司。“八五”（1990—1995年）期间，上海有色金属工业通过建设国内一流生产线，从根本上改变落后面貌。1999年，上海市有色金属总公司更名为上海市有色金属（集团）有限公司。“九五”（1996—2000年）期间，通过打好企业形象、产品重组、强化管理、人员分流、扭亏增盈五大战役，公司实现工业生产扭亏持平。

步入21世纪，上海有色金属工业全面实施企业改革、产品结构、技术结构调整，确立资本多元化体制，以加工业为主体的产业结构持续优化，行业整体实力稳步提升。2005年，上海市有色金属（集团）有限公司整体划归上海仪电控股（集团）公司管理。铜加工板块与中国有色金属行业龙头企业中国铝业集团公司合并组建为中铝上海铜业有限公司。2007年，该公司成为中国铝业集团公司控股子公司。2010年，上海有色金属工业总产值447.55亿元，利润12.76亿元，上缴税金4.2亿元。

2022年，上海有色金属工业保持基本稳定，主要产品产量合计为95.69万吨，主要产品主营业务收入合计458.70亿元，有色金属企业利润总额合计15.70亿元。

资料链接：

《上海有色金属工业志》

《上海市志·工业分志·工业综述卷（1978—2010）》

建筑材料工业 上海地区在4000多年前已有最初的砖块建筑。至清嘉庆、道光年间，青浦已有从事砖瓦生产专业户，产品销往江浙一带。上海近代建材工业始于砖瓦业。19世纪末和20世纪初，上海先后开设浦东机制砖瓦厂和瑞和砖瓦厂，建下抽式方型和圆型窑，用机器制造红砖、红瓦和耐火砖等产品，供现代建筑之需。在1925年五卅运动和全国提倡国货、抵制日货运动的推动下，建材工业得到短暂的发展。至20世纪30年代初，全市已有机制砖瓦厂9家，加气混凝土砖厂1家，年产机制砖达到1亿块，机制瓦600万片。在抗战时期，除在抗战初期的公共租界内新开设的天祥和顺昌水泥厂外，其余建材企业处境艰险，大部分工厂停产，职工流离失所，生活十分困苦。

1949年，全市建材工业总产值仅3100万元。主要产品产量：水泥3.79万吨，砖5000万块，瓦1000万片，油毡4万卷，石棉瓦11万张。1950年11月起，国家对水泥实行统购统销，主要原材料由国家计划供应，促进了水泥工业的发展。1952年全市水泥产量达到11.35万吨，创历史最高水平。1977年，上海成立上海市建筑材料工业管理局。

改革开放后，上海建材工业进入全面发展的新时期。1980年，全市建材工业总产值达9.05亿元，比1976年的6.92亿元增长30.78%。此后，上海加大建材工业的投资力度，“六五”（1981—1985年）期间，全市建材工业共完成基本建设和技术改造4.61亿元，相当于新中国成立以来累计固定资产投资的2倍。“七五”（1986—1990年）期间，全市建材工业共完成基本建设和技术改造14亿元，是“六五”期间投资的2倍多。1982年4月，市政府成立上海建材工业规划领导小组，统筹协调全市建材工业发展。1990年1月，上海市发展新型墙体材料协调小组成立。1992年，抓住浦东开发开放的契机，在实现上海三年大变样中，全市建材行业加快调整产品结构和技术结构，积极发展外向型经济。1993年11月，上海市建筑材料工业管理局撤销，成立上海建筑材料（集团）总公司。

步入21世纪，上海建筑材料（集团）总公司调整产品结构，由主要生产传统产品转向生产新产品，由生产高耗能产品转向节能产品，由生产原材料转向深加工产品。同时加强技术开发中心及专业中心的建设，努力提高技术创新能力，研发系列新材料。2010年，上海建筑材料（集团）总公司工业总产值33.75亿元，工业销售收入50.6亿元，出口交货值3.1亿元，利润2.82亿元。2011—2015年，集团关停一大批落后企业和产能，退出非核心业务。集团所属企业由357户收缩到52户，产业门类由17大类收缩到8大类，企业从业人员由2011年前的1.57万人减至7400人。集团总资产达130亿元，以玻璃及玻璃深加工、资源利用环保型水泥产业以及岩棉、复合材料为主的新材料为核心业务，其中新材料的产值已占总产值的80%左右，产品应用从房地产、市政建设拓展到新能源、汽车、环保、军工等领域。2014

年9月，上海建材集团正式划入上海地产集团管理。

资料链接：

《上海建筑材料工业志》　　《上海市志·工业分志·工业综述卷（1978—2010）》

电子信息制造业　电子信息产业是国民经济的战略性、基础性和先导性支柱产业。1978年6月，上海市电子计算机工业公司成立，重视发展计算机、软件技术。“六五”期间，上海开始按专业化细分，发展电子信息产业，加大资金投入和科技研发，并引进国外先进技术和设备，电子信息产业进入新的发展时期。1983年开始，全市初步建立起科研开发、生产、应用服务“一条龙”的计算机行业体系。1992年12月，在中共上海市第六次代表大会上，进一步明确电子信息产业为上海工业重点发展的支柱工业之一。“九五”期间，上海电子信息产业在引进消化吸收国外技术的同时，建立了一批中外合资企业，电子信息产品获得迅速发展，取得令人瞩目的成就，在国内形成相对优势，电子信息产业成为上海工业第一支柱产业。“十五”期间，上海电子信息加速产业集聚，形成浦东、漕河泾、松江、青浦等微电子产业基地；产品门类齐全，品种繁多，发展速度加快，经济效益和社会效益得到提升，成为全市工业系统生产总量最大的产业及全国电子信息产业的主要基地之一。“十一五”期间，电子信息产业处于国内同行业领先地位，也成为上海工业的主导产业和上海经济发展的主要支撑。在浦东、徐汇、闵行、松江和青浦5个区县建设高新技术产业化基地。2022年，上海电子信息产业突破一批核心技术，补齐一批产业短板，落地一批重大项目，完成规模以上电子信息制造业总产值5745.60亿元。

资料链接：

《上海市志·工业分志·仪表电子·计算机业卷（1978—2010）》　　《上海市志·工业分志·工业综述卷（1978—2010）》

汽车工业 上海汽车工业始于汽车零配件制造。清光绪二十七年（1901年），汽车传入上海。1912年，上海出现民族汽车修配业。1936年1月，国内实业界以官商合办、私人入股的形式，集资在上海成立中国汽车制造公司，至同年8月，共组装汽车近100辆。日军侵华期间，上海汽车配件业陷入衰败境地。至1949年，上海以100多家汽车修配工场的规模迎来城市的新生和解放。1955年12月，上海汽车工业因主管公司上海市内燃机配件制造公司的成立而发端。1957年和1958年，三轮汽车和凤凰牌轿车等相继诞生，上海整车制造序幕开启。至1960年底，全行业调整为72家企业，职工人数达25948人。其间，成功试制凤凰牌轿车、140型4吨载重汽车、35型拖拉机、三轮汽车等并投入批量生产。至1977年，各厂自制专机6000余台，半自动和自动生产流水线150余条，形成轿车批量生产的能力，生产的上海牌轿车成为全国各省市、自治区（除台湾省外）的主要用车。是年上海汽车工业资产总额5.8亿元、总产值16.8亿元、利润总额2.4亿元、年产汽车9057辆。

改革开放以后，上海汽车工业通过合资经营，实现产业道路从闭门造车到开门造车的跨越。1980年2月，中方与德国大众汽车公司签署合作备忘录。1983年4月11日，第一辆上海桑塔纳轿车在上海汽车厂组装成功。1985年3月21日，上海大众汽车有限公司成立，重点推进上海桑塔纳轿车国产化。1990年1月26日，上海汽拖联营公司更名为上海汽车工业总公司，1995年改制为上海汽车工业（集团）总公司（简称上汽集团）。1992年，上海汽车厂并入上海大众汽车有限公司。1993年12月，汽车工业成为上海支柱产业。1997年1月10日，上海通用汽车项目获国务院批准。1997年11月，上海汽车有限公司改制为上海汽车股份有限公司并上市。1998年12月17日，上海通用汽车项目建成，首辆别克新世纪轿车下线。1999年12月15日，上海大众汽车首辆帕萨特轿车下线。

进入21世纪，上海汽车工业实施“引进来”“走出去”并举战略。2001年9月28日，上海国际汽车城全面开工。2004年12月30日，上海汽车集团股份有限公司揭牌。2006年后，上海汽车工业大力推进自主品牌和新能源汽车建设，推动产业发展中外合资与自主创新并举以及“新四化”的战略跨越与模式创新。2006年10月，中高端自主品牌荣威和首款车型荣威750轿车发布。至2010年，行业主营业务收入4603亿元、利润总额634亿元、上海地区生产汽车170万辆，分别为1978年的272倍、239倍和188倍。

2022年，上海汽车工业完成产值8080亿元。上汽集团实现整车销售530.3万辆，连续17年保持全国第一。其中，自主品牌整车销量达到278.5万辆，占公司总销量的比重达到52.5%；新能源汽车销量达到107.3万辆；海外市场销量达到101.7万辆，整车出口连续7年保持国内行业第一；公司率先成为中国首个新能源汽车和海外市场年销量“双百万辆”汽车集团。2022 年 8 月，上汽集团以 2021 年度合并报表 1209 亿美元的合并营业收入名列《财富》杂志“世界 500 强”第 68 位，已连续 9 年稳居百强行列。

资料链接：

《上海汽车工业志》　　《上海市志·工业分志·汽车业卷（1978—2010）》

生物医药制造业 清光绪二十六年（1900 年），英商在沪开设施德之药厂。宣统元年（1909 年），上海有 6 家外商药厂。1915 年，上海出现独立药厂中华制药公司。1925 年五卅运动后，全国抵制外货、提倡国货，华商制药和医械工业获得发展。到 1936 年，全市药厂增至 58 家（其中 1 家中药厂），资本额 289.4 万元，从业人员 1513 人，生产设备从手摇轧片机向电动机械发展，产品有片剂、针剂等 6 种剂型，并开始生产原料药，化学药品年产值 856.6 万元。

1949 年 9 月，华东人民制药公司成立，人民政府将接管的国民政府所有的制药和医械厂建成第一批国营企业。1950 年，上海研制成功国内第一个抗生素产品青霉素。到 1956 年初，全市有私营药厂 199 家、私营医械厂 611 家，从业人员 21635 人。

1979 年 7 月 1 日，上海市医药管理局成立。1982 年，上海医药行业第一家中外合资企业中美上海施贵宝制药有限公司成立。1979—1990 年，全市引进技术 200 余项，试制成功新产品 1191 种。1990 年，全局固定资产 85 亿元，工业总产值 24.58 亿元，利润 2.39 亿元，出口总额 5.3 亿元。1991 年，上海开始推行企业优势互补的兼并联合。1992 年，上海市医药管理局组织“集团军”加快进军浦东，在浦东新区金桥、张江等地区发展现代化和外向型的现代生物医药群体，形成科研、教育、生产、流通一体化的新格局。1993 年，现代生物医药制造业被市政府列为重点发展的高新技术产业；1996 年，又被确定为上海市高新技术支柱产业之一，并将医药系统联合重组，成立上海医药（集团）总公司。1996—2000 年，通过科技创新和技术水平的改进提高，上海有 20 多家药品生产企业通过 GMP 认证，19 家医疗器械生产企业通过 ISO9000 系列质量体系和产品质量认证，18 种化学原料和 11 种制剂药品国内市场占有率占首位。

进入 21 世纪，上海生物医药制造业在总量规划、整体布局、产业结构、运行质量等方面进行大幅度的调整。2001—2005 年，浦东张江—周康研发核心区和产业基地等 6 个生物医药产业基地形成。2006—2010 年，上海生物医药制造业投入力度加大，创新能力得到提升，产业体系不断完善，效益显著提高。2009 年，国药控股股份有限公司整体上市。2010 年，上海生物医药制造业规模以上企业有 464 家。2021 年，生物医药作为上海三大先导产业，以全链协同、成果转化为重点，聚焦生物制品、创新化学药、高端医疗器械、现代中药以及智慧医疗等领域，以推动全产业链高质量发展为目标，建设成为具有国际影响力的生物医药创新高地。

2022 年，上海生物医药产业规模达 8536.23 亿元，其中制造业产值从 2016 年 958 亿元提高到 1850 亿元，年均增长超 10%。至年底，上海累计已有 30 家上市企业，企业总数及募资总数均居全国第一。上海生物医药直接从业人员 27.8 万人，拥有 17 所国内知名高校院所和 30 多家国家级专业研究机构，先后布局和建设 35 家生物医药领域公共服务平台。国际生物医药龙头企业集聚上海，包括辉瑞、罗氏、诺华、强生等在内的国际 TOP20 药企中，有 18 家将中国区或研发生产总部设在上海；包括美敦力、飞利浦、GE、西门子等在内的国际 TOP20 医疗器械企业中，有 17 家将中国区或研发生产总部设在上海。2019—2022 年，全市规模以上生物医药工业企业数从 388 家增加至 500 家以上。

资料链接：

《上海医药志》

《上海市志·商业分志·药品医疗器械业卷（1978—2010）》

新材料产业 1993 年，市政府对接国家发展战略，把特种钢、高分子、电子、新能源、稀土永磁等新材料作为上海优先发展的高新技术产业之一。从此，上海新材料研制开发、生产和应用迈进新的发展阶段。“九五”期间（1996—2000 年），上海新材料产业开始崛起，且涉及领域较广。在新材料产业中，新型金属材料约占 40%，新型有机材料占 26%，新型无机非金属材料占 34%。在新材料生产企业中，约 60% 为国有企业，乡镇集体企业、合资企业、民营及股份制企业占 40% 左右。

进入 21 世纪，新材料产业领域形成一批“专、精、特、新”的小巨人企业，一批国外大型化工公司在上海设立研发中心，世界最先进的新材料研究、生产技术正在向上海聚集，成为上海最具增长潜力的先导产业。2000 年，上海市新材料协会成立。2006—2010 年，在大力推进高新技术产业化的引领带动下，上海新材料产业呈现良好发展势头，新材料产业工业总产值年均增长 20.7%。2010 年，市政府把新材料产业列为上海高新技术产业化九大重点领域之一，全市生产新材料的企业 801 家，工业总产值 153148 亿元。2014 年，全市新材料产值 1951.19 亿元，占全市战略新兴产业产值比重的 23.2%，占材料工业产值比重的 31.3%。全市形成以宝山区和奉贤、浦东、青浦等 6 个拓展区为主的空间布局，新材企业主要集中在工业园区内，占总量的 90%。全市拥有国家级科研机构 7 家，国家级重点实验室 7 座，国家工程技术研究中心 6 家，另有地方科研机构 26 家。在技术领先方面，宝钢集团推出全球首创高强汽车板，中科院上海硅酸研究所研发了全球领先的超长晶硅，上海拜耳的 HDI 产量全国第一。2017 年，上海新材料产业总产值达到 2559.14 亿元。2022 年，上海新材料产业总产值 29999 亿元。

资料链接：

《上海市志·工业分志·工业综述卷（1978—2010）》

新能源产业 改革开放以来，上海重点发展核电、太阳能光伏电池、燃料电池、燃气发电、生物质能、风力发电机和整体煤气化联合循环发电（IGCC）等新能源产品，逐步建设成为清洁能源系列示范性生产装置基地。2006 年，上海市清洁能源研究和产业促进中心成立。崇明岛和世博园区成为上海可再生能源和新能源利用的示范区。2007 年，为实现能源和环境的可持续发展，上海新能源产业领域集聚一批生产制造、研发和服务企业，以及与新能源产业相关的科研院所，初步形成核电、风电、太阳能发电、IGCC、智能电网等产业体系。2009 年，上海市新能源产业推进办公室成立，并制定《关于促进上海新能源产业发展的若干规定》。2010 年，新能源产业完成工业总产值 245.02 亿元（仅包括核电、太阳能、风电）；另外，智能电网领域产业规模达 250 亿元。

2022 年，上海绿色能源产品产量实现较快增长。新能源汽车出口 839.9 亿元，增长 1.3 倍；锂电池出口 254.1 亿元，增长 3.6 倍。光伏电池、风力发电机组、新能源汽车产量分别比上年增长 1.2 倍、63.7%、56.5%。智能装备和智能终端产品保持平稳增长，智能手机、工业机器人、集成电路圆片、笔记本计算机产量分别增长 10.8%、7.1%、5.5%、2.1%。

资料链接：

《上海市志·工业分志·工业综述卷（1978—2010）》

商　贸

JI JIAN SHANG HAI ZHI

上海位于中国大陆海岸线中段、长江入海口，通江达海的优越地理位置，推动了上海商贸业的发展繁荣。隋唐时期，上海地区商业随着渔业、盐业、农业、手工业发展而日渐兴起。青龙镇和日本等地已有贸易往来。南宋时上海镇迅速发展，成为上海地区主要的内外贸中心。元代，上海建县，棉布交易日盛。明代，上海地区成为全国棉纺织品、棉花交易中心。清代，上海成为全国重要的埠际贸易转口地。

上海开埠后，传统商业发生巨大变化，兴起以经营进口商品为主的新式商店和批发字号，最早为洋布业和百货业，后出现五金、西药、玻璃仪器、化工原料、电器、交通器材、自行车、卷烟等商业。全国对外贸易重心逐渐由广州转移至上海。20 世纪初，批发商业交易方式多种多样，流通渠道畅通。大宗商品期货交易所的建立，标志着上海近代商业达到新阶段。清宣统三年（1911 年），英商、美商在上海开展旅游业务。1923 年，上海商业储蓄银行设立旅行部，1927 年改建旅行社，为中国人最早开办的旅行社。此后，陆续成立多家中国人办的小旅行社，至 20 世纪 40 年代初有 30 多家。

20 世纪 30 年代，上海成为全国埠际贸易的中心，出现特色商业，其中租界商业成为上海商业的代表。一批以百货业为主的新型商业在上海兴起，先施、永安、新新、大新四大百货公司在南京路创办，华懋饭店、国际饭店开办，棉布绸缎、时装、钟表、西药、餐饮、照相等各种专业特色店开设，形成在全国独树一帜的商店群，构成上海近代商业的基本格局。20 世纪初至 30 年代中期，上海对外贸易继续增长，上海作为全国埠际贸易中心的功能进一步发挥。1933 年，上海外贸总额占世界 1.1%，成为亚洲最重要的国际贸易港口之一。1937 年八一三事变后，上海商业遭受浩劫，闸北等地商店大多毁于日军炮火。大量民众涌入租界居住避难，租界商业得到发展。1945 年抗战胜利后，上海商业一度繁荣。但随后由于美国货大量倾销，官僚资本企业加剧垄断，投机商囤积居奇，造成市场秩序混乱，通货膨胀严重。

1949年5月底至1950年2月，上海出现因投机商操纵重要物资和“二六”轰炸事件造成的全市4次严重影响全局稳定的物价飞涨，尤其是关系国计民生的米、棉、煤（称“二白一黑”）的价格暴涨。国营商业部门在中央和上海市军管会的领导下，采购调运物资，低价抛售，平抑涨风，稳定上海市场物价。上海解放初，国家实行高度集中的统制贸易体制，上海在全国的外贸中心地位发生变化，但仍居举足轻重地位。上海解放到20世纪70年代中期，上海商业以“发展生产，繁荣经济”“发展经济，保障供给”为宗旨，历经恢复国民经济、实行计划经济、进行所有制改造、调整商业政策等各个时期，建立以国营商业为主体的社会主义商业体制，形成与社会主义计划经济相适应的商品流通体制。在上海工业生产不断发展的基础上，上海成为全国最主要的工业品采购供应中心。上海解放后至20世纪70年代末，国际旅游作为政府外事工作的从属部分，为国家外交政策服务，因此国内旅游经营业务甚少。

1978年至20世纪90年代，上海商业全方位改革商品流通体制和企业管理体制，推进企业重组和规模经营，调整商业所有制结构，大规模改造和建设商业设施，扩大对外开放，引进新的商业业态和经营管理方式，实施“菜篮子”工程，商品流通领域率先形成市场机制，努力建立与现代化国际大都市相匹配的商业服务业的基本框架。1979年至20世纪90年代，上海旅游业发展迅速，并向经济产业过渡。上海加快发展外经贸，进出口值快速增长，外贸经营权进一步放开；加强外贸企业内部体制改革；加强开发区的外经贸工作，浦东新区成为新的引进外资和出口增长点；外商投资稳步发展；进出口商品结构逐步优化，技术进出口加快；发展对外经济合作。

进入21世纪，上海以深化改革、扩大开放来优化外经贸的发展。2001年12月11日，中国正式成为世界贸易组织成员，上海按照WTO的规则要求，转变政府职能，深化行政管理体制改革，优化国际贸易中心建设。2001—2010年，上海商业加快改革开放，大力发展电子商务等多种商业业态和模式，加快建设各类市场体系，在世博会期间向世界展示了一个国际化、现代化的上海商业和服务业。1997—2010年，上海大力发展都市型旅游，形成世界著名旅游城市的基本框架。2010年上海世博会的成功举办，进一步树立上海世界旅游城市的形象。世博会期间，上海旅游界主动靠前、加强协调，保障世博团队游客文明、有序、安全观博。2010年上海市与225个国家和地区有贸易往来，进出口额3688.69亿美元，占全国的12.4%。

2010年后，上海国际贸易中心建设加快，加强规划指导，开展部市合作。上海商贸服务业面貌日新月异。2011 年，市政府发布《关于加快推进上海国际贸易中心建设的意见》和《上海建设国际贸易中心“十二五”规划》;《上海商业发展“十二五”规划》《上海会展业“十二五”发展规划》《上海电子商务发展“十二五”规划》等市级专项规划和市商务委专项规划编制完成。2011 年，商务部与上海市政府召开首次部市合作工作会议，明确《上海国际贸易中心建设重点工作及分工（2011—2012）》。组建上海综合保税区，促进“三港”“三区”联动发展，虹桥商务区和外高桥国际贸易示范区加快建设，新型国际贸易、融资租赁、贸易便利化等试点启动，跨境贸易人民币结算、国际贸易结算中心外汇管理等试点扩大。一批国家级的功能性项目落地，商务部与上海市政府合作共建的中国博览会会展综合体正式开工，商务部、科技部、国家知识产权局与上海市政府共同组建的上海市国际技术进出口促进中心挂牌，“中国（上海）网上国际贸易中心平台”开通。上海纳入国家现代服务业综合试点。2015 年，部市共建领导小组成立，在国内率先开展产业预警试点。上海积极推进稳增长、促改革、调结构、惠民生、防风险工作，全面完成“十二五”规划的目标任务，市场流通规模稳步扩大，消费拉动作用显现，展览业能级提升，对外贸易份额上升，上海国际旅游度假区建设加快。上海陆海空口岸全面开放格局基本形成。电子商务、网络购物广泛应用，新型服务业态亮点纷呈。浦东高水平改革开放、自贸试验区及临港新片区建设步伐加快。2016 年，上海全面实施《“十三五”时期上海国际贸易中心建设规划》。2018 年 11 月 5—10 日，由商务部、上海市政府主办的首届中国国际进口博览会在上海举办。2019 年,《商务部等 14 部门关于培育建设国际消费中心城市的指导意见》发布，上海出台促进扩大消费 29 条措施。2020 年，“五五购物节”成为打响“上海购物”品牌、加快建设国际消费城市的标志性活动。至 2020 年，上海基本建成具有国际国内两个市场资源配置功能、与我国经济贸易地位相匹配的国际贸易中心，基本形成与高标准国际投资和贸易规则衔接的制度体系，基本形成商品和要素自由流动、平等交换的现代市场体系。

2021 年、2022 年，上海连续两年召开“上海城市推介大会”和“中国国际零售创新大会”。2021 年 4 月，国务院批复同意《上海市服务业扩大开放综合试点总体方案》。同年，外高桥港综合保税区和洋山特殊综合保税区（二期）完成封关验收，建设国际消费中心城市实施方案和新一轮全力打响“上海购物”品牌三年行动计划出台，加快发展外贸新业态新模式实施意见、数字商务高质量发展实施意见、商业数字化转型方案和直播电商高质量发展三年行动计划发布。2022 年，上海制定《上海市服务办好中国国际进口博览会条例》，上海交易团成交额连续五年位列各地交易团首位；支持虹桥国际中央商务区打造国际贸易中心新平台；加强长三角口岸通关一体化建设，深化长三角国际经贸风险防范和经贸摩擦案件应对联动；高质量落实《区域全面经济伙伴关系协定》(RCEP)；制定全国首个地方落实文件，上线“RCEP协定最优关税税率查询系统”。

2022年底，面对复杂多变的国内外形势以及新冠肺炎疫情冲击，上海国际贸易中心能级持续提升，国际消费中心城市建设再上新台阶。货物进出口总额4.2万亿元，口岸贸易总额继续保持全球城市首位；实际使用外资239.6亿美元，社会消费品零售总额1.6万亿元，继续居全国中心城市首位。

规模与效益

清同治九年（1870年）至1930年，上海转销全国各地的进口货物占上海进口总值最高年份达70%，最低约30%。供出口的土特产品占运入上海土特产品总值最高年份达67%，最低为45%。上海输往外地的进口商品货值由3468万海关两，升至20049万海关两。各地输入上海的出口土特产品货值，由1750万海关两升至14977万海关两。1936年，上海埠际贸易包括转口贸易总值8.91亿元，占全国各通商口岸埠际贸易值75%。

1949—1979年，上海商业上缴财政的利税总额约占全市地方财政预算内收入的1/14。上海商业是全市各行业的纳税大户和主力税源，为上海城市建设、经济发展和社会稳定提供了有力的资金支持。1950年，全市共有纳税户11.5万户，其中工业1.84万户，商业9.66万户，商业纳税户占比高达84%。1950年，上海国内纯购进13.49亿元，其中市外调入6.07亿元，占45.1%，1995年以上三项分别为593.54亿元、224.65亿元、37.8%。1950年，上海国内纯销售16.95亿元，其中调往市外5.43亿元，占32%，1995年以上三项分别为713.2亿元、181.04亿元、25.4%。1976年上海的商品购进总额、商品销售总额为212.14亿元和247.29亿元。1950年全市社会商品零售总额14.76亿元，1957年为26.17亿元。

1978—1990年，上海商品流通小规模、低速度增长逐步向快速增长发展。1978年上海的商品购进总额、商品销售总额分别为259.35亿元、303.43亿元，1990年分别达1129.49亿元、1305.41亿元。1978年全市社会消费品零售总额为54.10亿元，1990年为333.86亿元。1978年上海商贸服务业社会总产出为42.81亿元，商贸服务业增加值为26.05亿元，1990年分别为221.74亿元、67.27亿元。1978年，上海商业从业人员仅39.62万人，分别占全市和第三产业就业人员的5.7%、26.3%。1979—1988年，企业扩大自主权，干部职工经营积极性提高，努力搞活经营、扩大消费，利润增长迅速。这10年间，企业共创利税132.83亿元，比前14年的76.21亿元增长了74.3%。1979—1988年，上海商业的企业经济效益指标呈现

"六升三降"：国内纯销售额上升、商品销售毛利额上升、商品流通费用上升、商品经营利润额上升、利润总额上升、流动资金余额上升。毛利率、费用率、利润率下降。

1991—2000年，上海商业流通活跃、规模扩大、成长加速。2000年上海的商品购进总额、商品销售总额分别为6651.75亿元、7474.81亿元。2000年全市社会消费品零售总额为1865.28亿元。20世纪90年代，上海商贸服务业发展迅速，2000年上海商贸服务业社会总产出为2681.51亿元、商贸服务业增加值825.33亿元。1995—1996年，上海大中型批发零售企业经济效益总体良好，主要指标实现全面增长。

2001—2010年，上海商业流通生产力增强，流通能级提升，流通规模扩大。2008年上海的商品购进总额、商品销售总额分别为21668.79亿元、26798.44亿元。2010年全市社会消费品零售总额为6186.58亿元。2005年上海商贸服务业社会总产出为5897.92亿元、商贸服务业增加值为1780.25亿元。2010年上海市社会服务业总产出为12439.8亿元，商贸服务业增加值为6154.16亿元。2001—2005年，上海累计完成商业税收收入2211.90亿元，年均完成442.38亿元，年均新增税收77.09亿元，商业分别占全市和第三产业税收收入的17.6%、37.9%。2010年，上海商业税收突破1532亿元，分别占全市和第三产业税收收入的19.1%、37.1%；上海商业税收新增312.85亿元，对全市和第三产业税收增长的贡献率分别为23.6%、51.8%，拉动全市和第三产业税收增长4.7个、8.9个百分点，即商业为全市税收增长作出近1/4的贡献，对第三产业税收的贡献超五成，其中批发零售业继续保持税收规模全市三次产业所有行业第一。2000—2010年，上海商贸服务业税收总规模增长迅速，从2000年的337.37亿元增长到2010年的2390.66亿元，占全市税收收入的比重，从2000年的22.8%提升至2010年的29.9%。随着商业改革发展，2010年上海商业从业人员达到228.21万人，分别占全市和第三产业就业人员的20.9%、37.4%；商业从业人员对全市和第三产业从业人员增长的贡献率达到38.3%、59.2%，商业对全市居民就业增加的贡献率保持行业领先。2008—2009年，受到国际金融危机的影响，上海规模以上社会服务业的营业收入、营业成本和营业利润指标出现下降，2010年在上海举办世博会和国际服务贸易逐步恢复的情况下，企业经济效益的各项指标实现全面增长。2010年，上海规模以上社会服务业企业资产总计22595.01亿元，实现营业收入8060亿元，营业利润712.46亿元。

2011—2022年，消费持续成为经济增长主动力，商贸服务业对国民经济和社会发展贡献增加。上海平台经济、电子商务发展迅速，国际贸易中心和国际会展中心地位基本形成，国际消费中心城市培育建设加快，上海商贸服务业面貌日新月异。2012—2022年，上海社会消费品零售总额平均每年增长6.7%。2020年，消费对就业和经济增长贡献显著，商业税收占第三产业税收的16.3%，商业贡献全市18.6%的就业岗位，商业增加值占上海生产总值的13.2%。在全国率先开展境外旅客购物离境退税试点，境外旅客购物离境退税规模稳居全国第1位，节假日期间外来消费约占社会消费品零售总额的30%。2021年，上海制定实施“十四五”提升国际贸易中心能级规划，实现“十四五”良好开局。2022年，全年上海实现商业增加值5398.95亿元，完成商业税收收入3451.45亿元，实现商品销售总额16.45万亿元，社会消费品零售总额1.64万亿元，继续保持全国中心城市首位；累计新增首店1073家，年末高端品牌门店600家，数量和质量继续保持国内城市领先地位；实现电子商务交易额33292.7亿元，快递业务量28.58亿件；实现规模以上服务业营业收入4.78万亿元、从业人员351万人，营业利润4376.32亿元；批发零售业新设外资企业1217家，外商直接投资合同金额54.63亿元，外商直接投资实际到位金额14.56亿美元。

资料链接：

《上海通志》第十九、二十、二十一卷

《上海市志·商业分志·综述卷（1978—2010）》

《上海市志·服务业分志·综述卷（1978—2010）》

布局与结构

布局 清康熙年间，上海商业区主要在上海县城内，店铺集中于大东门、小东门、小南门一带，有大小街市60多个。广东、福建产品和转运的洋货店铺在洋行街（今阳朔路），蔬菜、瓜果、地货店铺在十六铺，米、麦、杂粮店铺在豆市街，棉布、棉花、线带店铺在花衣街，手工业品、竹藤器店铺在篾竹街，参燕药材店铺在咸瓜街，衣庄、鞋帽店铺在彩衣街（今复兴东路）。清道光年间，上海县城商业中心在十六铺、小东门一带（今中山南路、咸瓜街、东门路一带）。

上海开埠后，先后开设洋布、百货、五金、西药、化工、西食、卷烟、图书等各业商店。19世纪50年代，商业专业街有豆市街，经营米、谷、豆类杂粮；花衣街，经营花衣、棉布、绒带；彩衣街，经营服装、鞋帽；鱼行街，经营鱼类及水产品；蔓笠桥，经营鳗鲡等水产品；香花桥，经营香烛烟花；洋行街，经营鱼翅、海参、燕窝、檀香等；篾竹街，经营竹器、藤器；铁锚弄，经营船用缆绳、五金；硝皮弄，经营皮货；里、外咸瓜街，经营参茸药材；侯家浜，经营珠宝玉器。此后，上海商业中心北移，在租界内形成专业街。清咸丰年间，上海县城大批商店业主、雇员和居民，江浙和长江流域富户和经商者，到上海租界避难，华人进租界设店。19 世纪 50 年代起商业中心北移，法租界公馆马路（今金陵东路）、天主堂街（今四川南路），英租界宝善街（今广东路中段）、布道街（今福州路）、麦家圈（今山东中路）、抛球场（今南京东路河南中路）一带，出现一批商店，形成商业区，上海商业遂分“南市”“北市”。光绪三十二年（1906 年），上海有 60 个行业，3224 家商店（不含非行会会员和流动摊商）。20 世纪初，南市部分商店迁入租界或在租界开设分店。之后，南京路上先施、永安、新新、大新四大公司相继开业。1914 年后，先施、永安等大型百货公司在南京路开业，其他商人到南京路投资开店，南市部分名店迁入。和南京路相交的盆汤弄（今山西南路北段）、昼锦里（今山西南路汉口路）、直隶弄（今南京东路石潭路）、石路（今福建中路）、小花园（今浙江中路中段）等路段出现专业特色店。以南京路为主的北市商业区和南市（上海县城）商业区，成为上海两个主要的商业中心。

20 世纪 20—50 年代，商业专业街有棋盘街（今河南中路广东路），经营呢绒；兴圣街（今永胜路），经营绒线；北京路（今北京东路），经营五金，俗称五金街；福州路，俗称文化街，经营图书、文化用品；同孚路（今石门一路），经营妇女服饰；昼锦里（今山西南路九江路），经营香粉绣品；石路，俗称估衣街（今福建中路南京东路南），经营典当期满服装；小花园（今浙江中路福州路、广东路间），经营各式女鞋；大新街（今湖北路），经营服装；宁波路，经营装潢五金；威海卫路（今威海路），经营汽车配件；百老汇路（今东大名路），经营钢铁材料；虬江路，经营旧机电旧五金；老闸桥南堍，经营竹木柴炭；云南路（今云南南路），为小吃街，有各种风味小吃店铺。

20 世纪 20 年代起，霞飞路（今淮海中路）、北四川路（今四川北路）、大世界、静安寺、曹家渡、徐家汇、提篮桥、大自鸣钟（今长寿路西康路）、北火车站（今天目路、宝山路）等处相继形成区域性商业中心。1920 年，上海商店增至 6585 家。1925 年 8962 家，121 个行业。1933 年全市有 7.2 万家商店，其中华界 3.8 万家、公共租界 2.28 万家、法租界 1.12 万家。1937 年日本侵略上海，华界大批商业网点毁于战火；居民、商店竞相迁入租界；霞飞路、北四川路成为上海新的商业中心。20 世纪 30 年代末，全市有商店 86639 家，新开商店大都在租界。抗战胜利后，商业发展，1948 年前后，全市有商店 92294 家，摊贩 10 万余个，全部从业人员约 50 万人，行业 230 多个。其中，百货业 1309 家、棉布业 726 家、绸缎业 186 家、呢绒业 41 家、针织品业 297 家、皮鞋业 855 家、布鞋业 222 家、帽子业 91 家、文具仪器业 270 家、图书业 600 多家、五金钢铁业 2746 家、电气水电工程业 1117 家、化工原料业341家、银楼珠宝业82家、家具业106家、煤炭业1786家、旧货业150家、西药业636家、中药业814家、粮食业1800家、油酱业2551家、小菜场300多个、南北货业812家、果品业200家（摊点5000多个）、日用杂品业1800家、烟杂业8600家（摊点11000个）、饮食业1500家（摊点10000多个）、照相业400家、洗染业2000家、浴室业150家、旅馆业412家（房间12000间）、广告业70家、报关业870家。

1949年，上海零售商业、饮食服务业店（摊）共24.6万户。上海解放初，大批商店在工人居住区和住宅新村开设。1949年10月，第一家国营商店上海市日用品公司门市部（后改为上海市第一百货商店）建立。20世纪50年代初期，全市取缔赌具、典当、锡箔、神模等行业，减少旅店、酒菜、西菜、西服、洋货食物等行业的网点，增设居民区行业、网点，郊区组建基层供销合作社。50年代，全市开设以上海市百货商店为总名，按序号命名的大中型百货商店，陆续在新建居民住宅区配套开设一批商店，有曹杨新村曹杨商场等。1954年3月，商业行业调整为110个，商店10.3万户（不含摊点）。1956年1月，对私营商业实行社会主义改造后，政府统一规划全市商业网点布局。在市中心区并网、拆网，有的商店移至市区边缘地区和外省市。各区、县都有一个或几个商业、饮食服务行业比较齐全的商业中心；居住小区基本配备居民“开门七件事”和相关生活需要的商业网点群。上海解放后，经公私合营及商业网点调整，除北京东路五金街、福州路文化街仍保持专业特色外，其余各街专业特色消失。1949年后，上海多次调整、改造、扩建、新建商业街市：扩建、延伸南京路、淮海中路、四川北路，扩充豫园城隍庙，调整山东中路等商业街市功能；新建沪东工人文化宫、控江新村、五角场、彭浦新村、天山新村、沪西工人文化宫、曹杨新村、宜川新村、浦东上南新村、闵行一条街等区域性商业中心，同时，发展各县城商业，形成新的地区商业中心。1958年以后20年中，大批商业人员转到其他行业，国有商店合并，合作店、摊集中，不少地区进一步撤网并点，抽人让房。1959年，全市有商业网点48315个，1978年为22136个。

1979年后，对全市商业网点按“分级划片，成群配套，点面结合，以群为主，以点为铺”规划。全市商业网点布局规划为6类：市级商业中心、区级商业中心、居住小区商业中心、县级商业中心、乡镇商业中心、村级商业点。20世纪80年代起，开放集市贸易，发展集体商业网点和个体商业。1980年，全市零售商业网点22345个，1990年83296个。80年代后期，开设新兴行业网点，有家用电器、摩托车、西服、进口食品等。20世纪80年代后，云南路、石门一路、威海路、宁波路等专业街专业经营特色逐渐恢复，九江路、柳林路、乍浦路等逐渐形成新的专业商业街。1995年，全市有22条主要的商业专业街。20世纪90年代，空调、电子音响等家电业专卖店、专卖柜开设；建材业、装潢业、家具业、电脑业、饮食服务中的快餐业、小吃业、美容业、婚纱业等网点以及连锁超市、便利店迅速增加。1982年，首家品牌商品专卖店开设，65个居住小区出现购物中心、超市，各县城和集镇商业配置以百货店、超市为中心的网点群。1992年，上海商业中心的布局由“三街一场”（即南京东路、淮海中路、四川北路商业街、原豫园商场）的格局扩展形成“四街一场”（即南京东路、淮海中路、西藏中路、四川北路商业街、原豫园商场），经过1992—1995年大规模集中改造建设，基本形成“四街四城”（即南京路、淮海路、西藏中路、四川北路商业街和浦东新上海商业城、新客站“不夜城”、徐家汇商城、豫园旅游商城）的“多心、多层、集团式”新格局。“四街四城”各具特色，是上海商业的代表性街区。1995年，“四街四城”生意兴隆，零售总额接近全市40%。1995年，全市零售商业网点128519个，其中国有商业7307个、集体商业22644个、个体商业96968个、私营商业135户、股份制企业351个、联营商业612个、合资商业85个，市区57737个、郊县（区）70782个。1995年，全市有批发网点0.84万个，餐饮网点2.65万个，共有商贸服务业网点16.34万个，并形成8个市级商业中心，以大商场为“龙头”、中小商店配套的32个区、县级商业中心，65个居住小区商业中心。

1996—2000年，上海商贸服务业设施的建设步伐加快，以购物中心为主力业态的商贸服务业快速发展。1999年初，市商委决定，在全市开展商业特色街推荐、评选、命名工作，命名10条上海市商业特色街：黄浦区的上海老街、云南南路美食街、北京路生产资料街、福州路文化街；卢湾区的东台路古玩街、雁荡路休闲街；静安区的威海路汽车汽配街；虹口区的乍浦路美食街；徐汇区的衡山路休闲娱乐街、宜山路建材家具街。2000年末，全市有商贸服务业网点22.75万个。

进入21世纪后，上海商贸服务业开展新一轮国际贸易中心建设。2004年，上海商业主管部门提出发展地标性的都市商业中心。2007年，市经委启动年度上海商业特色街区、示范社区商业的评选认定工作。第一批命名的20条“2007年上海商业特色街”为：黄浦区的北京东路生产资料街、福州路文化用品街、豫园老街、上海老街；卢湾区的新天地休闲娱乐街、绍兴路文化街；静安区的铜仁路咖吧街、陕西北路服饰街；浦东新区的滨江大道休闲餐饮街；徐汇区的衡山路休闲街、宜山路建材街、天钥桥路休闲餐饮街；闸北区的青云路眼镜街；虹口区的多伦路文化名人街；闵行区的七宝老街、虹梅路休闲街、十尚坊休闲餐饮街；宝山区的牡丹江路北翼服饰街；奉贤区的奉浦餐饮娱乐休闲街、人民南路服饰街。2008年，市经委第二次命名7条上海商业特色街。2009年，全市商业开展网点区域布局和结构调整工作。2009年，市商务委开展上海特色商业街评选、命名工作，命名的13条上海特色商业街为：上海金桥国际茶城、博览汇餐饮休闲广场、云南路老字号美食街、豫园时尚街、雁荡路休闲文化街、上海城风味坊中西美食步行街、仙霞路美食特色街、金储休闲广场、曹安路专业市场特色街、南翔老街、石化北随塘河路餐饮特色街、松江区松东路饮食文化街、中山二路服装服饰街。2010 年，市商务委命名 10 条商业特色街。2010 年，上海逐渐建设形成一批市级、区级商圈，并以市级商圈代替市级商业中心称谓。原来“四街四城”通过空间拓展、业态更新、品牌调整，实现转型升级，形成高端商业商务融合、国际知名企业和品牌的集聚地，集中展示上海商业国际潮流发展水平。南京东路继续保持“中华商业第一街”的美誉，百联世茂、宏伊国际广场落成。南京西路坚持高起点、外向型、国际化的发展目标，集聚 1200 多个国内外知名品牌，其中国际品牌 750 多个。淮海路瞄准国际一线品牌大力引进全球著名品牌旗舰店，如爱马仕之家、杰尼亚全球概念店、路易·威登环球专卖店。2010 年，在商贸服务业全力服务世博会的推动下，全市商贸服务业网点达 43.14 万个。除市区联动建设市级商业中心外，上海还建设区级商业中心或市级商业副中心。2010 年，地区级商业中心为：川沙地区商业中心、大宁商圈、北外滩地区商业中心、打浦桥地区商业中心、宜山地区商业中心、老西门地区商业中心、曹家渡地区商业中心、长寿路地区商业中心、控江路地区商业中心。

根据 2018 年末全国第四次经济普查，上海共有零售业网点 69614 个，其中：浦东新区 13971 个，占比 20.1%；7 个中心城区 21572 个，占比 31%；8 个郊区 34071 个，占比 48.9%。各区零售业网点数量中排名前五位是浦东新区、闵行区（7888 个）、嘉定区（5012 个）、徐汇区（4840 个）、宝山区（4606 个）。

2021 年，上海商场店铺面积达到 9123 万平方米。2022 年，城市商业综合体达到 311 家。全市年末限额以上商业产业活动单位 68372 个，其中法人单位 19893 个、从业人员 146.41 万人，商业是第三产业中提供就业岗位最多的行业。2022 年，上海连锁零售业和餐饮业拥有 28415 个门店，从业人数 35.22 万人，营业面积 1559.62 万平方米。全年批发零售业实现连锁零售额 3080.84 亿元，占全市批发零售业零售额的 20.1%；住宿餐饮业实现连锁营业收入 372.28 亿元，占全市住宿餐饮业营业收入的 33%。年末全市拥有重点商圈 28 个，其中：市级重点商圈 14 个：南京东路商圈、南京西路商圈、淮海中路商圈、四川北路商圈、徐家汇商圈、小陆家嘴—张杨路商圈、豫园商城商圈、五角场商圈、中山公园商圈、中环（真北）商圈、新虹桥—天山商圈、虹桥商务圈、国际旅游度假区商圈、大宁商圈。区级重点商圈 14 个：打浦桥商圈、长风商圈、长寿商圈、曹家渡商圈、森兰商圈、世博商圈、张江商圈、御桥商圈、顾村商圈、共康商圈、北中环商圈、七宝商圈、南方商城商圈、奉贤老城商圈。

所有制结构 上海解放前，商业以私营、个体经济为主体。1949年，全市有230个商业行业，近10万家商号、10万余个摊点，商业服务业从业人员30万余人，摊贩20万余人；批发企业近1万家，约占全国1/3，各地驻沪申庄2000余家。零售商业点多面广，万余家烟酒糖茶、糕点等专业店和杂货店遍及大街小巷。

1949年，国营上海市贸易总公司和市级国营商业专业公司成立后，上海又成立商业一级批发站，向全国主要地区商业二级批发站供货。1950年，全市国营商业企业129家、从业人员1.3万人，全市私营商业企业（包括行商、个体商贩）14.87万家、从业人员38.54万人。1950年1月，上海市供销合作总社建立，各区设经营门店。1951年，全市核发个体摊（商）贩经营许可证12.46万张。1956年，对私营商业实行社会主义改造，划为私营资本主义商业企业的7.28万家，全部公私合营，从业人员22.32万人。经1956年合作改组，1957年继续个体经营的商贩剩下2.22万家、从业3.11万人。经过社会主义改造，上海形成以国营商业为主体、多种经济成分并存的社会主义统一市场。1966年"文化大革命"开始，全市所有公私合营商店改为国营商店，再度削弱集体商业，排斥个体商业，严令取缔城乡集贸市场。

1978年起，上海推进多种经济所有制商业发展，调整商业经济结构。1981年，市发展集体、个体商业服务业协调小组成立，扶持发展集体、个体经济的商业服务业。1984年前后，供销合作社的集体所有制性质恢复。20世纪80年代，上海商贸服务业中的生活服务业企业所有制以国营、集体商业为主。1992年起，结合商业设施改造和建设，全市发展跨部门、跨行业、跨地区和跨所有制性质的多种形式的工商联营、农商联营、商商联营和中外合资、合作商业服务业。非国有经济商业迅速发展，到1995年，全市社会消费品零售总额构成的比重，国有商业由1979年的68.27%降为40.6%；集体商业（包括供销合作社）由31.4%下降为30.3%；私营和联营商业占5.7%；其他商业（包括个体经营户和中外合资、合作商业）增至23.4%。

至2000年，上海社会消费品零售总额中：国有商业企业占8.0%，集体商业企业占6.3%，合营商业企业占26.6%，个体私营商业企业占8.2%，其他商业企业占50.7%。2008年上海居民服务和其他服务业中，国有企业324家，集体企业685家，股份制企业389家，私营企业10617家，其他内资企业202家，港澳台商投资企业61家，外商投资企业131家。至2010年，上海社会消费品零售总额中，国有企业占5%，集体企业占1.6%，合营企业占28.7%，个体私营企业占15.3%，其他商业企业占49.4%。

2011年，上海商业所有制结构已形成以内资商业为主，与港澳台商投资商业、外商投资商业共同组成的稳定经济结构，其中内资商业中呈现以非公有制、混合经济商业为主的增长态势。根据2018年末全国第四次经济普查，上海共有批发零售业法人单位127317家，其中内资企业117199家；港澳台商投资商业3537家；外商投资商业6581家。2018年末共有批发零售业从业人员164.90万人，其中内资企业101.15万人，港澳台商投资商业25.43万人，外商投资商业38.31万人。

2022年，上海实现社会消费品零售总额16442.14亿元，其中国有商业实现零售额5.98亿元，占全市社会消费品零售总额的0.04%；集体商业9.77亿元，占比0.06%；私营个体商业3340.73亿元，占比20.3%；股份有限公司619.29亿元，占比3.8%；港澳台商投资商业4889.10亿元，占比29.7%；外商投资商业3597.22亿元，占比21.9%；其他商业3980.03亿元，占比24.2%。

资料链接：

《上海通志》第十九卷

《上海市志·商业分志·综述卷（1978—2010）》

《上海市志·服务业分志·综述卷（1978—2010）》

市　场

清康熙、雍正年间，上海地区有82个集镇，各镇形成集市，有宝山花（棉花）市，嘉定布市，奉贤青村盐市，南桥海产市，松江泗泾、青浦朱家角米市等，各市成为江、浙、沪商品集散地。清道光三十年（1850年）后，上海县十六铺一带形成蔬菜、水果、水产、海味、禽蛋、粮油、南北货等临时和季节性以批发为主的集市。咸丰二年（1852年），上海县城内外、黄浦江沿岸、城隍庙周围、小东门、九亩地（今凝和路）一带，集市贸易兴旺。咸丰三年（1853年）起，租界建集市菜场，当局规定商贩均须集中在场内买卖。光绪六年（1880年）前后，出现四马路（今福州路一带）文化用品街、小花园（今湖北路一带）女鞋街、兴圣街绒线街等专业街。各商号多为批兼零或零兼批户，零售店摊、长途贩运的小商贩、各地在沪的申庄一般向兼营批发业务的大店或直接向工厂批量采购进货。20世纪初，茶楼市场兴起，各业商人在茶馆店谈生意做批发交易，称茶会或茶楼市场。有青莲阁米茶市和棉纱业茶市，杏花楼茶楼杂粮油饼业茶市，全羽春五金铜锡业茶市，一乐天板箱、旧货五金茶市等。1920 年 7 月，上海证券物品交易所正式开业，至 1921 年有商品交易所 140 多家，1933 年剩 5 家。1935 年，上海鱼市场开办。1941 年，蔬菜地货中央市场建成。

1949 年 5 月，全市有 24 个物品交易所、30 余个茶楼茶会市场，分属 21 个批发行业。经常参加茶楼交易的有 0.56 万人。茶楼茶会市场分布在 27 家茶楼，21 家在黄浦区。1949 年 5 月，全市有集市（露天菜场）300 余处，专营肉类、家禽、蛋品的农副产品集市 20 余处，绝大部分在水陆码头附近。小商品市场散布全市，如满庭坊（广东路）小五金市场、大王庙（成都北路）鞋料市场、福民街（城隍庙）祭品市场等。1953 年起，国家对粮、油、棉花、棉布实行统购统销，对蛋品、烟叶、皮革等实行计划收购，城乡集市贸易逐渐萎缩。1954 年，全市组成近 30 个茶市，参加者不到 0.5 万人，其中居间人约 0.35 万人。1957 年，上海对居间人进行登记，经清理，部分由专业公司重新安排就业，部分送外地就业或回乡，核准登记者不到 800 人。在青莲阁、全羽春、一乐天茶楼建旧五金、废旧杂品交易市场，1960 年撤销。1954 年 3—5 月，粉麸、食油和米市场先后停业。1956 年，对私营商业改造完成，各类批发市场、批发企业分别归口国营食品、蔬菜、水产、烟糖、五金交电、百货、针棉织品等有关专业公司，改组为专业公司所属批发部（经营部）。之后，各归口商品均由专业公司对口向工厂、农村计划收购，重要商品由国家计划调拨，对零售实行计划分配。1957 年，市区开放 2 个蔬菜交易市场，建立 4 个副食品交易市场、1 个药材市场，恢复 22 个禽蛋、南北货代理行；郊区恢复 41 个农贸集市，集市增至 211 个。全年市区集贸市场成交额 2 亿元，占市区零售总额 9%。1958 年，市区集贸市场再度关闭，郊县农贸市场大多被取消。1959 年 9 月，郊县集贸市场恢复，至 1960 年 4 月全市建立苗禽、种子等专业性交易所 36 个，综合性副业、手工业产品交易市场 146 个，1961 年 2 月有集贸市场 235 个。1961 年，市区全部集贸市场收缩，进城的农副产品由国营商业收购站、代理行收购。1962 年，全市城乡集市贸易市场 43 个，成交额 11391.8 万元。20 世纪 50 年代至 60 年代初，市郊设 20 多个蔬菜批发市场，实行计划分配货源下的进场交易、“三员”（市场业务员、菜区运销员、菜场采购员）议价成交制，“文化大革命”中改为购销站。1963 年 3 月，农民自产自销的活动范围受到严格控制，长途贩运遭禁止，商贩被整顿清理，集贸市场迅速缩小。1965 年，市区在市、郊接壤地区保留 17 处集市。1966 年，17 处集市全部被取消，在菜场附近保留部分以卖葱姜、小水产为生的摊贩。1975 年，全市有 677 户摊贩，郊县集市贸易受到严格限制。

1978—1990 年，上海商品交易市场由计划经济体制下的统购统派，逐步放开引入市场调节机制，市场经济有初步发展空间。食用农产品市场有序放开，消费品市场恢复活跃，生产资料市场突破传统。1979年1月，22个农副产品集市贸易市场在上海市区和郊县结合地区恢复。1979年、1984年，上海生产资料市场、上海工业品贸易中心先后建立。

1991年，随着市场化改革的逐步深入，除少数涉及国计民生的重要商品仍然实行指令性计划外，绝大多数商品放开，价格由市场供求决定，市场化程度不断提高，推动着商品市场体系的形成和发展。食用农副产品市场增强调控，消费品市场进一步做大，生产资料市场形成体系。1999年底，全市共有商品交易市场1186个，主营批发的商品交易市场288个，占24.3%，主营零售的商品交易市场898个，占75.7%。2001年，市场繁荣、商品供应丰富，市场供需态势逐渐由短缺的卖方市场转向供过于求的买方市场，确定市场的主导地位。经过多年发展，上海商品交易市场逐步建成门类齐全、配套完善、特色鲜明、互为依托、共同发展的市场体系，基本涵盖工业原材料、日用消费品、农副产品及生产要素等各类商品。食用农副产品市场建设取得重大进展，标准化菜市场建设全面推进，大宗商品市场快速发展。至2010年，上海共有商品交易市场1097家。其中综合市场531家，占48.4%；专业市场566家，占51.6%。商品交易市场成交额达到6657亿元，其中综合市场实现成交额440亿元，占6.6%；专业市场实现成交额6217亿元，占93.4%。

2011年，上海商品交易市场顺应产业结构转型、无店铺销售发展和消费需求升级趋势，加快大宗商品现货市场建设，平台经济发展稳中有进，B2B交易规模扩大，线上经济与线下经济进一步融合。2012年，全市加快推进大宗商品现货市场国际化进程。上海钢联编制的钢铁及其原材料价格指数首次获得美国最大的期货交易所——芝加哥商品交易所的认可。易贸集团与安迅思（ICIS）建立能源化工领域（除原油、成品油等最上游产品）第三方估价体系，成为最权威的中国能源化工行业价格和成本加运费（CFR）进口价格。上海石油交易所推出液化天然气（LNG）和液化石油气（LPG）现货竞买交易机制，是国内唯一一家公开交易液化天然气的交易市场，参与交易的企业占全国天然气消费总量的30%。上海物贸有色金属交易市场建立期货与现货价格联动的定价机制。东方钢铁电子商务平台、西本新干线钢铁电子商务平台等新型钢铁电子交易方式形成以市场需求为核心的定价机制。物流、金融、信息等市场配套服务功能进一步拓展。2015年，全市共有商品交易市场975家，总摊位数17.07万个，营业面积1133.98万平方米，成交总额9318.51亿元，其中：以批发交易为主的市场153家，出租摊位数5.88万个，营业面积751.41万平方米，成交额8703.82亿元；以零售为主的市场822家，出租摊位数8.95万个，营业面积382.57万平方米，成交额614.68

亿元。以网络交易为主的平台经济迅速崛起，平台企业交易规模 16124.9 亿元。大宗商品贸易平台交易额超过 1.3 万亿元，服务类平台企业交易额 1.61 万亿元，跨境电子商务平台交易额比上年增长 30.8%。上海自贸试验区大宗商品现货市场启动运营。全年 B2B 交易额 12312 亿元，在电子商务交易总额中占比 74.8%，其中钢铁类交易额 4077 亿元，石油化工类交易额 2664 亿元；在白银现货电子交易平台“华通铂银”等带动下，有色金属类交易额上升至 1731 亿元；生鲜农产品类增速达 148.3%。2016 年后，上海现代市场体系建设加快，平台经济规模扩大。2017 年，全市大宗商品交易市场 37 家，新型平台型大宗商品交易市场 39 家，其中：上海有色金属交易中心、上海易贸投资集团、东方钢铁、上海石油化工交易中心 4 家交易额突破千亿元，9 家机构达到百亿元；欧冶云商、上海钢联、找钢网 3 家钢铁交易平台贸易量占全国钢铁贸易量的 15%；上海有色金属交易中心现货贸易量占全国精炼铜表观消费量近 90%；易贸化工成为亚洲化工品现货撮合交易量最大的经纪服务提供商，液体化工贸易量占全国贸易量 1/3。全市纳入监测的重点平台企业 139 家，平台交易总额 1.88 万亿元，其中大宗商品交易额 14011.92 亿元，占平台交易总额 70% 以上。消费品和生活服务类平台领先发展。消费品及生活服务实现交易额 4184.47 亿元，增速保持在 30% 以上。专业配套服务实现交易额 261.45 亿元，跨境电商平台交易额 330.17 亿元。2019 年，142 家重点平台企业实现交易额 2.70 万亿元，其中大宗商品贸易平台 37 个，占比 26.1%；平台交易额 1.54 亿元，占比 56.8%。

2021—2022 年，疫情影响了商品交易市场的转型升级和交易规模的扩大。2022 年全市商品交易市场成交额 8098.24 亿元，出租摊位总数为 89787 个，其中：粮油、食品、饮料、烟酒类摊位数为 46648 个，占出租摊位总数 52%；服装鞋帽、针纺织品类摊位数为 12552 个，占出租摊位总数 14%；日用消费品类摊位数为 11216 个，占出租摊位总数 12.5%；汽车类摊位数为 2580 个，占出租摊位总数 2.9%。2022 年末，上海各类市场主体总户数为 328.39 万户，其中企业 276.45 万户，占市场主体总户数 84.2%；个体工商户 50.89 万户，占比 15.5%；农民专业合作社 1.04 万户，占比 0.3%。总注册资本金额 40.45 亿元。

资料链接：

《上海通志》第十九卷

《上海市志·商业分志·综述卷（1978—2010）》

《上海市志·服务业分志·综述卷（1978—2010）》

行 业

粮食行业 清嘉庆年间，上海县城豆市街有信祥等豆米字号（批发）。上海开埠后，出现米店，经营零售。同治年间，上海开设多家米店（号）及面粉麸皮店。光绪十二年（1886年）起，鄂、赣、皖、浙省抵沪粮食，集中在豆市街交易，江苏各地到沪粮食集中在吴淞江北岸新闸桥一带交易。光绪三十四年（1908年），上海形成南北两个米市场（现货交易市场）。中国机制面粉贸易所设立，经营粉麦期货交易。1931年、1933年，上海第一个米业专用码头米行码头和第一座私营豆米专用仓库先后建成。1933年，全市有米行169家，米店0.15万家，切面店300多家。1947年9月，粉麸交易市场开业。1948年2月起，国民政府实行粮食全面配售和限价，粮价飞涨。1949年，全市有米行353家、米店0.2万家、粮库7座。

1949年6月—1950年4月，上海粮价4次上涨。上海市政府开设4个国营粮食营业所，委托94家私营粮店以低价代销大米，平抑粮价，确立国营粮食部门在粮食批发市场的主导地位。1950年，市粮食零售公司成立，开设国营粮店86家，粮食销量占全市50%。是年，上海市政府限制私营大米批发商、经售商经营业务。1952年12月，有私营米店0.2万家、切面店0.19万家，国营粮店102家。1953年1月，禁止私商贩运粮食，米粮经售商停止经营。12月，0.15万家私营米店全部改为国营粮食公司代销店。1954年1月，上海市全面实行粮食统购统销，5月关闭米市场、粉麸市场，8月居民用粮开始实行定量供应。1956年1月，全市私营843家粮店、0.14万家切面店（厂、作坊）全行业公私合营。1963年起，全市开展粮食议价收购和销售。1972年，粮食减产，征购减少，收支出现大缺口，执行“四统一”（统一收购、销售、调拨、库存）高度集中的粮食管理体制。

1985年4月1日起，粮食统购取消，改为合同定购，实行平、议价“双轨制”，饭店、制酒、工业等行业用粮先后退出平价，改议价供应。1993年4月1日，上海取消粮票和平价粮食计划定量供应办法，敞开供应。4月28日，上海市粮油商品综合交易市场开业。6月30日，国家级上海粮油商品交易所（粮油期货交易市场）试营业。1993年，上海市建立地方粮食储备制度。1995年，全市国有粮食系统粮油收购点202家、粮油零售网点0.19万家、市级粮油批发市场3家、区（县）级粮油交易市场12家。粮油销售总额195.56亿元。粮油现货交易成交1.49亿公斤。期货交易粮油675.21亿公斤，交易额1740.16亿元。20世纪90年代中后期，郊区县逐步开始按保护价敞开收购议价粮、敞开收购农民余粮，对优质粳谷实行优质优价政策；上海粮食供需从有计划调节逐步走向市场调节，上海粮食市场体系蓬勃发展。

2000—2010年，上海粮食流通体制改革实现向全面购销市场化的历史性跨越。上海粮食购销市场全面放开，国有粮油经营性公司进行调整，粮食收储体系日趋完善，粮食市场和应急保障体系不断完善。2010 年度，全市（全社会）粮食销售总量 494.5 万吨。

2011 年，在黑龙江省虎林地区建立上海最大规模外埠粮源基地，掌控周边粮源约 300 万吨。7 月，上海市与黑龙江省签订新一轮两地深入发展粮食产销合作的协议。9 月，上海良友集团与虎林绿都集团签订正式合资协议，以增资控股的方式，参与当地粮食购销管理工作。10 月，首批 2450 吨黑龙江虎林新大米运抵上海，在良友便利、联华、华联、世纪联华、吉买盛、乐购、易买得等门店销售，对稳定上海大米市场价格起到积极作用。2012 年，根据上海真新、江桥华江、高湖、大场四大粮油的市场统计，粮油制品批发销量平稳，价格稳中有涨。1 月 18 日，上海第一家粮油平价店在武定路开张，属上海良友集团，店内 183 种粮油商品价格均低于全市卖场平均零售价的 10% 左右，对所有供应商免收进场费、上架费等费用，将中间渠道的利润直接让利于民。该店还被列入政府“粮油帮困卡”定点供应网点，为所在区域生活困难居民提供便利服务。良友集团通过“粮油平价店”这一新业态，发展直营直销，压缩中间环节，降低中间费用。

2013 年，上海实施“粮安工程”，提升粮食收购储备和供应保障能力；落实东北、江苏等粮食基地项目建设，做强做优粮源基地合作企业，从虎林等粮源基地调运粮食 27.6 万吨；重点支持上海外高桥粮食储备库新建 16 万吨立筒仓、上海浦江仓储有限公司粮食仓库改建。《上海市地方储备粮轮换细则》出台，全市采取公开、透明的市场化方式实施市级储备粮轮换。网上竞价销售 48.4 万吨，占轮换计划 80.5%；网上竞价采购 10 万吨，占轮换计划 16.6%。上海粮食交易中心批发市场和良友新港物流基地配套设施建设推进。推动粮油平价店建设，至年底，全市粮油平价店共 8 家，覆盖主要中心城区。完善粮食应急保障体系，修订《上海市粮食应急预案》，确保粮食供应安全。2013 年市政府实事项目——粮食流通信息追溯系统建设任务完成。

根据 2018 年末全国第四次经济普查，上海共有米面制品及食用油批发的法人单位 564 个，营业收入 1739.47 亿元，营业利润 –0.63 亿元，资产总计 897.73 亿元。2019 年，根据上海地区四大批发市场（上农批、高湖、七宝、江杨）统计，普通粳米成交总量为 11.76 万吨，普通粳米批发均价为 4.30 元 / 公斤，5 升桶装豆油批发均价为 30.33 元 / 桶。

2021 年，全市年粮食需求总量约 571.1 万吨，其中口粮消费 380.3 万吨，饲料用粮 106 万吨，工业用粮 83.3 万吨，种子 1.5 万吨。粮食主要向其他省采购。2022 年，全市实现粮油、食品销售额 9226.80 亿元，占全市商品销售总额的 5.6%。

资料链接：

《上海粮食志》　　《上海市志·商业分志·粮油盐业卷（1978—2010）》

日用消费品行业　上海开埠前，杂货店集中在上海县城小东门十六铺一带。清道光二十年（1840年）前后，部分杂货店转向经营苏州、杭州和北京手工业品和工艺品，称京货店。道光三十年（1850年），上海首家广货店开设，经营广货及洋袜等。同治九年（1870年）前后，部分京货店、广货店扩大洋货经营，改称洋广杂货铺。专营欧美货物的西洋庄和专营日本货物的东洋庄在沪出现。清光绪二十年（1894年）前上海有100多家洋广杂货零售店，宣统二年（1910年）前后约200家。宣统三年（1911年）前后，洋广公所成立，1918年分立为东庄公所和西洋公所（华洋杂货联益会）。洋广杂货业分化为批发与零售两支，大户与洋行建立特约经销关系，中小户以经营零售为主。1914年，上海有东、西洋庄一百四五十家，批发销往外地的商品占全部销售量的80%以上。

1917年，集购物、餐饮、娱乐于一店的先施公司开业。此后，永安、新新、大新公司先后开业，形成影响全国的上海百货业四大公司。1921年，上海出现第一家标名“百货”的商店组美百货商店。1923年，洋广杂货店归并百货业，按经营品种分为大百货、小百货、硬百货、软百货4类。1930年，上海有大型百货公司7家、中小型百货商店700家；1949年有百货批发商297家、零售商0.11万家、环球货品商12家。

1949年10月，国营上海市日用品公司成立，设门市部；1950年5月，改组成中国百货公司华东区公司和中国百货公司上海市公司，分别负责华东区各省市公司收购沪产日用百货商品调拨全国和市内百货商品批发、零售和行业管理。1952年11月，华东区公司采购供应业务划出，建立中国百货公司上海采购供应站，负责沪产日用百货的采购和全国调拨业务。1952年起，国营百货商业对私营百货生产厂扩大加工、订货、包销，1955年掌握全市百货工业产值88%的货源。1954年9月，专营批发的华洋杂货业实行全行业改造，业务由国营百货公司代替。1956年初，私营百货零售商全行业实行公私合营。

1959年至“文化大革命”期间，商品匮乏，日用商品长期供应不足，全市有43种百货商品实行凭日用工业品购货券、购货证和布票供应。20世纪80年代起，百货商品实行多渠道批发。1978年，上海百货商业国营批发收购17.92亿元，调拨供应全国的占90.55%；市内批发销售 9.88 亿元。1989 年，全市日用百货批发经营单位增至 0.13 万家。百货商品批发由国营一、二、三级批发站层层分配的体制结束，上海市与重点主销地区建立多种联系。1989 年，全市有百货零售网点 0.45 万个，另有陶瓷、日杂、烟杂、鞋帽、五金、医药等店家兼营百货。1995 年，全市有 550 家大中型零售企业兼营批发业务，占行业网点的 50%。1991 年 5 月，上海首家连锁超市联华超市曲阳店开业，全市开始发展超市业，1995 年全市百货业系统有超市 72 家。1996 年 1 月，上海开设全国首家中外合资百货店——中日合资第一八佰伴新世纪商厦。1995 年，全市有百货零售商店 0.31 万家，年销售额 262 亿元，占上海社会消费零售总额 27%。20 世纪 90 年代末，上海日用消费品商业对内对外开放，推动商业结构调整优化，构建国际化流通体系。市场商品日益丰富，商品供求状况日益好转，上海集中发展日用消费品批发市场。2000 年，上海日用消费品零售总额 1107.27 亿元，限额以上批发企业 150 家，实现商品销售总额 588.04 亿元。

2001 年开始，上海日用消费品商业深化转型，营造有序竞争市场环境，实施商业现代化发展战略，组建国有产业集团，主动应对全面开放的市场竞争。2003 年，百联集团组建。上海零售商业布局城市规划衔接，新零售、新业态、新模式进入发展期，以信息化技术为基础的现代商业支付技术、物流配送技术进一步创新。至 2010 年，上海日用消费品零售总额 3884 亿元，限额以上日用消费品批发贸易业实现商品销售总额 5308 亿元。

2011 年后，上海日用消费品商业作为培育建设国际消费中心城市的主力军之一，积极适应新经济新零售新形势发展，推出新业态新模式新布局，发展实体商业与网络购物相结合，参与建设社区“一刻钟商业圈”，扩大消费规模。2022 年，实现日用消费品销售额 42754.94 亿元，占全市商品销售总额的 26%，其中服装鞋帽、针纺织品类商品销售额 6478.30 亿元，日用品类 3692.20 亿元。

资料链接：

《上海日用工业品商业志》　　《上海市志·商业分志·日用消费品商业卷（1978—2010）》

生产资料行业　清代，上海即有金属材料行业、石油行业、煤炭行业、化工轻工原料行业、建材行业、木材行业、机电设备行业、农业生产资料行业、再生资源物资利用行业等生产资料行业。20 世纪初，生产资料业商号逐渐增加。20 世纪 50 年代，多数行业、商号公私合营。此后，国营商业负责采购供应逐渐形成，经营生产资料业商店。

改革开放后，生产资料业市场逐渐放开。1995 年，全市有金属材料经营户 3.92 万家，化工轻工原料经销店 0.27 万家，建材经营商 5.07 万家，木材经营商 2.02 万家。再生资源物资利用行业有专业公司 43 家、兼营公司 28 家，回收网点 817 个、销售网点 267 个、加工网点 41 个。20 世纪 90 年代，上海生产资料行业的改革开放重点推进，放开搞活市场，至 1999 年全市物资供销业的商品购进总额达 540.72 亿元，销售总额为 614.43 亿元。21 世纪初，上海生产资料行业企业经营改革深化，物流业迅速发展，2010 年，实现限额以上商品销售额 25208.19 亿元，其中限额以上批发业生产资料销售额 19325.15 亿元，占比 76.7%。

2011 年，随着上海国民经济和社会发展，生产资料销售规模进一步扩大。2015 年，上海实现商品销售总额 93407 亿元，其中生产资料类销售额 49094 亿元，占比 52.6%。2016 年，上海商品销售总额首次突破 10 万亿元，其中生产资料类商品销售止跌回升。除煤炭及制品类销售额依然下降 9.5% 以外，木材及制品、石油及制品和化工材料及制品类商品销售额均有增长，其中木材及制品类增长 20.4%。2017 年，在大宗商品需求扩大、价格上涨的多重因素拉动下，实现生产资料类销售额 62633 亿元，其中金属材料类销售额比上年增长 15.5%，占比 32.7%；化工材料及制品类、机电产品及设备类、煤炭及制品类销售额增速均超过 20%。2018 年，受钢铁、有色金属等大宗商品价格下降影响，生产资料类销售额 68725.8 亿元，占比 57.5%。根据 2018 年末全国第四次经济普查，上海共有矿产品、建材及化工产品批发的法人单位 2.04 万家，营业收入 67334.10 亿元，营业利润 438.83 亿元，资产总计 1.93 亿元；机械设备、五金产品及电子产品批发的法人单位 2.60 万家，营业收入 24480.84 亿元，营业利润 638.82 亿元，资产总计 11092.28 亿元。2020 年，受疫情影响，上海实现商品销售总额 13.98 万亿元。其中生产资料类销售额比上年下降 3.7%。机电产品比上年增长 1.7%，金属材料、汽车、化工材料类比上年分别下降 0.5%、9.9%、10.3%。

2021 年，上海推动国际贸易中心和国际消费中心城市建设，继续保持全国中心城市流通规模第一的地位。生产资料销售好于其他商品，生产资料销售额 98655.2 亿元，拉高全市商品销售总额 10.7 个百分点；其中石油制品、机电产品、化工材料、金属材料分别增长 27.3%、22.6%、19% 和 14.9%。12 月上海钢联中国大宗商品价格指数 1174.9，其中有色金属、基础化工、能源、钢铁价格上涨幅度较大。2022 年，受疫情影响，上海实现商品销售总额 16.45 万亿元，其中生产资料类销售额 99691.02 亿元，9 个小类商品除种子饲料、石油及其制品、煤炭及其制品有所增长外，其余几类商品销售均比上年下降；棉麻、木材及其制品、建筑及装潢材料、金属材料、化工材料及制品、机电产品及设备都有较大幅度下降。

资料链接：

《上海物资流通志》　　《上海市志·商业分志·生产资料业卷（1978—2010）》

餐饮业　清初，十六铺洋行街（今阳朔路）有菜馆六七家。上海开埠后，徽、苏、锡、宁帮菜馆随商贾至沪设馆，由十六铺向宝善街（今广东路）、南京路发展。英、法、美、俄等国总会设餐厅、酒吧、茶室，供应本国菜肴。清道光三十年（1850 年），上海出现西式酒店和餐馆。光绪年间，南京路、宁波路、四川路、江西路、汉口路近外滩路段开设一批专供快餐的西餐馆。中国人食西餐者日众。在外轮、洋行当过厨工的中国人开设迎合中国人口味的改良西餐馆，称番菜馆。

20 世纪 20 年代，全市约有 300 家酒菜馆，1937 年后增至 700 多家。大店、名店集中在今西藏路、北京路、延安路范围内。1937 年，全市有西餐馆 200 余家。抗战胜利后，酒菜馆有 0.1 万家，分 15 帮派，西餐业盛极一时。

1956 年 1 月，全市员工 3 人以上的酒菜馆 778 家，从业人员 1.3 万余人，全行业公私合营，成立上海市公共饮食公司。1958 年，酒菜馆减至 513 家，西餐馆锐减。“文化大革命”中，全市取消经营特色，撤并饭店，顾客就餐难。1971 年，红房子西菜社恢复供应西菜。

1978 年后，西餐馆日增。1979 年起，允许个体、街道和各行业经营酒菜馆，市区有酒菜馆 753 家，1985 年起，上海市饮食服务公司及其 23 家直属企业、40 家联营企业改制为新亚（集团）联营公司。1992 年，全市酒菜业价格放开。1995 年，市区有餐馆 2.65 万家（含个体），从业人员 8 万人，有特级厨师 160 人，营业额 30 亿元。1995 年全市有西餐馆 108 家，从业人员 0.27 万人，营业额 7285 万元。20 世纪 90 年代，上海餐饮业进入全面深化改革的新阶段，股份制改革风起云涌，民营企业不断崛起，外资企业逐步进入，餐饮业开始注重特色和品牌建设。

2000 年，上海餐饮业在三级商业中心基础上进一步完善布局，购物中心和连锁业进一步助推餐饮布局，上海餐饮业业态、业种丰富，出现百花齐放的局面。至 2010 年，上海餐饮业网点 3.61 万个，从业人员 31.25 万人，餐饮业营业收入 771.83 亿元。

2011 年，上海餐饮业国际化、现代化特点突出，各派餐饮争奇斗艳，市场竞争日益激烈。2010 年世博会后，外来消费减少，餐饮业在调整升级后保持增长势头。2013 年，上海餐饮业共有从业人员 35.35 万人，餐饮业营业收入 953.80 亿元。2014 年，上海餐饮业网点保持两位数快速增长，拥有网点 8.04 万个，住宿餐饮业营业收入首次突破 1000 亿元。2016 年，上海餐饮业网点 8.56 万个，住宿餐饮业从业人员 52.22 万人，住宿餐饮业营业收入 1233.25 亿元。上海餐饮行业拥有 10 万家以上餐厅，在购物中心里餐饮面积占商用总面积达 25%，为全国最高。2020 年，受疫情影响，上海住宿餐饮业营业收入 1178.27 亿元，连锁餐饮门店营业收入 373.32 亿元，占全市住宿餐饮业营业收入的 31.7%。限额以上餐饮业共有法人单位 2508 个、产业活动单位 13646 个，从业人员 29.82 万人。

2022 年，上海住宿餐饮业经营受到两波疫情严重冲击，实现营业收入 1129.54 亿元。网点 4.67 万个，从业人员 30.96 万人，餐饮业营业收入 828.35 亿元。

资料链接：

《上海饮食服务业志》　　《上海市志·服务业分志·餐饮业卷（1978—2010）》

广告业　清同治元年（1862 年），《上海新报》刊登商业广告。以后，《新闻报》《申报》问世，报纸广告为商业广告主要形式。光绪十九年（1893 年），胜华广告社开设。1923 年 1 月 24 日，奥斯邦电台播出上海首个电台广告。1927 年，掮客改称代理商，上海广告商业形成。1948 年，全市有广告商 70 余家。

1954 年底，全市有私营广告商 95 户。1956 年 1 月，全行业公私合营，中国广告公司上海市公司（后改上海市广告公司）成立，32 家霓虹灯厂合并为 14 家。“文化大革命”中，商业广告取消，上海市广告公司改名上海市美术公司。1979 年 1 月 28 日（农历正月初一），《解放日报》率先恢复广告业务，上海电视台播映中国大陆地区第一条电视广告参桂养荣酒。3 月 15 日，《文汇报》刊登瑞士雷达表广告，为中华人民共和国成立后大陆地区媒体首次刊登外商广告。1979 年，全市有专业广告公司 2 家。1995 年，上海有广告单位 0.26 万家，营业总额 44 亿元，电视、电台、报纸、书刊广告经营额占 35%。

2000 年末，上海市有广告经营单位 2400 户，广告从业人员 31000 人，全年广告经营额为 111 亿元。2000 年后，上海市民营广告企业得到飞速发展。2001 年，民营广告企业仅 1140 户，2009 年达到 34760 户。2010 年底，全市具有广告经营资格的广告经营单位有 4.76 万户，全市广告经营额 378.08 亿元。2018 年末全市共有广告业法人单位 8549 个，从业人员 8.75 万人，营业收入 1752.90 亿元，资产总计 1631.84 亿元。

2020 年，上海共有规模以上广告企业 689 家，营业收入 1800.28 亿元、营业成本 1608.29 亿元，从业人员 4.12 万人，利润总额 31.23 亿元。2022 年，上海广告业深受疫情影响，规模以上广告企业 736 家，营业收入 2260.03 亿元、营业成本 2032.98 亿元，从业人员 4.4 万人，利润总额 5.7 亿元。

资料链接：

《上海通志》第十九卷　　《上海市志·服务业分志·商务和居民服务业卷（1978—2010）》

经　营

采购批发　明代，上海是全国棉花、棉布集散地之一。清康熙二十四年（1685 年），解除海禁，各地丝、麻、茶叶、桐油等运沪，加工或转销全国各地和海外。

上海开埠前后，十六铺至董家渡一带相继开设粮行、油行、鱼行、鸡鸭行以及南北货、蔬菜、水果、地货行等批发行栈，出现豆市街、鱼行街、咸瓜街等农副产品批发集散地，形成广帮、闽帮、徽帮、宁绍帮、镇扬帮、苏北帮、本帮以及关货行、进出口行、内地行等帮别。道光二十四年（1844 年），英美等国 11 家洋行直接向用户推销西药、百货、五金等商品。随着市场对日用工业品需求的扩大，洋行利用中国买办商人向零售商店推销商品；部分资本雄厚的零售商店转向批发。零售商向洋行订货，洋行鼓励批发商推销。19 世纪后期，上海海运事业兴起，批发行栈向虹口、杨浦沿黄浦江及苏州河沿岸扩展。20 世纪初，沪宁、沪杭铁路开通，闸北铁路站一带和苏州河乍浦路桥到新闸桥一段成为农副产品新的集散地，形成以十六铺和苏州河沿岸南、北两大农副产品批发集散地。第一次世界大战期间，国产日用工业品逐步替代洋货。上海商业出现行会、客帮和为客帮服务的商栈。

20 世纪 20 年代，各地在沪设立办庄、申庄 2000 多家。至 20 年代末，全市批发商号 8300 余户，其中棉布批发商 1400 余户。20 世纪 30 年代初，洋货大量倾销，影响国货销售。1933 年，上海机制国货工厂联合会成立，联合推销国货。是年，中国国货公司创办，向全国和海外推销国货。20 世纪 20—30 年代，上海市场 90% 以上粮、油、鱼、肉、禽、蛋和水果，80% 酒类，几乎全部的茶、糖、烟叶，70% 的蔬菜靠外地供货。农副产品批发以代销为主，自营为辅，代客买卖，收取佣金。19 世纪中叶起，上海有农副产品批发商兼营进出口业务，向洋行订购或向进口商直接购进商品。同时，部分洋行和批发行栈收购内地农副产品销往国外。抗日战争期间，粮、油、猪、禽、蛋、菜等主要农副产品受日军统制，水产、蔬菜、果品等行业的批发交易采用日本通行的拍卖方式。

上海解放初，保持原商品流转渠道和购销形式。1949 年 6 月，上海市军管会接管扬子建业公司、中国棉业公司等 10 余家商业、贸易机构。上海市贸易总公司以及日用品、花纱布、五金机械、交通电器等国营商业公司成立，掌握主要商品的货源。1950 年 3 月，上海调整国营商业、贸易公司经营方向，由国营商业集中收购上海工业品，向全国调拨。1953 年下半年起，国营商业扩大对私营工业加工订货，并发展为包销。1955 年，国营商业委托加工、订货、收购、包销的商品，占全市工业生产产量 84.8%，其中对大型企业产品收购占企业产值 91.9%。1956 年起，外省市进入上海的农副产品主要由国家计划调拨，通过全国三类物资交流会或省专管商品订货会，由上海国营专业公司与产区签订购销合同，协议计划调拨。郊区农副产品实行计划收购。1953 年，粮油实行统购统销。1956 年，对私营企业社会主义改造完成后，国营商业包销日用工业品。1956 年，蔬菜实行合同定购，1958 年实行统购包销。1962 年起，政府对郊县生产的粮油和各类副食品先后实行综合换购。1966 年后，综合换购取消，统购包销和派购体制不变。农副产品进出口由外贸专业公司统一经营，内贸公司提供货源；进口粮食、食糖等商品，由商业部进口后统配。

改革开放后，上海批发业面向全国的一、二、三级批发网络，逐步转为适应新形势的多种批发主体，包括制造业的直供批发、代理经销商批发、配送中心供货批发、交易市场批发、第三方物流批发和以品牌为纽带的产供销一体化批发等形式。到 1979 年，上海批发商业同全国各地建立的批发销售关系的批发企业 3000 多家，向各地调运工业品占全国埠间贸易 30%，占上海工业品销售总额 70% 以上。1979 年，三类商品和完成计划收购后的二类商品，实行议购议销；蔬菜类中葱姜、生菜、香菜等 50 余只花色品种放开价格，放开经营。1981 年起，流通体制改革，逐步实行“三多一少”（多种经济形式，多种经营方式，多条流通渠道和少环节）。工业计划超产的商品和新产品直接向市内外批零企业销售。国营商业按需进货，自由选购，批量作价。各种企业均可经商，经营各种商品。商品价格逐步放开，1983 年布票取消，纺织品全部敞开供应。1984 年，商业部下放在上海市的 6 个一级站，与上海市各专业公司合并，上海商业两道批发环节变为一道。1985 年，农副产品购销政策进行重大调整，粮食取消统购改为合同定购，限于稻谷、小麦、玉米 3 个品种，其他品种均自由购销；生猪、蛋品取消派购，商业部不再下达指令性调拨计划，代之以指导性计划；水产品全部放开；取消蔬菜统购包销，代之以“管八放二”，即管总量 80% 的 22 种主要品种，放 20% 其他品种。1991—1993 年，蔬菜、豆制品、猪肉、蛋品、食糖、粮油等先后放开经营。

2005 年，在流通国际化、现代化和世博会消费需求推动下，上海批发销售规模突破 13 万亿元，批发销售占比达到 87.2%，创下历史新高。至 2010 年，上海拥有各类批发业产业活动单位 9.94 万个，从业人员 91.58 万人。2010 年上海拥有限额以上批发企业 4485 家。上海批发业交易方式信息化，电子商务交易发展迅速，交易规模增长速度快，2010 年上海电子商务交易额为 4095.10 亿元。2015 年，上海实现商品批发销售总额 90447.64 亿元，电子商务交易额为 16452 亿元，其中 B2B 交易额 12312 亿元。2020 年，上海实现商品批发销售总额 125079.78 亿元，电子商务交易额为 29417.40 亿元，其中 B2B 交易额 17297.30 亿元。

2022 年，上海实现商品批发销售总额 15276.51 亿元，电子商务交易额为 33292.70 亿元，其中 B2B 交易额 19961.10 亿元。

零售　清道光年间，上海有销售西洋货的店铺。上海开埠后，经营洋广杂货的零售商店发展，主要经营针、线、带、扣、皂、烛、火柴及针棉织品等日用百货，向批发商号批进货物。另有货郎担、“布包袱”等走街串巷，零售、零剪，向中小批发商店进货，自然挂钩，生意好的老货郎担，可以赊购，定期结算。上海开埠后，除零售大户直接从产地采购或与产地建立供货关系外，一般零售商和摊贩均通过批发进货。19 世纪后期，出现一批大中型零售店。大型零售店进货向洋行订货或直接向国外订购。1917 年，先施公司成立，是中国人开设的第一家大型百货公司。至全民族抗日战争爆发前夕，大型华商零售百货公司有先施、永安、新新、大新、丽华、国货 6 家。抗战时期，为抵制日货倾销，商界投资工业，发展日用工业品。1948 年 8 月，国民政府发行金圆券，实行限价，引起抢购，限价期内，全市 549 家百货店销售 1341.1 万元（金圆券），进货仅 776.56 万元，存货枯竭，棉布行业因抢购损失棉布 50 万匹。

1950 年，上海成立国营零售公司，开设国营零售商店，制定统一的零售价格。1953 年起，国营公司扩大加工、订货。1953 年，粮、油、食糖实行统购统销，继而烟酒实行专卖，零售店逐步改造为国营批发部门的经销、代销或专卖店。1954 年，棉布实行统购统销，棉布及其他棉制品凭票供应。大部分工业品由国营公司包销。1956 年，私营商业全行业社会主义改造后，商品销售按国营专业公司的规定实施。1956 年，对私营商业实行社会主义改造。1958 年，菜场实行大合作，全市主副食品零售店摊基本成为国营、公私合营和集体企业，归口相关专业公司管理，购销实行计划进货、计划供应、计划价格，零售不准自行外采。1959年，肉食品、蔬菜、禽蛋、水产品先后实行凭“上海市副食品购货证（卡）”和有关票证计划供应。1959年起，商品紧缺，继棉布、针棉织品后，缝纫机、手表、自行车实行凭票销售，此后扩大到肥皂、皮鞋等主要工业品，90%以上纺、针织品品种凭票证供应。1960年，凭票（证）供应范围扩大。1962年起，部分商品敞开供应。20世纪70年代，化学纤维织物上市，纺、针织品市场供应增加，部分化纤织品敞开销售；手表、缝纫机、自行车等主要日用工业品供不应求，仍凭票或按计划限量销售。

1979年后，主副食品货源逐渐充足，国营、集体、私营、个体（个体摊贩、农民）等各种经济成分参与零售经营。粮油、鱼、肉、禽、蛋、菜、豆制品等各类主副食品逐步放开价格，实行平价、议价两种价格零售。1981年，服装价格放开，敞开销售。1982年政府调高针棉织品售价，不收布票。1983年底，棉布及其制品全部敞开销售，彩电、冰箱、洗衣机销售量剧增，凭票预售；1988年引起抢购。1989年，市场疲软，彩电、冰箱、洗衣机需求趋缓。20世纪80年代中后期，议购议销包括全部水果、水产品、家禽、小杂粮、肉食品中的腌腊、牛羊肉、猪内脏及蛋品中的再制蛋，以后开始供应议价粮油、鲜蛋、豆制品。1992年，上海日用工业品市场最后的购物凭证自行车券取消，日用工业品全部敞开销售，商品供应充沛，市场竞销激烈。1993年，主副食品全部敞开供应。1994年起，联华、华联、三角地、八仙桥等连锁超市和便民店开始经营粮油及生鲜副食品。1995年，集市、菜场和超市副食品零售额之比约为6.5∶2.5∶1。2010年，上海实现社会消费品零售总额6901.39亿元。2015年，上海实现社会消费品零售总额11605.70亿元，电子商务交易额为16452亿元，其中网络购物交易额4140亿元。2020年，受疫情影响，上海实现社会消费品零售总额15932.50亿元，电子商务交易额为29417.40亿元，其中网络购物交易额11720.10亿元。2022年，上海实现社会消费品零售总额16442.14亿元，电子商务交易额为33292.70亿元，其中网络购物交易额13331.60亿元。

资料链接：

《上海通志》第十九卷

《上海市志·商业分志·综述卷（1978—2010）》

《上海市志·服务业分志·综述卷（1978—2010）》

旅 游

清宣统三年（1911 年），英商旅行社通济隆旅行公司在福州路设办公室，开展旅游业务，提供铁路售票、代理各国邮轮公司在华业务等服务。美国运通银行在上海出售旅行支票。1915 年，汇丰银行外汇部主任姚元和黄其等 4 人发起创办娱乐性的俱乐部上海友声旅行团，组织洋行、银行、钱庄高级职员外出旅游。1923 年 8 月，上海商务储蓄银行旅行部创办，经营国际、国内旅游业务，1927 年旅行部改中国旅行社。1923 年，上海商务储蓄银行旅行部开办国际旅游和组织中国留学生出国业务。20 世纪 20 年代初，中国旅行社为扩大影响，提供经费，在上海组织名流到浙东旅游，嗣后旅游者撰文介绍所到各地风景名胜。1926 年春，中国旅行社在国内第一次组织出国旅游团赴日观樱花，共 20 余人，为期 2 周。20 世纪 30—40 年代，上海成立二三十家旅行社，组织国内旅游。1949 年，中国旅行社、上海基督教青年会旅行团等办理国内旅游，也组织散客旅游苏州、北京、广州等地。1949 年 1—5 月，海运入境旅客 0.29 万人，出境外籍旅客 1.53 万人。

上海解放初国内旅游业务停办，入境旅游者主要是政府部门和群众团体邀请的外宾、侨胞，外宾 90% 以上是苏联与东欧社会主义国家援华专家。1953 年 7 月，中国国际旅行社上海分社成立。1954 年，国营上海出租汽车公司开始经营苏州、杭州等地的旅游业务。1954 年起，国旅上海分社每年组团到苏联、东欧各国、蒙古、朝鲜等国参观访问。1956 年，国旅上海分社率先开办入境外轮登记游览业务。10 月，上海华侨服务社成立后，负责接待华侨旅游者。1958 年 4 月 1 日，全国第一家经营国内旅游业务的旅行社上海旅行服务社成立。1964 年，中法建交，中国与巴基斯坦通航，国旅总社委托巴航代理组织各国旅游者到华旅游，上海为中巴航线的入境口岸，国旅上海分社接待旅客 0.26 万人次，1965 年 0.58 万人次。“文化大革命”中国内旅游业务停顿。受“文化大革命”影响，1967—1970 年境外游客数量大幅下降，接待 0.42 万人次，营业收入外汇人民币 3.4 万元。1971 年 3 月后，美国游客迅速增加。1973 年，上海华侨旅行社成立，办理境外游客旅游业务。1975 年，国旅上海分社获外交部授权，承办组团业务，始自行与海外旅游机构和华侨社团联系，组织从上海入境的华侨、港澳同胞旅行团。

1979 年底，共青团上海市委员会筹建青年联合会旅游部，开办入境旅游业务，1983 年改上海中国青年旅行社。1979 年后国内旅游业务恢复。1980 年 3 月，上海旅游公司向国外旅游组织发布开业通告，上海开始自主外联。1981 年，上海春秋旅行社成立。1984 年 7 月，上海中旅开办上海居民赴香港探亲旅游业务，后增澳门及港澳两地游。1988 年，入境游客

91.06万人，1995年136.79万人。1976—1995年，上海接待欧美邮轮457艘，游客近15万人。1990年，上海黄浦旅游节创办，1996年升级更名为上海旅游节。1992年起，国旅上海分社、上海中旅、上海青旅等6社开始办理泰国游、新加坡游和马来西亚游。改革开放后，经营国内旅游业务的三类旅行社激增，1993年，16家旅行社进入全国“三类旅行社30强”，1995年，有三类社223家。1995年，全市旅行社组织出境游1.86万人次。1995年，全市旅行社组织出游202.7万人次，营业收入8.28亿元。1994—1995年，我国相继实行五天半工作制和五天工作制，对国内旅游以及国内旅行社的发展产生明显推动作用。各旅行社纷纷采取措施顺应新工作制下的旅游需求。1996年7月，市旅游事业管理局组织由春秋旅行社、上海旅行社、大世界旅行社等旅行社和一批旅游景点代表组成的上海国内旅游促销团前往杭州、绍兴，开展上海国内旅游史上第一次大规模的外出宣传促销活动。20世纪90年代，上海国际旅行社的自主外联业务逐年递增，到1996年上海自主外联入境游客人数达22.8万，占当年旅行社接待总量的32.7%。1996年，上海的国内旅行社中有23家进入当年度的全国国内旅行社100强。1997年，上海国旅、上海中旅、上海青旅、上海锦旅、华亭海外5家旅行社成为上海首批特许经营中国公民自费出国旅游业务的旅行社。至1999年底，上海共有国际旅行社39家。到1999年，全市国际旅行社自主外联28.72万人次。

2000年后，外资旅行社正式进入上海，旅游市场竞争加剧，上海的国际旅行社纷纷建立旅游网站，利用信息技术助推旅行社业务，加快发展中国公民出境旅游市场，同时，一批国际旅行社通过资产重组、投资主体多元化等途径进一步做大做强。自2000年起市公安局对从上海入境的部分国家公民实行了48小时过境免签证或团体口岸签证的新规定。2003年10月，经公安部授权，上海口岸启动了为直抵上海的台湾居民办理一次入出境有效通行证和签注政策，进一步方便了台湾居民往返沪台之间，促进了沪台民间交流。根据中国加入世贸组织的承诺，外资旅行社于2004年起正式进入上海。2000年前，对中国公民开放的出境旅游目的地国家和地区尚不足10个，之后逐年增加，到2010年底达110个，特别是日本、欧洲、俄罗斯、美国和中国台湾等热门旅游目的地的开放，丰富了旅行社的出境旅游产品。出境旅游在旅行社经营业务中所占比重逐年加大，出境游客数量持续增长。2010年，全市具有出境旅游业务经营资质的旅行社42家，组织出境游客达116.86万人次。2000—2010年，上海国内旅行社业继续做强，企业品牌与经营水平处于国内前列。同时，在线旅游迅速崛起，打破传统旅行社一统天下的局面。至2010年底，上海共有国内旅行社942家。2000—2010年，上海的国内旅行社在抗击“非典”、服务世博中通过提升服务、创新产品、联合促销等多种途径主动出击，进一步拓宽市场渠道，做强企业自身。上海世博会期间，全国旅游行业共组织观博旅游团68.39万个、团队游客达2050万人次，占入园总人次的28.6%。上海的旅游项目主要有观光产品，包括都市景观游、历史胜迹与名人故居游、民俗文化游、历史建筑游、文化古镇游、博物馆之旅等；休闲度假产品，包括市区休闲度假游、郊区休闲度假游、邮轮旅游等。

2015年，上海实现旅游产业增加值1535.64亿元，占全市生产总值（GDP）6.2%。年末全市共有星级饭店247家，其中五星级68家、四星级66家、三星级82家。星级饭店全年营业收入198.20亿元，客房平均出租率65.5%，平均房价每间每天687元。全年上海国内旅游收入3004.73亿元，旅游外汇收入59.60亿美元，接待国内游客2.76亿人次，接待国际入境游客800.16万人次，旅行社组织出境旅游人数393.34万人次。2020年，疫情对旅游业造成沉重打击。上海实现旅游产业增加值1314.11亿元，占全市生产总值（GDP）比重为3.4%。

2022年，上海遭遇两波疫情影响，旅游产业主要指标创下历史新低。全年实现旅游产业增加值874.02亿元，旅游总收入为2195.84亿元。年末全市共有星级饭店有165家，其中五星级61家、四星级55家。星级饭店全年营业收入77.08亿元，客房平均出租率39.1%，平均房价每间每天575元。全年上海国内旅游收入2080.14亿元，旅游外汇收入17.22亿美元，接待国内游客1.88亿人次，接待国际入境游客63.18万人次，旅行社组织出境旅游51.71万人次。至年末，全市共有旅行社1885家，其中经营出境旅游业务的旅行社294家，拥有A级旅游景区134家，其中5A级景区4家、4A级景区68家。

资料链接：

《上海通志》第二十卷

《上海市志·旅游业分志（1978—2010）》

对外经贸

对外贸易 唐代，青龙镇和日本、新罗及南洋等地有贸易往来。南宋景定、咸淳年间，上海镇迅速发展，上海港船舶辐辏，开始替代青龙镇，成为上海地区主要的内外贸中心。明代，上海地区成为全国棉纺织品、棉花交易中心。清代，上海为全国重要的埠际贸易转口地，输入、转口大豆、大米、食油、药材、茶叶、瓷器等农产品和手工业品。

上海开埠前后，各国商船大批涌入上海，收购内地丝、茶，出口商品以茶、丝为大宗。清咸丰三年（1853 年），上海对英国进出口货值达 1720 万美元，超过广州 670 万美元。此后上海进出口货值一直领先全国。上海开埠至光绪二十年（1894 年），上海年进出口贸易额占全国比重大多超过其半。道光二十五年（1845 年），首次出现出超，出超 12.06 万英镑。此后至咸丰八年（1858 年），常年出超，是年出超达 1160.67 万沪平银两。进口以鸦片为最大宗，上海成为全国最大的鸦片进口口岸。光绪二十年（1894 年）上海进口鸦片 3.64 万担，占全国进口量的 57.7%。甲午战争以后，外资大量输入上海，上海进出口总值大增。光绪三十年（1904 年）至 1913 年，上海进出口总值为 34.6368 亿关两；1914—1933 年，有较快增长，1931 年高达 11.0183 亿关两。上海进出口在全国的比重，光绪二十年（1894 年）至 1932 年年均超 50%。1917 年，鸦片进口基本结束。民国时期，茶、丝依然是出口大宗，所占比重下降。清光绪二十年（1894 年）至 1932 年，上海进出口年年入超。1933—1936 年，进出口总值 36.20615 亿元，在全国的比重仍超 50%。 1936 年，对美贸易已占主导地位，占上海进出口值 27.8%。上海沦陷至太平洋战争爆发前，公共租界、法租界成为“孤岛”，海运畅通，国际贸易继续进行。1937 年，进出口总值 9.13 亿元，1941 年为 2.83 亿元，1937—1941 年入超 5.79 亿元。抗战胜利后，政府资本机构与企业垄断大宗出口商品货源及主要物资进口配额。1948 年 8 月，国民政府实行币制改革，进出口业务全面停顿，贸易额大幅下降。

1949 年中华人民共和国成立后，国家长期实行外贸统制，上海出口以创汇为目标，上海进口严格按国家计划配额，数量很少，仅出口丝绸、粮油、食品等。1950 年起，我国发展同苏联、东欧国家贸易，1952 年上海出口总额 1.19 亿美元，对社会主义国家占 55.45%。1953—1957 年，上海出口额年均递增 30.6%，在全国出口的比重从 17.9% 升至 28.3%。1958—1962 年，我国扩大对西方国家出口；20 世纪 60 年代起，对社会主义国家出口下降；1955 年后，发展与发展中国家的经贸关系。1958 年，与上海有贸易往来的国家和地区增至 90 个，1965 年 121 个。因受“文化大革命”影响，1966—1971 年上海年出口额维持在 9 亿美元上下。中美关系改善后，上海同西方国家贸易有较大发展，1972 年出口额上升到 13.3 亿美元。1949—1978 年，上海进口额 17.9 亿美元，占同期出口额的 6.4%。

1980 年起，外贸体制改革，国家对上海计划调拨的货源大量减少，内地省市竞相自营出口，1981 年开始上海出口值逐年下降，至 1985 年，连续 4 年负增长。1987 年起，始有较大增长，1995 年为 190.56 亿美元。上海对外贸易额占全国比重下降，1980 年占 11.91%，1995

年为6.79%。1995年，上海出口产品主要为钢坯、棉衬衫、中厚钢板、布绒玩具等。1994年外贸出口“龙头计划”制定并实施，对“龙头计划”所涉及的项目和产品，实行产业倾斜政策，在资金投入、技术改造、外汇来源、考核办法等各个环节上予以政策支持。该计划实施后，1993年上海年出口额在5000万美元以上的商品只有9个，1994年就增加到20个。1995年，上海进口额74.79亿美元，占进出口总额39.25%。1995年，进口的主要有技术成套设备、电子计算机和仪器、汽车等。1997年起，上海在深化“龙头计划”的基础上，实施“双高”产品开发计划，即努力扩大高新技术含量、高附加值产品的出口。1992—2000年，上海进口总值1064.18亿美元，年均118.24亿美元。

中国正式加入世贸组织后，2001年起，上海外贸积极适应国际市场需求，不断优化出口商品结构，提高出口商品档次和质量，提升国际竞争力。大量域外技术和产品，尤其是能源、资源性产品和高技术产品，源源不断地涌入国内市场。上海作为辐射国际国内两大市场的枢纽，日渐成为海内外重视的进口货物集散中心。2002年上海进口额为406亿美元，2010年上海货物出口额为1807.84亿美元。上海货物出口贸易结构优化，加工贸易与一般贸易均衡发展。贸易主体优化，各类所有制企业共同推动货物出口。市场多元化趋势明显，传统市场出口保持稳定，新兴市场出口增长加速。出口商品技术含量日益提升，机电、高新技术产品出口占比高企。口岸贸易规模扩大，服务“长三角”功能增强。2010年上海进口额1880.85亿美元。

2011年，上海货物进出口总额4374.4亿美元，总量仅次于广东、江苏，居全国第三位。进口增幅高于出口，一般贸易增幅高于加工贸易，高新技术产品占全市出口总额的44.3%。随着上海加快对外贸易的转型升级，服务贸易成为新亮点。2011年，全年服务贸易进出口额1292.7亿美元，在全国的比重提高到31%，居各省市之首。2014年，上海货物进出口额4666.22亿美元，占全国货物进出口总额的10.8%，增速自2010年金融危机后首次超过全国，高出2.2个百分点，规模仅次于广东、江苏。其中货物进口额2563.4亿美元，货物出口额2102.8亿美元。全年服务贸易进出口额1753.9亿美元，约占全国服务进出口总额的30%。其中服务出口额494.3亿美元，服务进口额1259.6亿美元。服务贸易在全市对外贸易中占比27.3%。2015年，上海出台促进外贸转型升级和持续稳定增长若干措施、服务贸易发展三年行动计划等一系列政策举措，推动外贸规模的总体稳定和贸易结构的持续优化。全年货物进出口额4517亿美元，规模再次跃居全国首位。全年服务贸易进出口额1966.72亿美元，占全国服务进出口总额的27.6%。

2016—2020年，上海稳住外贸基本盘，特点是货物进口好于出口，一般贸易好于加工贸易，新兴市场好于传统市场，民营企业进出口增速好于国有、外资企业，服务贸易保持增长，外商投资企业进出口规模保持全市进出口第一大主体地位。2018—2019 年，上海进出口总额均位列全国省区市第三位，城市第一位。2019 年，上海货物进出口额 3.40 万亿元，占全国的 10.8%。服务贸易进出口额 1843.79 亿美元，占全市对外贸易总额的 27.2%。

2020 年，为应对疫情影响，上海采取多项政策举措，外贸基本盘逐步回稳。建立疫情防控物资全球采购机制，上海率全国之先提出“先放行、后检测、再使用”医疗物资快速通关模式。市委、市政府印发《上海市关于推进贸易高质量发展的实施意见》，提出到 2022 年上海贸易高质量发展的目标和 36 项措施、154 项任务。年内上海出台“稳外贸”11 条、出口转内销特殊管理措施 11 条及金融支持外贸企业系列措施等各类外贸支持政策措施 18 份。全年实现货物进出口总额 3.48 万亿元，占全国的 10.8%。进口额 2.11 万亿元，占全国的 14.8%，高于出口额 54%；一般贸易进出口额 1.87 万亿元，占全市的 53.4%，高于加工贸易进出口额 1.67 倍；出口最大国别是美国，占全市出口额的 21.7%。进口最大国别是日本，占全市进口额的 12.1%。

2022 年，上海国际贸易中心建设实现新提升，着力稳住外贸基本盘。市政府制定实施外贸保稳提质等政策文件，扩大出口退税、信保等支持规模和覆盖面，发挥重点展会作用，千方百计支持外贸企业保市场保订单。中欧班列实现中欧线、中亚线、中俄线全覆盖。淮海新天地获批设立国家进口贸易促进创新示范区。全年货物进出口总额 4.2 万亿元，规模再创历史新高，口岸贸易总额继续保持全球城市首位；服务进出口规模继续位居全国各省市首位；贸易新业态新模式蓬勃发展。全年跨境电商进出口总额 1841.2 亿元，全市海外仓项目累计 110 个。自由贸易账户离岸经贸业务试点推进，离岸经贸业务企业累计达到 577 家，国际分拨中心示范企业累计达到 100 家。服务贸易创新发展。全面深化服务贸易创新发展试点，创新国际船舶登记管理制度等 3 个案例入选全国“最佳实践案例”。知识产权服务、地理信息服务、人力资源服务等领域 5 个国家级特色服务出口基地成功创建。全国首个数字人民币数字贸易创新孵化基地落地，首届上海数字贸易论坛举办。生物医药研发用物品进口“白名单”政策扩围至 4 个区。

对外经济合作　清道光二十九年（1849 年），上海 200 名苦力到美国加利福尼亚。清同治二年（1863 年），作头魏荣昌承接法租界公董局办公大楼。此后工程有汇中饭店、礼查饭店、公共租界工部局大厦、沙逊大厦、百老汇大厦、华懋公寓、东正教教堂等。1917 年 8 月，上海赴法 500 名机械工人，大多到兵工厂工作。1931 年前后，余洪记营造厂承建马来西亚柔佛政府大厦。1937年，陶记营造厂向婆罗洲、越南等地扩展业务。抗日战争胜利后，王荪记营造厂业务扩大到新加坡及中国香港地区。1948年1月第一批美援面粉抵沪，同年7月，美国在沪设立美国经济合作总署中国分署，1949年美援结束。

1950年2月，上海开始接受苏联为主的技术援助，主要为专家技术指导、提供技术资料，重点为船舶、机电行业，1960年8月中止。1950年，保华建筑公司在中国香港地区承建包括地铁在内的政府工程。此后，上海停止境外业务。1955年7月，上海轻工业局筹建越南统一火柴厂，为上海第一个成套援外项目。至1995年，上海援外项目291个，金额31.05亿元。20世纪50—70年代，上海承担无偿援外项目；同时，引进苏联、捷克斯洛伐克等国技术。

1978—1995年，上海接受多边援助71项，受援金额6594.6万美元，主要有联合国和欧洲联盟的援助；1982—1995年，接受德国、日本、澳大利亚等11国双边援助项目36个，受援金额5292.4万美元。1983—1995年，除三资企业外全市引进技术0.74万项，总金额45.87亿美元（不含宝钢等中央重大项目）；技术出口合同788份，出口金额14.95亿美元。1984年，上海市与外方签订对外劳务输出合同19份，合同额328万美元，输出人员954人次，年末在外0.11万人。1984年11月，市外经公司承建泰国军人宿舍项目。1985—1995年，上海外经公司承包境外7个项目，总价5193万美元；承包境内外资、中外合资工程4个，总价2.22亿美元。1987年3月，市外经公司在全国率先承办民间劳务，第一批2人赴日本东京做冲床工。1992—2000年，对外劳务从陆上公派发展到海洋公派，进而延伸到民间劳务；从以简单劳动、体力劳动为主向智力型发展。1992年12月，上海电气（集团）总公司承建巴基斯坦扎法戈电厂扩建工程部分项目。1995年，上海市与外方签订对外劳务输出合同419份，合同额1.49亿美元，人员0.67万人次，年末在外人员1.45万人。至1999年，技术贸易有质的飞跃，传统的机电、化工、纺织、冶金等方面技术引进继续发展，但所占比重不断下降；作为上海六大支柱产业的汽车、生物医药和城建方面的技术进口快速增长。2000年，在外劳务人员达30052人次。

1997—2007年，上海一批企业陆续进入国际工程承包市场，从东南亚走向南亚、中东市场，进而开拓非洲、拉美市场，并逐渐从发展中国家向欧美发达国家市场拓展。除市政基础设施、综合性建筑物、轨道交通项目是企业强项之外，工业类境外工程项目承包也是优势所在。对外承包电站、机电、冶金等工业大项目不断增多，平均合同规模大幅提高，2007年起工程总承包项目比例过半。2001—2005年，新签对外劳务合作合同金额8.4亿美元，实际营业额15.7亿美元，累计外派劳务人员60987人次。2002年1月1日起，对技术进出口实行统一管理制度。2006—2010 年，新签对外劳务合同金额 24.78 亿美元，完成合作合同金额 29.12 亿美元，累计外派劳务人员 76653 人次。2010 年，上海具有对外工程承包资质的企业 112 家，活跃在 100 多个国家和地区，年承包工程合同金额逾 100 亿美元。2010 年技术进口合同数 2548 个，合同金额 34.1 亿美元。

2011—2015 年，上海加大政策支持和服务保障力度，推动重大项目合作，规范企业境外经营秩序，应对各种突发事件，推进对外经济合作各项业务。“十二五”期末的 2015 年，上海对外经济合作以服务“走出去”企业为核心，推进对外投资便利化，创新公共服务机制，维护安全稳定的“走出去”局面，“走出去”实现跨越式发展，对外投资合作质量进一步提高。全年对外直接投资总额 573 亿美元，其中：中方投资额 399 亿美元，实际对外投资额 166 亿美元，规模均居全国之首。新签对外承包工程合同额 111 亿美元，连续 8 年超过百亿美元，营业额 75 亿美元。

2016—2020 年，上海以提升价值链、产业链、创新链、供应链水平为动力，通过海外并购，形成对外投资新格局。2016 年，上海对外直接投资备案 1425 项，备案中方对外投资总额 366.5 亿美元，实际对外投资额 251 亿美元，位居全国第一。对外承包工程新签合同额 118.45 亿美元。对外劳务合作派出人数 21787 人次，在外人数 34526 人。《关于推动本市企业参与“一带一路”建设工作方案》《关于推动装备走出去提速工程工作方案》制定，上海企业对“一带一路”沿线 20 个国家或地区实际投资 20 亿美元，占实际对外投资额总量的 8%。新增投资目的国家 8 个。上海企业在“一带一路”沿线国家新签对外承包工程合同额 89.1 亿美元，占全市总额的 75.2%；完成营业额 39.9 亿美元，占全市总额的 60%。2020 年，上海对外直接投资额 135 亿美元，比上年增长 49%，继续保持全国第二位。备案对外直接投资项目 814 个，备案中方投资额 151.2 亿美元。受疫情影响，诸多境外工程项目招投标延后，新签对外承包工程合同额 93.1 亿美元，完成对外承包工程营业额 96.7 亿美元。

2022 年，上海备案对外直接投资项目 658 个，备案中方投资额 86.15 亿美元。对外直接投资实际汇出额 114.2 亿美元，位居全国各省市第三。新签对外承包工程合同额 91.55 亿美元，完成营业额 93.85 亿美元，位居全国各省市第二。对外投资行业结构持续优化。科学研究和技术服务业、制造业、信息传输 / 软件和信息技术服务业位列对外投资细分行业投资规模前三位，分别占全市总额的 29.6%、22.5% 和 16.4%。增资和并购为主要投资方式。增资项目备案中方投资额 45 亿美元，占全市总额 52.2%。并购项目备案中方投资额 29.13 亿美元，占全市总额 33.8%。民营企业是上海对外投资主力军，备案中方投资额 77.63 亿美元，占全市总额 90.1%。浦东新区（含自贸区）龙头带动作用显著，备案中方投资额 76.46 亿美元，占全市总额88.8%。上海企业在“一带一路”沿线国家（地区）新签合同额59.43亿美元，占全市总额64.9%；在RCEP地区新签合同额40.87亿美元，占全市总额44.6%。工程项目以制造加工设施建设类为主。从行业分布看，制造加工设施建设项目占比排在首位，为26.4%；其次是一般建筑和交通运输建设项目，占比分别为26.4%和15.3%。国有企业新签合同额占比超九成。国有企业新签合同额82.50亿美元，占全市总额90.1%。

外商投资 清道光二十三年（1843年），英商在沪开设洋行。光绪十七年（1891年），在沪外商企业中英商175家，占外商企业62.65%。其次分别为德、日、法、美商等。第一次世界大战前，在沪英商资本2.61亿美元，约占上海全部外资90%。一战期间，日本、美国加大投资。一战后，各国加大对华投资，至1936年外资工业资本增至4亿元。1930年，上海外资企业总额在全国外资企业中所占比重提高到42.8%。1937年7月，上海各业外资企业资金额在全国的比重（不含东北地区），银行业占79.2%，进出口业和商业占81.2%，工业占67.1%，房地产业占76.8%。抗战胜利后，美资迅速扩大。1950年6月，外资企业684家，员工5万多人，资产总值估计1亿元。上海开埠后到解放前夕，到沪投资的国家、地区共36个。

1949年6月至1952年，新开设外商企业43家，主要是苏联、东欧和亚洲地区小型商贸企业。1949年后，上海市政府对外商企业采取征用、接管、代管、转让等方式进行清理整顿。1962年底，全市剩4家外资侨资银行和8家个体小户。是年，中波轮船航运公司从天津迁至上海，波方协议投资0.1亿美元。此后长期无外商投资。

1979年后，外商投资迅速增加。1995年，上海批准外资项目1.36万个，协议外资341.99亿美元，实际投资114.11亿美元。实际投资中，中国香港地区居首，占49.18%，其次为美国占14.69%，其他依次为日本占8.61%、中国台湾地区5.03%、意大利2.9%。1992—2000年上海外商投资快速发展，上海优化投资环境，开始注重对外商投资实行国民待遇，不再对外商投资项目强调外汇平衡，在投资导向上逐步放宽对外商独资的限制，外商投资新领域逐渐增多，金融、保险、商业、进出口、证券、中介服务等现代服务业取得新进展，逐步形成上海六大工业支柱产业新格局。其间，上海的外商投资项目呈井喷状态，共引进20993家外商投资企业，合同外资437.93亿美元。2001—2010年，上海以优化外资产业结构为重点，利用外资总体规模实现全面增长，外资质量水平进一步提高，总部经济保持良好发展态势，战略性新兴产业等成为利用外资的新增长点。这十年，上海共引进37227家外商投资企业，合同外资1297亿美元。

2011—2015 年，全市吸引外资快速增长，服务业占据全市利用外资主导地位。2011 年，迪士尼等重大项目落户上海，外资总部经济机构加快集聚，批准外商投资企业项目 4329 个，合同吸收外资 201.03 亿美元；实际利用外资 126.01 亿美元，增速高于全国 3.58 个百分点。全年服务业新批项目 4057 个，吸收合同外资 170.76 亿美元；实际利用外资 104.3 亿美元。2012 年，上海合同吸收外资 223.38 亿美元，实际利用外资 151.85 亿美元，双双刷新历史纪录。2013 年 9 月 18 日，国务院印发《中国（上海）自由贸易试验区总体方案》。9 月 29 日，上海自贸试验区挂牌成立，上海公布《中国（上海）自由贸易试验区外商投资准入特别管理措施（负面清单）》(2013 年版)。全年上海实际利用外资 167.8 亿美元，合同外资 246.30 亿美元。 2014 年，上海合同外资首次突破 300 亿美元，实际吸收外资 181.66 亿美元，位居全国前列。

2016—2020 年，上海利用外资步入高平台、高基数的成熟稳定期，实到外资再创历史新高，服务业引资结构加快优化升级。2019 年 8 月，上海自贸试验区临港新片区正式揭牌，启动运营。至年底，外商直接投资实到金额 190.5 亿美元，全年上海新设外商投资企业 8972 家，投资总额 472.50 亿美元，注册资本 316.48 亿美元（其中外方认缴 286.37 亿美元）。2020 年，面对新冠肺炎疫情带来的世界经济衰退和全球外国投资的急剧下降，上海实际使用外资逆势而上，外商直接投资实际使用外资金额为 202.33 亿美元，首次突破 200 亿美元，创历史新高。上海成为我国外商投资的首选地、集聚地和风向标，是国内跨国公司地区总部和外资研发中心数量最多的城市。外商在沪投资仍主要集中在第三产业，签订外商直接投资合同金额 483.45 亿美元。2020 年 1 月 1 日起，《中华人民共和国外商投资法》正式实施。至年底，上海批准签订外商独资企业数 4448 个，占全市外商直接投资企业数的 77.3%；外商独资企业实际使用外资 169.91 亿美元，占全市外商直接投资实际使用外资总额的 84%。全年上海自贸试验区及临港新片区实际使用外资达 80 亿美元，占全市实际使用外资比重达 39.5%，成为全市引进外资的主要区域和重要增长极。2020 年，“一带一路”沿线国家在沪投资的实际使用外资金额继续保持高速增长，实际使用外资金额 22.5 亿美元，占全市的比重为 11.1%。全年上海新增跨国公司地区总部 51 家，总部能级不断提升，新增亚太区总部 21 家。

2022 年，上海实际使用外资金额为 239.56 亿美元，占到全国总量的 12.7%，规模居全国第三。新增外商投资企业 4352 家，合同金额为 402.26 亿美元。至年底，上海累计实际使用外资达到 3262.28 亿美元，在沪投资的国家和地区增至 192 个。全市新增外商独资企业 2480 家，占全市新增外资企业数的 57%；实际使用外资 214.03 亿美元，占全市实际使用外资总额的 89.3%。

资料链接：

《上海通志》第二十一卷

《上海对外经济贸易志》

《上海市志·对外经济贸易分志（1978—2010）》

《上海市志·外资经济分志（1978—2010）》

金　　融

JI JIAN SHANG HAI ZHI

上海铜钱流通历史悠久，本地出土的有秦汉五铢钱。钱铺和钱兑店在明后期出现，至明末清初发展成为钱庄。最早的信用机构为典当，至清康熙中期上海县有典质铺 89 家。清乾隆年间，上海钱庄已有相当规模。钱庄发行的庄票在 18 世纪已用于市面。

上海开埠后，出现新型的金融机构银行。清道光二十七年（1847 年），英国丽如银行率先在租界设立机构。咸丰年间，山西票号在上海设分号。银行、票号等金融机构的发展，形成上海多种金融机构并存的局面。光绪二十三年（1897 年），首家中资银行中国通商银行在上海开办。第一次世界大战期间，一批银行创办，开始形成著名的“南三行”“北四行”。上海逐渐成为中资银行集中地。1928 年 11 月，中央银行总行在上海成立，中国、交通、金城、盐业、大陆、中国实业等银行总行先后移至上海，在沪各大银行在内地广设分支机构，形成全国性的纵横交叉的融资网络。至 20 世纪 30 年代初期，上海金融市场兴旺，黄金市场成交量仅次于伦敦与纽约，外汇市场活跃远超过日本，证券交易居全国之首。上海成为全国金融中心、远东国际金融中心之一。到日本发动全面侵华战争前夕，上海有 86 家中资银行、27 家外资银行、48 家汇划钱庄、6 家信托公司、30 余家中资保险公司、155 家外资保险公司。1937 年上海沦陷后，各大银行在重庆设总行，同时继续维持上海原总管理处，管辖沦陷区的分支行。太平洋战争爆发后，上海金融机构数量空前增加。外资银行中，日资银行占垄断地位。抗战胜利后，国民政府直接经营的“四行两局”由重庆重返上海，外资美、英、比、荷银行复业。1946 年 3 月，国民政府在上海开放外汇市场，抛售黄金。恶性通货膨胀导致法币崩溃。1948 年 8 月 19 日政府改发金圆券，通胀变本加厉，仅几个月，货币金融全面崩溃。1949 年 5 月，上海有中外金融机构 200 多家。

1949 年 5 月 27 日上海解放，28 日人民币开始流通，30 日中国人民银行上海分行成立。

同时，人民政府开始按照不同资本性质分别处理和对待旧金融机构，接管国家垄断资本银行，中国、交通两银行整顿后改组为专业银行，总行迁北京；对私营银行实行利用、限制、改造政策，1952年12月尚存的60家银行、钱庄组成公私合营银行。经过打击银元投机和平抑3次物价涨风，1950年3月后全市金融和物价长期稳定。"文化大革命"中，银行机构撤并，管理制度废弛，金融机构在国民经济中的作用严重削弱。

1979年后，国家开始进行机构体制、业务范围、资金管理、贷款制度等金融体制改革。中国农业银行上海市分行、中国银行上海分行、中国人民建设银行上海市分行分别重新设立、分设和升格。1980年5月，中国人民保险公司上海市分公司恢复。1984年，中国人民银行上海市分行工商信贷和储蓄业务划交新成立的中国工商银行上海市分行。1986年7月，交通银行总管理处由北京移设上海。1988年，申银等三家证券公司成立。1990年，上海有中资金融组织及营业机构1356家。

1990年后，上海加快推进国际金融中心建设，初步形成上海国际金融中心框架体系。上海以浦东开发开放为契机，配合国家金融管理部门，推进金融市场体系、金融机构体系建设，支持金融产品创新和业务发展，促进金融改革、开放、创新在上海先行先试，维护金融安全稳定；同时，加强政府服务，营造良好的金融发展环境。20世纪90年代起，上海吸引大批外资银行进驻，至1995年末，上海外资银行分行达到38家。1990年12月，上海证券交易所开业，上海成为全国证券市场发行和流通中心。1994年4月，中国外汇交易中心在上海成立，并与全国23个大城市联网。1996年，全国银行间同业拆借中心在上海成立，同业拆借交易系统开始运行。2001年4月，中国人民银行宣布取消黄金统购统配的计划管理体制，在上海组建黄金交易所。2002年10月，上海黄金交易所开业，标志着中国黄金管理体制改革实现重大突破。2007年，为推动利率市场化，上海银行间同业拆放利率开始运行，中国货币市场基准利率培育工作启动；同年，中国人民银行发布《同业拆借管理办法》，形成中国统一的同业拆借市场管理框架。至2010年末，上海金融机构总数达1049家，其中银行类机构236家、证券类机构136家、保险类机构319家、地方政府监管类金融机构136家、外资金融机构代表处222家。到2010年，上海基本建成国际金融中心的框架体系，金融市场体系完善，金融机构体系健全，金融对外开放态势良好，金融发展环境持续优化。

2011—2022年，上海加快推进国际金融中心建设，金融业发展迅速。2012年初，经国务院同意，国家发展改革委发布《"十二五"时期上海国际金融中心建设规划》。《规划》确立上海建设国际金融中心的主要任务和措施，包括拓展金融市场广度和深度，吸引和培育具有国际竞争力和行业影响力的金融机构，建设人民币跨境支付清算中心，加快金融市场改革创新，建设人民币跨境投融资中心，营造具有国际竞争力的金融发展环境。2014 年 11 月 17 日，沪港通（包括沪股通、港股通）业务启动，首日双向成交 235 亿元，其中沪股通用尽当日额度。2015 年 7 月，金砖国家新开发银行在上海开业。2015 年 10 月，中国人民银行等 6 部委和上海市政府联合印发《进一步推进中国（上海）自贸试验区金融开放创新试点加快上海国际金融中心建设方案》。2019 年 1 月 17 日，人民银行、国家发展改革委等 8 部委发布《上海国际金融中心建设行动计划（2018—2020 年）》。6 月 13 日科创板在陆家嘴论坛开幕式上开板，7 月 22 日开市。7 月 31 日，市政府办公厅印发《关于着力发挥资本市场作用促进科创企业高质量发展的实施意见》，支持上海证券交易所设立科创板并试点注册制，发挥资本市场服务科技创新作用，促进科创企业高质量发展。

2022 年，上海实现金融业增加值 8626.3 亿元。在沪主要金融要素市场合计成交 2933.0 万亿元。金融市场直接融资额 17.4 万亿元。至 2022 年末，上海持牌金融机构总数达 1736 家，其中，外资金融机构 539 家，占比近 1/3。在沪金融从业人员约 47 万人。

货　币

秤量货币　清代，上海市面流通的外埠元宝，以关东银较多。本地实银，有道光十八年（1838 年）江海关道衙门所铸 3 种海关道元宝，咸丰六年（1856 年）、七年（1857 年）上海通用元宝。

上海开埠前，上海县城内商业交易以豆为大宗，均以规元为交易金额计算单位，规元称作豆规元。上海对外贸易原以本洋（西班牙银元）为标准货币，咸丰七年起货币收付一律采用规元为记账单位，规元遂成为上海公认的银两计算标准，并称上海两，影响及至全国；1933 年废两改元后，不再存在。

铸币　清代，流入上海的主要有西班牙、荷兰、墨西哥、英国、美国、日本 6 种银元，还有少量玻利维亚、智利、秘鲁等银元流入。1919 年起，外国银元在市面上基本绝迹。

上海本地铸造的铜钱有咸丰四年（1854 年）小刀会所铸太平通宝 1 种。清咸丰年间上海始铸银元。清末至民国，上海流通的国内银元有 6 种：上海银两币，俗称上海银饼，咸丰六年（1856 年）上海铸；光绪元宝，俗称龙洋；大清银币，辛亥革命后用作军饷流入上海；袁头币，1915 年 8 月 1 日起上海银洋行市只开袁头币和鹰洋 2 种，1919 年五四运动后仅剩袁头币；开国纪念币，亦称孙头币，至 1929 年上海流通最广的银元；船洋，1933 年投入上海流通。光绪二十六年（1900 年）至 1935 年，上海流通的有光绪元宝铜元、大清铜币、民初铜元、轻质铜元 4 类铜元。1935 年，国民政府规定 1 元法币收兑 300 枚铜元。

纸币　清代，上海已使用银票。19 世纪 60 年代起，英商麦加利银行等 15 家外国独资和中外合办银行在沪分行擅自在上海发行以中国货币为单位的纸币，其中以汇丰银行的纸币最具竞争实力。光绪二十四年（1898 年），中国通商银行在国内率先发行钞票。其后在沪的 20 余家中资银行也获权发行。发行的除早期少量银两券外，多是银元券。光绪二十九年（1903 年），江苏裕宁和裕苏两官钱局在上海设立分支机构，发行制钱票，后又发行铜元票，宣统年间增发银元票。各种纸币风行市上，1919 年五四运动后衰退，1931 年末占上海市面纸币流通总额的 2%。1935 年实行币制改革前夕，在沪发钞有中央、中国、交通 3 家国家银行及中国通商等 8 家商业银行，发行额近 4 亿元，流通范围遍及江浙两省各城市。

1935 年 11 月 4 日起，国民政府实行法币制，规定以中央、中国、交通 3 行所发纸币为法币，1936 年 1 月起中国农民银行钞票视同法币。上海沦陷时期，汪伪政权在上海发行“华兴券”和“中储券”两种伪币。1948 年 8 月 19 日，中央银行开始发行金圆券，法币废止。至 1949 年 5 月 27 日，金圆券发行总额高达近 68 万亿元，在上海流通的占 53%。

人民币　1948 年 12 月 1 日，中国人民银行成立，同日开始发行人民币。1949 年 5 月 28 日，上海市军管会宣布金圆券为非法货币，暂准 6 月 5 日前在市场流通，以 10 万元折合人民币 1 元的比价收兑。6 月 3 日，《华东区外汇管理暂行办法》公布，规定外汇（包括外币）均须存入中国银行换成外汇存单，或售予中国银行，此外不得经营买卖或转让。人民币成为上海市场唯一合法的货币。1952—1958 年，全市每年现金为净投放；1959—1992 年，现金长期净回笼；1993 年起，出现净投放；2015 年达到峰值 1373.92 亿元。此后，随着非现金支付发展，现金净投放呈明显下降趋势。2022 年净投放 714.36 亿元。

资料链接：

《上海通志》第二十五卷　　《上海金融志》

机　构

钱庄票号典当　明清时期，上海地区典当分布广泛，规模大的称典铺，小的称质铺。清康熙中期，上海县有典质铺89家。清乾隆四十一年（1776年）至嘉庆元年（1796年），在上海县的钱庄有106家。咸丰三年（1853年），上海小刀会起义，钱庄业逐渐向北市（今南京东路、宁波路一带）发展。同年，上海县城厢内外当铺纷迁北市租界金门路，形成典当街。咸丰年间，在苏州的山西票号资金移向上海，上海始有票号，票号专营汇兑业务。至光绪元年（1875年），在上海的山西票号有蔚丰厚等25家，组建山西汇业公所，此后又有兴泰魁等10余家新开办。光绪二年（1876年），上海共有钱庄105家，北市63家、南市42家。光绪二十三年（1897年），中国通商银行成立后官款皆由银行、银号经办。光绪中期，上海典业公所成立。光绪三十一年（1905年），有典当150多家。光绪三十二年（1906年），上海票号30多家，在全国有400多家分号，并在日、俄设立机构。

宣统三年（1911年），受“橡皮股票风潮”影响，上海100家钱庄减至51家。辛亥革命爆发后，因无法收回放款，客户竞相提款，大批票号倒闭，1914年，名号日昇昌在沪分号停业，至1933年全市票号仅剩三晋源、大德通、大德恒3家。第一次世界大战爆发后，外资银行衰退，钱庄兴盛，1919年增至67家。20世纪20年代，金价、衣价大跌，满期当物无人赎取，大典当纷纷歇业，到1931年资本超3万元的剩44家。小典当兴旺，到1937年7月增至600余家。1931年，《银行法》公布，钱庄纳入银行行业。1935年钱业汇划制度废除，钱庄业务大为萎缩。1935年三晋源歇业，1940年大德通、大德恒改组为银号，票号结束。1937年上海沦陷后，大批内地人涌入上海租界，当铺发展迅速，最多时达1000余家，1944年有870家。上海沦陷期间，钱庄增加，1945年为229家。1948年，钱庄减为80家。是年，金圆券崩溃，钱庄业务和实力大损。

1949年5月上海解放，登记钱庄有77家，此后停业倒闭53家。1950年8月当铺剩315家，当本总额380万元。9月，核准营业的206家组成18个联营集团。1952年12月，所剩24家钱庄全部并入公私合营银行。1956年，全市145家典当全行业公私合营。1957年，以上机构由中国人民银行上海市分行统一管理，成为低息信贷机构，贷款利率降为1分2厘，以质押品收据代替当票。1966年10月12日，停止贷款业务。

1988年，上海恒源当铺成立，典当业在上海恢复。1992—1993年全市成立7家当铺。1993年，8家当铺资本总额1764.8万元，质押贷款余额5992.5万元。当物一般按市价50%～80%质押。2004年2月28日，经市经委批准，上海市华联典当（连锁）有限公司成立。同年6月28日上海典当行业协会成立，为上海典当行业的规范、有序、快速发展提供了有力的支持。2005年4月1日起，新的《典当管理办法》正式实施。该办法由商务部会同公安部联合颁发，在加强规范的同时进一步拓展了典当业生存的空间，对上海典当业持续健康发展起到重要作用。至2011年底，全市有典当企业203家、分支机构57家，共计260家经营门店；注册资金（按201家企业计算）407177万元，全年典当总额482.46亿元。至2022年末全市有典当企业230家，分支机构48家，合计经营网点278家。

银行业机构 清道光二十七年（1847年），上海第一家外资银行英商丽如银行成立。道光二十七年至同治四年（1865年），11家银行在沪设立机构，有英商丽如银行、麦加利银行、汇丰银行等10家英资银行和法资法兰西银行。英资银行大多是因中国出口茶叶、生丝和进口鸦片，在国际贸易结算中形成中、印、英三角结算关系而设立。同治五年（1866年），受伦敦金融风潮影响，6家英资银行停业。汇丰银行少受影响，发展快速，形成在沪外资银行中的优势地位，上海外汇市场交易市价也以其挂牌为准，发行货币占英资银行51%，承贷70%清廷对外借款。光绪二十三年（1897年），中国第一家中资银行中国通商银行在上海成立。光绪三十一年（1905年），大清户部银行在上海开设分行。光绪三十四年（1908年），邮传部奏准开设交通银行，四明商业储蓄银行创办。光绪十六年（1890年）至1926年，38家外资银行在上海开设，知名的德国德华、日本横滨正金、俄国华俄道胜、法国东方汇理和美国花旗银行，加上英国汇丰，六强竞争。除经营存款、放款、票据贴现、国际汇兑等一般金融业务外，外资银行还对清廷巨额政治性贷款，先后组成四国、六国和五国银行团，对清廷和北洋政府办理4次大借款，合计借款金额折合中国货币白银5.57亿两。借款以中国的关税和盐税作担保，中国关、盐两大税收的存储保管因此由外资银行经办。同时，外资银行组成国际银行家委员会，监督中国海关岁入的保管和分配。1912年，中国银行、江苏银行、中华商业储蓄银行在上海开办。1926年，上海有93家中资银行。1927—1936年，上海新开79家银行，停业68家。1927年，中国、交通银行总行迁上海。1928年11月，中央银行在上海成立。1929年后，汇丰银行把中国关税新增部分的收入交由中央银行收管。1935年，全国164家中资银行中的58家将总行设在上海。1935年，中央信托局创设，1930年设立的邮政储金汇业局扩大规模，在上海形成以中央银行为首，由中国、交通、农民银行和中央信托局、邮政储金汇业局组成的国家垄断资本金融体系，称“四行两局”。1935年，国民政府实行法币改革，发行权集中于中央、中国、交通、中国农民四行，外汇汇率由中央银行挂牌，外资银行特权更为缩小。到1936年，上海开设外资银行9家，停业7家。

1937年8月淞沪抗战爆发后，上海沦陷。国家银行总行撤退后方，大部分商业银行维持营业，日军强迫汇丰银行将上海关税保管权移交横滨正金银行。1941—1944年，全市新设中资银行135家。1945年8月15日，全市有中资银行机构201家。1941年12月太平洋战争爆发后，日资银行接管清理英、美、荷、比4国的15家银行，尚存日资6家银行和德、意、法3国4家银行。抗战胜利后，124家中资银行停闭，"四行两局"返沪，日、德两国银行分别由"四行两局"及市银行接收。1945年底，全市有中资银行83家。1946年后，四川等地银行40家分支机构在沪设立。1949年5月，中资银行增至134家。其中，"四行两局一库"（一库为中央合作金库）7家、省市银行5家、其他官办银行4家、官商合办银行5家、私营银行113家。受美国对华庞大"援助"而发生的金融业务刺激，美资银行发展迅速，资产比战前扩充1.5倍以上。上海解放前夕，美国商业银行（即美洲银行）在上海设立分行。1949年5月27日，在沪外资银行有15家。

1949年前各时期，主要中资银行除"四行两局"外，有中国通商银行、户部（大清）银行上海分行、中央合作金库、南四行（浙江兴业银行、浙江实业银行、上海商业储蓄银行、新华信托储蓄银行）、北五行（盐业、金城、中南、大陆、联合商业储蓄信托银行）、小四行（中国通商银行、四明商业储蓄银行、中国实业银行、中国国货银行）、上海市银行等。到1949年，英、法、德、俄、日、美、比、荷、意、挪10国61家银行（包括中外合资银行）在上海设立过机构。各时期，主要银行有英国丽如、汇丰，美国花旗，法国法兰西、东方汇理，日本横滨正金、台湾、住友、三菱、三井、上海、朝鲜、中华汇业、大东、汉口，德国德意志，俄国华俄道胜、莫斯科国民，意大利义丰，比利时华比，法国、比利时合办义品放款，荷兰银行等，港资、侨资东亚和华侨银行。

1949年5月30日，中国人民银行华东区行和上海分行成立。同时，上海市军管会财政经济接管委员会金融处负责处理各类银行，接管"四行两局一库"，中、交两行先后于6月、11月复业，分别改为外汇专业银行和监督公私合营企业财务的专业银行，不久两行总管理处迁北京。中央等银行停业清理。没收新华、中国实业、四明、中国通商4家官商合办银行官股，改组为公私合营银行。另有115家私营银行、80家钱庄和5家信托公司。1949年8月，关闭部分银行、钱庄。1950年，侨资集友银行开办。同年6月，朝鲜战争爆发，英、法、荷、比等国银行在沪分支机构在美国宣布对华禁运和冻结资金后，申请停业。剩英资汇丰、麦加利和港资侨资东亚、华侨分行4行继续营业，业务、员工大减，外籍人员全部撤离。1951年底，90%以上的私营银行和钱庄参加联营集团或公私合营。1952年12月，全市60家合营和私营银行、钱庄组成统一的公私合营银行，在全市各行业中最先实行全行业公私合营，成立总管理处，次年总管理处迁北京。1953 年底，全市银行有中国人民银行、中国银行、交通银行和公私合营银行上海分行 4 家。1954 年，中国人民银行华东区行撤销，中国人民建设银行设上海分行。以后几年中机构又有调整。中国银行对内成为人民银行的国外业务部。公私合营银行 1955 年起专门办理储蓄业务，对内成为人民银行的储蓄部。1958 年，建行上海分行改为市财政局基建财务处。交行和合营银行上海分行建制撤销。至此，上海一切银行业务，统由人民银行上海市分行一家承办。1963 年，建立中国农业银行上海市分行，1966 年并入人民银行上海市分行。1971 年，人民银行上海市分行与市财政局合并办公，1978 年 4 月拆分。

1979 年 6 月，中国农业银行上海市分行、中国银行上海市分行恢复。1982 年 12 月，日本兴业银行、东京银行在上海设代表处。1985 年花旗银行在沪设代表处，1991 年均升为分行。至 1991 年底，上海有汇丰、渣打（即麦加利）、东亚、华侨、三和、日本兴业、花旗、美洲、东方汇理、里昂信贷、东京、第一劝业 12 家外资银行分行。1984 年，人民银行上海市分行专事负责管理本区域内的金融事业。1984 年 1 月，工商银行上海市分行成立。1986 年，交通银行重新组建，总管理处由北京迁回上海。 1987 年 11 月，中信实业银行上海分行经中国人民银行上海市分行核准开业，成为上海首家全国性股份制商业银行分行，此后多家全国性股份制银行相继在沪设立分支机构。1988 年后，各种商业银行和外省市银行在上海建分支机构。1992 年 10 月，上海第一家中外合资银行上海巴黎国际银行成立。1993 年 7 月，花旗银行中国区总部从香港迁至上海，负责管理在中国境内的业务。1993 年、1995 年，上海浦东发展银行和上海城市合作银行分别建立。1994 年，国家开发银行、中国进出口银行、中国农业发展银行 3 家政策性银行成立。1995 年 1 月，中国农业发展银行上海市分行挂牌成立，1999 年 3 月国家开发银行上海分行成立，2001 年 8 月中国进出口银行上海分行成立。1995 年，全市有 13 家中资银行，包括中国人民银行上海市分行、政策性银行 1 家、国有商业银行 4 家、全国性商业银行 3 家、区域性商业银行 4 家。1995 年，全市有外资银行分行 29 家、港资侨资银行各 1 家、中外合资银行 1 家，规模居世界银行第一至六位的银行均在上海设有分行。外资银行分支机构占全国 27%。外汇资产总额 86 亿美元，外汇存、贷款余额 12.1 亿、57 亿美元，占全国外资银行 45%、40%、45%。1998 年 9 月，上海城市合作银行更名为上海银行股份有限公司，在全国城市合作银行系统中率先改以地方名冠名。1998 年，上海引进营业性外资银行 8 家，新增外资金融机构代表处 6 家。至年末，全市共有经营银行类业务的外资金融机构 54 家，驻沪外资金融机构代表处 120 家（不包括外资证券）。

2001 年，随着中国加入世贸组织，10 家在沪外资银行代表处的母机构申请在上海设立营业性机构。2002年，台资银行正式进入中国大陆市场，先后有世华联合商业银行、台湾土地银行和第一商业银行被批准在上海设立代表处。至年末，上海共有外资银行分行40家、支行6家。2005年8月，上海农村商业银行挂牌成立。2006年结束加入世贸组织五年过渡期以后，中国取消外资银行在华经营限制，承诺对外资银行实行国民待遇。全市外资银行营业性机构网点共计100家，其中分行和法人机构63家，支行37家。2007年4月，经中国银监会同意，宁波银行上海分行核准开业，成为首家跨区域发展落户上海的异地城市商业银行。2007年，外资银行转制为在国内注册的法人银行进展顺利。至年末，共有15家外国银行在上海筹建子银行。自2009年起，上海设立多家村镇银行。至2010年末，上海的外资银行共有3种类型：在沪外资法人银行、在沪外资银行分行（含全国外资法人银行在沪分行）以及在沪外国银行代表处。外资法人银行有21家（含1家财务公司）；在沪各类外资银行分行有77家，同城支行共92家；外资银行代表处有89家。

2012年3月20日，中国银行上海人民币交易业务总部成立。2013年，上海市银行业营业性机构总数3707家，其中：国有商业银行1709家，政策性银行（含国家开发银行）14家，股份制商业银行524家，城市商业银行346家，农村金融机构404家，非银行金融机构34家（含6家外资非银行金融机构），邮政储蓄银行472家，资产管理公司4家，外资商业银行200家。同年10月21日，市政府与中国建设银行在上海签署《战略合作备忘录》，中国建设银行（上海）中心揭牌。2014年11月28日，农业银行上海管理部挂牌并入驻启用上海农银大厦。2015年7月，金砖国家新开发银行在上海开业。 2016年6月23日，国家开发银行上海业务总部成立。 2017年11月16日，中国农业发展银行上海资金交易中心成立。2019年8月15日，作为首批获批成立的上海自贸试验区临港新片区金融机构，中国建设银行上海自贸试验区临港新片区分行揭牌营业。至2019年底，注册在上海的银行业各级机构总数4069家，银行业从业人数13.09万人。其中中资银行各级机构3780家，从业人数10.86万人；外资银行各级机构229家，从业人数1.24万人；非银行金融机构各级机构60家，从业人数9915人。至2022年底，上海辖内有银行业法人机构102家，一级分行及分行级专营机构175家，各级营业性机构总数4112家。

证券期货业机构 清光绪八年（1882年）九月，上海首家中资证券公司上海平准股票公司成立，经营股票交易，市价悬牌公布，自由买卖，次年股市停顿。20世纪初，公平易、信通公司先后创办。1912年，上海股票商业公会成立，会员10余家，经营证券20余种。1942年，全市有127家股票公司；1949年春，有证券行号210家，5月初全部歇业。

1984 年 11 月，上海飞乐音响公司公开发行上海解放后大陆地区第一张股票。1988 年，上海万国证券公司、上海申银证券公司、上海振兴证券公司、上海海通证券公司 4 家证券公司设立。1992 年 12 月 1 日，经上海市工商行政管理局批准，铜陵有色金属公司上海经纪公司注册成立，并于 1993 年 12 月 8 日起更名为上海金源期货经纪有限公司。至 1993 年末，上海共有 12 家期货经纪公司。1993—1996 年，上海期货公司数量快速增长。1995 年，上海有证券机构 49 家，专业证券公司 6 家。至 1996 年末，期货经纪公司合计 46 家。1998 年 3 月，国泰基金管理公司在上海成立；6 月，华安基金管理公司成立。1999 年 4 月，富国基金管理公司成立，2001 年 3 月，总部由北京迁往上海。

2001 年中国加入 WTO 后，为履行入世承诺，证监会陆续批准设立中银国际证券等 9 家合资证券公司。2002 年 7 月 1 日，中国证监会发布的《外资参股基金管理公司设立规则》正式施行，境外依法设立并合法存续的金融机构可以与境内股东共同出资设立基金管理公司，或者受让、认购境内基金管理公司股权。2002 年，上海有证券公司 15 家，约占全国证券公司总数的 12%。 2003 年 4 月，华欧国际证券公司（2009 年 12 月起更名为财富里昂证券）正式成立，这是中国加入世界贸易组织后获准设立的中外合资证券公司。2003 年，华宝兴业基金管理有限公司、国联安基金管理有限公司、海富通基金管理有限公司等合资基金管理公司在上海成立并运营。2004 年 6 月 1 日《基金法》施行，基金管理公司的设立和运营得到进一步规范，基金公司数量逐步增加。2003 年开始，随着证券市场的结构性调整和改革力度加大，以及证券公司融资渠道狭窄、内控不严、风险管理水平低下等原因，证券公司的问题逐步暴露、风险集中爆发。2005 年 7 月，国务院办公厅转发证监会《证券公司综合治理工作方案》，证券公司进入综合治理阶段。2010 年 7 月，上海东方证券资产管理公司成立；10 月，国泰君安证券资产管理公司成立。至 2010 年末，上海共有 16 家证券公司，包括 2 家资产管理公司；共有基金管理公司 31 家，占全国的 50%，其中合资基金管理公司 22 家，有 3 家基金管理公司在香港设立分支机构。此外，上海还有异地基金管理公司分公司及理财中心 21 家，异地基金管理公司代表处 2 家。全市共有期货公司 26 家，期货公司在沪营业部有 98 家。

2012 年 2 月 15 日，上海股权托管交易中心在张江大厦举行上海股权托管交易市场启动暨上海股权托管交易中心首批挂牌企业挂牌仪式。2017 年，上海共有证券公司 25 家，证券公司分公司 106 家，证券营业部 736 家；证券投资咨询公司 15 家，境外证券类机构上海代表处 56 家。基金公司 49 家，基金公司分支机构 29 家，基金公司专业子公司 39 家；基金评价机构 3 家，独立基金销售机构 29 家，基金第三方支付机构 7 家。期货公司 33 家，期货分公司 32 家、营业部 132 家，期货公司资产管理子公司 3 家。至 2022 年底，上海共有证券公司31家（包括11家证券公司下属的资产管理公司），证券公司分公司141家，证券营业部779家。上海还有证券投资咨询公司16家，境外证券类机构上海代表处34家（含1家境外交易所上海代表处）。基金管理公司64家，基金管理公司分支机构42家，基金管理公司专业子公司38家；基金评价机构3家，独立基金销售机构28家，基金第三方支付机构7家。在中国证券投资基金业协会完成登记的上海私募基金管理人共有4410家。期货公司36家，期货分公司96家、营业部100家，下设22家风险管理子公司（均注册在上海）、3家资产管理子公司。

保险业机构 清咸丰七年（1857年），英资谏当保安行在上海开设分公司。同治四年（1865年），广东华商德盛号在上海创设第一家中资保险机构义和公司保险行，国内发行的保单首次出现中文条款。光绪十年（1884年），上海第一家外资人寿保险公司公平人寿保险公司上海分公司成立，1914年上海有近10家外资人寿公司。宣统三年（1911年），全市有中资保险公司37家，并有华商火险公会创立。1912—1925年，有37家中资保险公司开业，数年后大部分停业。1926年后，中资银行业投资设立保险公司，资金雄厚，获得发展；至1937年7月，增至30余家，资本2529万元，占全国66.4%。1937年，全市有155家外资保险公司，其中英资75家、美资22家、日资16家、德资11家。1937年上海沦陷后，8家国营、38家民营中资保险公司迁重庆等西南地区。1941年太平洋战争爆发，英、美等国保险公司停业，近10家日资公司联合投资成立东亚保险公司；银行、钱庄等竞相投资保险业，1943年9月中资保险公司增至97家。1945年有日资公司23家，抗战胜利后全部停业。1948年有中资保险公司178家。1949年初，有外资保险公司63家，其中英资39家、美资16家。

1949年5月27日上海解放后，上海市军管会接管官僚资本保险机构，外资保险机构全部关闭。6月，规定产物保险公司必须向政府缴付保证金，126家公司有一半关闭。7月，太平等47家私营公司合组民联保险交换处，次年和9家公司组成新民联。1949年10月，中国人民保险公司华东区公司上海营业部成立。1951年，太平等12家公私保险公司组建公私合营太平保险公司。1956年，新丰保险公司并入公私合营太平保险公司，总管理处迁北京，上海保险市场始由中国人民保险公司上海市分公司独家经营。1991年4月，交通银行在上海建立全国性保险公司中国太平洋保险公司。1992年9月，美国友邦保险有限公司开设上海分公司。1993年，日本东京海上火灾保险株式会社开设上海代表处。1995年，在沪有5家中资保险公司。1996年7月，按照产寿险分业经营的要求，中国人民保险公司上海市分公司改制为中保财产保险公司上海市分公司和中保人寿保险公司上海市分公司。2001 年 12 月，中国加入世界贸易组织，保险业成为最早全面对外开放的先锋。上海保险业机构不断增加，业务快速发展，服务方式逐渐多样化和本土化，经济效益和社会效益明显提高。至 2010 年末，上海共有 110 家保险公司和 5 家保险资产管理公司，有保险中介机构 302 家。

至 2014 年底，上海有 50 家法人保险机构，其中保险集团 1 家、财产险公司 18 家、人身险公司 22 家、再保险公司 3 家、资产管理公司 6 家；有 88 家省级保险分支机构，其中财产险分公司 45 家、人身险分公司 41 家、再保险分公司 2 家；有 213 家保险专业中介法人机构，其中保险代理机构 106 家、保险经纪机构 63 家、保险公估机构 44 家；有 150 家保险专业中介分支机构，其中保险代理机构 75 家、保险经纪机构 50 家、保险公估机构 25 家。至 2022 年底，上海共有 59 家保险法人机构，其中保险集团 2 家、财产险公司 20 家（其中自保公司 1 家）、人身险公司 22 家、再保险公司 5 家、资产管理公司 10 家；共有 108 家省级保险分支机构，其中财产险分公司 53 家、人身险分公司 52 家、再保险分公司 3 家；共有 225 家保险专业中介法人机构，其中保险专业代理机构 103 家、保险经纪机构 84 家、保险公估机构 38 家；共有 278 家保险专业中介分支机构，其中保险专业代理机构 106 家、保险经纪机构 143 家、保险公估机构 29 家。

市场服务机构 清道光十八年（1838 年），南市海关道衙门设有官炉熔炼海关通元宝。咸丰六年（1856 年），在北市设银炉铸夷场新元宝。1920 年，上海银炉公所成立，会员 24 家。银炉多受钱庄或银行委托，将大条银、外来元宝及小洋改铸为上海宝银在市面流通。1933 年，废两改元，28 家银炉全部停业。

1921 年，北洋政府筹建造币厂，未竣工，1931 年国民政府接办，改中央造币厂，主要铸造孙中山头像银元。1954 年，中央造币厂改国营六一四厂（上海造币厂），铸造流通硬币；1979 年，开始生产金、银纪念币（章）。

1945 年春，中央信托局印制处所属重庆印刷厂改组为中央印制厂，为中国第一家大型自印银行钞票企业。抗战胜利后，总部迁沪，辖有重庆、上海、北平和台北 4 厂。1946 年重庆厂撤销，1947 年，北平厂停办。上海厂负责承印法币和金圆券。上海解放后，该厂改上海人民印刷厂，再改国营五四二厂，承印人民币和国家债券。

1989 年，上海开始筹办上海证券交易所，并列入浦东开发开放的总体方案。1990 年 11 月 14 日，经国务院授权，中国人民银行批复同意建立上海证券交易所；11 月 26 日，上海证券交易所成立；12 月 19 日正式开业，实行证券交易电子化。2002 年 10 月，上海证券交易所正式成为世界交易所联合会会员。2006 年 10 月，上海证券交易所当选该组织董事会成员。2015 年 11 月 18 日，中欧国际交易所在德国法兰克福开业，该所由上海证券交易所、德意志交易所集团、中国金融期货交易所共同出资成立，由此中德双方共同建设的欧洲离岸人民币证券市场开始运行。

1990 年 12 月上海证券交易所开业后，上市的所有证券的登记、托管、交易的清算与交收职责，由该所在其内部设置的业务机构执行。1993 年 3 月 8 日，为适应证券市场的发展需要，建立一个安全规范的中央登记结算体系，经上海市证券管理委员会同意，上海证券中央登记结算公司成立，承接上海证券市场的登记结算业务。2001 年 3 月 30 日，按照《证券法》关于证券登记结算集中统一运营的要求，经国务院同意、证监会批准，中国证券登记结算有限责任公司在北京成立；9 月 20 日，上海证券中央登记结算公司改组为中国证券登记结算有限责任公司上海分公司，并自 10 月 1 日起承接上海证券市场全部证券登记结算业务。

1994 年 2 月，中国人民银行决定设立中国外汇交易中心，为各金融机构外汇交易与清算提供服务。3 月，中国外汇交易中心系统试运行。4 月 1 日，中国外汇交易中心在上海成立。1996 年，为解决银行同业拆借中出现的违规拆借、利用拆借资金投资股票和房地产等问题，中国人民银行决定在外汇交易中心的基础上建立全国统一的资金拆借市场，即全国银行间同业拆借中心，为商业银行调剂短期资金余缺、进行流动性管理提供重要场所。1997 年 1 月，中国人民银行发布通知，明确中国外汇交易中心与全国银行间同业拆借中心一套机构、两块牌子，为总行机关直属京外正局级事业单位。至 2010 年末，外汇交易中心在上海外滩建有同城备份中心和客户服务中心，在北京建有备份中心，在 18 个省会及经济区域中心城市设有由人民银行当地分支行管理、交易中心业务指导的分中心。

1994 年 10 月，中国证监会批准全国 11 家交易所为中国试点期货交易所，其中包括上海金属交易所、上海粮油商品交易所。证监会于 1995 年 4 月批准上海商品交易所（上海石油、建材、农资、化工 4 家交易所合并组建）为中国试点期货交易所。1998—1999 年，上海 3 家期货交易所协调合并组建上海期货交易所工作，1999 年 5 月 4 日，经中国证监会同意，3 家交易所期货交易合并试营运开始运作。12 月 27 日，上海期货交易所第一届理事会第一次会议召开，上海期货交易所的合并组建工作基本完成。2013 年 11 月 22 日，上海国际能源交易中心股份有限公司在上海期货交易所挂牌成立。

2001 年 4 月，中国人民银行宣布取消黄金“统购统配”的计划管理体制，在上海组建黄金交易所。10 月 10 日，国务院批复中国人民银行建立上海黄金交易所；30 日，人民银行正式发文设立上海黄金交易所。11 月 14 日，上海黄金交易所召开第一次会员大会。2002 年 10 月 30 日，上海黄金交易所正式开业。

2002 年 3 月 8 日，中国银联成立，3 月 26 日开业。这是经国务院同意、中国人民银行批准，在合并全国银行卡信息交换总中心和 18 家城市（区域）银行卡网络服务分中心的基础上，由印钞造币总公司、中国工商银行、中国农业银行、中国银行、中国建设银行、交通银行等 85 家法人单位共同发起设立的银行卡联合组织，总部设于上海。2013 年 10 月 17 日，由中国银联联合多方机构共同发起的互联网金融支付安全联盟成立。

2006 年 1 月 25 日，经国务院批准，中国证监会正式成立金融期货交易所筹备组，开始筹备工作。9 月 8 日，经国务院同意、中国证监会批准，中国金融期货交易所在上海正式挂牌成立。至 2011 年底，中国金融期货交易所有会员 146 家，其中全面结算会员 15 家、交易结算会员 61 家、交易会员 70 家。

2009 年 11 月 28 日，银行间市场清算所股份有限公司（简称上海清算所）在上海正式成立。上海清算所是财政部、中国人民银行批准成立的专业清算机构，由中国外汇交易中心、中央国债登记结算有限责任公司、中国印钞造币总公司、中国金币总公司共同发起，是直接由中国人民银行监管的中国重要的金融市场基础设施之一，主要为银行间市场提供中央对手清算和债券发行登记托管结算服务。2013 年 4 月 16 日，上海清算所宣布推出人民币远期运费协议中央对手清算业务，标志着国内在主要的全球化金融衍生品上实现以人民币计价清算零的突破。2020 年，上海清算所和欧清银行合作面向境外发行“玉兰债”。

2015 年 7 月 2 日，中央国债登记结算有限责任公司（简称中央结算公司）上海分公司成立，2017 年 12 月 4 日正式设立上海总部，并将其人民币债券跨境发行中心、人民币债券跨境结算中心、中债担保品业务中心、中债金融估值中心和上海数据中心五大功能平台迁入上海，服务全球人民币债券市场。

2016 年 6 月 12 日，上海保险交易所成立。12 月 5 日，上海票据交易所成立。

资料链接：

《上海金融志》

《上海市志·金融分志·银行业卷（1978—2010）》

《上海市志·金融分志·证券业·期货业卷（1978—2010）》

《上海市志·金融分志·保险业卷（1978—2010）》

业　务

存款　清光绪三十二年（1906年），信成银行在国内率先开办银行储蓄，规定凡满1元即可起存生息。中华民国建立后，国库由中国银行、交通银行代理，1928年起集中于中央银行。1930年起，上海市财政金库由上海市银行代理。1930年、1935年，交通和中国银行先后设立储蓄部。1936年，中央储蓄会成立。1933年，上海有98家办理储蓄业务，1936年储蓄额约占全国一半，达法币3.5亿元。1946年8月，除中央、中国、交通、农民4行外，存款余额1497.8亿元。其中，中资银行存款余额占74.51%、外资银行占10.1%、钱庄占13.55%、信托公司占1.84%。

1949年10月1日，人民银行上海分行设立合作储蓄部，办理储蓄业务。1949年底工商存款余额700万元，1995年1791.6亿元。1950年，财政性存款余额1.09亿元，1995年142.28亿元。1950年3月，国家金库上海分库设立，由人民银行上海分行代理。1952年，储蓄存款余额2.27亿元。1966年"文化大革命"开始后，9月开办无息存款。"红卫兵"抄查部分人员私人储蓄存款，1968年2月冻结所谓"四类分子"在银行的储蓄存款，两项相加共4亿余元，占全市储蓄存款总额38%。1976年后发还被查抄财物和解冻储蓄存款共7.8亿元。

1982年7月起，上海银行业对国营企事业单位和机关团体开办2年期和3年期单位定期存款，由于利率高于活期存款，单位定期存款稳定增长。1984年11月起，银行开始逐步推行"存贷分户"制度，单位活期存款也开始在存款账户中计息。1985年1月1日，工商银行、农业银行上海市分行分别接办人民银行上海市分行城镇、农村储蓄业务。1986年1月，人民银行上海市分行设立国库处，办理国库和市分库的业务。1986年10月，试营业的交通银行上海分行在国内首先发行可转让大面额存款证。股份制商业银行的成立打破了以往专业银行按业务分工垄断对公客户的格局，银行之间业务交叉和竞争加剧，对公存款成为银行间竞争的主要领域。1986年，各银行储蓄业务交叉办理实行。1991—1995年，由于证券市场的成立和发展，银行储蓄资金开始出现分流，但在创办"银证通"和提高存款利率等多种因素影响下，储蓄存款大幅攀升。1995 年，存款余额 1395.57 亿元。

1996—2005 年，储蓄存款增长迅速，截至 2001 年 12 月底，储蓄存款余额达 3001.89 亿元。1997 年，《人民币单位存款管理办法》正式实施，商业银行单位存款业务走上规范管理道路。银行由偏重资产应用转变为加强负债管理，对公存款不再依据行政指令纵向划拨，银行间对公存款业务的竞争日趋激烈。1998 年起，中国开始实行银行、证券、保险、信托分业经营管理。1999 年 10 月，中国人民银行批准中资商业银行对中资保险公司试办 5 年期以上、3000 万元以上的协议存款业务，利率由双方协商确定。金融监管政策的变化以及同业存款利率的放开，为上海各大商业银行开展同业金融存款业务提供了契机，上海地区银行类金融机构同业存款业务有了很大发展。到 2005 年末，全市储蓄存款余额 8432.49 亿元。

2006—2010 年，随着上海经济进一步发展，财富集聚效应的发挥，上海居民收入明显增加，理财意识和需求普遍增强，上海各商业银行开始有针对性地加快拓展个人金融业务，积极实施以居民客户为中心的储蓄存款营销，实现客户营销面、产品覆盖面的迅速扩大，个人客户数量与储蓄存款规模同步增长。2010 年末，储蓄存款余额为 16249.29 亿元。至 2010 年，上海银行业开展对公存款的业务手段经历了由行政到市场的变革，由银行资金完全依据行政指令划拨转变为各家商业银行通过市场化手段公平竞争对公存款，对公存款的品种也由单一的活期存款转变为由活期存款、定期存款、通知存款、协定存款、协议存款等多种存款组成，对公存款利率逐步与储蓄存款利率持平，其中金融同业存款利率的决定方式也从按央行规定转变为通过市场方式由双方协商确定。随着上海经济金融体制改革不断深化，对公存款的来源也不断扩大，各类住房存款被纳入企事业单位对公存款。

至 2011 年底，上海银行业金融机构本外币各项存款余额 5.82 万亿元；居民储蓄存款余额 1.80 万亿元。至 2016 年底，上海银行业金融机构本外币各项存款余额 11.05 万亿元。2022 年，上海银行业金融机构各项存款余额 15.67 万亿元。

贷款 上海金融业的贷款业务始自钱庄，后又有票号。1928 年，中央、中国、交通 3 行贷款余额 5.23 亿元。1936 年，贷款余额 6.50 亿元，对工矿企业贷款占 21.7%。

1950 年，贷款余额 892.1 万元。改革开放后，银行贷款业务发生重大变化，贷款中包括用于生产、流通、建设的资金，由原来的以财政拨付渠道为主，转变为以信贷渠道为主，不仅贷款种类增加，经营范围也明显扩大，改变了过去银行贷款只限于供应短期、临时、超定额流动资金的需要的状况，将其扩大到中短期设备贷款等，以支持工业企业进行技术改造和产品升级换代。贷款余额也随着经济发展迅速增加，从 1978 年末的 153.37 亿元发展到 1989 年末的 744.97 亿元，年均增长 66.86 亿元。

20 世纪 90 年代，上海银行业贷款业务保持高速增长，公司贷款方面，贷款种类进一步扩大，包括流动资金贷款、项目贷款、开发贷款以及贸易融资贷款，特别是其中的项目贷款，支持了一批上海市基础设施建设重大项目。此外，上海银行业还通过组织银团，为重大工程建设项目以及上海市保障房建设等提供了有力的金融支持。20 世纪 90 年代，随着市场经济发展和市场条件的成熟，特别是在国家宏观经济政策的推动下，上海各家银行开始开办个人贷款业务。建设银行上海市分行 1992 年开办个人住房公积金贷款业务，1993 年开办个人住房贷款业务，开启了上海市个人消费金融服务。1992 年起，工商银行上海市分行开始办理以土地使用权为抵押的外汇贷款。1998 年，上海市开展住房制度改革，取消福利分房，个人购房群体逐渐壮大，各家银行先后开办个人按揭贷款业务。1995 年贷款余额 2822.71 亿元，其中工商贷款占 50.24%、农业占 0.64%、外贸占 6.76%、固定资产占 13.29%。

进入 21 世纪后，在住房制度改革进一步深化、住房商品化快速推进、居民消费能力不断提升的大背景下，上海市各家银行进一步加快了个人住房贷款业务的推进步伐。与此同时，上海银行业先后推出个人消费循环贷款、个人汽车贷款等品种，不断加大对个人消费市场的金融支持力度。上海各家银行响应国家号召，开始为小企业提供金融服务，截至 2005 年 9 月末，上海市小企业各项贷款余额 2999.3 亿元。同时，贴现、同业、投资等各种资产业务逐渐发展。截至 2010 年末，上海银行业金融机构各项贷款余额 3.39 万亿元。

至 2011 年底，上海银行业金融机构本外币各项贷款余额 3.72 万亿元，中长期贷款余额 2.28 万亿元。2011 年，上海中资银行小微企业贷款余额增长，浙商银行上海分行推出“一日贷”系列产品、东亚银行（中国）推出“设备通”产品等，浦东发展银行上海分行推出“浦发科技金融模式”、中国银行推出“张江模式”科技型企业金融服务方案等。2013 年 1 月 21 日，浦东新区亚联财小额贷款有限公司开业。该公司是使用跨境人民币出资设立的小额贷款公司，也是沪港合资的小额贷款公司。至 2016 年底，上海银行业金融机构本外币各项贷款余额 5.99 万亿元。2022 年，上海银行业金融机构各项贷款余额 10.34 万亿元。

保险业务 清道光二十六年（1846 年），上海 2 家外资保险公司开办寿险业务，投保者大多为外国人和侨商。清同治四年（1865 年），中资上海义和公司保险行经营火险、水险。光绪二年、十二年（1876 年、1886 年），仁和、济和等保险公司承保国内各口岸货运险和船舶险，兼保陆上港口仓储货物设备、房屋等火险，经营区域发展到新加坡、小吕宋等地。光绪三十三年（1907年），汽车、兵盗等险出现。宣统元年（1909年），外资保险公司开办华人投保。1912年，中资华安合群保寿公司经办人身保险。1929年10月，国民政府规定外商不得经营人寿保险。1947年9月起，全行业停办简易人寿保险。

1949年6月，中国产物保险公司恢复财产保险业务。1950年、1951年，中国保险公司上海市分公司先后办理意外伤害和职工团体人身保险，1966年全部停办，1982年4月在国内率先恢复。1950年，中国人民保险公司上海市分公司先后办理国营、公私合营企业和县以上合作社强制保险。1952年，外资保险公司停业。1958年10月，全国停办全部国内保险业务，上海除停办农村保险业务外继续办理，至1966年保险费收入1.71亿元，1967年7月停办，1980年1月恢复。

1980年，中国人保上海市分公司先行办理全民所有制企业和集体所有制企业的财产保险、家庭财产保险、国内货物运输保险、国内船舶保险、汽车及公众安全责任保险等业务，共14个险种，其中以企业财产保险和货物运输保险为重点。1980年，人保上海市分公司保费收入总计6967.22万元，赔付支出1341.47万元，净利润1391万元。1991年太平洋保险公司成立后，上海保险市场进入竞争阶段，各类保险产品的提供更加丰富，全部险种近百种。此后，随着上海保险市场的对外开放与进一步发展，企业财产保险、家庭财产保险、建筑工程安装保险、机动车辆保险、水险、责任保险、信用保险、农业保险以及特殊风险保险等险种纷纷取得极大的发展。1992年9月，美国友邦保险有限公司上海分公司设立，引入保险代理人的营销制度，给整个寿险业带来革命性的变革。此后，友邦保险上海分公司推出一系列寿险产品，开创在保险市场销售个人缴费保单的先河。1994年，人保上海市分公司组建营销服务部，开始经营寿险业务。1995年，上海保险市场财产保险收入达27亿元。1996年，人保上海市分公司营销服务部改制为中国人寿保险有限公司上海市分公司，提供各类寿险产品服务，当年总保费收入达到111401.8万元。此后，中国太平洋保险公司、泰康人寿保险上海分公司、新华人寿保险上海分公司等先后开业，提供人寿保险、人身意外伤害保险、年金保险和健康保险等各类产品。另外，合资寿险公司也自20世纪90年代起纷纷成立，以中宏人寿保险公司、安联大众人寿保险公司、太平洋安泰人寿保险公司、金盛人寿保险公司为代表的企业向市场提供更加丰富的产品。20世纪90年代以后至2010年，市场上有各类财产保险险种数百种。2001年，上海保险市场各类财产保险业务保费收入总计39.94亿元，赔款支出为19.22亿元。2006年，财产保险业务保费收入达到105.20亿元，赔款达到46.23亿元。截至2010年底，上海市场财产保险业务保费收入为194.87亿元，人身保险业务总保费收入为539.89亿元，远超同年底财产保险业务的总保费收入。

2011—2022 年，上海保险业服务上海国际金融中心建设，注重保障和改善民生。2011 年 1 月 1 日，《上海市保险兼业代理管理办法（试行）》施行，规定取得保险兼业代理资格的机构只有在与保险公司完成代理关系登记后，方可开展保险代理业务。2015 年，上海市首创病种保障模式和第三方医疗告知制度，建成“全市统筹、财政托底、按病种补偿、社区定向转诊”的大病保险运行机制，在服务国家临床路径管理和单病种付费等医改政策方面积极作为。2015 年 7 月 1 日，经中国保监会批准，上海自贸试验区正式实施航运保险产品注册制改革。改革以市场化、国际化、法治化为导向，突出简政放权、放管结合、优化服务，实现航运保险产品准入由监管部门审批备案改为行业协会注册管理，鼓励产品创新，释放市场活力。2016 年 6 月 13 日，上海保险交易所开业。2020 年 1 月 13 日，上海银保监局印发《上海市医保专属商业健康保险业务管理办法》。办法旨在推进上海市医保专属商业健康保险业务的健康发展，规范保险公司经营行为，推动保险业更好地服务于医保专属商业健康保险业务。同时鼓励更多保险公司参与，丰富产品体系，更好地满足参保职工的多层次保险保障需求。至 2020 年底，上海辖内省级保险分公司总资产 9517.74 亿元。实现原保险保费收入累计 1864.99 亿元，其中财产险公司原保险保费收入 594.35 亿元，人身险公司原保险保费收入 1270.64 亿元。原保险赔付支出累计 630.70 亿元。至 2022 年底，上海辖内实现原保险保费收入累计 2095.01 亿元，其中财产险公司原保险保费收入 663.05 亿元，人身险公司原保险保费收入 1431.96 亿元。

资料链接：

《上海通志》第二十五卷

《上海金融志》

《上海市志·金融分志·综述卷（1978—2010）》

《上海市志·金融分志·银行业卷（1978—2010）》

《上海市志·金融分志·保险业卷（1978—2010）》

市 场

同业拆借市场 清同治十一年（1872年）起，《申报》开始刊登拆息行市。光绪九年（1883年）、光绪十五年（1889年）先后设南市公所和北市会馆，1923年两市合并。在拆借市场拆进拆出的款项称为拆票，拆款利率为拆息。1920年10月8日，上海银行公会组织行市委员会，悬牌公告行市，不久停止。1932年3月，上海银行业同业公会联合准备委员会成立，办理同业间的拆放事宜。20世纪30年代初，钱业汇划总会每日收付公单金额达二三千万两。钱庄拆借市场的交易，是上海中资银钱业的全部交易，挂牌的拆息行市，是上海金融市场的标准行市。1932年10月，上海钱庄业成立钱业联合准备库，库金5000万元。1936年，年终决算拆放总额为5667万元。1937年后，中央、中国、交通、农民4行组织联合贴放会，专办同业抵押放款及商业票据贴现，1938年贴放款总额8900万元，其中在上海贴放款1600余万元。至此，上海金融市场有钱业公会拆息、银行业联合准备会拆息及贴现率和四行贴放会拆息及贴现率3种不同的拆款利率。1946年9月，银行、钱庄两同业公会合并成立上海银钱业联合准备会。1947年，拆放2236亿元。此后黑市利率高出联准会拆息，交易大多在场外进行，1949年5月初结束。

1952年12月，银行同业拆借停止。1986年，上海第一个有形的短期资金市场成立，1987年易名为上海资金市场。1988年6月，经中国人民银行批准，由上海市39家金融机构合资组成专事短期资金拆借融通业务的金融中介机构——上海融资公司。1989年5月，上海组建以会员制为基础的短期融资中介服务机构——上海短期资金调剂中心，1992年起更名为上海融资中心。1993年2月起，人民银行在全国金融系统部署整顿同业拆借秩序、规范同业拆借行为，成立由各地人民银行牵头的融资中心，开展清收违章拆借资金。1995年，拆借1984.68亿元，占全市拆借总额56.8%，其中92.45%拆往外地。其间，上海各银行和金融机构普遍开办同业拆借业务。1996年1月3日，全国统一的银行间同业拆借市场依托中国外汇交易中心系统开始运行。全国统一的拆借市场为推进利率市场化改革奠定基础。1996年6月1日，中国人民银行取消对同业拆借利率的上限管制，实现同业拆借利率的市场化。2007年1月起，中国人民银行推出上海银行间同业拆放利率，进一步推动利率市场化。2010年，同业拆借市场成交27.9万亿元；2012年，成交46.7万亿元。2016年9月，银行间外币拆借市场向境外机构开放。2016年，同业拆借市场成交95.9万亿元；2022年，成交146.8万亿元。

票据市场 20世纪初，上海钱业各种期票之贴现为营业项目之一，1923年起增“货物押汇”业务。20世纪初，户部银行、交通银行始办银行贴现，1927年扩至交通等6行。1936年3月，全国首家票据承兑贴现机构上海银行同业联合准备委员会银行票据承兑所成立，1941年停业。1937年，中央、中国、交通、中国农民4行在上海组织联合贴现委员会，共同办理同业贴现业务，至1939年，贴放余额不过2000万元，1947年11月停止贴放。

1955年，中国人民银行停止票据贴现。1981年2月，人民银行上海市分行杨浦区办事处和黄浦区办事处合作试办第一笔同城商业承兑汇票贴现业务；10月，徐汇区办事处和人民银行安徽省天长县支行试办第一笔异地银行承兑汇票的贴现业务。1982年，中国人民银行倡导推行“三票一卡”，即汇票、本票、支票和信用卡，中国的票据市场由此发端。1984年12月，人民银行颁布《商业汇票承兑、贴现暂行办法》，决定从1985年4月1日起，在全国范围开展票据承兑、贴现业务。1986年4月，人民银行和工商银行联合发布《关于实行商业汇票承兑贴现办法清理拖欠货款的通知》，并在北京、上海等10个城市开展用商业汇票承兑、贴现办法清理拖欠货款的试点，允许专业银行对工商企业进行票据贴现。同时允许各专业银行间办理转贴现业务。1995年5月，全国人大通过《票据法》，是中华人民共和国成立以来第一部关于票据制度的法律，标志着中国票据市场开始步入法制化轨道。1995年，贴现423.3亿元、再贴现152.7亿元。2000年11月，中国第一家票据专营机构——中国工商银行票据营业部在上海成立，标志着中国商业银行票据业务进入专业化、规模化发展阶段。此后，中国农业银行等相继在上海成立票据专营机构。2003年6月，中国外汇交易中心建成并推出“中国票据网”，主要为金融机构提供商业汇票的买断式、回购式转贴现报价以及在线洽谈、信息查询等服务。至2010年末，上海市金融机构银行承兑汇票余额2308.8亿元，票据贴现余额1485.8亿元。全年上海市金融机构累计签发银行承兑汇票5137.8亿元，累计办理企业直接贴现3333.4亿元、买断式转贴现转入8213.5亿元。

2011年2月23日，由浦东发展银行与其他银行同业联席承销的上海浦东新区2011年度第一期张江科技型中小企业集合票据在银行间市场发行。2014年，中国票据网有用户2575家。2016年12月8日，上海票据交易所开业仪式举行。该交易所是按照国务院决策部署，由中国人民银行批准设立的全国统一的票据交易平台。上海票据交易所是中国金融市场的重要基础设施，具备票据报价交易、登记托管、清算结算、信息服务等功能，承担中央银行货币政策再贴现操作等政策职能，是中国票据领域的登记托管中心、交易中心、创新发展中心、风险防控中心、数据信息研究中心。是日上午，中国工商银行在上海票据交易所成功完成一笔商业汇票转贴现卖断业务。2019年，票据“贴现通”“票付通”推出。至2022年末，上海市金融机构银行承兑汇票余额 7723.07 亿元，票据贴现余额 8595.11 亿元。

证券市场 清道光二十七年（1847 年）起，股份制外资银行在上海设立分行，上海遂有银行股票交易。同治四年（1865 年），汇丰银行在上海、香港同时集资发行股票。19 世纪七八十年代，股份制华资企业增多，轮船招商局等重要企业均有股票上市交易。光绪十四年（1888 年），开平煤矿第一次发放股息。光绪十七年（1891 年），外商证券掮客组成上海股份公所，交易外资企业股票。光绪三十年（1904 年），上海众业公所成立，以经营外商股票和橡皮企业股票为主。宣统二年九月（1910 年 10 月），上海发生“橡皮股票风潮”，股市大受影响，交易惨淡。

1914 年，上海股票商业公会成立，有交易场所、固定交易时间。是年，上海有股份公司企业 992 家。1920 年、1921 年，上海证券物品交易所、上海华商证券交易所办现货和期货交易。1921 年，上海有证券交易所 112 家；是年冬，因“信交风潮”，大批倒闭，剩 6 家。股票急剧下跌，交易冷落，证券市场主要交易北洋政府公债。1927 年南京国民政府建立后，在上海发行公债，至 1931 年发行 15 种共计 10.58 亿元。1934 年，市场交易 47.7 亿元，约占有价证券交易总额 98%。1937 年上海沦陷后，大量游资流至上海，持资者为保币值购买外商股票。众业公所上市外商企业证券 150 ～ 160 种。1939 年，大量资金流回上海，购外资企业股票，外股交易量迅速增加。1939 年，每周成交 300 万～ 400 万股，1940 年后有的股票超过面额数十倍。1940 年 1 月 8 日，众业公所成交 132.2 万股，创历史最高。太平洋战争爆发后，汪伪政权禁止外股买卖，众业公所停业。是年，汪伪“中储券”发行，促使大量游资投向中资企业股票。1943 年 11 月 8 日，上海华商证券交易所开拍，股票 108 种，至年底股票市价上涨 1 倍。1944 年第四季度，通货膨胀严重，持股票者抛售股票，股市又趋冷落。抗日战争胜利后，华商证券交易所停业。1946 年 9 月，上海证券交易所开业，经营现货交易，营业清淡。1947 年 3 月，国民政府禁止黄金及外币买卖，大量游资涌入证券市场，股票买卖旺盛，交易量大增。1947 年底，上市股票增至 32 种，股额 295.34 亿股。1948 年 8 月，上海证券交易所停业，11 日吸引游资达法币 30 余亿元，持股者百万人，证券业者 20 余万人。1949 年 5 月初，股票市场停止交易。

1984 年 11 月 18 日，由上海电声总厂发起成立的上海飞乐音响公司向社会发行每股面值 50 元的股票 1 万股，这是中华人民共和国成立以来第一次向社会公开发行的股票。1986 年后，随着国家政策进一步放开，越来越多的企业，包括一些大型国营企业纷纷进行股份制试点，半公开或公开发行股票。1987 年，上海真空电子器件公司作为股份制试点企业向社会公开发行股票4000多万元，成为上海第一家实行股份制的大中型国有企业，在上海乃至全国引起强烈反响，并为全国其他试点城市所仿效。这一时期，股票一般按面值发行，且保本、保息、保分红；发行对象多为内部职工和地方公众，发行方式多为自办发行，没有承销商。1986年9月，中国工商银行上海市信托投资公司静安证券业务部率先对其代理发行的飞乐音响公司和延中实业公司的股票开展柜台挂牌交易，标志着股票二级市场雏形的出现。

1990年11月26日，由中国人民银行批准建立的上海证券交易所成立，这是新中国成立以来内地的第一家证券交易所；12月19日，上海证券交易所举行开业典礼。同年，上海市政府发布《上海市证券交易管理办法》，这是新中国第一部较完整的有关证券交易的地方政府规章。上海市的证券主管机关是中国人民银行上海市分行。1991年，上海证券交易所在全球率先实现股票交易交收无纸化，推出以美元计价的人民币特种股票（B股）试点。1992年，上海推出全国第一只金融衍生产品——国债期货。1992年5月，市政府决定成立上海市证券管理委员会，加强上海证券市场的宏观管理，下设办公室，处理日常工作。10月，国务院证券管理委员会和中国证监会成立；12月，国务院发布《关于进一步加强证券市场宏观管理的通知》，确立中央政府对证券市场统一管理的体制。全国性市场形成并初步发展。1993年3月，经上海市政府调整充实后的上海市证券管理委员会从有关专业部门调集人员，组成常设的上海市证券管理办公室。1997年11月，经上海市政府批准，上海市证券管理办公室更名为上海市证券期货监督管理办公室。1998年4月，国务院证券委撤销，其全部职能及中国人民银行对证券经营机构的监管职能同时划归中国证监会。中国人民银行上海市分行于1998年6月15日完成上海市辖区内证券类机构监管职责向上海市证券期货监督管理办公室移交工作。1999年7月，中国证监会上海证券监管办公室挂牌成立。在1997年亚洲金融危机后，为防范金融风险，国家对各地方设立的场外股票市场和柜台交易中心进行清理，并对证券经营机构、证券投资基金和期货市场中的违规行为进行整顿，化解潜在的风险。

1999年7月，《证券法》正式实施，以法律形式确认资本市场的地位。2005年11月，修订后的《证券法》颁布。《证券法》的颁布实施及随后的修订，标志着资本市场走向更高程度的规范发展，对资本市场的法规体系建设产生深远影响。国务院于2004年1月发布《关于推进资本市场改革开放和稳定发展的若干意见》。此后，中国资本市场进行一系列改革，完善各项基础性制度，主要包括实施股权分置改革、提高上市公司质量、对证券公司综合治理、大力发展机构投资者、改革发行制度等。至2010年末，上海证券市场上市证券数为1500只，其中股票为938只。全年，上海证券交易所各类有价证券成交金额为39.84万亿元，其中股票成交金额为30.4万亿元。

2011 年，上海证券交易所各类证券成交总额 45.47 万亿元，其中股票成交总额 23.76 万亿元，债券成交 21.07 万亿元，基金成交 2901.41 亿元，权证成交 3474.82 亿元。2011 年，共有 7 只 ETF 在上证所发行，11 只 ETF 在上证所上市。至年底，上证所上市 ETF 23 只。2013 年 3 月 26 日，上交所发布实施《上海证券交易所投资者适当性管理暂行办法》，以引导投资者理性参与证券投资，保护投资者合法权益。2014 年 11 月 17 日，沪港通（包括沪股通、港股通）业务启动，首日双向成交 235 亿元，其中沪股通用尽当日额度。2019 年 6 月 13 日，科创板在陆家嘴论坛开幕式上开板，7 月 22 日开市。至 2020 年末，上海证券市场上市证券共 22922 只，投资者开户数 26608 万户，上市公司数 1800 家，其中主板公司 1585 家，科创板公司 215 家；全年上海证券市场各类证券成交总额 366.7 万亿元，其中股票现货累计成交 84.0 万亿元，债券累计成交 271.1 万亿元，基金累计成交 10.8 万亿元，股票期权累计成交 7167 亿元。至 2022 年末，上海证券市场上市证券共 30110 只，投资者开户数 33816.66 万户，上市公司数 2174 家，其中主板公司 1673 家，科创板公司 501 家。股票数 2213 只（包括 A 股、B 股和 CDR），股票总市值 46.38 万亿元，其中，主板市值 40.56 万亿元，科创板市值 5.8 万亿元。2022 年，上海证券市场各类证券成交总额 496.1 万亿元，股票现货全年累计成交 96.3 万亿元，债券成交（包括回购）380.3 万亿元，基金成交 18.8 万亿元，股票期权成交 6475.2 亿元。

外汇市场 上海开埠初，国际汇兑多由在沪的大洋行经办。19 世纪 70 年代，上海外汇市场由外资银行主宰。中资银行经营国际汇兑以中国银行为主，并于 1928 年成为国际汇兑专业银行，在伦敦、大阪、纽约等地设分行。19 世纪开办汇兑业务初，经纪人介入外汇业务，20 世纪初汇兑经纪人公会成立，1916 年改为上海国外汇兑银行公会。20 世纪 20 年代末 30 年代初，上海成为全国国际汇兑市场中心，和伦敦、纽约、巴黎、东京等地市场相连，外汇市场汇率以每日汇丰银行上海分行挂牌为准，为中国实际有效汇价。1938 年 3 月 14 日，国民政府宣布对外汇实行管制，催生外汇黑市，外汇市价大幅度下降。1939 年 3 月，中英双方设立中英平衡基金委员会，公开在市场上无限制买卖外汇，外汇大量流失，大部分为日伪套取，用以购买棉花等军需品，贸易入超额大增。1941 年 8 月，第二次中美、中英平衡基金委员会成立，规定英汇、美汇牌价。太平洋战争爆发后，在沪英、美银行被日军接管，外股及外汇市场相继停顿。1942 年 7 月，日军禁止在上海市场买卖外汇，外币公开交易停止。1946 年 3 月 4 日，上海外汇市场开放。3 月 4 日—11 月 17 日，中央银行和指定银行售出外汇美元 4.55 亿元，消耗中央银行大部分外汇储备。1947 年 2 月 17 日，美汇牌价提高至 1.2

万元；8 月 15 日，中央银行定美汇 1.2 万元为官价外汇，另定 3.9 万元为平衡会基准价，作为外汇市价，和进出口货结汇汇价。1948 年 8 月 21 日，中央银行公布金圆券对外汇率，金圆券 4 元合美元 1 元，12 元合英金 1 镑，0.75 元合港币 1 元。不久限价失败，美钞黑市重新盛行。11 月 1 日，国民政府放弃对汇率的限制，并准许居民仍可持有外币。22 日，中央银行宣布实行外汇移转证制度，次日恢复外汇交易，上海形成无形的外汇移转证交易市场。1949 年 4 月，官市汇率 1 美元兑 20.5 万元金圆券，黑市汇率高至 81.39 万元。1949 年 5 月 27 日上海解放，移转证交易市场结束。1949 年 5 月至 1979 年，上海无外汇市场。

1980 年 10 月起，中国银行开办外汇调剂业务，允许持有留成外汇的单位把多余外汇额度转让给缺汇单位。1985 年，中国银行上海分行信托部试办国内企业间留成外汇额度调剂业务，调剂价格为 1 美元外汇留成额度合 1 元人民币。1986 年 11 月 6 日，外商投资企业间的现汇调剂业务开办，1 美元现汇的调剂价格为官方汇价加 1 元人民币。1988 年初，上海国内企业间的留成外汇额度调剂与外商投资企业间的现汇调剂可相互交叉买卖，放开外汇调剂价格。9 月，上海外汇调剂中心开业。至 1993 年末，上海外汇调剂中心自营商与经纪商会员有 87 家。

1994 年初，国家对外汇管理体制进行重大改革，取消外汇留成制度，实行银行结售汇制度，实行以市场供求为基础的、单一的、有管理的浮动汇率制度，建立统一规范的外汇市场。1994 年，中国外汇交易中心在上海成立，全国统一的银行间外汇市场在上海正式成立。1994 年后的中国外汇市场是一个双层市场体系，即银行零售外汇市场（企业和个人在银行办理结售汇业务）与全国统一的银行间外汇市场（银行之间平盘结售汇头寸并开展自营交易）并存的格局。2005 年人民币汇率制度改革后，这一体系发生从银行零售外汇市场为主到银行间外汇市场为主的转变。2005 年 7 月 21 日的汇率改革，是中国外汇市场向市场化方向发展的关键性节点。中国人民银行出台一系列配套措施，推进外汇市场建设。交易工具从 2005 年前仅有即期和远期两类产品扩大至即期、远期、外汇掉期、货币掉期产品，具备了国际市场基础产品体系。交易币种从此前的人民币对美元、欧元、日元和港元 4 种交易货币，逐步增加至涵盖中国跨境收支的主要结算货币。市场主体从单一的银行参与者结构扩大到多样化的市场主体层次，交易模式从采用电子集中竞价单一模式，到形成电子集中竞价、电子双边询价、做市商制度和货币经纪公司声讯经纪服务多样化的交易模式。2010 年，银行间外汇市场交易规模达 30 万亿元人民币，较 1994 年的 3438 亿元人民币增长 80 多倍。

2012 年，银行间外汇市场成交 3.4 万亿美元，外汇市场会员 359 家。1 月 6 日，外币对市场单银行平台上线运行，至年底，获准进入该平台交易的会员共有 18 家，系统运行平稳，市场交易活跃。2015 年，人民币汇率总体保持强势，中国外汇交易中心暨全国银行间同业拆借中心（CFETS）人民币汇率指数年末收于 100.94；银行间外汇市场成交 86.1 万亿元，其中人民币外汇市场成交 85.4 万亿元，外币对市场成交 1202.1 亿美元。2017 年，我国跨境资金流动形势回稳向好，外汇市场供求趋向平衡，人民币有效汇率保持相对稳定，CFETS 人民币汇率指数收于 94.85。2017 年 8 月，外汇交易中心推出新一代外汇交易平台一期，上线外汇期权和外币拆借功能。2022 年，银行间外汇现货及衍生品市场成交总量折人民币 273.2 万亿元，其中，外汇即期市场成交 58.2 万亿元，外币货币市场成交 69.7 万亿元，外汇衍生品市场成交 145.2 万亿元。

黄金、白银市场 19 世纪 60 年代，上海对外贸易占全国进出口总值一半以上，出口多于进口，外商用现金补差，向上海输入条银和银元。以后贸易入超，仍大量进口和出口现银。19 世纪下半叶，上海外资银行以生金银交易作为经常业务，用运送金块银条平衡买卖远期汇票互相抵算，直接和伦敦四大金银号经纪人联系。上海汇丰银行隔日挂牌公布伦敦现银市价，决定当日上海对英镑汇价。上海所需现银，大多为伦敦输入的大条银，上海称为红毛条，条重约 980 ～ 1100 盎司，成色多为 0.998。清光绪三十一年（1905 年），上海金业公所成立，入会金号 30 余家。第一次世界大战爆发后，从纽约输入的大条银超过伦敦，并称为金山条，标准成色 0.999。1921 年，上海金业公所改为上海金业交易所，上海始有集中交易的金业交易场所，并于 1934 年成为上海唯一的金市场。参加标金交易有中外资银行、钱庄、银楼、证券商和进出口商等。规定买卖的金货有国内矿金、各国金块及金币、标金、赤金 4 种。平时交易以标金为主，上海黄金市场因此称为标金市场。标金分上海、天津、北京 3 种，以上海为主，有小条、大条两种，成色均为 0.978，漕平分别重 10 两、70 两，可输往国外。1922—1925 年，美、英输入银分别占 67.3% 和 25%。1919—1931 年，由美、英、日、印度等各原产国运至上海的大条银约 84.2 万条，其中由上海银炉熔铸成本埠通行宝银的占 19%、转运国内重要商埠的占 56%、重行运出国外的占 5%。1928 年起，纽约、伦敦银价连续 4 年下跌，中国对英美汇价暴缩，购买外汇支付货款的商人直接从国外购银输入中国，白银大量流入，1929—1932 年上海存银增加 1.5 倍。不久，国际银价暴涨，中国对英美汇价亦大幅上涨，经营者在上海售出外汇，同时向国外输出现银。上海标金市场为全国金市场中心，20 世纪 20—30 年代每年成交 3000 万～ 4000 万条，高至 5000 万条，1926 年，成交 6232 万条，折半计算，成交实额 3116 万条，超过法国、印度和日本。1934 年 7—10 月，上海输出白银超过 2 亿元。1935 年 11 月 3 日，国民政府宣布停止银本位，发行纸币，白银收归国有，上海的大条银市场消失；黄金价不再直接影响物价汇价，上海标金市场成交额大减，1937年7月减至0.37万条。1937年上海沦陷后，上海金业交易所停业。不久发生黑市交易，至1938年春形成黄金黑市市场。1940年下半年，伪中国金业股份有限公司成立，以期货交易为主，每天成交从最初0.1万条增至2万条。1946年3月，国民政府开放外汇市场，同时在上海抛售黄金。上海金业公会和上海银楼业公会为中央银行抛售黄金的市场代理人。1946年3月8日—1947年2月8日，中央银行抛售33.3万余条。1947年1月后，黄金市价每天波动数次，中央银行抛售60%库存，2月15日停售。次日，国民政府禁止黄金买卖，由中央银行挂牌收购。1948年8月19日，国民政府发行金圆券，规定黄金兑金圆券，至10月31日上海收兑黄金110.25万两。1948年11月，政府公开出售黄金，黄金市价高于官价数倍。1949年2月，开放黄金自由买卖。4月26日，上海金业公会的黄金市场停顿。1949年6月，中国人民银行华东区行规定，金银的收兑与出售统由国家银行经营，上海黄金市场消失。

1999年10月，中国人民银行发出通知，从当年11月25日起放开白银市场，封闭了半个世纪的白银恢复自由交易。2001年4月，中国人民银行宣布取消黄金统购统配的计划管理体制，在上海组建黄金交易所。2002年10月，上海黄金交易所正式开业，标志着中国黄金管理体制改革实现重大突破。2008年1月9日，黄金期货在上海期货交易所挂牌上市。自此，形成了由上海黄金交易所黄金现货、现货递延市场和上海期货交易所黄金期货市场构成的互补的中国黄金场内市场。2009年，中国工商银行贵金属业务部在上海正式成立，中国银行于2010年9月在上海设立贵金属业务中心，标志着商业银行黄金业务开始走向专营化。2010年，上海黄金交易所黄金共成交6051.50吨，成交金额16157.81亿元。上海黄金交易所的黄金价格逐渐成为国内黄金现货市场的主导价格。2010年，上海黄金交易所白银共成交73614.96吨，成交金额3863.28亿元。

2012年12月3日，黄金交易所与中国外汇交易中心合作的银行间黄金询价交易上线运行。至年底，共有17家商业银行参与交易，黄金交易所共有会员167家，法人客户9230户，个人客户335.39万户。2013年5月31日，黄金交易所上线周五夜市，在原有夜盘交易的基础上填补国内黄金市场相对于国际市场的交易时间缺口。2014年9月18日，黄金交易所国际板启动，实现黄金市场参与主体国际化、交易资金国际化。2016年，黄金交易所推出“上海金”人民币集中定价业务，打造人民币黄金现货基准价格，提升中国黄金市场的国际话语权。2017年，上海黄金交易所总成交额19.52万亿元，黄金成交量5.43万吨，白银成交量115.53万吨。2020年，上海黄金交易所总交易金额43.32万亿元，其中黄金成交量5.87万吨，成交额22.55万亿元；白银成交量421.47万吨，成交额20.75万亿元。2022年，上海黄金交易所全市场交易金额17.04万亿元，黄金成交量3.88万吨，成交金额15.18万亿元；白银成交量38.32万吨，成交金额1.83万亿元。

期货市场 2011年3月24日，铅期货在上海期货交易所挂牌上市。2017年，上海期货交易所上市交易的品种分别为铜、铝、锌、铅、锡、镍、黄金、白银、天然橡胶、燃料油、石油沥青、螺纹钢、线材、热轧卷板14个品种。截至2022年末，上市交易品种分别为铜、国际铜、铝、锌、铅、锡、镍、黄金、白银、螺纹钢、线材、热轧卷板、不锈钢、原油、低硫燃料油、燃料油、石油沥青、天然橡胶、20号胶、纸浆期货20个品种的期货合约，及铜、天然橡胶、黄金、锌、铝、原油、白银、螺纹钢8个品种的期权合约。2022年，上海商品期货市场成交期货期权合约19.43亿手，成交金额181.30万亿元，占中国商品期货市场的比重分别为28.72%和33.89%。

2011年，沪深300股指期货成交5041万手，成交金额43.77万亿元。2013年9月6日，国债期货在中国金融期货交易所上市。2022年，金融期货市场累计成交量为1.52亿手，占全国期货市场成交量的2.24%；全年累计成交额为133.04万亿元，占全国期货市场成交额的24.87%。

资料链接：

《上海通志》第二十五卷

《上海金融志》

《上海市志·金融分志·综述卷（1978—2010）》

《上海市志·金融分志·证券业·期货业卷（1978—2010）》

城　　建

JI JIAN SHANG HAI ZHI

唐天宝十载（751 年）到清中叶，上海地区建有松江、嘉定、上海、青浦、南汇、宝山、奉贤、金山、川沙等县城，以及朱家角、枫泾、南翔、七宝、罗店、周浦等数百个集镇。县城内街道纵横，店肆林立。集镇傍水而建，有街道、店铺。明清时期，上海地区陆续建有知名私家园林豫园、古猗园、醉白池等。

清道光二十三年（1843 年）上海开埠，先后辟设英租界、法租界和公共租界，整个城市由华界地区和租界地区组成，城市建设相应分头进行，形成一城多方经营、各自为政的格局。道光二十六年（1846 年），英租界成立道路码头委员会，辟筑界路（今河南中路）和花园弄（今南京东路东段），开始上海近代道路建设。之后，租界当局通过圈占土地，强行越界筑路。西方列强在输出资本的同时，也带来西方的科学技术和管理经验。其间，上海始有以西方标准建立起来的近代公用事业，有的几乎和西方国家同步发展。同治四年（1865 年），英商建成中国首家煤气厂大英上海自来火房。同治五年（1866 年），江海关受总理衙门委托，兼办京沪间邮递，并于同治十三年（1874 年）成立江海关邮务处。同治九年（1870 年），英商在上海最早经营房地产业，此后，带动一批外商房地产企业纷纷在上海开业，并积聚巨额资本，外商房地产业成为租界的支柱产业。光绪四年（1878 年），以江海关邮务处为基础，上海与北京、天津、烟台、牛庄（今营口）同时试办邮政，并于是年在上海印制发行中国首种邮票大龙邮票。光绪六年（1880 年）英商创办上海自来水公司，建杨树浦水厂。清廷于光绪七年（1881 年）国内第一条长途电报线路津沪电路建成，上海电报局对外营业。光绪八年（1882 年），第一家上海电气公司电厂创办。光绪二十一年（1895 年），华界开始近代道路建设，成立南市马路工程局，次年建成外马路。到 20 世纪初，租界区域扩至东至杨树浦底，西到沪杭铁路。1914 年洋泾浜填没，翌年辟筑成横贯东西向的爱多亚路和大西路（今延安东、中路）。

1919—1931 年，上海城市建设格局基本形成。房地产业快速发展，建成外滩高层大楼群的标志性建筑，以及南京东路商业用楼。房地产聚敛巨额财产，为市政公用基础设施建设提供丰厚的财力，加速上海的城市化进程。1927 年，上海特别市政府为与租界抗衡，确定在江湾一带建设上海新市中心，并建立上海市中心区域建设委员会，负责制定《大上海计划》，建成市政府大楼、市图书馆、市博物馆、江湾体育场，辟筑周边大小道路 119 公里。至 20 世纪 30 年代，上海城市建成区总面积增至 60 多平方公里，基本在公共租界和法租界内。路网骨架和下水道管网基本形成，上海成为城市基础设施较为完备的远东最大的城市。

1937 年 7 月日军全面侵华，随之八一三淞沪抗战爆发，闸北、江湾等地房屋及市政工程设施遭到严重破坏。此后，除房地产建设畸形繁荣外，城市建设基本停顿。抗战胜利后，城市市政公用基础设施建设处于修复和维护状态。至上海解放前夕，全市有城市道路和公路 1235.4 公里、桥梁 488 座。市区住宅面积 2359.4 万平方米，2/3 为旧式里弄房屋和简屋棚户；还有建筑风格各异的洋房住宅，也有中西合璧体现上海特有城市文化特色的石库门住宅。全市市政公用设施因原公共租界、原法租界和原华界地区自成系统，网络支离分割，原华界基础设施更是残缺不全。

1949 年上海解放初，中共上海市委、市人民政府确定上海城市建设重点是为恢复全市人民正常生活和经济建设服务，组织力量抢修和养护道路、桥梁，整治城市环境，在全市 200 多处简屋棚户区开辟火巷、接水接电。1951 年，市委、市政府确定城市建设贯彻“为生产服务，为劳动人民服务，首先是为工人阶级服务”的方针。在曹杨新村建造 1002 户新工房，在杨浦、长宁、普陀等工人集中居住区辟 25 个住宅新村，建造“2 万户”新工房，优先向产业工人配房。同时，发动市民重点改善 200 多处棚户区的基本居住条件。改善沪东、沪西两大工业区的交通，接通、拓宽、辟直平凉路、天目路等部分市区道路，新建长寿路，建成上海第一座跨铁路车行立交桥共和新路旱桥。臭水浜肇嘉浜被改造为林荫大道。20 世纪 50 年代后期，城市建设围绕贯彻“充分利用、合理发展”的上海工业方针而展开。在市郊辟建 5 个卫星城和 10 个工业区。修建公路 107 公里、桥梁 83 座，改扩建中山环路、沪闵路、共和新路、龙吴路等一批干道。新建闵行、吴泾电厂，闵行、长桥水厂和吴泾煤焦制气厂，敷设市区自来水管网环流工程。辟建龙华、西郊、杨浦、和平、长风公园。开始防治工业废水、大气、噪声、固体废物污染，制定防治法规。20 世纪 60 年代初，因国民经济困难，压缩基本建设规模，减少城市建设投资，挖潜改造，增加供应能力，提高城市市政公用设施服务水平。

“文化大革命”中，城市建设投资锐减，少有新建项目。国家财政有5年没有投资住宅建设，造成居民住房极度紧张。重要的建设项目主要是围绕交通和工业展开。20世纪70年代初，打浦路隧道和上海体育馆建成；配合上海石油化工总厂建设，全市建成一批道路和供电、供水设施，防汛墙和西区、南区两条排污干线。

20世纪70年代末至80年代末，为适应城市功能转型、改造振兴需要，上海逐步确立城市建设的战略地位，弥补历史欠账，取得初步成就。1985年2月，国务院批准《关于上海经济发展战略的汇报提纲》，上海初步明确城市改造、振兴的方针。1986年10月，国务院批复原则同意《上海市城市总体规划方案》。20世纪80年代，上海努力解决基础设施建设资金困难，并为此进行初步改革探索。采取多种方式增加住房供应，改革统建统分的住房建设体制，发挥各方面的积极性，特别是单位集资建房的积极性。同时，进行住房商品化改革探索，试点出售公房，推行侨汇商品住房、外汇商品房建设，1983年利用外资建造高级商品住宅——雁荡公寓。探索建立上海特色的重大工程推进和管理模式，全市建成一批重大市政工程，包括上海铁路新客站一期工程、虹桥国际机场候机楼、沪嘉高速公路和莘松高速公路、延安东路隧道（北线）、黄浦江上游饮水一期工程、浦东煤气厂一期工程等，开工建设南浦大桥。

20世纪90年代，为适应浦东开发开放和城市功能定位重大转变的新形势，上海制定“城市基础设施建设先行”方针，开展大规模、快节奏城市建设，初步缓解市民住房紧张、交通拥挤、环境污染等突出矛盾，实现城市面貌“一年一个样，三年大变样”。90年代初，上海城市建设浦东、浦西齐头并进。浦东新区集中力量进行内环线浦东段、杨高路拓宽、浦东煤气厂二期、外高桥电厂一期等十大基础设施项目的建设。浦西建设黄浦江越江工程，建设南浦大桥、杨浦大桥、徐浦大桥；开工建设内环线、南北高架和延安路高架；推进建设合流污水治理一期工程，改善苏州河水质；实施外滩、人民广场等大面积绿化工程。1990年后，结合浦东开发开放，上海加速发展通信的步伐，通过联合建设、引进外资、试行股份制等，吸收建设资金，扩建和新建国际通信网、长途电话网、本地电话网、数据通信网、移动电话网、无线寻呼网和有线电视传输网，通信网全面实现程控交换和数字传输。90年代中期开始，城市建设在偿还历史欠账的同时，进一步塑造城市功能。1992年，在原城建基金会基础上，上海市城市建设投资开发总公司成立，专门从事市政基础设施资金筹措、使用和管理。90年代，上海利用土地批租加快旧区改造和住房建设；在大规模建设的同时，逐步提高城市管理水平，改善城市生态环境；开放和繁荣建筑市场；提高重大工程管理水平，加强组织领导，协调各方力量，做到施工“集中、快速、文明”和社会市民“知情、理解、支持、参与”相结合；以效率为核心，完善城市建设管理体制机制。通过三轮“三年大变样”，上海城市面貌发生根本性变化。1998年初，在中共中央、国务院的部署下，邮电部与电子工业部合并组建信息产业部，实施邮电分营、按企业化管理和商业化经营的体制改革工作。随后各省（直辖市）的邮电管理局撤销，实行邮电分营。1999年1月1日，上海市区邮政、浦东新区邮政和郊区（县）邮政合并组建成立新的上海市邮政局。上海邮政、上海电信作为独立的企业主体，走向市场，走向自我经营、自我约束、自我发展、自我完善之路。90年代末，城市建成区面积达549.58平方公里。

2001—2010年，上海着眼扩大改革开放新形势，以举办好2010年中国上海世博会为契机，继续将加快城市建设放在先导型、基础性战略地位，在全国率先基本建成枢纽型、功能性、网络化城市基础设施体系。2001年5月，国务院正式通过《上海市城市总体规划（1999年至2020年）》，要求按照中心城、市域以及以上海为中心的长江三角洲城市群三个层次统筹考虑重大基础设施建设、生产力布局和城镇体系调整；注重城乡一体协同发展；物质文明和精神文明建设并举。2002年上海申办世博会成功，为上海城市进一步发展提供重要契机。这一时期，上海推进“三港两网”重点工程建设；推进教育、卫生、文化、体育等设施建设；推进旧区改造和住宅建设，市民居住环境实现从量变到质变的提升；推进郊区城镇和中心村建设，城乡一体化迈出实质性步伐；长三角一体化发展不断推进；着眼整体性生态环境改善，在水环境治理、大气环境治理、固体废物处置、重点工业区综合整治和绿化建设五个方面力求突破。2010年，上海枢纽型、功能性和网络化的基础设施体系基本建成，服务能力跨入世界先进行列。

2011—2022年，上海城乡面貌日新月异，更为重视城市管理。2012年起，全市重点抓好新建建筑节能和既有建筑节能改造，加强大型公共建筑用能监管，推广“绿色建筑”，开展低碳城区试点。2014年12月，上海中心大厦工程竣工。2015年6月，最后一户人工煤气用户接入天然气，上海城市燃气全面实现天然气化。2015年12月，中环线浦东东段（军工路越江隧道—高科中路）高架和锦绣路等4对匝道建成并开放交通，历时13年，中环线全线建成通车。2015年，城市管理重心下沉，全市全面设立街镇网格化综合管理中心，部分区县建立村（居）工作站；网格化管理与“12345”热线实现衔接联动。2017年12月，国务院批复原则同意《上海城市总体规划（2017—2035）》。2019年，《上海市生活垃圾管理条例》颁布并全面实施，生活垃圾分类成效显著。至2022年底，上海市城镇房屋建筑面积达15.08亿平方米；上海市域内公路总里程13005公里，其中高速公路通车里程851公里；城市道路总里程5988公里，其中快速路236公里；全市累计森林面积126513公顷，森林覆盖率18.51%。2022年，全市自来水供水总量29.23亿立方米，全市年用电量1745.55亿千瓦时，全市天然气年供应量约88.7亿立方米、液化石油气年供应量约27万吨。上海推进城市治理体系和治理能力现代化，打造更干净、更有序、更安全的城市环境。中国邮政集团公司上海分公司提供普遍服务业务的邮政支局所合计536家。上海电信业务总量（2021年不变单价），累计达575.4亿元，电信业务收入达671.0亿元，电信利润总额111.5亿元。

城乡规划

1927年，上海特别市政府成立，确定在江湾一带建设新市区。1929年，上海市中心区域建设委员会成立，负责制定《大上海计划》《全市分区及交通计划》《市中心区域计划》，《大上海计划》为上海市首次城市总体规划。这些计划将全市划分为商业、工业、商港、住宅等分区，将中心区域及其紧邻部分细化为政治、商业、甲乙两种住宅区域。1937年八一三事变后，计划停止实施。

1946年，上海市先后成立市都市计划小组、市都市计划委员会，组织编制城市总体规划，编制《大上海区域计划总图初稿》等，12月编制《大上海都市计划总图草案报告书》。规划区域包括江苏南部、浙江东部，面积约6538平方公里。规划采用“有机疏散”“快速干道”“区域规划”等新的城市规划理论，形成大上海城市计划初稿。后市界以外地带不再考虑，经研究修改，1948年2月编制大上海都市计划二稿，1949年3月编制三稿。

中华人民共和国成立后，学习苏联城市规划理论，以希马柯夫为首的莫斯科苏维埃专家小组到上海，1950年3月，城市规划专家巴莱尼柯夫提出《关于上海市改建及发展前途问题》意见书，提出要把上海从消费城市改变为社会主义的生产城市，上海城市布局应以现在的市区为中心，向四周扩大。在调查研究的基础上，上海编制城市发展方向示意图。为改善劳动人民居住条件，全市规划、建设了曹杨新村一期工程和鞍山、控江、日晖等9个新村工人住宅。

1953年，在苏联城市规划专家穆欣指导帮助下，编制《上海市总图规划示意图》，用苏联城市人口劳动平衡法则，规划城市人口规模为550万人，城市用地规模为550平方公里，呈团块状集中发展的布局形态。该规划局部实施。

1958年，江苏省10县划入上海市。中共上海市委提出“充分利用、合理发展”和“发展卫星城市”的建设方针，编制《上海市1956—1967年近期规划草图》和《上海市1958年城市建设初步规划总图》，都偏重于工业建设。经1958—1960年实施，全市逐步形成桃浦、北新泾等10个近郊工业区和闵行等5个远郊卫星城。上海市突破中山环路范围，形成以市区为主体，近郊工业区和远郊卫星城镇既相对独立于市区又有机联系的群体组合城市。

1959年6月，市人民委员会邀请国家建筑工程部规划工作组帮助编制上海城市总体规划。10月，《关于上海城市总体规划的初步意见》完成，提出上海的工业应向高、精、尖方向发展，把上海建设成为世界上最先进、美丽的城市之一。规划对城市建设和发展提出"逐步改造旧市区、严格控制近郊工业区、大力发展卫星城"的总方针。该规划未全面实施，提出的城市建设方针基本得到贯彻。

1980年1月，市规划局完成《上海市城市总体规划纲要（草案）》，后经反复讨论和修改，形成《上海市城市总体规划纲要（修订稿）》。1982年6月9日，市政府批准并印发《上海市城市总体规划纲要》。纲要提出，逐步改造旧市区，有计划地发展浦东地区，控制近郊工业区的发展规模，充实和发展卫星城镇，建设好郊县城镇，使上海逐步成为以市区为中心，卫星城镇和小城镇相对独立、有机联系的现代化群体组合城市。

1982年6月，市政府要求结合上海实际情况，按照《上海市城市总体规划纲要》编制城市总体规划。1983年8月，中共上海市委、市政府领导视察上海的城市建设，两次召开中共上海市委常委扩大会议，专题讨论上海市城市总体规划方案（讨论稿）。在广泛听取意见基础上，市规划局对上海市城市总体规划方案（讨论稿）进行反复修改和完善，形成上海市城市总体规划方案（送审稿）和关于上海市城市总体规划方案（送审稿）的几点说明。1984年2月，市政府向国务院上报上海市城市总体规划方案。1986年4月，中共上海市委、市政府向中共中央、国务院上报上海市总体规划方案的汇报提纲。4月14日，中共中央书记处会议召开，审议上海市城市总体规划方案。经审议，中共中央书记处原则同意上海市城市总体规划方案的汇报提纲和上海市城市总体规划方案，同时提出修改补充意见。1986年8月，城乡建设环境保护部向中共中央、国务院报送"关于上海市城市总体规划方案（修改稿）审查情况的报告"。10月13日，国务院批复原则同意《上海市城市总体规划方案》。规划方案明确提出至2000年，上海要建立中心城—卫星城—郊县小城镇—农村集镇4个层次构成的市域城镇体系；建设和改造中心城，充实和发展卫星城，有步骤地开发长江口南岸和杭州湾北岸两翼，有计划地建设郊县小城镇，使上海发展成为以中心城为主体、郊县城镇相对独立、中心城与市郊城镇有机联系、群体组合的社会主义现代化城市。

1987年，为落实《上海市城市总体规划方案》，市政府决定市建委、市计委、市规划局等单位协作编制浦东新区规划纲要及初步方案，由市规划局负责汇总。8月，浦东新区规划纲要（草案）和相应的初步方案编制完成。1989年10月，市规划院编制完成《浦东新区总体规划初步方案》。1990年4月，国务院总理李鹏在上海宣布：中共中央、国务院同意加快开发、开放浦东，在浦东新区实行经济开发区和某些经济特区的政策。1992年11月，市九届人大常委会第三十八次会议审议通过《上海市浦东新区总体规划方案》，同意按照“面向21世纪、面向现代化”和建设社会主义现代化国际城市的战略思想，借鉴国内外新区开发的经验，把浦东新区建设成为有合理的发展布局结构，先进的综合交通网络，完善的城市基础设施，现代的信息系统以及良好的生态环境的现代化新区的总体规划目标。规划通过新区开发，带动浦西的改造和发展，恢复和再造上海作为全国经济中心城市的功能，成为国际经济、金融、贸易中心之一。

20世纪90年代初，中共中央提出上海要建设成为国际经济中心城市，指明上海迈向21世纪的发展目标。1992年上海正式启动新一轮城市总体规划编制工作。在中共上海市委、市政府领导和相关部门配合下，市规划局组织市规划院经过8年时间，通过国内外专家研讨会，规划方案征询展示会，上海市长企业家咨询会，市人大、市政协座谈会以及专题征询各委办局、各区县和研究机构意见等各种方式，广泛、多轮听取意见建议，完成新一轮《上海市城市总体规划（1999年至2020年）》编制，并多次向建设部作汇报。2000年1月，市十一届人大常委会第十六次会议审议通过总体规划。4月，市政府将总体规划上报国务院审批。2001年5月，经建设部、部际联席会议和国务院总理办公会议等多层次审议后，国务院批复原则同意《上海市城市总体规划（1999年至2020年）》。指出上海是全国重要的经济中心和航运中心，并将逐步建成社会主义现代化国际大都市，成为国际经济、金融、贸易、航运中心之一；至2020年，基本确立上海国际经济中心城市的地位，基本建成上海国际航运中心；发挥上海国际国内两个扇面辐射转换的纽带作用，进一步促进长江三角洲和长江经济带的共同发展；以外环线以内地区作为中心城范围，拓展沿江沿海发展空间，形成宝山新城、外高桥港区（保税区）、空港新城、海港新城、上海化学工业区、金山新城等组成的滨水城镇和产业发展带，实行城乡统一规划管理；继续推进浦东新区功能开发和形象建设，集中建设新城和中心镇，将崇明作为21世纪上海可持续发展的重要战略空间；按照城乡一体、协调发展的方针，以中心城为主体，形成“多轴、多层、多核”市域空间布局结构。

2015年8月，住房城乡建设部在上海召开专题会议，审查通过《上海城市总体规划（2017—2035）》纲要。2016年8—9月，市政府开展城市总体规划草案公示工作。2017年1月6日，市政府将《上海城市总体规划（2017—2035）》（送审稿）上报国务院。5月26日，住房城乡建设部召开城市总体规划部际联席会议，审查通过送审稿。12月15日，国务院批复原则同意。《上海城市总体规划（2017—2035）》指出，上海是长江三角洲世界级城市群的核心城市，国际经济、金融、贸易、航运、科技创新中心和文化大都市，并将建设成为卓越的全球城市、具有世界影响力的社会主义现代化国际大都市。严守人口规模、建设用地、生态环境、城市安全四条底线，为高密度超大城市可持续发展走出一条新路。在区域层面，主动服务“一带一路”建设、长江经济带重大战略，主动融入长三角区域协同发展。在市域层面，努力推动城乡发展一体化，优化空间格局，构建由“主城区—新城—新市镇—乡村”组成的城乡体系和“一主、两轴、四翼；多廊、多核、多圈”的空间结构。建设更具活力的繁荣创新之城、更富魅力的幸福人文之城、更可持续的韧性生态之城。

资料链接：

《上海通志》第二十六卷

《上海城市规划志》

《上海市志·城乡建设分志·城乡规划卷（1978—2010）》

房地产

土地　元至元二十九年（1292年），上海县立，土地约2000平方公里，合300万亩。清嘉庆十年（1805年），上海县约600平方公里，合90万亩。明、清时期，上海县地籍沿用元代华亭县规定，分为保、区、图、圩、号5级，每一号内分户发产证。

道光二十三年（1843年）上海开埠。道光二十四年（1844年），英商租地造房。道光二十五年（1845年）政府划地840亩为英侨居留地。道光二十七年（1847年），外商所用土地始由上海道印发道契，请领道契的有英、美、法等17国。道光二十八年（1848年），政府划虹口为美侨居留地，界址未定；道光二十九年（1849年），划定土地998市亩为法侨居留地。咸丰四年（1854年），英租界工部局第一次董事会要求各租地人限期自报地价，否则工部局派公正人估价。咸丰六年（1856年），外国人在法租界外滩一带占地185亩，平均每亩估价868银元。同治元年（1862年）起，工部局设估价委员会，编造估价册。同治六年（1867年），公董局对法租界土地分别以每亩银0.2万两、0.1万两、300两分段估价。同治八年（1869年），五国公使暂行批准《上海洋泾浜北首租界章程》，规定在租界内租界当局可强制征地，清政府大批征地，专案定价。清末民初，政府筑路征用民地、收用洋商租界外道契地，均不作赔偿。租界筑路、办公益事业用地早期以收购方式取得。

1927年，上海特别市成立，接收上海县11个市乡和宝山县6个乡，面积74.2万亩。是年公共租界、法租界租界地4.92万亩，越界筑路地区4.81万亩。1928年，上海特别市政府令各区查报地价，市区土地亩均0.14万元，沪南最高达0.83万元。1937年4月，上海市开办“土地所有权状”。1945年抗战胜利后，全市面积86.91万亩。

1950年，市政府地政局对20个市区约10万丘土地资料加以整理，统一绘制市区1/500地形图；6月，核发“土地所有权状”“公地所有证”。1950年冬，郊区实行土地改革，1951年3月市政府公布土地证实施办法。凡农民分配得到的没收征收的土地及原来的国有土地，发给国有土地使用证。其他各阶层人民私有的土地和房产及农民原有的土地房屋，发给土地房产所有证。1950年起，改用地价基数全面估价，以上海地价最高的南京东路外滩土地定为基数1000，其余依次降低，最低基数为2.5，不再全面评估地价。1951年，上海市土地面积92.64万亩，其中市区12.95万亩、郊区79.7万亩。1958年，划入江苏省10县，上海面积大增，辖区范围扩大到6186平方公里。1950—1978年，上海建设用地供应平均每年6平方公里（9000亩）。

1982年，全市人口密度每平方公里1917人，人均土地面积521.6平方米。1984年全市土地面积6340.5平方公里。1984年4月，根据1982年宪法，市政府规定全市城市土地全部归国家所有，私有土地产权证件一律作废，原私地租赁关系自然终止。1985年7月，恢复地籍管理制度。1986年6月25日，上海明确农民集体所有土地，依法由县级和县级以上的人民政府登记造册、核发证书确认所有权或使用权。1986年12月始，恢复城市国有土地使用权登记工作。1988年1月15日，颁发“上海市国有土地使用证”。1988年，市土地局对第一幅批租土地（外销地块土地使用权出让）按国际通用办法进行评估，评估价格作为批租的底价。1997年，上海市各大类用地占比结构主要为农业用地58.8%、水域13.55%、住宅用地12.26%、工业仓储用地6.23%、交通用地4.75%、市政商业用地0.50%、公用设施及绿化用地0.56%、特种用地0.52%。1998年6月，市政府批准首次发布上海市基准地价。1997—2010年，上海建设用地供应777.93平方公里（116.69万亩），平均每年55.57平方公里（8.33万亩）。2010年，市政府办公厅印发《关于开展农村集体建设用地流转试点工作的若干意见》，明确相关政策口径、技术规范和工作程序，统一部署，在浦东等5个区县的92个村民小组试点农村集体土地所有权确权发证。2010年全市土地面积6340.5平方公里，全市人口密度每平方公里3632人，人均土地275.36平方米。2022年上海市总面积6340.5平方公里，人均土地面积约为256平方米/人。

房屋 清代、民国时期，房屋作为土地定着物（附着物），不另登记发证。民国时期，上海房产基本为私有房地产，公有房屋主要有党政军、学校、医院等用房，征用土地拆迁房屋，房屋作价赔偿。

1949年5月上海解放初，上海市地政局办理土地登记案件时，地上有房屋的同时办理房屋所有权登记。1952年4月，上海首次分配租赁全市第一个工人新村曹杨新村住宅167幢，每幢上下两层各3户，分配0.1万户。接管没收敌伪房地产，处理外国人房地产，对私营房地产进行社会主义改造，政府和各系统单位投资建造，形成公有房屋。1955年，市区有房屋4581万平方米（不含棚户简屋和浦东市区部分房屋），其中私房2751万平方米（不包括外国人房产），占60%。1957年以后，全市住宅建设实行统一计划、投资、设计、施工、分配、管理的“六统一”。1958年，市区公有房屋4184.7万平方米，占房屋总量78%，其中直管公房2582.9万平方米、系统公房1601.8万平方米。

1979年，市区公有房屋占全市房屋89.1%，为历史最高。是年，开发侨汇商品住宅，允许归侨、侨眷购买，私有房产开始增加。1981年后，允许有常住户口的市民购买商品住宅，私有房产迅速增加。1982年，市政府要求住房由国家统筹统建统分为主逐步过渡到单位自筹自建自分为主。1985年起，政府房管部门只负责分配市政府批办的特需用房，不再向居民配房。1992年，政府允许外销商品房向境内外的单位和个人出售。20世纪80—90年代，上海建立市房屋交换中心，进行房屋交换，进一步搞活房产经营。1993年起，上海对房屋产权纳入产权登记管理；1993—1998年，对外滩房屋进行房屋置换，恢复外滩金融街功能。1994年，全市全面推开公房出售。1995年4月，市房地产登记中心成立，实行土地、房产登记发证统一管理。1995年11月，《上海市房地产登记条例》颁布，规定1996年3月1日起实行房屋、土地两证合一，颁发统一的房地产权证书。1995年，全市公有房屋17947万平方米，占全市房屋81.2%，其中直管公房占31%、系统公房占69%。1995年市区私有房产4147万平方米，占市区房屋总量18.8%。

1997年5月28日，市人大常委会通过《上海市居住物业管理条例》，明确提出物业管理“实行业主自治管理与委托物业管理企业专业管理服务相结合的原则”。1998年起，物业管理公司实行分类管理和专业化服务。2000年7月，黄浦区新黄浦集团下属的广东路、金陵东路房管所转制组成的上海合众企业发展有限公司，进行以“民营化”为方向的物业公司深化产权体制改革探索。2007年6月5日，上海实施《上海市加强住宅小区综合管理三年行动计划（2007—2009年）》，落实住宅小区综合管理职责，明确城管执法、公安、规划、市容环卫、绿化、物价、市政等相关职能部门在住宅小区综合管理中的职责，制定行政监管流程。至

2010年底，上海有各类物业面积7.01亿平方米，其中居住类4.27亿平方米、非居住类2.74亿平方米；全市累计出售公有住房182.98万套，建筑面积9868万平方米。

2011年4月1日，《上海市住宅物业管理规定》颁布施行。2014年，全市进一步开展老旧住房安全隐患排查和处置，推进以旧住房综合改造为重点的各类住宅修缮工程实施，加强工程安全质量监管，改善居民居住质量。至2017年，全市累计出售公有住房194.22万套，建筑面积约10481.51万平方米。2020年7月13日，上海市城市更新中心在上海地产（集团）有限公司正式揭牌成立。中心作为全市统一的旧区改造功能性平台，具体推进旧区改造、旧住房改造、城中村改造及其他城市更新项目的实施。2022年，上海市城镇房屋建筑面积达15.08亿平方米，其中居住房屋约7.29亿平方米，非居住房屋约7.79亿平方米。

房地产市场 清咸丰三年（1853年），老沙逊、怡和、仁记等洋行开始投资上海房地产。19世纪70年代以后，老沙逊、新沙逊、怡和等洋行经营房地产，翻造和兴建两层砖木石库门楼房。同治九年（1870年），上海首家外商房地产专业公司德和洋行创办。此后，官僚、买办、地主、富商在租界内外大量置产，出租牟利。光绪二十二年（1896年）至1918年，英商泰利洋行、哈同洋行等30家外商房地产公司开办。光绪二十六年（1900年）前后，华商房地产商在租界中心地段建造多处里弄房屋。宣统元年（1909年）至1918年，公共租界工部局核准建房4.3万幢。20世纪20—30年代，房地产业发展出现高峰，公共租界新建房屋8万余幢，法租界新建中西住宅3万多幢。1921年，公共租界房捐地税占租界财政收入一半以上。1927年，全市有华商房地产公司约10家。1927—1931年，上海房地产交易活跃，1930年上海房产业主公会有华商会员60家。1931年，房地产交易总额1.83亿银元，工部局房捐地税收入1412万银元。

1932年一·二八事变，大批房屋毁于战火，锦兴等10多家华商公司均因巨额负债破产倒闭。1934年，受世界经济影响，上海房地产业出现严重危机。1936年，公共租界空置房0.9万幢，占全部房屋10%以上。1937年八一三事变，闸北、南市部分地区成为废墟。租界东区、北区烧毁住房1.3万余幢，占地区房屋总数1/3。英、美等房地产商抛售房地产，资金转移国外。1938年1月至1941年，华商新开设房地产公司约30家。1937年全市房地产交易总额为627万元，1940年为1.01亿元。太平洋战争爆发后，房地产在日军统制的产业之外，众多商人投资于房地产。1944年，市房地产业同业公会会员175家，其中新加入的约50家。

抗战胜利后，英、美等房地产商或迁香港，或把独资洋行改成中外合资，有的大量出售产业。1946年，地价上涨指数远低于米价，1948年6月房租指数是物价指数的10%。1948年

3月，参加上海市房地产商业同业公会的华商房地产商117家，大部分是经租商和介绍商。

1949年上海解放后至50年代，上海通过接管公产、敌产，接管、代管外商房产，对私营房地产实行社会主义改造，收归公私合营的原私营工商业的房产，形成公有房产。公有房产分为直管房产和系统管理房产两部分。

1979年8月，经办外资、侨汇房的公司中华企业公司重新开业。9月，工商业者集资组建上海爱国建设公司。1981年以后，各区、县、局和部分大型企事业单位成立住宅建设办公室或房地产开发经营公司。1985年2月，上海最早登记注册的中外合资房地产发展公司虹桥联合发展有限公司和闵行联合发展有限公司成立。1991年5月，上海建立住房公积金制度。1993年上海开展公有住房出售试点工作，市民住房自有率逐步提高，大部分职工家庭开始拥有自己的住房，并为存量房市场的形成和发展奠定基础。1994年，上海建立市场准入制度，中国香港、台湾房地产经纪企业陆续进入上海，房地产中介咨询服务行业顺势发展。5月，《上海市实施〈中华人民共和国土地管理法〉办法》施行，明确商业等6类内资项目用地实行土地使用权出让制度。1995年，房地产开发企业按《公司法》直接向工商部门登记，私营经济开始介入房地产开发领域。1995年，全市有房地产开发公司0.26万家，其中内资企业0.22万家、外商投资企业392家。1979—1995年，上海的房地产交易主要有高标准内销商品住宅、一般标准内销商品住宅、外销商品房、私房买卖、营业性办公综合楼、外资出租公寓、营业性标准厂房等。1996年，市政府适时推出搞活房地产二、三级市场相关政策，及时对房屋租赁政策进行调整，极大地鼓舞私房业主出租房屋的积极性，推动房屋租赁市场发展。10月，市政府发布《上海市土地使用权出让办法》，明确居住用地土地使用权的最高年限为70年。1998年，国务院印发《关于进一步深化城镇住房制度改革，加快住房建设的通知》，上海据此制定《关于进一步深化本市城镇住房制度改革的若干意见》，停止机关单位住房实物分配，居民个人成为住房市场消费购买的主体。

2001—2010年，城镇住房制度改革进一步深化，社会住房观念开始改变，住房市场机制形成。全市住房投资建设和房地产市场交易规模呈爆发式增长。上海市民自主购房蔚成风气，个人购房商业贷款迅速发展，房地产金融由政策性住房金融服务向商业银行住房信贷服务发展。2003年开始，政府各类限制炒房炒地的房地产调控政策连续出台，房地产市场进入相持阶段。2004年，商品房销售合同网上备案实施，促进市场信息透明，规范交易行为。同年，存量房成交数量首次超越新建商品住宅，占据住宅市场半壁江山。2005年，新建商品住宅成交量和价格出现双降，住房供应结构明显改善。2008年，新建商品住宅市场深度调整，价格持续回落。2009年，住宅刚性需求再度抬头，市场成交量和价格持续攀升，新建商品住宅市场呈现高速发展、供需两旺的繁荣局面。

2011 年 1 月 31 日，市政府办公厅印发《关于本市贯彻〈国务院办公厅关于进一步做好房地产市场调控工作有关问题的通知〉的实施意见》，要求坚持以居住为主、以市民消费为主、以普通商品住房为主的原则，采取税收、信贷、土地、行政、住房保障等政策措施，有效遏制投资投机性购房，逐步解决居民住房困难，促进上海房地产市场健康发展。2016 年，上海房地产市场运行总体呈现“先扬后抑”、成交量波动较大、成交价格涨幅明显等特征。年内，政府先后三次出台政策进行调控，随着“调控”不断收紧，年末市场的成交量和价格指数都出现明显回落。2022 年，上海房地产市场坚持“房住不炒”的定位，完善租购并举，围绕“稳地价、稳房价、稳预期”的目标，进一步稳主体、稳信心，供需两端精准发力，落实促恢复、稳市场的政策措施，市场总体呈现恢复稳固态势。房地产业增加值 3619.21 亿元。

资料链接：

《上海通志》第二十七卷　　《上海房地产志》　　《上海市志·城乡建设分志·房地产业卷（1978—2010）》

道路桥隧建设

城市道路　清嘉庆年间，上海县城内街巷 72 条，巷宽约 6 尺。道光二十六年（1846 年），英租界成立道路码头委员会，辟筑上海租界第一条道路界路（今河南中路）。道光二十七年（1847 年），英商跑马总会从外滩到游乐场辟筑一条东西向小路，称花园弄，为南京路雏形。法租界于咸丰六年（1856 年）筑成自洋泾浜（今延安东路）至舟山路（今龙潭路）的法兰西外滩路（今中山东二路）。两个租界道路网络呈棋盘式，间距一般在百米以下。19 世纪中期以后，租界内砂、砖、煤渣路面大部改铺碎石路面。19 世纪 60 年代初，公共租界工部局借口太平军进军上海，在租界外强筑徐家汇路（今华山路）等军路，战事结束后均列为租界道路。并援以为例，公共租界工部局先后越界修筑卡德路（今石门二路）等 38 条干道。同治二年（1863 年），公共租界工部局规定东西向道路以中国城市命名，南北向道路以中国省份命名，保留部分以殖民者人名和有关外国地名命名的路名，并竖立标有中、英文的路牌。同治九年（1870 年），工部局规定租界内所筑主要道路宽度不小于 40 英尺。光绪十八年（1892年），上海引进蒸汽压路机械。光绪二十五年（1899年），法租界效法公共租界，越界辟筑宝昌路（今淮海中路东段）等24条干线道路。光绪三十一年至宣统三年（1911年），南京路路面改铺铁力木，成为上海第一条高等级道路。宣统二年（1910年），在静安寺路（今南京西路）试铺沥青混凝土。1914年11月，上海县城墙全部拆除，墙基、城河改建为中华路和民国路（今人民路）。1915年，福建路改铺水泥混凝土，为上海首次。1916年，洋泾浜东起外滩，西至跑马厅（今人民广场），经用黄浦江疏浚之泥填没，筑成东西向干道爱多亚路（今延安东路），两旁植树，装设路灯，成为上海最宽的道路。1920年，公共租界干道陆续改铺沥青混凝土。1927年，按《大上海计划》，以吴淞、江湾为上海特别市新市中心区，到1937年建成干道中山路等道路50余条。至此，以租界、华界道路为基础，全市市区道路框架基本形成。1949年，市区道路总长711.1公里。

上海解放后，接通、拓宽、改建干道。第一个五年计划期间，上海首先改建广肇路（今天目西路）和新民路（今天目中路），拓宽天目东路，连接长寿路，沪东、沪西两工业区直接相通。1954年起，填臭水浜肇嘉浜建上海南部地区东西向交通干道肇嘉浜路。1957年，辟通河南南路，成为贯通南北的交通干道。1959年，中山北路、中山西路和中山南二路连接成全长21公里的中山环路。20世纪70年代，改拓建漕溪北路等干道；80年代，拓宽中山东二路、天目西路、陆家浜路等。

20世纪90年代，浦东开发开放和上海城市功能定位的重大转变，使上海城乡道路建设进入"一年一个样，三年大变样"加速发展时期，先后在中心城区建成"申"字形高架道路和"三纵三横"地面交通主干路，基本形成城市立体快速道路骨架，初步形成立体化的市内交通体系。1993年11月内环线浦东段地面道路工程竣工，12月内环线浦西高架道路一期工程竣工，1994年12月内环线浦西高架道路二期工程竣工。1995年12月南北高架路南段通车。1999年9月延安高架路全线竣工通车。"九五"期间，市、区两级政府联手，加大投入，先后拓宽改建华山路、江苏北路、延安东路等道路，建成长55公里的"三横三纵"地面主干路。至2000年，上海城市道路3674公里，总面积6153万平方米。

2000—2010年，上海立足加快"四个中心"和国际化大都市建设，以举办世博会为契机，加快城乡道路建设，基本实现枢纽型、功能性和网络化的综合交通体系建设目标。2003年4月，中环路快速路工程开工，至2007年6月，浦西段有34公里建成通车，2009年12月中环路浦东段工程建成通车。2009年12月内环线浦东段快速化改建工程竣工通车。2010年3月，虹桥综合交通枢纽配套的三条快速路崧泽高架路、嘉闵高架路、北翟高架路和枢纽快速集散系统高架路基本完成，并投入使用。同时，改建广中路、吴中路、浦东大道等主干路，改建、新建次干路、支路等。截至2010年底，上海有城市道路4775公里、道路总数4963条，人均道路面积18平方米。

2015年12月28日，中环线浦东东段（军工路越江隧道—高科中路）高架和锦绣路等4对匝道建成并开放交通，中环线全线建成通车。2017年12月29日，嘉闵高架路（S32—莘松路）道路新建工程建成通车，嘉闵高架路实现全线建成通车。至2022年底，上海城市道路总里程5988公里，其中快速路236公里。

公路 1919年4月，吴淞与市区间沿黄浦江周塘堤岸，改筑为13公里长公路，因由军士筑成，名军工路。1921—1922年，辟筑沪闵南柘路、上南路、上川路。1922年，沪太公路建成，长37.25公里。1929年，崇明县兴筑以县城为中心的陈海公路。1932年，国民政府经济委员会规划全国干线公路网络，沪闵路列为沪桂干线沪杭间首段，年内续筑闵行至金丝娘桥段，总长46.5公里，接浙江省公路，沪杭公路全线贯连，成为全国第一条省际联络公路干线。1935年，京（南京）沪干线中的锡沪公路和苏沪公路建成。至20世纪30年代中期，全市形成以宝山县大场，嘉定县南翔，上海市漕河泾、真如及浦东为交汇点的公路联络干线与近、远郊公路连接枢纽。1949年，上海干线公路总长450.64公里。

1958年，沪闵路、逸仙路、龙吴路、长江西路等干线公路改建。1960年，曹安公路建成。拓宽改建的沪青朱公路，1966年延伸至江苏省平望镇，沪青平公路全线贯通。1964年，全市公路实施“路面黑色化，桥梁永久化，筑路机械化，路树林荫化”。1972年，配合上海石油化工总厂建设，沪杭、松金公路拓宽改建。1976年，车亭公路建成，成为金山县和外省市到沪车辆的重要干线。

20世纪80年代，上海提高国道和干线公路等级，开辟地区间联络新线，进一步完善公路网络。1984年，沪松公路率先改建为二级公路，此后按同标准建204（沪宜公路）、312（曹安公路）、318（沪青平公路）、320（沪莘枫公路）4条国道上海段及塘川等16条干线公路。1983年5月，市政府决定建设沪嘉、莘松高速，次年4月开工建设，1988年10月、1990年12月先后建成通车。1993年1月，沪宁高速公路上海段开建。1995年，续建莘松高速至枫泾段，全程为沪杭高速上海段。1993年、1995年，按一级公路标准沪青平公路、沪太路先后改建。其间，上海建造连接204、312、318、320国道和沪嘉、沪宁、沪杭3条高速公路的外环线一期工程，以及郊区环线亭大一级公路。1995年，全市公路总长0.38万公里，其中干线公路920.09公里。

20世纪90年代中期，上海公路建设与管理进入全面拓展时期。1994年《上海市公路交通“九五”计划和2010年长远规划》及《“153060”高速公路网规划》中系统提出高速公路网规划目标；与此同时，在建设好干线公路基础上，县乡公路加速发展。1996年9月，沪宁高速公路上海段建成通车。1998年12月，沪杭高速公路上海段（松枫段）建成通车。1999年9月，外环线一期工程建成。至2000年底，上海市公路总里程达5894.05公里，其中高速公路97.93公里，一级公路389.89公里。

“十五”计划时期，上海提出加快高速公路对外接口通道和一条环线建设，以形成和发挥江、浙、沪区域高速公路网整体联动效应，全面建成郊区环线（后称上海绕城高速），基本建成市域高速公路网。2001年12月外环线二期工程浦西段建成通车。2002年10月外环线二期工程浦东段建成。2003年6月外环线越江隧道建成通车。

2007年12月，沪青平高速公路（上海段）全线建成通车。2009年10月，上海绕城高速公路全线建成通车。2009年12月申嘉湖高速公路（上海段）全线建成通车。到2010年底，上海公路总里程为11974公里，其中高速公路775.18公里，一级公路334.90公里，形成了较为完善的高速公路、普通干线和县乡公路网络。2011年6月30日，林海公路竣工通车。2015年，沿江通道浦西段、S7公路等工程相继开工。至2022年底，上海市域内公路总里程13005公里，其中高速公路通车里程851公里。

桥梁 吴淞江上海段有重建于清康熙十一年（1672年）的3洞石闸（后称老闸，在今福建路桥处）1座，闸上有桥。咸丰六年（1856年），怡和洋行等筹组苏州河桥梁公司，在吴淞江入黄浦江出口处建成木桥威尔斯桥。同治十二年（1873年），在桥东边另建公园桥，因不付过桥费，俗称外白渡桥，后又建多座木桥。20世纪初，拆除部分木桥，建钢桥。光绪三十三年（1907年），下承式钢桁桥架结构的外白渡桥建成。光绪三十四年（1908年）、1916年，钢架浙江路桥、新闸桥先后建成。至20世纪20年代，上海先后建成钢筋混凝土四川路桥、西藏路桥、河南路桥和乍浦路桥。1948年，中国人设计、施工建造了5孔钢筋混凝土简支梁恒丰路桥和乌镇路桥。

1953年，长寿桥建成，此后历有建造跨苏州河桥梁。1957年，第一座跨越铁路的共和新路车行立交桥建成。1976年，为配合上海石油化工总厂建造，黄浦江第一座桥梁松浦大桥建成。1978—1990年，上海的桥梁建设稳步推进。1980年主跨46米的曹杨路桥建成，采用悬臂拼装法施工，为上海第一座预应力混凝土变截面箱形连续梁桥。1982年6月，上海第一座双塔双索面大型预应力混凝土斜拉桥——泖港大桥建成通车。1985年，在大连西路、西体育会路交叉口建造上海第一座跨越城市道路简易车行立交桥。1987年，跨越铁路的独塔双索面斜拉桥——恒丰北路桥建成通车。

20 世纪 90 年代，上海桥梁建设从跨越苏州河发展到跨越黄浦江。1991 年和 1993 年，黄浦江上先后建成双塔双索面、钢-混凝土叠合梁结构斜拉桥南浦大桥和杨浦大桥，连通黄浦江两岸交通主干路的内环线；1995 年 10 月，黄浦江上大跨度预应力混凝土连续梁结构的奉浦大桥建成通车；1997 年 6 月，上海中心城区第三座跨越黄浦江的特大型桥梁徐浦大桥建成通车。

2001—2010 年，上海桥梁建设从跨越黄浦江发展至跨外海、跨长江。2003 年 6 月，卢浦大桥建成通车，其为世界第一跨度中承式系杆全钢全焊接拱桥结构的桥梁；2005 年 12 月，中国第一座跨外海大桥——东海大桥建成通车；2009 年 10 月，上海长江大桥建成通车，其为世界最大公路、轨道合建桥梁工程；同年 12 月，闵浦大桥建成通车，其为世界跨径最大的双塔双索面双层公路斜拉桥；2010 年 5 月，闵浦二桥建成通车，其为国内跨度最大公路、轨道两用独塔双层斜拉桥。

2015 年 12 月 30 日，位于松江区塔城路跨越黄浦江上游（横潦泾）的辰塔大桥建成通车。2019 年 4 月，南浦大桥完成大修。2020 年 10 月 28 日，闵浦三桥（昆阳路越江大桥）建成并对外开放交通，为黄浦江上第十三座越江大桥。至 2021 年底，上海有城市桥梁 14737 座，其中越江大桥 14 座。

隧道 1965 年，黄浦江首条越江隧道打浦路隧道开建，1971 年 6 月通车。1982 年 9 月，延安东路隧道（北线）开建，1989 年 5 月通车。1994 年 1 月，延安东路（南线）隧道开建，1996 年 11 月建成通车。

2001—2010 年，上海越江隧道建设快速发展，并推动越江隧道从黄浦江发展到长江。2003 年 6 月，亚洲最大沉管隧道外环隧道建成通车。2003 年 9 月，大连路隧道建成通车，创造中国隧道施工首次采用两台超大型盾构同时掘进和超宽超薄衬砌管片错缝拼装技术的纪录。2004 年 9 月，世界首条双层双管隧道复兴东路隧道建成通车。2005 年 12 月，中国最大直径隧道翔殷路隧道建成通车。2009 年 1 月，单管双层上中路隧道南线建成通车。10 月，上海最长隧道龙耀路隧道建成通车。同月，上海第一条穿越长江水底的隧道——上海长江隧道建成通车。2010 年 4 月，上海首条多出入口隧道以及世博园区专用越江隧道——西藏南路隧道建成通车。

2011 年 1 月 28 日，军工路越江隧道（东线）竣工通车。2015 年，虹梅南路—金海路越江隧道工程建成投用。2016 年 9 月 10 日，长江西路越江隧道建成通车。2019 年 10 月 31 日，周家嘴路越江隧道主线建成通车。至 2021 年底，上海有越江隧道 18 条。

资料链接：

《上海通志》第二十六卷　　《上海市政工程志》　　《上海市志·城乡建设分志·城乡道路卷（1978—2010）》

水电燃气与防汛设施建设

供水　清同治十二年（1873 年），上海首家供水企业沙漏水行开设，在水船上设 3 座沙滤池，内装沙料，滤水出售。光绪元年（1875 年），立德洋行在今杨树浦水厂南部购地建水厂，未能排管供水，用水船、水车售水，光绪七年（1881 年）被英商上海自来水公司收购。光绪六年（1880 年），英商创办上海自来水公司，在杨树浦路购地建杨树浦水厂，建造沉淀蓄水池 2 座，总容量 2.79 万立方米，为远东最大的水厂，光绪九年（1883 年）六月二十九日开始供水，供水区域为洋泾浜（今延安东路）以北公共租界内及静安寺以东的越界筑路地段。光绪二十八年（1902 年），法租界建董家渡水厂，向法租界区域内供水。是年八月，粤商在华界高昌乡开办内地自来水公司水厂。以上各水厂均以黄浦江为取水口。宣统三年（1911 年）九月，沪商在闸北建闸北水电公司水厂，以吴淞江为取水口。1937 年，上海市政府在浦东烂泥渡建浦东水厂。

1949 年初，全市市区日供水量 50.3 万立方米，供水面积 137 平方公里，用水人口 441.7 万人，市区每人日均用水量 60 升。5 月上海解放后，人民政府对水厂进行接管、征用、代管和改造，1955 年 7 月起由上海市自来水公司统一经营。20 世纪 50 年代中期，上海市始在近郊建设工业基地、卫星城镇，建成一批自备水厂。1962 年，全市建成 21 家县级简易水厂。20 世纪七八十年代起，上海石油化工总厂和宝山钢铁总厂建自备水厂。

“七五”期间，上海针对生活、生产用水增长幅度较快和水质较差的状况，以增加水量和提高水质为重点，新建和扩建一批水厂，建成黄浦江上游引水一期工程，同时完善储水库和管网建设。到“七五”期末，市区自来水的综合供应能力达 462 万立方米 / 日，供水区域扩大到 361.6 平方公里。“八五”期间，为彻底改变上海季节性水量不足和缩短与世界发达国家水质上的差距，1990 年 1 月，长江引水（陈行水库）一期工程开工，1992 年 6 月竣工投产，结束了上海以黄浦江为公共供水主要取水水源的历史。1994年底，上海率先在全国实现农村自来水化，提前完成“八五”农村改水规划，受益人口551.34万，自来水普及率达99%以上。“九五”期间，上海供水设施建设投资逐年增加，累计达到53亿元。2000年底，全市公共供水能力为1048万立方米/日，先后建成泰和水厂、大场水厂、闵行三水厂和临江水厂，扩建月浦水厂二期、凌桥水厂二期，改造杨树浦水厂、闸北水厂和杨思水厂，有效缓解供水矛盾。为提高供水水质，上海继黄浦江上游一期引水工程和长江一期引水工程竣工投产后，实施长江和黄浦江上游引水二期工程。

“十五”期间，《上海市供水专业规划》获批，上海开始推进全市城乡供水集约化，水资源配置量质并重，城乡服务保障水平进一步提高。“十一五”期间，上海水源地建设取得重大突破，事关上海供水百年大计的青草沙水源地基本建成，城市供水安全保障度明显提高；以原水统筹、水厂集约、管网优化、分片调度、管理到户为主的郊区集约化供水建设持续推进；居民住宅二次供水设施改造有明显进展，改造后的居民龙头水质得到改善。至2010年，上海形成原水供应三大系统：青草沙原水系统、长江引水系统、黄浦江引水系统。

2013年11月，修订后的《上海市供水水质管理细则》施行。2014年6月，东风西沙水库完成原水切换，长江原水经输水泵站输送到城桥水厂，崇明县70万居民受益。2017年5月，金泽水库青浦区和松江区原水完成切换，黄浦江上游金泽水库原水系统全面建成通水，上海构建了“两江并举、集中取水、水库供水、一网调度”的原水供应格局。至2020年底，上海有自来水厂38座，总供水能力1221万立方米/日，其中市属供水企业日供水能力794万立方米、郊区供水企业日供水能力427万立方米。至2022年底，上海有自来水厂39座，总供水能力1229万立方米/日；全市自来水供水总量29.23亿立方米，日均供水量802.10万立方米。

供电　清光绪八年（1882年），英国人在公共租界成立上海电气公司，创建上海第一家电厂；八月，上海俱乐部等接电装灯，成为上海第一批电灯用户。光绪十九年（1893年），公司为公共租界工部局收购，建为中央电站。光绪二十三年（1897年），法租界建成洋泾浜电气厂，发电供法租界照明。同年，华界南市马路工程善后局创建南市电灯厂，发电供华界30盏路灯照明，始有华资电厂，光绪三十二年（1906年）改为商办上海内地电灯公司。同年上海法商电车电灯公司成立。宣统二年（1910年），电力供应由照明转向市政设施和工业动力。宣统三年九月（1911年10月），闸北水电公司创办。1913年，公共租界工部局电气处在杨树浦沈家滩建江边电站（今杨树浦发电厂），10年后容量增至12.1万千瓦，成为远东最大的火力发电厂。1929年，电站全部产业和专营权为美国电气债券和股份公司收购，改为上海电力公司。1918 年，华商电气股份有限公司组成。1919 年，浦东电气公司创办，建成张家浜发电所，浦东地区始有供电。1935 年，中美合资沪西电力股份有限公司成立，向美商上海电力公司购电，用于沪西越界筑路地区。

1949 年，全市有电力公司电厂 5 家，企业自备电厂 10 家，设备装机总容量 25.96 万千瓦，年发电量 10.09 亿千瓦时。1950 年 12 月，上海市军管会军管美商上海电力公司。1951 年 6 月，市政府首次公布全市统一电价，对全市用户按核定电价收费；同时，开始向棚户居民区供电。1953 年，市政府征用法商电车电灯公司。1954 年，闸北、南市、浦东 3 家电气公司公私合营。1953 年，上海电业管理局成立，对上海电力实行集中领导、统一管理，各电力公司改为国营企业。4 月 1 日，上海电业管理局中心调度所建立，全市电力实行统一调度。是年，全市有杨树浦、南市、卢家湾、闸北 4 家发电厂。1958 年，建吴泾热电厂、闵行发电厂建成。6 月 1 日，上海供电局成立，统一管理全市供电和营业。次年，崇明、长兴、横沙 3 岛建电厂。1967 年，上海敷设国内第一条 220 千伏过江（黄浦江）电力电缆。

1988 年，石洞口发电厂建成。1992 年，建成国内首家超临界特大型火力发电厂石洞口第二电厂。1995 年，外高桥发电厂一期工程并网投运。“九五”期间，上海电力供需矛盾扭转，电力供需由短缺转变为电力电量基本平衡。至 2005 年底，上海电网（不含崇明岛和长兴岛）有发电厂 26 座、总装机容量 1317.5 万千瓦。“十一五”期间，围绕举办上海世博会，大力推进电力建设，全市电力建设投资超过 800 亿元。全市新投产发电装机近 800 万千瓦，市内装机容量达到 2011 万千瓦。至 2010 年底，上海市形成以外高桥、石洞口、吴泾—闵行、漕泾、临港市内五大发电基地为主，西南水电、安徽火电等市外电源为辅的“5+2”电源格局，上海电网年发电量 943.88 亿千瓦时。

2012 年，临港燃气电厂一期工程、华锐风电科技上海临港基地建成。2013 年，皖电东送淮南至上海特高压交流输电示范工程建成。2014 年 6 月 9 日，位于浦东陆家嘴的即墨变电站（含 110 千伏船舶变电站）主变送电成功，正式并网投运，小陆家嘴地区率先实现双 220 千伏电站供电模式。2022 年，上海全社会用电量 1745.55 亿千瓦时，其中居民用电量 320.93 亿千瓦时。

供气 清同治四年（1865 年），英商投资建成上海首家煤气厂大英自来火房。同治六年（1867 年），法商自来火行建成通气，光绪十七年（1891 年）被大英自来火房收购。1934 年，杨树浦煤气厂建成通气，大英上海自来火厂停产。1939 年 8 月，日军建造吴淞炼焦制气工场，次年投产供气。1940 年，大上海瓦斯株式会社建成通气。1949 年上海解放时，煤气日输气量9.3万立方米，煤气管线总长度414公里，民用煤气普及率2.1%。

1950年4月—1960年1月，上海先后6次降低煤气售价。1953年上海市煤气公司成立后，将1952年11月征用的英商上海煤气公司与吴淞煤气厂合并统一经营，先后对杨树浦、吴淞两厂进行多次挖潜、改造和扩建。1959年吴泾炼焦制气厂一期工程建成。1963年重油热裂解制气工艺研究成功。1970年，上海炼油厂、高桥化工厂利用炼制石油产生的液化石油气，向厂职工家庭供气。1972年4月起，上海炼油厂每年供应0.6万吨液化气，由上海煤气公司统一安排用户。1987年，浦东煤气厂建成，全市煤气供应紧张得到缓和。

20世纪90年代，上海燃气贯彻落实中共上海市委、市人民政府"消灭煤球炉、实现全市煤气化"决策，实现跨越式发展，迎来"全气化"时代。"八五"期间，浦东煤气厂二期工程竣工投产；改建、扩建吴淞煤气厂、上海焦化总厂；新建石洞口煤气厂；全市家庭燃气用户总数达338.2万户，其中市区总数为282万户，气化率达到86.6%，提前并超额完成中共上海市委、市人民政府提出的上海城区基本实现煤气化的目标。"九五"期间，城市燃气生产能力再创新高，实现供需平衡，气源结构调整开始启动。进入21世纪后，上海燃气加快发展升级，天然气逐渐成为城市燃气的主角，上海迈向"全天然气化"新时代。"十五"期间，上海启动天然气主干管网一期工程建设，顺利实现接收西气，并实现东气、西气互通的"双气源"格局，初步形成"东西互补、南北贯通、两环相连"的天然气主干网系统。"十一五"期间，全市加快燃气基础设施建设，气源接收建设基本完成，形成多气源联保格局。

2012年11月，上海天然气主干管网二期第二阶段工程竣工，天然气主干管网二期工程全面建成。2012年12月，上海石洞口燃气生产和能源储备项目一期工程通过投入使用。2014年底，燃气隐患管网改造项目基本完成。2015年6月，最后一户人工煤气用户接入天然气，上海城市燃气全面实现天然气化。2016年，上海在中心城区推行瓶装液化石油气规范统一配送供应模式。2020年全市有燃气用户991万户，其中管道天然气用户761万户、液化石油气用户230万户。至2022年底，全市有天然气用户799万户、液化气用户206万户，天然气年供应量约88.7亿立方米，液化石油气年供应量约27万吨。

防汛设施 三国时期，杭州湾北岸筑有金山咸潮塘。因上海陆域岸线南坍东涨，海涂东涨成陆，海塘修筑分两种：一种是随陆域东线外移向外移筑，历代先后筑捍海塘、里护塘、钦公塘、彭公塘、人民塘等；另一种是陆域南线的杭州湾北岸和长江口一带，因遭海潮顶冲，海塘步步退筑，先后有多道沦海，清以前所筑大多坍陷无迹。另外，因20世纪70年代建设工业区，上海还筑有石化海塘等。因地理形势，上海海塘可分陆域海塘、江岛海塘。

江堤是上海地区防汛主要屏障，唐代起和塘浦圩田同步发展。明清起，江堤建设以黄浦江、吴淞江为主展开。清乾隆年间，黄浦江虬江以下全线筑有江堤。1963 年起，按《黄浦江、苏州河两岸新建防洪构筑物统一标高规定》修建江堤。

清同治元年（1862 年），英租界在南北向主要马路埋设排水总管，雨水流入苏州河和洋泾浜。在东西向马路埋设小沟管与总管连接。同治二年（1863 年），公共租界在广东路、北京路、苏州路、福建路、四川路等部分地段埋设砖砌排水沟渠。光绪七年（1881 年），法租界首次在东部地区埋设横向排水管，向外滩黄浦江排放。光绪三十年（1904 年），广泛用圆形水泥沟管作下水道。1912 年华界拆上海县城，填城壕筑马路，下置水道，其他地区有少量沟渠。1921 年，在外滩建第一座雨水泵站。

1949 年 5 月，全市有雨水管道 531 公里，防汛泵站 11 座，排水总能力 16 立方米 / 秒。20 世纪 60 年代起，在市区建设控制河水水位、调节流量的水闸和防止潮水倒灌的下水道出口闸门。1978 年，重新规划市区排水系统。1991 年，上海最大的水闸苏州河口吴淞路闸桥建成。1995 年，市区有雨水泵站 171 座，排水能力 1024.4 立方米 / 秒，雨水合流管道 1908 公里，每平方公里防汛排水能力 5.42 立方米 / 秒；市区有杨浦、虬江、真如港、彭越浦、虹口、界泓浜等水闸、闸泵。

“九五”期间，中共上海市委、市人民政府把治理城市污水作为突出任务来抓，投入巨资进行治理。“十五”期间，全市大力开展防汛工程建设，在一线海塘达标工程建设基础上，实施一批沿江沿海病危水闸改造和重点地段海塘保滩、堤顶保护工程。“十一五”期间，上海持续开展千里海塘和千里江堤薄弱段的加固改造，实施完成苏州河市区段防汛墙改造。至 2010 年底，全市初步形成千里海塘、千里江堤、14 个水利分片组成的区域除涝、城镇排水的多级防汛防线。

2012 年 7 月 1 日起，《上海市水文管理办法》施行。2019—2020 年，全市完善城市防汛“四道防线”建设，完成 15 个排水系统提标改造，21 个圩区提标改造等工程完工，完成淀浦河西闸、西泗塘水闸等 5 座病险水闸改建工程；完成黄浦江、苏州河堤防维修 18.4 公里，完成 73 公里海塘达标建设。至 2022 年，全市共有江堤 604.85 公里（其中黄浦江堤防总长 479.12 公里、苏州河堤防总长 125.73 公里），海塘 498.9 公里，泵闸 2898 座，建成 366 个防汛泵站，建成 366 个雨水强排系统，累计完成 344 个道路积水点改造，应对汛期超长梅雨、超强降雨、超标洪水、超高水位的侵袭的能力不断增强，对市民生命财产安全和城市正常运行的保障能力大大提高。

资料链接：

《上海通志》第二十三、二十六卷

《上海水利志》

《上海公用事业志》

《上海市志·水利·水务分志（1978—2010）》

建筑施工

明嘉靖年间，上海出现水木作坊。上海开埠后，租界内洋行经营（或兼营）土木营造，西式建筑图纸由外商带入，中国工匠建造。清道光二十五年（1845 年），作坊有作头和木工、泥工、石工、竹工等，多由师徒和家族、同乡组成。19 世纪 50 年代，外国建筑师在上海出现。咸丰三年（1853 年），英国设计师到上海开办泰隆洋行，经营建筑设计。咸丰四年（1854 年），英租界工部局规定租界内建筑工程都要具备由注册建筑师设计的建筑图、结构图，申请建筑执照，设计开始成为租界内建造房屋的重要程序。光绪六年（1880 年），川沙泥水匠开设上海第一家华商营造厂杨瑞泰营造厂，并按照西方建筑公司规则进行工商注册登记，承接工程。光绪二十六年（1900 年），在黄浦江、长江口一带进行地质普查钻探和简易土质分类试验。至宣统二年（1910 年），上海有 14 家设计机构，垄断上海绝大部分重要建筑的工程设计。1924 年，庄俊自美国返沪，开设上海首家中国人办的建筑设计事务所。1925 年，匈牙利人邬达克创办邬达克洋行，设计国际饭店等上海重要建筑。到 20 世纪 30 年代，全市有营造厂、工程行 0.2 万多家。

1949 年，上海市区房屋面积 4679 万平方米，其中厂房占 22%、公共建筑占 27.6%、住房占 50.4%。8 月，上海首家国营建筑公司华东建筑工程公司成立。同期，市工务局修建队伍、房产局房修队及解放军基建部队的转业军人组建成 5 家国营建筑公司。中华人民共和国成立后，工程勘察业形成一支独立的技术队伍，1951 年，市政府工务局在其下属材料试验所内，建立土工试验室和钻探队。1952 年，上海首家国营建筑设计机构华东建筑工程部建筑设计公司成立。1953 年起，上海民用建筑设计院、华东电力设计院、上海机电设计研究院等 10 余家设计院成立。1953 年，上海市建筑工程局、上海市第一建筑工程公司成立。1953 年，多家中央部属和市属的勘察机构相继组建，主要有上海民用建筑设计院勘察队、华东工业部建筑设计公司勘察室等，总人数 200 余人。各勘察单位的体制、技术理论、技术装备和测试手段基本是沿用苏联的经验。随着国家基本建设的发展，工程勘察的地位日趋重要，勘察队伍逐步壮大，部分从设计院内独立出来，成立专业勘察单位，至 1958 年底，上海地方的和部属在沪的勘察单位有 16 家，总人数逾千人。20 世纪五六十年代，上海的工程地质勘察工作主要围绕城市基本建设包括工业厂房及市政道路的改扩建、多层居民住宅小区的兴建等展开。60 年代初，因机构变动、外迁，勘察单位及人员大为减少。

改革开放后，上海成立一批新的设计单位，有核工、石油化工、宝钢、邮电、地下建筑等设计院。1979 年，市建工局、房产局部分施工队伍组建上海市住宅建设总公司，主要承担住宅施工。20 世纪 80 年代，上海率先进行建筑业改革。1980 年，市建工局率先开展以扩大企业自主权为主要内容的改革，实行利润包干。改革开放初期，上海基本建设速度加快，除继续设计兴建大型工业项目外，又设计市政交通、民居新村、星级宾馆和大型办公楼，这些项目开始扭转城市基础设施长期落后的局面，改善了投资环境。20 世纪 80 年代初设计的上海宾馆，建筑高度首次超过国际饭店。80 年代初上海的基本建设投资，从政府拨款改为银行贷款，建设项目投资建设速度加快。1984 年起，全市建筑施工企业推行“百元产值工资含量包干”分配制度改革，“大锅饭”分配格局由此被突破。80 年代中期，上海对外开放建筑市场，通过市场招投标的形式，引入沪外建筑施工队伍。1986 年起上海开始推进重点工程实事立功竞赛活动。1987 年 7 月市建工局所属市建一公司试点推行鲁布革工程管理，揭开建筑施工企业管理层和劳务层“两层分开”的序幕。80 年代，上海的工程勘察单位迅速增加，1989 年发展到 70 家，总人数达 4000 余人。20 世纪八九十年代，美、日、加、法、新加坡等国及中国港澳台地区建筑设计机构到沪，合作开办设计事务所或设立办事处。

20 世纪 90 年代，上海城市建设“一年一个样，三年大变样”，设计行业完成一大批标志性建筑；同时设计技术和设计科研向国际化、现代化发展。1993 年 11 月，市建管局建制撤销，改制组建为上海建工（集团）总公司，成为全市建设行业产业配套齐全、规模最大的企业集团。1993 年，上海勘察院更名为上海岩土工程勘察设计研究院。至 1995 年，全市有勘察设计机构 580 家，员工 3.2 万人。自 1998 年开始，上海实行注册土木（岩土）工程师制度。2000 年，全市居住房屋 20865 万平方米，非居住房屋 13341 万平方米。

2001—2010 年，围绕“四个中心”建设和筹办中国 2010 年上海世博会，上海加快城市枢纽型、功能型、网络化基础设施建设，设计在布局和造型上的地位愈加突出，建筑施工企业积极承担起艰巨而繁重的重大工程建设任务。2001 年末，上海市建设工程预算正式采用 2000 定额（新定额）。时隔两年，上海开始在建设工程招投标中试行工程量清单招标办法，之后全面推行；2004 年，上海建筑业市场引入市场诚信机制取代准入制，从 7 月 1 日起取消外省市建筑企业进沪许可制度，从上海市到各区县的建筑劳务交易市场逐步形成。2007 年开始的世博会建设中，上海设计了包括世博文化中心、世博轴、世博中心、中国馆等在内的世博会园区及配套项目 58 项，涵盖各类全过程业务达 161 项。2008 年起，上海全面实施建设工程招投标网上报名，由此，建筑施工企业及建设工程的信息数据实现联网。2008 年汶川特大地震发生后，上海设计队伍参与绵阳、都江堰、陇南等地区的抗震救灾和对口援建。到 2010 年，全市设计单位达到 1182 家，从业人员 14.9 万人；有注册岩土工程师约 350 人；建筑施工企业总数达到 3094 个，其中施工总承包企业 1431 家，专业承包企业 1663 家，年末从业人员总数达 96.09 万人，建筑业总产值达 4300.19 亿元。

2012 年 3 月下旬，由上海市建筑建材业市场管理总站组织编制的《上海市建设工程施工工期定额（2011）》开始实施。2013 年 4 月，上海修改完成新版上海市《住宅设计标准》，2014 年 6 月 1 日起实施。2014 年 7 月 1 日起，《上海市绿色建筑发展三年行动计划（2014—2016）》施行。2022 年，上海建立绿色建筑管理办法配套机制，累计完成绿色建筑面积 3.27 亿平方米。《上海绿色生态城区评价标准》修订，全市创建绿色生态城区 21 个，占地面积 58.6 平方公里。2022 年，上海建筑业总产值 9273.9 亿元。

资料链接：

《上海通志》第二十七卷

《上海勘察设计志》

《上海建筑施工志》

《上海市志·建筑业分志（1978—2010）》

环保与环卫

水环境 清同治九年（1870年），黄浦江和邻近河流水样送英国伦敦化验，结论为优良供水水源。19世纪末，上海人口、工厂密集区附近的小河、小浜的水质严重恶化。20世纪初，杨浦港、虹口港、日晖港、肇嘉浜等河道变得黑臭。1921年，工部局在靶子场试验基地建造上海第一座污水处理厂北区污水处理厂，1923年、1926年又建成东区、西区2座。

1954年，曹杨、彭浦等4座污水处理厂建成。1956年，填没污染严重的肇嘉浜，敷设水管，建成林荫大道。20世纪50年代末，工业废水直接排放，苏州河宜昌路桥至曹家渡桥段水常年黑臭。1963年，杨浦水厂黄浦江原水口有机污染指数首次超过5，出现黑臭。1968年，北郊污水处理厂建成。20世纪70年代后，上海地面水污染进一步加剧，扩至郊县河道。

20世纪80年代，针对工业污水与生活污水排放量持续增长，上海陆续颁布《上海市黄浦江上游水源保护条例》《上海市排污收费和罚款管理办法》等，建立面积为830平方公里的黄浦江上游水源保护区，对区域内工厂企业实行排污总量控制。市区曲阳、天山、龙华及郊区嘉定、莘庄、松江等一大批城市污水处理厂陆续建成。20世纪90年代，12家向黄浦江排污大户基本实现污染总量削减60%任务。合流污水治理一期工程建成投入运行；1998年起，苏州河整治一期工程实施，1999年苏州河综合治理一期工程全线开工。同年12月25日，污水治理二期工程主体工程建成通水。2000年，苏州河黑臭现象基本消除。

2000—2011年，上海滚动实施四轮环保三年行动计划，新建污水收集管网4000公里，污水处理厂网基本覆盖全市。2003—2011年，污水治理三期工程、苏州河综合治理二期、三期工程建设完成。2010年，全市城镇污水处理厂达到53座，城镇污水处理率达到83%以上。苏州河与中小河道环境综合整治取得明显成效，苏州河市区河段主要水质稳步改善；黄浦江杨浦大桥断面水质显著改善；苏州河上下游水质差异明显减小；全市水环境考核断面水质显著提升，综合污染指数下降。

2011年1月6日，苏州河下游底泥疏浚工程开工，至2012年3月完工。2015年，上海市主要河流断面水质达到Ⅲ类的占14.7%，Ⅳ类和Ⅴ类占28.9%，其余为劣Ⅴ类，主要污染指标为氨氮和总磷。2020年，主要259个河流监测断面水质均达到“十三五”考核目标，其中Ⅱ～Ⅲ类水质断面占74.1%，Ⅳ类断面占24.7%，Ⅴ类断面占1.2%。2022年，上海市主要河湖断面优Ⅲ类占比95.6%，无Ⅴ类和劣Ⅴ类断面；主要河湖Ⅱ～Ⅲ类水质断面占95.6%，Ⅳ类水质断面占4.4%，无Ⅴ类和劣Ⅴ类水质断面。

大气环境 1963年起，上海重点消除全市0.8万多座工业烟囱黑烟。1972年起，关、停、并、转6成的铸造企业。1972年起，市卫生防疫站开展全市大气环境常规监测。20世纪70—80年代，上海市大力推进消烟除尘工作，禁止制造手工加煤锅炉，凡新出厂锅炉产品必须配套除尘设备，并调拨专项资金和材料对在用锅炉有计划地进行改造。按照“谁污染，谁治理”的原则，冶金行业污染源经治理消除17条黄龙。至1986年，上海市12个区建成基本无黑烟区，并进入创建烟尘控制区阶段。以工艺废气污染为主的和田路、新华路、桃浦等污染严重地区，列入区域环境综合整治规划。20世纪90年代后，综合运用各种手段，促进工业布局调整、产业结构优化和污染源达标排放。“九五”期间，以“西气东输、西电东输”为契机，全市开展以能源结构调整、机动车尾气防治为重点的大气污染控制工程，大气环境得到进一步改善。1995年起，上海市区二氧化硫、总悬浮颗粒物2项主要指标维持在国家二级标准。

2000—2010年，上海市大气污染的特征从煤烟型逐步转化为煤油并举的复合型污染，除继续加大常规污染因子控制外，对一些新的污染因子如灰霾、可挥发性有机物（VOC）、臭氧等的控制研究逐步开展。2000年起，全市滚动实施环保三年行动计划，全面加强大气环境保护，取得明显成效，至2008年底，全市居民生活用气普及率提高到99%以上。至2010年底，中心城区创建“基本无燃煤区”和“无燃煤区”共682平方公里，创建“扬尘控制区”达728平方公里；全市1412.4万千瓦燃煤发电机组实施烟气脱硫；吴淞工业区、桃浦工业区完成环境综合整治任务，吴泾工业区整治进展顺利；加强机动车污染控制，上海在率先实施车用汽油无铅化的基础上，又提前实施国三、国四标准；餐饮业的油烟气污染扰民问题得到有效控制。为履行国际公约，上海市按照国家要求，积极推进保护臭氧层工作。

2012年6月27日，上海按新标准要求启动国控点细颗粒物（PM2.5）监测发布。2015年，上海市环境空气质量指数（AQI）优良天数为258天，AQI优良率为70.7%。2020年，上海市环境空气质量指数（AQI）优良天数为319天，AQI优良率为87.2%。2022年，上海市生态环境质量总体持续改善。环境空气中PM2.5年均浓度为25微克/立方米，为有监测记录以来最低值。环境空气质量方面，全市PM2.5年均浓度为25微克/立方米，比上年下降7.4%；PM10年均浓度为39微克/立方米，比上年下降9.3%；NO_2年均浓度为27微克/立方米，比上年下降22.9%；SO_2年均浓度为6微克/立方米，与上年持平。受高温等因素影响，O_3浓度为164微克/立方米，比上年上升13.1%；环境空气质量指数（AQI）优良率为87.1%，比上年下降4.7个百分点。

声环境 清同治七年（1868 年），法租界公董局在年度报告中提及独轮车推行时发出的烦人噪声。同治八、九年（1869 年、1870 年），法租界对独轮车噪声征收捐税，限制车照发放，控制行驶时间和行驶范围。光绪七年（1881 年），公共租界工部局在年报中把噪声称为公害，并在 1912 年提出汽车喇叭扰民。1935 年，公共租界内 0.17 万人因滥揿喇叭而被控诉，对 111 人停发驾车执照。

20 世纪 50 年代起，上海噪声污染主要来自工厂机器设备运行。1976 年，全市设 0.21 万个环境噪声监测点，监测面积 131 平方公里，测得昼间平均声级值 70 分贝。

1977 年，市公安局规定每日 22 点至次日 5 点市区禁止鸣号。1977 年、1980 年、1984 年，全市先后颁发船舶、机动车减少使用喇叭的通告。1990 年后，建筑施工、道路交通噪声以及饮食服务业等产生的噪声逐渐成为全市声环境的突出问题。针对城市建设中施工带来的噪声污染问题，环保、城管、建管等部门在推广低噪声设备和工艺的同时，建立夜间施工许可与执法、文明施工管理等协调机制，对违反夜间施工有关管理规定的依法惩处，避免建筑施工噪声扰民。为治理交通噪声污染，对临近居民住宅和其他噪声敏感区的高速公路、高架道路、外环线、中环路等部分路段安装声屏障。1994 年，上海规定内环路以内全日禁止机动车鸣号。对交通噪声污染严重地区还采取绿化、拆迁、改变建筑物使用功能等治理措施，使噪声敏感点的声环境得到改善。1995 年、2003 年，市政府分别颁发《上海市空调设备安装使用管理规定》《上海市饮食服务业环境污染防治管理办法》。

2003 年初，上海铁路部门对进入市区的列车采取限制鸣笛，沿线居民受噪声影响程度大为减轻。黄浦江、川杨河等通航水域实施挂桨机船禁航。2007 年，市公安局和市环保局联合发布《关于禁止机动车和非机动车违法鸣喇叭的通告》。2008 年 6 月 1 日起全市执行“环境噪声标准适用区划”，为行政执法、噪声治理提供依据。截至 2009 年底，全市建成“环境噪声达标区”累计总面积 1168 平方公里，全面覆盖城市建成区面积。2003—2010 年，全市共有 120 个小区创建为上海市“安静居住小区”。每年高、中考期间，全市组织开展“绿色护考”专项行动，控制和减少噪声影响。

2015 年，上海市区域环境噪声为一般水平，道路交通噪声昼间时段和夜间时段均保持稳定。2020 年，上海市区域环境噪声基本保持稳定。2022 年，上海市区域环境噪声和道路交通噪声均有所改善。

固体废物防治 1949 年，全市有 2 家炼铁企业产生冶炼渣。20 世纪 50 年代，固体废物分散处理，造成堆存地周围区域（水域）的污染。此后固体废物治理以综合利用来防治污染。1959 年，建吴泾热电厂，配套建上海硅酸盐制品厂，用煤渣等制作砌块。1962 年，上海第一钢铁厂 18 万吨高炉渣全部供应上海水泥厂作水泥掺和料。1964 年，全市建成 13 家煤渣砖厂。1985 年起，老港大型废弃物填埋场及一批生活垃圾处置设施建设启动，为上海城市生活垃圾由分散堆放逐步过渡到集中处置为主创造条件。此后，上海市以促进废物减量化、资源化和无害化为原则，运用多种技术手段处理固体废物。1995 年，固体废物综合利用 1150 万吨，占产生量 82.9%。2004 年《中华人民共和国固体废物污染防治法》修订后，上海市制定《上海市危险废物污染防治办法》《上海市医疗废物处理环境污染防治规定》等，加强对处理单位的监督管理，规范处理行为，建成危险废物焚烧炉和填埋场等基础设施。2010 年，上海市工业固体废物全年产生量为 2448.4 万吨，综合利用率为 96.7%；工业危险废物产生量为 51.25 万吨，无害化处置率达 100%；全市医疗废物产生总量为 1.98 万吨，无害化处置率达到 100%；生活垃圾产生总量为 731.64 万吨，无害化处理率达 84.9%。2011 年，《上海市建筑垃圾和工程渣土处置管理实施细则》颁布，加强建筑渣土运输管理，实行渣土运输单位市场退出机制，有效遏制偷倒乱倒现象。2016 年，全市共有 30 家危险废物经营许可证单位，包括填埋处置、焚烧处置（含医废）、物化处理、综合利用和废桶清洗 5 个大类。2022 年，全市一般工业固体废物产生量为 2076.3 万吨，综合利用率为 94.1%；全市生活垃圾清运量为 1129.3 万吨，其中干垃圾 598.6 万吨，湿垃圾 291.5 万吨（含餐厨垃圾 83.7 万吨），可回收物 219.4 万吨，有害垃圾 0.06 万吨，废油脂 8.6 万吨，大件垃圾 11.1 万吨，生活垃圾无害化处理率 100%；全市共申报处理建筑垃圾 8606.2 万吨；全市医疗废物收运量 19.4 万吨，无害化处置率 100%。2022 年，全市有 5 家企业持有废弃电器电子产品处理资质许可，4 家企业获得废铅蓄电池收集许可证。

辐射环境　1958 年，上海市卫生防疫站设立专门的放射防护管理机构，负责全市放射性防护工作。通过对全市使用放射性同位素的单位实行许可登记制度，并对放射性工作场所进行剂量监督和安全检查，上海的辐射污染防治工作走上正轨。1985 年，上海市放射性三废实验处理站成立，负责全市放射性“三废”的管理、监测和处理。通过对全市放射性废水、废物进行集中收集处理，辐射环境监管、监测及污染事故处置，重点放射性污染治理等，大力推进全市辐射污染防治工作，上海的辐射污染防治工作水平大幅提升，范围有所拓展。2001 年，上海市辐射环境监督站将辐射环境监管、监测的范围延伸至电磁辐射领域。截至 2010 年的监测资料显示，全市整体辐射环境现状均处于正常的环境天然本底值范围，电磁辐射环境均能满足《电磁辐射防护规定》（GB8702-88）规定的公众照射的导出限值要求。

2011 年 3 月 11 日，日本东北部发生强烈地震，造成福岛核电站向外界环境泄漏放射性物质。监测结果表明，全市 4 个自动监测站监测的 γ 辐射空气吸收剂量率均在本底辐射范围之内，未见异常。2015 年度上海市辐射环境质量总体情况良好。2020 年，上海市辐射环境质量总体情况良好，大气、水体、土壤等介质中的放射性核素活度浓度处于正常水平，各监测点的 γ 辐射空气吸收剂量率与历年相当。2022 年，上海市生态环境质量总体持续改善，辐射环境质量总体情况良好。

环境卫生　清咸丰五年（1855 年），上海县城厢始有专人清扫道路。19 世纪 50 年代，上海县城厢居民一般将垃圾弃倒路旁，由清道夫清除；上海县城厢每日清晨有农民肩挑粪担，逐户免费清除粪便，用作农肥。同治元年（1862 年），公共租界工部局雇人清扫主要道路，每周 3 次。同治六年（1867 年），公共租界实行粪便招商承包清除，至光绪二十八年（1902 年）上海市区全部实行。同治八年（1869 年），主要道路每天清扫 1 次，南京路、福州路、汉口路、九江路等 2 次。19 世纪 60 年代，大部分垃圾用以填沟、浜和低洼地，后又逐渐向郊区堆放。20 世纪初起，垃圾逐渐堆放固定场所。1917 年，法租界老西门菜场厕所首先提供售纸服务，专人保洁。1929 年，华界道路每日 2 次清扫。1947 年，市卫生局规定厕所承包商须对厕内粪沟、地坪随时冲洗。

1950 年 4 月，市区公厕和单位大马桶 1.08 万只、居民小马桶 61.85 万只，粪便清除，每天清晨由清粪人员摇铃叫喊，通知居民倒马桶，粪便倒入手推粪车。20 世纪 50 年代末，政府要求市区厕所保洁达到无蚊、无蝇、无痰迹、无老垢，少臭气，美化、绿化。1973 年 3 月起，全市建造倒粪站，供人倒粪，专人管理，定时开放。1983 年，在南京东路等处实行两班三员清扫制，两班连续清扫道路 15 小时，20 世纪 90 年代增至 18 小时。1986 年，道路清扫保洁标准划为 4 个等级；规定甲级、乙级、丙级公厕实行专人保洁管理。1987 年，全市开展居民垃圾袋装化试点。1989 年，上海实行特级、一级道路清扫标准与道路冲洗相结合。

1990—1995 年，上海连续 6 年把新建公厕列入市政府实事项目，新建的公厕基本达到分门单间，配置独立式便器，缓解市区“上厕难”的矛盾，从“解困型”向“舒适型”发展。1992 年，全市基本实现垃圾封闭运输。1996 年底老港废弃物处置场二期扩建工程完成，承担上海市区约 70% 的生活垃圾处置任务。同时，上海郊县建造贮量为 10 万吨的厌氧发酵储粪池，为市区粪便提供清除、中转、储存的条件，缓解粪便处理难矛盾。会馆街、龙水路、闵吴路等一批环卫专用码头得到改扩建，使原本简陋的环卫码头设施有所改善，环卫作业车辆通过更新和改造，机械化、密闭化程度都有所提高。1996 年后，上海逐步建立起集垃圾（粪便）收集、运输、中转、处置（处理）等各个环节互相配套、性能优良的环卫转运设施体系。1998 年开始，上海推行城市生活垃圾减量化、资源化、无害化进程，党政机关、大中小学校、社区、东方书报亭、超市等，以废玻璃、废电池为突破口，试行垃圾源头分类。1999 年底，市区 20% 的居住小区推行生活垃圾分类收集试点。

2003 年，全市中心城区生活垃圾分类覆盖率超过 70%，部分生活垃圾实施焚烧处理，上海生活垃圾处置包括填埋、焚烧、综合处理等多元技术方式。2004 年，上海开展市容环境综合整治工作，以“十路十景”“百路工程”“美化一条街”形式，创建一批景观特色化中小道路。2005 年，静安、黄浦、杨浦、崇明等区县新建的大型生活垃圾中转站相继建成并投入运营。2009 年，市政府专门就涉及市容环境内容，发布市容环境卫生“世博”保障和服务“世博”的相关规章和通告，确保 2010 年上海世博会举办期间，全市市容环境卫生工作保障有力，中心城区主要道路、景观区域成片达到“平面整洁、立面靓丽、空间美观”的效果。至 2010 年，中心城区主要道路、主要景观区域内的建（构）筑物外立面持续保持洁净，乱设摊以及黑广告污染现象总体处于可控状态。全市生活垃圾分类居住区达 4718 个，居民户数 305 万余户，企事业单位（办公场所）2382 个，垃圾收集点 9973 个。世博园区外 1000 米范围内和市区 90 条主要道路、25 个景观区域全面实施 24 小时全天候保洁，机械冲洗率 100%，内环线以内范围，全面实施 16 小时保洁。全市有 11515 条（段）道路实施“夜间作业、白天保洁”，冲洗率达 80% 以上。新型组合式的道路保洁方式，使市区部分公共广场、人行道达到“席地而坐”的洁净效果。中心城区的公厕布局更趋合理，6600 余座环卫公厕全部实行免费开放服务，2600 余座单位厕所对社会开放。

2015 年，上海有居住区小型生活垃圾压缩收集站 970 座、垃圾箱房 23990 座；全市生活垃圾日均处置量 2.7 万吨，无害化处理率 100%；优化公厕建设布局；“一路一档”“一路一策”道路保洁管理措施全面推广，全市道路整洁优良率 93%。2019 年，《上海市生活垃圾管理条例》颁布并全面实施，生活垃圾分类成效显著，全市 1.3 万余个居村分类达标率由上年底的 15% 提高到 90%；单位分类达标率 87%。2020 年，垃圾全程分类体系基本建成，源头分类质量提高，源头减量取得进展。建立市容环境综合治理“五大十清”机制［“五大”：大冲洗、大清理、大参与、大巡查、大展示；“十清”：中小道路清、特定区域清、沿街商铺清、结合部位清、垃圾箱（房）清、高架桥荫清、油渍污渍清、乱停乱放清、公共设施清、建筑立面清］。年内新建环卫公厕 27 座、改建 200 座、增设第三卫生间 109 座，合理延长公厕服务时间，推行公厕 24 小时开放。2022 年，居民和单位垃圾分类达标率 95% 以上；各区、各街镇生活垃圾分类实效综合考评均取得“优秀”，全面达到示范区、示范街镇水平。

资料链接：

《上海通志》第二十六卷

《上海环境卫生志》

《上海环境保护志》

《上海市志·城乡建设分志·环境保护卷（1978—2010）》

《上海市志·绿化市容分志（1978—2010）》

园林绿化

南朝梁末陈初，顾野王在金山亭林镇中部建宅园读书堆。南宋乾道年间，捍海塘筑成后，诏令“趁时栽种芦苇，不许樵采”。明成化八年（1472 年），在塘外广植芦苇。嘉靖、天启年间，上海、嘉定、松江出现众多的宅邸园林，知名的有上海豫园、南翔古猗园等。万历二十一年（1593 年），崇明县海塘修筑后，种桑树千顷。清初到嘉庆末年，新建名园有松江醉白池等。

上海开埠后，外国人建造西式住宅、花园别墅，知名的有兆丰花园、哈同花园、麦边花园等。中国人也建造不少私人花园，较知名的有小万柳堂、九果园、小兰亭等。清同治四年（1865 年），公共租界在扬子路（今中山东一路）沿黄浦江种植树苗，为上海最早出现的行道树。同治七年（1868 年），公共租界建上海第一座公园公共花园（今黄浦公园）。同年，法租界首在法租界码头（今中山东二路延安东路至新开河间）种植树苗，后在各路广种悬铃木。光绪五年（1879 年），公共租界在外滩（今延安东路至苏州路段）辟建上海最早的街道绿地，在沿黄浦江人行道与车行道间铺草坪。光绪二十四年（1898 年），宝山县园林改为城西公园，为中国地方政府所建首座公园。光绪三十四年（1908 年），华界水果行老板捐资在外马路种植行道树，后推至 16 条马路。宣统元年（1909 年），顾家宅公园（今复兴公园）建成，为法租界第一座公园。1917 年，宝山县在海塘、江堤种树数万株。1929—1933 年，崇明县在海塘、江堤植树造林 158 亩。1930 年，华界始在江湾一带建设绿地。20 世纪 30 年代，在上海近郊农村，出现农场式的私家园林，主要有江苏农场、黄氏畜殖场、管生农场、生生农场和上海种植场等。1943 年，租界有公园 22 座，1949 年市区有 14 座。

1949—1958 年，上海修复、改建被损坏公园，利用城市空荒隙地、垃圾堆场、游乐场地、墓园和部分庭园，新建、改建一批公园。1952 年，跑马厅北半部改建为人民公园。1953—1957 年，全市新建 14.3 万平方米绿地，建成上海第一条绿带外滩滨江大道、林荫大道肇嘉浜路。1954 年，原高尔夫球场扩建成西郊公园（今上海动物园）。1960 年后，公园建设停顿。20 世纪 70 年代中期，上海市郊始在河道两岸 10 米宽青坎种树，营造防护林。

20 世纪 70 年代至 80 年代初期，上海林业建设稳定发展，野生动植物及湿地保护事业逐步发展。郊区结合以改土治水、兴修水利为中心的农田基本建设，营造农田林网。1981—1985 年，在市区新建彭浦、内江等公园，在市郊修建松江方塔园、嘉定秋霞圃，辟建古钟、瀛洲、川沙等公园。1983 年起，宝山等 6 县每年造海岸防护林 0.2 万亩。1986 年起，全市公园建设实行统一规划，分级负责建设。同时，公园建设向市郊扩展，辟建仿古园林淀山湖大观园、林园东平森林公园和湿地浏河岛游览区等。20 世纪 90 年代，上海建设野生动物园，开发佘山风景旅游区；推进三大国家重点林业生态工程建设，林业发展进入综合提高阶段，野生动植物及湿地保护事业快速发展。1995 年，全市开放公园 105 座；全市行道树 33.02 万株，全市绿地总面积 873.12 万平方米；上海大陆海岸林带基本合拢，防护林总面积 3.21 万亩。

“九五”期间，全市园林绿化建设保持持续、高速发展，超常规投入资金，还清中心城区缺绿少绿的“历史欠账”，绿化总量不断增加，进入市区与郊区同步协调、跨越式发展阶段。全市园林绿化建设目标为“点上绿化成景、线上绿化成荫、面上绿化成林、环上绿化成带”。其间，上海建成环城绿带 100 米林带、400 米绿带一期工程。浦东新区建成国家级园林城区，松江、嘉定、宝山区建成市级园林城区。全市开展认建认养、爱绿护绿，“人人为城市添绿，为城市美化作贡献”活动。至 2000 年，郊区全面完成平原绿化达标任务，大陆海岸线基干防护林带基本合拢。

“十五”期间，上海创建、评定“星级公园”，建立城市绿化植物有害生物预警防控体系。“创建国家园林城市，共筑绿色家园——百万市民百万树”活动开展，在环城绿带植树 270 公顷。老公园改造工程启动，为市民、游客提供具有生态效益和休闲、活动功能的公共服务空间。全市园林绿化行业实行管养分开改革，市绿化局直属 4 个事业性公园完成管理层与作业层分离，园林绿化工程设计、施工率先推行招投标制度，20%绿化养护工作量实现市场招投标，逐步形成政府管理市场、市场引导企业的政策传导机制。2004年，上海市获得“国家园林城市”称号。

“十一五”期间，市人大常委会通过《上海市绿化条例》。市绿化市容局统筹城乡绿化、林业发展，融合“绿地、林地、湿地”系统，加快绿化基础设施建设，全市园林绿化发展进入新阶段；首批命名淮海中路等20条道路为“上海市林荫道”。2010年，上海公共绿地总面积达1.48亿公顷，全市人均公共绿地面积增至13平方米，绿地率36%，绿化覆盖率38%；城市公园154座；全市林地面积9.9万余公顷，森林面积7.98万公顷，森林覆盖率12.58%。1998年，市政府批准建立崇明东滩鸟类自然保护区，保护区是以迁徙鸟类及其栖息地为主要保护对象的湿地类型自然保护区，位于长江入海口，在崇明岛的最东端。2000年市政府批准设立九段沙湿地自然保护区，保护区位于长江口和东海交汇处，是长江口最年轻的河口冲积型沙洲。九段沙湿地具有独特的海、河交汇自然地理环境，属于典型的脆弱性自然生态系统，同时也是江海洄游动物的必经之途、南北鸟类迁徙的重要通道。2005年，两个自然保护区都晋升为国家级自然保护区。

2011—2013年，全市共命名111条林荫道。2013年，在2012年试点夏令延长50座公园开放时间的基础上，全市夏令延长开放公园数达60座，延长开放时间自7月1日起至9月30日止。2015年，全市新建绿地1190公顷（其中公园绿地515公顷），新增林地7333公顷，森林覆盖率达15.03%，建成区绿化覆盖率达38.5%，自然湿地保有率32.28%，“环、楔、廊、园、林”基本生态空间格局初步形成。2017年7月浦江郊野公园开园，9月嘉北郊野公园开园试运营，12月（松南）广富林郊野公园开园。2020年，上海着重推进17条（片）重点生态廊道、崇明世界级生态岛、长江两岸造林建设。2022年，全年造林3400公顷，全市累计森林面积126513公顷，森林覆盖率18.51%；全市绿地面积172646.36公顷，其中公园绿地面积22979.90公顷，城乡公园670座。

资料链接：

《上海通志》第二十六卷

《上海园林志》

《上海市志·绿化市容分志（1978—2010）》

邮政电信

邮政 三国时期，今金山沿海建烽火台，传递军情。唐天宝十载（751 年），在今松江境内设华亭驿，传递官方文件。南宋，朝廷增设云间驿、风泾驿、西湖馆驿。元至元二十九年（1292 年），在今黄浦区馆驿街设立上海驿。与驿站并行的，还有专送官方紧急文书的铺递。明永乐年间，上海出现民信局，清乾嘉以后逐渐发展。民信局以传递商民函件和汇兑为主，兼收包裹，运送票款。光绪年间达 70 家，业务量为全国之最。

清咸丰十一年（1861 年），英国在上海英租界擅设邮局，法、美、日、德、俄相继效尤，史称“客邮”。同治二年（1863 年），上海英租界工部局成立工部局书信馆。同治五年（1866 年），江海关受总理衙门委托，兼办京沪间邮递，并于同治十三年（1874 年）成立江海关邮务处。光绪四年（1878 年），以江海关邮务处为基础，上海与北京、天津、烟台、牛庄（今营口）同时试办邮政，并于是年在上海印制发行中国首种邮票大龙邮票。上海海关拨驷达局统一处理公众邮件业务。光绪二十二年（1896 年），大清邮政官局开办。次年，大清邮政局在上海成立。宣统三年（1911 年），上海邮政脱离海关独立经营，辖支局 13 处、分局 12 处、内地局 4 处和代办所 42 处，员工 689 人。

中华民国成立后，上海邮电业发展较快。1914 年，中国加入万国邮政联盟，上海邮局被指定为中国国际邮件互换局。1930 年，邮政储金汇业局成立，举办邮政储蓄业务。1936 年，上海邮区辖有 32 个市区支局和 50 个内地局，员工 3582 人，业务量和业务收入居全国之首。“客邮”局和民信局先后于 1922 年、1934 年撤销。1937 年上海沦陷、1941 年太平洋战争爆发，大部分邮政内地局和代办所被迫停业。1946 年，上海邮电发起“改良邮政”运动，一度复苏。内战爆发后交通阻断，邮政重陷困境。

1949 年上海解放，经整修恢复，全市有自办邮政局所 69 处，邮路总长 3009 公里。邮政局调整邮政业务，接办报刊发行业务，停办邮政储蓄、大宗包裹和邮购业务。1957 年，上海市邮电管理局成立，统一经营管理全市邮电业务。1970 年，邮电管理局撤销。1978 年，上海有邮电局所 437 处，邮路总长 46806 公里，邮电业务总量 15870 万元，固定资产总值 44505 万元。

1979 年，邮电管理体制调整。1990 年后，新的邮政枢纽建成，邮政主要生产部门实现计算机作业。开拓邮电新业务，邮政储蓄、集邮、特快专递、商函广告等业务迅猛增长。1991—1995 年，上海邮电业务总量以年均 39.5%，业务收入以年均 48% 的超常幅度递增。1995 年，上海有邮电局所 666 处，邮路总长 17.14 万公里。是年，邮电业务总量 55.7 亿元，处理邮件42亿件；邮电业务收入59.7亿元，占上海市国内生产总值2.42%，邮电依存度接近世界发达城市水平。

1998年初，在中共中央、国务院的部署下，邮电部与电子工业部合并组建信息产业部，实施邮电分营、按企业化管理和商业化经营的体制改革工作。随后各省（直辖市）的邮电管理局撤销，实行邮电分营。1999年1月1日，上海市区邮政、浦东新区邮政和郊区（县）邮政合并组建成立新的上海市邮政局。上海邮政、上海电信作为独立的企业主体，走向市场，走向自我经营、自我约束、自我发展、自我完善之路。

邮电分营后，上海市邮政局管辖范围由原来的市区扩大到整个上海地区，实行国家邮政局、上海市政府双重领导，以国家邮政局领导为主的管理体制，承担上海地区的邮政网络规划、建设、运行管理和邮政通信普遍服务，并行使上海地区邮政通信行业的政府管理职能。2005年8月，国务院下发《邮政体制改革方案》，实行邮政体制政企分开。上海市邮政局剥离政府职能，实行公司化运作。2006年9月，上海市邮政管理局成立，承担政府管理和行政执法职能。2007年2月，上海市邮政管理局和上海市邮政公司同时挂牌，正式形成企业独立自主经营、政府依法监管的邮政管理体制。2008年1月18日，中国邮政储蓄银行上海分行成立，原上海邮政储汇局成建制划归上海分行。2010年6月29日，上海邮政速递物流有限公司成立，全面实现邮政普遍服务和竞争性业务分业经营。至2010年，上海邮政有服务网点733处，上海邮路长度24.27万公里，业务收入40.28亿元，上海全市快递业务量为24318.86万件。

2012年2月，上海邮政对中心城区邮政机构设置作出调整，设立浦东新区、黄浦区、徐汇区、市西（负责长宁区、静安区行政区域内邮政通信经营服务工作）、普陀区、闸北区、虹口区、杨浦区8个与上海中心城区行政区划基本对应的邮政分支机构。2015年，根据中国邮政集团公司改革部署，上海市邮政公司更名为中国邮政集团公司上海市分公司。2015年3月，上海集邮网上营业厅试运营，通过线上、线下结合，满足集邮爱好者的多样需求。至2015年底，全市共设置邮政综合网点538个，其中邮政支局238个、邮政所300个；设投递线路4432条，年投递邮件量约为16.42亿件。全年邮政业务总量385.75亿元，函件9.07亿件，报纸、杂志累计订销数9.77亿份，集邮业务7684万枚。2019年，江苏、浙江、安徽等省寄往上海的快递包裹邮件全面提速，实施次日递。2020年，中国邮政集团公司上海市分公司提供普遍服务业务的邮政支局所合计536家，农村乡镇邮政局所覆盖率保持100%。上海一级干线邮路共计127条，邮路总长112060公里，其中火车邮路6条，邮路总长12948公里；汽车邮路121条，邮路总长99112公里。市区趟车邮路428条，邮路总长14678公里；郊区趟车邮路329条，邮路总长17032公里。二级转趟邮路117条，邮路总长3865公里。城市投递线路2768条，单程投递线路长度41318公里；农村投递线路856条，单程投递线路长度21009公里。全市设置邮政信筒箱2557个。2020年，上海市快递服务企业业务量累计完成33.6亿件，业务收入累计完成1428.2亿元。2022年，中国邮政集团公司上海分公司提供普遍服务业务的邮政支局所合计536家，其中城市327家、农村209家。

电信 清同治十年（1871年），丹麦大北电报公司敷设香港—上海、长崎—上海的电报水线，在上海擅自登陆收发国际电报。为维护国家通信主权，清廷于光绪七年（1881年）建成国内第一条长途电报线路津沪电路，上海电报局对外营业。此后，以上海为起点的苏、浙、闽、粤及长江各线相继开通，上海成为全国电报通信中心。光绪八年（1882年），电话通信在上海问世，先后由大北电报公司、上海电话互助协会和英商中国东洋德律风公司经营，用户300余户，光绪二十六年（1900年）为英商华洋德律风公司接办。光绪九年（1883年）起，英、美、德、日相继在上海设立电信机构，经营电报业务，并在租界内设无线电台。

中华民国成立后，上海邮电业发展较快，无线通信发展迅速，1928年，建无线电台10余座。1930年，上海国际电台建成通报，结束外商垄断中国国际通信的历史。1936年，上海国内电报量、业务收入、国际电台收发报业务量分别占全国1/5、1/3、2/3。1923年，上海开办长途电话业务，1937年通达国内470余处城镇。1930年，美商上海电话公司取代华洋德律风公司经营租界电话，上海市政当局成立的上海电话局在南市、闸北、吴淞、江湾等处设局营业，上海电话由两家公司划区经营。1937年上海沦陷和1941年太平洋战争爆发，华界和租界电信机构先后被日军占领。1946年，上海邮电发起“改良邮政”运动，通信一度复苏。内战爆发后交通阻断，邮电事业重陷困境。

1949年5月上海解放，经整修恢复，全市有自办邮政局所69处，电报电路97路，长途电话电路44路，市内电话交换机容量72060门。人民政府接收、接管外商通信企业，统一经营市内电话，以北京为中心规划长途电信网络。1957年，上海市邮电管理局成立，统一经营管理全市邮电业务。1958—1965年，郊县通信有很大发展，上海邮电部门兴办的科研、工业取得成果，支援全国邮电部门。1970年，邮电管理局撤销，电信划归部队管理，导致通信秩序紊乱，通信发展停顿，连续9年亏损。1978年，上海有邮电局所437处，长途电话电路758路，全市电话交换机容量142320门，邮电业务总量15870万元，固定资产总值44505万元。

1979年，上海调整邮电管理体制，市内电话由中央与地方联合建设。1980年起，上海实行“以话养话”，减免邮电业税额，加速折旧，征收电话初装费。1985年，扩大对外开放，以程控交换和光纤传输为重点，上海引进国外先进通信设备，实行技术引进、合资生产、自主创新相结合，同时鼓励社会各部门集资建设。1990年后，结合浦东开发开放，全市加速发展通信步伐，通过联合建设、引进外资、试行股份制等，吸收建设资金，扩建和新建国际通信网、长途电话网、本地电话网、数据通信网、移动电话网、无线寻呼网和有线电视传输网，通信网全面实现程控交换和数字传输。开拓电信新业务，电信语音、图文、数据、视象等新业务全面发展，移动通信和多媒体通信业务的增长尤为突出。1993年起，无线寻呼等9种电信增值业务向社会放开经营。1994年，联合通信公司成立，电信服务市场初步形成竞争格局。1991—1995年，上海邮电业务总量以年均39.5%，业务收入以年均48%的超常幅度递增。1995年，上海主要通信能力为：本地电话交换机容量345.7万门，长途自动交换机容量8.5万路端，长途电话电路4.64万路，移动电话信道7830个，邮电局所666处，固定资产总值132.6亿元。是年，邮电业务总量55.7亿元，电话79亿次；邮电业务收入59.7亿元，占上海市国内生产总值2.42%，邮电依存度接近世界发达城市水平。

1998年初，在中共中央、国务院的部署下，邮电部与电子工业部合并组建信息产业部，实施邮电分营、按企业化管理和商业化经营的体制改革工作。随后各省（直辖市）的邮电管理局撤销，实行邮电分营。1999年8月，上海移动成立，上海电信业实现固、移分营。2000年，上海市电信公司和上海市通信管理局先后成立，上海电信业实现政企分开。

邮电分营后，上海电信业基础业务持续发展。1998年，中国公用计算机互联网（CHINANET）全国统一接入网号“163”启用；2002年，中国电信亚太互联网交换中心APIX落户上海，上海成为亚太地区主要通信枢纽之一。21世纪初，上海电信业加快创新和行业转型步伐，拓展发展空间，开始进入以信息化引领的新一轮持续快速发展阶段。2008年后，上海电信业各企业在各自集团公司统筹安排和市通信管理局组织协调下，开始实施新一轮运营体制改革：上海电信接收上海联通CDMA网络（包括资产和用户），上海联通和上海网通合并，成立新的上海联通。2009年1月，上海移动、上海电信、上海联通分别获得TD-SCDMA、CDMA2000和WCDMA技术制式3G业务经营许可，上海电信业新一轮体制改革各项工作得以顺利推进，各电信企业以新的面貌开始新的竞争合作，全行业开始进入新的发展时期。2010年底，上海固定电话交换机容量1338.6万门；移动电话交换机容量3995万门，基站3.1万个，全球首个TD-LTE（用于时分双工技术频谱的长期演进技术）试商用网络在世博园区启用；全市光缆线路长度15.3万公里，互联网宽带接入端口819.1万个。互联网用户规模达 1239 万户，普及率 64.5%，互联网宽带接入用户 545 万户，普及率 28%，IPTV 用户数达到 130 万户，手机上网用户数达到 1355 万户，成为推动上海电信业业务市场发展主力军。

2011 年，上海电信着力推进“城市光网”和“无线城市”建设。2012 年 8 月 7 日，市政府与中国电信集团公司签署共同建设上海“智慧城市”2012—2013 年战略合作协议，中国电信两年内投资 140 亿元，参与建设上海“智慧城市”。2015 年，上海电信业务总量 780.3 亿元，电信业务收入 531.8 亿元，非话音业务收入 392.5 亿元。电话用户总数 4057.2 万户，其中固定电话用户 797.3 万户，移动电话用户 3259.9 万户。互联网网民 1773 万人，移动互联网用户 2569.3 万户。2020 年，上海电信业务收入 595.8 亿元，电信利润总额 98.6 亿元，固定互联网宽带接入用户 919.0 万户。电信业务收入中，固定通信业务收入 337.8 亿元，固定电话主叫通话时长为 84.3 亿分钟。移动通信业务收入 258.0 亿元，移动电话通话时长 841.8 亿分钟，移动短信业务量 840.4 亿条。2022 年，上海电信业务总量（2021 年不变单价），累计达 575.4 亿元，电信业务收入达 671.0 亿元，电信利润总额 111.5 亿元。至年底，上海的固定电话普及率为每百人 25.0 部，移动电话普及率为每百人 178.1 部。

资料链接：

《上海通志》第三十卷

《上海邮电志》

《上海市志·邮政·电信分志·邮政业卷（1978—2010）》

《上海市志·邮政·电信分志·电信业卷（1978—2010）》

交　　通

JI JIAN SHANG HAI ZHI

上海地处东海之滨，扼长江入海之咽喉，河网纵横，水运条件得天独厚。宋代，青龙镇成为上海地区最主要的外贸港口。北宋嘉祐七年（1062年），青龙港已与日本、新罗等国通航，与江浙的苏、常、杭、湖等州辟有较固定的内河航线，南方沿海诸州每年有船到港。南宋末期，位于吴淞江支流上海浦的上海镇港开始崛起，成为上海地区新的对外贸易港。元代，漕粮海运兴起，上海至天津沿海航线辟通。明永乐二年（1404年），黄浦江初步形成，港口条件大为改善。永乐九年（1411年）起，漕粮运输弃海路而走大运河，长江、内河水运兴盛。清初短暂禁海后开禁，上海港迅速成为全国四大外贸口岸之一。至鸦片战争爆发前，上海有多条南北沿海航线，并与宜昌以下长江各埠和大运河沿线的主要港口通航。

上海开埠后，外国商船纷纷驶抵上海，国际、国内航线不断新辟。清咸丰三年（1853年），上海港一跃成为中国第一外贸大港，进口货值占全国59.7%。19世纪60年代，小车、榻车、老虎车等陆路运输工具先后出现，上海“有舟无车”历史结束。同治二年（1863年），英商建中国第一条营运铁路吴淞铁路。同治十一年（1872年），第一家中国人办轮船招商局在沪成立，成为中国最大的轮船公司。至甲午战争前，上海水上货运量每年在350万～380万吨。同时，公路、铁路运输逐步发展。公共租界、法租界开始兴筑近代城市道路和桥梁，并几度扩大规模越界筑路。光绪二十七年（1901年），首批两辆汽车从国外输入上海，此后汽车逐渐增多。光绪三十四年（1908年），第一条从静安寺到上海总会（今广东路外滩）的有轨电车开辟。光绪三十四年、宣统元年（1909年），沪宁、沪杭铁路先后建成，成为通向国内各埠的陆路运输大动脉。中华民国成立后，上海交通运输业进入全面快速发展期。1929年，第一条民用航空沪宁线开辟。至全民族抗战爆发前，上海成为远东位居前列的港口城市和航运中心，公共电车交通网初步形成，铁路、公路运输、民用航空业等各种运输规模均在国内居领先地位。抗战期间上海交通运输业损失巨大，抗战胜利后得到复苏发展。1949 年上海解放前夕，国民党军队对上海的交通运输基础设施进行破坏和劫掠。

上海解放初，市人民政府迅速组织恢复运输生产。“一五计划”期间，全市码头、水运、公路运输等行业完成对私营工商业改造，建立国营企业，铁路部门运力增长，民航开始恢复部分国内航线运营。至 1957 年，上海港货物吞吐量增至 1649 万吨，长江水路客运量上升至 615.24 万人，铁路货物到发量比 1950 年增长 69%，民航经营国内 9 条航线通航 125 个城市。1958 年，上海市公共交通公司成立，并逐步投放新型国产无轨电车。1958—1978 年，上海交通运输业排除干扰，自力更生，持续发展，为上海经济和支援全国作出巨大努力。

1978 年改革开放后至 2012 年，随着上海经济建设的深入发展，交通运输业基础建设速度加快，交通运输工具不断更新，经营管理由计划经济转向市场经济，运输生产能力和成就举世瞩目。自 20 世纪 90 年代起，上海国际航运中心建设开始起步，先后建成外高桥新港区、洋山深水港和长江口深水航道治理等重大工程，实现从黄浦江、长江走向海洋的三步跨越。2005 年，上海港货物吞吐量达 4.43 亿吨，成为全球货物吞吐量第一大港。2010 年，集装箱吞吐量达到 2906.9 万标准箱，成为全球第一大集装箱港。2012 年以后，上海交通运输业实施交通强国战略，大力推进绿色交通、智慧交通，实现了高质量发展。海洋、江河运输业，海事、救捞、船舶检验，筑港和航道工程，港机生产，以及各类航运服务业，随着上海国际航运中心的深入推进而得到长足发展。城乡道路建设实现跨越式进步，公路运输、城市公共交通运能水平全面提升，公共汽电车、轨道交通、出租汽车一体化城市公共交通体系逐步优化、完善。铁路、民航基建投入达到新的高度，1987 年建成铁路上海新客站、2006 年建成铁路上海南站、2010 年建成上海虹桥火车站，先后完成虹桥国际机场、浦东国际机场航站楼多个轮次改扩建、新建工程，上海全国铁路枢纽、国际航空枢纽功能水平进一步提升。2019 年，上海全市交通货物运输量 10.96 亿吨，对外旅客发送量 21126 万人次。上海港货物吞吐量完成 7.20 亿吨，其中内贸 3.24 亿吨，外贸货物 3.96 亿吨，集装箱吞吐量 4330 万标准箱。

2022 年，上海在“新华 · 波罗的海国际航运中心发展指数”排名继续保持世界第三，上海港集装箱吞吐量突破 4730.3 万标准箱，连续 13 年蝉联全球第一。总部在上海的中国远洋海运集团有限公司经营船队综合运力达到 11383 万载重吨 /1394 艘，排名世界第一。

2022 年底，全年交通货物运输量 14.14 亿吨，其中铁路 0.05 亿吨、公路 4.48 亿吨、水路 9.57 亿吨、航空 0.03 亿吨。上海港货物吞吐量完成 7.32 亿吨，其中内贸 3.34 亿吨、外贸 3.99 亿吨。全年对外旅客发送量 5745.23 万人次，虹桥、浦东两大机场共起降飞机 32.70 万架次，旅客吞吐量2889万人，货邮吞吐量0.03亿吨；全市公共交通客运量311331万人次，运营轨道交通线路20条，线路总长度831公里，日均客运量624.45万人；完成铁路旅客发送量3.46亿人，全市公路货物运输企业完成货运量4.48亿吨。

港　口

上海港，前瞻东海，背负太湖，南临钱塘，形成于隋唐，发迹于宋元明，兴盛于清前期。宋代，青龙镇港成为上海地区最主要的外贸港口。南宋中期，港口位置逐渐向海口迁移。南宋末期，位于吴淞江支流上海浦的上海镇港开始崛起，成为新的对外贸易港。明永乐二年（1404年），黄浦江初步形成，码头渐次集聚于上海县城东门至南门外的黄浦江畔。清康熙二十四年（1685年），上海跻身全国四大口岸。鸦片战争前夕，上海是全国最主要的江海中转枢纽港，被誉为“沙船之乡”，货物吞吐量接近200万吨。

开埠后，外国商船纷纷驶抵上海，并在外滩沿江建设驳船码头。清咸丰三年（1853年），上海超过广州跃升为全国最大外贸口岸。19世纪60年代，外商开始在虹口和浦东沿江建造轮船码头。同治十三年（1874年），轮船招商局开始拥有第一座码头，结束了没有中国人自己的轮船码头的历史。从光绪三十二年（1906年）至1934年，上海持续进行大规模的黄浦江航道整治，钢筋混凝土框架结构码头改建，添置机械化码头装置等工程。1928年上海港进出口船舶净吨位在世界大港中名列第14位，1931年升至世界港口第7位，货物吞吐量居世界港口第15位，已是远东国际航运中心之一。至1936年，黄浦江两岸主要码头有77座，总长度11056米。全民族抗战期间，上海沦陷，上海港走向衰落，沦为日本军国主义掠夺中国的重要中转基地。抗战胜利后，上海港经短暂复苏，随即衰落。1949年，上海港全年完成货物吞吐量仅149万吨，且大部分是5月上海解放后完成的。

上海解放后，港口主权回到人民手中，装卸机械逐步添置，焕发勃勃生机。1957年全市完成港口货物吞吐量1649.4万吨，恢复至上海解放前最高水平；海港有公用码头泊位69个，码头总长度8390米，其中万吨级泊位12个。1958年至改革开放前，上海港在曲折中探索发展。尤其是1973年起，响应周恩来总理提出的“三年大建港”号召，港口吞吐能力和机械化程度有较大提升。1978年，上海港口货物吞吐量达到79546万吨，领先国内其他港口。

改革开放后，随着国民经济和对外贸易快速发展，上海港设施能力不足的矛盾日益凸显，压船、压货形势十分严峻；与国外主要大港相比，在集装箱运输、管理水平和机械化程度等方面存在较大差距。于是上海港以建设集装箱码头和老港区改造、外移为重点，先后新建了朱家门、关港、宝山、罗泾、外高桥等新港区以及宝钢等大型码头，改造了一批设施陈旧的老码头。装卸生产从劳动密集型向技术密集型转变，港口布局重心开始从黄浦江两岸向长江口南岸转移，结构上实现了从以煤炭为主向以集装箱为主的转变。1984年，上海港跻身亿吨大港行列。1990年，上海海港货物吞吐量达到1.4亿吨，旅客吞吐量1121.3万人次，内河专业装卸企业完成装卸操作量3730万吨，分别比1978年增长1.75倍、1.75倍和2.77倍。1993年，上海港集装箱综合发展有限公司与香港和记黄埔合资56亿元，组建全国最大的集装箱码头企业——上海集装箱码头有限公司。1996年1月，上海国际航运中心建设正式启动。1997—2000年，上海港实施外高桥港区一期集装箱码头改造工程和二期集装箱码头新建工程。同时实施了长江口深水航道治理一期工程，8.5米水深全线贯通。至2000年，上海港共有生产用泊位319个，其中万吨级泊位98个，码头总长度39公里，年吞吐能力17981万吨，完成货物吞吐量首次突破2亿吨，达到2.04亿吨，世界排名升至第2位；集装箱吞吐量561万标准箱，跃居世界第6位。旅客吞吐量在公路、铁路和航空运输的激烈竞争下，仍保持1063.3万人的规模。内河港也在城市建设中发挥重要作用，装卸的建材量占上海城市基本建设需求量的3/4以上。

21世纪始，上海港口围绕国际航运中心建设，开启从黄浦江、长江走向海洋，从老港、大港跃进世界强港的征程。上海港在外高桥港区先后建成三、四、五期集装箱码头工程，六期集装箱码头和滚装码头工程；在洋山深水港区先后建成一、二、三、四期工程，其中建成于2017年的洋山四期码头为全自动无人码头，技术水平全球领先。此外还建成上海港国际客运中心、吴淞国际邮轮码头等大型工程。上海港生产能力得到大幅度提升。2003年，上海港进入集装箱吞吐量1000万标准箱超级大港行列。2005年，港口货物吞吐量达到4.43亿吨，成为全球货物吞吐量第一大港。2007年，上海港超越香港成为世界第二大集装箱港。

2010年，上海港货物吞吐量达到6.5亿吨，继续保持全球第一；集装箱吞吐量达到2906.9万标准箱，超过新加坡港成为全球第一大集装箱港；共接邮轮107艘次、出入境游客26.16万人，其中母港邮轮60艘次、17.02万人。汽车接卸量超过70万辆，成为中国最大的汽车进出口岸。2017年，上海港旅客吞吐量352.5万人，货物吞吐量7.51亿吨，其中海港完成7.05亿吨。全港外贸货物吞吐量4.1亿吨，集装箱吞吐量4023.3万标准箱。2020—2022年，受新冠肺炎疫情影响，旅客吞吐量下降明显。2022年，上海港旅客吞吐量2.94万人，货物吞吐量7.32亿吨，其中海港完成6.71亿吨。上海港完成外贸货物吞吐量3.99亿吨，集装箱吞吐量4730.3万标准箱，连续13年蝉联全球第一。

资料链接：

《上海通志》第二十八卷　　《上海港志》　　《上海市志·交通运输分志·港口卷（1978—2010）》

江河运输

上海地区河网密布，古近代交通主要依靠水运。唐、宋之际，沿吴淞江的内河运输推动着华亭镇、青龙镇等古代城镇的繁荣。宋、元之际，上海地区的航运中心逐渐向位于吴淞江支流的上海镇港转移。明永乐元年（1403 年）至正德年间（1506—1521 年），黄浦江形成，吴淞江与黄浦江合流，直通长江入海口，上海内河航道主干道由吴淞江转到黄浦江，江河交通运输能力大幅提升，并逐步开辟由内河至华中、华北地区的水运线路。明代，上海创办第一支官办专业运粮船队，有专门漕运船 40 艘，一次运粮 13200 石（约 792 吨）。清前中期，上海江河运输得到进一步发展。至鸦片战争前，上海有运输棉、豆、麦、布等大宗货物的商办专业船队，内河港口散布各县、镇。

上海开埠后，外国轮运势力汹涌侵入，强行划定停泊区，建造轮船码头，开办航运企业。上海本土江河航运业变革原有的木帆船，兴建“新式车渡”“木轮快船”进行抗争。同时，以上海为中心的长江运输业日益繁盛。清光绪八年（1882 年）始，江河运输定点定时的航班正式出现，主要航行于上海与苏州、杭州、嘉兴、湖州间。甲午战争后，外商、民族资本轮运企业展开激烈竞争。光绪二十三年（1897 年），仅上海至苏州航线客货小轮企业即有 7 家。至 20 世纪初，上海江河轮运输业渐成规模。宣统三年（1911 年），内河运输轮船达 381 艘。

中华民国成立后，上海江河运输业保持快速增长势头。1912 年，上海经营内河运输的企业有 50 余家，航线覆盖苏、浙、沪，企业数、轮船量、航线密度在全国均名列前茅，形成轮船以客运为主、客货兼运，木帆船以货运为主、捎带客运的运输格局。1927 年上海特别市成立后至 1937 年全民族抗战爆发前，上海江河运输业一度繁荣。1936 年，上海江河轮运企业多达 270 家，轮船 314 艘，载重 25550 吨，航线由苏、浙、沪延伸至皖、赣、鄂等沿长江省份。长江口岸重庆、汉口、九江、芜湖、镇江等，自上海上下水运输茶叶、桐油、蚕丝、棉花、粮食等货物，数量日益增大。其中，太古、怡和、日清、招商局四大公司在长江航线的载货量达 110.82 万吨。全民族抗战期间，上海江河运输业受损严重，陷入困境。抗战胜利后，江河运输业一度复苏，后因战事复遭摧残。

上海解放后，江河运输业积极恢复生产。1956 年，上海江河运输业完成对私改造。公私合营的长江航运管理局上海分局、上海内河航运公司等成为主要运输力量，开始占据上海江河运输主导地位。1959 年 1 月，国营上海市内河运输公司成立，同年底有运力 3.46 万吨。同时，社会企事业单位自建大量内河运输队伍，1961 年达 160 家，运力 8 万余吨。运输船只，以蒸汽机船、木帆船、拖轮船队为主。 1965 年，上海内河运输单位完成货运量 1101 万吨，客运量 302 万人，上海长江航运单位完成货运量达 900 余万吨。“文化大革命”中，上海江河运输受到较大冲击，运输能力骤降。

改革开放后，上海江河运输业跃入繁荣发展时期。上海长江航运单位对运力进行全面技术改造，柴油内燃机更替蒸汽机，全面更新老旧客轮、拖轮和铁驳，运输能力得到较大发展。至 1990 年，上海长江航运单位共有运输船舶 299 艘，载客量 2.7 万人，载货量 45 万吨。内河航运单位通过管理体制改革，焕发勃勃生机。1990 年，上海内河航运有各类经营运输企业和个体联户 2932 家（户），全社会运输船舶 12564 艘。1984—1990 年，每年通过内河集疏运的上海港物资达 6000 万吨以上。1990 年浦东开发开放后，上海江河运输积极转换结构。上海长江轮船公司出江入海，发展海运，探索发展集装箱运输，2000 年完成货运量 1958 万吨，其中海运量达 1401 万吨。长江客运在 20 世纪 90 年代前期稳定增长，上海至九江、重庆等的长江旅游线陆续开辟。1992 年，长江客运量达到 740 余万人次。90 年代中期后，长江客运在民航、高铁冲击下，快速萎缩。1999 年，上海长江轮船公司完成客运量 113.67 万人。同期，上海内河运输运力结构、企业结构、货种结构逐步转换，主要由非上海籍船舶为城市建设运输建材。进入 21 世纪，随着经济社会的快速发展，城市工业布局的调整，江河运输功能持续转换，主要集中于货运；集装箱船趋于标准化，滚装船趋于系列化，危险品运输船舶、干散货船舶趋于大型化，货运船舶自航化替代了驳船拖带化，游览船趋于精致豪华化；船舶自动识别系统、卫星定位系统、测深仪、雷达等现代设备广泛应用，推动船舶现代化。2002 年起，上海内河建材运输持续兴旺。内河运输有建材运输，废弃物运输，危险品运输，对江滚装（车辆渡）运输，农、杂散货运输五大运输系统；初步形成以闵行、松江、青浦等区为主的建材集散基地，以金山、崇明等区县为主的危险货物集散基地，以浦东新区（前南汇区）老港为废弃物主要填埋场的三大运输基地。内河客运，主要集中在崇明、长兴、横沙三岛客运和浦江游览。至 2022 年，上海内河航道总里程 1665.23 公里。长江货运稳步增长，2022 年，上海长江轮船有限公司完成集装箱运输 91 万标准箱。

资料链接：

《上海通志》第二十八卷

《上海长江航运志》

《上海内河航运志》

《上海市志·交通运输分志·江河运输卷（1978—2010）》

海洋运输

上海面海负江，唐代，青龙镇港已有海内外来船。日本遣唐使，多次从青龙港进出。宋代，青龙港、华亭港与沿海港埠间贸易主要集中于南方沿海；远洋贸易，中国木帆船远航至日本、新罗等地。南宋末年，由于河道淤浅，远洋运输逐渐萎缩。元至元十九年（1282年），始辟上海至今天津的北方沿海漕运航线，以上海为集散中心的漕粮海运盛极一时。明前期，郑和从刘家港出发七次下西洋，极大促进了上海沿海运输和与国际间的水上贸易联系。同时，北方沿海运输受大运河疏浚恢复影响，几近湮废。明嘉靖年间，倭寇猖獗，实行“锁海政策”，海洋运输一度衰落。清康熙二十三年（1684年）海禁解除，海运贸易得以恢复和发展。至鸦片战争前，上海海运贸易达到前所未有的繁荣景象，远洋运输主要有东北亚日本、朝鲜，东南亚新加坡、菲律宾、泰国等国，国内沿海口岸大都与上海沿海运输联系密切。

上海开埠后，西方殖民者纷至沓来，上海海洋运输一度被外商独霸。清道光三十年（1850年），英、美轮船公司先后开辟上海与香港、纽约间的航线，另外，还有部分外商轮船来往于上海与澳洲、南洋各埠间。沿海运输中，传统依靠人力、风力的沙船及其他江海木帆船，在与外商轮船的竞争中急剧衰落。同治十一年十二月（1873年1月），官督商办的轮船招商总局成立，首先开通沿海航运及上海至日本神户、长崎航线，并不断新辟航线，打破外商垄断局面。随后，在外国航商及政府的联合抵制和打击下，轮船招商局的远洋运输业务举步维艰，光绪九年（1883年）中法战争爆发后全部停顿。清末至1937年全民族抗战爆发前，上海海洋运输业总体由外商操纵，表现为外国海洋运输业对中国海洋运输业的排挤、与中国海洋运输业的反排挤，外国航商之间的竞争愈演愈烈。日本发动全面侵华战争后，上海海洋运输业遭受空前劫难，仅轮船招商局就损失船只 73 艘、8 万余载重吨。抗战结束，历经短暂复苏，内战再起，至上海解放前，海洋运输业陷于瘫痪状态。

上海解放后，外商航运企业撤离，人民政府接管轮船招商局等官僚资本航运企业，并积极发展海上运输业，恢复航线。1956 年，上海海洋运输业社会主义改造完成，合并成立全民所有制的上海海运局，主要经营沿海运输，并先后恢复上海至宁波、青岛、大连、温州等港埠客运航班。因美国操纵联合国大会通过对中国禁运的决议，上海的远洋运输几乎中断，主要依靠租用外国商船承运货物。1964 年 4 月，中国远洋运输公司上海分公司成立，同年 6 月始航朝鲜、日本航线。“文化大革命”中，上海海洋运输业顶住冲击，保持了动乱中不断航，船舶增加，运力增长，远洋运输航线也有所增加。至 1978 年，上海远洋运输业有船 136 艘，215.7 万载重吨；沿海运输船保有量达 126.8 万载重吨。

改革开放以后，上海海洋运输业加快改革，逐步放开搞活，政企分开，转变职能，步入快速发展期。1978 年，上海海运局率先打破沿海运输企业只能从事沿海运输的局限，实行沿海与远洋运输并举。1983 年起，突破所有制束缚，集体、民营和中外合资运输经营者纷纷进入上海海洋运输业，形成以国有航运企业为主，多种经济成分和多种经营方式并存的市场化格局。上海至沿海各港埠客运持续增长，“淡季不淡，旺季更旺”；货运主要集中在能源物资运输，日益繁忙。20 世纪 90 年代初，因陆上、空中交通的快速发展和替代，上海沿海客运市场逐步萎缩。远洋运输范围逐步扩大，1978 年 9 月，首辟上海也是中国大陆第一条集装箱班轮航线——中澳（澳大利亚）航线。至 1992 年底，上海远洋运输船队已发展成一支拥有集装箱船、滚装船、多用途船、干散货船、油船、客货船和液体化学品专用船等多类船型的综合性船队，已开辟上海通往世界各大洲的集装箱班轮航线 38 条，每月可发出 68 个航班，环太平洋沿岸 15 个国家 40 多个港口的货箱都能及时、安全运抵。1996 年 11 月，上海航运交易所组建成立。1997 年 7 月，新组建的中海集团将总部设在上海。1998 年 1 月，中远集团亦在上海成立中远集装箱运输有限公司。同年 4 月，中外运集装箱运输有限公司也入驻上海。由此更多货运代理、船舶代理、无船承运人、船舶管理公司和外商航运企业被吸引进驻，航运要素快速在上海集聚。至 2000 年，上海在全球 12 个主要航区都有航班运营，从上海港始发的集装箱班轮航线通达全球 120 多个港口。在国内航运市场上，上海海洋运输通达长江流域、珠江流域和沿海各港，已形成联通全国 40 个港口、有 10 多家航运公司加盟的内贸集装箱水运网。

2001年12月，中国正式加入WTO，外商进入中国航运市场的规模扩大。包括全球最大的20家班轮公司在内的大批境外航运企业纷纷落户上海，中外航运公司集中的北外滩东大名路被称为“航运一条街”。至2002年5月，北外滩地区已集聚近千家航运服务类企业，其中包括上海航运业的三大主力中海集团、中远集运和上海国际港务（集团）股份有限公司的总部。2005年底，上海国际航运中心洋山深水港区正式开港，大大优化了大型船舶及特种船舶靠泊上海港的条件，上海港成为国际航运业重要的干支线节点。至2008年底，上海港每月开出的国际国内集装箱航班已达2258班，其中国际航班1098班，在上海注册的国际海上运输及其辅助业经营企业有1091家，注册登记的经营国际海上运输及其辅助业的外商驻沪代表机构达295家。至2010年，世界三大邮轮集团均已在上海设立分支机构和企业，并开设多条以上海为母港的区域邮轮旅游航线，软、硬件设施日臻完善，上海已成为亚洲地区最大和最先进的邮轮母港之一。同年，在上海注册的沿海运输船舶已达478艘（内含客船3艘），970万载重吨，3.67万标准箱位，996人载客量；远洋运输船舶382艘（内含客货轮3艘），2103万载重吨，89.33万标准箱位，856人载客量。2011年后，随着上海“建设航运中心”的加速，海洋运输业持续快速增长。2016年2月，由中国远洋运输（集团）总公司和中国海运（集团）总公司重组的中国远洋海运集团有限公司在上海成立，同年底，经营船队综合运力8041万载重吨，船舶总数1056艘，排名跃居世界第一。至2020年，上海基本建成航运资源高度集聚、航运服务功能健全、航运市场环境优良、现代物流服务高效，具有全球航运资源配置能力的国际航运中心。2022年底，上海海洋运输除有国际客货轮定班航行中日、中韩航线外，与亚洲、欧洲、美洲数十个国家和地区间均有国际邮轮往来。至2022年，上海沿海客运尚存至舟山短途客运或旅游航线。

资料链接：

《上海通志》第二十八卷

《上海沿海运输志》

《上海远洋运输志》

《上海市志·交通运输分志·海洋运输卷（1978—2010）》

公路运输

上海地属江南水乡，湖沼密布，港汊纵横，自古主要依靠水路交通，颇得舟楫之便。13世纪末上海建县时，陆路仅有人力货物搬运和轿舆客运。至开埠前，上海在交通方面依然是“有舟无车”。

上海开埠后，英、美、法等国胁迫清政府，先后在上海开辟租界，开始兴筑近代城市道路和桥梁，城区范围也随之拓展。19世纪五六十年代起，小车、马车、榻车、黄包车等陆路运输工具纷纷在上海出现。至八九十年代，小车成为上海使用最广泛的陆路运输车辆。清光绪二十五年（1899年），仅公共租界就有捐照小车4505辆。光绪二十七年（1901年），由匈牙利人输入的2辆汽车出现在上海。此后，汽车逐年增多，先用于客运，后及于货运。宣统三年（1911年），在公共租界捐照的汽车有217辆。中华民国成立后，龚福记运输行等3家全国最早的城市短途汽车货运企业于1912年在沪开设。上海陆路运输进入人力车和汽车长期并存、相互补充、此消彼长的时期。第一次世界大战至1937年全民族抗战爆发前，上海工厂林立，外来人口剧增，埠际贸易和外贸高涨，汽车客货运输业高速发展。上海汽车保有量持续增加，单车载重量增大，超长车、倾卸车、油罐车、汽车挂车开始投入运营，载重20吨、25吨的大型陆路运输工具平板车得到应用，长途汽车客运迅速形成。至1936年，上海华界、租界汽车保有量约5000辆，在公共租界捐照的榻车、老虎车、小车超过2.1万辆。1937年全民族抗战爆发后，上海租界经济一度畸形繁荣，部分运输行增添新车，扩大货运业务。1941年太平洋战争爆发后，日军进占公共租界，上海汽车运输跌入低谷。同时，三轮、四轮人力拖车（黄鱼车）在沪上出现。抗战胜利后，上海汽车、黄鱼车保有量迅速增加，榻车、老虎车也有所增加，客运、货运两旺。至上海解放前夕，全市有近10家公路长途客运企业，客车数十辆，班线最长运距142公里；营业人力货车2.37万辆；有600余家汽车运输行、营业货运汽车2628辆。

上海解放后，迅速恢复公路客货运输，成立国营上海搬运公司，并分批分阶段对全市私营汽车货运业、人力车货运业实行统一承揽业务、统一调配人力和车辆、统一运价的“三统”政策。1956年1月，全市私营汽车货运业实行全行业公私合营，全部私营货运汽车由公路交通部门的国营企业合并经营。至1957年底，市公路交通部门的直属企业拥有全市59%的民用货运汽车和1.44万辆人力货车。同年，全市公路货运量达2585万吨。1958年，上海、嘉定等县由江苏省划属上海，除上海至无锡等个别客运线路，其余均改为市内公共交通市郊线路。1958年至“文化大革命”前，榻车、拖车等大量淘汰，主要依靠汽车运输，运力得到较大提高。至1965年底，上海公路交通部门有营运汽车2993辆，完成年货运量3163万吨。“文化大革命”中，上海公路运输业受到严重干扰，生产和管理体制一度混乱。1970年后，沪苏、沪皖、沪浙间新辟一批长途汽车客运线。1976年，全市民用货运汽车保有量较1965年增长3.3倍，货运量仅增长1.1倍。

改革开放后，上海公路运输业拨乱反正，迅速恢复秩序，稳步推进市场化改革，运能得到快速提升。1985年起，上海引导公路运输多家经营，有序竞争，支持多种经济成分的企业和个人参与公路运输经营。1987年，上海公路货运业的非公经济、混合型经济实体，已占全市公路货运经营户总数的82.2%。客运方面，1982年始，上海连年新辟公路客运班线。至1990年末，全市班车客运线路从1978年的15条发展到286条，线路终点站分布区域，从1978年的苏、浙、皖三省的苏南、浙北、皖南三地，扩展至苏北、浙中、浙东、浙南、皖中、皖北地区的诸多市镇，以及鲁、赣、闽、豫四省的个别市镇。公路货运方面，1978年、1979年，先后组建全国第一个集装箱公路集疏运输专业车队，开辟第一条定点定向的公路零担（整车）货运班车线路。1985年，全市汽车货运量首次突破2亿吨。1990年末，全市已有公路零担（整车）货运班车线路112条，货运网络已覆盖除台湾省以外的全国各地。1990年，上海公路运输业完成客运量逾1800万人，货运量2.41亿吨。20世纪90年代，随着上海市境内国家高速公路市境段和省级高速公路不断建成，全市高速公路客运、快速货运迅速发展。现代物流业在上海开始兴起并稳定发展，促使全市传统的、单一的公路货物运输加快融入物流业，起步向综合信息技术的物流配送转型，向公路运输一体化、集约化、品牌化、智能化、国际化发展。2000年，全市公路货运业中的中外合资企业、中外合作企业、外资企业三类企业4630家，有货运车辆1.22万辆车，民营货运企业2700多家，货运汽车4500多辆，公路大件运输和集装箱运输、长途零担（整车）货运等不断发展。公路客运也向非公有制资本开放，1993年全市第一家民营企业成立。2000年，上海共有2.27万辆营运公路客车，公路班车客运日发2552个车班，全年发送旅客1283万人次。

进入21世纪后，上海公路运输业不断完善枢纽场站设施建设、提高运输组织效率、规范车辆使用和严格运输节能、环保要求，逐步实现专营化、集约化、社会化。2005年10月，上海市陆上货运交易中心组建，主要承担公路货运交易和信息发布功能。2003—2010年，全市进行“三主（站）、七辅（站）、四旅游（站）、若干过境（配载）站、一（信息）平台”建设，按照与铁路、航空、水路运输衔接的原则，完善、优化公路客运站点布局，市区、市郊公路客运站达到35个。公路客运继续开辟大量新线，进一步增加线路密度、扩大线路终点站分布面。2010年末，上海公路客运班线已通达除新疆、青海、西藏、黑龙江、吉林、天津以外的24个省市的181个地（市）、588个县（市）。2001年起，全市公路旅客运输发送量连续较快增长，2019年达3167万人；2020—2022年，受疫情影响大幅度下降。2022年，全市有客运企业134家，客运站22座，营运车辆9224辆。同期，公路货运发展不遑多让，形成集装箱、大型物件、冷藏保温、危险品、商品车、商品混凝土等多种货类的专营运输，具备市民和企业搬场、城市货运出租、城市物流配送、省际零担（整车）货物、租赁等多种服务功能。全市公路货运量连年增长，2021年最高达52899万吨。2022年，全市有公路货物运输企业2.1万家，营运车辆25.81万辆，车辆总吨位367.82万吨，完成货运量44846.31万吨。

资料链接：

《上海通志》第二十九卷　　《上海公路运输志》　　《上海市志·交通运输分志·公路运输卷（1978—2010）》

城市公共交通

简便客运　上海开埠前，陆上客运工具只有轿子。开埠后，随着城市经济发展的需求和道路的不断开辟，马车、小车、人力车等简便客运工具纷纷用于营业。19世纪60年代，江苏一带的农用独轮小车逐渐流入上海，既可载客又可装货，发展较快。19世纪70年代初，上海独轮小车约有3000辆，到20世纪20年代达1.2万余辆。马车初为外商从欧洲引进的自备代步工具。清同治八年（1869年），公用马房在租界获准经营出租马车及马匹、马车配件等业务。人力车于同治十二年（1873年）由日本输入，翌年获准在租界营运。人力车两轮较大，拉车速度比小车快得多，乘坐舒适，车资不高，发展极快，宣统三年（1911年）全市有公共租界捐照的人力车达6508辆。20世纪20年代起，公共汽车、电车和出租汽车、私人汽车大量发展，简便的非机动车辆显得背时且有碍交通安全，租界当局逐步限制小车、马车的行驶。1929年，租界当局停发营业轿子执照，自此营业轿子在上海租界消失。营业马车在抗战胜利后已为数不多，1956年全部淘汰。上海解放后，停发独轮小车营业执照。上海解放时，尚有人力车3600余辆，直至1956年2月被全部淘汰。

脚踏三轮车最初于1923年出现在上海街头，抗日战争时期大量发展，加之大批人力车被改装，上海解放时营业三轮车总数达2.6万余辆，20世纪五六十年代成为城市客运交通中一支庞大的队伍。1955年，上海市制定“加强管理、停止发展、逐步转业疏散”的脚踏三轮车行业改造方针。1955—1970年，全市共疏散人力车、三轮车工人56000人，裁减人力三轮车24688辆。70年代后，人力三轮车基本淘汰。1967年，首批75辆机动三轮车投入试营运，受到市民欢迎。1978年，上海市三轮车管理所辖下有10个机动三轮车队，机动三轮车1237辆。随着小客车投入出租汽车的营运，出租汽车逐步代替机动三轮车。至1987年，最后1156辆营业机动三轮车全部淘汰。

定线公共交通 上海城市公共汽电车交通始于租界。清光绪三十四年（1908年）3月，经4年筹办，上海首条有轨电车线路在公共租界辟驶运营，自静安寺至上海总会（今广东路外滩）。同年5月，法租界内亦继之开办有轨电车。1913年8月上海华界南市地区开创有轨电车事业。1914年公共租界开辟第一条无轨电车线路。1926年，法租界开辟无轨电车线路，大多数与公共租界线路连接并联营。1922年8月，上海首条公共汽车线路辟驶，由华商经营，自静安寺至曹家渡。此后，闸北与沪南地区也出现华商公共汽车公司。1923年、1927年，公共租界、法租界外商先后开办公共汽车营运业务。20世纪20年代，青浦、松江、闵行、川沙、南汇、宝山、吴淞以及崇明岛上，先后出现公共汽车客运企业运营。1925年8月，上海县周家渡至南汇县周浦镇铺设小型火车铁轨，将汽车橡胶轮改为钢轮，开通首条小火车线路。同年10月，从庆宁寺至川沙龚家路亦开通小火车线路。至1937年，上海的公共汽车、电车（包括长途汽车）和小型火车等各类公交车有900余辆、线路70余条。全民族抗战期间，上海的公共交通遭到日本侵略军的破坏。抗战胜利后，上海公共交通恢复发展，先后开辟线路10条。

上海解放后，由于帝国主义的封锁，汽油短缺，公交职工研制成功煤气发生炉，以煤气代汽油的白煤车维持营运服务。1950年3月，上海市公共交通公司成立。1952年11月、1953年11月，上海先后征用、代管原公共租界、法租界外商公交公司，分别成立上海市电车公司、上海市沪南水电交通公司。1954年9月浦东地区的3家私营企业被批准公私合营，合并成立公私合营上海市浦东公共交通公司。此后，其他民营中小型公共交通企业也被批准公私合营。1958年7月，新成立的上海市公共交通公司已包括被征用、代管的外商和公私合营企业，统一经营管理市内电车和公共汽车以及附属工业单位。随着原属江苏省的松江等10个县陆续划归上海市，这些郊县的客运交通，也归市公交公司统一经营。同年，上海至周浦的小型火车线停运。1958年以后，线路有新发展，淮海路和南京路上的有轨电车线路，更新为无轨电车营运；开辟新线路填补工人新村和新发展的工业区线网空白点；首创开辟通宵线；发展通往江、浙、皖省市际长途线；淘汰陈旧的有轨电车和小型火车，提高营运能力。1965 年，上海有公交车辆 2282 辆，其中公共汽车 1395 辆、无轨电车 598 辆、有轨电车 260 辆、小型火车 29 辆。

“文化大革命”期间，市公交公司受到影响，线路增长缓慢。1975 年，上海至川沙的小型火车线停运。

改革开放后，随着上海经济社会和城市建设的发展，市公交公司不断更新、增添车辆设备，新建停车场等设施，完善营运线网，在市区形成全日线、高峰线、通宵线的网络。为适应不同乘车需要，设置母婴和中小学生专车、机动车、厂区特约定班车、新村小区上下班直达车等，郊区乡镇都已通行公交车。1985 年，开始探索管理体制改革。1988 年 11 月，市公交公司改为上海市公共交通总公司，形成总公司、公司、车队三级管理格局。1986—1990 年，全市新建共和新路停车场等 6 座大容量停车场，扩建宝安路停车场等，新建保养场及一批汽车站，增加 1020 辆停车能力。1991—1995 年，上海共新辟线路 97 条，延伸 54 条，调整 205 条。南浦、杨浦大桥辟线通车，改善越江乘车条件。电车供电所浦东分所建成投产，浦江东西通电车。80 年代后，为弥补公共交通车辆无法满足不同层次乘客的不足，填补公交线网的空隙，上海出现小公共汽车等多种形式的专线车，经营专线车单位有 147 家，1995 年，专线有 468 条。20 世纪 90 年代起，上海公共交通加大改革力度，鼓励社会办公交，打破垄断，形成多家经营竞争格局，提升科技水平和服务质量。1992 年 6 月起，市公交总公司对所属的市郊汽车公司实行模拟独立核算，逐步走向自主经营、自负盈亏。1996 年 10 月，上海市公共交通总公司撤销。同年底，全市有公共汽电车企业 151 家。至 2000 年底，全市公共汽电车线路达 978 条。进入 21 世纪后，上海公共汽电车线路进一步优化调整，减少市区重叠线路，增加新建住宅、郊区新城以及与轨道交通接驳线路。自 2001 年起，每年有 100 多条甚至 200 多条公共汽电车线路得到优化调整。2010 年，全市有公共汽电车运营线路 1165 条，线路长度 23130 公里，95% 的郊区行政村均有公交通达。2006 年 8 月，超级电容公交车在上海 11 路试运营，这是全世界首条投入商业运营的超级电容车公交线路。2010 年上海世博会后，纯电动车、油电混合动力车等新能源车大批量投入城市公共交通运营。2012 年，金山至上海南站市域铁路开通，全长 56 公里，沿线设 9 座车站，最高运营时速 160 公里。2014 年 7 月，上海最后一批老式无轨电车退役，保留的 12 条无轨电车线路全部使用新型“即充式无轨电车”车辆。至 2022 年底，全市共有地面公交企业 33 家，运营线路 1569 条，运营路线总长度 24055 公里，运营车辆 16092 辆，日均客运量 224.33 万人；金山铁路日均开行 37.5 对，客运量 1.46 万人。

宣统三年（1911年）上海创办首条轮船渡运航线。至20世纪80年代后期，每天乘轮渡的市民达100多万人，全年轮渡客运量约达3亿人，但黄浦江两岸轮渡“过江难”矛盾仍比较突出。20世纪90年代，随着过江桥隧的不断开通，渡运客运量日趋减少。1997年12月，苏州河上最后一个渡口关闭。2022年，城市轮渡日均客运量4.18万人。

出租车　清光绪三十四年（1908年），美商在上海首先开办经营汽车出租业务，租费按行车时间计价，后成为上海出租车计价标准。至1913年，上海有9家出租企业，车辆43辆。车费每小时4～6元（银元），乘客主要是外商和达官显贵。1918年后，一批中外出租汽车企业创办。1928年6月，上海汽车出租同业联合会成立，有会员46家。1935年11月，在公共租界登记的出租汽车企业增至107家，车辆1003辆。1937年11月上海沦陷后，租界内出租汽车业务保持繁忙。太平洋战争爆发后，汽油短缺，全市出租汽车一度全部停驶。抗战胜利后，出租车企业陆续复业，业务短暂增长，随即因物价飞涨，经营困境，正常运营的出租车不到400辆。

上海解放初，全市有出租汽车企业29家，出租车370辆。1956年，全市出租汽车全行业公私合营，组建上海市出租汽车公司，统一经营，共有185辆车。1956年7月起，出租小轿车租费改为按行车里程计价。“文化大革命”中，乘坐出租车被视作奢侈浪费，出租汽车公司一度都被撤销。改革开放后，出租汽车纳入城市建设发展的轨道，逐渐实现市场化经营。1983年起，上海出租汽车打破由少数单位经营的状况，开创多层次、多渠道办出租汽车的新局面。不仅全民企业得到了发展，集体、个体出租汽车也犹如雨后春笋般地出现，连农民也办起了出租汽车公司。以后上海还相继成立了中外合作、中外合资和股份制出租汽车企业。1984年全市有出租车企业29家。1992年上海首家汽车租赁企业成立。至1995年，全市出租汽车企业596家、个体经营户1067户，出租车36991辆，日均服务车次42.57万次。进入21世纪后，随着上海经济社会持续发展，出租汽车日益普及。2010年后，网络预约出租车出现，并快速发展，占据市场重要地位。至2022年，全市巡游出租汽车经营业户3050家，其中企业经营户107家、个体经营业户2943家；运营车辆数27515辆，其中区域出租汽车1816辆，日均营运里程559.9万公里，日均载客30.41万车次。

轨道交通　20世纪50年代末，上海开始探索地铁建设，1978年再度恢复试验。1985年3月，上海市地铁公司成立。1990年1月，上海地铁1号线开工建设。一期工程南起锦江乐园，北至上海火车站，长16.21公里，设车站13座。1995年4月，地铁1号线建成并试运营。同年，日均客流量 22.3 万人。1999 年 9 月，上海第一条贯通浦江两岸的轨道交通 2 号线（中山公园站至龙阳路站）建成投入试运营。2000 年 12 月，上海第一条高架轨道交通线路 3 号线（铁路南站站至江湾镇站）建成投入试运营，与 1、2 号线共同构成轨道交通“十字加半环”的网络雏形。2002 年 12 月，上海磁浮示范运营线实现单线通车试运营，成为世界上第一条也是唯一采用常导高速磁浮交通技术的商业示范运营线路，次年投入全面运行。2003 年 11 月，国内第一条采用高架轻轨制式的轨道交通 5 号线（莘庄站至闵行开发区站）通车试运营。2007 年 12 月，轨道交通“三线两段”（6 号线、8 号线一期、9 号线一期、1 号线北北延伸段、4 号线环通段）建成通车，初步形成“环线加射线”的网络化运营格局。外高桥保税区和松江新城等均有轨道交通通达，轨道交通已跨越全市 13 个行政区域，线网规模为全国之首。2010 年，轨道交通 2 号线西延伸段、东延伸段先后开通，直接连通浦东国际机场和虹桥国际机场，成为上海真正意义上的东西联动快速交通干线；轨道交通 13 号线世博段也在中国上海世博会前贯通，连接浦西、浦东的世博园区，实现世博会开幕前运营里程总长 428 公里目标。2010 年后，上海持续推进地铁线路建设。至 2022 年，全市运营轨道交通线路 20 条，线路总长度 831 公里；轨道交通车站 508 座，其中换乘车站 83 座；运营车辆 1218 列 7485 节；全年运营总里程 10109.36 万公里，日均客运量 624.45 万人。轨道交通（含磁悬浮和金山铁路）日均客运量占公共交通客运总量的比重达到 73.2%。

资料链接：

《上海通志》第二十六卷　　《上海公用事业志》　　《上海市志·交通运输分志·城市公共交通卷（1978—2010）》

航空运输

上海民用航空运输业始于 20 世纪 20 年代。1921 年，北洋政府在上海西郊辟建虹桥机场，为上海第一个民用航空机场，但迟迟未投入使用。 1922 年 11 月，原松沪护军使署龙华大操场改建为军用龙华机场，1929 年 6 月由国民政府航空署接管改为民用，1933 年末建成水陆两用机场，1936 年成为中国设施最为完备的民用航空机场。1929 年 7 月，沪蓉航线上海—南京段开航，初光运邮件，不寄包裹，次月始载客。同年 10 月，上海—汉口定期航班开航。为开辟欧亚国际航线，1931 年 5 月、12 月，1932 年 4 月，上海—满洲里、上海—迪化（今乌鲁木齐）、上海—西安航班先后开通。至全民族抗战爆发前，以上海为基地的中国航空公司、欧亚航空公司先后开辟上海至成都、北平、广州、迪化等 9 条国内干线，中国航空公司运送旅客 60926 人次，货邮 879 吨。欧亚航空公司自 1931 年成立至 1942 年，共运送旅客 4111 人次，货邮 200 吨。乘客主要是军政要员、缙绅富商，货运主要是丝绸、棉纺织品、医药器材以及出口的钨、锡、桐油等，还有包机运输的生熟金玉、钞票、证券等贵重物品。抗战期间，中国航空公司开辟"驼峰航线"，为大后方运载后勤补给物资。抗战胜利后至上海解放前，中央航空公司总部搬至上海，与中国航空公司先后开辟数十条国内、国际和地区航线，并为中国国民党接收沦陷区和败退台湾运输大量人员和货物。

上海解放后，市军管会接收龙华机场及中国航空公司、中央航空公司员工和资产。1949 年 11 月 9 日，新中国成立前被迫迁至香港的中航和央航宣布起义，返回内地，为新中国航空运输业提供主要人才和物质基础。1950—1952 年国民经济恢复时期，东南沿海受国民党残余势力干扰，航空器材、油料缺乏，因此上海航空运输的主要工作是健全组织，修复设备，恢复生产，同时经营少量不定期运输业务。1953 年起，上海航空业有计划地进行各方面建设。1956 年 12 月，中国民航局调配一个飞行中队给民航上海管理处。1957 年，上海至北京、广州、重庆、兰州的 4 条国内干线开辟，全年完成旅客运输量 6179 人、货邮运量 755 吨。上海航空运输业粗具规模。1958—1961 年，受"大跃进"等影响，上海航空运输受到严重影响，甚至发生飞机坠毁事故。1962—1966 年，上海航空运输实现突破性发展。1964 年 2 月，上海解放初期重建为军用机场的虹桥机场扩建为国际机场。同年 4 月，上海解放后首条国际航线通航，开辟巴基斯坦达卡—广州—上海航线。1965 年，上海民航完成旅客运输量 2.52 万人，货邮运量 3813 吨。1966 年 8 月，上海的国内航班亦全部由龙华机场转至虹桥机场。

"文化大革命"初期，上海航空运输业遭到严重破坏。1971 年后，随着中日建交，上海至日本大阪、东京航线开辟，并投入涡轮喷气大型客机。尽管上海航空运输业有所发展，但经济亏损仍较突出。

改革开放后，上海航空运输业不断深化体制改革，扩大对外开放，进入持续、快速增长阶段。1980 年，上海航空运输业开始企业化改革，民航上海管理局进行以经济核算制度和人事劳动制度为核心的一系列管理制度改革。1985 年 12 月，国内第一家由地方政府投资组建的航空企业——上海航空公司（简称上航）成立，打破航空市场由民航直属企业独家经营的局面，并在中国民航界率先走上商业化航空企业发展之路。自 1980 年起，民航上海管理局加快机型更新，先后引进波音、麦道、空客等中远程客机，改变机队陈旧落后的状况。1984年，虹桥机场候机楼进行扩建，设备全部进行更新。至1987年底，上海已有通往36个城市的70余条国内航线，初步形成以上海为中心，连接全国大中城市的区域性辐射航线网络，并且开辟6条国际和地区航线。同年，民航上海管理局完成旅客运输量208.9万人次、货邮运量5.3万吨、运输总周转量2.36亿吨公里。1988年6月，按照市场经济要求和中国民航政企分开、机场与航空公司分设的改革部署，分别组建中国民用航空华东管理局、中国东方航空公司（简称东航）和上海虹桥国际机场，极大地激发了上海航空运输业的活力。1990年浦东开发开放后，上海航空运输业抓住难得机遇，不断开辟国内外航线，增加航班。1991年8月，东航开辟第一条远程国际航线上海—洛杉矶航线。1992年6月，东航首条飞往欧洲的航线上海—北京—巴林—布鲁塞尔航线正式开通。1999年10月，浦东国际机场正式投入运营，上海成为全国第一个拥有两个民用机场的城市。2000年，与上海通航的城市增至128个，上海航空运输企业完成旅客运输量1172.94万人，货邮运量52.72万吨，虹桥、浦东两大机场合计完成旅客吞吐量1768.31万人、货邮吞吐量87.89万吨、起降航班16.05万架次，货邮吞吐量位居国内民用机场第一，旅客吞吐量、航班起降架次名列第二。进入21世纪后，随着中国加入WTO、2010上海世博会等重大活动举办，上海加快推进国际航运中心建设，促进航空运输业快速发展。2002年10月，虹桥机场国际、港澳航班全部东移浦东机场。东航不断进行联合重组，并于2010年完成与上航联合重组，同年占上海市场份额达46.2%。民营航空公司在市场中脱颖而出，2005年、2006年，春秋航空有限公司、上海吉祥航空有限公司先后成立。中外合资扬子江快运航空公司、长城航空公司等8家通用航空企业先后成立运营。同时，浦东机场持续建设，2005年、2008年、2015年，第二、三、四根跑道先后建成启用；2006—2017年，虹桥机场先后完成扩建工程，新建第二跑道，并实施航站楼改造等工程。随着旅客货邮运量的攀升，东航、上航持续增加在上海的运力投放，新辟航线，增加航点，提高主要航点航班频率，扩大航线覆盖面和市场占有率，拓展中转联运产品，加强中枢航线网络建设和结构调整，形成航班波。2019年，共有108家航空公司开通在上海的定期航班，连接全球51个国家和地区的314个通航点，其中国内通航点172个（含港澳台5个），国际通航点142个；虹桥、浦东两大机场共完成旅客吞吐量12179.1万人（含过站人数），货邮吞吐量405.8万吨。至2022年，基地设在上海的运输航空公司有中国东方航空股份有限公司、上海航空有限公司、春秋航空股份有限公司、中国货运航空有限公司、上海吉祥航空股份有限公司、金鹏航空股份有限公司、一二三航空有限公司、中国国际航空股份有限公司上海分公司、中国南方航空股份有限公司上海分公司、厦门航空有限公司上海分公司10家。同年，虹桥、浦东两大机场共起降飞机32.70万架次，旅客吞吐量2889万人，货邮吞吐量330.17万吨。

资料链接：

《上海通志》第二十九卷　《上海民用航空志》　《上海市志·交通运输分志·航空运输卷（1978—2010）》

铁路运输

上海铁路运输业起步较早。清光绪二年（1876年），英商擅自修筑的吴淞铁路通车，系中国第一条营业铁路，自上海（站址位于今河南北路与塘沽路交汇处）经江湾至吴淞镇，全长14.5公里，窄轨，轨距0.762米。次年，吴淞铁路由清政府赎回拆除；光绪二十四年（1898年），重建通车，更名淞沪铁路，全长16.09公里，采用1.134米标准轨距。光绪三十四年（1908年）7月，沪宁线通车，自上海站至南京下关车站（今南京西站），全长311公里。宣统元年（1909年），沪杭线通车，全长186.2公里。1916年，由上海北站至新龙华站的联络线建成，沪宁、沪杭两线得以衔接。之后，铁路客运上升较快。1937年，上海铁路共发送旅客1681.77万人，日均4.6万人。抗日战争全面爆发后，铁路乘客锐减。抗战胜利后，上海铁路运输客货运均有较大增长。1947年，上海铁路共发送旅客3752.82万人，日均10.28万人。1948年，货运量增至330万吨，并开办鲜活货物运输。至上海解放前，境内总计有沪宁、沪杭2条干线，淞沪、新日、真西3条支线，另有专用线3条。客运站主要是上海北站，货运站主要有麦根路站（后称上海东站）、日晖港站（后称上海南站、南浦站）和吴淞站。

上海解放后，上海铁路由人民政权接管，迅速抢修路线，至1949年底完成抢修任务，全面恢复通车。随着国家经济建设的展开，设施设备逐步增加和改进。1956年，在张华浜站建成全国第一个机械保温车辆段，担负易腐货物运输。1957年后，为配合上海近郊工业区的陆续开辟，铁路路网进行大规模改造和扩建，初步形成上海铁路枢纽框架。客货运量总体显著增长，上海地区铁路各站发送旅客由1951年的795万人增至1961年的1121万人；货运由1951年的578.7万吨增至1960年的2238.6万吨。1963年起至

“文化大革命”前，客运执行调整方针，年发送旅客徘徊在500万人左右，货运量逐年恢复。

“文化大革命”前期，上海铁路运输遭到严重冲击，1966年11月发生安亭站卧轨事件，铁路行车中断。1969年由沪宁、沪杭2条干线引入，建成布局比较合理的上海铁路枢纽。至“文化大革命”中后期，上海铁路运输生产勉强维持。

改革开放后，上海铁路不断推进体制机制改革，加快路网建设，更新技术装备，提升运输能力，铁路客货运输呈快速增长势头，步入快速健康发展的轨道。1979年起，上海铁路局先后在3个基层单位进行扩大企业经营自主权试点。次年，试点单位完成生产任务和安全情况都创历史最好成绩。1982年，上海铁路局全面推开扩权试点工作，解放生产力。1983年3月，真如站客运场站扩建后，首次办理图定管内旅客列车到发业务，并于1984年1月开始办理直通旅客列车到发业务。1984年，上海铁路地区旅客发送量2227.9万人，货运发送量1321.9万吨。1987年1月，华东铁路建设大会战打响，上海先后扩建南翔编组站上下行作业场股道及配套设施，建成上海新客站等重点项目，京沪全线采用大功率内燃机，延长部分车站站线，加强桥梁、调整曲线，通信、信号采用新技术装备，客货运服务及列车运行安全监测系统采用电子计算机等。至1991年，上海铁路局完成投资85.1亿元，建成新线473公里、电气化铁路513公里、复线620公里，上海市境内铁路总延长达670公里。同年，上海铁路地区旅客发送量2594.3万人，货运发送量1311万吨。1990年浦东开发开放后，随着改革开放的深入，铁路运输由卖方市场转向买方市场，上海铁路通过探索发挥市场机制作用，逐步化解运输市场竞争带来的客流下降压力，以及货运能力无法满足市场需求的双重矛盾。1992—1995年，上海铁路再度集中进行路网、站点等建设，扩能增效，运输能力整体提升约30%。1999年，沪宁电力贯通线全线竣工开通，沪杭线达速试验取得成功，国内首列时速180公里内燃机动车组在沪宁、沪杭线投入运行。2000年，上海铁路地区旅客发送量2922万人，货运发送量1055万吨。进入21世纪后，按照国家有限发展铁路的战略方针，上海铁路快速发展，枢纽型功能进一步提升。2001—2010年，上海铁路局先后完成沪杭线扩能提速，上海南站、上海虹桥站、浦东铁路、沪宁城际铁路和沪杭高铁等一批重大项目开工建设。上海虹桥站是继上海站、上海南站后上海铁路枢纽又一主要枢纽级客运站，承担京沪高速铁路、沪杭甬客运专线的大部分长途始发终到客车及全部通过客车和沪宁城际部分始发终到客车，以及以后沪通铁路部分始发终到客车和南京、南通至杭州方向的普速通过客车的运行。至2010年，上海铁路运输网络进一步更新格局：以沪宁、沪杭通道为两主轴，枢纽内11条支线、12条联络线（环岛、到达线）接轨其间，并与66条专用线相衔接；沪宁、沪杭通道两主轴由沪杭外环线连通，10个客运营业站、17个货运营业站、1个主要编组站坐落其间；客运、货运、列车编解三大系统紧密相连，从而形成尽头式特大型铁路枢纽。上海是全国铁路"四纵四横"快速客运网规划中"二纵"（京沪高速、南部沿海通道）与"二横"（沿江、沪昆通道）的交汇点，是华东地区的重要枢纽之一，是华东及长江三角洲地区铁路交通枢纽核心。2010年，上海铁路地区旅客发送量6095万人，货运发送量958.5万吨。2010年后，上海铁路全面进入高铁时代，高铁列车运营迅速占据主导地位，客运持续增长，货运呈下降趋势。2011年6月，京沪高铁正式开通运营，全长1318公里，最短运行时间仅4小时48分。2015年，上海市境内旅客发送9692万人次，货物发送471万吨。至2016年底，上海铁路局日开行图定旅客列车889.5对，其中直通564对（高速动车组列车252对、动车组列车80对），管内325.5对（高速动车组列车216.5对、城际列车36对、动车组列车40对）。2017年11月，上海铁路局改制为中国铁路上海局集团有限公司。2022年，铁路上海局集团完成旅客发送量3.46亿人，图定开行旅客列车1286.5对（动车组列车1076.5对，普速列车210对），货物列车1321.5对。

资料链接：

《上海通志》第二十九卷

《上海铁路志》

《上海市志·交通运输分志·铁路运输卷（1978—2010）》

海事救助打捞

清康熙二十四年（1685年），江海关在上海设立，标志着上海港开始以海关机构对外贸易、兼管海事（主要管理外籍船舶）的历史。嘉庆二十五年（1820年）前，上海已成立由上海果育堂主办，每月领取政府补贴银两的水上救生局。同治十三年（1874年），总堂设在上海的中外救生船总会成立，议订《轮船救生章程》。1936年，上海港港政管理和港口安全管理亦由英国人主管的上海海关负责。上海港已有专门从事潜水、打捞的个体经营户。1947年，总部设在上海的轮船招商局增设海事（打捞）课，并对旧时代的军用拖轮加以改装，成为沿海救助船，其中“济安”号拖轮留驻上海。

中华人民共和国成立后，1951 年 8 月，成立上海区港务管理局港务监督，同时以招商局海事（打捞）课为基础，合并上海华兴打捞公司，在上海组建成立中国人民打捞公司。1963 年 2 月 15 日，上海打捞工程局改名为上海海难救助打捞局（简称上海救捞局），在上海等地分别设立救助站，承担沿海海域海难救助和沉船打捞任务，体现出集中国家救助力量的成效。1964 年，上海港制订新的《上海港港章》，完善港务监督系统，明确以黄浦江港区为主的港口船舶安全行政管理权。1978 年，上海港务监督为恢复港口生产水平、解决水上交通安全隐患而建章立制，强化监督管理。上海航道局航标测量处负责沿海海域及上海各港口航道测量及航标管理。上海救捞局承担从鸭绿江口至温州的中国沿海海域海难救护工作。上海地方打捞队伍则挂靠在上海港务监督各监督站或上海市航务管理处航道、航政管理部门。

改革开放后至 20 世纪末，上海海事救助打捞事业理顺行政管理体制机制，水上交通安全监督系统化管理向海域和江河延伸，探索公益性与市场化救助打捞改革。改革开放初期，上海港务局领导上海港务监督，实施以黄浦江水上交通安全监督为主的港口行政管理，负责上海港船舶安全监督、船舶注册登记、船舶签证、船舶检验、船员管理和口岸联合检查及引航班作业等安全管理，依托必要的水上交通指挥引导设施，施行现场监督。1986 年 5 月，上海海监局成立，中央直管水域的水上安全监督转变原有的航政管理机制，实施统一管理，形成“一港一监、服从并服务于地方经济发展”的水上交通运输安全保障体制。20 世纪 90 年代，上海海监局加快水上交通法规体系的补充、完善，逐步顺应上海港从粗放型向集约型的转变、货物吞吐从以煤炭运输为主向以集装箱运输为主的转变、码头建设从黄浦江内老港区为主向长江口新港区为主的转变，加快上海港船舶交通管理系统的建设和启用，促使长江口航道航行秩序明显好转，锚地分类管理有序有效；航行信息无偿服务等举措的实施，有效降低了水上交通事故发生率；加强港口国监督、船旗国监督、安全规则履约和危险货物运输船舶管理等监管，连续 10 多年保持上海港航行国际航线的中国籍船舶无一被外国港口滞留。1999 年 6 月，上海海事局组建成立。救助打捞方面，1980 年 5 月，上海救捞局起吊能力达 2500 吨的海上自航浮吊船“大力号”投入运营，救助区域逐步从沿海扩大到远洋，随后参与多次重要救助行动，迅速成为上海水上综合交通运输安全保障运行机制中的重要救助力量。1985 年起，上海救捞局救助区域延伸到印度洋、大西洋。至 1990 年底，上海救捞局承担各类失控漂流船、失火船等救助任务约 1200 艘次，救生人数达数万人。同时，打捞业务逐步进行经营改革，走市场化发展道路。1990 年，上海救捞局自营收入突破亿元大关，1995

年创产值3.93亿元，利润3600万元。

进入21世纪，上海海事救助打捞事业逐步实现专业化、国际化、公益化。为适应上海港全面改革开放船舶运输大型化趋势、集装箱海上运输增量和港口发展重心外移的发展需要，上海海事局将以水上交通运输安全监督为主，向以绿色、智慧与安全监管并举为主转变，逐步形成监督服务化、科技现代化、履约国际化的海事管理体系。上海海事局逐步改革以监督站、信号台、签证点、巡逻艇“四点一线”执法为海事全辖区监控监管方式，根据长江口、黄浦江船舶航行新动向，接轨国际海事管理新模式的“长江口、黄浦江船舶分道航行定线制”“洋山深水港区、东海大桥及水域通航安全管理规定”等法规规章相继实施，结合大型散货轮、超大型集装箱班轮、危险物品运输如LNG特种船舶等运输方式的监管特点，提供水上综合交通运输安全保障体系中的“网格化监管”等数十项支持保障措施。2007—2009年，上海海事局在东海海区初步建成船舶自动识别系统（AIS），包括1个中心、4个管区、17个AIS基站，实现150座航标无人化自动巡测，组成从南到北的沿海航运干线“航标链”，使航标配布密度和助航效能得到调整与改善，推进长江口水域数字化航道、海区航标遥测遥控智能化系统、开发具有国际先进水平的电子海图取得成功。同时，上海海上搜救中心作为上海市政府应急管理工作协调机构，与海事救助打捞机构强化协同，基本形成“监管立体化、反应快速化、管理信息化”的立体监控网络。至2022年，上海海事不断加强监管。同年，开展船舶现场监督检查12530艘次，实施船舶安全监督检查4104艘次，滞留514艘次，调查水上交通事故50件，查处违法案件5254起。2003年，国家提出对救捞合一的管理体制进行深入改革，开始启动救助与打捞分开管理改革，组建海上专业救助机构和打捞队伍。同年6月，东海救助局成立，负责东海责任海区的船舶、人命救助，代表国家履行有关国际公约和双边海运协定等国际救助义务，由部救捞局实行垂直领导和管理；建设专业海上打捞机构，上海救捞局更名为上海打捞局，承担东海海区北起连云港、南至闽粤交界处及其他水域船舶、财产和环境的救助，实行自收自支，以经营养打捞，实行企业化运作。2003—2022年，东海救助局执行救助任务9504次，出动救助力量12651次，飞机救助飞行时间8676.39小时，救助遇险人员20760人（外籍3513人），救助遇险船舶572艘，获救财产价值（估算）达578.738亿元。至2022年，各救助基地共拥有专业应急队员45名。2003—2022年，各救助基地累计出动救助任务5810次，救援遇险人员6760名，打捞遇难人员遗体1121具；参与地方灾难救援20次。1978—2022年，上海打捞局（上海救捞局）在上海港及东海海区公益性打捞业务中，先后完成“阿波丸”号沉船沉物的深水打捞等一系列重大打捞工程和应急抢险任务，在恶劣海况或异常气象等复杂条件下累计救助遇险人员

20574 人，清除水（下）上各类污染源 2.9 万余吨，救助各类遇险船舶 1392 艘，打捞各类沉船沉物 1292 艘件。

资料链接：

《上海通志》第二十九卷

《上海救捞志》

《上海市志·交通运输分志·海事救助打捞卷（1978—2010）》

口　　岸

上海依口岸而兴，是中国最大口岸城市。上海地处长江三角洲前缘、太平洋西岸，位于中国南北海岸线中部，前瞻东海，北倚太湖，南临钱塘，揽江海交汇之胜，得长江中下游之广阔腹地，具有优越的地理条件。上海口岸得其众多自然之利，形成于隋唐，发迹于宋元明，被迫开放于清朝，蹒跚经营于民国，兴盛发展于新中国。

宋代，青龙镇已经是一座海商辐辏、声名远扬的外贸港口。北宋政和三年（1113 年），朝廷在青龙镇设置市舶司；元至元十四年（1277 年），在上海镇设置市舶司，设立榷货场，此时的上海镇市舶司已与广州、泉州、温州、杭州等并列为全国七大市舶司。清康熙二十四年（1685 年），江海关在上海设立，与闽海关、粤海关、浙海关一起并称为“沿海四海关”，专管海上贸易及征收税款，是中国第一批正式以“海关”命名的进出口管理机构之一。鸦片战争前夕，据江海关的船舶进出口登记簿记载，每年至少有 1000 多艘帆船载着各种各样的货物从海外进入上海。上海港已成全国最主要的江海中转枢纽港，有沙船数千艘，被誉为“沙船之乡”；货物吞吐量已接近 200 万吨，其中内贸吞吐量已跃居全国首位；从事装卸的人数达万余。上海依港而兴，人称“江海之通津，东南之都会”。

鸦片战争后，上海是最早开放的五口通商口岸之一。清道光二十六年（1846 年）在上海县城北门外头坝（今上海外滩）设立江海北关，专门办理洋商货物进出口手续及征收“夷税”。咸丰四年（1854 年），江海关的行政管理权被外籍税务监督（亦称司税）攫取。咸丰九年（1859 年），江海关司税改名为江海关税务司，中国近代海关的外籍税务司制度正式形成，并逐步推行至全国其他口岸。开埠后 10 年间，上海超过广州跃升为全国最大外贸口岸。1925—1935 年，上海港进出口贸易额平均占全国的 55%。1931 年，上海港进出口船舶净吨位居世界港口第 7 位、货物吞吐量居世界港口第 15 位。上海机场由“中航”和“欧亚”航空公司先后开通上海至成都、北平、广州、新疆迪化等9条干线，客货邮运量逐年增长。上海已是远东国际航运中心之一。虽然上海口岸曾经一度繁荣，但旧中国的上海口岸实际上成了帝国主义侵略中国的桥头堡，1937年后上海口岸衰败不堪，1949年上海解放前夕，上海港货物吞吐量仅为194万吨，上海机场航空货邮量不到全国的30%。

1949年5月，上海解放，上海口岸获得新生，进入新的发展时期。按照中央要求，上海市军事管制委员会接管好上海口岸的机场、码头、铁路和相关上海民用航空、港航、铁路部门，以及上海海关、商检和贸易管理机构。同时，为打破西方国家的经济封锁，采取“边卸、边验、边放”等有效措施，打击敌对势力，稳定上海社会经济，恢复口岸集疏运功能，促进进出口贸易。从中华人民共和国成立起到20世纪70年代后期，上海口岸一直居于中国大陆第一外贸口岸地位，口岸建设和发展取得了一定成绩。同时，进出口贸易持续增长。“一五”和“二五”时期，由于工农业生产持续上升，供应外销货源不断增多，上海口岸出口贸易有较好增长。1953年，上海出口货值1.83亿美元，超过上海解放前1947年的1.376亿美元，占全国的17.9%。1957年，上海港货物吞吐量恢复至上海解放前最高水平。1956—1962年，上海对西方国家的贸易有所恢复，贸易往来的国家、地区从40多个增加到121个，出口商品达655种。1966—1978年，口岸进出口贸易经历了多年在低速度发展区位徘徊的波折。其中，上海出口值一直在9亿美元线下徘徊。

改革开放后，上海对外经济和人员往来逐步增多，口岸贸易和集疏运服务作用逐渐显现，口岸成为加快对外开放的前沿。20世纪80年代，上海口岸管理多头分散、通关效率低下问题得到较好解决，口岸管理得到有效改进，初步形成两级沟通协调网，逐步走向规范有序管理阶段。口岸基础设施改扩建工程逐步增多，水运口岸布局开始从黄浦江两岸向长江口南岸转移，外贸货物运输航线航班不断开拓，口岸集疏运能力得到提高，有效减缓了港口码头外贸货物压船压港现象。航空口岸经过飞机扩容和机场扩建，国际客货运航线增加，空运保障能力获得较大提升，但受进出口货物种类和货源影响，空运货邮吞吐量不多。口岸联防联控和综合治理工作有序展开，口岸运行环境得到优化。1990年，全国第一个保税区——上海外高桥保税区成立。

从浦东开发开放到20世纪末，上海口岸工作从加强口岸外贸运输管理、协调疏港疏站，向加强口岸规划开放和管理协调转移。这10年间，上海口岸发展主动适应浦东开发开放和建设上海国际航运中心要求，适时转变口岸工作重点，加强口岸协调服务，加快推进口岸对外开放步伐。水运口岸通过加快集装箱码头建设和老港区改造，在口岸功能上实现了从传统单一以集疏运散杂货为主向以集疏运集装箱为主，集国际货运、客运和邮轮等各种对外开放功能于一体转变，对加快建设国际航运中心起到重要作用。航空口岸随着浦东国际机场的建成，形成“一市两场”布局，极大提升了上海航空口岸的吞吐能力和功能作用，为建设国际航空枢纽打下了基础；为承接世界产业经济大调整、大转移，探索拓展延伸口岸功能，发挥了先发作用。同时，加快改进和完善出入境旅客通关联检手续，实施入境免签证便利政策，为上海招商引资创造良好的口岸环境，增强上海口岸综合竞争力，促进上海外向型经济的发展。

进入21世纪，上海口岸管理发生深刻变化，口岸服务能级和通关效率进入主动与国际接轨、全方位提速发展时期。口岸管理体制机制进一步加强和完善，口岸综合管理职能从平衡外贸运输、组织集疏运，向统筹管理口岸规划开放、协调推进“大通关”转变。“大通关”工程全面实施，“大通关”受益面不断扩大，从货物到出入境人员和交通工具，从特殊监管区域企业到所有有需求企业，从上海口岸到长三角与中西部区域口岸。口岸信息化平台建设，为通关制度改革和通关模式改进提供了强有力的技术支持。口岸立法工作顺利完成，结束了上海口岸综合管理长期无相关法规的历史，为营造“便捷、高效、安全、法治”口岸环境提供了法制保障。经过持续多年的完善规划和规范开放管理，形成了水运、航空、铁路以及特殊监管区延伸口岸全方位对外开放的格局，上海口岸集聚辐射功能和服务全国能力不断增强，国际综合竞争力大大提升，进入了一个全方位、多层次、宽领域、高质量发展的新时期。

2011—2015年，上海口岸进出口贸易总额由0.91万亿美元扩大到1.04万亿美元，占全国进出口货物总值比例提升至27.6%；出入境人员由2374.3万人次增长到3756.3万人次，年均增长12.2%；出入境邮轮由185艘次增长到688艘次，出入境邮轮旅客由21万人次增长到164万人次。2015年，上海港货物吞吐量7.17亿吨（其中口岸货物3.78亿吨），集装箱吞吐量3653.7万标准箱（其中口岸集装箱3170.4万标准箱），继续保持全球首位集装箱大港位置；浦东和虹桥国际机场货邮吞吐量370万吨（其中口岸货邮量290.3万吨），浦东机场保持全球第三大航空货运枢纽地位。

2013年8月22日，国务院正式批准设立上海自由贸易试验区，9月29日正式挂牌，实施“一线放开、二线管住、区内自由”监管制度。2015年是上海自贸试验区扩区建设的第一年。2015年4月8日，国务院批准并印发《进一步深化中国（上海）自由贸易试验区改革开放方案》，上海自贸试验区的面积由原28.78平方公里扩至120.72平方公里。实施范围涵盖保税区片区、陆家嘴金融片区、金桥开发片区、张江高科技片区。扩区后，上海自贸试验区以浦东新区十分之一的面积创造浦东新区四分之三的生产总值，以上海市一百五十分之一的面积创造上海市四分之一的生产总值。2019 年 8 月 20 日，中国（上海）自由贸易试验区临港新片区正式挂牌成立，面积为 119.5 平方公里。2020 年中国（上海）自由贸易试验区临港新片区完成工业总产值约 1676 亿元，比上年增长 38%。2022 年，中国（上海）自由贸易试验区临港新片区全年完成固定资产投资约 1325.52 亿元，比上年增长 31.1%；规模以上工业总产值 3482.66 亿元，比上年增长 30.5%；税收收入 475.01 亿元，比上年增长 35.7%。

2022 年，上海口岸进出口货物总值 104298.0 亿元，出入境人员总数 205.9409 万人次，货物吞吐量 40160.2 万吨，集装箱吞吐量 3986.6 万标箱。

规模与效益

上海口岸是近代以来中国最早设立的口岸之一。改革开放以来，上海口岸开放范围不断扩大。水运口岸从黄浦江内老港区对外开放码头，发展到长江口、杭州湾新港区，进而又拓展到位于东海之滨的洋山深水港区，形成四大开放水域布局。航空口岸从虹桥国际机场发展到浦东国际机场，形成“一市两场”布局。铁路口岸从临时口岸发展成为正式对外开放口岸。从 20 世纪 90 年代初起，上海陆续设立了保税区、保税物流园区、保税港区和综合保税区，以及出口加工区等各类海关特殊监管区域，分布于浦东新区和松江、闵行、青浦、嘉定等地区。

水运口岸是上海最早对外开放的口岸。20 世纪五六十年代，上海水运口岸对外开放码头集中分布在黄浦江中游段沿岸，70 年代建成军工路外贸码头，80 年代中期，在黄浦江关港地区新建龙吴码头，从而使黄浦江沿岸口岸开放范围延伸到上下游岸段。与此同时，开始向南北两翼发展，在杭州湾北岸和长江口南岸兴建对外开放码头，使上海水运口岸对外开放范围跳出了黄浦江，向杭州湾和长江口区域拓展。至 90 年代中期，初步形成包括黄浦江新、老港区和长江口、杭州湾南北两翼新港区在内的组合型对外开放码头群。进入 21 世纪后，上海水运口岸在浙江省大小洋山岛海域建设深水港。随着 2005 年洋山深水港的建成和对外开放，上海港由“江河时代”迈入“海洋时代”，上海水运口岸从内河港口岸发展成真正的海港口岸。在公共码头对外开放数量和范围不断扩大的同时，货主专用码头对外开放的数量也不断增加，从 1990 年最初的 3 家逐渐增加到 1999 年的 44 家（其中有 4 家部队专用码头），至 2005 年有 49 家。其中黄浦江沿岸 32 家，长江口南岸 12 家，崇明岛和长兴岛各 2 家，杭州湾 1 家。为适应上海城市功能转变，配合黄浦江两岸开发和上海世博园区建设，2000 年后，黄浦江沿岸开放码头开始向其他区域转移。其中，一些散杂货码头逐步搬迁至长江上海段罗泾港区；江南造船厂、上海港机等海工码头搬迁至长兴岛海洋装备基地；宝山、张华浜、军工路码头国际集装箱业务集中转移至外高桥港区。一些老的开放码头或因企业生产业务转型，或因黄浦江自然条件制约，或因区域产业结构布局规划调整，或因运营单位调整经营方向等，陆续停止对外业务，只做内贸业务。2011年，上海水运口岸覆盖黄浦江沿岸、长江上海段、杭州湾北岸和洋山深水港区四大开放水域86座码头，开放码头岸线总长度达57.219公里。其中没有对外业务的开放码头共18座，15座位于黄浦江段区域内。经过40多年的建设和发展，上海水运口岸在区域分布上呈现出“一港多区”特点，其主体部分由原来主要分布在黄浦江沿岸逐步转移到了长江口和沿海。2015年底，上海水运口岸有开放码头95座、泊位308个。2022年，上海水运口岸共有97座开放码头，岸线总长度达65.3公里。另外上海水运口岸全面落实国家减税降费部署，降低港口使用成本。口岸通关各环节基本实现无纸化，港口业务无纸化率达100%。上海国际贸易“单一窗口”对接22个部门，实现口岸货物申报和运输工具申报全覆盖。除国内水路运输业务，其他航运业务均已对外开放，累计34家外资国际船舶管理公司获批入驻自贸试验区。吴淞口国际邮轮港成为亚洲第一、全球第四邮轮母港，邮轮商贸、邮轮船供业务得到发展。

上海航空口岸于20世纪60年代重新开放。1963年5月，国务院批准开放虹桥机场。1964年4月29日，虹桥国际机场开通第一条国际航线，标志着上海航空口岸正式对外运行。1999年9月，浦东国际机场一期工程建成并投入使用。同年10月，经国务院批准，浦东机场作为上海航空口岸的重要组成部分对外开放。由此，上海航空口岸成为中国内地首个拥有两个大型国际机场的口岸。2015年底，上海航空口岸形成拥有浦东和虹桥两个大型国际机场，共3座对外开放航站楼、5条跑道、1个公务机基地和包括2个大型货邮转运中心在内的4个国际货运区的开放格局。2017年，上海航空口岸继续加大对外开放航站楼和大型货邮转运中心建设力度，同年10月上海浦东国际机场联邦快递上海国际快递和货运中心投入运营。2018年10月，虹桥国际机场1号航站楼改造完成并启用，除承担港澳台、日韩包机和境内航班运营，还承担国际地区航班备降功能，以满足年旅客吞吐量1000万人次。2019年9月，作为全球最大单体远距离卫星厅，浦东国际机场三期扩建主体工程暨卫星厅建成启用，其中S1卫星厅中转大厅集中设置国际转国内、国际转国际、国内转国际3种中转流程。同年底，上海航空客货吞吐量达到1.2亿人次、405.8万吨，分别位列全球城市第四位、第三位。2022年，上海航空口岸新开航线覆盖39个国际定期航班的目的地城市，其中，亚洲航线（含东亚）23个、欧洲9个、美洲6个、非洲1个。上海航空口岸综合枢纽功能进一步增强。

上海铁路口岸位于上海市中心城区北端铁路上海站内，是上海连接香港的陆路通道。为加强内地与香港经贸关系和人员往来，2003 年 9 月，国务院批准铁路上海站设立临时口岸，10 月 1 日，上海—香港（九龙）往返直通式旅客列车开通运行。2009 年 11 月，国务院批准铁路上海站口岸对外开放。2013 年 4 月 27 日，铁路上海站口岸通过国家有关部门的验收，正式对外宣布开放。香港旅客直达上海口岸办理出入境手续的通关环境不断优化。2020 年 1 月，由于受新冠肺炎疫情影响，上海铁路口岸暂停客运。

海关特殊监管区是经国务院批准设立的、实施封闭监管的特定经济功能区域。1990 年，全国第一个保税区——上海外高桥保税区建立。2000—2003 年，上海先后建立松江（A、B 区）、金桥、漕河泾、闵行、青浦、嘉定 6 个出口加工区和外高桥保税物流园区以及保税物流中心（A、B 型）。2005—2009 年，兼具保税区、出口加工区、保税物流园区和保税物流中心优惠政策与功能的上海洋山保税港区、浦东机场综合保税区设立。至 2010 年 4 月，上海共建成包括外高桥保税区、外高桥保税物流园区、洋山保税港区、浦东机场综合保税区和松江、金桥、青浦、漕河泾、闵行、嘉定出口加工区共 5 类 10 个海关特殊监管区域，总规划面积达 43.5 平方公里，封关运作面积近 34 平方公里。上海的特殊监管区在中国海关特殊监管区的试点、建设和完善过程，起到先行先试和模范带头作用。

上海的口岸贸易功能突出。“九五”时期，上海口岸贸易功能进一步增强，口岸进出口贸易发展速度开始加快。“九五”期初，1996 年上海口岸进出口突破 500 亿美元，达到 528.70 亿美元，占全国进出口总值的 18.2%。1998 年突破 600 亿美元，达到 636.38 亿美元，占全国进出口总值的 19.6%。2000 年后，随着中国加入世界贸易组织，上海实施贸易便利化、通关便捷化政策措施，外向型经济进入快车道。2000 年，上海口岸进出口岸贸易首次突破千亿美元，达到 1212.5 亿美元，其中进口 537.6 亿美元，出口 674.9 亿美元，占全国进出口总值的 25.6%，居全国第二位。“十五”时期，上海口岸进出口贸易增长势头迅猛。凭借良好的政策优惠和准确的功能定位，上海浦东新区、外高桥保税区和松江出口加工区等一批特殊功能区发展迅速并日臻成熟，逐渐形成以特殊功能区进出口蓬勃发展拉动上海口岸进出口贸易整体跃上新台阶的良好格局。2001 年，上海口岸进出口贸易实现 1369.5 亿美元，较“九五”期末 2000 年的 1212.5 亿美元增长 12.9%，占全国进出口贸易总值的 26.9%，首次名列全国第一。2003 年、2004 年、2005 年上海口岸进出口贸易额分别实现 2547.7 亿美元、3642.9 亿美元、4553.9 亿美元，分别占全国进出口贸易总值的 29.9%、31.6% 和 32%，并连续三年保持全国第一。“十一五”时期，上海口岸进出口贸易继续稳步增长。尽管受 2008 年国际金融风暴的影响，但凭借 2009 年筹办世博会的契机，上海采取多方联动协作、快速处置、便捷高效通关措施，进一步优化口岸环境，提升口岸国际中转集疏运功能，海铁联运和国际中转货物稳步增长，上海口岸进出口贸易稳中有升。从 2006 年的 5649.4 亿美元到 2008 年的 7948.3 亿美元，到 2010 年增长至 9084.3 亿美元，其中进口 3755.6 亿美元，出口 5328.7 亿美元，占全国进出口总值的 30.5%。5 年间，上海口岸进出口贸易总额每年以净增近 700 亿美元速度增长，2010 年比 2006 年增长 60.8%，是“十五”期末 2005 年的近 2 倍。整个“十一五”时期，上海口岸进出口贸易总额占全国的比重保持在 31% 上下，连续 5 年位居全国第一。2022 年，上海口岸进出口货物总值 104298.0 亿元，上海关区进出口货物总值 77152.3 亿元，上海市进出口货物总值 41902.7 亿元。

上海口岸吞吐量逐年提升。在“九五”“十五”“十一五”期间，均保持 20% ～ 30% 的增速，口岸进出口货物吞吐量、集装箱吞吐量和航空进出口货邮量持续保持全国领先；出入境人员连续 12 年保持全国第一；出入境飞机和国际航行船舶也在中国大陆口岸中名列前茅。改革开放前，上海口岸外贸货物吞吐量，不论是水运还是航空运输的进出口货物（含外贸集装箱）均不多。尤其在“三五”“四五”时期，10 年间外贸货物吞吐量平均年增长率仅为 4.2%。直到“五五”后期的 1977 年才有所改观，水运口岸外贸货物吞吐量超过 1000 万吨，而航空口岸进出口岸货邮量很少，几乎可以忽略不计。1978 年改革开放后，上海口岸运营规模和功能逐步增强。当年上海水运口岸外贸货物吞吐量达 1572.8 万吨，占上海港货物吞吐总量的 19.8%，为中华人民共和国成立以来的最高增长率。外贸集装箱吞吐量为 0.8 万标准箱。上海航空口岸货邮吞吐总量（含进出口货邮）开始突破万吨，达到 1.67 万吨。之后，随着改革开放的不断深化、对外开放区域的稳步拓展、上海口岸通关环境的逐步改善，上海口岸外贸货物吞吐量逐步进入快速增长期。整个“七五”期间，上海口岸外贸货物吞吐总量仍以水运口岸外贸货物吞吐量为主，达 1.37 亿吨。外贸集装箱吞吐量为 136.1 万标准箱，年均占上海港集装箱总量的 86.2%，年均增速 23.5%，初步形成集装箱枢纽港的雏形。整个“八五”期间，上海口岸外贸货物吞吐总量稳步增长，5 年累计进出口货物 18267.49 万吨。其中，水运口岸外贸货物吞吐量累计为 18230.4 万吨，占上海口岸外贸货物总量的 99.8%；航空口岸进出口货邮量累计为 37.09 万吨，占上海口岸外贸货物总量的 0.2%。除 1991 年外，进出口货邮量以年平均 23.32% 的速度增长。同期，上海口岸外贸集装箱吞吐量也保持稳步增长势头。1992 年，外贸集装箱 65.6 万标准箱。1994 年，首次突破 100 万箱，达到 113.4 万标准箱，其中，进口集装箱 51.6 万标准箱，出口集装箱 61.8 万标准箱。之后，依托完备和良好的码头设施，以及标准化、规范化和制度化管理，1995 年外贸集装箱达到 139.2 万标准箱，占上海港集装箱量的比重达到 91%，名列世界港口集装箱吞吐量第 19 位。整个“十五”

时期，上海口岸外贸货物总吞吐量达67130.14万吨，5年复合增长率为19.4%。2005年上海口岸外贸货物总吞吐量占全国外贸货物总吞吐量的16%。其中，水运口岸外贸货物吞吐量为66557.5万吨，占上海口岸外贸货物总量的99.15%。外贸货物吞吐量年均增长19.46%。航空口岸进出口货邮量为572.62万吨，占上海口岸外贸货物总量的0.85%。进出口货邮量以年平均25.3%的速度增长，年均占全国航空口岸货运量比重达47.24%，累计增长126.54%。同期，上海口岸外贸集装箱业务，在市政府协调推动下得到快速发展。国内外70余家船公司加盟国际集装箱班轮营运，平均每月开出的国际集装箱航班密度已达1996班。2004年，外贸集装箱首次突破1000万，达到1127.3万标准箱，比2002年和2003年分别增长69%和29%。2005年，外贸集装箱为1403.1万标准箱，占上海港集装箱量的86%。“十五”期末，2005年外贸箱数量是2000年的3.6倍。整个“十一五”期间，上海口岸外贸货物吞吐总量为13.14亿吨，五年复合增长率为10.34%，占全国进出口货物总量80.22亿吨的16.38%。其中，水运口岸外贸货物吞吐量为13.03亿吨，占上海口岸外贸货物总量的99.14%，占全国水运口岸外贸货物总量的20.21%。外贸货物吞吐量年均增长10.74%。航空口岸进出口货邮量为1136.2万吨，占上海口岸外贸货物总量的0.86%。进出口货邮量以年平均12.5%的速度增长，年均占全国航空口岸货运量比重达52.66%。同期，上海口岸外贸集装箱吞吐量再攀新高。2006年，外贸集装箱1655.6万标准箱；2008年，突破2000万，达到2138.6万标准箱，其中，进口、出口均超1000万标准箱。2009年受国际金融危机影响，出现30年来首次下滑，但2010年止跌回升达到2200.2万标准箱，占上海港集装箱量的87%。2022年，上海口岸货物吞吐量40160.2万吨，上海口岸集装箱吞吐量3986.6万标箱。

上海口岸出入境人员快速增长。改革开放前，上海口岸进出境人员不多，发展速度也慢。1952—1970年19年间，上海水运口岸出入境人员13.6万人次。1964—1977年，上海航空口岸出入境人员14.01万人次。1978年改革开放后，上海国际贸易和对外交往活动日益扩大，进出境人员越来越多，上海口岸出入境人员无论在水运口岸还是在航空口岸都保持着快速增长势头。改革开放初期的1978年，上海口岸出入境人员总数为18.1494万人次。1991—1995年，上海口岸出入境人员总数达1233.68万人次。2006—2010年，上海口岸出入境人员总数达9891.68万人次。2010年，上海口岸出入境人员总数从1978年的18.1494万人次增长至2379.24万人次，33年间总计增长约130倍；航空口岸出入境人员总数从1978年的4.53万人次增长至2275.12万人次，增长约501倍，从1995年起连续15年保持全国第一。2022年，上海口岸出入境人员总数为205.94万人次。

上海口岸出入境运输工具数，从1978年的0.21万次，至2010年的91.1万次，32年来总计增长约433倍。水运口岸出入境国际航行船舶，从1978年的1719艘次至2010年的4.07万艘次，增长约23.7倍。航空口岸出入境飞机，从1978年的353架次至2010年的16.04万架次，增长约453.4倍。2022年，上海口岸出入境交通工具总数9.798万次，其中，飞机77369架次，船舶20611艘次。进出上海口岸国际航行船舶37519艘次。

资料链接：

《上海通志》第二十一卷　　《上海市志·口岸分志·口岸综述卷（1978—2010）》

海　关

早在北宋政和三年（1113年），秀州华亭县（今上海松江）设华亭市舶务。元至元十四年（1277年），元朝在上海镇设立市舶司专管贸易及税收。明洪武元年（1368年），在江苏太仓黄渡镇（今上海嘉定黄渡）设立市舶司，后因海上倭寇袭扰实行海禁而于洪武三年（1370年）撤销。永乐三年（1405年），黄渡（太仓）市舶司恢复设立。清康熙二十三年（1684年），清廷开放海禁并准许在闽、粤、江、浙四地设立海关。康熙二十四年（1685年），江海关在上海设立，与闽海关、粤海关、浙海关一起并称为“沿海四海关”，专管海上贸易及税收。康熙二十六年（1687年）江海关因公廨狭窄，移驻上海县城宝带门内（今南市小东门内）。江海关作为中国第一批正式以“海关”命名的进出口管理机构之一，虽历经数百年、数度沧桑，但从未闭关间断过业务。江海关始设初期，其业务辖区，包括当时江苏境内所有出海口，下设24个分卡，分布于苏州、松江、常州、镇江、淮安、扬州六府和泰州、通州（今南通）等地。乾隆二十二年（1757年）起，限定广州一处为外国商船来往口岸，上海、厦门、宁波等口岸，只准用中国船舶运输进出口货物。江海关自此只征本国民船贸易关税，即华税或常税。自康熙设置海关，至第一次鸦片战争的150余年中，广州口岸每年进出口货值或征收关税总额，长期居于首位，自然形成了当时对外贸易中心地位。鸦片战争之前的江海关，行使着管理对外贸易、征收关税的职能。在税收方面，先期实行定额税制，后期逐渐演变为包税制。定额税制或包税制，一方面使清政府的财政有一个稳定的收入；另一方面，由于税制不健全、管理分散、政治日趋腐败，也为官员巧立名目中饱私囊、增加商民税负提供了机会。虽然弊端颇多，但在鸦片战争之前，江海关毕竟还是完全独立自主的。

第一次鸦片战争后，道光二十三年（1843 年），清政府被迫与英国签订《南京条约》开放“五口通商”，上海作为通商口岸之一，对外贸易日益繁荣，已成为“华洋商业总汇”的重要区域。清道光二十六年（1846 年）在上海县城北门外头坝（今外滩）设立江海北关，专门办理洋商货物进出口手续及征收“夷税”。咸丰三年（1853 年），上海小刀会起义捣毁了位于外滩的江海北关办公场所。随后，英、美驻沪领事以江海关已不能运作为由，自行宣布由领事结关方式取代江海关“夷税”征收。咸丰四年（1854 年），驻沪英国领事乘清政府亟须解决江海关征收“夷税”之机，提出其早已准备好的“募用洋人帮办税务”提案，迫使清政府同意由英、美、法三国驻沪领事指派的外籍税务监督组成税务监督委员会参与江海关管理事务。至此，江海关的行政管理权被外籍税务监督（亦称司税）攫取。咸丰九年（1859 年），江海关司税改名为江海关税务司，中国近代海关的外籍税务司制度正式形成并逐步推行至全国其他口岸，江海关也由此成为中国近代史上第一个“洋关”，见证了中国近代半殖民地半封建社会的屈辱历史。根据《海关贸易统计》资料，从同治五年（1866 年）至同治八年（1869 年）的 4 年中，全国进出口货值总计为 54025.407 关平银两，上海平均每年进出口货值占全国的 89.96%。同期内，全国口岸海关征税总额为 36974.012 关平银。江海关征税总额为 9649.451 关平银，平均每年征收关税占全国的 26%。上海口岸不仅进出口货值、征收关税总额居于全国之首，而且总税务司将许多制度和规章先在江海关试行，然后再推广到全国海关。

中华民国时期，随着上海发展成为远东最大都市之一，中外贸易、人员交流日益频繁。上海口岸进出口货值、征收关税总额等均居于全国之首。1912 年 1 月下旬，政府与外交使团协议，各口岸海关税款，汇集江海关，以保证对外承担的义务。江海关行政业务主要职责：对进出口货物、运输工具、行邮物品以及通商口岸与内地来往货物的监督管理；征收进出口关税、附加税费等；查缉和处理走私；编制海关统计；总税务司署指示管辖或包揽的其他事项。江海关上述的职责及管理制度，属于半殖民地海关性质。1941 年 12 月 8 日，日军占领上海租界，接管江海关和总税务司署。1945 年 8 月 15 日，日本宣布无条件投降。9 月 13 日，副总税务司丁贵堂，接管江海关，并办三件大事：恢复执行《1934 年进出口税则》；废除转口税和伪政权的税捐；公告宣布金单位和法币比值为 1∶20。1946 年政府颁行《修正进出口贸易暂行办法》，江海关全面实行许可证制度，一切货物进口，都须凭许可证办理。1948 年 5 月 7 日，总税务司署下发联合国审定的关贸总协定及所附《关税减让表》。1949 年 3 月，中共上海市委决定，江海关地下党以应变委员会名义，组织海关纠察队。5月24日，该队改名为人民保安队。5月25日，清晨4时半，由江海关地下党秘密缝制的长达30余米的巨幅标语“欢迎人民解放军解放大上海”在江海关六楼挂出，同时，一面红旗也在钟楼升起，这是黄浦江畔升起的第一面红旗。

1949年5月27日，上海解放。5月30日，上海市军事管制委员会派军代表，根据“完整接管，逐步改造”的方针，正式接管江海关以及海关总税务司署所属的海务处、浚浦局和海港检疫所。从此，江海关结束半殖民地半封建性质的历史。1950年2月16日，海关总署下令将“江海关”改名为“中华人民共和国上海海关”。作为国家设立在上海口岸的进出境监督管理机关，上海海关直属中华人民共和国海关总署领导。上海海关贯彻“继承、改造”的原则，有步骤地对旧海关的制度进行改革，使海关集中力量加强对进出口货物和国际航行船舶的监管，建立以许可证为依据的监管制度，加强税费征收管理，打击走私活动，把海关工作立足点转移到保护、促进国民经济的恢复和发展上来。

改革开放后，海关系统恢复了统一领导垂直管理体系，上海海关的机构设置也得到恢复与发展，并开始在主要的进出境口岸和重要的业务领域设立了海关管理机构及监管部门。1979年，上海海关在海运及空运口岸设立了驻高阳路办事处、驻吴淞办事处和驻机场办事处，随后又分别成立了驻邮局办事处和驻车站办事处，涵盖上海地区海、陆、空、邮运所有进出境口岸。20世纪80年代中期，为应对上海口岸对外贸易的迅猛增长，加强海关进出境监督管理职能，上海海关又将驻高阳路办事处、驻吴淞办事处和驻机场办事处分别升格为口岸海关。20世纪90年代起，根据上海地区经济发展及对外贸易的实际需求，上海海关开始在上海各郊县陆续设立区域性隶属海关。

上海海关是改革开放后最早恢复征收关税和编制贸易统计的海关。1978年1月，上海海关9名普通关员以群众来信方式联名向中共中央提出恢复关税单独计征的建议，得到国家领导人的批示及肯定。同年8月，财政部、国家计委、外贸部联合向国务院提交恢复关税由海关单独计征、修订海关关税税则和关税条例以及改革海关管理体制的报告。经国务院批准，自1980年起，外贸进出口货物的关税恢复由海关单独计征。1980年1月起，上海海关恢复对进口货物计征关税，当年征收税款2.5亿元，约占全国海关同期税收的7%。之后，上海海关征收的税款逐年上升，占全国海关同期税收的比例也上升至17%，始终位居全国海关征收税款数量的首位。据统计，1980—1990年，上海海关共计征税270亿元，约占全国海关同期税收的14%。

20世纪90年代，上海海关积极顺应中国改革开放不断推进的形势，深化各项业务改革，为支持和促进国家和上海地区对外开放以及上海浦东的开发开放作出自己应有的贡献。在税收征管工作中，上海海关坚持“依法计征、科学征管、综合治税”，税收征管水平始终名列全国海关前茅。1993年，上海海关入库税收首次突破100亿元。1996年，上海海关入库税收突破200亿元。1999年，上海海关入库税收达345亿元，占全国海关同期税收的比例提升至22%。由于在税收征管工作中的严格管理及严密操作，上海海关在纠正税则归类差错和通过审价而补征的税款方面也在全国海关系统中名列前茅。1996年5—11月，全国海关因纠正税则归类差错进行的补税总额为1.62亿元，其中上海海关补征税款达7840万元，占全国海关总补税款的46%。1995—1999年，上海海关审价补税总额达10.8亿元。另外，为支持国家及地方经济的发展，上海海关还严格执行国家制定的各项减免税优惠政策，1991—1999年共办理减免税1148亿元，为国家扩大对外开放、吸引外资、加快技术进步、支持工农业生产、发展国民经济等履行自己应尽的职责。

进入21世纪，随着中国加入WTO和上海世博会的举办，上海海关在全国海关各项业务改革中“先行先试”，积极承担海关总署布置的改革创新试点任务。门类齐全、管理方式先进是上海关区海关特殊监管区域监管工作的突出特点，各种类型的海关特殊监管区域在上海关区内均有设立。其中，全国第一家保税区、保税物流园区和保税港区均设在上海关区，另外还有全国唯一的上海钻石交易所，上海海关也针对不同情况实施管理。同时，上海海关的税收已有了历史性的飞跃，2000—2010年的11年间，上海海关共计征收税款13360亿元，约占全国海关同期税收的22%。其中在2001年，上海海关年入库税收已超过500亿元，2004年税收首次突破千亿元大关，至2010年，上海海关年入库税收已超过2500亿元。2010年，上海海关共设有各类机构51个，关区面积约为6388平方公里，覆盖整个上海市以及浙江省舟山嵊泗大小洋山岛屿。地处中国最大的对外开放口岸，上海海关业务门类齐全，遍及海、陆、空、邮各个渠道，不仅进出口货物总值、集装箱量、征收税款、统计报关单量等主要业务指标始终位列全国海关首位，而且业务管理及科技应用水平均居全国海关系统领先行列，历来都是海关总署改革创新的试验点和排头兵。

2018年4月，上海海关机构改革，上海出入境检验检疫局并入上海海关。2022年，上海海关设有各类机构50个，上海浦东国际机场海关、上海浦东海关等隶属海关单位29个。另外，上海海关下属1个直属海关缉私局，7个隶属海关缉私分局。上海口岸拥有货运类监管场所256个，非货运类监管场所24个。

随着上海改革开放和口岸发展步伐的加快，上海海关监管的业务量以每年20%左右的速度递增，2022全年进出口税收总额为77152.32亿元。口岸的年进出口货值和税收流量约占全国的 1/4，各项主要业务指标位列全国海关首位。

资料链接：

《上海海关志》　　《上海市志·口岸分志·海关卷（1978—2010）》

检验检疫

第一次鸦片战争结束后，上海、广州、厦门、福州、宁波成为五大通商口岸。外国商行（洋行）在中国开设洋行，在洋行内自办商品检验、鉴定，继而又出现专业的外国商品检验、鉴定化验所（室）和公证行，专门办理洋行进出口商品的检验、鉴定和衡量业务，把持着中国进出口贸易和商品检验。1928 年，国民政府工商部根据国内有识之士的强烈呼吁，提出在全国重要通商口岸设立商品检验局，并发布现代中国第一部政府商品检验规章——《工商部商品出口检验暂行规则》并于 1929 年设立上海商品检验局。此后，为保护农副业生产及消费者健康起见，国民政府于 1930 年开始实施进口商品检验，先后开验蜂蜜、糖品、人造肥料、火酒、蚕种 5 种商品，主要为防止伪劣商品和有毒物质输入，不合格者禁止运销内地、投入生产。其进口数量不多，年检验仅几十批。

上海港是中国卫生检疫的起源地。清同治十二年（1873 年），国外霍乱频频传入上海并流行，海关总税务司决定由江海关与地方官共同执行卫生检疫，于 8 月 15 日在上海开检，开创了海港卫生检疫。1930 年，国民政府卫生部宣布在上海成立海港检疫管理处，负责管理全国海港检疫工作。海港检疫管理处成立之后，设立了上海海港检疫所，将卫生检疫职能从江海关分离出来。

中华人民共和国成立后，卫生部接管全国 18 个检疫机构。上海海港检疫所成为卫生部直属单位，改名为上海交通检疫所，后更名为中华人民共和国上海检疫所，又更名为中华人民共和国上海卫生检疫所。1951 年 7 月，上海市人民政府与华东区贸易部发出布告，进出口商品检验业务概由上海商品检验局办理。同年 10 月，上海商检局全面开展进出口植物检疫和进出口动物及其产品的检疫工作。1964 年，国务院将进出境植物检疫工作由外贸部移交农业部管理。1965 年，上海等几个大口岸首先设立动植物检疫所，进出境动植物检疫工作（贸易性出口动物产品检疫除外）也由商品检验机构移交动植物检疫机构。

改革开放后，中国的进出口贸易得到大力发展，国际往来也日益频繁，进出口商品检验、进出境动植物检疫、国境卫生检疫工作得到发展。2018 年 4 月，根据国家机构改革安排，上海出入境检验检疫局机构和职能整体并入上海海关。

进出口商品检验　改革开放后，进出口商品的数量和结构发生重大变化，进出口商品检验的项目也随之变化和增加。1978 年，上海商检局根据规定对出口商品 34 类 196 种、进口商品 15 种（类）实施法定检验，后又根据要求将实施法定检验的商品扩大到出口机床、电机、轴承、电线电缆、汽车和柴油机 6 类产品；1984 年，又对部分进出口金属材料实施法定检验，对装运出口粮油食品、冷冻品等易腐食品的船舱和集装箱执行强制性的检验鉴定。为与国际贸易危险品运输规范接轨和与食品进口国卫生法令接轨，1985 年起上海商检局对海运出口危险货物的包装容器执行强制性的性能鉴定和使用鉴定，并对上海口岸出口的绣衣、钟表（男女机械手表和木钟）、五氧化二钒、苯类、扬声器和家用电器（电吹风、电熨斗、电饭锅）6 类出口商品实施地方性法定检验。从 1987 年起，上海商检局陆续派员进驻闵行、虹桥和漕河泾开发区。随着这三个经济技术开发区外商投资企业的不断发展，开发区商检局建立，就地接受报验和就近办理普惠制原产地证书的签发工作，参与开发区的“一条龙”服务。1989 年，《商检机构实施检验的进出口商品种类表》中列入的进口商品再扩大至 40 类 148 种，主要进口商品大都列入法定检验。此时期也是上海商检局进口检验大发展时期。

20 世纪 90 年代，上海对外开放步伐加快，引进成套技术设备、进口重要原材料，包括一大批市重点建设工程和吸收利用外资引进的进口物资，其规模和速度前所未有，特别是外贸经营方式更加放开。上海商检局遵循国际贸易惯例和我国《商检法》有关条款，采取了更有效的进口把关措施。对一些重要的进口商品，尤其对一些口岸到货后难以实施有效检验把关的重要技术设备，上海商检局开展国际贸易中通行的装船前检验（出国监造、监装和预检验）业务，努力把控质量问题，将安全隐患拒于国门之外。另外，上海商检局及时开展外商作价投资设备的资产评估鉴定业务，既验资又查质，对外资企业的作价投资引进设备采取品质检验和价值鉴定双管齐下的措施，1993—1997 年，共为国家和企业挽回直接经济损失 1.4 亿美元，有力地促进了上海引进外资工作的健康发展。1999 年 7 月 29 日，上海口岸进出口商品检验工作进入“三检合一”时期。

进出境动植物检疫　为适应上海进出口贸易的大发展，根据上海外贸和口岸建设的发展需要进行了组织机构调整和人员增加，上海动植物检疫所将原有的 3 个组分别扩充为动检科、植检科和办公室，并于 1986 年成立旅邮检科。上海动植检所根据上海进出口贸易发展的需要，逐步增设下属分支机构，1987 年起先后成立了吴淞动植检所、虹桥机场动植检所、吴泾动植检所及下属的办事处和动植物检疫隔离场圃，就近办理各区域的动植物检疫业务，缩短时间，方便货主。国务院发布《中华人民共和国进出口动植物检疫条例》后，上海动植检所根据国家法律的要求和外贸形势的发展开展了多项检疫新业务，如对毛驴、骆驼等家畜和猕猴等实验动物的出口检疫，贸易性活猪出口检疫，羊毛、肠衣、猪鬃等动物产品的来料加工检疫防疫，以及出口盆景检疫，贸易性种子、苗木检疫和动物产品的动植物检疫，对进口废钢船实施动植物检疫等。在国外疫情复杂多变、检疫要求更为严格的情况下，上海动植物检疫人员不断提高检测技术水平，截获多种检疫对象和危险性有害生物，在把好上海口岸动植物检疫关的同时，以其精湛的检疫技术赢得越来越高的国际信誉。

20 世纪 90 年代，上海动植检所进出境动植物检疫的职能进一步加强，1991 年，上海动植检所升级为上海动植物检疫局，下设吴淞动植检局、虹桥机场动植检局、龙吴动植检局、外高桥动植检局和隔离场圃 5 个分支机构和 3 个科级办事处，形成完整、合理的动植物检疫网络。1995 年，在钱璟国际货运有限公司设立上海动植检局第一个集装箱动植物检疫查验点，至 1998 年底共设查验点 18 个。1992 年初，上海动植检局进驻虹桥机场。自 1991 年以来，上海口岸在进境动物检疫中新截获的危险性疫情有牛黏膜病、兔流行性出血症、猪喘气病、牛传染性鼻气管炎、布氏杆菌病、蓝耳病 6 种，截获的进境植物危险性有害生物有小麦矮腥黑穗病菌、非洲大蜗牛、瓜实蝇、大豆疫病、烟草霜霉病菌、谷斑皮蠹、松材线虫、香蕉穿孔线虫等多达几十种。1998 年底，上海动植检局初步形成布局完整、合理的进出境动植物检疫网络。1999 年 7 月 29 日，上海口岸动植物检疫工作进入“三检合一”时期。

国境卫生检疫 1978 年后，随着上海卫生检疫所许多业务工作的恢复和拓展，职能部门调整为检疫、卫生、检验科等五科一室，下设 2 个分支机构。一个为上海卫检所吴淞卫检站，另一个为专司空港卫生检疫的上海卫检所虹桥机场卫检站。随着改革开放的深入，上海卫检所于 1986 年又增设了金山卫生检疫站和宝钢卫生检疫站。加强对口岸传染病检测和口岸卫生的监督，是改革开放初期的重要改革措施。1988 年 12 月，上海卫检所升格为副厅级单位，下设浦江卫检所、吴淞卫检所、金山卫检所 3 个两级所机构和虹桥办事处。随着改革开放的深入，浦东开发区卫检局、浦东卫检局外高桥保税区办事处、外高桥新港卫检局、龙吴卫检局和航交办分别设立。1988 年上海卫检所开始对入出上海港的集装箱实施卫生检查和处理。根据业务的需要，上海卫检所建立了食品检验中心，设立了上海口岸国际旅行医学研究所，下设性传播疾病研究室、病媒控制研究室、国际旅行食品安全控制研究室、旅行医学情报室。1991 年起，上海卫检所虹桥办事处开始对航空运输的入境货物及集装箱实施卫生检疫管理，1992 年，开始对航空出境集装箱、货物实施卫生检疫管理。1989 年底起，上海卫检所对废旧物品和集装箱管理实施并轨，装废旧物品的集装箱成为集装箱管理中必须处理的对象之一。1995 年起，上海卫生检疫局开始注重旅行医学基础性研究，开展国际旅行卫生信息网络建设，向旅行者提供全球疫情信息。1996 年起，结核病检测实验室开始筹建，研究适应出入境检疫需要的检测方法。1997 年初，结核病检测实验室得到美国疾病控制中心的认可。

20 世纪 70—80 年代，经过两次改革，上海口岸卫生检疫形成以锚地检疫、随船检疫、泊位检疫、电讯检疫为主，辅以传染病监测和卫生监督的模式，还先后开展传染病监测健康检查、口岸进口食品卫生监督检验。1989 年 3 月，卫生部公布《检疫法实施细则》后，上海卫检所对入境货物、集装箱、废钢船进行管理。1994 年 9 月，针对印度发生几十年罕见的人间鼠疫流行，上海卫检局制定应急措施防止鼠疫传入。1995 年 3 月，上海卫检局与上海港务局启动“上海港口专用码头卫生合格单位”创建工作。1999 年 5 月，上海卫检局与机场集团公司共同创建“国际卫生机场”。

三检合一　1999 年 7 月 30 日，上海出入境检验检疫局成立。原商品检验、动植物检疫和卫生检疫机构承担的职能合并，即“三检合一”，由新组建的上海出入境检验检疫局承担。原“三检”机构承担的纯技术、辅助性职能，包括实验室检验检疫技术工作、研究咨询及检疫风险分析、传染病监测体检、国际旅行预防接种、技术开发服务、机关后勤服务等，分别由上海检验检疫局动植物与食品检验检疫技术中心、工业品与原材料检测中心、机电产品检测中心、国际旅行卫生保健中心和机关服务中心等事业单位承担。上海检验检疫局下属分支机构有上海浦江、浦东、国际机场、吴淞、外高桥、闵行、奉贤、崇明、南汇出入境检验检疫局及金桥、宝山、张华浜、龙吴、航交办、莘庄、虹桥机场和浦东机场办事处。随着上海出口加工区的相继建立，上海检验检疫局先后成立了松江、青浦、嘉定、闵行出口加工区办事处和金桥出口加工区（南区）办事处。2003 年后，随着上海口岸的快速发展，上海检验检疫局先后设立了铁路办事处（后为铁路检验检疫局）、外高桥保税区办事处、洋山检验检疫局（下设芦潮港和小洋山办事处）、化工区办事处和松江办事处（后为松江检验检疫局）。

2000—2010 年，上海检验检疫局在做好检验检疫业务快速融合的同时，积极开拓新的检验检疫监管模式，为上海的经济发展作出应有的贡献。开展分类管理，转变检验检疫监管模式。在试点的基础上，上海检验检疫局逐步形成了出口工业产品“从检验为主、监管为辅向监管为主、检验为辅”的模式转变。此外，上海检验检疫局还推进电子检验检疫建设；参与上海国际航运中心建设及“大通关”综合服务信息平台的建设；开展各项专项整治工作；助力浦东新区综合配套改革试点；参与世博会建设；加强疫病疫情的防控工作；创建国际卫生机场推进上海机场亚太地区航空枢纽建设；助力输美贸易顺利开展和上海国际航运中心建设等。

“三检合一”后，上海检验检疫局对上海口岸商品实施检验监管。上海检验检疫局与上海市质量技术监督局在诸多方面开展联系与合作，共保食品安全，更好地服务地方经济。2006 年，上海口岸出入境工业品 121.64 万批，金额 792.28 亿美元；经检验不合格的进出口商品共 8834 批，金额 97697 万美元。出境工业品共检验 624480 批，金额 2245425 万美元；发现不合格商品 287 批，金额 679 万美元。2011—2017 年，上海口岸共检验进出口工业品 873.68 万批，检出不合格商品 24.35 万批；共检验进出口食品、食品添加剂 169.64 万批，检出不合格食品、食品添加剂 1.31 万批。

“三检合一”后，上海出入境检验检疫局通过建立预案，有效应对泰国登革热、韩国霍乱、美国“炭”事件所引发的生物恐怖事件等突发事件。2003 年 2 月 24 日，针对“非典”疫情，采取一系列应急措施有效防止疫情传入和传出。2005 年，上海执行《全国高致病性禽流感应急预案》和技术方案，实施“疫情零报告”，防控高致病性禽流感疫情。2009 年 4 月，墨西哥爆发甲型 H1N1 疫情，上海检验检疫局在浦东机场设立“防控甲型 H1NI 流感现场指挥部”，制定 21 个规范化文件、280 多项工作举措。2010 年上海世博会期间，上海检验检疫局首次发现输入性登革热病例，采取有效措施，保障上海口岸国境口岸卫生检疫和进口食品安全，得到中共中央、国务院的表彰。2018—2022 年，上海口岸严格防控高致病性禽流感疫情。上海海关严格按照海关总署要求，结合上海口岸实际情况制定疫病监测计划，有序做好口岸的高致病性禽流感的疫情防控工作。2020 年 1 月 22 日—2023 年 1 月 7 日，上海口岸针对新冠肺炎疫情加大了防控监管措施，上海海关累计检疫出入境人员 663.2 万人次，七成境外输入感染者被上海海关在口岸一线成功拦截。

“三检合一”后，2000 年，上海筹建上海口岸检疫性实蝇监测体系，共设置 729 个监测点，对全市 400 多平方公里区域实施常年的动态监测。2003 年 12 月中旬起，面对历史上罕见的多种烈性动物传染病疫情大暴发，上海实行每日疫情报告制度。2004 年 11 月 1 日，按改革要求，上海全面使用《进境动植物检疫许可证》网上申请和核销。2006 年 3 月 24 日，为应对高致病性禽流感疫情，上海出入境检验检疫局启动应急预案，实行 24 小时值班制，与市府各相关部门建立联系、协调机制，做到“有情况报情况，无情况报平安”。2007 年，上海出入境检验检疫局对张江高科技园区内生物医药企业进出境特殊生物材料施行改革试点，建立事前备案、事中审核、事后监管制度；同年，开始实施企业视频监管试点。2009 年，为应对北美植物保护组织实施特别检疫管制措施，上海出入境检验检疫局全面开展亚洲型舞毒蛾监测，在外高桥与洋山港区附近设置 44 个 GPS 定位的监测点。此外，上海还进一步做好检疫性实蝇、检疫性杂草、桉树腰姬小蜂、香蕉穿孔线虫等有害生物的监测。2010 年世博会期间，全市查验各类动植物产品逾 800 批次、木质包装 3500 多批次，检出检疫性有害生物 108 批次；在旅客携带物品、邮寄物品检疫中截获 44420 批次禁止进境的动植物及其产品，发现有害生物 375 批次，在服务进出口贸易的同时确保国门生物安全。2011—2022 年，根据原质检总局和海关总署的要求，上海每年均布设实蝇监测点 400 个，持续对进境口岸、农产品集散地、种植地等重点区域开展监测工作，密切关注实蝇种类和发生情况变化；并在上海口岸截获有害生物 120 余万次 3000 余种，其中检疫性有害生物 6.7 万次近 300 种。

资料链接：

《上海商检志》　　《上海市志 · 口岸分志 · 出入境检验检疫卷（1978—2010）》

边防检查

对于上海市居民出入境的管理，清代，政府奉行闭关锁国政策，不准普通居民移居国外，不准华侨回国。至晚清有所改变，尤其第一次鸦片战争后，清道光二十二年七月二十四日（1842 年 8 月 29 日），清政府与英国签订《南京条约》，上海开埠成为向英国开放的通商口岸。道光二十三年八月十五日（1843 年 10 月 8 日），清政府又与英国签订《虎门条约》，允许英国在上海等口岸建立租界，外国人不用办理任何手续即可在上海出入居留。道光二十四年（1844 年），清政府先后与美国和法国签订《望厦条约》和《黄埔条约》，允许两国人员及其家眷到上海等 5 个港口居住或贸易。光绪十三年（1887 年），清朝总理衙门制订《出洋游历章程》，对出国游学、考察、学习和游历人员的出境手续办理进行规定，成为清朝第一个规范中国人出入境管理的法规。

中华民国初期，战事频繁，政府无暇顾及，国民自发出入国境比较活跃。在沪常住的外国人最多时有15万余人。1922年，北洋政府外交部颁布《出洋护照试办章程》，对发照机关、申领申办手续、适用范围条件和使用要求等均作出明确规定。1929年，上海特别市公安局在行政科下设外事股，专门负责无约国和无国籍侨民的居住注册和出国护照的核发工作。1931年，上海市公安局增设护照查验处，开始对入境外国人查验护照签证。抗日战争胜利后，为恢复对外交往，1946年国民政府行政院决定重新开放沿海口岸，指定上海等18个地点为开放港口。1947年，国民政府公布《外人护照查验办法》，对护照查验站的人员组成、具体检查程序、禁阻出入境人员情形、发现问题的上报解决途径等进行详细规定，初步建构出国民政府的出入境边防检查制度。据1949年制定的《国民政府护照查验站设置计划表》记载，上海已设置江海关码头、江湾机场、龙华机场和京沪铁路上海北站4个护照查验站。但在上海解放前，历届政府屈服于殖民主义势力，对在沪外国人的管理徒具形式。租界更俨然是"国中之国"，各国冒险家视上海为淘金乐土，纷至沓来，自由出入。

上海解放后，受财力、物力和人力等因素限制，专门的边防检查机构并未设立，中国人民解放军上海市军事管制委员会仅通过接管收编国民政府时期的江海关码头、江湾机场、龙华机场和京沪铁路上海北站4个护照查验站，并指派上海市公安局外侨科部分工作人员，对进出上海的交通运输工具和人员进行简单的证件检查和登记工作。1949年7月，上海市公安局设立北站外侨查验站和西站外侨查验站，负责检查外侨进出证件和行李。1952年1月4日，中华人民共和国上海边防检查站（简称上海边防检查站）正式组建。上海边防检查站作为中华人民共和国上海出入境边防检查总站的前身，是中国最早设立的12个边防检查站之一，先后进行10多次体制变革，历经公安部队、公安军、武警边防、职业警察等不同体制转换。20世纪60—90年代，根据边防工作需要，上海虹桥边防检查站、上海虹桥机场安全检查站、闵行（金山）边防检查站、吴淞边防检查站和外高桥边防检查站相继组建成立。

改革开放前，上海口岸出入境人员不多，发展速度也慢。1952—1970年，上海水运口岸出入境人员13.6万人次。1973年9月13日，中华人民共和国成立后的第一艘来沪的外国籍旅游客轮"巴西丸"（日本称为"海洋大学"）号自日本驶进上海港，标志着上海边防检查机关开启旅游船的出入境边防检查业务。

改革开放后，上海国际贸易和对外交往活动日益扩大，进出境人员越来越多，上海口岸出入境人员增长快速。改革开放初期的1978年，上海口岸出入境人员总数为18.1494万人次。其中，水运口岸13.6218万人次；航空口岸4.5276万人次。1978—1980年，上海口岸出入境人员总数为75.4819万人次，其中，水运口岸45.0503万人次，占上海口岸出入境人员总数的 59.68%；航空口岸 30.4316 万人次，占出入境人员总数的 40.32%。

“六五”时期（1981—1985 年），为适应对外经济交流和对外人员交往需要，上海口岸开通多个水运国际航线（中日、中韩、沪港等客运航线）和航空国际航线（中巴、中法、中日、中美、中非等 6 条客运航线，15 个航点）。5 年间，上海水运口岸出入境人员出现两次突破。1982 年，首次突破 20 万人次，达到 26.81 万人次。整个“六五”时期，上海口岸出入境人员总数达 374.6562 万人次。其中，水运口岸 115.5708 万人次，占上海口岸出入境人员总数的 30.85%；航空口岸 259.0854 万人次，占出入境人员总数的 69.15%。该时期开始出现航空口岸出入境人员数在上海口岸出入境人员总数的占比高于水运口岸的趋势。

“七五”时期（1986—1990 年），由于受 1987 年国际金融“黑色星期一”和 1988 年严重经济通胀危机影响，国际经济贸易和人员交往略有减少，上海口岸出入境人员数量也受到一些波及，但影响不是很大，总体稳中有增。整个“七五”时期，上海口岸出入境人员总数达 610.24 万人次，比“六五”时期增长 62.88%。其中，水运口岸 126.88 万人次，占上海出入境人员总数的 20.79%；航空口岸 483.36 万人次，占上海出入境人员总数的 79.21%。水运口岸与航空口岸的出入境人员比例，已发展为 20%∶80%，并成为上海口岸出入境人员增长趋势的常态。1990 年 1 月，为促进大陆和台湾地区的两岸通邮、通航、通商的“三通”工作，上海市公安局边防局制定下发《台湾同胞入出境管理工作规范》，明确规范对台湾旅客、台湾船员和台湾客轮的出入境检查工作，同时简化边防检查手续，规定上海虹桥边防检查站不再检查台方机组或航空公司的飞机任务书。7 月，上海边防检查站分编组建吴淞和闵行边防检查站，三站执勤区域分布黄浦江的上、中、下游，形成一个布局合理的执勤网络。1992 年 4 月 6 日，上海虹桥边防检查站不再担负虹桥国际机场安全检查和飞机监护任务。1995 年，上海市公安局边防局取消实施近 40 年的国际航行船舶联检制度。

“八五”时期（1991—1995 年），国家实施上海浦东开发开放战略，上海面临新一波发展机遇。在传统国际旅游船客运业务逐步减少、水运口岸出入境人员数量起伏较大的情况下，上海民用航空运输业务发展较快，航空口岸出入境人员快速增长。5 年间，上海水运口岸出入境人员数在 26 万人次上下起伏。整个“八五”时期，上海口岸出入境人员总数达 1233.68 万人次，是“七五”时期的 2 倍。其中，水运口岸 131.33 万人次，占上海出入境人员总数的 10.65%；航空口岸 1102.35 万人次，占出入境人员总数的 89.35%。水运口岸出入境人员与航空口岸人员比例为 11%∶89%。

“九五”时期（1996—2000 年），受 1997 年东南亚国际金融风暴影响，国际产业结构大调整，IT 产业逐步兴起并向中国大陆转移。上海进一步深化改革开放，扩大水运和航空口岸建设规模，稳步调整国际客运班轮和旅游船业务。特别是2000年中国加入世界贸易组织后，上海口岸国际贸易、招商引资和出入境人员交往日益增多。整个“九五”时期，上海口岸出入境人员总数达2582.31万人次，是“八五”时期的2倍。其中，水运口岸149.7970万人次，占上海出入境人员总数的5.80%；航空口岸2432.52万人次，占上海出入境人员总数的94.20%。水运口岸出入境人员与航空口岸人员比例为6%∶94%。

1998年5月26日，国务院批复上海边防检查机关由现役制转为职业制，成立上海出入境边防检查总站。1999年，浦东出入境边防检查站成立。2005年6月1日，上海铁路出入境边防检查站成立。2006年8月24日，洋山出入境边防检查站成立。2009年6月，浦东出入境边防检查站更名为上海机场出入境边防检查站。2009年8月20日，上海出入境边防检查站更名为浦江出入境边防检查站。截至2010年12月，上海边检总站下辖上海机场、虹桥、浦江、金山、吴淞、外高桥、上海铁路和洋山8个出入境边防检查站，除上海机场边检站为副厅级边检站外，其余均为正处级边检站。职业化改革后，上海边检总站要求各边检站勤务工作由各边检长统一领导，站业务部门统一组织，站值班领导具体指挥。同时，为加强执勤规范化建设，规范外轮监管工作，对国际航行船舶实行“一般核查、正式核查、重点核查”的三级检查制度，规范了船舶检查程序，严密了船舶出入境检查和监护巡查的衔接环节。

“十五”时期（2001—2005年），上海积极推进国际航运中心建设、国际航空枢纽建设和提高口岸通关效率的“大通关”工程，探索实施便捷高效的“5+2天”“7×24小时”通关服务，不断优化口岸通关环境，国际邮轮和国际航空业务得到快速发展。2003年，为落实《内地与香港关于建立更紧密经贸关系的安排（CEPA）》，铁路上海站临时口岸正式启用，并简化上海至香港九龙的沪港列车通关手续，上海口岸出入境人员不断增多。整个“十五”时期，上海口岸出入境人员总数达5843.58万人次，比“九五”时期增长126%。其中，水运口岸227.67万人次，占上海口岸出入境人员总数的3.90%，占全国水运口岸出入境人员总数的3.89%；航空口岸5593.12万人次，占上海口岸出入境人员总数的95.71%，占全国航空口岸出入境人员总数的37.32%；铁路临时口岸22.8万人次，占上海口岸出入境人员总数的0.39%，占全国铁路口岸出入境人员总数的1.24%。水运口岸与航空口岸、铁路口岸的出入境人员比例为3.9%∶95.71%∶0.39%。

2001年，总站逐步完善跨站遣返制度、48小时过境免签制度、空港站内部交接班制度和电脑排班制度，并建立总站、站二级勤务检查机制。2002年5月，总站推行海港口岸国际航行船舶“绿、黄、红”牌奖惩制度试点工作，以规范船方自管行为。同年，总站与相关单位合作研发边检证件信息查询系统软件，填补了中国边检机关护照证件查询领域的空白。

2004 年 11 月 1 日，总站推出国际航行船舶网上报检工作新模式，在全上海港 44 家船舶代理公司中正式推行启动国际航行船舶网上报检工作，便利国际航行船舶入出境手续办理。2005 年，上海边检总站的工作重心逐渐从管控转向服务。2005 年 3 月 4 日，总站在浦东边检站实行旅客“蛇形排队”待检制度，优化空港口岸通关环境。

“十一五”时期（2006—2010 年），为推进落实上海国际航运中心建设战略，迎接 2010 年世博会，上海加快邮轮经济和邮轮母港建设步伐，形成“一港两码头”（北外滩国际客运中心和吴淞国际邮轮码头）的国际邮轮组合母港，加大口岸环境完善和口岸开放力度。2009 年，虽受国际金融危机影响，但经国务院批准上海站铁路口岸正式对外开放，形成海、陆、空三位一体的开放格局，上海口岸出入境人员仍以较快速度增长。整个“十一五”时期，上海口岸出入境人员总数达 9891.68 万人次，比“十五”时期增长 70%，占全国出入境人员总数的 5.6%。其中，水运口岸 353.1 万人次，占上海出入境人员总数的 3.57%，占全国水运口岸出入境人员总数的 3.46%；航空口岸 9477.26 万人次，占上海出入境人员总数的 95.81%，占全国航空口岸出入境人员总数的 34.28%；铁路临时口岸 61.32 万人次，占上海出入境人员总数的 0.62%，占全国铁路口岸出入境人员总数的 2.34%。水运口岸与航空口岸、铁路口岸的出入境人员比例为 3.57%∶95.81%∶0.62%。至 2010 年，上海口岸进出境人员总数从 1978 年的 18.1494 万人次增长至 2379.24 万人次，32 年来总计增长约 131 倍；水运口岸出入境人员总数从 1978 年的 13.62 万人次增长至 88.14 万人次，增长约 6.47 倍，其中邮轮出入境人员从 1.4 万人次增至 15.98 万人次；航空口岸出入境人员总数从 1978 年的 4.53 万人次增长至 2275.12 万人次，增长约 502 倍，从 1995 年起连续 15 年保持全国第一；上海铁路口岸出入境人员从 2003 年的 2.41 万人次增长至 15.98 万人次，增长约 6.63 倍。

2006 年 3 月 1 日，全面启用梅沙系统，上海在全国边检机关中率先实现海、陆、空口岸的联合执勤。2007 年 1 月 1 日，“上海边检总站海港口岸综合信息管理系统”启用，为登轮管理工作搭建联动平台。2008 年 12 月 15 日，上海相继推出“紧急救助”“迟到免排”和“特殊礼遇”等多条特色通道，为两岸常态包机的顺利开通做好安全保障。2009 年 9 月 15 日，在海港口岸启用“船舶外档无线监控系统”，实现对泊港船舶实时监控。2010 年，围绕上海世博会安保推出多项服务措施，通过建立“旅客测评—督察反馈—落实改进”工作机制，在空港边检站设立专、包机检查室，在海港边检站增加 24 小时办证窗口，采取随轮验证和启用移动验放车等方式便利出入境旅客快速通关。同时，为加强口岸限定区域和上下轮人员管理，上海启用“海港口岸限定区域管理系统”和“便携式船舶梯口管理系统”，同时启用“国际航行船舶动态管控查询系统”，实现对上海港范围内所有船舶航行动态的实时掌握。

2012—2016年，上海出入境人数以年均12%的速度持续增长，2016年突破4200万人次；出入境交通运输工具数量以年均5.5%的速度稳步增加，2016年达27.9万架（艘、列）次。其中，出入境国际邮轮数更是在5年内翻了3倍，猛增至2016年的997艘次。2012年，上海出入境人员数为2682万人次，2016年猛增至4242万人次，平均每年增长390万人次，相当于每年增加了1个中型口岸的出入境旅客总量。浦东机场口岸自开航以来，出入境外国人数量连续14年位居中国首位，出入境人员总量连续14年位列中国空港口岸第一。其中，2016年日均出入境客流达9.45万人次，单日10万人次以上的大客流达188天。上海边检总站先后在浦东机场、虹桥机场、上海港国际客运中心和吴淞口国际邮轮港4个口岸建设启用65条边检自助查验通道。2016年，自助通关入境人员达225.6万人次，日均6000余人次省去了走人工通道“蛇形排队”的等候时间。上海口岸2012年出入境国际邮轮243艘次，2016年猛增至997艘次，5年内翻了3倍之多；随邮轮出入境旅客也由2012年的35.4万人次增加到2016年的286.8万人次，平均每年增长62.85万人次。自2016年10月1日起，在上海邮轮口岸对乘坐邮轮抵达上海的外国旅游团试点实施15天入境免签新政以来，乘坐邮轮到上海等地观光旅游的外国人有明显增加。

2022年，浦东国际机场累计出入境人员达163.8万人次，出入境航班7.7万架次，其中货邮航班6.8万架次。最多的时候，上海机场边检站完成全国62%的入境航班、53%的航空入境旅客查验任务。

资料链接：

《上海市志·口岸分志·口岸综述卷（1978—2010）》

《上海市志·口岸分志·出入境边防检查卷（1978—2010）》

科　　教

JI JIAN SHANG HAI ZHI

上海是中国科技力量最强、科技水平最高的城市之一。古代，上海地区就是中国科学技术比较发达的地区，出现过相当一批科学人才和能工巧匠。19 世纪中叶开埠后，在多种因素的交互作用下，上海逐渐成为西方新科学、新技术输入中国的基地。新中国成立后，上海利用肩负国家科研重任的契机，成长为新中国科研的“半壁江山”，涌现了一批世界瞩目的科研成果，为国家科技进步作出巨大贡献。改革开放以来，上海科技发展经历了加快研究开发新兴技术，为改造传统产业服务；发展高新技术及产业，促进上海产业结构调整；构建“一流科技”，增强城市综合竞争力；大力推进自主创新，建设创新型城市；实施创新驱动、转型发展战略，全面建设具有全球影响力的科技创新中心等阶段，取得了巨大成就，为上海经济、社会的全面发展，为提升上海城市能级和核心竞争力提供了重要支撑。1990 年研究与试验发展（R&D）经费内部支出 10.13 亿元，相当于上海市生产总值的 1.30%；地方财政科技经费支出 2.44 亿元，占地方财政支出比重 3.2%。2000 年研究与试验发展（R&D）经费内部支出 76.73 亿元，相当于上海市生产总值的 1.59%；地方财政科技经费支出 10.08 亿元，占地方财政支出比重 1.6%。2010 年研究与试验发展（R&D）经费内部支出 481.70 亿元，相当于上海市生产总值的 2.69%；地方财政科技经费支出 202.03 亿元，占地方财政支出比重 6.1%。2022 年研究与试验发展（R&D）经费内部支出 1981.6 亿元，相当于上海市生产总值的 4.44%；地方财政科技经费支出 386.3 亿元，占地方财政支出比重 4.11%。

上海是中国具有近代意义的社会科学的主要发源地。19 世纪中叶开埠后，上海成为引进和传播西方文化包括西方社会科学的主要窗口，成为马克思主义在中国引进和传播最早和最主要的窗口，是中国社会科学研究的重要阵地。长期以来，社会科学领域大师名家荟萃，学术繁荣兴盛，许多先贤哲人在上海为寻求中国社会的变革与发展之路进行了艰苦的理论探索。新中国成立以后，以马克思主义、毛泽东思想为指导的哲学社会科学获得了前所未有的发展。中共十一届三中全会以后，上海社会科学工作者解放思想，实事求是，与时俱进，坚持以马克思主义为指导，坚持为人民服务、为社会主义服务方向和百花齐放、百家争鸣方针，深入研究和回答上海乃至全国改革发展的重大理论和实践问题，推出一大批重要学术成果，为坚持、发展和宣传中国特色社会主义作出了重要贡献。

19世纪中叶上海开埠后，受西学东渐影响，新学逐渐代替旧学，华洋共处的新式学堂（学校）迅速发展，西式教育逐渐成为教育体系的主流，并引领了中国教育制度的近代化转型，上海也成为中国学前教育、基础教育、高等教育、职业教育，以及特殊、师范、医学、法学、工程等专业教育的重要发祥地，涌现了一批学贯中西而又扎根中国沃土的杰出教育家，培育了一批享誉海内外的知名学校，也形成了上海教育开放包容、中西融合，并始终开风气之先的品格。上海解放后，随着旧学校的社会主义改造、教育主权的回归、学校的结构性重组，以及中小学教育的普及和全民教育的开展，全市教育焕发出了新的青春，各项事业蓬勃发展，也支撑了上海作为全国最大经济中心城市的地位。中共十一届三中全会之后，上海教育顺应中国教育发展的大势，在持续推进改革创新中重振雄风，实现了各级各类教育的迅速发展，也完成了教育的结构性优化和历史性跨越。2022年上海常住人口中，接受过大专及以上程度教育的人口占比接近39.9%，平均受教育时长为11.8年，小学学龄儿童净入学率、初中学生净入学率均达到99.9%。

科学技术

学术机构、团体 清同治四年（1865年），法国天主教会在上海县董家渡建立气象观测站，进行气象研究。同治十一年（1872年），又在徐家汇设立天文台，进行气象等观测、研究。1927年，上海市卫生试验所成立，进行细菌、病原体、病理研究和制造牛痘菌。1928年，中央研究院理化实业研究所、地质调查所、植物研究所等成立。次年，上海工业试验所成立，从事国煤的分析、油的氢化研究等。1934年，兽疫防治所成立，进行病理、防疫等研究。以后，又设立中华农学会上海农学研究所、法医研究所、上海社会局度量衡检定所、国民政府资源委员会上海材料供应事务所材料试验室等。1949年5月，全市有科研机构15家，大部分是国民政府和上海市政府所办。1949年6月，均为上海市军管会接管。之后，中国科学院又接管原属中央研究院和北平研究院的9家研究机构和佘山、徐家汇观象台。这11家研究机构几经演变，成为中国科学院上海分院直属单位。同时，国务院各部门和上海市各系统新建一些研究机构。至1956年，全市有科研机构38家。此后，又创办上海钢铁研究所等7家研究所。至1966年，全市有182家科研机构。“文化大革命”中，21家研究所被撤销、合并、他迁，40%的厂办研究所和厂属中心试验室被撤销。1979年后，大部分原有机构恢复工作，并创办新的科研机构。新办的较知名的有上海脑研究所、上海市钢铁工艺研究所、上海市无机化工研究所、上海市软件技术开发中心、上海市能源研究所、上海市隧道设计研究所、上海市商业机械研究所、上海市气象科学研究所、上海市食用菌研究所、上海市内分泌研究所、上海市环境保护科学研究所等。1985—1986年，出现集体、个体、民办科技机构。1987—1995年，科研机构进入企业或企业集团，向行业技术开发中心发展。1987年7月，上海科学院实行独立建制。1990年，上海拥有独立的研究和开发机构264个，大中型企业的技术开发机构327个，高等院校有51所，所属研究和开发机构有350个，还有民办科研机构607个。1990年后，地方应用型科研机构进行转制化改革，至2000年底，上海地区对中央直属和上海市属105个研究所进行转制，其中76个研究所转制为科技企业，9家进入企业集团，其余转为中介机构或并入大学等其他单位。组建新型科学研究中心，例如依托上海脑研究所的上海生命科学研究中心（1994年成立），依托复旦大学的上海应用物理研究中心（1994年成立），挂靠在中科院上海硅酸盐研究所的上海新材料研究中心（1996年成立），以及1998年组建的国家人类基因组南方研究中心等。1999年，中科院在沪组建成立中科院上海生命科学研究院。2000年，全市有国有独立科技机构304个，附属于高等院校的研究开发机构326个，大中型工厂办技术开发机构263个，民营科技企业12316家；全市有研究与实验发展（R&D）活动单位数1070个，其中科研机构125家，高等院校41家，企业820家，其他84家。2000年后，中央部署科研机构进行属地化管理，大部分划归上海科学院。建立新型科研院所，对标世界科学技术前沿：在基础科学方面，建立上海交通大学Bio-X生命科学研究中心、同济大学海洋科学技术研究中心、华东师范大学脑功能基因组学研究所等；在前沿技术方面，建立上海集成电路设计研究中心、上海市纳米科技与产业发展促进中心等。建立合作研究机构，中科院上海生命科学研究院和上海第二医科大学共建健康科学中心，上海师范大学、中科院上海天文台共建“天体物理联合研究中心”等国内合作研究机构，中国科学院和德国马普学会组建中国科学院—马普学会计算生物学伙伴研究所，中国科学院、上海市政府和法国巴斯德研究所合作建立中国科学院上海巴斯德研究所等中外合作研究机构。上海广电集团公司、上海电气（集团）总公司、上海汽车工业（集团）总公司等建立研发实力更强的中央研究院，形成中央研究院、子公司技术中心、生产企业技术开发机构三级技术创新体系。2010年，全市有国有独立科技机构247个，附属于高等院校的研究开发机构214

个，大中型工厂办技术开发机构 638 个，全市有研究与试验发展（R&D）活动单位数 1782 个，其中科研机构 113 家，高等院校 68 家，企业 1453 家，其他 148 家。2022 年，全市有研究与试验发展（R&D）活动单位数 4614 个，其中科研机构 112 家，高等院校 125 家，企业 4300 家，其他 77 家。

清光绪十二年（1886 年）六月，英、美等教会医师约 150 人在上海成立中华博医会。次年十一月，英美传教士、外交人员、公共租界工部局官员、社会名流等建广学会。光绪二十一年（1895 年）十一月，康有为等组织上海强学会等，除政治活动外，以切磋科学技术为活动内容。至民国，上海可考的科技社团有 17 个，其中医科社团 8 个。1915 年，中国科学社在美国成立，以英国皇家学会为楷模，创办《科学》杂志，1918 年迁上海，设立国内第一个生物研究所，召开分科年会和联合年会。到 1937 年八一三事变前，上海的社团数在全国领先，综合科技性社团有中国科学社、中国工程师学会、中国技术协会、上海纺织学会、上海染化工程学会、中华化学化工学会、上海制革技术协会、上海市医师公会、上海药剂师会、中国电机工程师学会、上海建筑师学会等。在后期出现与社会科学相渗透的社团，如中国市政协会、管理学会等。众多全国性学会总会也设在上海，有中华医学会、中华医药学会、中华化学化工学会、中国数学会等。大多以学术交流为主，出版杂志、举行年会等。中国数学会学术杂志以多种外文发表，有的以推动技术普及为宗旨，进行技术培训。1949 年 6 月，27 个学会联合成立上海市科学技术学会联合会。1950 年，解散中华学艺社、中国技术协会等综合性社团，除中华化学化工学会外，全国性学会迁北京。1952 年 1 月，上海科学技术普及协会（简称上海科普）成立。1954 年 4 月，全国科联上海分会（简称上海科联）成立。经过整顿，医科方面有中华全国医学会上海分会、中国药学会上海分会、中国防痨协会上海分会等，基础科学方面有上海数学会、上海物理学会、中华化学化工学会、上海气象学会、上海地理学会等，生物方面有上海植物学会、上海动物学会、上海昆虫学会、上海畜牧兽医学会等，工程技术方面有上海造船工程学会、上海电机工程学会、上海纺织工程学会、上海机械工程学会、上海建筑学会等。1958 年 11 月，上海科联和上海科普合并为上海市科学技术协会。至 1966 年，上海科协接纳的市级学会共 44 个，会员 2 万余人。另外在各区县及部分工厂、公社建立了科协组织，会员达 10 余万人。“文化大革命”开始后，上海科协及其所属团体均被迫停止活动，1970 年，以“上海市科学技术交流站”（下设 20 余个技术交流队）取代上海科协及其所属学会的工作，1977 年 9 月，恢复上海科协及其所属学会，至 1980 年，上海科协先后恢复和新建的市级学会共有 85 个，会员近 5 万人。同时，各区县科协也先后得到了恢复，会员数约 1.5 万人。至 1990 年底，参加上海科协的市级学会、协会、研究会共有156个，会员达19.8万。团体会员5373个，另有16个学会吸收外籍或中国港澳地区的会员31名。市级学会所属分科学会有1016个。1995年，有市级学会163个，个人会员219392人，团体会员6143个。2005年，有市级学会176个，个人会员人数约17.6万，团体会员有12069个。2010年，有市级学会184个，个人会员人数约20万，团体会员有13838个。2022年，有市级学会205个，个人会员人数327311人，团体会员22293个。

管理、服务　上海解放前没有科技管理专职机构。1949年6月起，中国人民解放军上海市军事管制委员会先后接管了国民党政府留下来的研究机构。9月，中共上海市委成立中共上海市技术科学工作者直属总支部；成立上海市科学技术联合会，统一领导中国科学院所接管的单位、科学院上海办事处和上海市的科学技术群众团体党的工作。1954年，中共上海市委成立学校工作部，管理全市高等学校和中国科学院上海办事处所属科研单位，以及市科学技术群众团体的党务工作。1956年，学校工作部改为高等教育与科学工作部，仍领导上述单位工作。1957年，中共上海市委高等教育与科学工作部和市委教育卫生部合并，建立市委教育卫生工作部，仍设科学处，领导单位与1954年、1956年相同。同年7月，中共上海市委加强对新成立的国务院各部在沪及市属科研、设计单位党的领导，成立中共上海市设计科学研究委员会，统一管理国务院各工业部和地方的部分设计、科研单位，归口中共上海市委工业工作部。为实现将上海建成中国先进的科学研究中心之一的发展目标，1958年2月，成立上海市科学规划办公室，负责制订上海市的科学技术发展中、长期规划。10月，成立中共上海市委科学技术领导小组并设置上海市科学技术委员会，党、政两块牌子、一套班子，统一管理全市的科学技术工作。1960年6月，撤销中共上海市委科学技术领导小组，成立中共上海市科学技术委员会，与市科委两块牌子、一套班子。1967年，上海市“革命委员会”科学技术组接管原市科委的党、政业务，此后市革命委员会科学技术组直属的45个单位相继进驻3152名工宣队员和400名军宣队员，科研工作基本上陷入全面瘫痪，到1970年才逐步有所恢复。1977年11月，恢复设立上海市科学技术委员会并设立党组。1983年7月，设立中共上海市科学技术工作委员会，统一领导市科委系统、市科协、中国科学院上海分院、上海科学院的党的工作。2004年4月，中共上海市科学技术工作委员会与中共上海市教育工作委员会合并成立中共上海市科技教育工作委员会。2008年10月，中共上海市科技教育工作委员会撤销，分别成立中共上海市科学技术工作委员会与中共上海市教育工作委员会。

新中国成立前，政府在科技领域零星颁布过一些法规规章。1928年4月10日，国民政府发布《修正国立中央研究院组织条例》，是较早的对科研机构的管理章程。1932年9月30

日，《上海市奖励工业技术暂行条例》公布，奖励对象为“对于工业上之物品或方法首先发明者”，奖励办法“享有专利权10年或5年”，前项专利权以全国为区域。新中国成立后，人民政府加强了对科技工作的集中统一领导，从人员机构到设施经费，从研究任务到发展方向都实行严格把控。1956年，中央确定上海科技向“高级、精密、尖端”发展的方针，上海提出建成中国先进的科研中心之一的目标。1958年11月，上海市科技工作会议召开，提出要把上海在生产、科学技术、文化艺术上建设成为世界上最先进的城市之一。1959年，上海第一次制定市科技重点任务的规划包括22个方面、52项重点任务，主要内容有经济建设、尖端技术和基础理论三大部分。1960年，在闵行召开的全市科学技术工作会议上确定“科学技术必须为经济及国防建设服务”的方针，动员全市科技工作者向“高精尖新”进军，大力开展工业技术改造，加速发展尖端科学技术。会后，还编制了当年的科技发展计划和3年、8年的科技发展规划，落实了措施。1963年，中共上海市第三届党员代表大会上提出要把上海建设成为先进的工业和科学技术基地。1965年进一步制订了1965—1972年的上海重点科技发展任务，共有6个方面、18项新技术。改革开放后，实现了科技管理由定项目、拨经费的微观管理向战略规划、政策协调的宏观调控的转变，科技政策和法规由单一、零散向综合、系统、整体的转变，科技体制由科研导向到创新导向的转变，高新技术园区由引进为主到创新为主的转变等。建立了以企业为主体、市场为导向、产学研结合的技术创新体系，形成了开放、共享、动态的科技服务体系，形成了高端、青年、海外等多层次的人才体系，形成了科研院所面向经济、服务民生的新体制和机制等。1978年，上海召开全市科学技术大会，实施了科技面向经济建设的发展战略，编制了《1978—1985年重点科学技术发展规划》《1986—2000年上海市科学技术长远发展规划》和“六五”“七五”科技发展规划；围绕科研系统内部、科技与经济结合、科技体制改革外部环境和市场运行机制等制定了若干政策和法规；进行了对研究院所扩大自主权、实行经费预算包干、科技责任制和有偿合同制、所长负责制和建立技术交流网络等10个方面的配套改革，实施科技发展基金项目合同制。1990年后，召开第二次科学技术大会和技术创新大会，提出大力发展高新技术产业，促进上海产业结构调整；围绕实施“科教兴市”战略、深化科技体制改革、加速高新技术成果转化制定了一系列科技政策法规，如《上海科技进步条例》《促进高新技术成果转化的若干规定》；实施了“科教兴市”发展战略，编制了《上海市科技发展“九五”计划与2010年长远规划》和“八五”“九五”科技发展规划；对开发型科研单位实施综合改革和转制改革；实施针对青年人才的“启明星计划”、针对中青年的“上海市优秀学科带头人资助计划”等。2000年后，召开第三次科学技术大会和推进高新技术产业化工作会议等，大力推进自主创新，建设创新型城市；实施了自主创新发展战略，编制了《上海中长期科学和技术发展规划纲要（2006—2020年）》和“十五”“十一五”科技发展规划；围绕科技创新体系建设、培养创新人才、优化创新创业环境服务、完善创新政策环境等制定了许多政策和法规，如《上海中长期科学和技术发展规划纲要（2006—2020年）》若干配套政策及其细则等，形成了比较完善的科技创新政策法规体系；实施六大专项行动计划、世博科技行动计划、“科教兴市”重大专项、科技示范工程等；实施应用开发类科技项目招标制度、科技项目管理新机制、科研计划项目网上评审、科技项目绩效评估、新型科研院所改革、政府资助科技和产业化项目信息共享等，确定项目管理“8+1”的基本构架；增加针对企业的“B类人才计划”，实施针对留学人才的“上海市浦江人才计划”、针对高端人才的“上海市领军人才计划”等。2014年5月24日，中共中央总书记习近平在上海调研时提出，希望上海加快向建设具有全球影响力的科技创新中心进军。其后，上海发布《关于加快建设具有全球影响力的科技创新中心的意见》《关于进一步促进科技成果转移转化的实施意见》《关于本市推动新一代人工智能发展的实施意见》《关于进一步深化科技体制机制改革增强科技创新中心策源能力的意见》等，编制《上海市科技创新“十三五”规划》《上海市建设具有全球影响力的科技创新中心“十四五”规划》，制定《上海市促进科技成果转移转化条例》《上海市科技创新中心建设条例》，在人才政策“20条”“30条”的基础上，发布《上海市人才高峰工程行动方案》，面向全球汇聚顶尖科学家，推进“3+X”科技信贷服务体系建设，推出上海股权托管交易中心科技创新板，在上海证券交易所设立科创板并试点注册制，实施集成电路、人工智能、生物医药三大领域“上海方案”。

上海高新技术园区始于20世纪80年代的漕河泾新技术开发区。1990年，上海市人大通过全国第一部有关高新技术开发区的地方法律；1992年，建立张江高科技园区；其后又建立上海大学科技园区、中国纺织国际科技产业城、金桥现代科技园和嘉定民办技术密集区，形成一区六园。2000年，中共上海市委、上海市政府制定了“聚焦张江”的战略决策；2003年，上海市高新技术产业开发区全面实施“二次创业”；2006年，经国务院批准，上海高新技术产业开发区正式更名为上海张江高新技术产业开发区。2011年1月19日国务院正式批复，上海张江高新技术产业开发区成为国家自主创新示范区。2016年2月1日，发展改革委、科技部正式批复《上海张江综合性国家科学中心建设方案》。以建设世界一流国家实验室为目标的张江实验室于2017年9月26日揭牌。至2022年，张江、临港、紫竹、杨浦、漕河泾、嘉定、松江G60科创走廊等科创中心重要承载区形成各自特色。

科技研究 公元前3000年左右，生活在青浦县崧泽一带的先民已学会制作泥质陶纺轮，并用之纺织。隋唐五代和两宋时期，上海所在地区在造船、农业、制盐、修筑等方面开创了一些新技术。入元之后，经松江乌泥泾镇人黄道婆传授，棉纺织技术发达。明万历中叶，上海县徐家汇人徐光启师事外国传教士，为传播西方科学知识作出巨大贡献。鸦片战争后西学东渐，徐寿、华蘅芳、徐建寅、舒高第、赵元益等在沪翻译西方科技类书籍的同时，亦成长为有相当科学造诣人士。清末，上海成为中国现代科技发祥地之一。清同治年间，法国人在沪设立天文观测机构，成为上海现代天文学研究的起点，同期江南制造局翻译机构的设立加快了西方科学技术传播的速度，上海租界内的公共设施建设（如电灯、电话、电报、煤气、自来水等）步伐也几乎与西方列强国内同步，现代科技文明源源不断地在上海展现自身魅力。中华民国时期，中央研究院主要科研机构落户申城，外国科研机构如自然科学研究所、雷士德医学研究院也在沪设立，兼以上海高等教育和工业发达，理工科专业门类齐全、科研需求旺盛，为上海科研发展奠定基础。

上海解放后，科研迎来飞跃。新中国成立初期，上海承担156项国家重点建设的科研任务，并派出2万名科技人员支援内地建设，自身科研实力也成倍增长，市委、市政府乘势出台一系列有力举措，助推上海成为国家科研“半壁江山”。20世纪60年代，上海科技工作成就卓著。在工业科技发展领域，工业产品从仿制发展到自行设计、制造；从低级发展到高级；从单机发展到成套设备。机械工业的产品自行设计的比重1957年为20%，1965年提高到80%。万吨水压机、双水内冷汽轮发电机、大型电子显微镜等研制获得成功。在高新技术领域，在半导体技术方面，材料研究、生产和应用均取得开创性成果。在计算机技术方面，从研制第一代每秒运算30次的电子管计算机开始，发展到研制每秒运算100万次的集成电路计算机。在激光技术方面，试制出国内第一台红宝石激光器，铷玻璃激光器、砷化镓激光器以及激光打孔、焊接、测试机相继试制成功并推广应用。此外，还开发了微电子技术、微波技术、传感技术、惯导技术、自动控制技术、通讯和传真技术等，填补了国家的空白。在国防尖端技术领域，上海为国家作出很大贡献。1960年春试发射探空火箭成功，为中国空间科学史上第一个重大成果。1960年至1964年底完成导弹试制任务，1965年11月打靶试验三发三中。还完成“两弹一箭”的大批配套协作项目，其中分离铀的关键设备元件“甲种分离膜”的制造技术，在苏联停止技术援助的情况下，保证了中国试制核武器的原材料需求。在基础理论研究领域也取得一些举世瞩目的成果。1961年，成功培育世界上第一批“没有外祖父的癞蛤蟆”。1965年，人工合成牛胰岛素，为世界上第一个人工合成的蛋白质。

“文化大革命”期间，科技系统成为“重灾区”，上海科研工作多有停滞，1976年后，得到恢复和发展，1978年上海科学大会召开后，申城科技研究再度迎来春天，此后研究成果持续涌现，不胜枚举。20世纪80年代，首次在世界上人工合成酵母丙氨酸转移核糖核酸，全国强激光和激光核聚变领域重大成就——高功率激光器“神光”问世；研制中国第一台每秒500万次集成电路电子计算机，研制成功“风暴一号”火箭，发射一箭三星，参与“长征三号”运载火箭首次发射成功；完成世界首例断肢再植手术，国内第一台XDN-1型颅脑CT研制成功；国内首创12.5万千瓦中间再热汽轮机，国内首座核能电站试制的30万千瓦汽轮机填补了中国核电制造的空白；全国第一座半潜式海洋石油钻井平台“勘探三号”建成，“向阳红10号”远洋调查船获国家科学技术进步特等奖。20世纪90年代，急性早幼粒细胞白血病研究中发现了第一个人类疾病相关基因，在世界上首次成功构建了高分辨率的水稻基因组物理全图，4号染色体的测序研究取得了重要成果，研制成功小型化脉宽可调超短脉冲高功率激光系统；研制成功国际上首创治疗腹泻的新药培菲康（双歧三联活菌胶囊），研制成功中国拥有自主知识产权的第一个基因工程一类新药——人α型干扰素基因的冻干粉针剂；完成的首例双下肢再植术填补了世界医学史上的一项空白，完成国内首例“背驮式”肝移植手术，中国首例活体亲属肾脏移植手术成功，完成世界最先进的不开刀治疗颅内动脉瘤术；国内首台无水冷陶瓷发动机完成3105公里实际路试，中国首座超临界大电站——华能上海石洞口第二电厂一期工程两台60万千瓦临界机组竣工。21世纪初，有机分子簇集和自由基化学的研究获得国家自然科学奖一等奖，填补了该奖项连续4年的空缺；完成“国际水稻基因组计划”第4号染色体精确测序任务，这是中国完成的最大的基因组单条染色体精确测序任务；完成第一个扁形动物基因组序列——日本血吸虫基因组测序和基因功能分析工作；建设中国最大的大科学装置和大科学平台——上海光源。在国际上首创纳米材料的大面积操控排布新技术，研制成功代表国内CPU研制最高水平的高性能嵌入式32位微处理器——神威Ⅰ号，研制成功世界上第一个为TDSCDMA标准量身制作的3G手机核心芯片，中国下一代芯片工艺核心技术——极紫外光刻机光源技术研究获突破，启动基于高性能宽带信息网3TNet技术的中国下一代广播电视网。成功施行一例世界首创、体外循环长达23小时的动脉搭桥手术，世界首创的大胰腺癌分阶段治疗使手术切除率达到36%，在亚洲首先成功实施中末期双肺慢性阻塞性肺病患者同种异体左全肺移植手术，在世界上率先完成第一例幼儿全耳全撕脱再植术。中国第一个自主研制、进入临床试验的疟疾疫苗——重组疟疾疫苗进入一期临床阶段，益赛普成为国内第一个实现产业化批准上市的人源化单克隆抗体类药物，一类新药H101成为世界上第一个被准许上市的溶瘤病毒药物，实现了中国血栓性疾病治疗性抗体药物零的突破，研制成功中国首个肠促胰岛素分泌肽类药物“谊生泰”。首台国产5000吨汽车大梁液压机研制成功，世界上锻造能力最强的165MN自由锻造油压机正式投产；上海外高桥电厂90万千瓦超临界机组辅助成套设备研制成功，总装机容量百万千瓦以上的重型燃机国产化示范工程——华能石洞口燃机电厂顺利投产；高档自主品牌轿车荣威750上市，帕萨特领驭燃料电池轿车服务北京奥运会、上海世博会，研制成功国内首列国产化率达85%、具有自主知识产权的A型地铁列车；中国吨位最大、技术最新的30万吨海上浮式生产储油船顺利下水，中国第一艘拥有完全自主知识产权的8530标准箱超大型集装箱船“新亚洲”号出坞，中国自主研制的7500吨全回转浮吊研制成功。研制墨子号量子科学实验卫星，实现星地千公里级量子纠缠和密钥分发及隐形传态，超强超短激光装置实现10拍瓦激光放大输出，培育世界首个体细胞克隆猴，国际首次人工创建单条染色体的真核细胞，构建世界首例核心节律基因BMAL1敲除猕猴模型，发布人类首张黑洞照片，研制成功全球首台75厘米超大孔径3.0T磁共振设备。

在科研设施方面，上海形成以重点实验室和工程技术中心为主体的研发基地，1984年，上海建立了第一个国家重点实验室，到2010年，上海有40个国家重点实验室，到2022年，上海有44个国家重点实验室。1990年第一个市重点实验室建成，至2010年，上海共建成市级重点实验室81家，至2022年，上海共建成市级重点实验室170家。1994年第一家国家工程技术研究中心建成，至2010年，上海共有国家工程技术研究中心15家，参与建设2家，至2022年，上海共有国家工程技术研究中心21家。2005年开始建设上海市工程技术研究中心，至2010年，共建设93个上海工程技术研究中心，至2022年，共建设430家。2000年以后，上海相继建设上海光源、上海超级计算中心、上海地面交通工具风洞中心等大科学装置，至2022年，大科学设施已运行8个，在建6个。

1990年全市科技研究项目完成后自愿登记的2092项科技成果中，达到国际先进水平或属国际领先的有465项，达到国内先进水平或属国内领先的有1597项。2000年全市科技研究项目完成后自愿登记的1102项科技成果中，国际领先的45项，国际先进462项，国内领先452项，国内先进117项（其中基础理论研究成果79项，应用技术成果953项，软科学成果70项）。2000年研究与试验发展（R&D）项目（课题）数2.07万项，新产品销售收入1398.54亿元，专利授权数4050件（其中发明专利304件），发表科技论文数37216篇，出版科技著作2614种。2010年全市科技研究项目完成后自愿登记的2318项科技成果（其中基础理论研究成果152项，应用技术成果2104项，软科学成果62项）中，国际领先的188项，国际先进698项，国内领先724项，国内先进202项。2010年研究与试验发展（R&D）

项目（课题）数5.56万项，新产品销售收入6543.07亿元，专利授权数48215件（其中发明专利6867件），发表科技论文数87971篇，出版科技著作3329种。2022年全市科技研究项目完成后自愿登记的751项科技成果（其中基础理论研究成果68项，应用技术成果636项，软科学成果47项）中，国际领先的20项，国际先进51项，国内领先134项，国内先进53项。2022年专利授权数178323件（其中发明专利36797件）。

国际交流 清末起，上海科技界和外国科技界开始广泛接触和交往。至抗日战争全面爆发前，重要的交流有清宣统元年（1909年）六月，丁福保等考察日本帝国医科大学等，是中国科技界出访的最早记载。1920年9月10日，法国前总理班乐卫在上海演讲《科学与教育之问题》，10月12日，英国学者罗素演讲《中国宜保存固有国粹》。1922年11月，奥地利维也纳大学教授、眼科专家福克斯博士讲学《虹彩膜炎与绿内障之诊断》，12月31日，德国物理学家爱因斯坦抵沪后作相对论讲演。1923年11月，柏林大学汤姆松作《药物对于化学与生理学之检定法及研究法》《今日中国最主要的化学工业》报告。1926年，美国康奈尔大学农作物学教授马雅师讲《科学研究与中国农业之关系》，11月，日本医生三宅作《胃癌切除论》报告。1937年5月21日，丹麦物理学家玻尔讲演《原子核》。1929年5月，竺可桢在印度尼西亚爪哇泛太平洋会议学术会议第四届会议发表《中国气候区域论》，首创中国气候分类。10月，中国中华化学工业会吴承洛、中国科学社竺可桢等出席日本东京万国工业会议。1930年9月，中国科学社刘咸参加国际人类学会。1933年，中央研究院派竺可桢、沈宗瀚等出席在加拿大举行的第五届太平洋会议。20世纪50年代初，上海药理学专家、教授张昌绍作为中国药理卫生界的首批代表之一，出席布拉格世界科协第二届大会。苏联多批医学专家到上海举办生理学和流行病学等师资进修班或开学术交流会。之后，对外学术交流中断，20世纪70年代起恢复。20世纪80年代，中日两国科学家乘坐上海制造的“实践”号科学考察船，合作普查黑潮；中日合作首次进行科学气球越洋飞行获得成功；中法两国科学家乘坐“向阳红09”号海洋科学考察船，对长江口进行合作调查；上海天文台和法国、美国、德国、日本等国天文台开始合作研究，并参加1980—1985年国际地球自转联测有关合作研究等。与此同时，还对有关上海经济发展和城市建设中的一些重要课题，如上海地铁、黄浦江大桥、城市垃圾处理及化工、交通等项目合作进行可行性研究。1978—1990年，上海市属单位在上海组织召开15次国际学术会议和研讨会，有近2000名中外学者参加。有348批445人次出国参加各种国际学术会议和研讨会。1995年，与60多个国家和地区进行科技往来、数十个国际科技组织建立关系、20多个友好城市开展科技项目交流合作。1995 年开始举办上海国际计算机与网络展览会，1999 年开始举办中国国际工业博览会。2002 年 4 月举办国际人类基因组大会，11 月举办世界工程师大会。2008 年创设浦江创新论坛，此后每年举办。2010 年是上海世博会年，第八次中欧能源合作大会、中德电动汽车论坛、第二届上海崇明生态岛国际论坛、中美清洁能源联合研究中心第二次会议等国际科技交流活动在沪举行，全年科协系统共举办国际学术会议 138 次，中方参加 21188 人次，中方交流论文 6633 篇，外方参加 5536 人次，外方交流论文 1897 篇。2018 年，创办世界顶尖科学家论坛、世界人工智能大会，此后每年举办。2022 年，全年科协系统共举办国际学术会议 31 次，参加 276723 人次，交流论文及报告 4249 篇。

资料链接：

《上海通志》第三十三卷

《上海科学技术志》

《上海市志·科学分志·科学技术卷（1978—2010）》

哲学、社会科学

学术机构、团体 民国时期，上海先后设有社会科学专业的高等院校 28 所，少数院校建有专业研究所，如东吴大学建有法学研究所、复旦大学有经济研究所。1928 年 3 月，中央研究院社会科学研究所经济组在沪创建。抗日战争胜利后，中国经济研究所成立，编有国内经济学权威刊物《经济评论》周刊。上海解放初期，全市高校有文科研究所 8 个。20 世纪 50 年代起，社会科学研究机构主要分布在上海社科院、各高等学校、政府研究部门、各级党校以及在沪军事院校。1956 年，中国科学院上海经济研究所、上海历史研究所成立，是上海解放后最早建立的社会科学专门研究机构。1958 年 9 月，全国首家社会科学院——上海社会科学院建立。1960 年，上海国际问题研究所建立。“文化大革命”时期，全市社科研究机构几乎完全停摆，1978 年起开始恢复。1979 年，复旦大学、华东师范大学各有 1 个研究所和少数几个研究室，此后上海相关高校社科研究机构加速恢复重建进程。20 世纪 80 年代上海社会科学研究机构组织全面发展，上海高等院校、相关党政机关、党校系统和中国人民解放军驻沪院校也根据工作业务特点组建了一大批相关的专门研究机构。20 世纪 80 年代中后期，上海开始出现民办研究机构（如 1987 年成立的中国管理科学院上海分院），成为上海人文社会科学研究的补充部分，至 2010 年市社联下属民办社科研究机构有 16 个。在中国特色社会主义理论体系研究领域，1993 年 7 月 22 日，上海社科院邓小平理论研究中心在沪成立，为全国首家专门研究邓小平建设有中国特色社会主义理论的研究机构，后成为全国五大邓小平理论研究基地之一。2001 年，升格为“上海市邓小平理论研究中心”，2004 年，改名为“上海市邓小平理论和‘三个代表’重要思想研究中心”，2009 年，再次更名为“上海市中国特色社会主义理论体系研究中心”。2018 年 3 月，上海市习近平新时代中国特色社会主义思想研究中心成立，为中央批准成立的首批 10 家党的创新理论研究中心之一。截至 2022 年，上海地区市属的人文社科研究机构除前述的上海社科院、上海国际问题研究院之外，还有上海市人民政府发展研究中心、中共上海市委党史研究室等，政府委办局设置的研究机构有上海艺术研究中心、上海市科学学研究所、上海市教育科学研究院、上海台湾研究所、上海市发展改革研究院等。

清咸丰七年（1857 年），英国传教士伟烈亚力（Alexander Wylie）等在沪创办上海文理学会，次年改亚洲文会北中国支会，成为英国皇家亚洲文会的上海分会。光绪二十一年（1895 年），康有为建立强学会上海分会，倡导输入西方科学技术和社会科学，是上海较早由中国人创办的民间团体。1920 年 5 月，陈独秀等发起组织马克思主义研究会，为上海首个马克思主义研究组织。1921 年，文学研究会上海分会、创造社成立。1930 年 3 月、5 月，中国左翼作家联盟（简称左联）、中国社会科学家联盟（简称社联）先后在沪成立。10 月，左联、社联、中国左翼美术家联盟等联合组成中国左翼文化总同盟。1931—1935 年，各种社团成立，主要有中华地学会、新中国建设学会、中国语言文学学会、国际问题研究会、上海国际教育社、中国农村经济研究会、世界文化合作中国协会、中国国学研究会、中华法学会、西北问题研究会、中国文化建设学会、中国语言学会等。1935 年，上海文化界救国会成立。1936 年，中国文艺家协会成立。1938—1945 年，中国新文学研究会、上海语文学会、中国学术工作者协会上海分会等成立。20 世纪 50 年代初，新文字工作者协会、中国新哲学学会上海分会、中国新经济学会上海分会、中国历史学会上海分会等先后成立。1956 年 9 月—1958 年 2 月，上海地区先后成立上海市语文学会、哲学学会、法学学会、经济学会、教育学会、外文学会、国际关系学会 7 个学会，同时保留之前已有的中国历史学会上海分会，其余学术性群众团体撤销。1958 年 3 月 9 日，上海市哲学社会科学学会联合会（简称市社联）成立，是全国第一个学会联合体，由前述 8 个学会和中华全国新闻工作者协会上海分会联合组成。

“文化大革命”开始后，市社联及其所属学会被迫停止活动。1970 年 4 月，市社联撤销。1978 年 1 月，市社联恢复，其后经过 2 次更名，于 1999 年 1 月获批定名为上海市社会科学界联合会（简称市社联）。1979 年开始，大批应用学科、新兴学科、边缘学科学会（研究会）建立，1995 年发展到 159 个。2000 年，市社联有学会 161 家；2010 年，市社联有学会 154 家；2022 年，市社联有学会 156 家、民办社会科学研究机构 16 家，单位会员 4866 家、个人会员 49730 人。

管理、规划 长期以来，上海社科研究没有统一的规划和管理。1978 年上海市社会科学界联合会恢复后，成为上海市党和政府联系协调全市广大社会科学工作者以及管理学术团体的学术性群众组织。这一时期，上海的社会科学研究工作主要由各研究机构、高等院校自行组织安排。1983 年 8 月，上海市哲学社会科学规划小组成立后，统一领导管理和规划全市哲学社会科学研究工作。1984 年，上海市哲学社会科学领导小组下设办公室，作为职能部门负责具体制定及组织实施上海市哲学社会科学的发展规划与课题管理工作。1992 年，经市编制委员会批准正式成立上海市哲学社会科学规划领导小组办公室。2003 年 5 月，中共上海市委决定成立上海市决策咨询委员会，成为全市决策咨询研究的领导和管理机构。此后，围绕市委、市政府重点工作开展的各类决策咨询研究工作也进入统一规划统一管理的发展阶段。

1983 年，市社科规划领导小组成立后，即开始组织实施上海社科“六五”规划，这是上海最早实施的社科规划。此后至 2022 年，全市共先后制定实施了“六五”至“十四五”共 9 份市社科规划。这些社科规划根据国家和上海市国民经济和社会发展的五年计划要求以及国家与上海市哲学社会科学规划的精神，在不同时期提出不同的研究领域和研究方向，确定重点课题，以课题（项目）为纽带，通过课题管理、经费管理和评奖管理来实现对哲学社会科学的管理。在“六五”规划期间，为保证规划的不断完善，1984 年 7 月市社科规划领导小组提出，社会科学长期规划要根据社会主义现代化事业发展的需要，采取逐年滚动的办法，逐年增加新的研究项目。为使社科规划对全市社会科学研究发挥更好的指导作用，“八五”规划期间，市社科规划办于 1992 年 1 月首次编制并颁布《上海市哲学社会科学“八五”规划课题指南》。以后，每年发布 1 次。为适应社科研究发展的需求，市社科规划的课题类别也不断地调整充实，课题管理制度也不断完善。市社科规划实施后，市财政每年拨付一定的课题经费，并随着立项课题的增多，持续加大对社科研究的投入。

1986 年，上海开展首届全市性哲学社会科学优秀成果评奖活动，1993 年底至 1994 年上半年，开展第二届上海市哲学社会科学优秀成果评奖活动，此后一般 2 年评选 1 次，成为定例，至2021年底，已举办15届哲学社会科学优秀成果奖评选活动。1994年4月1日，上海市人民政府发布《上海市决策咨询研究成果奖励规定》，1995年首次开展决策咨询研究成果评奖活动，一般2～3年评选1次，至2022年底，共评选13届。

1989年12月15日，建立“上海市马克思主义学术著作出版基金”，用以扶持马克思主义学术著作的出版，鼓励和支持社会科学工作者加强马克思主义、毛泽东思想和邓小平建设有中国特色社会主义理论的研究。1990年6月，首批著作获得出版资助。1998年，又推出了上海市社会科学博士文库和上海市社会科学学者文集出版资助工作。2005年，又将上海市哲学社会科学学术著作列入出版基金资助范围。至2017年底，共开展30次马克思主义学术著作、哲学社会科学学术著作出版资助以及20次博士文库出版资助。

1994年，上海市邓小平建设有中国特色社会主义理论研究基金建立；1995年，首届邓小平建设有中国特色社会主义理论研究和宣传优秀成果评奖活动开展，至2016年底，共评选16届。

学术研究 西晋，华亭陆机著《文赋》，是上海地区现存最早的文学理论著作。明代，陈子龙主编《皇明经世文编》。明末，徐光启最先开始在上海传播西学。清代，钱大昕经史学、训诂学研究独树一帜。上海开埠后，西学渐入，到清同治、光绪年间成为西学在全国的传播中心。清咸丰三年至六年（1853—1856年），慕维廉编《地理全志》、慕维廉译英国托马斯·米纳尔《大英国志》，是上海最早的社会科学译著。此后，江南制造局翻译馆、格致汇编社、益智书会、广学会、译书公会等译书机构建立，出版社会科学类译作。19世纪末到20世纪初，全国翻译机构大部分集中在上海，出版西学书籍1000余种，占全国2/3以上。20世纪初，一批介绍近代社会主义和马克思主义的著作在沪问世，上海成为马克思主义学说在中国传播最主要的窗口。民国初期，近代社会科学进一步发展，上海全面输入西方人文社会科学；广泛引进各种西方现代思潮流派，学术团体空前活跃，各种思潮流派林立，论争接连不断；各种学科体系初步形成；马克思主义开始系统传播；各种政治党派、团体利用各种报章杂志发表政论，政治与党派之争成为思想文化领域的主角。1915年，陈独秀主编的《青年杂志》创刊，揭开新文化运动的序幕，掀起思想解放的潮流。20世纪20—30年代中后期，各派研究百家争鸣，1929年，在上海引发关于中国社会性质问题的全国性大论战，影响深远。同期，大量新兴学科形成，哲学社会科学领域各学科建设趋于完备；文学论争纷起，左翼文学派别和其他派别就文学领域诸多等问题多次展开论战。1937年上海沦陷后，留守上海的社会科学界和文化人士坚持学术研究和文化活动，1941年太平洋战争爆发后，社会科学研究基本停顿。抗日战争胜利后，社会科学研究有所恢复。1946年，郭沫若、茅盾、马寅初等发起组织全国学术工作者协会上海分会。经济学、哲学、法学、文学、社会学、政治学、史学、美学等研究有所进展，《中国通史简编》《新美学》等专著产生广泛影响。

1949年上海解放后至20世纪50年代前期，马列主义开始成为哲学社会科学研究的指导思想，形成社会科学研究体系；同时，引进苏联社会科学理论，参照苏联模式建立一批学科体系。1953年后，社会学、政治学学科取消，外国哲学史和西方现代哲学研究基本停止，经济学领域许多学科转向苏联体系，教育学引进凯洛夫、冈察诺夫等人的教育理论。1958—1961年，上海理论研究重点转向社会主义过渡问题，形成对资产阶级法权问题、商品经济和价值规律问题、生产力性质问题3次大讨论，在全国产生重大影响。20世纪60年代初，一系列座谈会召开，贯彻“百家争鸣”方针，学术空气活跃。同时，上海与华东地区编写完成一批高等学校文科教材，取代原普遍采用的苏联教材；上海社科院设国际问题研究所，复旦大学重建政治学系，建立资本主义国家经济研究所，展开对欧美国家的研究。1965年11月，《文汇报》发表《评新编历史剧〈海瑞罢官〉》，拉开“文化大革命”序幕。1966年2月，江青在上海召开部队文艺工作座谈会，提出“要进行一场文化战线上的社会主义大革命”，彻底搞垮“文艺黑线”，提出一条极左的文艺路线，推行封建法西斯文化专制主义。各大学社会科学专业停止教学，各大社科研究机构和学术团体停止活动，研究人员被“斗、批、改”，全市社会科学研究基本停止。20世纪70年代初，部分社会科学研究活动恢复，但又制造“影射史学”，将学术研究变成政治迫害工具。

1977年末至1982年，社会科学事业开始全面恢复，重建学科，新建新学科，全面恢复研究工作。1978年，“实践是检验真理的唯一标准”的讨论在全国展开后，上海理论界、新闻界冲破限制，率先参与讨论，较全面地清理社会科学领域一些重大理论中的极左观点。《中国共产党历史讲义》《政治经济学教材》等一批哲学、经济学、世界经济学、史学、政治学、中共党史等方面的理论教材编写出版，还包括上海解放后第一种有关现代西方哲学的高等院校教科书《现代西方哲学》；《辞海》修订本、全国第一种研究先秦美学思想的《先秦诸子美学思想述评》、运用马克思主义观点方法研究西方美学史的《德国古典美学》以及《文心雕龙创作论》《传教士与近代中国》《旧上海人口变迁的研究》等一批研究成果完成。1982年后到20世纪80年代末，社会科学事业得到全新发展，改变过去以基础理论研究为主的单一局面，大力加强应用理论的研究，形成两种研究并举的格局。1983年初突破苏联哲学教科书的模式，提出并探讨马克思主义哲学体系的改革问题，展开中西哲学文化的比较研究，特别是现代西方哲学的研究。经济学领域，改变政治经济学的单一研究，建立和发展部门经济科学理论，开拓马克思主义世界经济学。加强对国际问题的研究。史学领域，改变单一的政治斗争史研究，发展文化史、经济史、社会史、民族史、妇女史等分支学科。政治学，形成政治学基本理论、当代西方政治学说、外国政治制度、中国政党、中国政府、行政学等组成的学科框架。法学研究，国际经济法、科技法学、法律文化研究、青少年犯罪研究等新兴领域形成特色。上海学开始形成。各领域在学科建设和理论体系创建方面的开拓性研究取得成果。20 世纪 80 年代中期，展开对上海第三产业、文化、教育、法制、社会、城市等发展战略研究。20 世纪 80 年代末 90 年代初，马克思主义、中国共产党建设和毛泽东思想的研究成为重点。20 世纪 90 年代前半期，重点展开对邓小平建设有中国特色的社会主义理论、浦东开发开放、社会主义市场经济、苏联解体、社区建设等方面研究。1991 年 2—4 月，《解放日报》连续发表皇甫平《做改革开放的“带头羊”》等文章，引起全国姓“社”姓“资”、计划与市场、“左”与“右”、一个中心还是两个中心、科技是否第一生产力等方面的讨论。1993 年 2 月，上海社会科学院在全国率先成立邓小平理论研究中心。20 世纪 90 年代，还开展了上海社会经济发展思路和浦东开发开放等问题应用性和对策性研究；国际问题研究重点讨论苏联解体的经验教训、冷战后世界格局与世界秩序的变化发展趋势、世界经济形势及走向、亚太形势及经济区域与世界经济一体化的关系、全球民族主义浪潮、当代战争的特点与趋势等问题；开始以色列、犹太学的研究；文化产业发展问题受到重视，提出建立与市场经济相适应相协调的文化机制；社区研究广泛展开，形成一大批研究论文和对策报告，初步构建了社区研究的理论体系，开辟了“社区党建”研究新领域；法学研究也取得重要成果。进入 21 世纪，上海人文社会科学研究蓬勃发展，继续拓展理论研究，产生了一系列影响深远的论著，同时，倡导学术研究为社会发展服务，紧跟国家战略与社会发展需要，开展相关应用性与对策性研究。人口学研究涉及的领域和范围不断扩大，新闻学被确立为国家重点发展的九大哲学社会科学之一，逐渐成为显性学科。国际问题研究从介绍西方理论与实践转向创建中国特色的国际关系理论，进一步聚焦中国和平崛起的理论和实践。经济学领域，主要研究中国加入 WTO 后，中国经济结构、产业结构、改革发展战略、金融秩序与金融中心建设、外贸投资、自贸试验区建设。法学领域，重点关注全面依法治国与中国法治化建设。行政管理领域，主要聚焦国家治理体系和治理能力现代化。

学术交流 1919 年 5 月，美国哲学家杜威在上海作《平民主义教育》讲演。1920 年 9 月，英国哲学家罗素在上海讲演政治学、教育学、社会学、逻辑实证主义等。上海的刊物载文评介罗素学说，发起“社会主义能不能实行于现在的中国”的讨论。1924 年 4 月，印度诗人泰戈尔抵沪。1933年2月，爱尔兰文学家萧伯纳访沪。1950年，苏联哲学博士尤金在沪作《苏联从资本主义到社会主义》等报告，是上海解放后最早与国外的学术交流。1958年9月—1960年10月，上海社科院接待外国学者52批、118人，大多来自苏联和东欧国家，另有印度等国学者，进行哲学、历史学、法学、文学、语言学等学术交流。“文化大革命”中，对外学术交流活动基本停止。1978年10月，日本东京大学新闻研究所内川芳美应邀至复旦大学新闻系作学术报告，同年11月，南斯拉夫经济考察团访沪。1979年，日、美、英等9个代表团访沪。20世纪80年代后，上海学者积极走出国门，开始参与国际学术活动，并出现由上海学者提出课题，与国外学者合作研究，或由中外学者共同拟定课题进行合作研究的学术交流。同期，围绕社会、经济、文化领域中有关问题，上海学者与国外学者多次举行双边或多边学术讨论会。1986年1月6—10日，80余名海内外专家参加在上海举行的首届国际中国文化学术讨论会。20世纪80年代后期至90年代初期，开拓以色列·犹太学和韩国研究。上海的中国文化、妇女、青年、教育、婚姻家庭、集团犯罪等问题的研究，成为中外学术交流的重要内容。开发浦东，振兴上海，为20世纪90年代上海对外学术交流最活跃的方面。1989年，上海市市长国际企业家咨询会成立，聘请10多个国家的知名学者和企业家为上海市市长的国际智囊团成员，每年定期召开一次咨询会议，至2022年底已举办34届。1992年，浦东开发开放的国际环境国际学术讨论会召开。1996年1月，由世界贸易组织上海研究中心主办的世界贸易组织与中国经济国际会议在沪举行，150多名中外代表出席。20世纪90年代起，申城社科学者赴海外访学渐多，进入21世纪，上海学者出国交流及国外学者访沪交流均已成稀松平常事，双边交流日益频密，活动层次也越来越高。2001年4月26日，德国哲学家哈贝马斯到复旦大学作学术访问，作“全球化压力下的民族国家”的学术报告。2004年8月19—22日，首届世界中国学论坛在沪召开，之后每两年举办一届，至2021年底已举办9届。2009年3月16日，2001年诺贝尔经济学奖获得者、美国经济学家约瑟夫·E.斯蒂格利茨在复旦大学作题为“金融危机与全球经济——对经济理论与政策意味着什么”的演讲。2009年7月13日，“全球金融体系的重建”论坛在上海交通大学召开，2007年诺贝尔经济学奖得主、世界计量经济学会主席罗杰·梅尔森作演讲。2017年，举办首届“一带一路”与全球治理国际论坛，至2022年底已举办6届。

清光绪二十一年（1895年），强学会上海分会每10天集会一次，有演讲等内容，是近代上海最早的学术活动。19世纪末20世纪初，洋务派和维新派围绕中西之争在《时务报》等报刊论战。1919—1921年，上海进行两次关于社会主义的大论战。1922年1月，上海社会主义研究会等团体在上海召开纪念李卜克内西大会。9月，上海青年演讲会特邀北京大学教授李大钊演讲青年问题。11 月，章太炎在上海就国学问题发表演讲，呼吁挽救“国学之衰微”。20 世纪 20 年代后半期和 30 年代前半期，各学派围绕社会主义问题、马克思主义与无政府主义、马克思主义与国家主义、科学与玄学、无神论与有神论、中国社会性质与社会史等问题展开一系列论战。1956 年 12 月，围绕毛泽东提出的“百家争鸣”方针，中共上海市委高教部召开关于社会主义阶段国内主要矛盾问题的座谈会。20 世纪 50 年代末至 60 年代前半期，举办一系列学术活动，积极讨论社会政治经济热点问题，开展理论批判、争鸣。1959 年 4 月，中共上海市委宣传部等联合召开第一次全国经济理论讨论会。1960 年下半年，市社联连续召开 7 次“神仙会”，邀请哲学社会科学界人士座谈百家争鸣的方针。与会者提出，不要把学术问题和政治问题相混淆，讨论学术问题不要戴政治帽子。1965 年 11 月底，市社联和上海史学会就姚文元《评新编历史剧〈海瑞罢官〉》一文连续召开座谈会，不少学者对其观点提出异议。“文化大革命”开始后，正常的学术活动停止。1978 年下半年，在全国“实践是检验真理的唯一标准”讨论中，市社联、科研院所、高等院校冲破限制，举办多次研讨活动。1983 年 3 月，市社联召开纪念马克思逝世 100 周年座谈会。4 月，中华人民共和国成立后首次全国性的法学理论讨论会在沪召开。8 月，近代中国资产阶级研究学术讨论会举行。1984 年 4 月、9 月，2 次召开上海经济发展战略讨论会，12 月举办全国东西方文化比较研究讨论会。1985 年 6 月，召开振兴第三产业研讨会，为上海首次举行第三产业大型理论研讨活动。1986 年 5 月，召开上海文化发展战略研讨会和上海城市建设总体规划研讨会，1987 年，召开社会主义商品经济研讨会，举办国内首次国际关系理论研讨会。1988 年，上海各界举行一系列中共十一届三中全会召开 10 周年理论讨论会，是年 7 月，召开经济体制改革理论讨论会。20 世纪 90 年代，上海学者主要围绕上海城市发展面临的问题以及马克思主义中国化当代化等问题开展学术研讨。1990 年，举办“90 年代振兴上海，开发浦东研讨会”，同年召开社会主义初级阶段与改革实践等讨论会。1993 年 6 月，中宣部在上海召开第一次全国性的关于邓小平理论的研讨会——“建设有中国特色社会主义理论研讨会”。1994 年，举办“冷战后世界格局与国际秩序大型讨论会”。1997 年 12 月，举行“迈向 21 世纪的长江流域经济文化发展研讨会”。1998 年 4 月，举行“马克思主义与当代——纪念《共产党宣言》发表 150 周年理论研讨会”。进入 21 世纪后，多围绕全球化背景下的改革发展问题和中国特色社会主义理论问题开展学术交流活动。2002 年 5 月，举办第二届全国马克思主义哲学论坛。2003 年，上海社联发起创办上海市社会科学界学术年会，每年举办一届，由大会、学科专场、主题专场、高端论坛、青年论坛、论文征集等系列活动构成，至 2022 年底共举办 20 届。2010 年 8 月，举办“后金融危机时代的世界社会主义学术研讨会”。

资料链接：

《上海通志》第三十四卷　《上海社会科学志》　《上海市志·科学分志·人文社会科学卷（1978—2010）》

教 育

旧学　宋元祐年间，华亭县首建县学。淳祐四年（1244年），崇明建赐书堂，为上海地区书院之始。元至元九年（1272年），上海地区最早的义塾璜溪义塾设立，为贫寒子弟授学。至元十五年（1278年），松江府立，华亭县学升为府学。至元二十三年（1286年）始设社学。元代，元廷诏立书院，上海地区设有书院5所。明洪武八年（1375年）三月，松江府令府州县每50家设社学1所，社学迅速发展。清承前制，遍设县学、社学、义学和书院等。顺治九年（1652年），清廷明诏每乡置社学1所。康熙二十五年（1686年），以社学多滥为由整饬，社学衰败，广设义学，以便贫寒子弟就读。至光绪年间，先后设义学125所。清代，上海地区建书院50所左右（不含外国人所办）。道光后，众多书院开设算术、常识等新式课程。光绪二十四年（1898年），清廷废书院，各书院均改学堂。光绪三十一年（1905年），废科举兴学堂，县学、社学终结，被学堂替代；义学停办，部分改为小学。民国时期，因政府限制和改造，私塾大为减少。1956年，全市有私塾247所、塾生1.02万人、塾师486人。是年，为市教育局接办，上海私塾结束。

幼儿园、学校　清光绪十五年（1889年），美国安息浸礼会于惠中学塾附设幼稚园，为上海首家幼儿园。光绪三十年（1904年），务本女塾附设幼稚舍，为上海第一所国人创办的幼儿园。民国建立后，幼儿教育渐受重视。1918年，上海有蒙养园12所，其中6所为教会所设。至1935年，上海有幼儿园168所。1946年，全市有幼稚园285所，其中省立1所、市立42所、私立242所。1949年，全市有幼稚园485所。1950年底，市政府接管接收教会办幼稚园。1956年，私立幼儿园全部改为公立。1957年，全市幼儿园0.15万所。1958年，农村人民公社大部分生产队和市区工厂、街道兴办幼儿园（班）。是年，全市有幼儿园0.43万所，1976年，有0.35万所。1979年，上海市革命委员会提出“两条腿走路”发展幼儿教育，非教育部门包括全市街道等普遍开办幼儿园（班），扩大招生。1986年，为应对人口出生高峰，解决幼儿入园难问题，全市563家千人大厂和机关、部队、大专院校办园。20世纪80年代末，全市幼儿园数量达到历史峰值，超过5000所（其中，由教育部门开办的有900余所），此后由于全市适龄婴幼儿数不断减少，幼儿园数量持续降低，20世纪90年代，上海将学前教育重点放在优化教育资源配置和提高幼教师资队伍专业素质上，并对办园体制进行改革。1993年，全市1956年后首家私立幼儿园小白鸽幼儿园创办。1993年，市政府提出办好示范幼儿园、实验性幼儿园和特色幼儿园。1994年下半年起，全市有23所幼儿园列入国家教育委员会幼儿园工程规程试点。21世纪初，伴随着上海经济文化快速发展，全市人口出生率逐步回升，外来人口持续增长，学前教育资源紧缺的矛盾再次凸显，上海面临新一轮入园高峰。2006年9月，上海市政府首次召开“上海市学前教育工作会议”，颁布《上海市学前教育三年行动计划（2006年—2008年）》，致力于合理布局上海市学前教育资源，普遍改善上海市各级各类幼儿园的办学条件，合理配置保教人员，整体提升保教质量。上海坚持将每年新建50所幼儿园（后改为“新增50个普惠性托育点”）作为市政府实事工程予以落实。至2010年，全市共有独立设置幼儿园1252所。2022年，全市共有幼儿园1708所。

清道光二十七年（1847年），美国基督教怀恩堂附设学塾，后改为怀恩中小学。道光三十年（1850年），美国基督教圣公会传教士裨治文与夫人创办裨文女塾，后改裨文女校。咸丰二年（1852年），法国天主教会设启蒙学堂（后改仿德小学），咸丰六年（1856年）设徐汇女子公学，咸丰七年（1857年）在张楼设男女童校各1所。光绪四年（1878年），张焕纶创办正蒙书院，光绪二十八年（1902年）改梅溪学堂，1912年改梅溪小学，为中国人用近代西方班级授课制办学的第一所小学。光绪二十二年（1896年），盛宣怀奏请开办南洋公学，内设外院，为师范院附属小学，后成为私立南洋模范中小学，为中国新式公立小学之始。光绪二十四年（1898年），经元善在沪南高昌庙桂墅里设经正女学，为国人自办女子学堂之始。光绪二十九年（1903年），清廷公布《奏定学堂章程》，此后上海各书院改小学。其间，敬业书院改官立敬业学堂，中西启蒙学堂改官立养正学堂。上海县马桥强恕学堂、松江华娄官立第一高等小学等一批小学先后创办。光绪三十年（1904年），杨斯盛在浦东开办广明小学。其间，各行业公会相继兴办小学，有成衣业的衣业小学堂、水果业的华实小学堂、茶馆业的先春义务小学堂等。同时，各同乡会馆兴办同乡子女小学，有湖州旅沪公学、泉漳公学、广志公学等。此外，梨园业有梨园子弟学堂，佛教公会有同苳小学堂，商务印书馆有尚公小学校等。光绪三十三年（1907年），清廷颁布《奏定女子小学堂章程》，到宣统三年（1911年）有女子学堂18所。民国初年，上海有小学203所。1927年，全市有小学942

所，其中市立183所、私立759所。1934年，旅日华侨叶鸿英捐资，兴办鸿英乡村教育区（又称中华职业教育社沪郊农村实验区），在上海县颛桥等农村10平方公里内设鸿英小学及分校。至1936年，全市有小学871所。1946年，国民政府推行国民教育，全市公立小学改称国民学校，每一行政区设立中心国民学校。1948年，有国民学校294所、国民教育班439个班，立案私立小学458所（含教会办88所），未立案小学100余所。1949年5月，上海市军管会接管全市公立小学。1951年4月—1953年7月，市政府接收全市71所接受外国经费津贴的小学。1956年1月，市政府接办全市全部私立小学，改为公立。1953年起，入学人数倍增，采用两部制教学，一个教室上下午两个班级学生轮流上课。1957年，有870所小学实行两部制，占全市小学24.86%。1958年，贯彻中央“两条腿走路”办学方针，非教育部门工厂企业、人民公社等开办民办小学，同时新建、扩建学校384所。是年，全市小学增至0.59万所。市区基本普及初等教育，并陆续取消两部制。1963年1月，市人民委员会决定民办小学改为公办。1964年，农村创办一批耕读小学。1965年，全市有小学0.52万所，其中耕读小学0.13万所、班级0.2万个。“文化大革命”中，提出“学校办到家门口”，以生产大队为范围，办村校，几乎一个大队有一所小学。农村大部分初级小学改为完全小学，完全小学纷设初中班，成为“戴帽中学”。全市小学分别下放到城市街道和农村生产大队管理，直至“文化大革命”结束。1978年，市教育局调整农村小学的规模和布局，压缩完全小学，撤销附设初中班。全市小学有0.36万所。1983年，市郊基本普及初等教育。20世纪80年代，上海部分小学为解决办学资源紧张问题，将六年级搬到条件相对宽裕的初中，客观上形成了小学五年、初中四年的“五四分段”的局面，在1988年开始实施的上海课程教材改革中，义务教育阶段实施了“九年一贯、五四分段”方案，并一直延续至21世纪。1984年，上海出现了第一所九年一贯制学校——上海市建青实验学校，此后数量不断增多，上海成为中国九年一贯制学校最多的地区之一。1992年，《上海市市区小学办学标准》颁布，提出小学以国家办学为主，民间和私人办学为辅。1979年后，首批民办小学长宁区新世纪小学等3校创办。1995年，全市有小学0.18万所，总计2.54万班。1988年，颁布《上海市外来流动人口中适龄儿童少年就学暂行办法》，解决了近10万名流动儿童少年的就学问题。2005年，上海市共有农民工子弟小学209所。2008—2010年，上海市实施进城务工人员随迁子女义务教育三年行动计划，实现所有47万名随迁子女全部在公办学校或政府委托民办小学免费就读。2000年上海有普通小学1021所，2010年有766所，2022年有671所（民办57所）。

清道光三十年（1850年），法国天主教耶稣会在徐家汇正式创办圣依纳爵公学，1927年改名徐汇公学（今徐汇中学）。道光三十年，美国基督教圣公会传教士裨治文与夫人开设裨文女塾（今上海市第九中学）。咸丰十年（1860年），基督教长老会创设娄离华学堂，即清心男塾，后改为清心中学。同治十三年（1874年），徐寿等创办格致书院（今格致中学）。光绪十八年（1892年），美国基督教卫理公会创办中西女塾，1930年改中西女中（今市三女中）。光绪二十二年（1896年），南洋公学开办，内设中院；是年，育材书塾创办，光绪三十年（1904年）改私立南洋中学堂（今南洋中学），为上海民间人士最早创办的中学堂之一。光绪二十八年（1902年），务本女塾创设，后改为务本女中（今市二中学），为上海民间最早创办的女子中学之一。光绪二十九年（1903年），在澄衷学堂内增设中学部（今澄衷中学）；是年，民立中学创建，光绪三十二年（1906年）民立女子中学成立。光绪三十三年（1907年）杨斯盛创办浦东中学，与澄衷、民立并称为上海"中学三鼎足"，均为男子中学。宣统三年（1911年），上海有中学37所，其中外国教会、租界当局设立的25所，其余均为私立中学。1913年，敬业学堂转上海县立，1924年改为县立初级中学，始出现公立中学。1915年，务本女塾改县立第一女子中学。1927年，江苏省立第二师范学校改省立上海中学。1929年，全市有中等学校（包括初中、高中、中等师范、中等职业学校）123所，1936年有153所。其间，私立中学发展迅速，女子中学增加。1937年八一三事变后，大批难民涌入上海租界，不少外地学校迁入上海，租界内私立中学骤增。1940年，全市有中学265所，其中有苏州中学等外地迁沪的10所知名学校。1945年抗日战争胜利后，全市中学共226所。1945年起，复兴等8所市立和省吾等22所私立中学开办。此外，回教组织设立敦化初级中学，佛教组织设立兴慈中学。1948年7月，全市有中学218所，其中市立18所、私立200所（含教会办38所）。另有江苏省立上海中学。1949年7月上旬，上海市军管会接管全部公立中学，停办中正中学等3校。是年，全市有中学305所。1951年4月—1953年7月，市政府接管全部接受外国经费津贴的学校，计普通中学34所、职业学校6所。1953年、1954年，在工人居住区建上海解放后首批新建的中学，有控江、曹杨等10个学校。1956年1月19日，市人民委员会宣布接办全部私立中小学校，改为公办。是年，全市中学269所，1958年增至417所。1969年，实行中小学九年普及教育，小学五年、中学四年。市郊小学加办初中，成为"小学戴帽"的五七学校（学制小学五年、初中二年）。1978年下半年，调整中小学布局，一批完全中学恢复为初级中学。1982年，全市有中学916所，其中完全中学374所。1980年，部分中学改为职业学校或附设职业班，1986年有100所中学改为中等职业学校，249所附设职业班。之后，附设职业班取消。1992年，试办3所民办中学。1995年，全市有公办中学756所，其中高级中学32所、完全中学226所、初级中学498所。班级1.5万班，其中初中1.22万班、高中0.28万班。民办中学29所，其中完全中学11所、高级中学11所、初级中学7所。1954年，市政府首批市东等10校为市重点中学，1959年扩至23所，1960年41所。1963年，市教育局确定育才等13校为首批办好学校。“文化大革命”中，重点中学名称无形取消。1978年，重定市重点中学26所、区县重点50所；1995年，二者分别为26所、53所。自1996年起，上海实行重点中学初、高中分离办学，大幅度扩充高中优质资源，控制义务教育阶段民办学校（包括转制学校）的比例，此后，全市坚持以公办学校为主体，公、民办学校协调发展。1996年，上海启动现代化寄宿制高中学校建设工程。1998—2000年，上海市兴建11所现代化寄宿制高中，其后又陆续新建多所。21世纪初，上海开始“创建上海市实验性示范性高中”，2005年起，原有市级和区级重点高中改称“上海市实验性示范性高中”。2000年上海有普通中学861所，2010年有普通中学755所，2022年有普通中学888所（民办131所），其中完全中学90所（民办25所），高级中学154所（民办16所、中外合作办1所）、初级中学372所（民办24所），九年一贯制学校236所（民办36所），十二年一贯制学校36所（民办30所）。

清道光二十五年（1845年），英国基督教仁济医院设馆，招收生徒，为上海最早的实业技术学校。咸丰元年（1851年），美国基督教圣公会虹口礼拜堂创办文纪女塾，设纺织、园艺科目。同治六年（1867年），上海江南制造局设机器学堂，培养外文翻译人才和军事工业技术人员。光绪八年（1882年），上海电报学堂创办，为上海最早电讯技术学校。光绪九年（1883年），美国基督教上海同仁医院设护士训练学校。光绪二十四年（1898年），上海江南制造局设工艺学堂。1917年5月，中华职业教育社成立，为第一个推广职业教育的全国性机构，提出把实业教育改为职业教育。1918年，中华职业学校创办，为中国第一所以“职业”命名的学校。1922年，北洋政府公布《学校系统改革案》，确立职业教育在学制中的地位，由此上海出现将职业科、师范科纳入普通中学的综合学校与实业学校改成的职业学校两种并行的办学制度。1928年，立信会计高级职业补习学校创办。1932年，广慈医院内设广慈高级护士职业学校。1933年，国民政府颁布《职业学校法》《职业学校规程》。依此，上海独立设置的职业学校又有发展。到1937年7月，全市职业学校14所。1946年、1947年，华东农业职业学校、市立七宝农业职业学校、高行农业职业学校、水产学校创办。1948年，全市有职校45所。上海解放初，全部为上海市军管会接办，大部分并入或改办为普通中学。1958年，贯彻中央“两种教育制度”方针，宝山县创办农业中学。此后，市郊各地竞相办校。1960年起，各企事业单位办工业和财贸中学。1964年，上海再度掀起大办半工（农）半读学校，全市有学校232所、在校学生2万余人。1962年起，企业创办一批招收初中毕业生的半工半读职业学校，1966年，全市有半工半读中等学校565所、在校学生8万余人。“文化大革命”

中，职业学校基本停办。1978 年，上海发展职业高中。1981 年，静安、黄浦、闸北区 8 所普通中学附设职业班，卢湾区设卢湾区职业中学。1995 年，全市分别有市级、国家级重点职业高中 20 所、7 所。是年，全市有职业中学 76 所，附设办学点 113 个。2000 年，全市有职业中学 60 所，2010 年有 26 所，2022 年有 23 所。

1960 年，有中等专业学校 147 所，其中卫校 47 所、农业类学校 12 所、工业类学校 28 所。1964 年，全市有中等专业学校 46 所。“文化大革命”中，中等专业学校全部停课；1977 年冬，12 所复校；1978 年，有 66 所，新办上海石油化工总厂中等专业学校。1980 年，上海机器制造学校、化工学校、港湾学校、农业学校、第二医学院新华医院附属卫生学校、银行学校、商业学校 7 校被确定为全国重点中专。1985 年，郊县创办 13 所中等专业学校；同年，联邦德国援助成立上海电子职业学校，1987 年改上海电子工业学校。1994 年，9 所中专校列为国家级重点。1995 年，全市中等专业学校 89 所，其中工业类 38 所、卫生类 23 所、财经类 12 所、艺术类 6 所、农林类 4 所，司法类和体育类各 3 所。2000 年，全市有中等专业学校 84 所，2010 年有 65 所，2022 年有 46 所。

新中国成立初期，为帮助失业工人就业，举办机电、建筑、财会、驾驶、护士等多种短期技训班。1953 年，华东工业部第一、第二艺徒学校改为一机部上海第一、二技工学校，后改为上海汽轮机厂技校和上海机床厂技校。此后，部分办学基础较好的技训班艺徒学校先后改办技工学校。1958 年后，全市技校发展到 52 所，在校学生近 1.9 万人。1965 年，全市有 27 所技工学校。“文化大革命”开始，绝大多数改为工厂。1972 年，有的工厂复办技校，全市有 96 所，招生 1 万余人；开办卫生学校及医训班 57 所（个），招生 0.8 万人；1978 年，发展到 592 所。2000 年，全市有技工学校 115 所，2010 年有 10 所，2022 年只有 6 所。

清光绪十九年（1893 年），法国传教士斐姆姆以慈善救济为名创办圣母院聋哑学校，地点在徐家汇法国天主堂圣母院。学校照搬法国天主教会聋哑学校的学制，要求聋哑学生识字读经，参加宗教仪式。1912 年春，美籍英国人傅兰雅（John Fryer）在沪创办上海盲童学校（又名上海盲童学堂），为上海最早的近代意义上的特殊教育学校，也是中国最早的盲校之一。1920 年，上海群学会创办一所附属聋哑学校，学制与教育内容都仿照上海当时的国民学校。1926 年，傅兰雅创办以自己名字命名的傅兰雅聋哑学校。1938 年，中华聋哑协会建附属聋哑学校。此后聋哑学校渐多，至 1949 年，全市有聋哑学校 7 所。1952 年 6 月，人民政府接管上海盲童学校，改名“上海市盲童学校”，盲校从此成为政府主办的公立学校。1959 年，上海市教育局在南市国货路创建上海市盲人中学，这是我国第一所独立建制的盲人中学，1962 年，该校并入上海市盲童学校。1965 年，全市有聋哑学校 13 所。1978—1981

年，各区县均设聋哑学校，至此，全市有1所盲童学校和18所聋哑学校开展小学和初中教育。1979年2月，长宁区教育局率先在上海市第二聋哑学校开设2个辅读班，招收20多名普通小学低年级轻度智力发育迟缓的儿童，同年9月，静安区教育局在区内7所普通小学开设10个辅读班，上海特殊教育由此扩展至智力障碍儿童。20世纪80年代，聋校附设辅读班、普通小学附设辅读班和辅读学校成为上海智障儿童教育的主要形式，同期上海市盲童学校设学前班、小学、初中、高中，学前班为全国仅有。随着辅读班办学规模的不断扩大，1981年上海市第二聋哑学校将原来的辅读班更名为上海第二聋哑学校附属辅读学校，1986年该辅读学校独立建制，成立上海市第一所辅读学校——长宁区辅读学校，同年，上海对聋哑儿童实施九年制义务教育。至1990年，静安区、卢湾区、徐汇区、杨浦区、普陀区、闸北区、宝山区、青浦县相继调整、合并辅读班，成立独立建制的辅读学校。1995年，上海市盲童学校附设职业技术学校。1991—2000年，嘉定区、虹口区、黄浦区、金山石化地区、闵行区、南市区、普陀区、南汇县、崇明县等区县也相继对聋哑学校辅读班、普通学校辅读班进行调整、拆并，举办独立的辅读学校。1998年，上海将全市原有的19所聋校调整为闵行区启音学校、上海市第一聋哑学校、上海市第四聋校和浦东新区聋校4所聋校。2001年，金山区、奉贤区辅读学校成立。2002年，浦东新区特殊教育学校建成，这是一所综合性特殊教育学校，招收对象为听障、智障、自闭症和脑瘫儿童少年，也是全市首个招收脑瘫儿童集中办学、独立编班的学校。至此，全市所有区县都举办了招收智障学生的特教学校。2010年，全市有特殊教育学校29所，2022年有31所。

清同治二年（1863年）到1949年上海解放前夕，上海高等学校有政府办学（国立、省立和市立）、私人办学、外国教会在沪办学等。同治二年，李鸿章奏请朝廷仿京师同文馆例，在沪设外国语言文字学馆，培养外语人才，是为上海广方言馆。清光绪五年（1879年），美国圣公会中国布道区主教施约瑟将培雅、度恩两书院合并改建为圣约翰书院，光绪二十二年（1896年），成立大学部，为上海首家外国教会办高等教育机构，光绪三十一年（1905年），改名圣约翰大学。光绪二十二年，盛宣怀在沪筹建以“中学为体、西学为用”“保存国粹、讲求实业”为办学思想的南洋公学（今上海交通大学），首创上院（大学）、中院（中学）、下院（小学）、师范院四院一体的办学模式。清光绪二十六年（1900年），日本东亚同文会在南京设南京同文书院，同年迁上海，改名东亚同文书院，为上海中外合作办大学之始，以招收日本本国大学生为主，光绪二十八年（1902年）起招收部分中国学生，1937年迁回日本。光绪二十九年（1903年），马相伯创办震旦学院（1928年改称震旦大学），接纳南洋公学退学学生，光绪三十一年，学校管理权被法国教会攫取，马相伯另创复旦公学，1917年改为私立复旦大学。光绪三十三年（1907年），中外合办德国同济德文医学堂成立，宣统二年（1910年）德国工艺界与银行界领袖合作设立工业学堂，后两校合并成立同济德文医工学堂，1912年改同济医工学堂。光绪三十四年（1908年），美国传教士在上海建浸会大学，1914年改沪江大学。1915年9月，美国基督教卫理公会苏州东吴大学在上海另设东吴大学法学院。1922年，北洋政府颁布《壬戌学制》，推动民间办学，沪上私立大学渐多，同期国立大学亦兴。1924年，因学潮，厦门大学部分师生到上海另办大学，以“厦大”倒之取名“大厦大学”，后又寓光大华夏之意改大夏大学。1925年，圣约翰大学华籍学生因参加五卅运动，遭校方反对离校，学生家长王省三捐地建光华大学。1927年6月私立暨南学校改国立暨南大学，8月私立同济医工专门学校改为国立同济大学。1937年八一三事变后，国立大学或停办或内迁，私立院校亦随时局兴衰。抗战胜利后，公办、私立大学纷纷恢复，至1949年，全市有政府办专科以上学校16所，私立院校26所，教会办院校6所。上海解放后，教会办高校与政府办高校均为军管会接办调整，私立大学也多有撤并。1951年，以大夏大学、光华大学、东亚体育专科学校3所私立大学文、理、体育科为基础，创办华东师范大学。私立上海纺织工学院、交通大学纺织系和市立上海工业专科学校纺织系合并成立华东纺织工学院。1952年，全市有25所院校参加全国高校院、系调整，保留11所，新办4所，同期沪上所有教会大学、私立大学全部并入政府办院校，私立大学、教会大学历史结束。1955年，交通大学迁西安，上海留部分系、专业，1959年上海分部定名上海交通大学。1966年，全市有高校24所，“文化大革命”中院校又有迁建合并，1976年，全市尚存高校16所。1977年起，随着高等教育拨乱反正，上海原有高校纷纷恢复和回迁，此后上海高校建设进入快速发展期。20世纪80年代初期前后，通过恢复办学、中专升格、成人高校转制，以及新建等方式设立了一批高等专科学校。80年代中期，由大专院校升格为本科院校，一批学院更名为大学，截至1989年底，上海普通高等学校数达到51所（不含军事院校），其中本科高校31所（国家部委属高校21所，市属高校10所），高等专科学校20所（国家部委属7所，市属13所），办学层次和学科类型布局基本成型。从20世纪90年代中后期起，上海按照“共建、调整、合作、合并”的国家高等教育改革调整方针，对高校实施较大规模的合并、重组、转型、升格。高等学校数量一度降至40余所，但本科层次资源得到扩充，重点高校做强做大，通过重组、改制和新建一批全日制高等职业技术院校，上海高等教育服务社会经济发展、服务全国高层次人才需求的整体水平得到提升。同时，上海社会力量举办的高等学校兴起，自1994年国家教育委员会批准民办杉达学院正式建校，至2010年上海共设置民办高校20所。20世纪90年代末，上海高校逐步实行中央和地方两级管理，以地方政府为主的管理体制，一批原中央各部委所属高校分别划转上海市管理。至2000年，上海原属中央部委属管理的21所高校中，有11所划转上海市管理，同时一批由上海市其他系统主管的高校划归上海市教育部门直接领导。2000年后，全市有普通高校37所（含民办高校及职业技术学院），10所中央部委所属高校划转上海，实行中央和上海共建以上海为主的管理。上海财经大学由财政部划归教育部管理。上海医科大学并入复旦大学，上海第二医科大学并入交通大学，上海铁道大学并入同济大学。上海医学高等专科学校并入上海中医药大学，上海冶金、化工、轻工三所高等专科学校合并组建上海应用技术学院。2010年，上海66所普通高等学校中，有中央部委属高校9所（均为本科院校，其中8所为教育部所属，1所为国家海关总署所属），上海市属高校57所（含民办20所）。上海市属高校中，本科院校27所，专科院校5所，高职学院25所。2022年，上海有普通高等学校64所（民办19所），独立设置成人高校12所。其中普通本科高校40所、高职高专院校24所；部属高校10所（含教育部、交通运输部、海关总署）、市属高校54所（含民办19所）。

教师、学生 1918年，上海幼稚园在园幼儿439人。1929年，全市幼稚园教职工59人。1936年，全市幼稚园教职工304人，在园幼儿0.63万人。1949年5月，全市幼儿园教师700人左右，是年在园幼儿约2.32万人。1957年，全市幼儿园教师0.56万人，在园幼儿为11.37万人。1978年，全市幼儿园教职工2.2万人（其中教师1.49万人），在园幼儿22.88万人。1990年，全市幼儿园教职工4.35万人（其中教师2.79万人），在园幼儿41.75万人。2000年，全市幼儿园教职工2.52万人（其中教师1.50万人），在园幼儿24.12万人。2010年，全市幼儿园教职工4.09万人（其中教师2.67万人），在园幼儿40.03万人。2022年，全市幼儿园教职工8.5万人（其中教师4.61万人），在园幼儿53.4万人。1912年，上海公立小学在校学生1.59万人（不含租界）。1927年，全市中学生2.53万人。1929年，全市中学教师0.24万人、小学教师0.53万人。1945年，全市中学教师0.43万人，小学教师0.67万人。1949年，全市中学教师0.52万人、小学教师1.7万人；全市小学生48.17万人、中学生9.73万人。1965年，全市中小学教师8.48万人。1969年全市小学生169.86万人，中学生77.21万人。1990年，全市小学专任教师5.88万人，在校学生110.19万人；特殊教育学校专任教师0.06万人，在校学生0.33万人；中等专业学校专任教师0.66万人，在校学生6.17万人；职业中学专任教师0.26万人，在校学生3.66万人；技工学校专任教师0.57万人，在校学生4.45万人；初中专任教师3.21万人，在校学生38.51万人；高中专任教师0.92万人，在校学生9.80万人。2000年，全市普通小学专任教师4.43万人，在校学生78.86万人；特殊教育学校专任教师 0.09 万人，在校学生 0.54 万人；中等专业学校专任教师 0.53 万人，在校学生 11.89 万人；职业中学专任教师 0.39 万人，在校学生 8.48 万人；技工学校专任教师 0.30 万人，在校学生 5.37 万人；初中专任教师 3.59 万人，在校学生 55.60 万人；高中专任教师 1.42 万人，在校学生 23.94 万人。2010 年，全市普通小学专任教师 4.52 万人，在校学生 70.16 万人；特殊教育学校专任教师 0.11 万人，在校学生 0.50 万人；中等专业学校专任教师 0.50 万人，在校学生 10.91 万人；职业中学专任教师 0.29 万人，在校学生 3.77 万人；技工学校专任教师 0.07 万人，在校学生 1.08 万人；初中专任教师 3.40 万人，在校学生 42.55 万人；高中专任教师 1.67 万人，在校学生 16.89 万人。2022 年，全市普通小学专任教师 6.54 万人，在校学生 91.7 万人；特殊教育学校专任教师 0.16 万人，在校学生 0.54 万人；中等专业学校专任教师 0.44 万人，在校学生 5.14 万人；职业中学专任教师 0.28 万人，在校学生 2.71 万人；技工学校专任教师 0.05 万人，在校学生 0.8 万人；初中专任教师 4.73 万人，在校学生 52.44 万人；高中专任教师 2.01 万人，在校学生 19.29 万人。

1935 年，全市高校教职员工 0.23 万人。1946 年，全市高校教职工 0.14 万人。1949 年，全市高校有专任教师 0.19 万人、兼职教师千余人，在校学生 2 万余人。1952 年，全市专任教师 0.26 万人，在校学生 2.23 万人。1958 年，教育大发展，1960 年教师数量增至 0.83 万人，1965 年在校学生数量增至 5.2 万人。“文化大革命”结束后，上海各高校加快建设师资队伍，高等教育也逐步发展。至 1990 年，上海高校的专任教师已增加到 2.58 万人，在校学生 12.13 万人。但此后，因出国进修留学滞留外国不归等原因，1990—1999 年，上海高校专任教师总数减少了 22.09%。进入 21 世纪，由于上海经济社会高速发展，高校教师待遇不断提升等原因，高校专任教师数反弹，同时随着全国高等院校持续扩招，在校大学生数量也大量增长。2000 年，全市高等学校专任教师 2.05 万人，在校学生 22.68 万人。2010 年，全市高等学校专任教师 3.92 万人，在校学生 51.57 万人。2022 年，全市高等学校专任教师 5.04 万人，在校学生 107.95 万人（含研究生、普通本专科生、成人本专科生、网络本专科生）。

招生、毕业 1949 年上海解放后，人民政府始有详尽的中小学招生毕业数据。1949 年全市小学招生 6.42 万人，初中招生 2.14 万人，高中招生 1.05 万人。1950 年，全市小学毕业生 3 万人，初中毕业生 1.49 万人，高中毕业生 7600 人。1964 年，全市小学、初中、高中招生人数分别为 40.6 万人、20.17 万人、3.3 万人；全市小学、初中、高中毕业人数分别为 26.89 万人、9.04 万人、2.77 万人。1990 年全市小学招生 18.14 万人，毕业 13.66 万人；普通中等学校招生 22.61 万人（其中，中等专业学校 1.91 万人，职业中学 1.86 万人，技工学校 1.75

万人，高中 3.40 万人，初中 13.69 万人)，毕业 18.69 万人（其中，中等专业学校 2.03 万人，职业中学 1.61 万人，技工学校 1.69 万人，高中 3.04 万人，初中 10.32 万人)；特殊教育学校招生 0.06 万人，毕业 0.02 万人。2000 年，全市普通小学招生 10.28 万人，毕业 18.73 万人；普通中等学校招生 33.71 万人（其中，中等专业学校 3.00 万人，职业中学 2.44 万人，技工学校 1.68 万人，高中 7.84 万人，初中 18.62 万人)，毕业 32.76 万人（其中，中等专业学校 3.86 万人，职业中学 3.99 万人，技工学校 1.86 万人，高中 7.18 万人，初中 15.74 万人)；特殊教育学校招生 0.11 万人，毕业 0.09 万人。2010 年，全市普通小学招生 15.05 万人，毕业 12.44 万人；普通中等学校招生 21.07 万人（其中，中等专业学校 2.99 万人，职业中学 1.23 万人，技工学校 0.42 万人，高中 5.39 万人，初中 10.94 万人)，毕业 21.24 万人（其中，中等专业学校 3.34 万人，职业中学 1.38 万人，技工学校 0.31 万人，高中 6.24 万人，初中 9.89 万人)；特殊教育学校招生 0.08 万人，毕业 0.09 万人。2022 年全市普通小学招生 18.53 万人，毕业 15.47 万人；普通中等学校招生 25.15 万人（其中，中等专业学校 1.66 万人，职业中学 0.92 万人，技工学校 0.26 万人，高中 7.28 万人，初中 15 万人)，毕业 18.85 万人（其中，中等专业学校 1.47 万人，职业中学 0.84 万人，技工学校 0.29 万人，高中 5.35 万人，初中 10.89 万人)；特殊教育学校招生 0.08 万人，毕业 0.08 万人。

1990 年高等学校招生 3.24 万人，毕业 3.46 万人。2000 年普通高等学校招生 8.13 万人，毕业 4.09 万人。2010 年普通高等学校招生 14.46 万人，毕业 13.37 万人。2022 年普通高等学校招生 15.71 万人，毕业 14.73 万人。

资料链接：

《上海通志》第三十五卷

《上海普通教育志》

《上海高等教育志》

《上海市志·教育分志·学前教育·特殊教育卷（1978—2010）》

《上海市志·教育分志·普通教育卷（1978—2010）》

《上海市志·教育分志·高等教育卷（1978—2010）》

《上海市志·教育分志·职业教育卷（1978—2010）》

《上海市志·教育分志·成人教育卷（1978—2010）》

文　　化

JI JIAN SHANG HAI ZHI

上海历史上属吴越疆域，文化艺术传统也与江南文化有着深厚的渊源，开埠前江南的文化中心在苏州和杭州等地，上海则处于“慕苏、扬余风”的边缘地带。19世纪中叶开埠后，特别是太平军扫荡江南之后，上海不但在经济上取代苏、杭，也跃升为江南文化的中心。随着西风东渐，江南文化与西方文化在申城交汇、碰撞、竞争、融合，海纳百川、兼收并蓄、灵活创新的海派文化孕育而生。上海不仅是通商的大码头，而且是新知识、新思想萌芽、发展的码头。西方的新思潮、新学术、新文化最早在上海登陆，并借助上海的文化生产能力、文化组织能力、文化表达能力、文化融汇能力和文化传播能力，源源不断地输送到全国各地。近代以来，上海长时间保持中国文化第一重镇地位，大批文化大师、艺术巨匠、革命先贤在此汇聚，申城迅速发展成为全国新闻与报业中心、图书出版发行中心、电影生产制作中心、文学艺术创作中心、新文化运动的中心、马克思主义传播的中心……在繁荣多元的文化氛围中，兼以中国现代工业和工人阶级摇篮的背景，上海成为中国共产党的诞生地，伟大建党精神在此孕育，红色文化从上海起源，也铸就了城市文化的底色。

1949年上海解放后，改造旧文化、规划建设新文化，随后在社会主义建设时期，顺应城市功能转变，坚持“二为”方向，贯彻“双百”方针，构建起门类齐全的国营文化机构，改造新建一批面向大众的文化设施，创作生产了大量满足人民群众基本文化需求的精神文化产品，初步形成社会主义文化艺术繁荣发展的局面。由于西方资本主义世界的对华封锁，上海先前与西方广泛而频繁的文化联系基本中断，对外文化交流转以面向东欧社会主义国家和亚非拉第三世界国家为主。上海的报纸、杂志、出版社、文化团体大量迁移北京，文化人才成批北上，上海文化中心地位不再。“文化大革命”中，上海城市文化建设遭遇重大挫折，文化设施严重萎缩，大量文艺院团被强行解散，大批艺术家和优秀文化工作者蒙冤受屈。

1978年中共十一届三中全会召开，为上海文化发展带来了新的春天，开启了上海城市文化建设的新篇章。上海文学、戏剧、戏曲、曲艺、杂技、音乐、舞蹈、美术、书法、摄影、新闻出版、广播影视等领域广大文化工作者，积极投身新时期的文化建设，思想空前活跃，创作百花开放，努力满足人民群众日益增长的精神文化需求，保障人民群众的基本文化权益。至2010年，城市文化建设成果斐然，具有国际一流水准的标志性功能性文化设施拔地而起，重大国际文化交流活动成功举办，原创文化精品力作先后问世，文化知名企业不断涌现，文化体制改革不断推进，城市文化面貌根本改观，红色文化、海派文化、江南文化互相晕染、渗透、层叠，构筑了上海文化的无穷魅力，初步呈现出社会主义文化大发展大繁荣局面。2010年后，上海在做强“文化码头”、激活“文化源头”、勇立“文化潮头”中不断打响“上海文化”品牌，现代公共文化服务体系率先基本建成，城市文化设施空间布局优化均衡，至2022年底，上海正加快建设具有世界影响力的社会主义国际文化大都市，继续厚植红色文化、海派文化、江南文化，为奋进新征程、建功新时代提供不竭的精神力量。

文学艺术

文学 三国西晋时期，华亭（今属上海市松江区）陆姓望族从陆逊、陆凯、陆抗至陆机、陆云皆善文，尤其机、云兄弟皆在中国文学史上占有一席之地。西晋之后，上海地区文学稍显沉寂，隋唐至宋元，随着中国经济重心逐渐南移，上海地区文学开始慢慢兴盛，至明代涌现出一批在全国范围内有影响的学者作家，如陶宗仪、袁凯、归有光、董其昌、陈继儒、徐光启、陈子龙、夏完淳等。陈子龙等所倡成立的“几社”为明末国内著名的文学社团之一。清代，“云间诗派”和“云间词派”在国内颇具影响，张南庄创作的《何典》堪称中国小说史上的一部奇书。开埠以后，随着都市工商业的发展和城市建设的拓展，尤其是不断增长的文化消费市场，上海逐渐吸引了全国各地文人骚客来此开展创作活动。20世纪初到上海沦陷之前，作为中国的文化中心，申城汇聚全国顶尖文学菁英，各大文学思潮在此激荡，各种文学流派在此诞生，不同文学创作主张在此交锋，鲁迅、茅盾、郭沫若、巴金、夏衍、郁达夫、张爱玲、钱锺书等一批中国现代文学史上熠熠生辉的名字在此传扬。中华人民共和国成立后至“文化大革命”前，上海文学创作面貌发生大的转变，坚持为工农兵服务、为社会主义革命和建设服务，吴强的《红日》、刘知侠的《铁道游击队》、峻青的《黎明的河边》、茹志鹃的《百合花》、巴金的《团圆》、菡子的《万妞》等，成为这一时期享誉文坛的革命历史题材的佳作；周而复的《上海的早晨》、艾明之的《同伴》、胡万春的《钢铁厂的大门》等反映了中国共产党领导的社会主义建设成果。上海诗歌创作与社会潮流相互呼应，讴歌人民领袖和共产党，歌颂社会主义建设，颂扬工农兵英雄形象，政治抒情诗盛极一时，如石方禹的《和平最强音》、靳以的《祖国十年颂》、白得易的《社会主义亲手造》等。这一时期上海散文创作的基调与诗歌相似，作家在新旧社会的对比中，努力描绘新中国的新气象，创作了一些比较优秀的抒情散文，如峻青的《秋色赋》、柯灵的《上海的脚步声》、丰子恺的《阿咪》等。儿童文学创作呈现多姿多彩的面貌。其中成就最大的是童话和儿童剧，洪汛涛的童话《神笔马良》风靡全国，1957 年胡万春的短篇小说《骨肉》获世界青年国际文艺竞赛文学奖，任德耀的童话剧《马兰花》、叶永烈的科幻小说《小灵通漫游未来》，脍炙人口。“文化大革命”中，上海的文学事业遭受巨大摧残，上海作协停止活动，大批作家蒙受迫害，原有文学刊物全部停刊，文苑呈现出前所未有的荒芜。粉碎“四人帮”后，特别是 1978 年至 20 世纪 90 年代，上海的文学创作事业重告振兴，日趋繁荣：许多中、老年作家重新执笔，一批青年作家接踵涌现，文学刊物相继复刊，上海文学引领文学创作潮流，在“伤痕文学”“反思文学”“改革文学”“先锋文学”等创作潮流中，上海作家均有力作：卢新华的《伤痕》、戴厚英的《人啊，人！》、茹志鹃的《草原上的小路》《剪辑错了的故事》、叶辛的《蹉跎岁月》《孽债》、王安忆的《本次列车终点》、沙叶新的《假如我是真的》、宗福先等人的《血，总是热的》、俞天白的《大上海沉没》《大上海漂浮》、赵长天的《不是忏悔》、王小鹰的《我们曾经相爱》、殷慧芬的《汽车城》、格非的《褐色鸟群》《迷舟》、孙甘露的《访问梦境》《信使之函》等。散文创作也有新的突破，巴金总名《随想录》的 5 本散文集，是新时期散文创作最重要的收获之一，其他重要作品还有赵丽宏的《太阳鱼》、余秋雨的系列散文《文化苦旅》《山居笔记》等。这一时期儿童文学持续兴旺，涌现出秦文君、梅子涵等一批新人。20 世纪 80 年代，徐兴业的《金瓯缺》获第三届茅盾文学奖荣誉奖。20 世纪 90 年代，王安忆的《长恨歌》，获第五届茅盾文学奖。进入 21 世纪后，上海文学展现出海纳百川的新气象。新世纪之初，王安忆、王小鹰、竹林、程乃珊、陈丹燕等上海女性作家创作颇丰。其后，“80 后”作家成为上海文学队伍中增速最快的创作群体，许多人如韩寒、郭敬明等是通过参加《萌芽》杂志社举办的“新概念”作文大赛进入文坛。记录上海，书写上海，成为近 20 年来最主要的文学主题。2015 年，金宇澄唤起上海市井生活历史记忆、溢满上海语言文化特色的长篇小说《繁花》获第九届茅盾文学奖。20 世纪 90 年代网络文学应运而生，2000 年上海举行 2 次全国范围的网络原创文学作品评奖活动。网络文学经历了 20 余年的发展，伴随“起点中文网”“华语文学网”等文学网站陆续创建，以及盛大文学集团、阅文集团等文化企业逐渐壮大，上海成为中国汇聚网络写手和文学网站最多的地区，网络文学产业市场份额稳居全国首位。

戏剧 清道光三十年（1850 年），英租界外侨第一个业余剧团演出《势均力敌》等剧目。此后，有教会学校学生用英语搬演西方名剧片段，开始编排时事新戏。光绪二十五年（1899 年）圣诞节，圣约翰书院中国学生演出《官场丑史》，演员穿时装，演时事，无唱工、做工。光绪三十二年（1906 年），民立中学组织文友会，首次向社会介绍时事新戏演出。光绪三十三年（1907 年）秋，受东京春柳社影响，春阳社在上海兰心剧场演出用布景、灯光和有整齐分幕的《黑奴吁天录》。光绪三十四年（1908 年），排演《迦茵小传》，为早期文明新戏。此后，春柳社成员陆镜若、欧阳予倩等从日本归国，投入上海新剧活动，成立进化团、新剧同志会等社团，编演《黄金赤血》等剧目，宣传民主革命思想，文明新戏蓬勃发展，有的社团成为职业演出团体。尔后以政治宣传为特点的文明新戏观众日减。1913 年，郑正秋以新民社演出连台本戏《恶家庭》，一时轰动，众多剧团竞相编演《情海波》等大批言情戏、家庭戏，舞台又掀新剧热，出现 1914 年的繁荣景象，称“甲寅中兴”。因大多数演出粗糙，流于低级趣味，逐渐衰落。有的剧团和艺人，保留较多文明戏的特点和风格，积累一批传统剧目，用上海方言演出，变为方言话剧。1919 年五四运动开始，《新青年》杂志批判旧戏，提倡反映现实的新戏，介绍欧洲现实主义戏剧家易卜生。汪仲贤、陈大悲等反对戏剧商业化，提出“爱美的”即非营业性质的戏剧运动。后又“提倡职业的戏剧”。欧阳予倩等组织上海戏剧协社、辛酉学社、南国社等，排演《终身大事》《少奶奶的扇子》《文舅舅》《获虎之夜》《名优之死》，主张反帝、反封建，完整引入西方现代话剧艺术的形式和创作理论。1930 年，戏剧协社、南国社、辛酉剧社等联合成立上海戏剧运动联合会，后改为“中国左翼戏剧家联盟”，广泛开展革命演剧活动，演出《洪水》《卡门》等剧作。1931 年夏，演出街头剧《放下你的鞭子》。1935 年，出现“国防戏剧”运动。1937 年 8 月 7 日，上海话剧团体联合演出集体创作的《保卫卢沟桥》，在全国迅速流传。八一三事变后，上海话剧团体组织 13 个救亡演剧队，到前线慰问抗日战士。上海沦陷后，戏剧创作、演出活跃，演出于伶《夜上海》、阿英《葛嫩娘》、吴祖光《正气歌》、姚克《清宫怨》等。太平洋战争爆发后，上海剧艺社等被迫停止演出。抗日战争胜利后，剧团恢复活动，创排新戏，田汉新作《丽人行》曾连演数月。1946 年 6 月后，有的剧团被解散或停止活动，一批知名编导、演员转移到解放区，或分散到电影界、戏曲界，从事电影创作、戏曲改革，话剧舞台沉寂。1950 年 8 月，创建上海人民艺术剧院。1953 年，成立中央戏剧学院华东分院，1956 年改名上海戏剧学院。1957 年，以历届优秀毕业生为班底建立实验话剧团（后改上海青年话剧团）。20 世纪五六十年代，话剧界学习斯坦尼斯拉夫斯基体系，聘请苏联专家执教执导。黄佐临发表《漫谈戏剧观》，提出博采斯坦尼斯拉夫斯基、梅兰芳、布莱希特戏剧理论精华的写意戏剧观。杨村彬、田稼等提出向民族艺术学习，从传统戏曲中吸取养料。创作演出《抗美援朝大活报》《枯木逢春》《战斗的青春》《激流勇进》《一家人》和方言话剧《三个母亲》等反映现实生活的作品，排演《曙光照耀着莫斯科》《无事生非》等外国名剧。“文化大革命”开始后，话剧创作、演出几乎停止，上海人民艺术剧院和上海青年话剧团合并为上海话剧团。1978 年，上海工人文化宫创作排演《于无声处》，在全国引起轰动。同年，上海人民艺术剧院、上海青年话剧团复原建制。之后，上海话剧舞台上接连出现《假如我是真的》《血，总是热的》《女市长》《真情假意》等反映现实生活的剧目，也出现了表现领袖人物的《陈毅市长》《孙中山与宋庆龄》和历史题材的《秦王李世民》等剧目，上海舞台呈现出沉寂后的复兴景象。尝试用多种非传统方法表现现实题材的探索戏剧、小剧场话剧也逐渐兴起，出现了《屋外有热流》《路》《再见了，巴黎》等剧目。进入 20 世纪 90 年代，伴随电视的普及、电影的流行以及娱乐形式的多元化，话剧迅速地陷入低谷，人才流失严重，观众日渐稀少。迎合小众市场、具有鲜明世俗化特色的小剧场话剧在申城异军突起，《留守女士》火爆一时，《美国来的妻子》《大西洋电话》《陪读夫人》等剧目先后问世，外国剧目翻演也比较活跃。这一时期，上海还创作了一批现实主义力作，《魂系何方》《大桥》《苍天在上》《商鞅》《尊严》《中国制造》及《OK，股票》等，在戏剧节和汇演中获奖，涌现了一些优秀演员。1995 年 1 月，上海人民艺术剧院与上海青年话剧团合并，成立了上海话剧艺术中心，推行企业化管理，实行总经理负责制和剧目制作人制，努力开拓话剧市场。进入 21 世纪后，上海小剧场话剧再一次火爆，以大学生和年轻白领为主的观众群体走进剧场，看话剧开始成为上海年轻人崇尚的文艺活动，2004 年被评为上海年轻人最喜爱的四大时尚活动之一。话剧舞台呈现出以主流戏剧为主，实验戏剧与通俗戏剧多元并存、风格多样的格局。这个时期也是上海话剧市场发展最快时期，除上海话剧艺术中心、中国福利会儿童艺术剧院、上海戏剧学院等专业演出团体之外，越来越多民营剧团和公司也排演了大量剧目，极大地丰富了市场。上海话剧艺术中心坚持开展戏剧教育普及工作，2004 年承办首届上海市大学生话剧节，至 2022 年底已举办 18 届，成为上海各高校大学生走近话剧的平台；自 2013 年开始，每年定期举办上海市中学生话剧节，2019 年推出第一届上海市中小学生戏剧节（至 2021 年底共举办 3 届）。至 2022 年底，话剧是上海演出最多、市场规模最大、盈利最多的剧种，空前繁荣的市场引来海内外众多制作公司、团队进驻，热门剧目即使提前数月订票仍然一座难求。

滑稽戏脱胎于独脚戏（“独脚戏”发展历程请参看本篇“曲艺”条目），滑稽戏名家大都具备独脚戏的功底。1941 年 10 月，独脚戏艺人江笑笑、刘春山和程笑亭等，以滑稽大会串为基础，演出整本大戏《一碗饭》，参加演出的艺人达 100 多人，几乎包括全市所有滑稽艺人，后成为滑稽戏雏形剧目。20 世纪 40 年代，天宝剧团在沪宁线流动演出，滑稽戏的影响扩大。笑笑剧团演出《荒乎其唐》等剧，得到社会认可。1947 年，越剧名伶筱丹桂自杀后，《越剧明星自杀记》迅即编排上演。20 世纪 40 年代后期，滑稽剧团和班社迅速发展，所演剧目均以幕表排戏。1949 年上海解放初，姚慕双、周柏春等上演大型滑稽戏《天亮了》。1950 年，杨华生、张樵侬、笑嘻嘻等演出大型滑稽戏《活菩萨》。滑稽剧团一度发展到近 30 个。1959 年，全市有大公、大众、蜜蜂、海燕 4 个剧团，主要演员有杨华生、张樵侬、笑嘻嘻、沈一乐、绿杨、文彬彬、范哈哈、嫩娘、田丽丽等，编排演出《三毛学生意》《七十二家房客》《阿 Q 正传》《不夜的村庄》《女理发师》等剧目。1960 年，蜜蜂滑稽剧团改为上海人民艺术剧院滑稽剧团，编导和舞美等人员学习话剧表演艺术，创作演出《满园春色》等剧目。“文化大革命”中，剧团全部撤销。1978 年，上海滑稽剧团、人民滑稽剧团、青年滑稽剧团重建。创作演出《出色的答案》《性命交关》《路灯下的宝贝》《阿混新传》《七十二家房客》《假夫假妻》《世界真奇妙》等。20 世纪 80 年代后期，出现顾竹君、周庆阳、姚祺儿、王汝刚、胡晴云、钱程、秦雷等青年骨干演员。1987 年 5 月，上海人民广播电台编导葛明铭创排滑稽广播小品《滑稽王小毛》，寓教于乐，弘扬社会正气，至 2012 年左右停播，前后播放约 25 年，“王小毛”之名在申城家喻户晓。20 世纪 90 年代，创作、演出《刀枪不入》《OK，股票》《特别的爱》《搬家好辛苦》《爱心》《海上风采》《把微笑留下》《臂膊朝里弯》等剧目。1994 年 12 月，3 个滑稽剧团联合上海广播电视艺术团、大世界东灵说唱团，以及杭州、无锡、苏州等滑稽剧团，在逸夫舞台举行《“东方谐韵”海派滑稽名家大会串》，演出滑稽戏《海上第一家》和一台优秀独脚戏，为滑稽界一次历史性盛会，此后滑稽戏市场由盛转衰，逐渐萎缩。20 世纪 90 年代至 21 世纪初，许多滑稽（独脚戏）演员走进电视，参加情景喜剧拍摄，如《老娘舅》《新上海屋檐下》《红茶坊》《老娘舅与他的邻居们》《老娘舅与他的儿孙们》等，吸引大批电视观众，尤其《老娘舅》系列，堪称海派情景喜剧的经典。2010 年后，由于观众文化需求日趋多元、娱乐方式愈加多样，演出市场竞争日益激烈，不懂沪语方言的外来移民日渐增多，以及创作能力持续薄弱等多种因素，滑稽戏进入历史低谷期，优秀作品和冒尖演员匮乏，某些从业者在电视节目插科打诨，或频繁参演广告，格调不高，受人诟病。2011 年 5 月，滑稽戏被列入第三批国家级非物质文化遗产名录。

1919 年 11 月，郭沫若发表儿童诗剧《黎明》。1922 年 1 月，郑振铎在沪创办的儿童刊物《儿童世界》，刊载20多个儿童剧，倡导儿童剧的创作与传播。20世纪20年代，黎锦晖编创的儿童歌舞剧《葡萄仙子》《小小画家》《麻雀与小孩》等，在中小学校中广为流传。20世纪30年代，一批左翼戏剧家投身儿童剧创作中，直指黑暗现实下的儿童悲惨境遇和生存的艰难，国防戏剧运动亦在儿童剧中得到鲜明的反映。九一八事变后，新安旅行团、孩子剧团以及团囡剧团等进步少儿文艺团体突破校园演剧的局限，成为抗战时期思想宣传战线上一支重要的生力军。1947年4月，宋庆龄筹办中国福利基金会（1950年改名中国福利会）儿童剧团，为中国历史上第一个专为儿童演戏的职业剧团。1948年10月，上海儿童戏剧工作者联谊社成立。中华人民共和国成立后，儿童剧逐步成为一个独立的艺术品种。1952年，中福会儿童剧团赴京为毛泽东、周恩来等党和国家领导人演出，翌年，又同中国青年艺术剧院附属中国少年儿童剧团共同组成中国儿童剧团，赴朝鲜为中国人民志愿军和朝鲜人民军作慰问演出。1957年，中国福利会儿童剧团扩建并更名为儿童艺术剧院，另改建一座剧场，长年轮换演出各类适合儿童观赏的剧目。1956年，任德耀取材于民间传说创作的《马兰花》首演，之后长盛不衰，并被苏联、日本等国搬上舞台。20世纪60年代，雕塑、幻灯等手法被吸收到儿童剧演出中，上海儿童剧的舞台美术以严谨、精致、新颖的海派特点在全国同行中受到赞誉。任德耀、王世镇、宋捷文、安利等创作了一批具有全国影响的优秀儿童剧本。上海的专业儿童戏剧团还经常深入少年宫、学校、工厂、农村进行简便的演出。“文化大革命”开始后，《马兰花》等优秀剧目被打成“毒草”而遭批判，粉碎“四人帮”以后，儿童剧开始复苏。20世纪80年代，秦培春等青年剧作家的才华开始显露。《好伙伴之歌》《甘罗十二为使臣》等儿童历史剧创作达到了新的水平，《大森林中的小故事》吸收魔术、杂技、民间艺术以及戏曲表演中某些形式，令人耳目一新。进入20世纪90年代以来，先后举办了’90上海儿童戏剧展演、’93上海优秀儿童剧展演（至2018年底共举办12届上海优秀儿童剧展演）活动。为参加1994年的上海国际莎士比亚戏剧节，推出莎士比亚的名剧《威尼斯商人》的“少儿版”。《雁奴莎莎》《白马飞飞》《享受艰难》3次获中宣部精神文明建设“五个一工程”优秀作品奖、多次获文化部颁发的文华新剧目奖和全国儿童剧展演优秀剧目奖。任德耀创作的《魔鬼面壳》，被誉为是继《马兰花》之后又一部中国儿童戏剧里程碑式作品。青年演员蔡金萍、夏志卿等在表演艺术上日趋成熟，先后获梅花奖、文华奖、金狮奖，成为继刘安古、顾帼一等之后新一代优秀的儿童剧演员。上海儿童剧工作者还积极送戏下农村，到经济欠发达的革命老区和少数民族地区进行慰问演出和文化扶贫，有力地推动上海儿童剧的进一步繁荣与发展。2004年创办上海国际儿童戏剧展演，至2019年，共引进来自英国、美国、比利时、西班牙、葡萄牙、克罗地亚等27个国家和地区的92台剧目，其中80%以上的剧目是首次在中国演出。

清光绪年间，李姓苏州艺人在崇明新五滧一带挑担走村，用木偶卖艺，人称扁担戏，此后在崇明流传。1914年，杭州金玉堂提线木偶戏班、苏州荣庆堂提线木偶戏班到上海演出，上海出现声舞台、鸣舞台、芳舞台、文舞台、新舞台、大舞台、义舞台等木偶戏班，在天外天、楼外楼、新世界、霄云天等游乐场演出《郭子仪上寿》《百岁图》等京剧剧目。1930年8月，陶晶孙著译木偶剧本《傻子的治疗》在现代书局出版，组织木人戏社（提线木偶），演出《运货便车》等外国剧目。陈鹤琴旅美考察回国，带回欧洲布袋木偶标本和资料，虞哲光以此自制木偶自演戏，1935年参加上海国际儿童联欢会演出，后在兰心大戏院等上演《文天祥》《卧薪尝胆》《岳飞》等剧。1942年7月，成立上海业余木偶剧社（提线木偶），上演第一部儿童木偶戏《原始人》。1943年8月，剧社分为中国木偶剧社和上海木偶剧社，先后排演《水帘洞》《天鹅》以及《兄妹开荒》《万里长城》等。20世纪40年代末，宋庆龄创办的中国福利基金会儿童剧团多次创作演出布袋木偶儿童剧。20世纪50年代初，上海活跃着“四星”和“五乐”等多个民间木偶剧团。同期，苏联、捷克的木偶剧团相继来沪交流演出，使上海民间木偶艺人开阔了眼界。而后红星木偶京剧团改良老剧目，探索新的木偶装置和表演手法，在众多民间木偶剧团中脱颖而出。与此同时，上海许多幼儿园、小学、少年宫、工厂都有业余木偶小组活动，木偶戏在基层得以普及。1960年6月，上海木偶皮影剧团成立，1962年后更名为上海木偶剧团，演出方针是为少年儿童服务，演出主要用杖头木偶、布袋木偶、提线木偶、皮影或真人与木偶同台演出。20世纪70年代中期至90年代末，上海木偶戏进入了发展鼎盛期。《红宝石》《白雪公主》《迷人的雪顿节》《华山神童》等一批在全国有影响剧目相继创作上演，《哪吒神遇钛星人》《蛤蟆与鹅》等剧目获文化部颁发的文华新剧目奖。进入21世纪，上海木偶戏继续创新，经过《春的畅想》《卖火柴的小女孩》《妈妈的丑小鸭》《海的女儿》等剧目的实践，在全国木偶戏发展低谷时期，收获不错票房成绩，赢得金狮奖最佳剧目奖等众多奖项。自2007年起，崇明扁担戏、七宝和齐贤皮影戏、上海木偶剧团海派木偶戏相继被列入上海市非物质文化遗产名录。2009年，上海木偶剧团承办了首届“金玉兰”上海国际木偶艺术节，至2018年底共举办6届，众多国内外同行在艺术节期间来沪交流和展示技艺。2012年6月2日第二十一届国际木偶联会大会暨国际木偶皮影艺术节上，上海木偶剧团多媒体木偶剧《八仙过海》获“最佳剧目奖”。2014年9月，上海木偶剧团创作的木偶剧《华山神童》获塞尔维亚第十六届“金火花”国际木偶艺术节“综合奖”（金奖），张若瑜、徐高杰获个人金奖。

戏曲 昆剧，又称昆（山）腔、昆曲，上海地区明万历前松江一带开始传唱。明万历六年（1578年），青浦演出《浣纱记》，为上海昆剧演出的最早记录。其间，上海地区有众多的家庭戏班家乐和民间班社。万历十六年至十九年（1588—1591年），豫园潘允端家乐演出《琵琶记》等20余种传奇杂剧。徐霖、沈采、沈龄、陈继儒、王玉峰、徐于室等创作编写剧本，青浦县知县屠隆、苏松巡抚祁彪佳、上海县丞凌濛初推崇昆剧。昆剧取代弋阳、海盐、太平诸腔戏，成为上海地区主要演出剧种。清康熙四十三年（1704年），松江演出在北京遭禁的《长生殿》，产生重大影响。乾隆年间，松江人、刑部尚书张照，奉旨写《劝善金科》等宫廷大戏570出，在清宫内经常演出。乾隆四十八年（1783年），戏班上海局成立。乾嘉年间，昆剧竞演折子戏，剧目得到流传。清咸丰元年（1851年），上海县城开设上海地区最早的戏园三雅园，昆剧演出进入戏园。苏州鸿福、大章、大雅、全福四大老班昆剧的重心由苏州转移至上海县城，同治二年（1863年）、三年（1864年）向租界发展。光绪元年（1875年），在上海演出的苏、沪两地艺人有100余人。同时，徽班、京班、梆子进入上海，昆剧急剧衰落。三雅园坚持出演昆剧，至光绪十六年（1890年）关闭。光绪后期，昆班依附京班合班演出，1922年10月最后一老班全福班解散。此后，沪上唯有苏州昆剧传习所学员时续时断演出。1927年秋，新乐府成立，以传字辈艺人40余人为班底演出，1931年散班。1938年秋，郑传鉴、沈传芷等10余人重新聚合演出折子戏和小武戏。1942年2月，最后一家昆剧社团仙霓社解散。1949年11月，徐凌云与传字辈10余人组成新乐府昆剧团，与业余昆剧社曲友演出《长生殿》。1951年，方传芸、汪传钤整理改编折子戏《挡马》，参加1954年华东戏曲观摩演出，被中央文化部作为优秀节目向全国推广。1956年11月，举办昆剧观摩演出，上海昆剧艺人和北方昆剧代表团等约150人参加演出。历时26天，是历史上第一次南北昆剧大规模同台演出。1954年3月，华东戏曲研究院举办戏曲演员训练班，一年后，训练班改上海市戏曲学校。1957年，俞振飞出任上海市戏曲学校校长，培养了近百名昆剧演员和演奏人员。1961年夏，以第一班毕业生与同届京剧等班学生为班底组建上海市戏曲学校京昆实验剧团。1962年，成立上海青年京昆剧团。1964年，根据电影《红色娘子军》改编为《琼花》，连演3个月。“文化大革命”开始后，昆剧停止演出。1978年2月，以上海市戏曲学校一、二届毕业生为主体，成立上海昆剧团，排演《白蛇传》，为“文化大革命”结束后上海戏曲舞台首先复演的传统剧目。其后，上演一批传统折子戏、整理改编的传统戏和新编历史故事剧等三类剧目。1981年12月、1986年1月，文化部先后在沪召开浙江、江苏和上海两省一市昆剧继承革新座谈会、保护和振兴昆剧会议，确定重点抢救一批优秀折子戏。有代表作《牡丹亭》《长生殿》等。1986年，上海昆剧团获文化部振兴昆剧第一奖，蔡正仁、华文漪、计镇华、岳美缇、梁谷音、王芝泉、方洋、刘异龙、张洵澎、张铭荣、张静娴等艺术家成为上海昆剧团的中流砥柱。20世纪90年代，昆剧陷入低谷，改编创作了《狮吼记》《上灵山》《琵琶记》《司马相如》《夕鹤》等剧目，《司马相如》于1998年获文华新剧目奖。2001年5月18日，中国昆曲被联合国教科文组织列入首批“人类口述和非物质遗产代表作”。2005年文化部、财政部出台《国家昆曲艺术抢救保护和扶持工程实施方案》，推动全国昆剧的发展。进入21世纪后，上海昆剧团创作了《班昭》《钗钏记》《一片桃花红》《牡丹亭》(三本)、《长生殿》(四本)以及现代戏《伤逝》、小戏《嗟来之食》《目莲救母》等剧目，其中《班昭》列入国家舞台艺术精品工程，《长生殿》成为上海昆剧团代表剧目。2009年9月22日，上海张军昆曲艺术中心成立。2010年6月5日晚，音乐家谭盾、昆剧演员张军和舞蹈家黄豆豆联袂打造的中国首出实景园林版昆曲《牡丹亭》在青浦朱家角课植园首演，此后连演十余年，经久不衰。2011年12月，上海戏曲艺术中心成立，为上海市委宣传部领导下的非营利性的戏曲院团集群，是以保护、传承、创新、发展传统戏曲艺术，推动上海戏曲事业健康发展为己任的公益服务性的事业单位，下辖上海京剧院、上海昆剧团、上海沪剧艺术传习所(上海沪剧院)、上海越剧艺术传习所(上海越剧院)、上海淮剧艺术传习所(上海淮剧团)、上海评弹艺术传习所(上海评弹团)。2012年6月17日，上海昆剧团新编历史剧《景阳钟变》获第五届中国昆剧艺术节优秀剧目奖(榜首)。2013年，谷好好获第十四届中国文化艺术政府奖——文华表演奖。2015年，原创昆曲剧目《春江花月夜》上演。上海昆剧团一贯重视普及工作，1998年于同济大学推出“昆剧走向青年”项目，深耕校园，此后相继推出上昆“兰韵雅集”会员俱乐部、“Follow me昆曲跟我学”“大雅元音播寰宇”等一系列公益项目，持续发展昆曲爱好者，耐心培育演出市场，经过20多年努力，至2022年底，演出收入和场次均有显著提升，昆曲正缓步走出曲高和寡无人问津的窘境。

清同治五年(1866年)，英籍华人罗逸卿建仿皮黄戏园满庭芳，次年请人赴天津邀名角到沪演出。同治六年(1867年)，刘维忠建丹桂茶园，邀北京三庆、四喜等班来沪演出。之后，杨月楼、孙菊仙等皮黄名角到沪，演出《四郎探母》等戏目。光绪二年二月初七(1876年3月2日)，《申报》首次出现“京剧”一词，由此该名逐渐通行全国，作为皮黄正式名称。一时上海成为南方京剧演出中心，众多名角竞相到沪，或定居沪上演出。徽班、梆子、昆班等艺人为争一席之地，常与京剧艺人同台演出。光绪初年，徽班王鸿寿等知名艺人改唱京剧，对上海京剧艺术产生重要影响，京剧成为上海影响最大、观众最多的剧种。光绪中期之后，上海京剧舞台逐渐显现异于京津之处，出现话剧的写实风格，京剧艺人和歌舞、马戏艺人，男女艺人同台演出，注重灯光布景，内容反映时政，不同于“京朝派”的上海京剧舞台风格日益突出，被称为“海派”或“南派”。光绪二十七年（1901 年），汪笑侬愤慨戊戌变法失败，将这一事件改编成《党人碑》剧本在上海演出。光绪三十四年（1908 年）首建新舞台，后又有文明大舞台等新式剧场。冯子和、周信芳、盖叫天、林树森、欧阳予倩等革新京剧。艺人表演强调“唱、做、念、打”声情并茂，文戏“唱得激情”，武戏“打得火爆”。人物造型改良化妆、服装、头饰等。光绪末年，以演京戏为主的茶园增至近 20 家。1913 年、1914 年，梅兰芳两次到沪演出，受上海京剧影响和启发，在京编《孽海波澜》《黛玉葬花》等新戏。到 20 世纪 30 年代后期，形成以须生麒麟童（周信芳）为代表的麒派，以武生盖叫天（张英杰）为代表的盖派，成为上海京剧两大支柱。20 世纪 30 年代末 40 年代初，上海戏剧学校、中华国剧学校创办。上海戏剧学校正字辈演员顾正秋、关正明等成为京剧台柱。1937 年八一三事变爆发，10 月周信芳和欧阳予倩发起成立上海戏剧界救亡协会，周信芳重组移风社，上演《明末遗恨》，欧阳予倩组织中华剧团，编演《梁红玉》《桃花扇》，激发观众抗日热忱。1942 年，梅兰芳定居上海，蓄须不为日伪演出。1947 年 2 月，在天蟾舞台举行第四届戏剧节观摩公演，梅兰芳、周信芳合演《打渔杀家》，轰动申城。20 世纪 50 年代初，上海首家国营剧团华东实验京剧团和上海市人民京剧团建立，1955 年合并为上海京剧院。20 世纪 50 年代中期，全市先后有 11 家京剧团，至 1966 年变为 4 家。1956 年，上海戏曲学校开办京剧演员训练班。1958 年上海京剧院京剧《智取威虎山》、1959 年《海瑞上疏》演出，引起轰动。“文化大革命”中《智取威虎山》《龙江颂》《海港》被列为“革命样板戏”。“文化大革命”开始后，上海京剧院等 4 家上海剧团解散，大部分人员到工厂和“五七干校”劳动，小部分演员参加样板戏剧组。1977 年后，传统剧目恢复上演，上海京剧院、上海市戏曲学校恢复。充分发挥俞振飞、李玉茹、童芷苓等老一辈艺术家积极性，一大批中青年艺术人才成长起来。20 世纪 80 年代初，京剧市场陷入困境，1982 年实行文艺体制改革，上海京剧院为激活演出市场，引入“承包责任制”机制，先后组建了 5 个承包演出队。此后 20 余年间，上海京剧院先后试行院长负责制和总经理负责制，并进行大幅度的人员机构精简，实行全员合同聘用制等改革探索。20 世纪 80 年代末至 90 年代中期，先后创排《盘丝洞》《曹操与杨修》《狸猫换太子》等一批海派京剧精品力作，屡次得奖，尤其是《曹操与杨修》被誉为中国戏曲里程碑式作品。尚长荣、方小亚、陈少云、赵国华、关栋天、言兴朋、唐元才、何澍、奚中路、李军、史依弘、胡璇、严庆谷等成为观众喜欢的演员。进入 21 世纪后，又创排《贞观盛事》《廉吏于成龙》《成败萧何》等剧目，再获殊荣与赞誉。2006 年，上海京剧院被文化部评定为“国家重点京剧院团”。2013 年完成国内首部 3D 戏曲电影《霸王别姬》拍摄，2014 年在美国洛杉矶首映。至 2022 年底，上海京剧观众年龄结构老化，市场潜力不足，青年人才涌现较少，海派京剧传承面临挑战。

清光绪三十二年（1906年）春，浙江嵊县（今嵊州市）一带流行落地唱书，出现小歌班、的笃班，在农村搭台演出。艺人多是农、艺相兼的男性农民，人称男班。1917年5月，小歌班初次进沪，在十六铺新化园演出，演艺粗糙，无观众，后吸收绍兴大班和京剧的表演技巧加以改进，1919年始在上海立足。1920年起，集中一批知名演员，编演《梁山伯与祝英台》等剧目。之后，嵊县戏客班3名乐师组成第一支越剧专业伴奏乐队，用丝弦演奏取代人声帮腔接调，“丝弦正调”成为主腔，建立板腔音乐调式架。20世纪20年代初，剧种改称绍兴文戏，上海人称“绍兴戏”。绍兴文戏吸收京剧、绍剧表演程式，始排演古装大戏。主要编演8本《玉连环》等连台本戏，在大世界等游乐场以及茶楼演出。主要艺人有王永春、卫梅朵等。1923年7月，嵊县开办第一个女班，招收13岁以下的女孩20余人，次年1月，演出于沪上。1929年及后，女班续有举办。1925年9月17日，上海《新闻报》演出广告中首次出现“越剧”名，小歌班的演出始称“越剧”。1928年起，女班蜂拥到沪，到1941年增至36个，女子越剧的所有知名艺人几乎都荟萃于上海。男班因后继无人，全部被女班取代。1937年起，姚水娟等改良文戏，各剧团、班社竞相编演新剧，名角有旦角“三花一娟”施银花、赵瑞花、王杏花、姚水娟等。20世纪40年代，袁雪芬等崭露头角。1942年10月，袁雪芬以话剧为榜样开始越剧改革。1944年9月初，尹桂芳、竺水招首演新越剧《破镜重圆》。此后，主要越剧团都投入改革，编演新剧目，废除幕表制，建立剧本制。1947年8月19日，尹桂芳、徐玉兰、筱丹桂、袁雪芬、傅全香、范瑞娟等越剧“十姐妹”于黄金大戏院联合公演“历史宫闱巨献”《山河恋》，“越剧十姐妹”由此传遍上海。10月13日，筱丹桂因受戏霸迫害自尽，文艺界、新闻界为其申冤。1950年4月，上海第一个国家剧团华东越剧实验剧团成立，1955年3月，上海越剧院成立。20世纪50年代至60年代前期，创作《梁山伯与祝英台》等一批精品剧目，在国内获得巨大声誉。1953年，袁雪芬、范瑞娟主演《梁山伯与祝英台》，是新中国成立后拍摄的第一部彩色戏曲片。1958年，上海越剧院徐玉兰、王文娟等主演《红楼梦》，1962年拍摄成彩色影片，创造中国电影全国放映场次、观众最高纪录。上海越剧影响扩至全国20多个省市。20世纪50年代，吸取男班艺人紫金香的唱法，创造新的曲调“男调”，傅全香、袁雪芬先后创造新的唱腔“六字调”。1956年，上海市戏曲学校开办越剧音乐班。1959年建上海越剧实验剧团，实行男女合演。“文化大革命”中，越剧停演。1979年，上海越剧院恢复，创作演出《忠魂曲》。20世纪70年代末，钱惠丽、单仰萍、赵志刚、方亚芬、萧雅等脱颖而出，成为沪上知名的青年演员，上海越剧流派繁杂，至此竟发展到十数种。20世纪80年代，创排《沙漠王子》《何文秀》《第十二夜》

《王子复仇记》等传统戏和新编古装戏。在20世纪90年代及21世纪初演出了尹袁版《红楼梦》《曹植与甄洛》《赵氏孤儿》《早春二月》《第一次亲密接触》《被隔离的春天》《家》《玉卿嫂》《梅龙镇》《蝴蝶梦》《状元未了情》《虞美人》《韩非子》等一系列有影响的新戏。2010年之后，创作了《甄嬛》《双飞翼》《风雪渔樵记》等。2007年，上海市戏曲学校再次招收越剧班学员，培养了一些越剧人才。至2022年底，上海越剧发展面临男演员匮乏、各流派之间区隔严重、剧目创作能力不足、市场化运作机制缺失、体制内演员无戏可演等突出问题，亟待破局。

沪剧是上海地方戏曲剧种。清嘉庆年间，吴淞江（苏州河）和黄浦江两岸农村有山歌，又称东乡调。以后出现滩簧，又称花鼓戏。到同治光绪年间，表演演员有上、下手，成为自奏自唱“对子戏”，以唱为主，表演摹仿一般日常生活，剧情大多取材于农村乡镇生活，剧目有《女看灯》《卖红菱》等。之后，戏中角色增加到3个以上，并设专人操奏音乐，剧目有《打花包》《借黄糠》《阿必大弹棉花》等120多出，习称“老滩簧戏”。同治七年（1881年），遭江苏巡抚严禁。光绪五年（1879年），滩簧艺人许阿方等在上海各县乡镇上海县城新北门、十六铺一带卖艺。光绪二十五年（1899年），许阿方、庄羽生等8人在公共租界升平茶楼登台坐唱演出。滩簧有别于在上海演唱的苏滩等，称本地滩簧，简称本滩或申滩。1914年，演员施兰亭、邵文滨、丁少兰等发起组织振兴集，将本滩易名为申曲。1915年后，申曲进入游乐场演出。1925年，文明戏演员范志良等转入申曲班子，导入文明戏剧目，演出实行幕表制。编排反映上海现实生活的《离婚怨》，开创申曲演时装戏的先例。1930年初，又演出大量取材于时事新闻和电影故事的时装戏《黄慧如与陆根荣》等。1934年11月，上海申曲歌剧研究会成立。1937年上海沦陷后，申曲演出一时繁荣，观众骤增。不久，各商业电台竞相邀沪剧班社播唱特别节目，上海街头巷尾终日有申曲播唱。1941年1月9日，上海沪剧社成立，在演出广告上标明“过去的本滩叫做申曲，今天的申曲改称沪剧”，首次为“沪剧”剧种定名。同时，根据美国电影《魂断蓝桥》改编的同名沪剧，演出用固定剧本，舞台软景改为立体布景，化妆改水粉为油彩，用灯光效果。此后各个剧团相继效仿。演出的新剧，有《秋海棠》《啼笑因缘》等。20世纪40年代初，《贤慧媳妇》《恨海难填》《阎瑞生》拍摄成沪剧电影。因剧目多悲剧，沪剧音乐主要唱腔“长腔长板”节奏缓慢，行腔婉转，产生“慢中板”及“慢板”，伴奏以二胡、扬琴、三弦、琵琶“四大件”为主。1949年5月上海解放初，全市有13家沪剧团。1952年，上海沪剧团在第一届全国戏曲观摩演出大会演出新创作剧目《罗汉钱》，获剧本奖。1953年，上海沪剧团改制为由国家主办的上海市人民沪剧团，各民办沪剧团改集体所有制。此后创作演出《星星之火》《为奴隶的母亲》《芦荡火种》《鸡毛飞上天》《红灯记》等现代剧，整理《女看灯》《庵堂相会》等一批传统剧目，新编改编清装历史剧《陈化成》等，《罗汉钱》《星星之火》被拍成电影。20世纪60年代，全市有上海市人民沪剧团及艺华、爱华、长江、努力、勤艺6家沪剧团，知名演员有丁是娥、解洪元、邵滨孙、石筱英、筱爱琴、王雅琴、王盘声、顾月珍、凌爱珍、袁滨忠、汪秀英等。“文化大革命”中，《芦荡火种》《自有后来人》等剧目被改编为京剧样板戏。其间沪剧演出停止，剧团解散。“文化大革命”结束后，建立新的上海沪剧团，重建宝山、长宁、徐汇、上海、崇明、新艺华等区县沪剧团。创作演出《金绣娘》《张志新之死》《一个明星的遭遇》《明月照母心》《风雨同龄人》等大批优秀剧目。1987年11月，一批年逾花甲的知名演员，联袂演出《陆雅臣卖娘子》，时称“千岁老人演百年老戏”。20世纪90年代，沪剧屡获殊荣，《清风歌》1990年获文化部第一届文华新剧目奖；《明月照母心》1992年获文化部第二届文华奖和上海文学艺术优秀成果奖。《今日梦圆》获1994年中宣部精神文明建设“五个一工程”奖。茅善玉、陈瑜、马莉莉、华雯、陈甦萍、汪华忠、孙徐春等一批优秀青年演员脱颖而出。21世纪头20年，沪剧创作集中于“主旋律”领域，创排了《我心握你手》《红叶魂》《霓虹灯下的哨兵》《挑山女人》《敦煌女儿》《邓世昌》等剧目，其中2012年首演的《挑山女人》获中宣部精神文明建设“五个一工程”奖优秀作品奖等18个国家级奖项。进入21世纪后，沪剧艺术面临着日益严重的生存危机，演出市场日益萎缩，观众减少，沪剧从业人员收入偏低，出现人才流失和断层现象。上海沪剧院和上海市戏曲学校于2006年定向开办沪剧演员班，沪籍孩子罕有报名，只得赴上海毗邻地区招生。2006年，沪剧被列入第一批国家级非物质文化遗产名录。2015年，上海对市级文艺院团全面启动“一团一策”改革，通过出台特色化、切中实际的政策，帮扶沪剧等传统戏曲摆脱生存危机，至2022年底，沪剧发展仍待破局。

淮剧发源于苏北。清光绪三十二年（1906年）淮河洪水泛滥，苏北灾区的淮戏艺人逃荒到上海，在码头扛大包和拉黄包车维持生活。民国初年，在太阳庙路（今汉阳路）、太平桥、定海路等一带街头，先后出现三五人组合的“搭墩子”（四面无阻隔的露天土台）和“拉围子”（用芦席围成的演唱场地）坐唱淮戏。1912年后，淮戏开始简单化妆表演，逐渐在上海站住脚跟，韩太和建韩家班，何明珍等建淮戏班。1916年，陈小六子在闸北搭建群乐戏园，上海始有淮剧戏园。后有南市、虹口等地三义戏园、义乐戏园开业。20世纪20年代末，工厂集中地区杨浦、普陀、闸北、虹口、南市等（也是上海苏北移民聚集地）出现演淮戏的二三百人座位的戏园、茶园、戏院20多家。除《丁黄氏》等传统剧外，还演出“皮夹可”（徽剧夹淮剧）、“京夹淮”（京剧夹淮剧）演出，生、旦、净、丑行当齐全。早期音乐曲调，主要有“淮调”（主要声腔），1927年创造“拉调”，1939年试唱“自由调”，成为淮剧三大主要声腔。八一三事变后，淮戏演出场所大部停业，抗战胜利后，艺人重返舞台组班演出。1946 年，成立上海江淮戏公会。1949 年 7 月，上海江淮戏公会改为上海市淮剧改进协会，剧种定名“淮剧”。1951 年，各剧团参加“改戏、改人、改制”的戏曲改革。联谊剧团和麟童剧团合并为淮光淮剧团，1953 年改上海市人民淮剧团（20 世纪 70 年代又更名为上海淮剧团）。1952—1954 年，排演现代戏《王贵与李香香》《不能走那条路》及传统戏《千里送京娘》《五台山》等。20 世纪 50 年代至 60 年代初，《蓝桥会》《女审》摄制成戏曲影片。该时期知名演员有马麟童、筱文艳、何叫天、杨占魁、徐桂芳、何益山、筱惠春、周筱芳等。1964 年，上海市人民淮剧团创作编排《海港的早晨》，上海京剧团将之改编为京剧《海港》，在“文化大革命”中被定为“革命样板戏”。1970 年，上海市人民淮剧团进行“文艺革命”，创作《拣煤渣》等小戏。20 世纪 80 年代，上海淮剧团重演传统剧目《探寒窑》等，创作《爱情的审判》等，重新编演濒临失传的传统剧《哑女告状》，被全国各地数十个剧种、100 多个剧团移植演出。20 世纪 90 年代初，淮剧市场不景气，上海淮剧团穷则思变，1993 年新编《金龙与蜉蝣》，打出“都市新淮剧”旗帜，赴多地巡演，轰动全国，好评如云，获文化部文华新剧目奖和多个单项奖，堪称淮剧史上的里程碑式作品。1999 年、2005 年，上海淮剧团再推第二、第三部都市新淮剧《西楚霸王》《千古韩非》，均获业内好评，摘取多个奖项。2006 年淮剧进上海 100 周年之际，淮剧首次走进上海大剧院，举行淮剧交响演唱会。2008 年，淮剧被列入第二批国家级非物质文化遗产名录。同年，上海淮剧团时隔 30 多年再次委托上海市戏曲学校招收淮剧表演班。2009 年淮剧首次走出国门，赴美国 2 所大学和 1 座城市进行文化交流演出，受到热烈欢迎。2010 年后，都市新淮剧热潮平息，淮剧观众渐稀，上海淮剧界坚持创新，力求摆脱传统戏曲发展困境。2017 年原创淮剧《武训先生》上演，2019 年主演梁伟平凭此剧摘得第十六届中国文化艺术政府奖——文华表演奖。

音乐 南北朝时期上海地区流传吴歌。唐代起丝竹音乐盛行于江南。明初松江琴家刘鸿等善操琴，称松江派。明清时期，南派琵琶居重要地位。清末，上海邑庙玉清宫道人张鹤编撰《琴学入门》，开创古琴减字指法旁注工尺。上海开埠后，西方传教士、商人在沪建立各种乐队、音乐社团，举办音乐会。清光绪四年（1878 年），上海管乐协会成立管乐队，后由公共租界工部局接办。光绪二十九年（1903 年），留日学生沈心工回国后在南洋公学设乐歌课，在国内第一个教授新式唱歌，并和留日学生曾志忞、李叔同等创作歌曲，编撰教材，编译乐理，办音乐杂志。宣统二年（1910 年），曾志忞等在上海贫儿院建立管弦乐队。1920 年，郑觐文建立大同乐会，整理《国民大乐》《春江花月夜》等大批民乐，改革民乐器，后有国乐研究会等数十个国乐研究演出团体，出现丝竹会、琴会等专项乐器研究。1920 年，黎锦晖创作儿童歌舞剧《麻雀与小孩》和歌舞表演曲《可怜的秋香》，开创中国近代歌舞音乐和歌舞剧创作，1927 年开始创作《毛毛雨》《桃花江》等家庭爱情歌曲百余首。严华、严工上、黎锦光、姚敏、陈歌辛等也创作一批同类歌曲。上海商业歌舞和流行歌曲迅速发展。1927 年 11 月 27 日，上海音乐学院前身——国立音乐院在沪创建，为中国近现代史上第一所独立建制的国立高等音乐学府。1931 年九一八事变、1932 年一·二八事变后，出现大批抗日救亡歌曲和艺术歌曲。上海左联音乐小组建立，成员创作一批革命歌曲和抒情歌曲。聂耳创作《义勇军进行曲》，任光、冼星海、贺绿汀等创作一批抗日歌曲，《大路歌》《毕业歌》《大刀进行曲》《卖报歌》等歌曲影响深远。其间，另有传唱甚广的《秋水伊人》《春天里》《四季歌》《何日君再来》《长城谣》。1934 年，贺绿汀创作西洋乐器作品钢琴曲《牧童短笛》。次年，黄自创作管弦乐作品《都市风光幻想曲》。1949 年上海歌咏团体联谊会和上海国乐团体联谊会成立，组织开展群众音乐活动。20 世纪五六十年代，主要歌曲创作有贺绿汀《人民领袖万万岁》、朱践耳《接过雷锋的枪》、寄明《我们是共产主义接班人》，器乐曲有施咏康《黄鹤的故事》、刘施任大合唱《祖国颂》、桑桐《东蒙民歌主题钢琴小曲》等。1956 年 11 月，历经多次更名后，上海音乐学院正式定名。1959 年，何占豪、陈钢创作管弦乐《梁山伯与祝英台》，1965 年吕其明创作管弦乐《红旗颂》。1950 年开始，李志曙、董爱琳、傅聪、李名强、顾圣婴、殷承宗、闵惠芬等 28 人先后在声乐、钢琴、室内乐国际音乐比赛和国内音乐比赛中获演奏奖和作品奖。“文化大革命”中，音乐创作、演出大部分停止，创作根据“样板戏”改编的交响音乐《智取威虎山》、重奏曲《白毛女》《海港》和新作《苗岭的早晨》等，出现模仿京剧名家唱段的民乐二胡演奏曲。20 世纪 80 年代起，上海作曲家创作一批歌颂革命先烈、赞美大好河山和改革开放伟大成就的作品。20 世纪 80 年代以后，上海的职业院团陆续实行跨年度的音乐季演出制度。1986 年 3 月 26 日，上海轻音乐团成立，为中国首个国家级轻音乐团，朱逢博成为当时歌坛的代表性音乐家。1988 年 5 月，在上海音乐学院成立周小燕歌剧中心。20 世纪 80 年代中期起，海外流行音乐登陆上海，港台明星和国际巨星接踵而来，在沪上持续开展演出活动，受“流行音乐热”影响，上海的年轻歌手毛阿敏、罗中旭、沈小岑、孙青、周冰倩、李泉等脱颖而出。1993 年春，上海交响乐团率先在全国音乐院团中实行全员聘用制。1996 年，上海电影乐团和上海广播电视艺术团合并成的上海广播交响乐团，于 2004 年定名为上海爱乐乐团。1997 年，上海乐团和上海歌剧舞剧院“撤二建一”，改名为上海歌剧院。进入 21 世纪后，上海音乐创作的广度和深度进一步拓展，创作手法呈现出多元化。自改革开放起至 21 世纪初，以上海音乐学院及其附中学生和教师为主，以及上海一些音乐院团的作曲家、声乐和器乐演员，在出境参加国际音乐比赛时，获诸多荣誉。声乐类主要有胡晓平、张建一、詹曼华、陈彧、廖昌永、沈洋、张峰、于冠群等；器乐类主要有王晓东、薛伟、杜宁武、钱舟、许忠、孔祥东、周挺、黄蒙拉、宋思衡、王之炅、孙颖迪、薛颖佳、王珏等；作曲类主要有朱践耳、许舒亚、何训田、贾达群、朱世瑞、陆培、徐孟东、尹明五、陈牧声、钱慎瀛、马博凡、张桢珍等。

舞蹈 唐代仪凤年间，松江叶榭大旱，农民创作草龙，“舞以求雨”。南宋咸淳年间，出海归来的祈神仪式中有民间舞《拜香》。元代松江府盐业发达，有《跳盐》《卖盐茶》等舞蹈。明成化八年（1472年），嘉定孔庙编有《祀孔舞谱》。清咸丰十一年（1861年），奉贤聚灯集会表演《滚灯舞》。上海开埠后，剧场舞蹈演出开始流行。1920年，黎锦晖始创儿童歌舞，到全国各地演出，到1930年创作《葡萄仙子》《三蝴蝶》《春天的快乐》《春的消息》《明月三夜》等歌舞剧和歌舞表演唱36部。1927年，中华歌舞专门学校、中华歌舞团和梨花少女歌舞团创办，前后延续20年。到20世纪30年代，上海商业性歌舞团有明月歌舞团、新华歌舞社等30多个。1932年，吴晓邦创办晓邦舞蹈学校。1934年，幼童胡蓉蓉开始学习芭蕾，成为舞蹈童星。犹太籍侨民阿龙·阿甫夏洛穆夫为探索中国舞剧进行创作。抗日战争时期，新舞蹈运动移至重庆等后方。吴晓邦倡导舞蹈“为民族解放服务”，在沪举办3次个人作品发表会，创作演出《罂粟花》等37个舞蹈和舞剧。1947年，戴爱莲创办中国乐舞学院，新舞蹈在学校、工厂、农村迅速普及。1952年，华东人民艺术剧院歌剧团（今上海歌剧院）成立，1957年演出的《剑舞》在莫斯科第七届世界青年联欢节上获铜质奖。1959年，创作演出大型中国舞剧《小刀会》，1962年又创作《后羿与嫦娥》。1960年，成立上海市舞蹈学校，上海舞蹈人才的培养实现正规化、专业化。1964—1965年，创作、演出上海第一个大型民族芭蕾舞剧《白毛女》。1979年，上海芭蕾舞团、上海歌舞团成立，与上海歌剧院舞剧团鼎足而立。仲林等创作《凤鸣岐山》等，舒巧等创作《奔月》等，胡蓉蓉创作《雷雨》。1980年，汪齐风在日本大阪第三届国际芭蕾舞比赛中获奖，为中国自己培养的芭蕾舞演员第一次在国际舞台获奖。1982年，由上海市舞蹈家协会发起并得到相关省、市积极响应的首届华东舞蹈汇演在沪举办（后逐渐转化为华东六省一市舞蹈比赛、华东专业舞蹈展演）。1987年，蔡一磊在瑞士洛桑第十五届国际少年芭蕾比赛中获金奖；1988年，上海芭蕾舞团辛丽丽、杨新华在法国第三届巴黎国际芭蕾比赛中赢得双人舞第一名。20世纪90年代，谭元元、赵磊、梁菲等在国际芭蕾舞赛事中接连获奖。1995年，黄豆豆在第三届全国舞蹈比赛中夺得古典舞金奖，后成长为全国知名舞蹈家。1995年10月，首届上海国际芭蕾舞比赛开幕，至2018年共举办6届。1998年至21世纪初，创排《苏武》《金舞银饰》《闪闪的红星》《野斑马》《霸王别姬》《花木兰》《天边的红云》《朱鹮》《永不消逝的电波》等十余部精品舞剧。1999年11月，大型舞蹈服饰表演《金舞银饰（新版）》被选为首届中国上海国际艺术节开幕式演出，该表演源自1987年创排的商业性演出《中华服饰与舞蹈印象》，首创舞蹈和其他艺术相结合的舞台表演形式，至2022年保持了上海歌舞团单部作品演出场次纪录。2000年“金星舞蹈团”迁驻上海，舞蹈家金星先后为上海歌剧院舞剧团、上海芭蕾舞团创排现代舞节目。2006年，舞蹈诗剧《天边的红云》获第四届全国歌剧、舞剧、音乐剧优秀剧目展演优秀剧目一等奖，2007年又获文化部第十二届文华奖文华剧目奖，2012年获第十二届精神文明建设“五个一工程”优秀作品奖。2009年11月，上海歌舞团转企改制。2010年，上海芭蕾舞团与意大利时尚品牌皮尔·卡丹联合制作芭蕾舞剧《马可·波罗——最后的使命》。2016年，上海国际舞蹈中心建成启用，舞剧《朱鹮》获第十届中国舞蹈“荷花奖”舞剧奖。2019年，舞剧《永不消逝的电波》先后获第十六届文华奖、中宣部精神文明建设“五个一工程”优秀作品奖。

曲艺　上海的民间说唱，有着悠久的历史。最早的曲艺演出活动始于南宋。元代，上海地区有散曲、说话、诸宫调、弹词说唱等形式广泛流行。清代初叶至道光年间，苏州评话和弹词传入上海后，成为上海地区的主要曲种；花鼓、滩簧也在上海农村崛起；钹子书开始在上海农村形成。开埠后，曲艺活动日趋繁多。评弹书目有所增多，书场纷纷开业；钹子书、花鼓演唱、苏滩、太保书和宣卷相继进入市区；小热昏、卖梨膏糖、隔壁戏、唱小曲、鼓板书等曲艺表演形式在民间有所流传。1920年前后，文明戏艺人王无能开始演出独脚戏。20世纪30年代独脚戏处于鼎盛期，从业人员有100多档，均自编自演，各显其能。民国时期评弹艺人竞相来沪，评弹成了上海的主要曲种。此外，江苏的苏北评话、鼓书和浙江的杭滩以及广东的粤曲，都进入上海。锡滩、甬滩及上海的本滩，均有较大的发展。苏州文书，也曾风靡过一时；钹子书、太保书、小热昏、宣卷借鉴并吸收评弹、滩簧的说唱技艺，并有提高和发展。北方的京韵大鼓、单弦、相声、河南坠子等表演名家刘宝全、小黑姑娘、白云鹏、白凤鸣、王少堂、高元钧等先后来上海演出并灌制大量唱片；还出现专演北方曲艺的场所。新中国成立后，先后成立评弹、滑稽、沪书、街头艺人等改进协会及苏剧卷词研究会，曲艺从业人员2000人。党和政府贯彻“百花齐放、推陈出新”方针，对曲艺事业大力扶持，上海曲艺界努力为人民服务、为社会主义服务，创作大量贴近社会贴近人民的新作品。1951年11月成立上海市人民评弹工作团，全团随即参加上海市文艺界治淮工作队奔赴治淮工地深入生活，并创作中篇评弹《一定要把淮河修好》。之后，又相继成立长征评弹团、星火评弹团等。评弹工作者一方面对《玉蜻蜓》《白蛇传》《描金凤》等传统书目进行认真整理加工，另一方面编演新书目，特别是反映现实生活的书目，如《海上英雄》《小二黑结婚》《王孝和》《青春之歌》《芦苇青青》等。另外，相继成立蜜蜂滑稽剧团、大公滑稽剧团、上海人民艺术剧院滑稽剧团等，独脚戏演员大多数参加剧团，以演滑稽戏为主。作为曲艺形式的独脚戏的表演一般出现在专门组织的“独脚戏专场”和“滑稽广播会”或下厂下乡下基层时演出整套或零星节目。首先对传统曲目进行整理，摒弃掺杂其中的庸俗低级的内容，另外还编演许多新的段子，如《全体会》《开无线电》《学英语》《看电影》等。姚慕双、周柏春、杨华生、袁一灵、文彬彬等老演员卓然成家，同时，一批新秀脱颖而出，如田丽丽、吴双艺、童双春、王双庆、翁双杰等。20 世纪 60 年代初，上海说唱出现，主要用地方戏曲曲调和民歌小调并以说、表、唱、做等综合形式演唱一个滑稽故事，著名曲目有黄永生的《热心人》等。上海土生土长的曲艺形式沪书（泛指用上海方言说唱的）钹子书、锣鼓书（太保书）等曲种，在上海郊区仍然盛行，以东乡调和西乡调两个支派活跃于浦东的南汇、川沙、奉贤和浦西的松江、金山等地区。由苏州传入的宣卷在沪郊也较流行。北方曲艺演员仍然不断来上海巡回演出。1956 年，中央人民广播电台说唱团侯宝林、郭启儒、连阔如、马增芬等到上海演出。相声逐渐成为上海听众喜爱的曲种。“文化大革命”中，曲艺界被迫停止一切演出活动，评弹、独脚戏的书目曲目被作为“毒草”批判，大多数曲艺演员被遣散转业。改革开放后，上海曲艺舞台拨乱反正，迎来了新的繁荣。1981 年，陈云提出要“出人、出书、走正路”“不要让青年就评弹，要让评弹就青年”等意见。1984 年，文化部成立江苏、浙江、上海评弹工作领导小组，对上海曲艺事业有很大推动。评弹界认真整理恢复传统书目，着力编演新的长篇和中篇评弹，涌现了长篇评弹《筱丹桂之死》，中篇评弹《春梦》《真情假意》等优秀作品。徐檬丹创作的《真情假意》获全国曲艺优秀节目（南方片）观摩大会创作一等奖、演出一等奖。蒋云仙、吴君玉、余红仙、赵开生、张如君、刘韵若、张振华等众多演员走向成熟；秦建国、范林元、郭玉麟、徐惠新、王惠凤等评弹新秀脱颖而出。同时期，独脚戏与上海说唱也十分活跃，出现一批优秀新作，如独脚戏《头头是道》《新红娘》《补婚》《沐浴》《现身说法》《漫谈歌曲》；上海说唱《上海游》《好市长》《我们曾经见过面》等。活跃在舞台上的有严顺开、吴双艺、童双春、李青、王双庆、筱声咪、孙明、黄永生、龚伯康、李九松等。青年演员王汝刚、顾竹君、钱程、小翁双杰、毛猛达、沈荣海等也越来越为观众所熟悉。进入 20 世纪 90 年代以后，上海市民的文艺消费进入以观看电视为主的阶段，以评弹为代表的传统曲艺遭遇严重冲击，大批书场歇业，书目及演员老化。上海出台一系列措施，如开设“广播书场”“电视书场”，委托上海传媒机构扶植传统艺术演艺单位等，但难以挽回评弹艺术发展颓势。同一时期，独脚戏也日渐式微，唯独脱胎于独脚戏的滑稽戏仍有相当的影响力。21世纪初，传统曲艺剧场演出已无人问津，电视、广播等媒体成为留驻传统曲艺的重要渠道，上海广播电视台相继开辟《广播书场》《说说唱唱》《星期书会》以及《名家名段》等专题节目，另外，上海独脚戏演员几乎全部转向滑稽戏发展，主要在电视上参演滑稽情景肥皂剧。随着互联网的普及，土豆、优酷、爱奇艺等互联网视频网站相继开辟评弹、独脚戏、滑稽艺术等频道，为传统曲艺留下历史印记。2007年及以后，独脚戏、浦东说书、评弹、宣卷、锣鼓书等相继被列入上海市非物质文化遗产名录，拨经费予以传承和保护。其中，独脚戏、评弹、浦东说书、浦东宣卷也相继被列入国家级非物质文化遗产名录。2010年后，上海评弹团成立上海评弹艺术传习所，上海滑稽剧团成立上海滑稽艺术传习所，2018年，上海市人民滑稽剧团和上海市青艺滑稽剧团合并，成立上海独脚戏艺术传承中心。2012年，《今晚80后脱口秀》在沪开播，脱口秀正式以综艺节目的形式登上了电视荧屏，受年轻人追捧，至2022年底，中国脱口秀头部创作力量逐渐集结上海，一种新的用普通话表演的曲艺形式在申城茁壮成长。

杂技 清同治年间，天津艺人朱连奎、苏州艺人吕子坚，在停泊于黄浦江畔的美国船只、上海县城北门外天一楼表演戏法。清同治十一年（1872年），车利尼、马丁尼、海京伯等外国马戏团到上海演出。清光绪十年（1884年）画家吴友如作《豫园把戏图》，绘有《走大绳》《蹬高梯》《顶碗》《花坛》等节目。1918—1926年，有朱西山、邱现荣、科天影等十多个杂技班社，大世界、先施乐园等游乐场有个体艺人百数人。出现一批知名艺人，有南派魔术名家莫悟奇以及张慧冲等，口技名家尹士林、孙泰等，杂技名家潘德霖父子、田双亮等。20世纪40年代，经常在沪演出的杂技团、班、档有上百个，还有外国马戏团，上海成为全国杂技活动中心。1951年，上海市人民杂技团（1977年改名上海杂技团）成立，其他30多个杂技团、社、档，100多名从业人员，分别组成江南杂技团、上海魔术团、红色杂技团、星火魔术团等专业剧团，以家庭、师徒关系维系的10人左右的小班和个人单档，都发展成规模较大的杂技团体。1956年，孙泰的《口技》获华沙国际杂技比赛金质奖章。20世纪60年代，演出《马遁》《炮打真人》《束手》等新节目，开创空中节目《蹦床飞人》等，吸收体操吊环和传统皮条技艺创造《空中吊环》，表演“吊环十字”等高难度动作，风靡全国。1961年，市杂技团成立马戏队，演出《驯虎》等节目。1964年，建成全国第一座杂技专用剧场上海杂技场。“文化大革命”中期演出“革命杂技歌舞剧”，杂技表演硬套政治内容。1971年，为招待柬埔寨国王西哈努克和美国总统尼克松，恢复正常排练、演出活动。1975年，《驯熊猫》登上杂技舞台，蜚声海内外。1979年2月，以原上海魔术团、江南杂技团和红色杂技团部分人员为基础重新组建上海魔术团。20世纪80年代，杂技团和魔术团推行承包责任制和自负盈亏的经营方针，取得良好经济成效。1980年，上海杂技团作为中国首个国有商业演出团体赴美多个城市巡演，此后“熊猫马戏”3次出访日本，两度出访新加坡，为国大量创汇。上海魔术团1980年、1986年两度赴京演出，轰动首都。1988年，全国第一所中等杂技专业学校上海马戏学校正式挂牌。20世纪90年代，上海创作的魔术《变脸》先后夺得首届全国魔术奇观比赛和’97上海国际魔术节金奖；《牌技》获’97上海国际魔术节表演特别奖。1993年创办上海国际魔术节，为20世纪末至21世纪初亚太地区最具影响力的魔术节庆活动之一。1999年9月，上海马戏城落成，和上海杂技团实行一体化管理。2002年，上海杂技团探索项目合作运营方式，与中国对外演出公司联手打造大型综艺舞台剧《太极时空》；2004年，组建经营人员参股的股份制演出票务公司；2005年，与上海多个演艺（集团）公司联手成立上海时空之旅文化发展有限公司，打造运作多媒体舞台剧《时空之旅》；2007年，成立单位和驯兽演职员共同持股的上海欢乐马戏有限公司；2009年6月，成立上海杂技团有限公司，成为上海首家事转企文艺院团；2013年11月—2014年3月，剧目《十二生肖》前往欧洲38个城市巡演，观演人次超过45万；2015年11月—2016年3月，剧目《小龙飞天》前往欧洲29个城市巡演，观众近40万人次。进入21世纪后，上海杂技屡获殊荣，2001年《跳板蹬人》获第二十五届摩纳哥蒙特卡洛国际马戏杂技比赛“金小丑”奖；2002年《抖杠》获第十四届摩纳哥“初登舞台”国际杂技节金K奖；2006年《双人倒立技巧》等5个节目获第二十二届意大利金色马戏节“金色马戏”集体金奖和“意大利共和国总统奖”2项大奖。2012年，上海杂技团参赛的《腾跃——大跳板》和《男子艺术造型》2个节目均获得第36届蒙特卡洛国际马戏节比赛“金小丑”奖。2022年底，杂技剧《战上海》获第十六届精神文明建设“五个一工程”奖优秀作品奖。

美术 上海现存年代最久的雕塑，为建于唐大中十三年（859年）的石经幢，在今松江区中山小学内。宋元时期，上海的中国画创作在全国已具有一定影响。松江的山水画处于元代山水画最活跃的区域位置，松江画家温日观、曹知白、张中，客居松江的马琬等，都是元代画坛的优秀人物。到明代，尤其晚明是上海古代绘画的大盛期，以董其昌为领袖人物的“松江画派”，使山水画在美术史上达到一个高峰。进入清代，上海的中国画依然人才辈出，山水、花鸟画较为活跃，人物画次之。上海开埠后，各国列强陆续建造了一批纪念雕像，如卜罗德、巴夏礼、赫德等人的雕像；另有一些纪念碑，如伊尔底斯碑、环龙碑等。清同治初年，上海天主教会在徐家汇建成土山湾画馆，其中有教授雕塑的西班牙修士范延佐，其祖孙三代都是雕塑师，上海第一代雕塑家张充仁、徐宝庆等便是在土山湾画馆学成的。晚清时期，崛起了顺应市民需要，革新中国画颇具声势的“海上画派”，与当时广东的“岭南画派”相呼应，为近现代整个中国画领域的革新奠定了基础。最有代表性的人物有任伯年、虚谷和吴昌硕。与此同时，上海不少具有维新思想，崇尚新学，倡导新文化、新艺术的人士相继出国考察或留学，学习西洋美术，学成归国，在上海致力于新美术教育、创作、学术结社和创办刊物，又使上海成为发展中国西洋美术的发祥地。1920 年，上海美术专科学校开始设立雕塑科，开创了中国雕塑教育的先河。西洋美术在上海的勃起，打破了绘画领域中较单调的格局，出现了油画、漫画、版画、月份牌画、连环画、宣传画、水粉水彩画等画种，而其中最为活跃、影响最大的是漫画和新兴木刻版画，其次是实用美术和连环画。辛亥革命前后和五四运动时上海出现的漫画便具有革命性，这种革命战斗传统，在民国时期得到发扬，抗战时期体现得更加充分。上海是鲁迅倡导的中国新兴版画运动的中心，不仅相继成立一些新兴木刻版画团体，也涌现一批版画家，这批版画家在抗日战争、解放战争和新中国成立后，在中国版画界起着柱石的作用。连环画形成于民国初期的上海，而后流传全国。在 20 世纪 30 年代初，上海有专业出版连环画的出版社 30 余家，后发展到 80 余家，所以有“上海是中国连环画的大本营”之称。新中国成立后，上海美术进入新纪元。画家们学习毛泽东《在延安文艺座谈会上的讲话》、学习有关文艺方针政策文件，深入工农兵生活、积累新的生活感受和感情，培养新的审美情趣，对中国画、连环画、月份牌画等进行改造工作，从而促发了这些画种的革新，表现新中国的新生活和革命历史题材成为主流。有些作品在全国画展中获奖。20 世纪 50 年代后期，上海出版的新年画品种和数量居全国之冠，1958 年新年画印数发行达 1.1 亿份。“文化大革命”中，大批有造诣的美术家被剥夺了创作的权利。中共十一届三中全会以后，上海的绘画和其他艺术门类一样出现繁荣的新局面。首先是画家们思想上得到解放，充分发挥自己艺术个性的创造精神，已逐步成为风气；在此基础上，绘画创作出现多种新的样式。1995 年起出现的上海广场美术，成为与城市雕塑发展相呼应的一大景观。绘画创作的繁荣，在当代又形成新海上画派，不仅继承和发扬海上画派善于创新、风格多样化的传统，而且创作实力相当雄厚。上海美术家在经历了西方现代艺术的进入与冲击后，反思艺术创作的发展方向，在回归本土文化、传统艺术中催生了新水墨的诞生，在融合中西中发展出本土化的抽象艺术。1996 年创办的上海双年展，为中国历史最悠久、最具影响力的国际当代艺术双年展，至 2022 年底共举办 13 届。2001 年创办市级大型综合性美术展览上海美术大展，每两年举办一届，至 2022 年底共举办 11 届。2010 年 2 月 10 日，上海加入联合国教科文组织“创意城市网络”，获“设计之都”称号，成为世界第七个“设计之都”。进入 21 世纪后，上海在主旋律美术创作领域有了新的思路，集中一批精兵强将参与到上海历史文脉的创作中，出了一批好作品，也出了一批中青年人才。另一方面，上海美术创作扩展到装置艺术、观念艺术、公共艺术、当代艺术、影像艺术、多媒体艺术等，来自全国各地的“新上海人”和“海漂”画家逐渐加入上海美术创作队伍之中。

书法 西晋，云间陆机工书，善行、草书，有墨迹草书《平复帖》存世，为今存中国书法墨迹中最早的一件，人称南帖始祖。北宋元丰五年（1082 年），米芾任青龙镇监镇，书有《隆平寺藏经记》等作品。宋末元初，温日观善草书。元，任仁发取法李邕，亦有书名。明初，长洲（今苏州）人宋克活动于上海地区，培养了一批书法家。“云间二沈”沈度、沈粲奠定松江“书甲天下”的基础，沈粲影响明代馆阁体的形成。又有张黻、张黼、朱孔阳等书家。松江书法独领风骚达百年之久。陆深真草行书，一代名笔。董其昌书法自成一家。明隆庆六年（1572 年），云间顾从德委托王常辑成《集古印谱》6 卷，为全国第一种以秦汉原印蘸印泥钤拓的谱集。清代张照书法受乾隆帝称赞，认为王羲之后，“舍照谁能若”。后又有钱大昕、钱坫。此后，上海地区书法衰落。上海开埠后，西泠八家之一篆刻家钱松及富阳胡震等江浙书画篆刻家纷集上海。吴昌硕篆刻从浙皖两派入手，后又致力于秦汉玺印、封泥、古陶文，又把石鼓文笔意和风采融入印中，主张师古而创新，同治九年至光绪九年（1870—1883 年）辑有自刻印集《朴巢印存》。光绪三十年（1904 年），吴昌硕任西泠印社社长，又在上海参加海上题襟馆金石书画会等 10 多个美术社团的活动，上海成为清末印坛中心。上海开埠到民国时期，大批外地书家迁居上海。知名的有任伯年、吴昌硕、李瑞清、沈曾植、赵叔孺、虚谷、蒲华、齐白石、高剑父、张大千、溥心畬、萧退庵、蔡元培等。他们大多鬻书画自给，形成“海派书风”。民国前期，上海书法受清末包世臣、康有为影响，一改尊帖为尊碑，风格上偏向博大雄强，吴昌硕、高邕、沈曾植、王同愈、曾熙、李瑞清、王震、经亨颐、李叔同等颇具影响力和号召力。沈卫、罗振玉、刘春霖、郑孝胥等清末遗老，书法各有家风。章太炎、萧退庵、陈三立、黄节、柳诒徵、丁辅之等学者书家，书法多书卷气。民国中后期，出现书法大家和成熟的书法理论，有的书家集金石书画于一身。书法大家以于右任、沈尹默为代表。于右任 1932 年倡导标准草书。知名的还有章士钊、马公愚、邓散木、潘伯鹰、白蕉等，及钱瘦铁、王蘧常、郭绍虞、顾廷龙、吴湖帆、谢稚柳、来楚生等。20 世纪 30 年代邓散木教授篆刻学，篆刻开始学科化，其讲稿辑成《篆刻学》，1979 年由人民美术出版社出版。上海解放初期，书法未受到关注。1960 年 6 月，上海中国画院成立，沈尹默、白蕉、李健、王福庵、张叔通、汪东、马公愚、陈巨来、叶露园入院。1961 年，成立上海中国书法篆刻研究会。1962 年，上海青年宫首次创办书法篆刻学习班，培养一批中青年骨干。沈尹默《书法论》等出版，宗白华、朱光潜对中国书画艺术的见解，对上海书法艺术产生很大的影响。"文化大革命"中，周慧珺、韩天衡等青年坚持临摹碑帖，成为上海书坛中坚力量。1972 年，徐伯清举办全市性的书法展览会。1973 年，上海中国画院主办上海第一届书法展。1978 年，《书法》杂志创刊，同年举办首次上海市书法篆刻展览。成立上海墨画社等民间书画艺术社团。1981 年 11 月，上海中国书法篆刻研究会更名为中国书法家协会上海分会（简称上海书法家协会）。1989 年，上海师范大学创办书法大专班。1994 年，上海书画出版社出版中国印学史上第一部印论史著作《中国古代印论史》。1995 年，上海大学文学院成立中日书法交流中心。1998 年，创办《上海书协通讯》。1999 年，上海书画出版社出版《中国玺印篆刻全集》，于 2001 年获全国优秀艺术图书奖二等奖，2010 年获全国优秀古籍图书奖二等奖。2001 年，创办上海书法大展（后更名为上海市书法篆刻大展），基本两年举办一届，至 2020 年底共举办 11 届。2005 年起，开展上海市书法等级考试，每年一考。2006 年，出版《海派代表书法家系列作品集》，2008 年获首届中国出版政府奖。2007 年 1 月 11 日，海派书法晋京展在北京中国美术馆开幕。2007 年 6 月，经市教委批准，上海市书法家协会与上海戏剧学院联合招收书法高研班（含研究生和专升本两种学历）。2008 年 5 月，"抗震救灾——上海书协理事书法篆刻展"暨赈灾募捐活动在上海图书馆举行。2008 年 11 月，中国书法家协会命名七宝镇为"中国书法之乡"。2014 年，华东师范大学成立中国书法研究中心。2020 年 12 月 12 日，教育部中华优秀传统文化（篆刻）传承基地在华东师范大学揭牌，"大夏印社"同日成立。

摄影 19 世纪 50 年代后，广东人罗元、法国人李阁朗等在上海开始摄影活动，出现苏三兴、公泰等照相馆。1912 年后，中国第一种摄影刊物《真相画报》创办，刊登以高剑父、高奇峰兄弟中华写真队为主的摄影作品。同时，《神州日报》等发表《革命风潮肖相》《革命都督黄兴》等反映辛亥革命的新闻摄影作品。20 世纪 20 年代前后，上海民国第一通讯社等新闻摄影机构成立，出现中国最早的专职摄影记者。20 世纪 30—40 年代，摄影从纯照相业走向艺术发展。1930 年，黑白影社成立，至 1937 年连续举办 4 次影展。1937 年八一三事变，抗日摄影展和抗日画报盛极一时，摄影画报有《良友画报》《抗日画报》等 17 种。上海沦陷后，有《中国画报》等十数种，郎静山、吴印咸等大部分摄影家辗转全国各地。1948 年，成立全国性摄影团体中国摄影学会。1948 年 11 月，举办摄影作品展览。上海成为全国的摄影重镇和摄影人才集散地。上海解放初至1965年，艺术摄影和人像摄影成为上海的摄影特色。20世纪60年代后，照相馆业的人像摄影作为上海特色发展迅速。20世纪80年代起，全市出现“摄影热”。1982年，以摄影图片为主的综合性画报《上海画报》创刊。1986年，创办上海国际摄影艺术展览，每两年举办一届，至2022年底共举办16届，从2002年第六届开始，上海国际影展获美国摄影学会（PSA）和英国皇家摄影学会（RPS）两大世界摄影组织的认证，为中国最具影响力的国际摄影展览。1988年，宝山县彭浦乡被命名为“摄影之乡”，出版全国第一种农民摄影集《农民摄影作品选》。1997年创办上海市摄影艺术展览，每两年一届，至2022年已举办13届，为全市参与度最广、级别最高的综合性摄影艺术展。2000年，彭浦镇以摄影项目被命名为首批“中国民间文化艺术之乡”。2001年，专业性、学术性摄影双月刊《上海摄影》创刊（前身为1986年创办的《时代摄影》）。

公共文化（民间艺术、群众文艺） 上海群众文化活动源远流长。明永乐年间建成城隍庙后，即开始有文化庙会，庙会往往与集市相结合，各种民间舞蹈如龙舞、狮舞、蚌舞、船舞及秧歌、花鼓、高跷、莲湘等均会在庙会上出现。进入清代，在上海郊县出现“清音班”之类的丝竹演奏团体，这是民间的乐队组织，农闲时在集镇和农村可见演出。京剧传入上海以后，又出现了“盛世元音”“雅歌集”等京剧票友组织；沪剧在郊县也有类似的业余票房组织，不定期地举行演出。1912年，上海地区建立民众教育馆，以普及识字教育为主，也组织群众开展业余文艺活动。中国共产党成立后，特别注意在工人群众和其他劳动人民中间开展文艺宣传活动，先后领导、创办沪西工友俱乐部、蚁社、中国职业妇女俱乐部、银钱业业余联谊会、益友社等机构，在反对帝国主义、封建主义特别是抗日救亡中，唤醒民众，鼓舞斗志，起到了战斗号角的作用。抗战时期，群众文化活动异常活跃，歌曲《大刀进行曲》、活报剧《放下你的鞭子》和街头漫画、宣传画等，都是在群众文化活动中诞生，然后流传全国。1949年5月上海解放后，人民政府接管各县民众教育馆，并改名为县人民教育馆，1953年起统称县文化馆。1952年4月，原逸园跑狗场改建成“上海市人民文化广场”，同年11月，“人民文化广场”正式命名为“文化广场”。1956年，上海市群众艺术馆创建。党和政府设立群众文化事业机构，建立指导与协调群众文化工作的市、区县群众文化工作委员会，逐步形成市、区县、街道与乡镇的文化网；普及文化艺术知识，开展群众文化艺术活动，扶植群众文艺团队发展，并逐步建设为人民大众提供公益性文化服务的公共文化设施。至1966年，全市初步建成市、区（县）、街道（乡镇）三级文化馆（站），教育、工青妇等行业系统与群众团体相继建立少年宫（少年之家）、青年宫（青少年活动中心）、工人文化宫（工人俱乐部）等。依托这些公共文化设施机构及群众文艺团队，全市各类群众性文艺活动蓬勃展开。“文化大革命”中，公共文化机构普遍停止正常活动，群众文化事业受到严重破坏。改革开放之后，群众文化事业恢复重建。1982年起，每隔一年，交替举办业余“十月歌会”和“十月剧展”，涌现大量优秀原创作品。1985年，举办首届“通俗歌曲创作·业余歌手演唱比赛”，比赛中演唱的《难忘今宵》《月亮走我也走》等新歌为大众喜爱。残疾人和老年人文艺汇演分别在1984年、1985年开始举行。其间，群众文艺开始走出国门对外交流：1979年，中国上海少年儿童艺术团出访南斯拉夫，参加国际儿童艺术节并获金奖；1981年，金山农民画赴联邦德国波恩展出；1985年，上海聋人艺术团前往美国洛杉矶参加世界聋哑人第十五届运动会的戏剧节。20世纪90年代，上海兴起广场文化活动。1993年9月，黄浦区在南京西路仙乐斯广场，连续4天组织举办由上海交响乐团演出的交响音乐会；同年9月26日—10月10日，卢湾区在复兴公园推出万余人参与的大型广场文化系列活动；同年11月，黄浦区政府在外滩陈毅广场举行“美的旋律——外滩音乐会”。此后，各类重大庆典活动、主题宣传活动、文艺交流展示展演活动等，陆续在东方明珠塔下、徐家汇商圈广场、南京路上、中山公园草坪、静安区下沉式广场等各大绿地、广场举行。据统计，1996年，全市经常开展群众文艺活动的广场有60多个，举办广场文化活动1000多场，吸引市民400多万人次参加。其间，还有市妇联等单位联合举办的“爱我上海，爱我家”上海家庭文化节，市总工会举办的上海职工文化艺术节，市教委组织的小孔雀舞蹈节、金孔雀舞蹈节、大学生校园文化节、上海国际少年儿童文化艺术节等。群众性合唱活动是市民参与面最广、影响力最大的一项传统群众文艺活动。进入21世纪后，全市公共文化建设不断迎来高潮，陆续兴建改建一批文化活动场馆、中心。市委宣传部、市文广局等10个部委办局，于2004年联合制定并颁发《上海市社区文化活动中心基本配置要求》，对街道（乡镇）文化站、图书馆、少年之家、老年活动室等进行整合，统一建设社区文化活动中心。2004年起，上海着手创建公共文化服务内容配送体系。陆续组建东方宣传教育服务中心、东方讲坛、东方社区学校服务指导中心、东方社区信息苑、东方社区文艺指导中心、东方永乐农村电影院线，采用“资源整合、百姓点菜、政府买单、区县联动、按需配送”的方式，为基层提供各类展品、节目、讲座、教育培训、数字电影资源，以及互联网信息服务和文艺指导员。依托“上海之春”国际音乐节，每年举行一次新人新作展评展演活动；依托中国上海国际艺术节，打造群众文艺团队展示展演平台，让市民享受优秀的群众文艺成果；特别是上海世博会前后，展开了多层次、多角度、丰富多彩的群众文化活动。全市逐渐形成“一街（镇）一品，一区（县）多品”的新局面，培育了一批群众文化品牌，包括宝山国际民间艺术节、“金秋闵行”上海合唱节、青浦淀山湖文化艺术节、普陀苏州河文化艺术节、黄浦国际艺术节“天天演”、长宁虹桥文化艺术之秋和金山的农民画等；在街道（乡镇）也形成一批各具特色的“民间文化艺术之乡”项目，包括奉贤区柘林镇的滚灯、长宁区新泾镇的西郊农民画、松江区车墩镇的丝网版画等，至2021年底，上海尚有5处跻身“中国民间文化艺术之乡”（奉贤区柘林镇的胡桥滚灯、金山区的农民画、宝山区罗店镇的龙船、静安区彭浦镇的摄影、浦东新区三林镇的舞龙）。2010年，全市有群众艺术馆、文化馆27个，文化站213个，从业人员4702人，全年组织文艺活动35600次，举办训练班21078次。2011年5月，扩建后的上海市群众艺术馆新馆正式对外开放，9月，作为现代化剧院的上海文化广场重建后开业。2012年11月，审议通过《上海市社区公共文化服务规定》，次年4月1日起实施，为全国首部社区层面的公共文化立法。2013年3月，举办首届上海市民文化节，作为全面展示上海群众文化建设成果和市民文化风采的平台，每年举办，至2022年底共举办10届。2014年起，不断完善原有的公共文化配送体系，坚持重心下移，持续聚焦和精准对接百姓需求，逐步建立市、区、街镇、居村四级公共文化内容配送体系，至2018年，基本实现居村公共文化服务配送全覆盖，至2020年，基本实现“中心城区10分钟、郊区15分钟的公共文化服务圈”目标。2016年3月，全国省级行政区首个集成全域公共文化服务资源的一站式数字平台——“文化上海云”正式上线。2020年10月，通过《上海市公共文化服务保障与促进条例》，次年1月1日起施行。2022年，全市有群众艺术馆、文化馆23个，文化站218个。完成上海市为民办实事项目“市民艺术夜校”，覆盖全市16个区，设立1个总校、20个分校、55个教学点，线上线下开设150门课程。持续开展公共文化内容供给配送，市、区两级共配送文艺演出、文化讲座、艺术教育活动、电影等各类活动6.77万场，文艺指导7385课时，图书37.79万册，在线配送6142项，总受众1010.2万人次。

文娱场所 上海的演出场所，有记载的始于元代。宋、元杂剧在当时称作“勾栏”的室内演出场所演出。明嘉靖三十八年（1559年），豫园打唱台建立，为上海最早的戏台。清康熙后，各地来沪经商、移民人数大增，上海出现数十家会馆、公所，都建有戏楼、戏台，其中，商船会馆于康熙五十四年（1715年）设上海首家会馆戏台。上海开埠后，国外的一些娱乐样式相继在沪流行，娱乐场所大幅度增加，清道光三十年（1850年），上海外商跑马总会建立第一个跑马场，此后跑狗场、兰心大戏院等陆续落成。同一时期，称作“茶园”的营业性演出场所大量涌现，大多数演出昆、徽、京剧，至清末民初，众多的“茶园”逐步被“新式舞台”所代替。建于清光绪三十四年（1908年）和宣统元年（1909年）的新舞台、文明大舞台等一批新式舞台率先引进镜框式舞台，并陆续引进当时先进的舞台机械和电气设备，管理上也作了一系列改进。1912 年，华商黄楚九和经润三合办上海第一家游乐场“楼外楼”，是年，上海著名茶馆青莲阁开设华商第一间弹子房。1915 年，新世界游乐场建立；1917 年，大世界游乐场开张，成为旧上海娱乐业的象征。1922 年，上海一品香旅社于周六、周日晚上举办交际舞会，跳舞之风由此盛行。20 世纪 20 年代末，黑猫舞厅、圣爱纳舞厅等一批营业性舞厅相继开业。与此同时，出现大批茶室，1932 年一・二八事变时，虹口一带的茶室相继成为音乐茶室，有歌女演唱流行歌曲，并配备乐队伴奏和小型舞池。至 20 世纪 30 年代，上海文化娱乐市场进入全盛时期，演出娱乐场所的规模、数量均在国内名列前茅。日伪统治时期进入低沉阶段，抗战胜利后一度复苏，随着国民党统治趋于崩溃出现全面衰退。20 世纪 40 年代地方戏曲立足上海，建了许多中小型剧场，然量多质差，新中国成立后绝大部分被淘汰。上海解放初，有大小剧场 128 家，多数设备简陋、管理杂乱，至 1952 年尚有 95 家，其中私营 89 家（含区政府代管 5 家、职工维持 13 家），经过民主改革、社会主义改造，至 1956 年，全行业实行公私合营。同一时期，党和政府对文化娱乐场所逐步进行社会主义改造，取缔赌博、色情活动，一些外来娱乐形式也逐渐被民族、民间的娱乐形式所代替。人民政府对上海改建、新建演出场所，倾注了很大的精力、财力。20 世纪 50 年代初，成功改建市人民政府礼堂和文化广场，并在有条件的区、县建了一批文化馆影剧场，在工人集中地区新建一批工人文化宫、工人俱乐部影剧场；20 世纪五六十年代，新建徐汇、曹杨、中兴、闵行、青浦等剧院（场）；改建美琪大戏院、上海音乐厅、儿童艺术剧场；新建杂技场、木偶剧场等专业剧场。“文化大革命”结束后，上海文娱行业逐渐复苏并有新的发展。1980 年，老年爵士乐队在和平饭店演出，上海始有音乐酒吧，1984 年开办第一家舞厅和音乐茶室，1988 年开办第一家卡拉 OK 厅，此后全市兴起营业性舞厅、卡拉 OK 厅开设热潮。1985 年，建成大型游乐场锦江乐园，有 20 多种先进的现代游乐设备；1988 年 10 月，根据《红楼梦》的描写设计而成的大型仿古园林上海大观园全部竣工并对外开放，两大游乐场所均大获成功。20 世纪 80 年代中后期，上海市青年宫（大世界）及各区工人俱乐部引进了电视（电子）游戏娱乐项目。与此同时，传统文化娱乐业则处于萎缩状态，戏曲、话剧、曲艺、电影先后陷入乏人问津的困境，多个书场、剧场、影院被迫改造兼营他业。进入 20 世纪 90 年代，多个老旧剧场影院被拆除，多家影院进行改造，出现一批小厅、多厅、多功能、多制式，大中小、豪华型、普通型相结合的影院。1992 年底，延安饭店开办“JJ”DISCO 广场，为中国大陆第一家大规模迪斯科舞厅，此后歌舞娱乐之风大盛，音乐茶座、音乐餐厅、卡拉 OK 厅（“伴宴卡拉 OK”“包房卡拉 OK”“自助式 KTV”）增长迅猛。适合商务人士的豪华夜总会KTV也多有发展，同期录像厅、游戏机房、保龄球房、台球房、桑拿浴场等也是遍地开花。90年代，上海还兴建了一批大型主题乐园，如佘山魔术城堡、美国梦幻乐园、上海环球乐园等，大部分因经营不善在短时间内倒闭。此外，水上娱乐设施也开始发展，上海热带风暴水上乐园、上海淀山湖水上乐园、横沙夏威夷水上乐园等建成。整个90年代，大批高档娱乐场所如雨后春笋般涌现，新的歌舞游艺形式层出不穷，1991年，全市娱乐场所总计861家，1998—1999年，全市营业性文化娱乐场所总计万余家，达到顶峰。上海大剧院（1998年8月）和上海马戏城（1999年9月）的建成使用，改变了上海没有一流剧场的落后面貌。1996年5月，中国首个网吧的雏形——盖威特电脑屋在上海诞生。1998—2002年，电脑游戏的发展促成上海地区的网吧行业经历了第一个发展高峰。2000年，上海共有营业性演出场所412家，其中剧场230家，书场80家；上海专业电影院由上海解放时的50余家发展到120余家，电影放映场所372家，录像放映场所184家；营业性文化娱乐场所6000余家，其中歌舞娱乐场所（含舞厅、卡拉OK厅）4523家，音乐茶座215家，音乐餐厅375家，台球室753家，游乐场21家，游戏机房567家，游艺机房38家。进入21世纪后，国家持续出台法律法规规范娱乐场所经营行为，上海定期开展相关整治工作，打击娱乐场所“黄赌毒”违法犯罪，取缔无证电子游戏经营场所和黑网吧，查处违规接纳未成年人行为。经过整顿清理，上海娱乐场所告别粗放增长阶段，歌舞娱乐场所数量经历下降后，逐渐趋于稳定，其中迪斯科舞厅大幅减少。至2010年底，全市有文化娱乐经营场所5916个，有电影放映单位152家（其中影、剧院136家）。2005—2010年，量贩式KTV连锁企业进入发展的黄金时期，2014年后开始不景气，2020年新冠肺炎疫情突发后日益萧条。游戏机房由于政府采取总量控制，同时因互联网的普及、网吧增长，市场逐步萎缩。网吧行业经历了先增长后下降的历程，2015年数量达到巅峰（1708家），此后逐渐减少，2020—2022年新冠肺炎疫情对于网吧经营造成较大影响。2022年，全市共有影院369家、银幕2362块、座位32.01万个，数量居全国城市第一。当年上海影院总票房11.68亿元，占全国总票房的3.9%。放映场次230.95万场，观影2091.99万人次。但2020—2022年的新冠肺炎疫情对电影行业经营带来严峻压力，亏损严重。2009年起，上海大型娱乐公园复有较大发展，上海欢乐谷、上海迪士尼乐园、上海海昌海洋公园等相继建成开业，吸引全国乃至全世界大量游客。

艺术节庆 上海之春国际音乐节，前身为“上海之春”音乐舞蹈月，1960年5月首次举行，以“上海音乐舞蹈的春天”之意定名，此后每年举办，至1966年共举办7届。“文化大革命”期间中断，1978年恢复，改为两年一届，从2001年始，“上海之春”与始于1995

年的“上海国际广播音乐节”合并，改称为“上海之春国际音乐节”，每年举办，至2022年底共举办37届（2022年因疫情，第三十八届延期举办）。

上海国际电影节，由上海市人民政府主办，上海国际电影节组织委员会承办，创办于1993年，是中国第一个国际性故事片电影节，也是中国唯一获国际电影制片人协会认可的国际A类电影节。初期每两年举办一届，2001年第五届起每年举办一届，至2022年底共举办24届（2022年因疫情，第二十五届延期举办）。

上海电视节前身是上海国际友好城市电视节，创办于1986年，为中国第一个国际性电视节。1988年改为上海国际电视节，每两年举办一届。2000年第八届起，改为每年举办一届，至2022年底共举办27届（2022年因疫情，第二十六届延期举办）。

中国上海国际艺术节，是由文化部主办、上海市人民政府承办的国家级国际艺术节，是中国最高规格的对外文化交流节庆活动之一和唯一的国家级国际艺术节。创办于1999年，每年举办一届，至2022年底共举办21届。

资料链接：

《上海通志》第三十八、三十九卷

《上海文化艺术志》

《上海美术志》

《上海市志·文学·艺术分志·文学卷（1978—2010）》

《上海市志·文学·艺术分志·戏剧卷（1978—2010）》

《上海市志·文学·艺术分志·曲艺·杂技卷（1978—2010）》

《上海市志·文学·艺术分志·音乐·舞蹈卷（1978—2010）》

《上海市志·文学·艺术分志·美术·书法·摄影卷（1978—2010）》

《上海市志·文学·艺术分志·群众文艺卷（1978—2010）》

《上海市志·文学·艺术分志·文化娱乐业卷（1978—2010）》

报刊、通讯、出版

报业 明清时期，上海有邸钞、《京报》等流传。清道光三十年（1850 年）六月二十六日，上海最早的报纸英文《北华捷报》创刊，主要刊登商业广告、上海港货物进出口统计和新闻。咸丰十一年（1861 年）十月十七日，上海第一种中文报纸《上海新报》创刊。同治十一年（1872 年）三月二十三日，《申报》创刊，此后至清末，上海报业迅速发展，成为全国新闻与报业中心。至光绪二十六年（1900 年），上海发行的中外文报刊占全国总量的 68.4%。清末的上海，形成大报鼎立、多国报商和华人报商办报局面，报纸内容市民化。光绪二年（1876 年），第一种使用标点符号的白话报纸《民报》创刊。同年，申报馆出版《寰瀛画报》，光绪十年（1884 年）四月创办《点石斋画报》，刊出图片，或用图加文的形式报道社会新闻，受到市民普遍欢迎。光绪二十六年起，小报创刊形成高潮。光绪二十八年（1902 年）后，出现《苏州白话报》等白话报纸。至光绪三十年（1904 年），上海发行的白话报纸约 15 种，占全国一半。政治类报纸繁荣。甲午战争后至民国初建，政治类报纸成为上海报业主要门类之一。光绪二十九年（1903 年）发生震惊全国的《苏报》案。辛亥革命爆发，各报增刊号外、专版。民国初年至 1937 年八一三事变前，上海报纸市民化倾向越益明显，报业进入新的繁荣期。报纸内容由政治性为主向新闻性社会性为主转变。《申报》《新闻报》《时报》等增加新闻篇幅，大量采用外国通讯社消息稿，在全国各地和海外建立通讯网，一批名记者崭露头角。各大报先后设立副刊，大量刊登消闲性消息和文艺小说。各大报完善管理机构，更新设备，重视广告业务，进入企业化经营。至 1936 年，主要大报《申报》《新闻报》《时报》《时事新报》《大公报》等日销总数 50 万份。1925 年 6 月，中共中央宣传部在上海创办《热血日报》，同时一批进步报刊相继出现。1927年，南京国民政府成立后，开始实施新闻检查，一些进步报刊转入地下。1937年八一三事变后，一批抗日救亡报纸创刊，租界报业出现短期繁荣。太平洋战争爆发后，日伪在上海租界办大小报纸20多种。抗战胜利后，大批报纸复刊或迁沪出版。《申报》《新闻报》等20余种大报受到官方控制，政府当局极力压制进步报刊。至上海解放前夕，全市出版大小报70多种，其中日报27种、外文报纸13种，除国民党派系的报刊和少数民间报纸如《大公报》等继续出版、《新民报·晚刊》复刊外，所有进步报纸均被查封。上海解放后，1949年5月28日，中共中央华东局和中共上海市委机关报《解放日报》创刊，6月11日新华通讯社华东总分社上海分社成立，标志着上海新闻事业进入新阶段，报纸开始成为中国共产党和人民的喉舌。上海市军管会接管国民党系统报纸，没收《申报》《新闻报》官股，对其他报刊予以清理和处理。1952年，上海出版《劳动报》《青年报》《新少年报》《新闻日报》《大报》《亦报》《新民报·晚刊》《文汇报》《大公报》等报纸15种。1955—1957年，上海报纸改革，出现短期繁荣。1955年10月1日，《文汇报》在国内率先改直排为横排，1957年3月，《解放日报》首先提出改革方案。《新民晚报》提出“短些、短些再短些，广些、广些再广些，软些、软些再软些”办报方针。《文汇报》倡导独家新闻和清新文风，组织“电影的锣鼓”等问题讨论。1957年6月反右派斗争中，《文汇报》受到错误批判，上海报纸改革中止。20世纪60年代初，报纸种类进一步缩减，《新闻日报》与《解放日报》合并，《劳动报》停刊。“文化大革命”中，全市只剩《解放日报》《文汇报》等几种报纸。《解放日报》和《文汇报》成为“文化大革命”错误路线的重要舆论阵地。1979—1986年，大批报纸复刊、创刊。1979年，《劳动报》《青年报》复刊。1982年1月，《新民晚报》复刊，发行量迅速超过100万份。1980年1月，《报刊文摘》创办，1984年发行量增至200万份。1985年，创刊报纸23种，1986年公开发行的报纸增至58种，形成以（中共）党报、日报为中心的各有特色的报纸系列。1986年上海报纸期发总数达1929万份，居全国第二。报纸内容发生巨大变化，信息量大为增加。20世纪90年代，经济类报纸增加，新闻评论受到重视，报纸发行扩展至国外，新闻界与国外交往增加，版面扩展，内容充实活跃，编排印刷设备更新，经营管理水平提高，新闻工作队伍年轻化。以传播经济信息为主的《新闻报》《上海经济报》《上海商报》《城市导报》《上海证券报》等报纸创刊。主要日报的版面从对开两大张增至三大张或四大张，大量增加商情信息、股市行情、房地产信息。全市各报普遍加强评论，开辟评论专栏，刊登针对社会现实的评论文章。世纪之交，面临激烈的市场竞争环境，上海报业开始强强联合，优化资源配置，谋求规模优势。1998年7月25日，文汇新民联合报业集团成立，为当时中国最大的报业集团之一。2000年

10月9日，解放日报报业集团成立。传统媒体积极引入新技术手段，《解放日报》《文汇报》《新民晚报》相继开通电子版，之后又进一步开设独立网站，实施纸质内容数字化。上海主要新闻媒体还与上海东方明珠（集团）股份有限公司、上海市信息投资股份有限公司联合投资，于2000年5月28日创办东方网（www.eastday.com），东方网开通后成为全国重点新闻网站之一。进入21世纪后，全球传媒格局剧变，新兴媒体日新月异，报纸等传统媒体市场不断萎缩，上海报业也面临经营困难、效益下降、队伍不稳等发展瓶颈，尤其在2010年后，媒体融合趋势愈加明显，基于移动互联网技术运行的新媒体（尤其是自媒体）大行其道，上海报业困境日深。至2021年底，全市报纸平均每期印数仅为310万份，不及巅峰时期的1/4（1998年全市报纸平均每期印数1441万份）。2013年10月，解放日报报业集团和文汇新民联合报业集团整合重组成立上海报业集团，大力推进媒体深度融合整体转型，建设上观新闻、澎湃新闻、界面·财联社等主流新媒体平台。其中，澎湃新闻作为时政思想类互联网平台，传播力和影响力稳居国内主流新媒体第一阵营。2020年5月，上海东方网并入上海报业集团。截至2022年底，上海报业集团拥有网站、客户端、微博、微信公众号、手机报等多种新媒体形态共计332个端口，覆盖用户超过9.55亿，已从一家以报刊为主的传统报业集团，转变为新媒体收入占媒体主业收入接近七成的全媒体集团，在国家新闻出版署发布的全国报刊出版集团总体经济规模排名中，连续多年位列第1位。

新闻通讯机构 清宣统元年（1909年），第一家本埠通讯社生生社首发通讯稿。1920年6月，上海共产主义小组创办中俄通讯社。1925年6月，中共中央宣传部在上海创办国民通讯社。1927年11月1日，中央通讯社设立上海通讯处，是年上海有通讯社12家。1932年6月，中央通讯社上海分社成立，7月起，国民政府先后与路透社、美联社、合众社、哈瓦斯社、塔斯社等签订交换新闻合同，收回外国通讯社在上海等地发布中文新闻稿权利，由中央通讯社转发各地报刊采用。1936年，全市有通讯机构5家。1937年上海沦陷后，民营通讯社发展迅速，1939年10月有33家，绝大多数是商业性通讯社。1937—1945年，日伪主办的通讯社有6家。抗日战争胜利后，中央通讯社上海分社恢复。1945年12月，中共领导的国际新闻社上海办事处成立。1949年5月上海解放前夕，全市有通讯社80余家，5月27日—7月26日，上海市军管会接收中央通讯社上海分社等2家通讯社。1949年5月27日，新华社华东总分社上海分社的业务编辑室成立，以上海分社名义发稿，6月11日新华社上海分社成立，6月13日同苏联塔斯社远东分社商定交换新闻稿件。此后，所有民营通讯社均结束。1959年7月，中国新闻社上海分社成立。此后至2022年底，上海有上述2家本埠通讯社。

清同治十一年（1872 年），英国路透通讯社上海远东分社建立，是为第一个进入中国的外国通讯社。1914 年，日本在华通讯社东方通讯社在沪设立，1920 年改为日本外务省在华官方通讯社。1915 年，美联社始向上海各报发稿。1920 年，日本电报通讯社设立上海支局。1928 年，德国海洋通讯社在上海设立分社。1929 年，美国合众通讯社、联合通讯社先后在上海设立分社。1931 年，法国哈瓦斯社在上海设立分局。1932 年，苏联塔斯社在上海设立支局。1936 年，有英、法、苏、日通讯社各 1 家，美、德各 2 家，是年外国报社美国《芝加哥日报》《芝加哥论坛报》《纽约时报》、法国《政闻报》等设驻沪通讯员。1936 年，日本同盟社设立支局，后改为华中总局，此后日本朝日新闻社等 11 家设分支机构。1937—1941 年，美联社、合众社、国际新闻社、路透社、哈瓦斯社、塔斯社、电通社等上海分社揭露日军侵略罪行，支持中国抗日。太平洋战争爆发后，日军进入上海公共租界，美联社、合众社上海分社遭查禁，塔斯社消息被禁用，日本同盟社、德国海通社和法国哈瓦斯社消息大量增加。抗日战争胜利后，同盟社华中总社和海通社上海分社结束在沪活动，路透社、美联社、合众社等在沪恢复业务，法新社建立分社，4 家通讯社所发中国新闻稿是中国报纸国际新闻的主要来源。1947 年 8 月，法新社上海分社停止发稿。1948 年 7 月，路透社、美联社停止向《中央日报》《申报》《新闻报》和《大公报》供稿。1949 年上海解放前夕，除塔斯社分社外，各外国通讯社全部撤走。此后，塔斯社分社也撤销，上海长期无外国通讯机构。1986 年 5 月，日本朝日新闻、共同社、经济新闻在上海设支局。1993 年、1994 年，路透社、法新社上海分社先后设立。至 1997 年，有 11 国的 35 家新闻机构在沪设立分支机构。至 2018 年 12 月底，外国驻沪新闻机构共有 77 家，共派有常驻记者 98 名，涉及日本、美国、法国、英国、德国、荷兰、西班牙、俄罗斯、韩国、丹麦、瑞士、挪威、新加坡、澳大利亚、意大利、摩洛哥，共 16 个国家，涵盖美联社、路透社、法新社、俄塔社、共同社、彭博社、埃菲社等世界主要通讯社和各国主流媒体。后因国际政治经济环境改变和新冠肺炎疫情蔓延等原因，外国驻沪新闻机构有所减少，至 2021 年底尚余 68 家。

出版 南宋庆元六年（1200 年），华亭县学徐民瞻刊印《晋二俊文集》，是上海地区今存最早的官刻图书。南宋嘉泰二年（1202 年），钱希武刊印《白石道人歌曲别集》，是上海地区已知最早的私人刻书。明清两代，华亭县学和上海县学刊刻方志、四书五经等书籍。明代，多私家刻印，刊刻其他各种图书，知名的有上海郁文博、陆深陆楫父子等，华亭张之象绮兰堂、陈继儒等，嘉定徐学谟、马元调等。清代，有金山钱熙祚守山阁，南汇吴省兰听彝堂，松江沈恕古倪园，上海郁松年宜稼堂和徐渭仁等。上海开埠前，有的刻书家、藏书家兼营刻印销售。上海开埠后，外国教会和商人首先开办出版机构。清道光二十三年（1843年），首个近代印刷所墨海书馆建立。咸丰、同治年间，先后出现民办、官办出版机构。1857年，上海出现最早的现代涵义的中文期刊教会刊物《六合丛谈》。1868年，又一份宗教刊物《中国教会新报》创刊，1874年改名《万国公报》，除宣传宗教外，增加了时事政治的内容。1872年，英商申报馆创刊《瀛寰琐记》，这是上海最早的文艺刊物。1884年，申报馆又出版了《点石斋画报》。光绪十五年（1889年）至清末，形成兴办出版机构高潮，出版机构从四五家增至10多家，出版物包括宗教、科学、经史子集和教科书等类图书。1896年，由梁启超任主笔的《时务报》创刊，这是中国人创办的第一份以时事政治为主的综合性期刊，是全国影响最大的刊物。从《时务报》创刊起到1898年秋戊戌政变发生两年多的时间里，陆续有近30种期刊创刊，形成上海期刊发展过程中第一个波峰，绝大多数由维新派创办，上海作为全国期刊出版业的中心地位就此确立。光绪二十三年（1897年），商务印书馆成立，后与文明书局、中国图书公司、集成图书公司等出版社发展成大型出版机构，经营业务约占上海图书业2/3。1900年，杜亚泉创办的《亚泉杂志》，是中国人办的第一份自然科学杂志。1901—1911年底，上海陆续创办的刊物达到165种左右，其中文艺期刊数量较多。1912年，有中华书局等30多家出版社开业。1915年9月，陈独秀主编的《青年杂志》在上海创刊，次年改名《新青年》，1917年1月迁北京，1920年9月又迁回上海。五四新文化运动对上海杂志界的影响巨大，绝大多数刊物改用白话文和新式标点符号，一大批宣传新思想、新文化的刊物面世。1918年，上海出版销售机构增至120家，其中外文11家、印刷机构89家，汇聚全国80%以上的出版力量。这些机构大量出版政治、经济、科学和教育类图书，印刷言情、武侠、侦探等通俗小说，并开始出现服装、旅游等生活实用类图书。1920年，上海共产党早期组织成立，此后出现了《劳动界》《共产党》《向导》《中国青年》等共产党人主办的刊物。1926年，印刷精美、销路极广的《良友画报》在上海创刊。至1930年，出版机构增至145家、印刷机构200多家，上海进入出版业鼎盛时期。20世纪20年代末期，上海期刊增长的趋势异常明显，1933—1935年更是迅猛增长，形成了连续增长的所谓30年代的“杂志年”。1933年，上海有各类期刊215种，至1935年6月底，增至398种，不少行业和研究机构也都创办杂志，大学先后创办学报，由于办杂志有利可图，还出现专门出版和销售期刊的机构。1936年，上海商务、中华、世界3家出版社所出图书占全国出版图书的71%。1937年前，上海历年出版的图书、期刊分别占全国的70%和80%强。1937年八一三事变后，大部分出版社迁往内地，有的刊物停刊，有的刊物内迁。太平洋战争爆发后，上海出版业基本停顿，日伪创办《女声》等刊物。抗战胜利后，出版机构和刊物迁回，一批出版社和杂志创办。1949年，全市有图书出版销售机构250多家，出版新书1400多种。1949年5月上海解放后，创办了《文艺月报》等20种刊物。有些期刊社合并，有些迁北京，有些停刊。1949年，集出版、印刷、发行于一体的大型机构华东新华书店总店迁入上海，1951年1月，新华书店华东总分店按专业分工划分为新华书店华东总分店、新华印刷厂华东管理处和华东人民出版社。1950年起，开始改造私营出版业，至1955年底私营出版社全部结束，同一时期，发行机构和印刷业经过改造整顿，也先后完成全行业国有化。1957年7月，成立上海市出版局，统一管理全市的出版、印刷、发行业。至1957年，上海共有期刊49种。1959—1965年，出版行业实行调整，精简机构，制定规划，出版一批精品图书。20世纪50年代后期起，出版系统为支援外地建设，陆续将40%印刷设备调往外地，上海印刷能力下降超过五成。1960—1962年，纸张供应紧张，刊物数量减少，1963年《故事会》创刊。“文化大革命”中，上海出版业及期刊业均呈断崖式下降，1969年全市仅出版16种图书，1971—1973年，只有1种期刊。1972年，全市所有专业出版社及资料编辑所合并为上海人民出版社。1975年后，出版业逐渐回升，是年出版《新英汉词典》，开始编辑《英汉大词典》《汉语大词典》等大型工具书，恢复修订《辞海》。1976年至20世纪80年代初，一批出版机构和期刊恢复。1978年1月，重建上海市出版局，恢复10个专业出版社。1977年，突击重排“数理化自学丛书”，出版一批外国文学作品，还有多种优秀图书面世。上海译文出版社和上海古籍出版社恢复出版外国文学名著丛书和中国古典文学丛书。20世纪80年代，“新学科丛书”“二十世纪西方哲学译丛”“当代学术思潮译丛”“二十世纪外国文学丛书”“文艺探索书系”“五角丛书”等一批学术前沿著作和廉价丛书出版。各出版社创办期刊，《故事会》期印数最高达700多万册，名列全国期刊第一。20世纪70年代末至80年代末，出版社增加，一批大型图书问世，出版社经营样式多样，恢复与国外出版界的业务联系，全市形成以国营书店为骨干的，多种经济成分、多种流通渠道、多种购销形式的发行网络。同一时期，期刊业也进入蓬勃发展期，从1978年的42种增长至1987年的546种，门类也更加丰富。1981年起，逐步扩大印刷企业自主经营权，1986年印刷企业成为独立经济法人。同时进行印刷技术改造和技术引进，1981—1990年投资超过2000万美元和1亿元人民币，引进电子分色机、电脑照相排字机、高速胶印轮转机、四色胶印机和胶印、精装联动线等设备，改变印刷设备陈旧落后面貌，提高产品质量。1981年，少年儿童出版社出版全国第一套系列儿童配乐故事音带《365夜》，1983年，上海有声读物公司、中国唱片上海公司相继成立，开展音像制品出版业务，上海多家出版社也相继成立音像部，配合本版图书出版音像制品。1991年，市人大常委会审议通过全国出版行业第一个地方性法规《上海市图书报刊市场管理条例》，同年，成立上海市图书报刊市场管理处，进一步规范图书发行。1994 年，上海电子出版公司成立，成为国内首家制作、出版和销售电子读物的专业出版机构。1998 年 12 月，上海书城在福州路开业，营业面积 1 万多平方米，陈列图书和音像制品 15 万余种，成为上海面积最大、品种最多、服务最好的超大型图书卖场。1999 年 2 月，上海组建全国第一家出版集团——上海世纪出版集团。2000 年 6 月，按照现代企业制度组建的上海新华发行集团挂牌。2000 年，上海共出版图书 12682 种，期刊 613 种。2004 年起，每年在暑期举办的上海书展由国家新闻总署和上海市政府联合主办，面向全国，培育上海市民爱书、读书的良好氛围，成为上海城市的文化名片，至 2022 年底共举办 18 届（2021 年上海书展延期举办）。2004 年，第二届中国国际数码互动娱乐产品及技术应用展览会（ChinaJoy）落户上海，此后每年在沪举行，很快成为全球顶尖的游戏展会。2004 年 6 月，上海文艺出版总社成立。2004 年 9 月，上海新华发行集团改制为混合所有制企业。2005 年 11 月，上海世纪出版集团转企改制，成立上海世纪出版股份有限公司。2006 年 10 月，上海新华发行集团投资设立的上海新华传媒股份有限公司上市，成为全国出版发行行业首家上市公司。2008 年 7 月，全国首个国家数字出版基地在上海张江设立。2009 年 6 月，上海文艺出版总社更名为上海文艺出版（集团）有限公司（简称上海文艺出版集团），转企改制。2009 年 8 月，新闻出版总署批复同意上海 7 家大学出版社转企改制方案，上海在全国率先全面完成出版单位转企改制。2009 年，市新闻出版局着手部分报刊出版单位转企改制的试点，2010 年全市期刊社转企改制全面铺开。2010 年 10 月，金山国家绿色创意印刷示范园区在金山区揭牌，为全国首个绿色创意印刷示范园区。2011 年，上海市政府出台的《关于促进本市数字出版产业发展的若干意见》，为全国首个全方位支持数字出版产业发展的省市级政府文件。2011 年 6 月，上海世纪出版集团与上海文艺出版集团重组为新的上海世纪出版集团；2015 年 7 月，整体改制为上海世纪出版（集团）有限公司，完成公司化改造。2018 年，中共上海市委宣传部等 11 部门印发《关于促进上海出版产业发展的实施办法》。2022 年，上海有出版社 40 家，出版图书 26897 种、期刊 632 种、音像电子出版物总计 938 种。

资料链接：

《上海通志》第四十一卷　　《上海新闻志》　　《上海出版志》

《上海市志·新闻出版分志·报业卷（1978—2010）》

《上海市志·新闻出版分志·出版卷（1978—2010）》

广播、影视

广播电视 1923年1月23日，国内第一家无线电台“大陆报”暨中国无线电公司广播电台（奥斯邦电台）在上海开播。1927年，华商经营的新新公司广播电台创办。1932年，全市有广播电台40家，其中6家为外国人电台。1935年3月9日，官办电台国民政府交通部上海广播电台成立。1937年，上海民营电台数量占全国同类电台半数以上，同时期外国电台有美、法、德、苏联电台。太平洋战争爆发后，所有电台均被封禁。抗日战争胜利后，民营和公营电台增至108家，政府当局一再限制、取缔，到上海解放前夕仍有45家。1949年5月27日上海解放之日，上海人民广播电台建立。1949年6月清理私营电台，剩私营电台22家。1952年10月，16家私营电台申请公私合营，成立上海联合广播电台，1953年并入上海人民广播电台。1950年4月1日，华东人民广播电台在沪成立，向华东地区广播，1955年1月1日撤销，至此，全市剩上海人民广播电台1家。1958年10月1日，上海电视台建立，10月25日播出第一部电视剧。1960年4月，开办全国第一所电视大学。1973年8月1日，上海彩色电视对外试播，1975年9月在全国省级电视台中第一家全部频道播出彩色电视节目。1979年起，广播电视实行改革，发生重大变化。恢复自办新闻节目，自制电视剧、广播剧。1979年1月28日，上海电视台解放思想，播出中国内地第一条电视商业广告“参桂养荣酒”，此后又播出中国内地第一条电视外商广告“瑞士雷达表”，同年3月5日，上海电台在中国内地广播电台中率先恢复广告业务。1982年、1983年，上海电台相继举办现场实播为主的《星期广播音乐会》和《星期戏曲广播会》。1986年、1988年，先后开始举办上海电视节、上海国际音乐节目展播。1987年，上海电视剧制作中心成立，此后创作、生产和译制了大批具有社会影响力的电视剧。1987年，上海电台和上海电视台实施体制改革，建立“五台三中心”架构，按照专业化分工思路，推动资源配置优化。1992年10月，创办上海东方广播电台，同年12月，成立上海有线电视台。1993年1月，上海东方电视台建台开播，1994年2月，上海教育电视台建台开播。新旧电台、电视台之间相互竞争，节目质量不断提高。在媒体融合上进行探索，1994年10月，东方电台与上海有线电视台联合创办有线电视音乐频道，1995 年 5 月，上海电台与上海有线电视台联合创办有线电视戏剧频道。至 1994 年底，上海有线电视的入网用户总数超过 100 万户，成为世界最大的城市有线电视网络。1995 年，上海市广播电视局和上海市电影局“撤二建一”，组建上海市广播电影电视局，实施“影视合流”，广播影视优势互补，繁荣了申城的影视创作。1998 年 10 月 1 日，上海卫星电视中心成立，上海卫视开播。2000 年 4 月，市广播电影电视局和市文化局“撤二建一”，组建上海市文化广播影视管理局（简称市文广局），同时在文化广播影视领域实行“政企政事分开、管办分离”的体制改革，成立上海文化广播影视集团（简称文广集团）。市文广局主要负责文广影视行业行政管理，文广集团主要负责事业产业发展。2001 年 8 月 3 日，上海文广新闻传媒集团（简称传媒集团）成立，原来以台为主的管理体制全面转向集团管理体制。2002 年起大力发展无线数字电视，率先在全国推出移动数字电视，推进楼宇电视建设，2008 年建立覆盖上海地铁和轨道交通的数字电视平台。2003 年 7 月 6 日，传媒集团将电视财经频道和广播财经频率组建成“第一财经”，迅速成为涵盖广播、电视、报刊、网站等全媒体领域的国内知名财经传媒。2003 年 10 月 23 日，上海卫视更名为上海东方卫视，至 2004 年，东方卫视基本实现全国全覆盖，内容建设不断出新，推出的选秀节目《加油！好男儿》《我型我秀》《舞林大会》《中国达人秀》等成为上海电视综艺节目的品牌。2004 年 4 月，“东方 CJ 家庭购物”节目开播，每年购物销售额一直名列国内电视购物行业前列。2006 年 9 月，交互式网络电视（IPTV）商用业务开播，建成全国最大的 H.264IPTV 商用系统。2009 年 9 月 28 日，上海有线电视网播出 12 套数字高清晰度电视节目，东方明珠广播电视塔播出 2 套地面高清数字电视节目，上海开始进入高清电视时代。2009 年 10 月，上海文广新闻传媒集团更名为上海广播电视台（作为播出机构），由台出资组建的控股企业集团公司——上海东方传媒集团有限公司（作为制作机构）同时成立，实施“制播分离”改革。2014 年 10 月，基于移动互联网的广播音频类平台产品“阿基米德”上线，聚合全国超千档广播节目，围绕每个节目建立用户社区，为上海传统广播结合新媒体的一次尝试。2016 年 6 月，上海广播电视台融媒体中心成立，由该中心生产的融媒体新闻产品“看看新闻 Knews”正式上线。2020 年 10 月，上海广播电视台东广新闻资讯广播和东方都市广播整合重组的“上海人民广播电台长三角之声”开播，为全国首家由省级电台创办的区域性广播。

电影 清光绪二十二年（1896 年）七月初三，上海徐园又一村放映“西洋影戏”，为中国首次放映电影。光绪三十四年（1908 年）春，意大利侨民劳罗在沪拍摄纪录片《上海第一辆电车行驶》，为上海制片的开端。宣统元年（1909 年），美国电影商人宾杰门 · 布拉斯基在沪创办亚细亚制造影片公司，为中国最早的制片公司。1913 年，中国首部故事片《难夫难妻》(又名《洞房花烛》) 在沪问世。1914 年，《影戏杂志》上首次出现“导演”一词，自此在电影界推广流行。1916 年，张石川等人在徐家汇创办幻仙影片公司。1917 年，商务印书馆试办电影业务，建立活动电影部，成为中国首批中资制片机构。1918 年，商务印书馆活动影戏部拍摄中国最早的科教片《养真幼稚园》《驱灭蚊蝇》等。1921 年，中国首部长故事片《阎瑞生》在沪摄制并上映。1922 年 3 月，张石川、郑正秋等在贵州路创办明星影片股份有限公司，同年制作中国首部爱情片《劳工之爱情》。次年拍成影片《孤儿救祖记》获得成功，激起国内投资者在沪创办电影公司的热情，大量行业人才也在申城汇聚成长，由此奠定了上海长时间内作为中国电影制作中心的地位。1925 年前后，上海有电影公司 141 家，占全国 80% 以上。1926 年，拍片的影业公司有 30 家，出品电影 93 部。影响较大的有明星、大中华百合、天一、神州、长城等影业公司。各制片公司创立自己的风格，在激烈的市场竞争中抢占一席之地。同年，万籁鸣四兄弟研制成功中国第一部动画片《大闹画室》，开创了中国美术电影事业。1928 年，张石川执导的《火烧红莲寺》在沪上引起轰动，该片被视为中国武侠神怪片的鼻祖，带动了中国电影史上第一次武侠神怪热，此后武侠电影也成为世界影坛上最富中国特色的电影种类。1931 年，张石川执导以蜡盘配音的中国第一部有声影片《歌女红牡丹》。1935 年，全市有影业公司 48 家，以明星、天一规模最大。联华公司首先尝试垄断集团经营，同时联合华资影戏院，收买外资影戏院，放映国产影片，以抵抗外国影片，提出“提倡艺术，宣扬文化，启发民智，挽救影业”，吸引留学生、大学生和话剧演员等加入影业。由此联华迅速崛起，与明星、天一鼎足而立，沪上电影风格也为之一变，不再一味媚俗，诞生了一批艺术性、现实性兼具的传世佳作，如《神女》《桃李劫》《渔光曲》《风云儿女》《马路天使》《夜半歌声》《十字街头》等。其中阮玲玉主演的无声电影《神女》被视为中国默片的巅峰之作；同年，由蔡楚生编导的《渔光曲》获莫斯科国际电影节荣誉奖，为中国电影首获国际奖项。电影《桃李劫》主题曲《毕业歌》广为传唱，长时间内成为中国大中小学校毕业典礼的必唱歌曲；电影《风云儿女》主题曲《义勇军进行曲》后来更是成为中华人民共和国国歌。1937 年上海沦陷，明星公司毁于八一三战火，大量电影公司停业，仅少数几家坚持经营，拍摄了《木兰从军》《葛嫩娘》《乱世风光》等勉励民众抗日救亡的电影；另有教育国民团结抗争的动画电影《铁扇公主》(万籁鸣、万古蟾执导) 于 1941 年 9 月摄制完成，为亚洲首部长动画片，后对日本动画大师手冢治虫产生深刻影响。太平洋战争爆发后，日本全面控制上海，禁映含有抗争救亡元素的影片，拍摄宣扬建立大东亚共荣圈的反动电影，还将全市 12 家影片公司合并为中华联合制片股份有限公司，众多电影从业人员因此弃业。抗战胜利后，建立联华影艺社、昆仑影业公司和文华影业公司等，拍摄了《一江春水向东流》《八千里路云和月》《万家灯火》《乌鸦与麻雀》《三毛流浪记》《小城之春》等现实主义佳作。1948 年由费穆执导、梅兰芳主演京剧艺术片《生死恨》，为中国首部彩色影片。上海解放后，1949 年 11 月，成立国营上海电影制片厂。1950 年 1 月，8 家民营企业实行社会主义改造，成立上海联合电影制片厂，1953 年初与上海电影制片厂合并，厂名仍沿用上海电影制片厂。1956—1958 年，为鼓励风格流派，上影厂改为联合企业性质的制片公司，下设江南、海燕、天马 3 个故事制片厂。同时改组扩建上影乐团、上海美术电影制片厂、上海电影译制片厂和上海电影技术供应厂，1958 年，撤销上海电影制片公司，成立上海市电影局。这一时期，上海已从单一故事片，发展成故事片、科教片、美术片和译制片俱全的综合性电影生产基地，承担起新中国电影"半壁江山"的重任。其中，上海美术电影制片厂在 20 世纪 50—80 年代不断取得丰硕成果，创作了《骄傲的将军》《渔童》《小蝌蚪找妈妈》《大闹天宫》《哪吒闹海》《山水情》《鹬蚌相争》《三个和尚》《黑猫警长》《葫芦兄弟》《邋遢大王奇遇记》等脍炙人口蜚声中外的传世佳作，给新中国几代人带来童年美好记忆，在世界上打响了"中国动画学派"的名号。上海电影译制片厂自 1950—1995 年先后译制了世界五大洲、遍及 48 个国家的各类影片近千部，拥有一批深受群众喜爱的配音演员，使全国人民无障碍地观赏到世界各地优秀影片。故事片领域，上海在 20 世纪 50—60 年代，相继拍摄了《梁山伯与祝英台》《渡江侦察记》《铁道游击队》《护士日记》《女篮五号》《聂耳》《霓虹灯下的哨兵》《林则徐》《老兵新传》《红色娘子军》《51 号兵站》《李双双》《红日》等精品力作，题材样式丰富多彩。其中 1953 年摄制的《梁山伯与祝英台》为新中国首部彩色戏曲片；1958 年摄制的《老兵新传》为新中国首部彩色宽银幕立体声影片；1960 年摄制的《红色娘子军》获第一届百花奖最佳故事片奖、导演奖、女演员奖、配角奖。"文化大革命"中，上海电影遭遇空前浩劫，名家名导被迫害致死者达 30 多人，电影生产创作几乎停滞。20 世纪 70 年代末至 80 年代中后期，上海电影缓慢复苏，拍摄了《庐山恋》《从奴隶到将军》《陈毅市长》《阿 Q 正传》《华佗与曹操》《大桥下面》《喜盈门》《巴山夜雨》《城南旧事》《人・鬼・情》等影片，这一时期，谢晋先后导演《天云山传奇》《牧马人》《高山下的花环》《芙蓉镇》等现实主义力作，思想水平和艺术功力达到当时中国电影最高境界。其中《天云山传奇》获 1980 年文化部优秀影片奖，首届中国电影"金鸡奖"最佳影片、最佳导演等 4 项奖，第四届《大众电影》"百花奖"最佳影片奖；《芙蓉镇》囊括"金鸡奖""百花奖"最佳影片奖。20 世纪 80 年代末起，伴随大众娱乐消费方式改变和计划经济向市场经济转轨，上海电影陷入低谷，观影人数和影片产量不断下滑，专业人才流失严重，至 20 世纪 90 年代初，已丧失中国电影产业中心地位。这一时期，上海仍勉力推出《开天辟地》《烛光里的微笑》《留守女士》等有一定影响力的作品。曾经辉煌的上海美术电影制片厂也遭遇经营困局，面对海外成熟商业动漫的冲击，虽有《金猴降妖》《宝莲灯》等佳作，但仍在激烈的市场竞争中败下阵来。其后上海电影实施一系列市场化改革，力求破局。1993 年上海电影发行放映公司顺利转制为永乐股份有限公司，成为中国第一家股份制文化企业；1995 年上海“影视合流”之后，1996 年成立上海电影电视集团公司。该时期，上海电影业实施了一系列改革措施，如将“导演中心制”逐渐转向“制片人中心制”；改革电影投资模式，吸纳社会资金。上海将创作重心转向主旋律影片，20 世纪 90 年代后期至 21 世纪初，创作了《红河谷》《鸦片战争》《生死抉择》等，实现良好的社会和经济双重效益。2001 年 8 月，整合上海电影电视（集团）公司、上海永乐电影电视（集团）公司、上海动画影视（集团）公司、上海电影译制片厂、上海科教电影厂等，成立国有大型电影企业上海电影集团。其后，伴随国家文化改革尤其是国产电影体制机制改革浪潮，上海也出台一系列政策措施，促进民营电影公司发展，加强对本土导演创作支持，加强与知名导演合作，加强跨地域合作，支持合拍片摄制，强强联手，合作共赢，推动上海电影步入发展快车道。21 世纪初至 2010 年底，上影集团推出或参与制作的有影响力的影片有《三峡好人》《集结号》《建国大业》《风声》等。同时，拍摄《走出西柏坡》《第一诱惑》《东京审判》《高考 1977》《辛亥革命》等主旋律影片。2010 年后，上海电影继续发展，市场容量和票房数量不断扩大，至 2016 年已超越北京跃居中国城市第一，但仍无法恢复原来电影制作中心的地位，出品影片主要靠联合制作，2011—2022 年有影响力的作品主要有《建党大业》《山河故人》《攀登者》《我和我的家乡》《我和我的父辈》等。2018 年中国改革开放 40 周年，导演谢晋被授予国家“改革先锋”称号；2019 年新中国成立 70 周年，演员秦怡获“人民艺术家”荣誉称号；2021 年中国共产党成立 100 周年，电影作曲家吕其明获“七一勋章”。

资料链接：

《上海通志》
第三十八、四十一卷

《上海广播电视志》

《上海电影志》

《上海市志·新闻出版分志·广播电视卷（1978—2010）》

《上海市志·文学·艺术分志·电影卷（1978—2010）》

图书馆、文博、档案、方志

图书馆 中国古代并无现代意义上的图书馆，但有大量的私人藏书机构和藏书家。宋代，青龙镇庄肃有藏书8万卷，为江南三大藏书家之一。元代，上海地区有孙道明映雪斋、杜元芳翡翠碧云楼等藏书楼，所藏均至万卷。孙氏别建草堂3间，给访者读书、校书用。明代，有郁文博万卷楼、何良俊清森阁、王圻梅花源、张金宝穑堂等。清代，较知名的私家藏书有百余家，其中李筠嘉慈云楼、郁松年宜稼堂、梅益徵得一阁等规模较大，藏书较富。公家也有藏书，如明成化二十年（1484年），上海知县刘琬在县学建尊经阁，庋藏六经、御制诸书和百家子史。清道光二十七年（1847年），耶稣会传教士梅德尔在徐家汇创办天主教堂藏书室，专供传教士阅览，是上海最早的宗教图书馆。道光二十九年（1849年），上海第一家公共图书馆上海书会在英租界创办，咸丰元年（1851年）改称上海图书馆。光绪三十二年（1906年），上海地区第一家中国人创办的图书馆国学保存会藏书楼开办。私立普通图书馆藏书丰富，拥有大批读者，是民国时期上海图书馆业的主要组成部分。1921年5月，上海银业界职业青年成立互助团通信图书馆，为上海最早的私立普通图书馆。1926年，商务印书馆所办东方图书馆开馆，到1931年馆藏书刊总量超出50万册，是上海历史上最大的私立普通图书馆，在1932年一·二八事变中被焚毁，损失图书46万册，其中古籍3203种。1931年，上海第一家市立图书馆在南市文庙建立。1933年，蚂蚁图书馆成立，向社会开放，以通信借书方式免费外借图书，1935年最高日借阅量达400人次、0.2万次册。1936年，全市有图书馆300余家，其中学校图书馆158家。1937年上海沦陷，100多家公私图书馆战时损失图书40万册，全市图书馆数量锐减。1945年9月，上海市教育局建上海市立图书馆，1949年6月，上海市军管会接管上海市立图书馆，改为上海市人民图书馆。1950年，全市各类图书馆85所，藏书393.88万册，另有企业与其他机构藏书100多万册。1950年10月，以原中华业余图书馆和益友社图书馆为基础，成立上海市工人文化宫图书馆。此后，沪东、沪西、徐汇等工人文化宫（俱乐部）建立图书馆，至1959年，全市有基层工会图书馆0.48万所、图书436万册。1952年7月，新建上海图书馆。1952—1956年，市政府接办原有的合众图书馆、鸿英图书馆、中国科学社明复图书馆和上海儿童图书馆4所旧馆，分别改建为上海市历史文献图书馆、上海市报刊图书馆、上海市科技图书馆3所市级专业图书馆和上海市少年儿童图书馆。1958年，3所专业图书馆并入上海图书馆，上海市人民图书馆撤销，1960年，市少年儿童图书馆并入上海图书馆。1959年5月，全市10个郊县全部建立县图书馆，至1960年，全市市区均有区图书馆。“文化大革命”开始后，各级公共图书馆长期闭馆，数量锐减。1970年7月，上海图书馆恢复开放。1978年1月，市郊各县开始恢复县图书馆独立建制。此后，全市形成市—区（县）—街道（公社、镇）三级公共图书馆网。工会系统形成市工人文化宫—区（县）工人文化宫—基础工会三级图书馆网络。区、县馆全部恢复独立建制。1980年，全市有区、县级以上公共图书馆21家，藏书1138万册（件）。1987年1月，上海少年儿童图书馆从上海图书馆中分离，独立建制。1995年，全市有区、县级以上公共图书馆31家，藏书1586万册（件）。1996年12月，上海市政府颁布《上海市公共图书馆管理办法》，以地方政府法规的形式，保障公共图书馆的公益性质和健康有序发展。同年，上海图书馆建成面积达8.3万平方米的新馆。2010年，全市有区、县级以上公共图书馆28家，藏书6808.73万册（件）。2022年9月28日，中国国内单体建筑面积最大的图书馆上海图书馆东馆（11.5万平方米）对外开放。至2022年，全市有区级以上公共图书馆20家，藏书8022.68万册（件）。

文博 清同治七年（1868年），国内首家博物馆——自然历史博物院（即震旦博物院）在徐家汇创办。同治十三年（1874年），亚洲文会博物院（即上海博物院）、1933年上海市博物馆、1935年警察博物馆、1938年中华医学会医史博物馆先后创办。1949年5月，全市有上述5家博物馆。1949—1956年，建上海博物馆、上海鲁迅纪念馆、中共一大纪念馆（初名上海革命历史纪念馆）。1956—1965年，鲁迅纪念馆新馆落成，韬奋纪念馆、上海自然博物馆动物分馆开放，松江、青浦、上海、嘉定、崇明5县建立县博物馆。1979年后，新建馆36个，有上海市历史博物馆、中国民族乐器博物馆、上海自然博物馆植物分馆、中共代表团驻沪办事处纪念馆、海军上海博物馆、宋庆龄故居纪念馆、龙华烈士纪念馆等。1995年，全市有博物馆、纪念馆、陈列馆（室）48个。1996年10月，上海博物馆新馆建成开放。进入21世纪后，上海博物馆事业高速发展。2001年12月，上海科技馆开放一期展览，2005年5月开放二期展览。2010年7月，国内首家国家级航海博物馆上海中国航海博物馆建成开放。至2010年底，全市依法注册登记的博物馆、纪念馆、陈列馆共有114家。2012年10月，上海美术馆迁至2010年上海世界博览会场浦东园区的中国馆，对外称“中华艺术宫”并向社会开放。2015 年 4 月，上海自然博物新馆（上海科技馆分馆）向公众开放。2018 年 11 月，上海市历史博物馆（上海革命历史博物馆）在原上海美术馆旧址上修缮完毕，正式开放。2021 年 5 月，全国首部省级红色资源地方性法规《上海市红色资源传承弘扬和保护利用条例》颁布，6 月，中共一大纪念馆新馆建成开放。至 2022 年，全市依法注册登记博物馆 159 家。文物系统所属博物馆 50 家、其他部门所属博物馆 69 家、非国有博物馆 40 家。以上海常住人口计，每 15.6 万人拥有 1 家博物馆。其中，国家一、二、三级博物馆 29 家，占全市博物馆总数的 18.2%。全市博物馆藏品总数达 242 万件（套），其中珍贵文物（馆藏一、二、三级文物）22.3 万件（套），占总量近 10%。

1948 年，上海市博物馆在金山卫戚家墩发掘春秋战国时代遗址，为上海首次遗址发掘。1958 年，在淀山湖意外打捞获一批石器、陶片和动物骨骼标本等，首次确认上海地区有新石器时代遗址。1959 年起，对马桥、崧泽等 12 处遗址进行清理发掘，基本廓清上海地区古文化内涵和时代序列，典型遗址的文化遗存命名为崧泽文化、马桥文化和戚家墩类型，填补上海考古空白。20 世纪 60 年代中后期至 70 年代，又相继发现了松江汤庙村遗址、姚家圈遗址，青浦千步村遗址、寺前村遗址，金山亭林遗址、张堰口遗址，奉贤柘林遗址，浦东严桥遗址等，另同期马桥、崧泽 2 处遗址经过再次发掘和研究，确证先民在上海地区创造了约 6000 年的历史。1982—1987 年，3 次发掘福泉山遗址，首次从考古地层学上明确人工堆筑的高台墓地是良渚文化贵族墓葬的主要埋藏方式。21 世纪初，广富林遗址成为上海考古的重点，经多次发掘，“广富林文化”获考古学命名，填补了长江下游新石器时代晚期文化谱系的空白。2001 年，志丹苑元代水闸遗址被发现，2006 年遗址全貌被揭露，获评 2006 年度全国十大考古新发现。2010 年起，上海考古工作者开始重点发掘青浦青龙镇遗址，确证青龙镇是上海最早的对外贸易港口，是古代海上丝绸之路的重要节点，2017 年 4 月，遗址获评 2016 年度全国十大考古新发现。2022 年 11 月，中国水下考古发现的体量最大、保存最为完整、船载文物数量巨大的木质帆船——长江口二号古船在沪整体打捞出水。

1929 年，上海市教育局根据国民政府《名胜古迹古物保存条例》开列了一份包括湖山、建筑、遗迹等 29 处历史遗存的保护名单，为申城不可移动文物保护工作的发端。1956 年，上海市文化局与文物保管委员会在市区范围内开展第一次正式而全面的文物普查工作，共调查文物古迹 800 余处。1958 年对各县进行文物普查。针对“文化大革命”中文化遗存遭受破坏情况，1978 年上海对全市的不可移动文物进行复查，并对革命史迹展开专项调查。1982 年开始第二次文物普查，持续时间较长，至 20 世纪 90 年代再次进行复查并编制文物地图集。至 2006 年，前后公布了全国重点文物保护单位 19 处，市级文物保护单位 119 处，区、县级文物保护单位285处，区登记不可移动文物635处，近现代优秀历史建筑632处。2002年7月，《上海市历史风貌区和优秀历史建筑保护条例》颁布（2003年1月1日起实施，2010年、2011年、2019年3次修正）。2006年，《上海市中心城历史文化风貌区风貌保护道路规划》编制完成，划定历史文化风貌区内144条风貌保护道路，其中64条道路永不拓宽。2007年起，上海市开始第三次文物普查，持续至2011年，上海境内文物保护单位增至：全国重点文物保护单位29处，市级文物保护单位164处，区（县）级文物保护单位453处，登记不可移动文物838处。截至2022年6月，全市拥有1058处优秀历史建筑、397条风貌保护道路（街巷）、250处风貌保护街坊、44片历史文化风貌区。至2022年8月，全市纳入法定保护范围的不可移动文物总量达3462处，其中全国重点文物保护单位40处、市级文物保护单位227处。

档案 元代上海置县后，由主簿典领文书，管理档案。明正德七年（1512年）上海知县黄希英兴修县署，在署内建架阁库，供存放档案之用。明清更迭之际，档案大量毁损，仅留零星孤件。清顺治元年（1644年）设立上海县衙书吏房，负责收管公文案牍，直至清末。晚清以后，战祸频仍，官府文书近乎全毁，仰赖民间保留大量文件，计有12万卷。民国初期，上海县公署档案由一科负责管理。1927年7月上海特别市成立后，市政府档案由市府秘书处总务科掌管。市政府各级机关相继建立了档案管理机构，档案的收集、整理、利用工作具有相当规模。与此同时，官营、民营企业和社会团体在自身的活动中也形成了大量档案，总计达130多万卷。1949年5月27日上海解放后，人民政府全面接收旧政权档案，至当年7月底，全市共接收1194个单位的旧政权时期档案224万余卷。20世纪50年代初，组建机关文书档案室，建立归档制度，培训档案干部。至1957年底，上海县级以上的党、政机关和群众团体都建立档案机构，全市初步形成机关文书档案管理网络，整理上海解放后的积存档案370万余卷、上海解放前形成的历史档案230万余卷。1959年12月，合并中共上海市委办公厅档案处和上海市人民委员会办公厅档案管理处，成立上海市档案管理局；合并中共上海市档案馆筹备处和上海市国家档案馆筹备处，成立上海市档案馆；两个机构合署办公。由此，全市档案工作由上海市档案管理局统一管理，全市重要的历史档案和市级机关需要长期、永久保存的档案由上海市档案馆集中保管。至1959年12月，全市11个县均成立档案馆；至1964年7月，全市10个区均成立档案馆。区、县档案馆负责指导本地区档案工作，集中保管区、县级机关需要长期、永久保存的档案。“文化大革命”中，全市档案机构陷于瘫痪，大量历史档案的原貌遭受严重破坏。1979年9月，市档案局和市档案馆恢复，同月，全市档案工作会议召开。1980 年 11 月 5 日，市档案馆保存的 1949 年以前形成的历史档案，除部分需限制利用外，均向历史科学研究部门和有关单位开放利用。1985 年 7 月，上海市委、市政府明确各级档案行政管理机构既是党的机构，又是政府机构，列入政府序列，档案馆归口档案局管理，并由一位副市长直接分管全市档案工作。至 1986 年底，全市 12 个区和 9 个县建立档案局。1987 年 5 月 5 日，上海第一个档案管理方面的政府规章《上海市城市建设档案管理暂行办法》发布。根据《中华人民共和国档案法》规定，自 1987 年 12 月 31 日起，市档案馆依法陆续向社会开放档案，首批开放近 9 万卷（册）历史档案，凭身份证等合法证件利用开放档案。各区、县档案馆也相继向社会开放有关档案。1995 年 10 月，全国第一部地方性档案法规《上海市档案条例》实施。1995 年，全市各级各类档案馆和档案室收藏各类档案 3000 余万卷件，其中上海解放前档案占 14%、上海解放后档案占 86%；案卷 1064.85 万卷，录音、录像、影片档案 0.49 万盘，照片档案 65.86 万张，其中明代档案数件、清代档案 12.85 万卷、民国时期档案 133.89 万卷和 4.17 万件。上海租界档案主要集中保存在市档案馆，有 5.9 万卷。1999 年 10 月，市档案局（馆）率先在互联网上建立档案信息网站。此后，区、县档案局（馆）和专门、部门、企业、事业单位档案馆相继在互联网上建立档案信息网站，利用网络向公众传递档案信息，提供档案利用咨询服务。2004 年 5 月，市档案馆设于外滩的新馆正式对外放开。2018 年 11 月，上海市档案局调整为市委工作机关。至 2010 年底，全市各档案机构共收藏档案 6897 个全宗 2464.89 万卷又 363.84 万件，照片档案 169.91 万张，录音、录像、影片档案 10.35 万盘。

方志　北宋大中祥符年间前编纂的《华亭图经》，为现今可考的上海地区最早志书。宋绍熙《云间志》为今存上海地区最早的方志。自元代以降，上海地区府县乡镇，修志累世不断，所立县级建置，除存时极短的福泉县外，均有志书修纂和存世。1930 年，上海市政府根据国民政府所定修志条例，制订《上海市通志馆组织章程》，1932 年成立上海市通志馆，1947 年并入上海市文献委员会。其间，编纂《上海市通志稿》等。

20 世纪 50 年代起，有个人编修乡镇志《大场里志》《西岑乡土志》等。1960 年 2 月，上海市浦东县开展上海解放后首部县志的编纂，9 月完成。1980 年起，上海市郊 10 县开始新编地方志，至 1984 年 10 县均成立修志机构。另外，根据国家相关部委要求，上海市有关部门开展水利、戏曲、体育、公安、民族等修志工作。1986 年 8 月，中共上海市委批准成立上海市地方志编纂委员会及办事机构市地方志办公室，主管全市修志工作。1987 年 5 月 26 日，上海市地方志编纂委员会成立大会召开。1991 年，市地方志编纂委员会基本确定首届上海市新编地方志由市志（即后来的《上海通志》）、专业志、区志、县志组成“一纲三目”的体系。1987年9月，首部新编县志《奉贤县志》出版，1993年《上海县志》出版，县志系列丛刊（10种）完成。1994年9月，首部区志《普陀区志》出版，1999年《虹口区志》出版，区志系列丛刊（12种）完成。1994年《上海通志》编纂委员会及上海通志总纂室成立，1996年起，《上海通志》正式开始编纂，至2005年10月出版，全志总计约1083.6万字。全志上溯事物起源，下限止于1995年，时间跨越2000多年，堪称上海的百科全书。2006年12月，《上海通志》获上海市第八届哲学社会科学优秀成果著作类一等奖。1994年5月，首部市专业志《上海电力工业志》出版，至2008年底，共出版112部，专业志编修任务完成。2011年5月18日，《上海市实施〈地方志工作条例〉办法》正式生效，为新中国成立后上海首部地方志工作法规（地方政府规章）。

1987年，《青浦年鉴》和《上海县年鉴》创刊，至2001年底，全市各区县均有综合性年鉴。1996年10月，《上海年鉴（1996）》出版，由上海市地方志办公室组织编纂，全市各党政机关、社会团体、企事业单位等供稿，为新中国成立后上海首本综合性年鉴，是全面记述上海年度地情的大型资料性工具书。此后，《上海年鉴》每年连续出版，截至2022年底，《上海年鉴》已连续出版27本。

2010年1月8日，上海市地方志工作会议召开，全面启动上海市第二轮新编地方志书编纂工作。在二轮修志启动同时，上海市地方志办公室还牵头发起修纂《上海世博会志》，2011年8月起开始编纂工作，2020年10月出版。至2021年底，全面完成二轮志书编纂出版任务，成果包括《上海市志（1978—2010）》140部、147册，上海市级专志54部、55册，上海市区县志24部、31册，共3个系列218部、233册，约3.21亿字，全面记载了上海自然、政治、经济、文化和社会的历史与现状，系统反映了1978—2010年上海改革开放的发展历程。全市近170个部委办局、区县和企事业单位承担具体编纂任务，数万名专兼职修志人员参与编纂工作，1100多名专家参与评议审定，共召开志书编纂启动会、评议会、审定会、验收会以及出版会等各类工作会议1000多场。在上海市第二轮新编地方志书三大系列中，《上海市志（1978—2010）》是主体，视角宏观，以行业条线为纲，全面系统反映1978—2010年上海改革开放的发展历程。上海市级专志以企业、金融、院校（团体）、医院等领域内有影响、有代表性的企事业单位为记述对象，从部门和微观角度，系统记述和反映上海经济社会的发展变化。专志以系列形式列入省（直辖市、自治区）修志规划，是上海二轮修志的一大亮点。区县志包括首轮区县志续修和区县行政区划撤并后的创修志书2种形态，在全面记述各区县行政区划发展变迁的基础上着力反映地方特色和发展成绩。

资料链接：

《上海通志》第四十二、四十五卷

《上海图书馆事业志》

《上海文物博物馆志》

《上海档案志》

《上海市志·图书·文博分志·图书馆事业卷（1978—2010）》

《上海市志·图书·文博分志·文博卷（1978—2010）》

《上海市志·档案·方志分志·档案卷（1978—2010）》

《上海市志·档案·方志分志·方志卷（1978—2010）》

体　育

团体、设施　19 世纪 50 年代，上海公共租界、法租界侨民组织跑马总会，成立划船总会、上海运动事业基金会、板球总会、草地滚球会、棒球总会、游泳总会、网球联合会、足球联合会等组织。20 世纪初，华商建上海华商体操会、上海体育会等社团，以训练兵式操为主，兼备维持地方治安。清宣统二年（1910 年），霍元甲等创立中国精武体操会（精武体育会）。1919 年，吴志青等组成中华武术会。1924 年，中华全国体育协进会成立，总部设在上海，成为全市社会体育的协调机构。抗战胜利后，1945 年 11 月，上海市体育协会成立，下设田径、足球、篮球、国术等单项协会。1946 年，上海市教育局成立国民体育委员会主管全市体育。1954 年，上海市体育运动委员会成立，为市人民政府主管体育的行政机构。1957

年，中华全国体育总会上海市分会成立，下设全市性单项体育协会，1990 年改称上海市体育总会。20 世纪 90 年代，跨行业、跨地区体育协会和体育俱乐部成立。2000 年，上海市体委撤销，新建上海市体育局，为市政府主管全市体育工作的直属机构。2010 年，上海有市级体育协会 79 家，市级民办非企业组织 31 家，体育基金会 2 家。2021 年，上海有市级体育协会（社会团体）89 家，市级民办非企业单位 57 家，体育基金会 4 家。

19 世纪下半叶至 20 世纪 20 年代，在沪参加体育比赛的运动员几乎全为业余选手。1936 年，上海有 24 名运动员被选入中国体育代表团参加第十一届奥运会。20 世纪 40 年代，在拳击运动项目中出现上海最早的职业运动员。民国时期，上海市组队参加第一届至第七届全国运动会，总计有千余名运动员出席。1953 年 9 月，中华全国体育总会华东总分会体育训练班成立，始对运动员进行系统专业训练。1956 年 9 月，市体委在田径、游泳等项目的运动员中试行等级制，按成绩分成 5 等。1959 年新中国第一届全国运动会结束后，上海代表团留 711 人分 26 个项目组成市代表队长期集训。1963 年，全市有等级运动员 21.52 万人，其中运动健将 309 人、一级运动员 0.22 万人。“文化大革命”中等级制停止，1979 年恢复。1972 年，全市有专业运动员 240 人。1995 年全市有等级运动员 0.1 万人。2010 年全市有优秀运动员 771 人，2021 年全市有优秀运动员 1277 人。

1954 年，上海始有专职教练员，是年市体委办短期教练培训班，0.24 万人受训后到市队、区县运动队担任教练。1966 年全市有教练 99 人，至 1995 年有 0.1 万人，其中市队 187 人。1981 年，开始评定技术职称，1994 年有高级教练 307 人，其中有 9 人取得国家级资格。1993—2010 年，上海共有 28 人获国家级教练员职称，605 人获高级教练员职称。2021 年，全市有专职教练员 1173 人。

清道光三十年（1850 年），英租界建赛马场。之后，公共租界及法租界先后建西侨公共体育场、虹口公园、回力球场、逸园、凡尔登公园、胶州公园、汇山公园等运动场所。基督教青年会也建有体育场和体育馆。侨民还越界圈地建万国体育场、虹桥高尔夫球场等。1917 年，华人建成市立公共体育场（今沪南体育活动中心）。1926 年，中华全国体育协进会建中华运动场，作为第八届远东运动会赛场。1935 年建设市体育场（今江湾体育场）。上海解放后，人民政府接管原有体育场地加以改造，着手新建斜桥游泳池、虹口体育场、山东路体育场、静安体育场、沪西体育场等。市体委成立后，又建立了一批专项运动基地，并根据居民点的布局在各区新建体育设施。至 1958 年底，体委系统已有体育场地 162 片，全市体育场地达 632 片。至 1965 年，全市体育场地达 1100 片，凡人口密集的居民点都有了体育设施。“文化大革命”中，设施建设一度停滞，1975 年建成上海体育馆，为当时上海规模最大的体育设施之一，号称“万体馆”。20 世纪 80 年代起，建水上运动场、上海游泳馆、上海自行车赛车场、黄浦体育馆等一批场馆，改造虹口等 30 多个体育场馆，建成上海体育运动技术学院梅陇基地、上海武术馆等竞技体育训练基地。1988 年，在青浦县建上海首个标准高尔夫球场——国际高尔夫球乡村俱乐部。20 世纪 90 年代，建中原游泳馆、上海射击运动中心、上海马术运动场、上海仙霞网球中心，风雨操场改建为上海国际网球中心，兴建上海体育场（号称“八万人体育场”）、源深体育场、虹口足球场（中国首座专业足球场）等。1995 年，全市有体育场所 0.48 万。进入 21 世纪，继续完善现代化、多功能的体育场馆设施，旗忠网球中心、上海国际赛车场、上海东方体育中心等大型体育场馆相继落成，同时又不断推进社区体育设施建设，至 2010 年，上海拥有社区公共运动场 316 个，各类球场 764 片；社区健身苑（点）7741 个，农民体育健身工程 1033 个，至 2020 年，上海拥有社区体育健身设施逾 2 万处，其中市民益智健身苑（点）17556 个，市民球场 2714 个，市民健身步道（绿道）1669 条，社区市民健身中心 101 个。截至 2021 年底，上海的人均体育场地面积 2.44 平方米，公共体育设施市民满意度位居为民办实事项目前列。

群众体育 上海开埠后，西式学校设课外体育活动，有田径、球类、体操等，20 世纪初扩展至中国人办的学校。清光绪三十一年（1905 年）至宣统二年（1910 年），上海出现以职工为主体的体育团体，组织开展体操等运动。1914 年，上海圣约翰、南洋、沪江大学和南京金陵大学、苏州东吴大学、杭州之江大学组成华东大学体育联合会，每年举办田径、足球、棒球、网球赛，成为华东地区最高水平的赛事之一。1927 年，部分中学与小学分别组成体育联合会，每年组织全市中小学体育比赛。20 世纪 20—30 年代，上海地区有职工定期开展田径、足球、篮球、乒乓球等项目比赛，银钱业、邮电业、烟草业等行业职工尤为活跃。1951 年，上海市教育局将体育工作列入学校的工作计划，与上海市体育会筹备会一起在学生中推行《上海市学生冬季锻炼标准》。市体委成立后，组织短期的体育骨干培训，每年数以千计的骨干分散到工厂学校中，带动群众体育的开展。1954 年，在全市推广《准备劳动与卫国体育制度》(简称劳卫制)，至 1957 年底，全市已有 21.8 万人达到劳卫制及格标准。与此同时，全市广泛开展国防体育活动，每年有数十万人参加军事夏令营活动。在工厂、学校、机关、商店、农村还普遍开展了广播操、工间操等活动。20 世纪 60 年代还广泛开展了群众性渡江游泳活动。20 世纪五六十年代群众性的基层体育竞赛十分活跃，1958 年，全市区县级比赛多达 1347 次，全市性的综合运动会每年都有 1 ～ 2 次。“文化大革命”中，群众体育活动受到严重干扰，直到 1973 年，学校体育恢复了《国家体育锻炼标准》的达标活动。至1978年，上海市体育工作会议提出把学校体育作为战略重点来抓的口号，学校的传统体育项目也得到恢复和发展，到1989年5月，传统项目学校达583所，其中市级166所。职工体育在20世纪80年代出现了横向跨地区的组织，社区化的体育活动日趋兴盛，健身性、趣味性的体育活动形成自发热潮，健美操、体育舞蹈、钓鱼、桥牌、棋类等活动在职工中开展得十分普遍。农村由于普遍实行承包责任制，富裕起来的农民具备了更多参加体育活动的条件。至1988年，经常参加体育活动的人已占全体农民的1/5。至1990年，上海10个郊县全部进入全国体育先进县行列。1993年，上海率先开展百万市民健身活动。1995年8月，上海市政府发布《上海市全民健身实施计划》，10月召开上海市全民健身领导小组第一次会议，全面规划部署全市全民健身工作。同时，体育部门创办全民健身节、全民健身宣传周等活动，推动上海全民健身活动迅速发展。1997年，上海在普陀区长风公园建成第一个健身苑，此后掀起了全市社区健身苑点建设的高潮，此项工作连续多年被上海市政府列为年度"实事工程"。2000年12月，《上海市市民体育健身条例》审议通过，于次年3月1日起施行，为全国首部聚焦市民体育健身的地方性法规。21世纪初，上海启动建设社区公共运动场，实施农民健身工程等项目，并在社区建设市民体质监测站。2004年，上海市政府印发《上海市全民健身发展纲要（2004年—2010年）》，此后至2021年，又接连颁布《上海市全民健身实施计划（2011—2015年）》《上海市全民健身实施计划（2016—2020年）》《上海市全民健身实施计划（2021—2025年）》。进入21世纪，上海全民健身工作不断出台新举措，至2022年，先后制定"人人运动三年行动计划"，组织开展"全民健身与奥运同行"，践行"体育，让生活更精彩"的迎世博主题，办好全民健身周、节，创办国际大众体育节、世界著名在华企业健身大赛、社区健身大会等，建设30分钟体育生活圈，开展学生阳光体育大联赛、市民体育大联赛，在全国首创市民运动会以及城市业余联赛等。

竞技体育 在20世纪的上半叶，世界上已开展的10余项竞技体育项目，几乎都在上海得到开展。上海竞技体育的水平虽与世界水平有相当差距，但在全国一直居领先地位。中华人民共和国成立后，上海竞技体育运动项目不断发展，逐渐增至40余项。乒乓球、游泳、跳水、男子跨栏、足篮排三大球、象棋、围棋等是上海竞技体育的传统优势项目，涌现出徐寅生、李富荣、胡荣华、朱建华、曹燕华、杨文意、庄泳、乐靖宜、常昊、王励勤、吴敏霞、刘子歌、邹市明、许昕、钟天使、徐莉佳、陈芋汐等享誉世界的体坛名将，其中男篮运动员姚明被誉为"上海的高度"、跨栏选手刘翔被誉为"上海的速度"、女足运动员孙雯获评"20世纪足球小姐"（FIFA Women's Player of the Century）、20多次参加世乒赛的倪夏莲被誉为“乒坛常青树”。另外，上海男排迄今为止在全国男排联赛（1996年创办）中获得16个冠军，堪称上海团队项目楷模。传统竞技体育之外，2017年上海喊出打造“全球电竞之都”口号，大力发展电子竞技运动，迅速成为中国乃至亚洲电竞运动中心。

1984—2021年，从第23届夏季奥运会（洛杉矶奥运会）至第32届夏季奥运会（东京奥运会），上海健儿随中国体育代表团10次出征，共获得24枚金牌、31枚银牌、23枚铜牌（在双人或团体项目中夺牌，视为1枚，超过1位上海运动员参与同一项目夺牌，只算1枚），其中吴敏霞4次出征奥运夺得5金1银1铜，在中国运动员奥运成绩榜中排名第一。上海连续多年获得国家体育部门颁发的“奥运突出贡献奖”。

上海参加历届全国运动会成绩斐然，尤其是1997年第八届全运会，上海体育代表团获得金牌和团体总分第一名，并获体育道德风尚奖。

赛事　民国时期，分别于1930年、1931年、1933年举办3届全市运动会。中华人民共和国成立后，于1953年举办首届上海市运动会（又称首届人民体育大会），初期举办时间不定，后一般每4年举办一届，至2022年底共举办17届，是上海市级别最高、规模最大、项目最多、竞争最激烈的体育盛会。上海市农民运动会于1958年首次举行，至1988年方恢复举办，一般每4年举办一届，2020年第九届起置于“上海市农民体育健身活动周”系列活动之中，改名为“上海市农耕运动会”，每年举办，至2022年底共举办11届。2012年举办首届上海市民运动会，每4年举办一次，至2020年共举办3届。

民国时期，于1935年和1948年承办2次全国运动会；于1915年、1921年、1927年承办3次远东运动会，其中1915年第二届远东运动会为中国首次举办国际综合性运动会。上海解放后，于1983年及1997年承办第五届、第八届全国运动会。1993年举办首届东亚运动会。1998年举办第十一届世界中学生运动会。2005年举办第四十八届世界乒乓球锦标赛。2007年举办第十二届世界夏季特殊奥林匹克运动会（简称特奥会），这是首次在亚洲和发展中国家举办特奥会，参赛规模创历届之最。2011年举办第十四届世界游泳锦标赛，为中国首次举办此类赛事。2020年举办英雄联盟全球总决赛。

进入21世纪，上海因其软硬件环境日臻完善吸引一批全球顶尖赛事长期落户。比较知名的赛事有：上海国际马拉松赛、ATP1000上海网球大师赛、世界一级方程式锦标赛（F1）中国大奖赛、世界斯诺克上海大师赛、国际田联钻石联赛上海站、射箭世界杯赛上海站、高尔夫球世界锦标赛—汇丰冠军赛、上海环球马术冠军赛、世界沙滩排球巡回赛（上海站）等，共同构成“上海赛事”品牌，助力申城打造国际体育赛事之都。

资料链接：

《上海通志》第三十七卷

《上海体育志》

《上海市志·卫生·体育分志·体育卷（1978—2010）》

民　　生

JI JIAN SHANG HAI ZHI

上海地区唐代已有中医设诊行医，宋、元间逐步发展，明、清大盛。开埠后，西方医学东渐，上海成为西方医学在中国传播的窗口和东西方医学交流的中心。中华民国时期，上海医技力量长期甲于全国。上海解放后，医疗卫生事业获得空前发展，人民健康水平实现飞跃式进步。改革开放之后，不断在探索中推进医疗卫生行政管理体制和医药卫生综合管理机制改革，上海医疗卫生工作在公共卫生体系建设、医疗服务体系建设、医疗保障体系建设以及基层卫生、医学科研和人才队伍建设等方面均取得了显著成就，人民群众的健康水平不断提高。至2022年底，户籍人口期望寿命83.18岁（其中男性80.84岁，女性85.66岁），孕产妇死亡率3.42/10万，婴儿死亡率2.26‰，三大健康指标继续保持发达国家和地区的水平。

长期以来，上海地区没有现代意义上的社会救助，但从古至今，一直有社会救济（政府赈济、社会慈善等）存在。1993年，上海在全国率先建立城镇最低生活保障制度。1994年，建立农村最低生活保障制度。1996年，市政府颁布实施《上海市社会救助办法》。伴随社会主义市场经济发展，医疗、教育、住房等专项救助逐步纳入社会救助的范畴，申请人经济状况核对机制也持续完善，城乡统筹、分层分类、精准高效的社会救助体系不断健全，至2022年已形成保基本、兜底线、救急难、促发展、可持续的生活弱势群体帮扶机制。

上海社会保险制度从1951年实施《中华人民共和国劳动保险条例》起步，逐步发展，至20世纪80年代末，已覆盖全市大部分职工。20世纪90年代起，积极顺应国家经济体制转轨变化，逐步建立了独立于单位之外的社会保险制度，制度从无到有，惠及人群从少到多，管理服务从繁到简，至2022年底，已形成与经济水平相适应、城乡一体、覆盖各类人群的社会保险制度。

上海地区古代便有慈善机构和组织救助鳏寡孤独以及有残疾不能自养者。民国时期，慈善事业进一步发展，但在积贫积弱的旧社会，弱势群体所享社会福利近乎于零。上海解放后，在党和政府的关怀之下，各项社会福利事业真正起步，并取得长足进步。中共十一届三中全会之后，上海社会福利工作面临一系列新的挑战：申城在1979年就已步入老龄社会，老年人口基数大，增长快，特别是随着家庭结构的小型化，社会化养老的需求日益增长；同时，在社会经济转型发展时期，残疾人和孤残儿童的养护、康复、教育培训、劳动就业条件等亟待改善。上海聚焦老年人、儿童和残疾人群体需求开展改革创新，提高管理和服务水平，广泛动员和依靠社会力量，逐步建立起与社会主义市场经济相适应，与国际大都市地位相协调的社会福利服务体系。2010年后，又深入推进居家和社区养老服务改革、困境儿童保障工作和无障碍城市建设，为老年人、儿童和残疾人提供更多优质服务。

上海地区自明清以降，其人素好华服美食。开埠后，十里洋场更尚新奇，服饰、饮馔既争排场，又赶时髦，往往领全国之先。新中国成立后移风易俗，但上海人爱美之心难遏，改革开放后，穿衣打扮紧追国际潮流，至2022年，已不再一味追求光鲜亮丽，更加注重舒适得体。20世纪80年代之前，上海人饮食侧重温饱，之后随经济水平突飞猛进，开始追求珍馐美味，进入21世纪后注重饮食均衡健康。上海居，大不易，住房问题长期困扰上海普通市民，随着经济社会发展和住房制度改革，至21世纪初，几辈人蜗居的上海人普遍实现“安居”梦想，住房观念也随着经济环境改变而变迁。上海为江海交汇、四方辐辏之地，但交通领域建设长期滞后，改革开放之后，政府下大力气改善城市交通面貌，市民出行方式也发生了彻底的改变。

上海处吴越交汇之地，开埠之前，其“土风似吴十之三，似浙十之七”，元代设松江府之前，风俗趋向嘉兴，设松江府之后，风俗向苏州靠拢。开埠之后，外省移民和异域人士大量涌入，呈现了南腔北调、五彩缤纷的气象，传统风俗遭遇冲击，为之大变，新旧交织，城乡交融，海纳百川，中西合璧，最终塑造了上海地区独特的风俗文化。其特征主要有复杂丰富、兼容并蓄、趋时现代、快速更迭等。

上海地区方言是吴语的重要代表。其中的上海城市方言（亦称“上海话”）是开埠以后以原先上海本地的方言为基础，融合上海开埠后的各地移民方言（以江浙一带移民为主）而成的一种新型城市方言。随着上海政治、经济地位的提升，上海城市方言对周边方言产生深刻影响。上海郊区方言源远流长，也各有特点。上海地区方言是上海本土文化的重要根基，汇聚了吴越江南语言文化的精华，印刻了中西文化碰撞融合的痕迹，凸显了上海地区居民为人处世的独特个性，承载着上海地区的历史记忆与时代回响。

医疗卫生

医疗制度 从古代至近代，上海地区居民治疗疾病长期都是自付医药费。有些医生、诊所、药堂、慈善团体等对贫病者进行医药救助，但获减免、救济者为数寥寥。20 世纪 20 年代后期，政府机构始现公费医疗，1928 年 2 月，上海特别市政府对市政府员役实行《疾病治疗优待办法》，规定凡员役有病可至特约医院就诊，全行免费；如请名誉医官门诊、出诊及至特约医院住院（头等病房除外），则减半收费。1948 年 1 月起，上海市各国立院校的教职员因公伤病者，医药费也列入公费支出。此外，不少医疗机构对本单位职工及其亲属治病，有减免费办法。但广大劳动人民往往无力求医，贫病交迫，抗日战争胜利后，96% 以上的市民自费医疗，获急病医药救助和市立医院一次性免费、半免费治疗者覆盖率仅占全市人口的 3.6% 左右。

上海解放初期，市民仍需自费医疗，经济困难者可向市卫生局申请减免费或由民政部门、社会团体给予经济补助；供给制人员的医药费实行统筹统支，由市军管会卫生处负责办理。1951 年 2 月，国家颁布《中华人民共和国劳动保险条例》，上海市国营交通运输、邮电、财贸商业和工厂企业单位全部实施职工劳动保险医疗制度（简称“劳保”），企业职工供养的直系亲属享受半费医疗待遇。劳保医疗任务，除工厂企业保健站、职工医院自己承担一部分外，由市卫生局指定医院分别和各工厂企业单位挂钩，作为特约劳保医院。1952 年 7 月 21 日，上海市对事业单位及国家工作人员实行公费医疗制度。不久，扩大享受范围至私立中小学校教职员工、乡干部和大专院校在校学生。由此，自费医疗比重逐渐下降，20 世纪 50 年代末 60 年代初，郊县部分公社推行集体医疗保健制度。20 世纪 60 年代末 70 年代初，郊县 2700 多个大队全部实行合作医疗。全市享受劳保医疗的职工，1958 年 107 万人，占全市人口的 14.3%；1965 年 237 万人，占全市人口的 21.7%。1978 年起，地区集体企业职工医药费也由企业全部负担，列入劳保医疗范围，当年全市享受劳保医疗职工为 357.8 万人，占全市人口 32.6%；1983 年为 416 万人，占全市人口 34.8%。

1981 年后，随着药品涨价及更新换代、引进先进医疗设备和应用新的医疗技术，上海的劳保和公费医药费用大幅提高，企业和政府财政不胜负担。1982 年 10 月，经国务院批准，上海率先实行病人公费劳保与自费“两种收费”的办法。1983 年，城乡出现国家、集体、个体 3 种办医形式并存的局面。1984 年，上海卫生系统进行公费医疗制度改革，对胸科医院、中山医院、第一人民医院、曙光医院、精神病总院、眼病皮肤病防治所等单位职工的公费医疗试行“部分指标到人，节约归己”的改革办法，同时着重对集体所有制和全民所有制医疗卫生机构进行改革试点。1990 年初，上海卫生系统启动开展医院分级管理和等级评审，对全市所有医院实行规范分级管理，将社会医疗机构的管理纳入全行业管理体系；实施《上海市医疗机构管理办法》，各级政府对医疗机构的管理方式从单纯的行政管理向法制化管理转变，也促使医疗机构的管理模式逐步从规模数量向质量效益转变；不断完善医疗机构许可准入和执业人员准入，实行机构执业登记、执业人员资格考试和执业注册等管理制度，开展医疗机构不良执业行为积分管理；建立与完善医疗质量控制体系，先后成立各学科专业质量控制中心，统一标准，以保证医疗服务质量；组建市临床医疗工作督查队，定期开展医疗护理质量督查；颁布实施《上海市医疗机构贵重医疗设备装备管理暂行规定》，对大型医用设备的配置使用进行法制化规范管理。为贯彻国务院批转卫生部、财政部、人事部、国家物价局、国家税务局的《关于扩大医疗卫生服务有关问题的意见》，上海进行管理体制、经费包干分配、扩大医疗卫生服务、医疗收费、卫生防疫保健机构有偿服务、第三产业卫生经费投入、医疗卫生单位自我调控机制七大方面的改革。1991 年 9 月，上海对 4 ～ 18 岁少年儿童实行《中小学生和幼儿园儿童住院保健办法》，1992 年根据该办法规定，凡全市在册的中小学生和幼儿园儿童，每人每年投保 6 元，就可以报销住院医疗费和白血病、恶性肿瘤、慢性肾功能衰竭等特殊病种的门诊医疗费。该办法实施后，全市有 183 万少年儿童投保，占应投保人数的 93%。1991 年，市卫生局会同市农委、市政府教卫办联合颁发《关于进一步完善市郊农村合作医疗保健制度的意见》。至 1993 年，上海在全市郊县 98% 的行政村试行合作医疗制度，参加人数达到 352.5 万人。1992 年 8 月，全市实行两种医疗收费制度并轨，形成一种收费标准，并对全市 60 岁及以上无正当收入的老人、18 岁及以下的青少年和儿童实行减半收费，统一公费、劳保和自费病人收费标准。到 1996 年，全市医疗费增长率已控制在 19% 以内。1996 年 5 月，上海开始进行职工医疗制度改革，先后实施住院和门诊、急诊部分项目医疗保险，初步解决职工医疗中最突出的住院和门诊大病医疗问题。同年，在公费医疗和劳保医疗的基础上，上海启动城镇职工医疗保险制度改革。市医保局和市卫生局联手，通过计算机信息网实现和全市二、三级医院的直接联网，加强医药费用的监管，并为医保 IC 卡实施运行作准备。同年，全市少年儿童参加住院基金达 214 万人。1997 年，市医保局推出《上海市城镇企业职工门诊急诊部分项目医疗保险暂行办法》。2001 年 1 月 1 日起，《上海市城镇职工基本医疗保险办法》全面实施，全市 550 万企业职工参保；同年 3 月，机关事业单位 90 万职工纳入基本医疗保险范围；5 月，应参保而未参保的单位职工纳入基本医疗保险范围。市政府各有关部门对协保人员、下岗人员、非正规就业人员、合作联社职工的缴费和待遇问题进行专题研究和梳理，提出针对性政策措施。市有关部门对重症尿毒症、精神病、恶性肿瘤等大病、重病患者，从医保减负、参加上海市总工会医疗互助保障计划、民政特殊医疗救助、适当提前比照享受退休时医保待遇等8个方面制定10余个政策性文件，缓解困难职工医疗费用负担过重的矛盾。2001年底，全市医疗保险参保人员有666万人，参保单位69万余户，医疗保险参保率98%（以参加上海市社会养老保险单位为核算基数）。另有14.8万个体工商户、自由职业人员参加门诊大病及住院医疗保险。2002年1月1日起全部参保职工持卡就医。2002年，上海各级医疗机构实施医保费用“总额控制”和《门急诊就医记录册》制度，调整医疗服务价格，制定和实施《非营利性医疗机构特需服务价格管理试行办法》。全市154家二级以上医疗机构全部实行医疗收费明码标价和住院费用“一日清”，从制度上规范医疗收费行为。2005年上海申康医院发展中心（简称“申康中心”）成立，全面启动市级医疗机构管办分离改革。2005—2010年，“申康中心”根据所有权与经营管理权适度分离原则，将医院的人事管理、内部机构设置、中层干部聘任、内部分配、预算执行和人才引进等经营自主权下放到24家市级医院，明确院长的经营管理责任，制定实施《市级医院院长年度绩效考核办法》及量化指标体系，并推动医院逐步加强内部绩效管理。2010年，市卫生局按照国家医改重点工作要求，制定出台实施国家基本药物制度的工作方案、确定社区卫生服务机构688种基本药物、启动基本药物集中招标采购工作。上海建立了覆盖各类人群的医疗保障制度，全市有96%户籍人口分别纳入城镇职工基本医疗保险、城镇居民基本医疗保险、新型农村合作医疗保险（简称“新农合”）、小城镇社会保险等医疗保障制度覆盖范围，在全国率先实现了医疗保障制度全覆盖，保障水平处于全国领先地位。2015年探索医药分开改革，逐步取消药品加成，启动公立医疗机构药品集团采购试点。人事薪酬分配制度改革在综合改革试点社区卫生服务中心率先实施。出台《上海市进一步改善医疗服务行动计划实施方案》，建立并实施疾病应急救助制度，调整完善市基本药物制度政策。2016年，上海被列入全国第二批省级综合医改试点。市政府发布《上海市深化医药卫生体制综合改革试点方案（2016—2020年）》。上海市医药卫生体制改革领导小组办公室出台《上海市深化医药卫生体制综合改革试点实施意见（2016—2020年）》；市发展改革委印发《上海市深化医药卫生体制改革“十三五”规划》。年内，上海初步建立公立医院医疗服务评价体系，分批次取消药品加成；开展药品集团采购试点。2017年上海被确定为公立医院综合改革首批国家级示范城市，各区成立由区政府领导牵头的公立医院管理委员会，强化对公立医院改革发展的统筹管理。印发《关于控制本市公立医院医疗费用不合理增长的实施意见（试行）》。破除以药补医机制，全面取消公立医院药品加成率，同步调整部分医疗服务项目价格，调价项目纳入医保支付。印发《关于深化本市医保支付方式改革的实施意见》，探索按病种支付方式改革。2018年，全市6家市级医院被选为国家建立健全现代医院管理制度试点医院，启动新一轮医疗服务价格改革，调整497个医疗服务项目价格。2019年，6家国家现代医院管理制度试点医院全部拟定医院《章程》，26家区属公立医院启动市级现代医院管理制度试点。制定医耗联动改革方案，全面取消公立医疗机构医用耗材加成。印发《关于本市进一步做好落实国家基本药物制度工作的实施意见》。落实国家药品集中采购与使用试点工作。

疾病预防 上海疫病流行的最早文字记载，见于明景泰五年（1454年）。是年，上海、华亭大疫。至清代，有记载的大疫共50余次，染疫死亡者众多，为害甚烈。清康熙元年（1662年）至宣统二年（1910年），上海地区见诸文献的大疫流行有40多次。1912年，霍乱大流行，至1948年共流行12次，其中6次大流行。1938—1940年，霍乱、天花、白喉、伤寒、猩红热、疟疾、痢疾相继流行，麻疹、回归热、狂犬病、斑疹伤寒等同时散在发生，为民国时期流行病种最多、发病率最高的年段。

上海解放后，人民政府向传染病宣战。1950年，各区成立卫生防疫站。1951年7月，消灭天花。1953年1月，成立市卫生防疫站。1958年前后，在地段（街道）医院、公社（镇）卫生院设立防保组，初步形成市、区（县）、基层三级卫生防疫网。1958年，消灭回归热。20世纪60年代初，实施计划免疫，推行预防接种一人一卡制，基本消灭性病，麻疹、脊髓灰质炎、疟疾、乙型脑炎、百日咳得到有效控制。1965年，消灭恙虫病。1967年，消灭炭疽。1978年后，上海市公共卫生机构建设得到加强和发展，专业防治机构相继成立。20世纪80年代，相继消灭白喉、森林脑炎、血吸虫病、斑疹伤寒、布鲁氏杆菌病、脊髓灰质炎，基本消灭狂犬病、疟疾、丝虫病、麻风病，除病毒性肝炎、性病外的其他传染病都得到有效的控制。20世纪90年代上半期，消灭钩端螺旋体、丝虫病、麻风病，基本消灭流行性脑炎、乙型脑炎、麻疹。1998年12月，上海市在全国范围内率先组建成立第一个省级疾病预防控制中心——上海市疾病预防控制中心（简称市疾控中心），同时挂牌成立上海市预防医学研究院。1999年，按照“功能对应、分级管理和能级指导”的要求，组建区县疾控中心和社区卫生服务中心，至2000年4月，全市完成市、区县疾病预防体制改革，疾病预防控制网络基本建成。2003年，市政府颁布《上海市加强公共卫生体系建设三年行动计划（2003—2005年）》，2007年，市卫生局制定《第二轮公共卫生体系建设三年行动计划（2007—2009年）》。至2007年，市级公共卫生建设主体项目全面建立。1988年、2003年、2006年、2013年出台有力举措，相继成功应对重大传染病甲肝、非典型性肺炎（SARS）、人感染 H5N1 禽流感、人感染 H7N9 禽流感疫情。2003 年，成功抗击“非典”之后，为提高上海应对突发公共卫生事件能力，提升公共卫生治理服务水平，2003—2022 年，市政府陆续印发并实施《上海市加强公共卫生体系建设三年行动计划（2003 年—2005 年）》《上海市加强公共卫生体系建设三年行动计划（2007 年—2009 年）》《上海市加强公共卫生体系建设三年行动计划（2011 年—2013 年）》《上海市加强公共卫生体系建设三年行动计划（2015 年—2017 年）》《上海市加强公共卫生体系建设三年行动计划（2020—2022 年）》。2010—2022 年，连续 13 年全市无本地感染疟疾发生。2011 年，上海将“60 岁以上老年人接种肺炎疫苗”列入市重大公共卫生服务项目，为符合条件（上海市户籍、接种当日满 60 周岁、无接种禁忌）的老年人免费接种 23 价肺炎球菌多糖疫苗。2017 年 11 月，出台《上海市传染病防治管理办法》(2018 年 1 月 1 日起施行)。2020—2022 年，按照国家政策要求，举全市之力，全民参与，连续 3 年开展 2019 新型冠状病毒（2019-nCoV）防控工作。其中 2022 年 3 月 28 日—5 月 31 日，为阻遏疫情快速蔓延，全市万众一心，奋力打赢“大上海保卫战”。2022 年 12 月初，全国疫情防控政策实施重大调整，从防感染转向防重症。新冠肺炎病毒大传播期间，为确保疫情防控平稳转段，全市 145 家二级以上医院均开设发热门诊，全市社区卫生服务机构 2594 间发热诊间全部启用，最大接诊能力达到每天 13 万人次。

20 世纪 50 年代，慢性非传染性疾病防治工作开始起步，以科学研究带动人群防治工作。1998 年起，经过上海市区两级整合和重组分散设置的防治机构，肿瘤和心脑血管防治的功能陆续归并到疾病预防控制中心，上海市以社区为基础的慢性非传染性疾病防治的三级网络逐步形成，慢病防治工作由单病种防治模式向以社区为基础的综合防治模式转变，并进入全面推进的阶段。2000 年，市政府在全国率先颁布《上海市预防和控制慢性非传染性疾病中长期规划（2001—2015 年）》；同年，开始推进适用于社区慢性病综合防治的居民健康档案建档工作。针对慢性病共性的危险因素进行综合性干预，促进人们改变不良生活方式来达到预防和控制慢性病的目的。社区卫生服务中心从原来的防治分离的慢性病防治模式逐渐转向社区全科服务团队综合性防治模式。至 2007 年，60 多万名高血压患者、18 万名肿瘤患者和近 6 万名糖尿病和糖尿病前期患者在社区得到管理。2011 年，上海将“社区居民大肠癌筛查”列为市重大公共卫生服务项目，为达到退休年龄段，且参加上海市各类基本医疗保险和基本医疗保障的常住人口，免费提供大肠癌危险度评估、粪便隐血试验检测和相关防治教育咨询等服务，筛查项目每三年开展一轮。

机构、人员 上海开埠前，境内唯有中医，诊病场所有医寓、药号店堂等。清道光二十四年（1844 年）正月，英国传教士医师洛克哈脱（William Lockhart）在上海县城大东门外创设中国医院（The Chinese Hospital），为沪上首家西医医院。道光二十八年（1848 年），英人戴安乐（Charles Taylor）在洋泾浜小石桥王家码头（今福建中路延安东路）开设申城首家西医诊所。宣统二年（1910 年），全市有中西医寓诊所 400 家左右，其中医院 19 所。辛亥革命后，医疗事业发展较快，至 1936 年，境内已有医院 108 所。全民族抗日战争时期，医疗业务日渐萎缩。抗日战争胜利后，续有发展。1949 年 5 月上海解放时，全市共有卫生机构 358 家，其中医疗保健站（所）188 个，医院 153 所（另有数千家医寓诊所未计入）。此后，市政府大力发展卫生事业，1965 年底全市医疗卫生机构增至 2992 个，其中医疗保健站（所）2417 个，医院 340 所（另有 1000 多家医寓诊所未计入）。1978 年，全市有卫生机构 4823 个，其中医院 388 所。改革开放之后，上海逐年加大经费投入，按照科学规划和人民需求，扩建改建新建医疗机构。1991—2000 年，上海调整医疗机构的规模和布局，控制城区医疗资源增量，医疗机构资源配置开始从注重外延扩张向提高内涵质量转变。截至 1995 年，全市拥有卫生机构 5286 个，其中各级各类医院 485 所。1999 年起，全市地段（街道）医院及乡（镇）卫生院（含村卫生室）逐步转化为社区卫生服务中心（站）。至 2010 年末，全市有卫生机构 3270 个，其中各级各类医疗机构 3182 个。2011 年，完善郊区三级医院布局，制定实施《上海市郊区三级综合医院建设与发展的指导意见》，全面推进郊区“5+3+1”医院建设（即新建 5 家、升级 3 家、迁建 1 家）。至 2022 年末，全市有卫生机构 6421 所（含村卫生室），其中医院 455 家、基层医疗卫生机构 5727 家、专业公共卫生机构 101 家、其他机构 138 家。

1928 年，上海（含租界）登记开业中医 0.14 万人、西医师 297 人，约占全市医生总数 95%。1949 年上海解放不久，全市共有卫生人员 17752 人，其中卫生技术人员 12983 人。卫生技术人员中，中、西医师 8097 人；护士、助产士 2836 人。“一五”计划时期，卫生事业发展较快，1957 年全市有卫生人员 45005 人，其中卫生技术人员 30445 人。1958 年，江苏省 10 个县划入上海后，全市卫生人员为 50943 人，其中卫生技术人员为 36629 人，此后每年持续增长。1966 年起，由于“文化大革命”，高、中等卫生专业学校停止招生，卫生技术人员一度呈现负增长。1971 年始恢复到 1965 年的水平。1972—1978 年，采取短学制培训措施，卫生技术人员增长较快。1990 年，全市共有卫生人员 158535 人，其中卫生技术人员 118441 人。20 世纪 90 年代，上海卫生系统实施劳动人事制度综合改革，各级医院开始紧缩编制、控制职工总量，以求减员增效、优化结构。全市卫生系统职工总量持续下降，2005 年之后，职工总量复又增长。2010 年，全市卫生人员有 169985 人，其中，卫生技术人员 135411

人。2022 年，全市卫生人员有 30.08 万人，其中执业（助理）医师 8.89 万人（每千人口 5.91 人），注册护士 11.13 万人（每千人口 7.39 人）。

资料链接：

《上海通志》第三十六卷

《上海卫生志》

《上海市志·卫生·体育分志·医疗卫生卷（1978—2010）》

社会救助与社会保险

社会救助 上海地处东部沿海，风雨潮灾频仍，古代一般由地方政府负责赈济灾民。开埠后，慈善事业逐渐发达，时有义举。民国时期，市政府设专门机构（如公益局、社会局）负责社会救济工作，遇有特殊灾害救济事宜，则由社会名流、各慈善团体和有关社会团体联合组成临时机构，举办赈灾和救济活动。上海解放后，救灾救济工作由上海市民政局主管。上海解放初期，数以百万计的灾难民、失业人员和城市贫民处于水深火热之中，社会救济迫在眉睫，人民政府贯彻“生产自救、群众互助、辅之以政府必要的救济”方针，至 1950 年 3 月底，资助 40 万灾难民回乡生产，组织以工代赈的灾民有 10 万人左右；对无依靠、无生活来源的孤老残幼进行收养。1952 年后，制订救济办法，逐步完善救济制度，生产自救组织在城乡普遍开展，至 1953 年底，共救济灾难民 49 万人次，发放赈济粮代金 1222 亿元（旧人民币）。20 世纪 50 年代初至 1957 年，全市共组织生产自救小组 628 个，10248 人参加，贫困户通过生产自救得到就业。1956 年后，农业合作化、公社化以后，郊县农村“五保户”1.3 万余人，社（乡）队（村）给予保吃、保住、保穿、保医、保葬（孤儿保教），生活得到保障。1963 年开始，对国民经济调整时期精减退职老弱残职工，实行救济，保障他们的基本生活。1978 年后，救济对象逐年减少，救济标准有所提高。农村实行联产承包制后，开展以扶持发展生产为主、形式多样的扶贫工作。中共十一届三中全会以后，为解决“文化大革命”的遗留问题，社会救济由传统的“三无”人员（无生活来源、无劳动能力、无法定抚养义务人或法定抚养义务人丧失劳动能力而无力抚养的人员）扩展到部分特殊对象，至 20 世纪 80 年代末，将精简退职老弱残职工、散居归侨、外国侨民、老华侨、国民党宽大释放人员、因公致残完全丧失劳动能力的知识青年、支农三轮车工、国民党起义投诚人员、平反纠错人员、右派摘帽人员、港台回归人员、潘汉年案人员等纳入社会救济范围。20世纪90年代初，伴随计划经济向市场经济转轨，上海出现相当数量的失业和下岗人员，部分群众生活陷入困境。传统的社会救济覆盖面窄、标准低、缺少失业救助，为应对转型期各种社会矛盾，上海开始逐步建立现代社会救助制度，1993年在全国首创城镇居民最低生活保障制度，制定城镇居民最低生活保障线。1994年制定农村居民最低生活保障线。1994年和1995年，根据物价上涨过快的情况，对城镇8万多“一老养一老”人员实施实物补助，对5万多支内退休回沪定居人员发放生活补助，并将城市粮油补贴政策由“普遍补”改为“特殊补”，对50多万高于城镇低保线的低收入家庭成员，发放粮油帮困供应卡。1996年，市政府颁布《上海市社会救助办法》。1997年，市民政局出台《关于实施〈上海市社会救助办法〉的若干规定》，全市开始探索社会救助“一口上下”（救助对象由街道、乡镇一个口子上报，救助款物由街道、乡镇一个口子下发）的运行机制，避免社会救助的重复和遗漏。1998年，全市所有街道、乡镇建立社会救助管理所，并实现市、区县、街道和乡镇社会救助计算机网络管理系统三级联网。20世纪90年代后期，为进一步配合现代企业制度的建立，将所有在职职工、下岗职工、失业人员等人均收入低于低保标准的家庭，其救助资金全部由政府财政承担，并逐步推出教育、住房、医疗救助配套政策，为建立独立于企事业单位之外的社会保障体系奠定了基础。这一时期，全市各级工会系统开展送温暖工程。以1994年上海市慈善基金会成立为标志，慈善事业迅速发展。市慈善基金会、市社会帮困基金会、市残疾人福利基金会、市老年基金会等各类慈善团体持续发挥帮困助弱的重要作用。“蓝天下的至爱”慈善系列活动、医疗救助、助学帮困等慈善活动长年不断，成为社会救助的有力补充。2000年前后，针对困难人群在医疗、教育、住房等方面的突出困难，施以有区别的救助。先后实行对大病重病和疑难杂症患者的医疗救助、减免中小学生学杂费和发放助学金的教育救助、廉租房配租救助，构成了以城乡居民最低生活保障制度为基础，单项救助政策措施相衔接的综合救助政策体系，将医疗、教育等单项救助政策的覆盖范围拓展到相对贫困群体。同时，积极推进经常性捐赠工作，让更多未纳入低保的低收入困难群体得到及时、有效的救助。农村低保标准逐步归并：2002年，将近郊、远郊、海岛三条线标准合并为郊区和海岛两条线标准；2005年，全部归并为农村低保标准一条线。为保证社会救助公平准确，自2006年开始建设收入核对系统，建立面向全市居民家庭的收入、资产核对综合信息处理平台。2009年，市政府颁布《上海市居民经济状况核对办法》。2010年后，上海进一步完善城乡居民最低生活保障机制，提高城乡各类救助标准，形成社会救助标准与物价上涨挂钩联动机制，扩大医疗救助“一站式”服务，加大对“支出型”贫困救助的社区综合帮扶力度，推进居民经济状况核对机制建设。

2013年，印发《上海市因病支出型贫困家庭生活救助办法（试行）》，在全国率先建立因病支出型贫困家庭生活救助制度，同年，首次对城乡低保家庭发放一次性防暑降温补贴。2014年，出台《上海市城乡居民最低生活保障申请家庭经济状况认定标准》《关于本市贯彻〈社会救助暂行办法〉的实施意见》《上海市因病支出型贫困家庭生活救助办法（试行）》。2015年，印发《关于加强和改进本市临时救助工作的实施意见》。2016年，发布《关于进一步完善本市社会救助和保障标准与物价上涨挂钩联动机制通知》。2018年11月审议通过《上海市社会救助条例》，于2019年5月1日起施行，加快构建“9+1”（9是指最低生活保障、特困人员供养、支出型贫困家庭生活救助、受灾人员救助、医疗救助、教育救助、住房救助、就业救助、临时救助，1是指社会力量参与）的社会救助制度体系。2020—2022年新冠肺炎疫情期间，上海民政系统坚持疫情防控和兜底保障两手抓，排查重点困难人群，加强急难救助。

社会保险　1951年2月，《中华人民共和国劳动保险条例》（以下简称《劳动保险条例》）颁布施行，上海地区始建立真正意义上的社会保险制度。《劳动保险条例》规定了职工的养老、伤残、疾病、生育等待遇，疾病待遇还包含职工供养直系亲属的待遇（报销50%医疗费，俗称“半劳保”）。1952年6月，政务院颁布《关于全国各级人民政府、党派、团体及所属事业单位的国家工作人员实行公费医疗预防的指示》，国家工作人员本人享受公费医疗的待遇，上海按此实施。1955年，上海贯彻国务院《关于女工作人员生产假期的通知》，对机关事业单位女职工实行与《劳动保险条例》规定一致的生育保险待遇。至20世纪50年代中期，上海大部分企业职工被纳入劳动保险制度。1958年，国务院颁布《关于工人、职员退休处理暂行规定》，原有《劳动保险条例》中的退休待遇由此规定替代，且实施范围扩大到机关事业、人民团体和所有国营、公私合营、集体企业。1962年中共八届十中全会通过的《农村人民公社工作条例（修正草案）》中明确“生产大队可以从大队可分配的总收入中，扣留百分之三到五的公益金，作为社会保险和集体福利事业的费用。生产大队对于生活没有依靠的老、弱、孤、寡、残疾的社员实行供给或者给以补助”。1971年，上海就有部分生产大队和生产队试行养老补助制度，上海地区农村社会养老保险自此始。1979年，上海对享受公费医疗职工的供养亲属的医疗费参照劳保医疗办法，由单位报销一半。

20世纪70年代末至80年代初，大批知青返沪，上海就业压力巨大，出现大量待业人员。其后随着劳动制度改革，劳动合同制普及，待业现象持续发生，无法避免，为保护合同制工人的合法权益，上海使用社会保险的办法解决合同制工人在待业期间和年老、丧失劳动能力后的保障问题。1986年，上海实行《国营企业职工待业保险暂行规定》，以后扩大到国有的生产性事业单位、外商投资企业、集体企业和农垦企业。1989年，为适应专业技术人员管理体制改革，上海出台《专业技术人员待业保险暂行办法》。1991年，全市参加待业保险职工391万人。1992年，上海发布《上海市待业保险暂行规定》，统一了企业职工和专业技术人员的待业保险制度。

1978年，上海执行国务院颁发关于安置老弱病残干部和工人退休退职2个暂行办法，结合上海实际，进一步将退休制度实施范围扩大到合作商店、地区集体企业和镇办集体企业、民办学校和集体医疗单位。1982年，为解决组织起来就业的合作社职工不是劳动保险实施范围、没有相应养老医疗保险待遇的问题，市政府探索在合作经济组织中开展社会化的养老、医疗保险试点，决定由合作社按月向中国人民保险公司上海市分公司（以下简称“人保上海市分公司”）缴付定额保险费，解决职工退休后的养老待遇以及在职时和退休后的医疗待遇。20世纪80年代初，上海还明确中外合资、合作与外商独资企业（以下简称“三资企业”）要按国家规定与企业工会签订集体劳动合同，职工的劳动保险待遇标准参照国营企业的标准在合同中予以明确。1986年，上海探索三资企业试行社会化养老保险，明确三资企业的中方职工由企业按工资总额的一定比例向人保上海市分公司缴纳养老保险费，并建立职工退休后的养老、抚恤、丧葬、医疗四项保险基金，三资企业职工退休后的各项待遇均由保险基金支付。1986年，为了解决实行退休制度的全民所有制企业建立历史长短不一、退休费负担多少不均的矛盾，上海实行全民所有制企业退休费统筹的办法，并建立市和区县的退休费统筹所负责经办管理。1987年，地区集体企业实施退休费统筹，由集体经济管理机构自行管理。1988年，全市集体企业全面实施退休费统筹，1989年，全市退休费统筹由市、区县退休费统筹所集中管理。全市退休费统筹率依据企业不同情况逐步过渡，走向统一。

1978年中共十一届三中全会提出农村“有条件的基本核算单位可以实行养老金制度”。1980年9月，上海已有8.6万余名老年社员领取养老金。1987年，上海嘉定县选择南翔、马陆2个乡镇进行农村社会养老保险（简称“农保”）试点。至1992年初，嘉定县19个乡镇全面试点，上海制定市农保试点方案，在全市全面推行。

随着计划经济向市场经济转轨，原有劳动保险制度难以维系，上海分步出台新的城镇职工养老保险、医疗保险、失业保险、生育保险和工伤保险制度（简称“城保”）。1993年，上海出台城镇职工养老保险制度，将原已实现退休费统筹的城镇全民和集体企业的511万参保职工和166万退休职工统一纳入制度范围。这一制度还明确将所有企业和机关事业单位全部纳入参保范围。1995年，将城镇私营企业、个体工商户及其帮工纳入统一制度，同时将原由人保上海市分公司实施的三资企业及合作社的社会化养老保险，移交给社会保险经办机构，实行统一办法。1998年，按国家统一要求接收了国家9个行业的养老保险移交地方，纳入上海统一制度，实行属地管理。

1993年11月，中共中央《关于建立社会主义市场经济体制若干问题的决定》提出“失业保险”的概念，要求完善失业保险制度。1995年8月，上海修改《待业保险暂行规定》，正式出台《上海市失业保险办法》。1997年，合作联社所属企业继被纳入养老医疗保险制度后纳入失业保险制度范围。1998年8月，机关事业单位失业保险与企业失业保险并轨，实行统一管理。

1996年，上海制定了城镇职工医疗保险改革实施方案，采用逐步扩大医疗保险内容和逐步扩大医疗保险实施人群的做法，推进城镇职工医疗保险改革。1996年和1997年先后出台住院医疗办法和门诊大病医疗保险办法。2000年10月出台《上海市城镇职工基本医疗保险办法》，12月，全市已参加住院医疗保险和门诊大病医疗保险的城镇企业及其在职职工、退休人员，实行基本医疗保险。2001年3月，机关事业单位职工和退休人员均纳入参保范围，不再实行公费医疗制度。

2001年，出台《上海市城镇生育保险办法》，明确上海行政区域内应当参加城镇养老、医疗、失业保险的城镇企业、事业单位、国家机关、社会团体、民办非企业单位以及个体工商户均应按规定参加生育保险并履行缴费义务。2004年，出台《上海市工伤保险实施办法》，明确参加城镇职工社会保险和小城镇社会保险的用人单位及其职工参加工伤保险。外来从业人员参加综合保险，由综合保险基金按工伤保险办法统一规定支付外来从业人员工伤待遇。

在按国家要求建立“城保”的过程中，上海根据实际情况本着广覆盖、保基本的原则建立了农村养老保险（简称“农保”）、外来从业人员综合保险（简称“综保”）、小城镇社会保险（简称“镇保”）3项创新制度。

1992年，在总结嘉定农保经验基础上，市政府将郊区农村全面推行农保制度列为1993年实事项目。1996年，正式发布《上海市农村社会养老保险办法》。参保范围明确为除按规定参加城镇职工养老保险以外的农村企业、机关事业、个体工商户、各类经济组织及其在职职工和农副业从业人员。2004年，上海建立老年农民养老补贴制度和最低养老金制度，把1996年农保制度推出之时未纳入农保制度的老年农民全部纳入补贴范围，实现了农保制度对老年农民的全覆盖，所需资金由市、区财政列支。

上海于2002年出台《外来从业人员综合保险暂行办法》，在城镇养老、医疗保险尚无法转移衔接的情况下，对外来从业人员的社保待遇作出相应的制度安排，实行单位缴费、个人不缴费。缴费基数按照上海城镇职工平均工资的60%，也就是城镇职工社会保险的最低缴费基数确定，包含养老、医疗和工伤3项待遇。考虑到外来从业人员流动性大，养老待遇采用购买商业保险实名制保单的办法落实老年津贴，缴费满12个月购买一份，待保单持有人到达法定退休年龄时向保险公司兑付本息。医疗待遇为住院和大病保险，工伤待遇按上海城镇职工待遇标准计发，实行一次性领取，领取后终止工伤保险关系。2004年，在医疗保险待遇中增加月医疗费补贴，通过综合保险卡发放到参保人，用于门诊就医或药店购药。

从20世纪80年代征用土地用于城市建设开始，至2000年，上海有近100万农民离开土地成为新市民。在解决农民转变为市民的过程中，先后采取了“谁征地，谁安置”“给征地补偿、市场化就业”等不同的办法，但无法从根本上解决问题。2002年6月，上海在一城（松江新城）四镇（朱家角镇、安亭镇、浦江镇、高桥镇）以及经市政府批准的重大建设项目中进行小城镇社会保险试点。2003年10月，正式出台《上海市小城镇社会保险暂行办法》。镇保办法包含养老、医疗、失业、生育和工伤5个险种，适用于郊区范围的企业，实行单位缴费、个人不缴费、不设个人账户办法，并明确了被征地农民参加镇保的办法。与镇保办法配套，出台《上海市被征地农民集体所有土地农业人员就业和社会保障管理办法》，还建立了城保、镇保、农保之间的转移衔接机制。

2006年1月，上海出台政策，将参加基本医疗保险职工的60岁以上老年遗属纳入医疗保险统筹范围。同年8月，上海出台中小学生和婴幼儿住院、门诊大病基本医疗保障试行办法，同时明确，20世纪90年代为缓解劳保医疗矛盾而设立的上海公益性少儿住院互助基金继续实行，形成政府保障和社会互济保障相结合的社会保险制度。2006年10月将范围扩大至18—20岁的残疾辍学人员，并把非上海户籍的新疆班、西藏班的学生纳入范围。同年9月，上海出台政策，将全市城镇高龄无保障老人纳入社会保障，享受月养老金及医疗费报销补贴，费用由政府财政负担。2007年3月，上海出台大学生住院和门诊大病医疗费统筹办法。统筹资金由财政分别拨至医保经办机构和院校。住院和门诊大病由医保统筹管理，普通门急诊由院校管理。同年，出台城镇重残无业人员享受医疗保障的政策。2008年，上海建立城镇居民医疗保险制度，将原已享受基本医疗保障待遇的高龄老人、老年遗属、城镇重残人员、中小学生和婴幼儿纳入城镇居民基本医疗保险覆盖范围。居民医疗保险基金按不同年龄分4档确定筹资标准，由个人缴费、政府补贴、职工医疗保险基金划转和专项资金组成。高龄老人、老年遗属、重残人员个人不缴费，并建立筹资标准的调整机制。2010年，上海根据国家发布新型农村社会养老保险（简称“新农保”）试点指导意见，在浦东新区、松江区和奉贤区进行试点，明确了参加农保的农村三资企业整体转入城保，其余农保企业可自主选择参加职保或镇保。原参加农保的农村居民包括已领取养老金的人员全部纳入新农保。新农保实行个人缴费、集体补助、政府补贴筹集资金，所有资金均进入新农保个人账户。新农保待遇包括基础养老金和账户养老金。基础养老金由政府财政纳入预算，包括中央财政资金和地方财政资金。账户养老金由个人账户全部储存额除以 139（计发月数）确定。2010 年 10 月，全国人大常委会通过《社会保险法》，于 2011 年 7 月 1 日起实施。按照该法要求，上海对原有社会保险制度作全面调整，从 2011 年 7 月 1 日起，不再以户籍与城乡来划分参保职工人群，原参加综保的外来从业人员、原参加镇保的企业参保人员全部转为参加上海城镇职工社会保险（简称“职保”），形成了上海统一的职工社会保险制度体系。2011 年 7 月，发布《关于将本市大学生纳入本市城镇居民基本医疗保险的通知》，明确从 9 月 1 日起，全市 65 万大学生医保并入城镇居民医保制度框架，与居民医保中小学生待遇接轨。2011 年 12 月 9 日，市政府发布《贯彻国务院〈关于开展城镇居民社会养老保险试点指导意见〉的实施意见》，明确自 2011 年 7 月 1 日起，上海全面实施城镇居民社会养老保险制度，上海年满 16 周岁（不含在校学生），不符合职工基本养老保险参保条件的城镇非从业居民，可以在户籍所在地自愿参加城镇居民养老保险。城镇居民养老保险基金主要由个人缴费和政府补贴构成，对城镇重度残疾人等缴费困难群体，区县政府为其代缴部分或全部的养老保险费。2013 年 4 月，印发《关于本市灵活就业人员参加本市城镇职工基本养老、医疗保险若干问题的通知》，完善上海灵活就业人员参加社会保险的政策；同年，将原未参保集体企业退休人员纳入上海城镇职工养老保险范围；同年，发布《上海市职工基本医疗保险办法》，自 2013 年 12 月 1 日起施行。2014 年 2 月，国家决定合并新型农村社会养老保险和城镇居民社会养老保险，建立全国统一的城乡居民基本养老保险制度，印发《城乡养老保险制度衔接暂行办法》，自 7 月 1 日起施行，上海贯彻该办法，推进制度平稳衔接。2014 年 4 月，市政府印发《上海市城乡居民基本养老保险办法》。《办法》明确，上海户籍、年满 16 周岁（不含在校学生）、不属于职工基本养老保险制度覆盖范围的城乡居民，可以参加城乡居民养老保险。城乡居民养老保险基金，由个人缴费、集体补助、政府补贴构成。2015 年 7 月，市政府印发《本市贯彻〈国务院关于机关事业单位工作人员养老保险制度改革的决定〉实施办法》，改革原有机关事业单位工作人员退休保障制度，实行社会统筹与个人账户相结合的基本养老保险制度，并建立职业年金制度。2015 年 10 月，市政府印发《上海市城乡居民基本医疗保险办法》，为未参加上海其他基本医疗保险者提供医保选择，2016 年 1 月 1 日起，又全面对接国家要求，在全市实施该《办法》，在全国率先整合原城镇居民医保和新农合，实施城乡一体化的居民基本医疗保险制度，实现“对象范围统一、筹资标准统一、待遇水平统一、经办管理统一”的目标要求，该《办法》于2019年进行了修订。2017年结束上海镇保，将参保人员纳入职保。1994年起在部分在沪企业开始试行补充养老保险制度，2017年，人力资源和社会保障部发布《企业年金办法》，上海根据中央部委要求，持续推进企业年金发展，截至2021年6月，上海累计约有1.05万户单位和145.2万人参加企业年金，基金规模达到1036.96亿元，2021年11月又发布《关于促进本市企业年金发展的指导意见》，加快发展多层次、多支柱养老保险体系，提高退休人员保障水平。

资料链接：

《上海通志》第十一、四十三卷	《上海民政志》
《上海劳动志》	《上海市志·民政·民生分志·民政卷（1978—2010）》
《上海市志·人力资源和社会保障分志·社会保险卷（1978—2010）》	《上海市志·人力资源和社会保障分志·劳动卷（1978—2010）》

社会福利

养老　古代上海地区即有救助老人的慈善机构，明洪武七年（1374年）设养济院，收养鳏寡孤独以及有残疾不能自养者。上海开埠后，慈善组织和机构激增，许多开展综合性的慈善活动，不唯赡老，兼行恤寡、办学、施米等善举。在沪天主教会于清光绪三十年（1904年）建立安老院，收容照料年龄60岁以上贫穷无靠的男女老人。至上海解放，宗教慈善团体办的收养残老人员的机构共有5所，1953年全部被人民政府接管，大部分被撤并，仅余上海市残老院（原安老院）。1953 年底，市民政局动员 28 个同乡会馆、3 个收容教养机构和 1 个善团善堂，利用其房产联合办了 6 个残者机构，1954 年末，7 个残老院收养在院的老人共有 2492 人。1956 年 1 月，市民政局正式接办原联合建立的残老收养机构，原有建制撤销，建立“上海市养老院”，下设 7 个分院。1958 年，原属江苏省的上海、松江、宝山等 10 个县先后划入上海市。1959 年 1 月，市民政局先后在崇明、青浦、南汇、金山、松江 5 个县建立 5 个残老教养院。其后，上海市养老院所辖 7 个分院收养的 2000 余名对象先后移至市郊残老教养院，上海市养老院辖属 7 个分院建制撤销，在市区组建成上海市养老院、上海市残老教养院（宛平南路 465 号）、上海市残废人员教养院（彭浦）。其后，郊县及市区的 8 个养老机构屡经改名撤并，至 2022 年底，尚余市办养老福利机构尚余 5 家。改革开放初期，上海的社会福利设施不仅设施陈旧，且数量很少，全市仅有 4 家市属、4 家区属社会福利院，42 家农村敬老院。这些福利设施主要解决城市“三无”老人与农村“五保”老人的基本供养。上海是全国最早进入人口老龄化的城市。1979 年末，上海 60 岁以上户籍老年人口达 115.48 万人，占户籍总人口的 10.2%；65 岁及以上老年人口占户籍总人口的 7.2%，上海成为全国最早进入人口老龄化的城市，比全国进入老龄化社会提前 20 年。1984 年，按照民政部关于“三个转变”的要求，上海城市福利事业开始逐步实行由救助型向福利型、由供养型向康复型、由封闭型向开放型转变，创新市、区县、街道乡镇、居村委会“四个层次一条龙”的社会福利事业发展的实践。在市层面，福利院面向社会，接收企事业单位孤老和家庭照料有困难的社会老人；在区县层面，鼓励区县民政局筹建社会福利院，并给予资助；在街道乡镇层面，要求每个街道乡镇都建敬老院，并给予资助；在居委会层面，推广闸北区开封街道创办孤老包户组的做法，发动居民开展为社区老年人的各种生活照料服务。1988 年 7 月，市人大颁布《上海市老年人保护条例》，为全国首部保护老年人合法权益的地方性法规，《条例》规定，每年的重阳节（农历九月初九）为上海的敬老日。20 世纪 90 年代，上海围绕“五个老有”（“老有所养、老有所医、老有所学、老有所为、老有所乐”）目标，加快推进老龄事业发展。1995 年 7 月，市委、市政府建立市老年工作协调联席会议，市委副书记、副市长分别担任联席会议正副组长，相关委办局为成员，市民政局局长兼秘书长。同时，将 1983 年成立的市老龄问题委员会更名为市老龄委员会。日常工作由市劳动局改为市民政局承担。1998 年颁布《上海市老年人权益保障条例》。20 世纪 90 年代，上海老年人突破 200 万，且 80 岁以上高龄人口大幅增长。随着人口老龄化的不断加速、家庭养老功能的逐步减弱以及人们养老观念的转变，城区养老床位“一床难求”的矛盾非常突出。为破解这一民生难题，政府加大了财力投入，从 1994 年起，连续 8 年每年改扩建 25 个社区养老院列入市政府实事项目。

1997 年底，上海初步实现每个街道、每个乡镇都建有一所敬老院；全市养老机构发展到 385 家（其中社会办 20 家），养老总床位数 1.65 万张。1998 年 10 月，市政府颁布实施《上海市养老机构管理办法》，确定了发展养老机构坚持政府投入和社会参与相结合的原则，鼓励引导社会力量参与举办养老机构。从 1998 年开始，市政府把每年新增 2500 张养老床位列入为民办实事项目。2000 年 4 月，上海成立市老龄工作委员会并下设办公室，办公室设在市民政局，设立老龄工作处，负责组织协调全市老龄工作，推动老龄事业发展。进入 21 世纪以后，上海实施用福利彩票公益金投入社区老年福利服务设施建设的“星光计划”，老年活动室、日托服务机构等在全市星罗棋布。从 2000 年起，以家庭为支点，以社区为依托，将专业化服务导入家庭的居家养老服务在上海开始逐步推开。根据社区老年人的年龄和生活自理能力，规定服务等级和服务标准，为经济和生活自理困难的老人提供服务补贴。2004 年，社区居家养老服务首次列入市政府实事项目，并与当年开展的“万人就业项目”联动。服务补贴经费列入财政预算，政府财力投入从养老机构扩大到日间服务机构、社区助餐点、社区居家养老服务补贴等，形成了“补老人、补服务、补项目”的财政供给方式。各区县不断整合社会资源，依托助老服务社、养老机构、医疗机构、便民服务网点等社区资源，开展以“助餐、助浴、助洁、助急、助行、助医”为主要内容的项目服务。与此同时，继续加大推进养老床位建设。2005 年起，每年新增 1 万张养老床位列入市政府实事项目。2005 年，市民政局根据对老年人的民意调查结果，提出上海建立“9073”养老服务的模式。2007 年市政府颁布的《上海民政事业发展“十一五”规划》明确：上海将努力实现全市户籍老年人口中，90% 由家庭自我照顾，7% 享受社区居家养老（照顾）服务，3% 享受机构养老服务。2008 年，新建 100 家老年人日间服务中心、服务 17 万名居家老人、设立 200 个老年人社区助餐服务点又列入市府实事项目。至 2010 年底，全市户籍人口中 60 岁以上老人达到 331.02 万人，占户籍人口的 23.4%，上海初步形成以家庭为基础、社区为依托、服务机构为载体、社区居家养老服务和机构养老服务相结合的老年人福利事业发展体系；共为 25.2 万名居家老人提供了社区居家养老服务，其中约 13 万名老人经过评估享受到政府的服务补贴；全市有养老机构 625 家，床位 97841 张，实现了“9073”的目标。2012 年起，上海开始实施老人互助养老计划——“老伙伴”计划，由低龄老人为 80 岁以上的高龄老人和独居孤寡老人提供与家庭和社区生活密切相关的互助服务。2013 年 2 月，上海发布全国首个老年照护等级评估地方标准。2014 年 6 月 1 日，《上海市养老机构条例》开始施行。2014 年 8 月起，市民政局在部分街镇开展“长者照护之家”试点，此后加快推进，至 2021 年底全市建成 206 家以短期住养照料为主的长者照护之家，可以为社区内因术后康复、家属外出等原因需短期托养的老年人提供3～6个月的“喘息式服务”。2017年4月，发布《上海市社区养老服务管理办法》。2019年6月，江苏、浙江、安徽和上海三省一市民政厅（局）养老服务处共同签署“推进长三角区域养老一体化合作备忘录”，推进区域养老合作。2021年12月，出台《上海市养老服务机构综合监管办法》。2021年，在中心城区推进社区嵌入式养老服务模式，基本形成每个街镇“1个社区综合为老服务中心+若干个社区托养设施+居家养老服务项目”的服务体系。至2021年底，全市共建成831家社区日间服务中心，提供健康管理、精神慰藉、康复训练等方面的服务。此外，全市还建成1433个社区老年助餐场所，每天可面向老年人提供30万人次的送餐服务。2021年3月，上海市卫生健康委、上海市老龄办印发《关于开展本市老年友好型社区创建工作的通知》，截至2022年底，全市成功创建全国示范性老年友好型社区72个。2022年底，全市户籍人口中60岁以上老人达到553.66万人，占户籍总人口的36.8%，全市有养老机构729家，床位16.36万张。

残疾人事业 上海解放前曾出现过几个盲人、聋哑人福利组织，如1937年成立的中华聋哑协会、20世纪40年代初成立的上海瞽目救济会等，做过一些对残疾人有益的事情，但其社会影响面很小，遗留史料稀少。上海解放后，逐步开展助残工作，发展残疾人事业。自20世纪50年代起创办市属、区属社会福利企业，为残疾人解决就业问题。1957年，先后成立中国聋哑人福利会上海分会和中国盲人福利会上海分会，1961年，两个组织合并成上海市盲人聋哑人协会。人民政府在残疾人劳动就业、教育医疗、文体事业领域做了一些有益的尝试，取得一定成效。“文化大革命”时期，市盲人聋哑人协会被撤销，中共十一届三中全会以后，得到恢复。1979年，开始创办以安置残疾人为主的街道、乡镇福利企业，至20世纪80年代中期，渐渐形成市直属、区县直属、街道乡镇、村等社会办福利企业多元格局。1986年，上海市残疾人联合会（以下简称市残联）成立，1988年后又根据中国残疾人联合会第一次全国代表大会精神，召开上海市第一届残疾人代表大会，选举产生领导成员、权力机构和执行机构等，市残联成为融代表、服务、管理功能为一体的专门机构。1991年，市政府批准成立上海市残疾人事业领导小组（2006年更名为上海市人民政府残疾人工作委员会），为常设议事协调机构，成员由市残联和涉及残疾人各项事业发展的多个部门组成，负责综合协调有关全市残疾人事业方针、政策、法规、计划的制定与实施工作，以及解决全市残疾人工作中的重大问题。全市各区县和街道乡镇、居村委会残疾人组织也不断健全。残疾人组织在协助政府安排残疾人参加生产劳动；开展宣传教育工作，提高残疾人文化水平；协助有关部门开展残疾人的体育活动和残疾防治等方面做了大量的工作。1992年8月出台的《上海残疾人事业“八五”计划（1991—1995）》是上海残疾人事业发展史上第一个纲领性文件。其后，至2021年底，《上海市残疾人事业“九五”计划（1996年—2000年）》《上海市残疾人事业“十五”计划（2001年—2005年）》《上海市残疾人事业“十一五”发展纲要》《上海市残疾人事业“十三五”发展规划》《上海市残疾人事业发展“十四五”规划》相继推出，上述发展规划由市残联会同市政府多个相关部门制定，并在实施过程得到全市各区、县和各部门的关心和支持，大部分内容得到落实。1992年8月，建立上海市残疾人劳动服务中心，至年底，各区县劳动服务中心相继建立，形成了覆盖全市的残疾人劳动就业工作服务网络。在全国率先按比例安排残疾人就业。1993年12月，《上海市残疾人分散安排就业办法》出台，规定全市机关团体企事业单位须按在职职工人数1.6%比例安排残疾人就业，未达比例须缴纳残疾人就业保障金。全市福利企业数量在1997年达到历史峰值（共有4204家，残疾人职工92638人），此后福利企业经营日趋困难，数量不断减少，至21世纪初，按比例分散就业成为残疾人就业的主要形式。至2010年底，全市有福利企业1455家，残疾人职工36559人，至2016年，全市有福利企业671家，残疾人职工15982人。2009年7月，市委、市政府印发《关于加快推进本市残疾人事业发展的实施意见》。2010年上海成功创建全国残疾人工作示范城市，全社会扶残助残的社会氛围日益浓厚。2010年后，上海残疾人保障水平和生活质量继续稳步提高。至“十三五”期末（2020年前后），残疾人参加基本医疗、基本养老保险政策覆盖率100%。低保、低收入等困难残疾人家庭实现应保尽保，残疾人补贴实现应补尽补。残疾人家庭人均住房建筑面积达到36.6平方米，农村困难残疾人存量危房改造全面完成。残疾人康复服务有效率达93.3%。适龄残疾学生享受免费基础教育和助学资助，残疾少年儿童义务教育入学率保持在99%以上。城镇残疾人登记失业率降至4.5%以下，残疾人应届高校毕业生就业率超过95%。残疾人参与文化体育活动的比例年均超50%，街镇（乡）残疾人体育健身点及无障碍电影放映点覆盖率达到100%，政府网站全网无障碍改造率达到100%，近万户残疾人家庭实现无障碍改造。市、区、街镇（乡）三级残疾人法律服务网络全覆盖，残疾人对法律服务满意率超过90%。

1987年，上海对全市残疾人进行抽样调查，全市各类残疾人总数为49.34万人。至1997年底，全市残疾人总数增至52.17万人，占全市总人口数的4%，其中：视力残疾9.67万人，听力语言残疾17.47万人，智力残疾7万人，肢体残疾7.07万人，精神残疾4.14万人，多重残疾6.82万人。据2006年抽样调查，上海市各类残疾人总数为94.2万人，占全市常住人口的5.29%，比全国的残疾人比例（6.34%）低1.05个百分点。其中：视力残疾15.8万人，听力残疾25.8万人，言语残疾1.1万人，肢体残疾27.2万人，智力残疾6.5万人，精神残疾7.6万人，多重残疾10.1万人。全市有残疾人的家庭户的总人口占全市户籍总人口的

13.90%。全市残疾人口中，男性为44.50万人，女性为49.7万人。全市15岁及以上城镇残疾人口中，在业的残疾人为10.65万人，不在业的残疾人为78.15万人。2022年，上海有户籍持证残疾人60.30万人（男性30.24万人、女性30.06万人），其中：视力残疾9.44万人，听力残疾8.45万人，言语残疾0.55万人，肢体残疾29.4万人，智力残疾5.58万人，精神残疾5.29万人，多重残疾1.59万人，60周岁（含）以上残疾人43.86万人。

儿童福利 古代上海地区即有针对孤残儿童的慈善组织、机构，如清康熙年间，松江地区设有育婴堂，收养孤婴、弃婴。上海开埠后，收容养育机构不断增多，外国传教士也开始设立孤儿院，如清同治三年（1864年）建立的天主教土山湾孤儿院，同治八年（1869年）建立的圣母院育婴堂等。民国时期，婴幼儿童收容机构多数专司收容教养无家可归的流浪儿童。至上海解放前夕，全市有公办、民办和宗教团体办收容婴幼儿童教养机构36个，收容在院婴幼儿童6000余人。上海解放后，大部分教养机构被人民政府接管改造撤并，不少儿童迁移外地，收容儿童逐渐减少。20世纪50—60年代，主要收容弃婴、孤儿和案犯子女。1959—1961年，全国经济困难时期，社会弃婴收容量猛增，1958年收容1770人，1959年3525人，1960年8796人，最多一天收容109人。1911年开办的新普育堂于1956年1月被市政府接管后更名为“上海市育儿院”，1964年7月更名为“上海市儿童福利院”，1978年更名为“上海市第一社会福利院”，1980年7月恢复“上海市儿童福利院”院名，是全市唯一一家收容和养育0～18周岁被父母遗弃，经公安部门查找后确认为弃婴、弃儿的儿童福利机构，为市民政局直属事业单位。20世纪80年代，上海部分街道开办伤残儿童寄托所，为有家伤残儿童家庭解决后顾之忧。随着上海残疾人事业的发展，这些先行探索实践的服务设施和服务形式，逐渐纳入社区残疾人福利事业。20世纪80年代以后，属于民政部门救济范围的孤儿的数量越来越少，然而弃婴弃儿现象始终存在，上海市儿童福利院接收养育的弃婴弃儿中伤残比例很高，据1982年底的统计，体残、智残的占比高达97.48%。市民政局引入国内外的先进理念，不断提高市儿福院自身素质和专业技术水平，做好康复治疗工作，对孤残儿童开展特殊教育，不断加大财政资金投入，改善硬件设施；动员社会各方面力量共同关心孤残儿童的成长，在社区和家庭开展孤儿寄养，让孤儿回归家庭和社会，想方设法安置好成年孤儿的就业和生活。进入21世纪后，随着经济社会的快速发展，上海按照国家政策要求，不断拓展传统意义上儿童福利的范围，逐渐将困境儿童、留守儿童等群体纳入制度性保障范围。2017年5月，市政府出台《上海市人民政府关于加强本市困境儿童保障工作的实施意见》，对全市困境儿童的类型、保障重点、工作体系、工作保障予以明确。经排查，全市因监护缺失或监护不当导致陷入困境的儿童约 1500 人。2019 年 3 月，市民政局设立儿童福利处，统筹协调全市的儿童福利工作。2020 年 4 月，市民政局联合市高级人民法院、市检察院、市教委、市卫生健康委等 14 个部门出台《关于进一步加强本市困境儿童保障和农村留守儿童关爱服务工作的通知》。启动“爱伴同行”——上海市困境儿童帮扶项目，为监护缺失和监护不当的困境儿童提供一对一结对帮扶。2020 年 5 月 28 日，以“关爱儿童健康成长，推进上海儿童福利事业发展”为宗旨的社会组织——上海市儿童福利基金会成立。2020 年 8 月，《加强孤儿保障和关爱服务工作的意见》发布；12 月，《关于加强农村留守儿童关爱保护工作的实施意见》出台。2021 年，“爱伴同行——关爱困境儿童”被纳入市政府实事项目，共有 326 名困境儿童得到关爱服务。至 2022 年底，市儿童福利院在院孤儿 974 人，全市散居孤儿 108 人，困境儿童基本生活保障对象数量 10834 人，农村留守儿童 539 人。

资料链接：

《上海通志》第四十三卷

《上海民政志》

《上海市志·民政·民生分志·民政卷（1978—2010）》

《上海市志·民政·民生分志·社会生活卷（1978—2010）》

社会生活

民族、宗教 距今 3000 多年前，即有各族祖先从中原甚至边境地区迁徙至上海地区聚居。东晋、南朝时期，南方各民族互相影响、互相融合。唐、宋以来，随着经济文化的发展，长江下游地区较大规模的人口迁徙与民族融合持续进行。元代起，色目人（含后来的回族、维吾尔族）、蒙古人、女真人、高丽人等开始在上海地区定居，其中主要是镇守在当地的官兵。明代政府在全国设立卫所，部分西北地区的回族官兵驻防上海，使上海地区的回族人口有较大增加。清初，大批满洲八旗、蒙古族官兵与家属来到上海及周边地区定居。

道光二十九年（1849 年）南京水灾和咸丰三年（1853 年）太平天国定都南京后，南京、扬州、镇江一带满蒙族官员、回族富商和平民竞相迁居上海，形成上海县城九亩地、沪西药水弄等回民聚居地。开埠后，上海经济、文化发展，又吸引大批少数民族商人、文艺家、宗教界代表人物和劳工到沪发展，辛亥革命后，驻守南京、扬州、镇江等地满蒙族官兵及其后裔定居上海，上海少数民族人口大为增加。上海解放后，又有少数民族同胞到上海求学、工作。1976 年后，又有一批少数民族同胞随插队落户务农的上海籍配偶回上海定居，上海少数民族族别、人口都有增加。改革开放后，尤其是浦东开发开放后，随着上海经济快速发展，吸引全国各地移民，申城少数民族人口大增，1990 年，全市有少数民族族别 44 个、人口 62171 人，至 2010 年底，全市少数民族人口跃升至 27.62 万，涵盖 55 个少数民族，人口最多的少数民族为回族（7.8 万人）。2010 年后，少数民族人口继续增长，至 2022 年底，56 个民族齐聚申城，全市实有少数民族人口约 55.5 万人（户籍少数民族约 21.72 万人），其中人口数量超过 1 万的少数民族有蒙古族、回族、苗族、壮族、朝鲜族、满族、侗族、土家族。

相传佛教在三国吴赤乌年间传入上海地区，南朝时开始发展。相传道教也是三国时传入上海，唐、宋间开始发展。二教在宋、元间发展迅速，在明代兴盛，明代后期上海地区佛寺达数百座，宫观有 20 多座，至清代均开始衰落。元代，伊斯兰教传入上海，清中叶渐衰。明末，天主教传入，清中叶受禁，近代得到发展，上海是中国天主教的重要据点。道光二十三年（1843 年）后，基督教传入。开埠后，各教因上海经济和社会的发展而迅速发展，20 世纪初在全国取得重要地位，20—30 年代趋于鼎盛，1937 年上海沦陷后受不同程度破坏。其他宗教情况各有不同。民国时期，外国侨民教会随到沪侨民的增减而盛衰。东正教在全民族抗日战争前较兴盛；犹太教因第二次世界大战期间大批犹太人避难上海兴盛一时；袄教、锡克教教徒虽有但不多。第二次世界大战结束后，随外国侨民离沪，上述小众宗教随之衰落。上海解放后，各宗教走上独立自主自办道路，爱国宗教团体及协会相继成立，宗教活动有序开展。1957 年反右运动对宗教工作带来“左”的影响，上海宗教活动场所进一步收缩，各宗教有不少教职人员转业。1966 年“文化大革命”开始后，一切宗教活动被禁止，所有宗教团体停止工作，寺庙教堂均遭到不同程度破坏，并改作他用。1978—2000 年，拨乱反正、全面落实党的宗教政策，保障公民宗教信仰自由权利，维护宗教界合法权益。进入 21 世纪后，党和政府鼓励各宗教与时俱进，支持各宗教对教规教义作出符合当代中国发展进步要求、符合中华优秀传统文化的阐释，引导宗教努力为促进经济发展、社会和谐、文化繁荣、民族团结、祖国统一服务。2016 年全国宗教工作会议后，贯彻中共中央总书记习近平对于宗教工作的指示要求，进一步深入推进宗教中国化，积极引导宗教与社会主义社会相适应，促进宗教更好服务社会。至2022年12月，全市有佛教、道教、伊斯兰教、天主教、基督教五大宗教登记开放的宗教活动场所449处，其中佛教寺院125处、道教宫观42处、伊斯兰教清真寺8坊、天主教教堂111处、基督教教堂163处。信教群众136.39万人，其中佛教79.6万人、道教24.67万人、伊斯兰教1.5万人、天主教11.92万人、基督教18.7万人。

就业、工资 上海解放以前，经济时常波动。经济景气年代，各业发展并大量招工，经济萧条时，资本家大量解雇工人，不少滞留在上海的则成为失业、无业群体。到20世纪20年代，失业问题已成为严重的社会问题。1932年5月统计，全市有失业者30余万人。抗日战争期间工商各业遭到日本侵略军的破坏，工人流离失所，失业问题更趋严重。抗战胜利后，上海的失业无业人员加上战时内迁工人大量失业回沪，形成了一支数十万人的庞大失业队伍。1945年9月，国民政府社会部京沪特派员办事处设立上海市失业临时救济委员会，在国家善后救济总署管辖下，设立上海市后方来沪失业工人招待所。1948年9月，上海市社会局会同有关部门成立上海市失业工人辅导委员会。由于战争影响，经济遭受严重破坏，给解放后的上海遗留了大批的失业人员。上海解放初期，在经济恢复和有计划开展经济建设过程中，采取政府介绍就业、转业训练、以工代赈、生产自救、自谋职业和回乡生产等多种措施解决就业问题。1949年6月至1957年，全市累计登记的失业人员67.2万人，至1957年底，尚余3万人失业，严重的失业问题基本解决。1958年"大跃进"时期，劳动力需求剧增，上海组织大量妇女就业。但三年困难时期接踵而至，各单位停止从社会上招工，并精简大批职工，市政府提出"面向外地，面向农村"的方针，采取了多渠道、多形式的就业安置办法。1961年起，政府动员知识青年到新疆建设兵团屯垦戍边，至1966年有8.5万名知青。1964年后，随着经济状况逐步好转，全民和集体单位招工人数都有增加，就业矛盾趋向缓解。"文化大革命"时期，20世纪50年代生育高峰时出生的人先后到达劳动年龄，同时大中专院校又中止招生，而经济发展滞缓，就业问题比较突出。上海对中学毕业生就业实行"统包统配"政策，1968—1978年动员大批城镇知识青年上山下乡，共计约111.3万人，对部分符合留城条件的青年连同残疾青年全部吸收进全民、集体所有制企事业单位。1980—1990年，上海以改革"统包统配"的劳动就业制度为主要特征，适应经济体制改革的需要。贯彻"劳动部门介绍就业、自愿组织起来就业和自谋职业相结合"的三结合就业方针，1977—1982年，累计安置各类就业156.3万人，其中按政策批准回沪的上山下乡知识青年41.6万，至1983年底，"文化大革命"期间下乡插队的上海知识青年除已在当地安排工作和已与当地职工、农民结婚成家的以外，基本上回沪安排了工作。1978年12月，上海徐汇区劳动局建立全市第一家劳动服务公司，组织待业青年开展就业培训和劳动服务，兼有劳动力行政管理与经营管理职能。1981 年成立市劳动服务公司，截至 1984 年，上海 12 个区、10 个县都建立劳动服务公司，122 个街道、33 个镇（乡）建立劳动服务所。1991 年市劳动服务公司在闵行、虹桥、漕河泾等经济技术开发区设立职业介绍所，1992 年起各区县职业介绍所陆续建立，1993 年起市级区域性劳动力市场建立，1995 年 9 月上海市职业介绍中心、上海市劳动就业服务企业指导中心、上海市失业保险管理中心相继建立，上海就业服务体制进一步健全，至 2000 年，上海已建立市、区县、街镇（乡）三级就业和保障管理服务网络。1980 年，上海试行由招收固定工改为招收合同工，至 1990 年，全市劳动合同制工人数量达到 34.4 万人。1991 年，全市 56 家企业率先进行以全员劳动合同制为中心、以改革固定工为重点的劳动制度综合配套改革试点，上海出现少量下岗职工，到 1995 年底，全市所有城镇企业基本上都实行了全员劳动合同制，用人单位和劳动者在劳动力市场中的主体地位基本确立。同期上海加强产业结构调整力度，企业出现下岗潮，1991—1995 年，全市国有、集体企业累计下岗职工约 86 万人。1994 年，上海试点实施再就业工程，鼓励企业发展第三产业，安置下岗待工人员；鼓励下岗人员走出企业自谋职业；鼓励开展适合下岗待工人员特点的职业技能培训。1994 年底，经市妇联牵线，市纺织局与上海航空公司在纺织下岗女工中招收空中乘务员，18 名职工经过层层选拔实现了从“纺嫂”到“空嫂”的转变。至 1995 年末，上海分流安置下岗待工人员 33.7 万人。1996 年 7 月，成立上海市再就业工程领导小组。同月，上海纺织、仪电控股（集团）公司成立再就业服务中心，实行企业主管部门与困难企业共同负责、政府与社会共同资助，对下岗职工进行托管，引导他们实现再就业。1996—1997 年，鼓励下岗人员从事非正规就业、开办非正规就业劳动组织的系列政策出台。1997 年底，针对企业下岗人员参加市场急需项目职业培训推出政府补贴培训政策，在全国首开先河。至 1998 年底，共建立再就业服务中心 308 个，涉及企业 8046 户。2001 年，随着劳动力市场机制建立，再就业服务中心完成历史使命，进入中心人员共 98.5 万人全部分流完毕，此后企业不再采用“下岗”方式来解决裁员问题，“下岗”与“失业”并轨。20 世纪 90 年代至 21 世纪初，全市下岗职工累计约 200 万人。20 世纪 90 年代初浦东开发开放，外地农村劳动力大量流入申城，上海自 1994 年起采取加强中介服务机构管理、试行外地劳动力务工许可证管理制度、建立外地劳动力专门管理机构、试行外来人员就业证、实施外地劳动力劳务合同和劳动合同双轨制度等措施，维护外来劳动者权益，规范劳动力市场。进入 21 世纪后，上海持续推进市场化促进就业长效机制。2000 年，提出政府促进就业责任体系并确立连续 3 年净增 10 万就业岗位的目标。2001 年，针对就业最困难“4050”人员推出“4050 工程”。2002

年，实施失业青年培训见习补贴计划。2002 年 4 月，明确在全市各居委会聘用一名就业援助员。2003 年 3 月，明确市、区县、街道（乡镇）公共就业服务机构的性质、主要职责、人员编制和经费来源等事项，同时就业服务延伸至居村委，形成公共就业服务“三级机构，四级网络”。2005 年 12 月，市人大审议通过《上海市促进就业若干规定》，在全国率先将促进就业列入地方性法规，同年，上海首次启动“春风行动”，为外来从业人员提供免费就业服务。2006 年起，外来从业人员可以与上海市民同样获得培训服务，2006—2010 年，闵行区、松江区、嘉定区、宝山区陆续成立来沪人员就业服务中心。2008 年，符合条件的外来从业人员可以到上海就业服务机构进行失业登记。2008 年国际金融危机影响时期，市政府提出“帮企业、保就业、促稳定”的工作思路，积极出台相关政策进行应对。2009—2010 年，实施促进就业的“1+3”计划（稳定岗位、职业培训、就业援助三项特别计划），帮助困难企业渡难关，稳定就业岗位。2009—2011 年、2012—2014 年、2015—2017 年，连续实施三轮“鼓励创业带动就业三年行动计划”；2018—2022 年，继续实施《上海市鼓励创业带动就业专项行动计划（2018—2022 年）》，推出创业担保贷款贴息、社会保险费补贴、创业场地房租补贴、创业培训等一系列创新创业政策。2010—2012 年、2013—2015 年，连续实施两轮“农民工技能提升三年行动计划”。2012 年起，实施扶持失业青年就业的“启航”计划。连续多年把高校毕业生就业作为重中之重，落实各项补贴政策，做好实名制登记、岗位招聘、见习推荐等就业服务。2020—2022 年，上海深入贯彻落实“六稳”“六保”，积极应对新冠肺炎疫情冲击，强化就业优先政策，推动就业形势保持总体稳定。

1927 年 11 月—1928 年 10 月、1929 年至 1930 年 3 月，国民政府财政部税则委员会对上海 230 户和 305 户工人家庭生活进行记账调查。据统计，每小时平均工资男子 0.073 元，女子 0.044 元，童工 0.034 元。工资收入，男、女工月均分别为 24.53、14.78 元，童工 11.42 元，综合平均每人每月 15.93 ～ 17.37 元。1952 年，全市职工年平均工资为 762 元，1957 后至 20 世纪 60 年代中期，因实行计划经济体制，国家为提高国力而追求社会物质财富高积累，严控工资物价上涨。虽多次调整工资水平，工资收入起起伏伏，截至 1965 年，上海全市职工年平均工资仅为 760 元，与十几年前相比几乎无变化。“文化大革命”时期，计件工资与奖金制度被取消，职工平均工资下降，1977 年滑落至 623 元。改革开放后，社会主义按劳分配原则重新得到肯定，计件工资和奖励制度恢复实行，1977—1979 年，上海连续 3 年调整部分职工工资，职工工资普遍有小幅增长。1980 年，全市职工年平均工资达到 873 元。20 世纪 80 年代，上海职工工资水平持续改善，1984 年年平均工资迈过千元关口（1110 元），1988 年突破两千元（2277 元），1990 年达到 2917 元。20 世纪 90 年代，浦东开发开放启动，上海进入工资增长最快的时期，2000 年全市职工年平均工资达到 15420 元。与工资相配套的劳保保障体系也不断完善。1993 年，市劳动局印发《上海市城镇企业最低工资收入试行办法》。1994 年，市政府发布《上海市企业职工最低工资规定》，上海正式建立最低工资制度。1999 年，上海实行小时最低工资标准，2002 年市政府修改《上海市企业职工最低工资规定》，纳入小时最低工资制度。同时，上海建立最低工资调整综合参考因素以及最低工资标准调整和发布机制，每年公布一次最低工资标准。进入 21 世纪后，工资继续上涨，2010 年全市职工年平均工资 46757 元，其中国有单位 70585 元，集体单位 28225 元，港澳台及外商投资单位 56296 元，其他单位 35213 元，第三产业工资（54217 元）明显高于第一产业（30387 元）和第二产业（37839 元），金融业（161126 元）为工资收入最高行业，其他如信息科技（计算机服务、信息技术、软件开发等）、教育、卫生、文化、公共管理和社会组织职工年平均工资均超过 7 万元，为较高收入行业，当年月最低工资标准为 1120 元，每小时最低工资标准为 9 元。2022 年，上海城镇非私营单位就业人员年平均工资 212476 元，城镇私营单位就业人员年平均工资 104560 元，适用于全日制就业劳动者的月最低工资标准为 2590 元，适用于非全日制就业劳动者的小时最低工资标准为 23 元。

婚姻、家庭 古代上海地区人民初婚年龄没有专门统计数据，但普遍早于 20 岁，尤其是在战乱频仍的魏晋南北朝时期和南宋、元末等时期，乱世生存压力叠加政府强制干预生育，早婚成为必然选择。民国末期，始有初婚年龄调查统计数据，1946—1950 年，初婚为 17.08 岁。1950 年颁行的《中华人民共和国婚姻法》规定，婚姻登记年龄为男 20 周岁，女 18 周岁。20 世纪 50 年代，初婚年龄平均为 20.79 岁。至“文化大革命”时期，大批知识青年上山下乡，生活环境压力迫使青年初婚年龄延后。1980 年颁布的新婚姻法将男女结婚年龄上调至 22 周岁、20 周岁，并鼓励晚婚晚育。1981 年上海初婚年龄升至 25.38 岁。此后伴随经济社会环境明显好转，初婚年龄开始下降，1992 年为 24.46 岁。男性平均初婚年龄比女性高出 2 ～ 3 岁。进入 21 世纪后，日益沉重的城市生活经济压力使得上海初婚年龄大幅提高，越来越多的上海人选择晚婚，2010 年上海男性平均初婚年龄达到 28.83 岁、女性为 26.51 岁，2012 年上海男性平均初婚年龄首达 30 岁，而女性平均初婚年龄也达 27.3 岁。至 2022 年底，上海男性平均初婚年龄超过 30 岁，女性超过 29 岁，30 岁左右结婚对上海市民来说已是常态。

晚清至民国期间，结婚无须向政府登记。 1952 年 12 月，上海市民政部门开始办理婚姻登记。1953 年，全市准予登记 3.91 万对。1963 年起，提倡晚婚，全市结婚登记 45122 对，数量比上年下降 34.7%。20 世纪 80 年代初，大批知青返城，50 年代生育高峰期出生的人进入婚龄，结婚登记人数急剧增加，1981 年，上海结婚登记数高达 28 万对，达到历史最高峰。此后上海结婚登记人数呈逐年减少的趋势，1995 年降至 8.12 万对，此后随着 20 世纪六七十年代出生高峰的人群纷纷进入婚龄，登记结婚人数呈现上涨势头，2010 年为 13.03 万对，2011—2015 年有小幅上升，2016 年起逐年下降，2022 年底全市登记结婚 72048 对。

上海解放前，涉外婚姻情况不详。上海解放初，涉外婚姻多数涉苏联、朝鲜。“文化大革命”中，涉外婚姻停止办理，1977 年恢复，是年全市涉外婚姻 37 例。改革开放后，因境外国家和地区生活水平高，吸引女性外嫁，涉外婚姻数量不断增长，1977—1979 年全市办理登记 446 对，1986—1990 年 5503 对，1991 年批准结婚 1865 对，其中同外国人、外籍华人 962 对，同华侨 268 对，同港澳台胞 635 对，涉及 49 个国家和地区，绝大多数为上海女性与境外男性结婚。1990 年起，有境外女性和上海男性成婚，是年上半年有 99 人。2001 年全市涉外婚姻 3447 对，达到历史峰值，此后因国内经济社会发展迅速，生活水平持续显著提高，涉外婚姻逐渐减少，2010 年有 2231 对，2022 年有 828 对。

古代上海地区离婚主要有“和离”“义绝”等形式，离婚缺乏统计数据。1919 年前后，上海实行协议离婚和判决离婚。1929 年，上海市离婚案（含协议和判决）645 起。1953 年，上海市民政局受理离婚申请 0.65 万对，准予离婚 0.38 万对。20 世纪 70 年代末起离婚数上升，1980 年，上海市离婚人数 0.66 万人，在 1979—1992 年的 14 年中，上海离婚数增长 4.88 倍（其中民政协议离婚数增长 8.06 倍、诉讼离婚数增长 3.58 倍）。1995 年，全市离婚 2.27 万件（4.53 万人）。2000 年全市离婚 3.18 万件，2010 年 4.67 万件，2016 年 8.26 万件（因房产调控政策导致大量假离婚），2022 年 3.06 万件。

古代上海地区择偶遵从“父母之命，媒妁之言”，讲究“门当户对”。清末，传统观念动摇，出现青年男女背着父母私下幽会的“台基”。民国时期，文化青年择偶追求志同道合，择偶条件中包含身体健康，有学历、才识和一定财产，性格独立等。上海解放初，姑娘择偶青睐中共党员、专业技术人员和解放军军官。1958 年“大跃进”后，农村姑娘想嫁工人，“一工一农，到老不穷”。“文化大革命”中，流行“好女要嫁工农兵”，农村姑娘择偶“一找工，二找军，三找干部，四找农”。“文化大革命”结束后，20 世纪 80 年代流传“目光不看工农兵，一心追求海、陆、空（即有海外关系、落实政策、空关房屋）”，城市时髦姑娘择偶“找有望出国之男士”，“找国内外事业成功人士”。农村中流传“一看房、二看床、三看公婆、四看郎”。20 世纪 90 年代，女性择偶关注外企白领、经商富裕人士；21 世纪初，青睐公务员、事业单位人员、国企员工等体制内男性。总体而言，虽然看重社会地位和经济条件，但绝大部分女性择偶时首要考察的还是人品，为人可靠才会托付终身，申城男性择偶亦重人品。进入21世纪后，尽管面对“无房不结婚”的沉重经济压力，沪上青年仍未把经济条件视为最重要的择偶要求，社会调查显示，67.9%的人择偶时“看重内涵和人品”，51.6%的人希望“有共同的兴趣爱好”。另有调查显示，沪上青年男女选择结婚对象时首先考虑的均是对方“性格”。

上海开埠后至解放前，有相当部分外来人口将家庭主要成员留在当地，并不随迁来沪，兼以受现代城市文明影响，家庭规模不断缩小，故全市家庭户均人口数量在全国属于较少之列。1925年，上海华界户均人口为4.88人，公共租界为5.74人。1949年，全市户均人口为4.9人，1950—1968年为4.4～4.7人。1969年起，随大批知识青年上山下乡，户均人口逐年减少，1969年为4.3人，1973年为4人。改革开放后，受经济社会高速发展及计划生育一孩政策影响，核心家庭进一步增多，随着老龄化程度加深，空巢老人、孤寡老人家庭也越来越多，家庭户均人数1984年为3.5人，1991年3人，1995年2.9人，2000年2.8人，2010年2.5人。2020年第七次全国人口普查数据显示，上海户均2.32人。小型化、少子化、老龄化是上海家庭多年来的发展趋势和主要特征。

上海解放前，市政和租借当局开展过几次小规模的家计调查，显示受访城市社会底层劳工和职员收入微薄，总体上收不抵支，大部分家庭靠借债度日，家庭生活始终挣扎在贫困线附近，至上海解放前夕，物价飞涨，普通民众生活困苦日甚。上海解放初，城市家庭收支不抵发生亏空仍是常事。自1953年实施国民经济第一个五年计划起，持续建设带来经济发展，上海城市居民家庭生活发生显著改善。“大跃进”及三年困难时期，部分家庭出现入不敷出情况，之后随着经济恢复，生活水平再次提高。“文化大革命”时期，因收入增长近乎停滞，城市家庭生活水平普遍有不同程度的下降，家庭经济窘迫，只能长期压低消费，1965年全市消费额占国民收入30.3%，1975年全市消费额占国民收入22.6%。长期以来，受到上海城市发展的巨大影响与辐射，上海农村居民的收入来源不局限于传统的农业收成，工业和手工业一贯是他们副业收入的一大来源。“文化大革命”期间，上海市郊农民的集体分配收入有所增加，但在极左思潮干扰下，农民的自留地、家庭副业被当作“资本主义尾巴”砍掉，集市贸易也不能发展，严重影响了农民实际收入的提高。上海城乡发展不均衡，长期以来城乡消费额有较大差距。1952—1978年，全市农民人均每月用于吃的支出不到10元，用于穿、住、用、烧的支出为1～2元。改革开放后，城市居民家庭收入持续增长，消费情况也不断改善。1980年上海城市居民家庭人均可支配收入为637元，其中工资性收入为551元，1980年上海城市居民家庭人均消费支出为553元，而且大半为食品消费（310元），恩格尔系数为56%，处于温饱水平。1980—1990年，上海城市居民家庭人均可支配收入年均增长率高达13.1%，至1990年，上海城市居民家庭人均可支配收入为2183元，其中人均转移性收入已达613元。整个20世纪80年代，城市居民实际消费数量增多，质量和档次提高，结构发生显著变化，吃穿用住全面改善，至1990年，上海城市居民家庭人均消费支出达到1937元。1978—1983年，上海农民人均年纯收入由281元增加到562元，“七五”计划期间（1986—1990年），上海农民的收入以平均每年15.6%的速度增长，至1990年农民人均年收入达到1665元。1978年，全市农民家庭人均年生活费支出189.5元，1980年323元，1985年778元，1990年1262元。20世纪90年代，浦东开发开放，上海城市经济突飞猛进，职工工资水平快速提升，社会保障制度初步建立，居民从事经营性活动和金融投资活动活跃，1990—2000年上海城市居民家庭人均可支配收入年均增长率高达18.3%，至2000年已达11718元；同期上海城市居民家庭人均消费支出年均增长16.4%，2000年已达8868元，以恩格尔系数衡量，1999年下降至45.2%，20世纪末上海城市居民已跨入小康时代。1990—2000年，上海农村居民家庭人均可支配收入年均增长12.8%，2000年为5565元；同期，上海农村居民家庭人均消费支出年均增长12.6%，2000年为4138元。2000年，上海农村居民家庭恩格尔系数为44%，处于小康阶段。进入21世纪后，中国社会主义市场经济体制进一步巩固，上海城市居民家庭人均可支配收入继续保持增长势头，至2010年为31838元，2010年城市居民家庭人均消费支出已达23200元。消费支出结构进一步改善，以恩格尔系数衡量，2002年（是年数据为39.4%），上海城市居民已进入富裕阶段。2000—2010年，上海农村居民家庭人均可支配收入年均增长10.9%，至2010年已达13746元；同期，上海农村居民家庭人均消费支出年均增长10.9%，2010年为10225元。恩格尔系数于2002年降至35.2%，上海农村居民也进入富裕阶段。2020年，上海城镇常住居民家庭人均可支配收入76437元，人均消费支出44839元；上海农村常住居民家庭人均可支配收入34911元，人均消费支出22095元。2022年，上海城镇常住居民家庭人均可支配收入84034元，人均消费支出48111元；上海农村常住居民家庭人均可支配收入39729元，人均消费支出27430元。

衣食住行 古代上海地区服饰习俗与江南各地无大差异。明万历年间，因迁居富户增加，服饰逐渐尚奢，“家无担石，华衣鲜履”。清初，官民服饰区分严格，晚清起打破限制，“几至无人不绸无人不缎”，有人即使家徒四壁，依然行头笔挺。清宣统三年（1911年），第一套中山装在沪诞生。20世纪20年代，上海出现女子新式旗袍，约与中山装同时风行。20世纪二三十年代，巴黎等西方大城市新式服装问世后三四个月就传入上海，随后再渐次向内地扩散，申城由此成为中国时尚服饰之都。上海解放初，人民装、列宁装和俄罗斯式样的连衫裙（又称布拉吉）流行一时，成为时代新风的象征，西装、旗袍渐为少见。此后至20世纪60年代男女衣着品种日多。“文化大革命”初流行军装、军便服，颜色鲜艳、款式新颖的衣服无人敢穿。20世纪70年代初，上海在全国首先流行学生装、青年装、两用衫、茄克衫等服式；女性服装变换衣领式样、纽扣颜色和造型，变化花色；冬季流行中式棉袄，发明“节约领”“假袖子”，代替整件衬衣。改革开放以后，市民服饰选择深受大众传媒及流行文化影响。20世纪80年代，牛仔裤开始普及，男女皆着。男性服饰主要流行西装、夹克衫、牛仔服等，通常夏天穿短袖衬衫、T恤衫、短袖汗衫等；春秋穿西装、夹克衫、针织外衣；冬天穿西装、风衣、皮装、大衣、滑雪衫。女性服饰先后流行宽松衫、蝙蝠袖、包腿裤、喇叭裤等；一年四季都有穿裙的，款式多变；春秋常以羊毛衫或羊毛套装为外衣，亦穿着仿照男性服饰的牛仔服、夹克衫、风衣等；夏天多穿套装衣裙；冬天穿呢衣、滑雪衫、皮装、裘皮大衣。20世纪90年代，男性服装款式保持稳定，女性服装款式仍旧多变，夏天女青年有穿着吊带衫、露脐装、超短裙的，春秋季则流行套装，多为衣裙配套。有爱美女性冬季穿露膝短皮裙，披大衣，时人笑谓“要风度不要温度”，休闲装开始兴起，冬季羽绒服因质轻保暖颇受市民青睐。进入21世纪后，流行服饰种类变化不大，款式逐渐由修身繁复向宽松简约演变。20世纪80年代起，上海城乡出现服饰趋同现象，至2022年，无论城乡、本埠外地，衣着上很难分辨。与此同时，中老年人着装款式、色彩亦向年轻人靠拢。改革开放后，衣着一度追求品牌，崇尚大牌洋牌，至2022年，市民衣着追求舒适合体，不尚品牌。

上海地区深受江南食俗影响，古代居民以大米为主食，糯米类食物丰富，杂以鱼蔬，喜甜重油。明清以降，因处富裕地区，居民普遍讲究饮食，米糕汤团等点心品种繁多。开埠后，海内外移民日增，全国各地饮食和西式餐饮相继落户申城，国内菜系影响较大的有徽菜、淮扬菜、粤菜、川菜等，另有清真风味和素菜馆，本帮菜汤卤醇厚，浓油赤酱，外来菜系多变更改进，加糖减辣以适应上海人口味。西式餐饮和西式糕点也逐渐融入上海，成为日常饮食的一部分。上海解放后，受经济发展水平制约，居民饮食主要满足果腹充饥，副食品少，饮食消费精打细算，发行的25克（半市两）地方粮票为全国仅有。改革开放后，市民生活逐渐富裕，饮食品种不断增多，家常菜肴鸡鸭鱼肉日渐丰盛，20世纪八九十年代，传统美食大兴，西式快餐也进入申城，深受居民青睐。20世纪90年代后期，市民逐渐重视饮食结构与健康的关系，进入21世纪后，上海居民卫生保健意识进一步增强，大部分家庭已摒弃大鱼大肉、动物内脏等高脂肪、高胆固醇饮食，重视荤素搭配均衡饮食。上海市民一贯不重早餐，20世纪70年代以前，普遍以“泡饭”为早餐主食，佐以酱菜腐乳或隔夜菜等简单应付；80年代起，常赴点心店购买大饼、油条、粢饭团、豆浆作早餐，称“四大金刚”；90年代，家庭多外购各种馒头、包子、糕团或食用牛奶、鸡蛋、面包、蛋糕等西式食品。进入21世纪后，生活节奏加快，上海人多以菜包、肉包等中式快餐或三明治、面包等西式食品作为早餐。20世纪80年代起，午餐多在工作学习场所附近解决，或就食于食堂，或在周边寻觅饮食网点，少数人自带午餐，餐品菜肴简单。晚餐始终是大多数上海家庭最重视、最丰盛的一餐，多在家中自烹，全家合餐。上海解放前，晚餐多由主妇采买置办；上海解放后至20世纪末，夫妻搭配买汏烧，原多主妇掌勺，后改以能者主勺；21世纪初，不少夫妻都不做饭，外出找些经济实惠的饭馆餐厅就餐，或采买熟食带回。至2022年，因受新冠肺炎疫情影响和数字经济发达，相当部分家庭不再外出采买，在手机上下单付款，即可由专人送菜（生鲜或熟食）上门，传统菜场没落，大部分餐饮店兼营外卖。预制菜、快手菜、方便食品大行其道，许多年轻人一日三餐点外卖，摄入大量油盐，饮食结构单一，给身体健康带来隐忧。

上海居民传统住宅大多为立帖式砖木结构瓦平房，五开间、七开间，面南横排，有三进、四进等绞圈房。上海开埠后，西式建筑引入申城。19世纪50年代，受太平天国运动及小刀会起义影响，大批江浙士绅富商进入上海租界避难，外国房产商乘机大量修建住宅牟利，建筑采取欧洲联列式住宅毗连形式，单体平面用上海本土传统民居绞圈房式样，用石条门框、两扇乌漆大门和铜门环，最具上海特色的民居——石库门由此诞生，后不断演变，至20世纪30年代，上海居民住宅更加窄小逼仄，建筑风格更偏西式。长期以来，以石库门建筑为主的旧式里弄是广大上海市民最主要的居所，由于房屋供不应求，居住成本高企，大量原本供一户居住的石库门房子出租后往往涌入多户人家分担租金，二房东、三房东乘机私搭乱建，层层转租，盘剥租客，普通市民居住条件愈发简陋。其他民居类型还有卫生设施完备、内部格局更现代的新式里弄（供社会中上阶层居住），拥有多间独立成套住房装有电梯的公寓大楼（供外国人、高级商务人士居住），宽敞阔气的花园洋房（供富商大贾、社会上流人士居住），而社会底层劳动者只能在环境恶劣的简屋棚户中煎熬。上海解放前夕，全市人均居住面积为3.9平方米，但在劳动人民聚居的普陀区，每人平均居住面积不足2平方米，最低的还不到1平方米。市区一半以上的居民住在建筑密度高达40%～80%的简陋旧式里弄石库门房屋里。上海解放后，人民政府对房地产业和出租私房实行社会主义改造，排除市场机制，取缔二房东，代之统一建设、管理、分配、修理的经营管理模式。20世纪五六十年代，上海建设了一批工人新村，改善了部分居住条件。然而，计划经济体制下住房建设发展迟滞，至1966年，市区人均居住面积竟与上海解放前夕无异。“文化大革命”中，全市兴起“抢房风”，先是“红卫兵”“造反派”非法强占富裕阶层的私房，后部分住房困难户起而效尤，许多领导干部、高级知识分子、文艺工作者被分配或租住的高级住宅也被强占，原有住户被扫地出门。至1978年，市区人均居住面积仅缓慢增至4.5平方米。此时40万下乡知识青年几乎同时返沪，“文化大革命”中受冲击的住房须落实政策，以及每年约有10万对青年结婚需房，住房紧缺成为上海“天字第一号难题”。严峻局面下，上海在房地产领域开展渐进式的市场化改革，同时下大力气兴建住宅，实施住房解困工作，至20世纪90年代末，全市人均4平方米以下住房困难户解困，住房矛盾大为缓和。1999—2010年，上海逐步建立“四位一体”、租购并举的住房保障体系。中止福利分房后，自力解决和改善住房问题成为上海人通常的理念，买房成为上海普通家庭头等大事，至2022年，上海城镇居民人均住房面积超过30平方米，绝大多数上海市民告别蜗居。进入21世纪后，上海房价持续高涨，购房殊为不易，大多数人为买房使出浑身解数，依靠父母、省吃俭用、借遍亲朋好友，也仅能凑出住房按揭贷款首付。背上贷款负担的买房者亦自嘲为“房奴”。“结婚要买房，没房子不结婚”“上海房价永远涨”成为社会流行观念。政府不断实施日益严厉的房地产调控政策以求阻遏房价，至2017年下半年，全市房价开始松动，2020—2022年，受新冠肺炎疫情叠加经济增速下行影响，社会上“无房不结婚”的观念也发生动摇。

19世纪中叶，上海的交通工具有肩舆（轿子）、马车和人力车。清同治年间，自行车出现，俗称脚踏车。1913年，人力车车身按规定涂上桐油或黄色油漆，称黄包车，用于载客，盛行一时。后三轮二座的人力脚踏车出现，称三轮车，逐渐取代原有的黄包车。到上海解放时，三轮车每日载客56万人次，占市内客运量43.95%，20世纪50年代末仍为市内主要交通工具之一。六七十年代，公共交通发展，三轮车业萎缩。自20世纪60年代起，公共交通运量不足，自行车便成为上海人最主要的代步工具，但价格不菲，市民需节衣缩食且凭票购买，被视为新婚家庭必备的“三转一响”之一（其余三项为手表、缝纫机、收音机）。20世纪80年代后，上海出现机动三轮车和摩托车载客，均属非法经营，屡禁不止。20世纪90年代，街头出现大量柴油助动车，许多为原有自行车非法改装，因污染空气和违规行驶问题严重，被逐渐取缔。进入21世纪后，电动自行车大行其道，逐渐向重型化发展，被不少人用于小件货品运输和中短途运客，行驶中频繁违法违规，屡次整治仍效果不彰。为解决市民通勤“最后一公里”问题，2009年起，闵行等区县推出政府补贴的公共自行车，市民可刷卡使用，近乎免费，至2022年底大部分停运。2015年前后，使用手机扫码解锁付费使用的自行车现身沪上，称“共享单车”，其后众多品牌涌入，遍布街头巷尾，风靡一时。因经营不善，至2022年底大部分共享单车品牌倒闭退场，但骑行共享单车已成为居民出行的重要方式之一。清光绪二十七年（1901年），上海出现汽车，其后除私家自购自备汽车外，也有开设公司待雇的。上海解放后私车逐渐减少，至20世纪60年代，全市私人汽车基本绝迹，改革开放后，私人汽车需求再次出现。1986年，上海成为改革开放后中国大陆最早发放私人汽车牌照的城市。为减轻道路交通压力，自1994年起，上海便每月限额发放私车牌照，有意者通过公开竞拍购买。进入21世纪后，市政府明确公交优先，限制私人机动车发展成为长期政策。因为牌照供不应求，拍卖价格曾一路飙升，后虽采取限价措施阻遏了牌照价格飞涨，但大多数竞拍者仍然“一牌难求”，许多市民选择给私车上外地牌照，交通管理部门则对外牌车辆通行设置各种限制。2013年起，为促进新能源汽车产业发展，上海实施购新能源汽车送免费沪牌政策，大量市民转而选购新能源汽车，至2022年底，上海新能源汽车保有量达94.5万辆，占全市汽车总量的19.81%。不断增加的新能源车对本已拥挤的道路带来更大的通行压力，南北高架早晚高峰被戏称为“南北停车场”。清光绪三十四年（1908年），美商在沪开设出租车业务，上海始有出租汽车。上海人称出租车为“差头”。20世纪80年代前，少有市民使用出租车，其后用车需求逐渐增大，至1986年末，全市出租汽车超过7000辆。20世纪80年代末，经整治后出租汽车行业整体面貌大有改观，进入良性发展轨道，至21世纪初，成为文明行业，服务水平领先全国，成为申城引以为豪的“城市名片”。2010年后，出租汽车行业劳动力短缺、从业者素质下降、管理运营体制机制发展滞后。2014年前后，网约车经营平台异军突起，享有低成本高补贴竞争优势的外部车辆大量涌入市场，出租汽车行业受到严重冲击，整体服务质量明显下滑，拒载、绕道、多收费等乱象屡禁不止。至2022年底，通过网约车平台订购汽车服务已成为申城消费者的首选，传统出租汽车少人问津。1914年，无轨电车在上海通车，至1949年，上海有电车、汽车公交线路44条。上海解放后，公共汽车、电车为代表的公交车继续发展，至1978年，全市每万人拥有2.7辆公交车。由于投入长期不足，“乘车难”矛盾异常突出，至20世纪80年代，早晚高峰期公交车厢1平方米竟然挤入11～12人。为破解公交难题，上海持续加大对公交设施和城市道路建设的投入，不断增加公交车辆，新辟延伸线路，新建桥隧道路，至21世纪初，全市公共交通面貌发生根本性转变，非早晚高峰期公交车辆乘客基本有座位。1993年5月28日，轨道交通1号线南段正式投入试运营，上海轨道交通实现零的突破，至2022年底，上海轨道交通运营线路已达20条（含磁浮线），总里程达831公里，居世界第一。轨道交通成为上海市民市内出行首选的交通方式，工作日早晚高峰时期车厢内较为拥挤。

资料链接：

《上海通志》第十一、十四、二十六、二十九、四十三卷

《上海民族志》

《上海宗教志》

《上海劳动志》

《上海市志·民族·宗教分志·民族卷（1978—2010）》

《上海市志·民族·宗教分志·宗教卷（1978—2010）》

《上海市志·人力资源和社会保障分志·劳动卷（1978—2010）》

《上海市志·民政·民生分志·社会生活卷（1978—2010）》

方言、风俗

方言 上海地区通行、使用的本地方言属现代吴方言太湖片，是古代吴语的继承和发展。

最早记录上海方言的元陶宗仪《辍耕录》，记有松江方言声母“塞音三分”（p、p′、b；t、t′、d；k、k′、g 等）和“丫头”（女子之贱者）、“温暾”（微暖）、“拗花”（折花）、“娘”（母）、“鏖糟”（不洁）、“家翁、家公”（家之尊者）、“点心”（小食）、“夜航船”（夜行客船）等多个方言词。明正德七年（1512 年）《松江府志·风俗卷》，记松江地区“方言语音皆与苏、嘉同，间亦小异。……细分之，则境内亦自不同，枫泾以南类平湖，泖湖以西类吴江，吴淞以北类嘉定，赵屯以西类昆山。府城视上海为轻，视嘉兴为重，大率皆吴音也”。

此后，上海地区有50余种明清方志设专目记录本地方言。综合所记，表明上海地区方言是吴语北部的一个土语群，以古吴淞江为界分为南北两区。南区包括今上海市中心区、闵行区、浦东新区和松江、青浦、金山、奉贤等区全境或大部。北区包括今宝山区、嘉定区和崇明区等地。吴淞江北岸黄渡、江桥一线的狭长地带属南区，今黄浦江下游东岸高桥一带属北区。

上海地区的方言可根据声调的调类分合及调值特点分为5个区：城市方言区、崇明方言区、嘉定方言区、松江方言区和练塘方言区。城市方言区指今上海市中心区（即今黄浦区、静安区、徐汇区、长宁区、普陀区、虹口区、杨浦区）范围内的上海话。崇明方言区范围包括崇明岛及长兴、横沙岛内的方言。嘉定方言区范围包括今嘉定区的大部、宝山区大部，北界沿长江跟崇明分割，南界沿古松江走道与松江方言区相交。练塘方言区范围包括今青浦区西南的练塘镇、金泽镇等部分地区（即原青浦县练塘镇、练塘乡、小蒸乡、蒸淀乡、西岑乡、莲盛乡、金泽乡和商榻乡）所说的方言。其余的都是松江方言区的范围。松江方言区覆盖的面积最广，再可分为松江、上海外围、浦东3个小区。

根据现有资料，上海城市方言（亦称上海话）自19世纪中叶起演变加速，至今其演变大致可分为4个时期。第一期，19世纪50年代—20世纪20年代。方言记录，初期以J. Edinks（艾约瑟）《上海口语语法》（1853年），后期以B. Karlgren（高本汉）《中国音韵学研究》（1915—1926年）的记录为代表。第二期，20世纪20—50年代，以赵元任《现代吴语的研究》（1928年）、布尔其瓦《上海方言语法》（1941年）的记录为代表。第三期，20世纪50—90年代。初期以江苏省和上海市方言调查指导组编《江苏省和上海市方言概况》（1960年），后期以许宝华、汤珍珠主编《上海市区方言志》（1988年）的记录为代表。第四期，20世纪90年代至今，以陈忠敏、钱乃荣主编的《上海市志·民俗·方言分志·方言卷（1978—2010）》的记录为代表。各种研究表明，今上海城市方言跟吴淞江以南旧属松江府辖区的华亭、上海县一带的古代方言关系比较密切，跟吴淞江以北旧属苏州府太仓州辖区的嘉定、宝山、崇明一带的方言关系较疏远。现代上海话的直接源头是元明时代通行于松江府上海县一带的方言，与毗连的松江、嘉兴等地方言有特别密切的历史渊源。

历史上上海及其周围地区的强势方言（如元明时代的嘉兴话和松江话，清代的苏州话），都对上海地区的方言产生过较大影响。20世纪后，上海的经济文化发展迅速，上海地区方言的代表上海话逐渐成为上海及毗邻地区的强势方言。同时，由于大批移民进入上海地区，各地方言对上海方言的发展也带来很大的影响。20世纪90年代后，随着普通话的逐步推广和普及，以及非吴语区外来移民的持续大量涌入，至21世纪初，普通话已成为上海地区居民在公共场所使用的主流语言。20世纪八九十年代以后上海出生成长的户籍居民普通话的流利程度已经超过上海话，他们所说的上海话与父母辈已有较大差异，无论是音类的分合还是音值，都逐渐向普通话方向靠拢。

风俗 上海地区在开埠前，风俗与吴越文化圈其他城镇相仿，同时也有一些自己的特点，如婚嫁中"高陪嫁"和"大娘子"等习俗。开埠后直至上海解放前，百年间因社会经历剧变，风俗自然随之改易，传统的婚丧嫁娶等人生礼俗在20世纪50年代逐渐淡化，如送分床铺、庆号与开关栅、拾骨葬等；有的在20世纪80年代后基本消亡，如哭丧歌、看风水选坟地等；也有新风尚在20世纪80年代后兴起，如婚俗中的网恋、旅行结婚，生日习俗中的18岁成年礼，丧俗中的送花圈、节地葬、海葬等。上海地区的人生礼俗在许多方面开中国风气之先，如集体婚礼、文明结婚、旅行结婚首先在沪出现，过生日吃蛋糕、送生日卡，也最早在上海流行。

清光绪三十三年（1907年）出版的《上海乡土志》载："新年交相贺岁，一日至三日禁扫除室中。花朝剪彩赏红。清明扫墓悬纸钱。三四月间，妇女多往龙华进香。立夏悬称，食摊粞、酒酿。五月五日，缚艾人、食角黍、插菖蒲，小人以雄黄抹额、穿黄衣，妇女制五彩为健人。六月二十四日，俗称雷神诞，白云观、丹凤楼、也是园等处进香颇众。七月七日，妇女以凤仙花染指甲。月晦，街衢遍插地香。中秋赏月，烧香斗、食月饼。二十四日，以新米作粉圆祀灶。九月九日，蒸重阳糕，遨游寺阁，名'登高'。十月朔，祀先。腊八日，以枣粟煮粥。望后，各以年物馈送，曰'年礼'。以牲醴祭五祀，曰'做年'。"上海开埠后，渐受海外文化影响，成为中国较早出现西洋节日活动的城市。20世纪起，外省市迁移到上海的人口剧增，在各移民集聚区内流行其原籍地的节日饮食习惯和祈福禳灾仪式。当代上海的岁时节日习俗仍以传统节日为主，重视春节、清明、端午、中秋等重要节日，部分家庭还保留祭祀祈福仪式，亲友间互相拜访，互赠节令礼物，互祝安康。20世纪90年代以来，传统节日礼俗出现了适应城市生活的新变化，如除夕部分家庭选择在饭店里吃年夜饭；又如重阳节登高，市区因无山，创造性地发明了登高楼的习俗。对元旦、五一节、国庆节等国定假日，大多当作休假，在家庭中无固定的庆祝仪式。对圣诞节、情人节、母亲节等源于西方的节日，大部分市民不接受，年轻人借其作为联谊娱乐、表达情感的载体，相比其他地区影响要大。上海人过节日看重家人团圆，讲究菜肴点心丰盛，并借节日食品寄托追求幸福安康、驱邪避灾的心愿。民间各类文艺活动和休闲娱乐活动大多在节日期间举行。

上海长期是中国商业、金融业最发达的城市，促成居民养成讲诚信、重契约的精神，以及“讲派头”“有腔调”(讲究外在形象和举止风度)等生活习俗。上海人喜赶时髦，服饰、器玩饮馔、作派等“有一岁而变，有数月即变，若过三五年间，往往有如隔代”，谚云“乡下姑娘学上海样，学死学煞学不像。刚刚学来七分像，上海又啦变花样”。20世纪初至70年代，上海引领全国时尚；七八十年代以港台地区为尚；20世纪90年代至21世纪初，又转向欧美日韩。饭后茶余，或朋友相聚、男女恋爱，结伴上街散步、购物、游览，称“荡马路”。上海人办事精明周到、精打细算，人称“门槛精”；与人交往有分寸感，“拎得清”(懂事理)，对己无关之事少有热心，不占人便宜，亦不愿自己吃亏；不事张扬，不轻许诺，鄙视“掼浪头”(说大话、夸海口)。

上海开埠前，信仰禁忌活动与江浙地区基本相同。开埠后，随着西方文化的传入，一些源自西方的信仰活动也传入上海，并在一部分市民中间产生影响。上海解放后因移风易俗，信仰活动渐稀。20世纪80年代以来，到寺庙、宫观、教堂烧香、礼拜的人数在上升。春节期间到寺庙烧头香、正月初四接财神等习俗逐渐盛行。丧事中请僧道做法事较为普遍。传统节日、人生礼仪中的信仰民俗活动逐渐恢复。进入21世纪后，随着非物质文化遗产保护工作的开展，龙华庙会、金泽庙会、道教音乐、松江舞草龙、金山舞小白龙、黄道婆信俗等有信仰性质的活动相继入选上海市和国家的非物质文化遗产代表作名录。

资料链接：

《上海通志》第四十、四十三卷

《上海市志·民俗·方言分志·民俗卷(1978—2010)》

大事年表

时期	年代	大事
	约6000年前	上海海岸沙冈冈身形成。冈身从今嘉定区外冈，经今青浦区徐泾，闵行区诸翟、俞塘，至今奉贤区江海，直达柘林。冈身以西的今上海地区已经成陆。
	约5000—3000年前	在今青浦区崧泽和福泉山、寺前村，今金山区的查山，今松江区的汤庙村、平原村、姚家圈和广富林，今闵行区马桥等村落遗址中发现石器、玉器、陶器、青铜器等史前人类使用的器物，还发现人工培植的稻谷粒及草茎，以及今知中国最早的两口水井。分别显示出马家浜文化、崧泽文化、马桥文化特征。
春秋时期		《汉书·地理志》记载，吴王阖闾筑南武城（故址在今闵行区华漕镇西南坞城巷村），为上海地区最早见之于典籍的地名。
战国时期		《尚书·禹贡》记载有“三江”名称，后将太湖东泄入海的娄江、松江、东江称为“三江”。
秦	始皇帝二十六年（前221年）	在今金山区东南旬山一带设海盐县城，为上海地区首个县治。西汉后期陷为湖泊，徙治武原乡（今浙江省平湖县东）。
西晋	太康至太安年间（280—303年）	华亭陆机作草书《平复帖》，9行86字，为全国今存年代最早的名人手迹。陆机有《文赋》《吊魏武帝文》《豪士赋序》等文，注重排偶，开六朝骈文先河。华亭陆云（字士龙）和洛阳荀隐（字鸣鹤）有“云间陆士龙”“日下荀鸣鹤”之对，“云间”名从此始，后成为华亭县、松江府别名。陆云所作《春节帖》，后被选入《淳化阁法帖》。

（续表）

时 期	年 代	大 事
东晋	咸和元年（326年）	虞谭率兵修沪渎垒（约在今青浦区青龙镇附近）。隆安四年（400年）吴郡太守袁山松（或作崧）率兵重修。后为吴淞江水淹没。
南朝年间	420—589年	《后汉书·左慈传》中记到松江。宋称作吴松江，明、清称作吴淞江。
唐	天宝五载（746年）	置青龙镇。天宝年间（742—756年）青龙港形成，为苏州府通海门户和上海地区最早的港口。
	天宝十载（751年）	析嘉兴东境、海盐北境、昆山南境地置华亭县，属吴郡。县治今松江老城。管22乡、19017户。
五代十国	吴越宝正元年（926年）	在沪渎建重玄寺。北宋大中祥符元年（1008年）改名静安寺。南宋嘉定年间（1208—1224年）迁芦浦沸井浜（今南京西路1686号）重建。
北宋	熙宁十年（1077年）	秀州设17处酒务，其中华亭县有华亭、上海、青龙、赵屯、大盈、泖口等务，初见“上海”之地名。
南宋	绍兴元年（1131年）	青龙港被称为江南第一贸易港，在青龙镇设市舶务。
	乾道七年（1171年）	秀州知府丘崈在水利疏中称华亭县东北有黄浦塘，初见黄浦之名。
	绍熙四年（1193年）	华亭知县杨潜修《云间志》（3卷），为上海地区现存最早的地方志书。
	庆元六年（1200年）	华亭县学徐民瞻刻《陆士龙文集》（10卷），为上海地区今存最早的图书刻本。
元	至元十四年（1277年）	升华亭县为华亭府。至元十五年（1278年），华亭府改松江府。
	至元二十八年（1291年）七月二十四日（8月19日）	元廷设上海县。至元二十九年（1292年）以华亭县东北境高昌、长人、北亭、新江、海隅5乡共26保之地为县境，领户72500余，隶松江府。县治设于上海（今黄浦区原南市老城厢）。
	元贞年间（1295—1297年）	黄道婆从崖州（今海南省三亚市崖州区）归故里上海县，带回先进棉纺织技术。为江南地区成为全国棉纺织业中心奠定基础。
	至正年间（1341—1368年）	教寺（清真寺）在松江府城建造，为上海地区最早的清真寺。

（续表）

时期	年代	大事
明	洪武元年（1368年）	苏州、松江二府直隶中书省。洪武十三年（1380年）直隶京师（南京）。
	永乐元年至二年（1403—1404年）	户部尚书夏原吉导吴淞江水由浏河白茅入海，“掣松入浏”。采纳叶宗行之见，开浚河道，组成大黄浦—范家浜—南跄浦水系，浚范家浜引浦（大黄浦）入海，“黄浦夺淞”形成黄浦江水系，吴淞江成为黄浦江支流。上海海运入海道始由长江口航道和黄浦江航道组成。
	嘉靖三十二年（1553年）	沿海倭犯，上海县连遭倭患，县署、民居、街市尽为火焚。为防倭犯，九月松江知府方廉率众筑上海县城。十二月竣工。墙长4500米，高8米，城垛3600个，城门6处，水门3处，先后建敌楼4座，箭台20座。
	万历三十四年（1606年）	上海县人徐光启与意大利人、天主教耶稣会传教士利玛窦合译《几何原本》。
	万历三十六年（1608年）	应徐光启之邀，意大利人、天主教耶稣会传教士郭居静到上海，在徐光启宅之西建教堂。西洋教士始在沪传教。
	万历年间（1573—1620年）	松江府“垦田凡二百万亩，大半植棉”，“织机十室必有”。棉花种植和家庭手工棉纺织业兴盛。
清	顺治二年（1645年）七月	清兵攻嘉定，黄淳耀、侯峒曾率民众据城抗清。自初三城破至闰六月初，清兵在嘉定城内、罗店、葛隆、外冈、马陆、杨行等地屠杀抢财，死难者2万余人。史称“嘉定三屠”。八月初三，清兵破松江府城。
	顺治年间（1644—1661年）	置苏松兵备道，驻太仓州，苏州、松江二府隶之。
	康熙二十三年（1684年）	开海禁，准允海上贸易。东线至日本、朝鲜，南线至南洋群岛。
	康熙三十五年（1696年）六月初一	大风潮，暴雨如注，二更余海啸，潮水冲入沿海数百里，宝山、嘉定、崇明、吴淞、川沙和柘林等地皆受灾，淹死十万余人。
	雍正八年（1730年）	分巡苏松道改称分巡苏松兵备道，道署从苏州府移驻上海。乾隆元年（1736年）太仓州并入，又改称分巡苏松太兵备道，亦称苏松太道、上海道等。
	道光三年（1823年）正月	江苏按察使林则徐大规模疏浚吴淞江。
	道光二十二年（1842年）四月二十九日（6月7日）	英国舰队抵长江口外。五月初八（6月16日）约晨6时，英军攻击清军阵地，吴淞之战发生。驻守西炮台的陈化成等腹背受敌，力竭牺牲。清军失败。

（续表）

时期	年代	大事
清	七月二十四日 （8 月 29 日）	中英《南京条约》签订。与上海有关之条款有：（1）上海开放为通商口岸；（2）英国在上海派驻领事；（3）英商在上海可自由与中国商人贸易；（4）协定关税；（5）两国官员平行往来。
	道光二十三年 （1843 年） 九月二十六日 （11 月 17 日）	上海道台宫慕久宣布上海正式辟为商埠。并在洋泾浜北设立西洋商船盘验所，征收进口货物税银。
	十一月初八 （12 月 28 日）	英国伦敦布道会传教士麦都思（Watter Henry Medhurst）将所办之印刷所从巴达维亚（今印度尼西亚雅加达）迁上海，名墨海书馆（London Missionary Society Press），为上海首家近代企业和编译出版机构。
	是年底	英国驻沪领事馆在黄浦江边建立。是为第一家外国驻沪领事馆。
	道光二十四年 （1844 年） 正月（2 月）	英国传教士医师威廉·洛克哈脱（Willam Lockhart）在上海县城大东门外租赁民房创办“仁济医馆”，亦称“中国医院”（Chinese Hospital），为上海最早的西医医院。两年后迁至麦家圈（今山东中路）新院舍，名仁济医院。
	五月十八日 （7 月 3 日）	《中美望厦条约》（《中美五口贸易章程》）签订。与上海相关之条款：（1）美国人可在上海等地居住贸易，租地建楼，设立教堂；（2）协定关税和给予美国最惠国待遇；（3）美国在上海有领事裁判权；（4）美军舰可泊上海港。
	九月十三日 （10 月 24 日）	《中法黄埔条约》（《中法五口贸易章程》）签订。涉及上海之条款：（1）法国人可在上海居住贸易，租地建屋，建造教堂；（2）协定关税；（3）给予法国领事裁判权；（4）法国军舰可常驻上海。
	是年	美国在上海设立美国司法委员法院和高等法院。英国、美国、比利时等国相继在上海设立领事法庭。
	道光二十五年 （1845 年） 十一月初一 （11 月 29 日）	上海道宫慕久公布与英国驻沪领事巴富尔签订的《上海土地章程》23 条。划定洋泾浜（今延安东路）以北，李家厂（今北京东路）以南，东起黄浦江的一方土地准租与英国商人，为建筑房屋及居住之用。英商居留地面积约 830 老亩，约合 840 市亩。为英租界之始。
	道光二十六年 （1846 年）	中国生丝和丝织品对外贸易的重心从广州移至上海。上海逐渐成为全国对外贸易中心。
	道光二十七年 （1847 年） 四月底	天主教江南教区在徐家汇小教堂附近建耶稣会会院。院内附设藏书楼（今徐家汇藏书楼），为上海第一家近代图书馆。

（续表）

时期	年代	大事
清	十一月二十四日 （12月31日）	上海道盛龄批准将出租地契发给英商宝顺洋行经理颠地·蓝士禄，为上海第一号租地道契。
	是年	英国丽如银行（Oriental Bank）在外滩设上海代理处。道光三十年改支行。为中国第一家外资银行。
	道光二十八年 （1848年）	美国圣公会主教文惠廉（William Jones Boone）在吴淞江北岸虹口地区广置土地，建造房屋，向上海道提出设美租界。
	道光二十九年 （1849年） 三月十四日 （4月6日）	上海道台麟桂宣布，与法领事敏体尼商定，设法租界，范围为南至上海县城城河，北至洋泾浜，西至关帝庙褚家桥，东至广东潮州会馆沿河至洋泾浜东角。面积986亩。
	五月	法国天主教耶稣会在徐家汇创设中国第一所教会学校圣依纳爵公学。1927年改徐汇公学，即今徐汇中学。
	道光三十年 （1850年） 三月	大英轮船公司（Peninsular and Oriental Shipping）明轮玛丽·伍德夫人号（Lady Mary Wood）开辟香港至上海的航线，为上海首条沿海客货班轮航线。年底，美国罗素轮船公司开航纽约—上海航线。
	六月二十六日 （8月3日）	英商建立字林报馆，英人奚安门（Henry Shearman）创办上海首种英文报纸《北华捷报》(*The North-China Herald*)。咸丰十一年（1861年）十一月，英商字林洋行创办《上海新报》(《字林西报》中文版)，为上海第一种中文报纸。
	咸丰元年 （1851年） 二月二十一日 （3月23日）	天主教江南教区徐家汇总铎区圣依纳爵堂兴建，七月初四日落成。为中国第一座西方建筑样式的教堂。
	咸丰三年 （1853年） 八月初五 （9月7日）	上海小刀会首领刘丽川率众起义，占领上海县城，逮署上海道台吴健彰，杀知县袁祖德，建号大明国，刘自称大明国统理政教招讨大元帅。
	咸丰四年 （1854年） 六月初五 （6月29日）	江海关监督、署上海道吴健彰与英、法、美3国驻沪领事订立《上海海关征税规则》。规定上海设司税官，三国领事各派税务司一人管理海关，主持收税。六月十八日英、美、法租界当局组成关税管理委员会。上海海关自此完全由外国人控制。
	六月十七日 （7月11日）	英、法、美3国租地人召开租地人大会，通过经英、美、法3国公使签署的《上海英美法租界土地章程》，组织成立统治3国租界的市政机关工部局。六月二十三日（7月17日）工部局举行第一次董事会议，决定在工部局下设立若干委员会，负责租界内的租务、警务、财务等。

（续表）

时期	年代	大事
	同治元年（1862 年）三月初二（3 月 31 日）	英租界租地人会议决定将虹口美租界并入英租界。同治二年（1863 年）八月初九（9 月 21 日），虹口美租界租地人召开大会，同意美租界与英租界合并。九月初五英美两租界正式合并，改称公共租界。
	四月初一（4 月 29 日）	法代理领事爱棠发出告示，宣布设立大法国筹防公局（后改上海法租界公董局）。两天后筹防公局成立。
	同治二年（1863 年）二月初十（3 月 28 日）	江苏巡抚李鸿章奏请仿京师同文馆之法，于上海设立外国语言文字学馆（也称上海同文馆），招收 14 岁以下文童入馆，学习外国语言及自然科学。二月初十获准开办。4 年后改称上海广方言馆，为上海第一所外语学校。
	同治四年（1865 年）六月初十（8 月 1 日）	公共租界工部局设立工部局书信馆，为上海第一个现代邮政机构。
	八月初十（9 月 29 日）	清政府批准李鸿章建立江南制造总局奏请，专造船、炮，为中国最大的兵工厂。九月，容闳向美国扑得南公司（Putuam Machine Co.）订购的 100 余种机器运抵上海，安装于江南制造总局。
清	九月十三日（11 月 1 日）	英商投资 15 万两银建成上海首家煤气厂——上海大英自来火房开始向公共租界住宅供应煤气，是为中国家庭使用煤气之始。十一月初一（12 月 18 日），大英自来火房在南京路（今南京东路）点亮上海第一批 10 盏煤气路灯。
	同治十一年（1872 年）十一月初一（12 月 1 日）	徐家汇观象台开始气象观测，上海始有气象观察记录。至 2022 年，连续 150 年上海每天气象记录从未中断。
	七月初八（8 月 11 日）	詹天佑等中国首批 30 名留美幼童由沪赴美，其中有上海籍幼童陆锡贵。
	七月	英国路透通讯社在上海设立远东分社。
	同治十三年（1874 年）十一月	淞沪铁路动工，英商怡和洋行组建吴淞铁路公司经营。光绪二年闰五月初九（1876 年 6 月 30 日）通车，十二日（7 月 3 日）正式营业。十月十六日（12 月 1 日），上海—吴淞全线 14.5 公里通车营业。为外国人在华建造和经营的中国第一条铁路。光绪三年十一月十四日（1877 年 12 月 18 日），淞沪铁路被清政府买下并下令全部拆除。
	十二月初一（1875 年 1 月 8 日）	报载，徐寿、徐建寅在江南制造局龙华火药局用铅室法创制镪水（硫酸）。为中国化学工业之起步。

（续表）

时期	年代	大事
清	光绪元年（1875年）二三月间	英国人格罗姆（F. A. Groom）在上海建成第一座城市自来水厂。
	光绪五年（1879年）四月初八（5月28日）	国内第一盏弧光电灯在沪问世。光绪八年（1882年）三月初九（4月26日），英商立德尔创办上海电气公司（Shanghai Electric Co.），借用老式煤气路灯木杆，试装电灯。
	光绪七年（1881年）十一月初八（12月28日）	国内第一条长途公众电报电路津沪电报线全线开放使用。十一月二十五日（1882年1月14日），上海《申报》记者自天津通过津沪电报线交发新闻专电，在全国最早用电报线传递新闻电讯稿。
	光绪八年（1882年）正月十二日（3月1日）	大北电报公司在外滩创设上海第一家电话局。人工电话交换所开放电话，安装有中国第一部公用电话机。
	光绪十一年（1885年）三月初三（4月17日）	李鸿章奏请留美学生回国留用情况，其中上海机器制造局留用22名，至是日已逾4年，所习各艺均能融会贯通，各有心得。选募学生出洋肄业西学，培养人才，实为中国自强根本。
	光绪十五年（1889年）十二月初三（12月24日）	上海机器织布局试车，初七日正式开车。在国内首先引入西方机器纺织技术。
	是年	美国安息浸礼会惠中学塾附设幼稚园，为上海首家幼儿园。
	光绪十六年（1890年）	江南制造局设炼钢厂，建15吨酸性平炉，为中国有炼钢平炉之始。
	光绪十七年（1891年）	上海股份公所成立，已具证券交易所雏形。光绪三十一年（1905年）改组为上海众业公所（在香港注册），作为证券交易所正式对外营业。
	光绪二十年（1894年）	德国商人在杨树浦开办上海首家机器磨面企业增裕面粉厂。
	光绪二十二年（1896年）二月初七（3月20日）	大清邮政开办，上海被指定为全国24个已开办海关邮政之一。江海关受命兼办地方邮政。

（续表）

时期	年代	大事
	二月二十六日（4月8日）	南洋公学（今上海交通大学）由盛宣怀创办于徐家汇。次年南洋公学内设师范院，为中国近代师范教育之开端。编印全国第一种小学教科书《蒙学课本》。
	四月	上海南市马路工程局成立，为上海最早的市政工程机关。次年南市外马路筑成后改上海南市马路工程善后局。
	光绪二十三年（1897年）正月初一（2月27日）	沪宁铁路沪淞段开工。次年六月二十八（1898年8月5日）竣工，七月十六日（9月1日）淞沪铁路全线16.09公里通车。
	四月二十六日（5月27日）	中国人自办的第一家银行——中国通商银行在上海创办。
	是年	上海第一条地下电力电缆敷设，向低压直流照明用户供电。
	光绪二十四年（1898年）六月	经元善在沪南文昌庙桂墅里办经正女学，为国人自办女子学堂之始。
	是年	上海育蚕试验场建立，为全国第一所近代农业科研机构。
清	光绪二十七年（1901年）	匈牙利人李恩时（Leinz）从香港带2辆美国福特公司汽车到沪。汽车始进入中国。
	光绪三十年（1904年）正月二十四日（3月10日）	上海万国红十字会成立。宣统三年（1911年）改称中国红十字会，总会设在北京，上海设总办事处。
	光绪三十一年（1905年）七月二十日（8月20日）	中国同盟会在日本东京成立，蔡元培任上海分部负责人。
	八月二十九日（9月27日）	清外务部与十一国公使签订《修浚黄浦河道条款》。十二月一日在上海设立开浚黄浦工程管理总局，总理黄浦江疏浚和治理。
	是月	复旦公学（今复旦大学）在吴淞镇行辕旧址创办，马相伯任校长。
	光绪三十二年（1906年）十一月初一（12月16日）	上海预备立宪公会成立。光绪三十四年七月十五日（1908年8月11日），由上海预备立宪公会发起，联合豫、苏、皖、湘、直、鲁、晋、浙等省立宪团体，在北京上书宪政编查馆，请速开国会。

（续表）

时 期	年 代	大 事
清	光绪三十三年（1907年）十一月	苏州河公园桥（中国人称外白渡桥）建成，钢铁结构，霍华恩·厄斯金公司（Howarth Ersikine，Ltd.）设计建造。十二月十一日（1908年1月14日），过桥电车轨道竣工通行。
	十二月十八日（1908年1月21日）	英商上海电车公司有轨电车从静安寺车栈驶出，在爱文义路（今北京西路）至外滩试行。光绪三十四年二月初三（1908年3月5日）正式通车。
	光绪三十四年（1908年）八月二十三日（9月18日）	美商环球供应公司百货商场开设汽车出租部，在上海首家经营汽车出租业务。
	十一月二十九日（12月22日）	西班牙商人安·雷玛斯建成中国首家电影院——虹口活动影戏园。
	同治、光绪年间（1862—1908年）	海上画派形成，代表人物有“三熊”(任熊、朱熊、张熊)、“三任”(任熊、任薰、任颐)、虚谷、吴俊卿等。
	宣统二年（1910年）正月初六（2月15日）	上海城自治公所议事会成立。举行第一次选举，1104名选民参加，选出48名议员组成董事会，选举沈恩孚为议长、李平书为董事会总董。
	九月十二日（10月14日）	受美国金融界投机影响，上海发生“橡皮股票风潮”，是为中国近代史上第一次金融大风潮。
	是年	枫泾镇丁氏兄弟饭店所烹制猪蹄，获南洋劝业会银奖。1935年又获德国莱比锡万国博览会金奖。“丁蹄”成为上海金山特产。
	宣统三年（1911年）二月十二日（3月12日）	全国商团联合会在上海成立。
	四月初一（4月29日）	全国教育联合会在上海成立，讨论实施国民教育，统一国语方法，推行义务教育，改良小学教育。
	五月十五日（6月11日）	中国国民总会在上海成立，以“提倡尚武，兴办团练，实行国民应尽义务”为宗旨。
	闰六月初六（7月31日）	中国同盟会中部总会在沪成立。是月，同盟会中部总会推动文学社和共进会在武昌举行联合会议，筹划起义，成立领导起义的统一机构。
	九月十三日（11月3日）	上海革命党人陈其美、李燮和等联络商团、巡警举义，次日光复上海。九月十六日（11月6日）沪军都督府（也称上海军政府）成立。陈其美被拥戴为都督，设顾问官以及司令部、参谋部、军务部、外交部、民政部、财政部、交通部、海军部。是日，松江、嘉定、青浦、金山光复。次日南汇、奉贤、川沙光复。二十日崇明光复。

（续表）

时期	年代	大事
清	九月十九日（11月9日）	上海司法署成立，为上海第一个司法独立机关。1912年改上海地方审判厅。
	十月十五日（12月5日）	北伐联合会在上海成立。十月二十一日宣布以联合各省都督会会同北伐，统一军机，共谋光复为宗旨。
	十月二十八日（12月18日）	民军代表伍廷芳与清内阁代表唐绍仪在上海公共租界市政厅举行议和，商议各地停战。十一月初一（12月20日）段祺瑞的代表在上海与黄兴的代表顾忠琛秘密议和，是日达成“确定共和政体”“优待清皇室”等5项协议。
	十一月初六（12月25日）	孙中山抵上海。十一月初七（12月26日）孙中山在上海与同盟会负责人黄兴、宋教仁、胡汉民、陈其美等讨论组织临时政府方案。举孙中山为总统。
	十一月初十（12月29日）	中国同盟会本部在上海召开欢迎孙中山大会。孙称民族主义、民权主义将达，民生主义未少着手。
	是日	沪军都督陈其美下令剪发。次日上海民政总长布告全民速剪辫发。
中华民国	**1912年**	
	1月1日	孙中山自上海抵南京，中华民国宣告成立，当晚10时宣誓就任中华民国临时大总统。
	1月24日	南京临时政府批准设立中国银行。2月5日，在上海举行成立大会，并开业。4月1日，在北京设立中国银行筹备处。8月1日，中国银行总行正式成立。
	是月	江苏省裁府、州、厅，留县。上海地区废除上海道，裁松江府，改隶于江苏省。华亭县和娄县合并为华亭县，川沙抚民厅改川沙县。
	7月31日	沪军都督府撤销，改江苏都督行辕。
	是月	拆上海县城填护城河工程动工。11月，北半城工程结束。至次年6月，北半城路面修筑完工，名民国路（今人民路），长850丈。
	10月	方液仙创建上海第一家日用化学品厂——中国化学工业社，生产三星牌牙粉等产品。
	是月	刘海粟创办全国首家教授西方绘画艺术的美术专门学校——上海图画美术院。1921年改为上海美术专门学校。

（续表）

时期	年代	大事
中华民国	**1913 年**	
	3 月 20 日	中国国民党（筹）代理理事长宋教仁在上海火车站被刺。22 日，不治身亡。
	7 月 18 日	响应孙中山发起的二次革命，陈其美宣布上海独立，并在南市设上海讨袁军司令部。吴淞炮台同时响应，居正为吴淞要塞总司令。8 月 13 日，上海讨袁军失败，吴淞炮台失守。陈其美避居租界。二次革命失败。
	9 月 29 日	洋行职员张石川等人承包美商亚细亚影戏公司编导演业务，摄制完成中国第一部故事片《难夫难妻》(又名《洞房花烛》)，是日在新新舞台放映。
	1914 年	
	5 月	北洋政府设沪海道，驻上海县，辖上海、松江、南汇、青浦、奉贤、金山、川沙、太仓、嘉定、宝山、崇明、海门 12 县。
	1915 年	
	2 月 5 日	中华医学会在上海成立。11 月创刊《中华医学杂志》。
	5 月 9 日	北洋政府接受日本提出的二十一条，当日下午上海工人、学生、商界团体联合召开 5 万多人的国民大会，通电反对。
	9 月 15 日	陈独秀在上海创办《青年杂志》，次年 9 月第二卷第一号起改名为《新青年》。提倡民主、科学和新文化运动。
	12 月 5 日	陈其美等革命党人在上海发起起义。策动肇和兵舰起义，炮击江南制造局，攻击淞沪警察总局、电话局，被袁军大队镇压。
	1916 年	
	1 月 22 日	中华革命党在上海创刊《民国日报》，以反对袁世凯复辟帝制为宗旨。1924 年《民国日报》为国民党机关报。
	5 月 9 日	孙中山在上海发表《孙文宣言》(《第二次讨袁宣言》)，力主尊重宪法，正式提出民族、民权、民生三大主义。
	5 月 18 日	下午 5 时，陈其美被袁世凯所派许国霖、宿振芳等刺杀于萨坡赛路（今淡水路）14 号寓所。
	8 月 30 日	荣宗敬、荣宗德在上海创办申新纺织有限公司，规定资本 30 万元，实收 20.7 万元，纺锭 12240 枚。次年改称申新一厂，创设布机，有布机 350 台。

（续表）

时期	年代	大事
	1917 年	
	2 月 1 日	陈独秀在《新青年》发表《文学革命论》，提出文学革命三大主义。1918 年 4 月 15 日，胡适在《新青年》发表《建设的文学革命论》，主张以“国语的文学，文学的国语”为建设新文学之宗旨。
	2 月 21 日	孙中山在上海写成《社会建设》（又名《民权初步》，后编为《建国方略》之三），初夏出单行本。
	5 月 6 日	王正廷、黄炎培、蔡元培等在上海创设中华职业教育社。1918 年 5 月，创办中华职业学校，为全国第一个职业教育机构。
中华民国	6 月 19 日	孙中山在上海通告中华革命党员，兴师讨贼，维持共和。23 日，孙中山鼓动海军护法，在上海与海军总长程壁光“会商大计”。
	7 月 3 日	孙中山、章太炎、唐绍仪等在上海集议，议决军舰护送孙中山南下广州护法。6 日，孙中山乘海琛号军舰由上海启程赴穗。
	10 月 20 日	先施公司开业，为华商在南京路（今南京东路）开设的首家大百货公司。
	1918 年	
	10 月 15 日	李大钊在《新青年》杂志发表《庶民的胜利》《布尔什维主义的胜利》。
	是年	刘鸿生创办义泰兴码头公司，为中国近代最大的民族资本码头公司。
	1919 年	
	1 月 1 日	全国实行新邮区制，上海为单独的邮政区域。上海邮区范围为原松江府、太仓州、海门厅及原苏州府昆山县之一部。
	1 月 15 日	陈独秀在《新青年》杂志发表《本志罪案之答辩书》，提出拥护德、赛两先生（民主和科学）。
	2 月 20 日	南北和平会议在上海开幕，北洋政府和南方军政府商讨议和诸项事宜。北洋政府总代表朱启钤，南方军政府总代表唐绍仪。到 5 月 13 日，共开 8 次会议，均无结果。
	3 月 14 日	毛泽东由京抵沪，参加送别留法勤工俭学学生活动，为毛泽东第一次到上海。

（续表）

时期	年代	大事
中华民国	3月15日	吴玉章、张继、法驻沪总领事魏尔登等在寰球中国学生会举行首批赴法勤工俭学生欢送会。17日，首批留法勤工俭学生欧阳钦等89人由沪起航。31日，第二批留法勤工俭学生26人由沪赴法。
	3月18日	教育部派遣前上海图画美术学校毕业生徐悲鸿赴法留学，是日，徐由伦敦赴法，为中国赴西洋留学美术者第一人。
	4月10日	大韩民国临时政府在上海法租界成立。
	5月4日	为反对北洋政府在《巴黎和约》上签字，五四爱国运动在北京爆发。是为中国新民主主义革命的开端。
	5月5—9日	上海30余所大中学校、商业公团联合会、日报公会、律师公会等团体通电声援5月4日北京被捕学生，要求北洋政府立即开释。《新申报》号外率先报道北京五四学生示威消息。7日，上海各界2万余人在公共体育场集会、示威游行，召开国民大会，声援北京爱国学生。9日，上海各校均停课一日，上海南北市各大商号停业，上海股票商业会停业交易。
	5月15日	《新青年》第四卷第五号发表鲁迅小说《狂人日记》，为中国第一篇白话文小说。
	是月	《新青年》第六卷第五号（通称马克思主义研究专号），由李大钊编辑出版，载有李大钊《我的马克思主义观（上）》等多篇介绍马克思主义的文章。
	6月5日	上海开始罢工、罢课、罢市的“三罢”斗争，支援北京被捕学生。上海商店全部停业。纺织、机械、印刷、造船、铁路、电车等50多行业七八万人罢工。学生、工人上街发表演说，要求释放被捕学生，收回青岛，废除“二十一条”，严惩曹汝霖、章宗祥、陆宗舆。12日，上海各界在公共体育场开会庆祝曹、章、陆卖国贼被免职。
	6月16日	第一次全国学生代表大会在上海召开，21省市60多名学生代表出席。成立全国学生联合会。
	7月3日	中华总工会在沪成立。8月25日，称有会员四五万人。
	8月14日	陈毅等61名留法勤工俭学学生离沪赴法国。
	10月10日	孙中山正式改组中华革命党为中国国民党，设本部于上海。

（续表）

时期	年代	大事
中华民国	**1920 年**	
	1 月 31 日	上海各界近百个团体 3 万余人在公共体育场召开国民大会，反对中日直接交涉山东问题。
	4 月	经李大钊介绍，共产国际代表维经斯基在上海会见陈独秀，商谈创建中国共产党事宜。
	5 月 1 日	上海中华全国工界协进会等 7 团体 500 余工人在陈独秀指导下，发起召开世界劳动纪念大会，发表《上海工人宣言》。
	是月	陈独秀等成立上海马克思主义研究会，成员有李汉俊、沈玄庐等。
	6 月	中国共产党发起组在上海成立，选举陈独秀为领导人（书记），拟党纲十余条。先后参加党组织的有陈独秀、李汉俊、李达、沈玄庐、陈望道、俞秀松、杨明斋、邵力子、沈雁冰、袁振英、林伯渠、沈泽民、李启汉、李中、施存统、周佛海等人。《新青年》从第八卷第一号起，改为中国共产党发起组机关刊物。
	7 月 1 日	上海证券物品交易所开业。经营有价证券、棉花、棉纱、布匹、金银、粮食、油类、皮毛等。
	8 月	《共产党宣言》（全译本）第一种中译本由上海社会主义研究社出版，陈望道翻译。
	是月	中国共产党发起组和上海社会主义青年团在霞飞路（今淮海中路）新渔阳里 6 号创办外国语学社，培养中共干部。
	11 月 21 日	全国第一个工会组织——上海机器工会成立。入会会员有造船厂、电灯厂、厚生铁厂、东洋纱厂等员工 370 多人。孙中山、陈独秀到会演说。
	是月	中国共产党发起组拟就《中国共产党宣言》。
	是年	据《劳动界》发表的《1920 年上海劳动运动大事记》载，1920 年上海举行罢工运动 40 次。
	1921 年	
	1 月 9 日	经济研究会在上海成立，是国内最早的专业经济学术社团。
	是月	郁达夫《沉沦》在上海泰东图书局出版，为全国第一种白话短篇小说集。

（续表）

时期	年代	大事
中华民国	3月10日	上海虹桥机场兴建。6月29日，基本竣工。为全国第一个民用机场。
	4月	上海外国语学社开始分批输送青年赴苏俄学习，先后赴苏俄的有刘少奇、任弼时等近30人。
	6月3日	共产国际代表马林抵沪，与有关人员商量中国共产党成立事宜。
	7月23日	中国共产党第一次全国代表大会第一次会议在上海望志路106号（今兴业路76号）召开。中国共产党诞生。
	10月10日	孙中山《实业计划》中文本由上海民智书局出版。
	是日	共产国际代表马林在沪同国民党总部取得联系，会见孙中山代表，建议国民党派代表参加远东各国共产党和各民族革命团体代表大会，希望与国民党建立关系。
	11月	中共上海地方委员会成立，陈望道任书记。
	1922年	
	7月16—23日	中国共产党第二次全国代表大会在上海召开。第一次提出反帝反封建的民主革命纲领和关于建立民主联合战线的设想。
	8月25日	孙中山在上海会见苏俄越飞的代表马林，表达实现与苏俄联盟之意，马林劝孙中山接纳中国共产党人加入国民党。
	9月4日	孙中山在上海召集各省国民党负责人会议，讨论国民党改组问题。6日，邀请李大钊等中共党员参加国民党。
	是月	原龙华大操场辟为龙华机场，为上海第一个军用机场。
	10月23日	国共两党共同改组东南高等专科师范学校，创建上海大学，于右任任校长，邓中夏任校务长。该校以后逐步成为中共培养干部的高等学府。
	12月23日	美国人奥斯本在上海创办中国无线电公司，在广东路大来公司设电台，功率50瓦特，是日正式开播，每晚8小时播送新闻、音乐、演说，为中国有商业无线电台之始。是月，上海有无线电收音机500余架。
	12月31日	物理学家爱因斯坦抵沪。次年元旦，演讲相对论原理。
	1923年	
	1月1日	孙中山在沪发表《中山国民党本部元旦宣言》，称国民党“乃以三民主义为立国之本原，五权宪法为制度之纲领”。2日，公布《中国国民党党纲》。3日，公布《中国国民党总章》。

（续表）

时 期	年 代	大 事
中华民国	1月26日	孙中山在沪与苏联特使越飞会谈，并发表《孙文越飞联合宣言》，确立“联俄、联共”政策。
	春	天厨味精在上海面世，为中国国产现代调味料之始。8月18日，吴蕴初创办的上海天厨味精厂正式开业，为全国首家机器生产调味品厂。
	7月9日	中共上海地方兼地区执行委员会举行首次会议。上海有党员53人。
	11月17日	大同音乐会筹备就绪，为全国第一个民乐研究机构，对中国民乐进行系统研究和整理，并开展演出。
	1924年	
	1月1日	中共中央和中国社会主义青年团中央在沪举行联席会议，通过《对国民党全国大会意见》。
	1月31日	国民党一届一中全会于广州召开。议决在上海等地设立中央执行委员会执行部，统辖江、浙、皖、赣、沪党务。2月25日，国民党上海执行部举行首次会议。3月6日召开第二次会议，毛泽东、瞿秋白等出席。
	3月9日	国民党上海执行部、中共上海地方组织、社会主义青年团等30余个团体代表300余人在上海举行追悼列宁大会。
	4月12日	孙中山在沪公布《国民政府建国大纲》。
	9月1日	江苏督军齐燮元（直系）为夺取上海，攻打浙江军务善后督办卢永祥（皖系）。第一次齐卢（江浙军阀）之战爆发。
	10月9日	英商中国公共汽车公司第一条线路通车，由静安寺到外滩。为公共租界公共汽车首次通车。
	12月24日	第二次江浙军阀战争爆发。近50万江浙难民涌入上海租界。
	是月	黄浦江周家嘴岛（今复兴岛）抛填工程开工。1935年成陆，面积1600余亩。
	1925年	
	1月11—22日	中国共产党第四次全国代表大会在上海召开。
	1月26日	中国社会主义青年团第三次全国代表大会在上海召开。大会决定团名改为中国共产主义青年团。
	2月9日	日商内外棉五、七、八、十二厂等约1万工人举行罢工。至18日，全市28家日商纱厂的3.5万名工人罢工，形成2月罢工高潮。

（续表）

时期	年代	大事
中华民国	3月12日	孙中山在北京逝世。次日，上海有60多个团体加入上海各公团追悼孙中山先生大会筹备会，议决包括建上海中山公园、铸造铜像等。4月12日，上海10万人聚集南市公共体育场举行追悼大会。
	5月15日	日商内外棉七、十二厂罢工，工人顾正红被日人开枪击中。16日，因顾正红被枪击事件，内外棉五、七、八、十二厂7000余工人罢工。17日，顾正红在医院不治身亡。4000余名工人集会控诉日人罪行。24日，内外棉纱厂工会在潭子湾举行顾正红追悼大会，万余人参加。
	5月30日	上海各校学生在公共租界南京路（今南京东路）进行反帝宣传，遭巡捕开枪射击，13人死亡，数十人重伤，酿成五卅惨案。
	6月1日	全市罢工、罢课、罢市，上海瘫痪。华籍巡捕亦罢岗。是日上午10时，工人、学生、市民聚集南京路（今南京东路）声援被捕爱国者，遭公共租界捕房巡捕开枪射击，死4人，伤20余人，造成第二次血案。
	6月2日	国民党中执会为五卅惨案通电全国。全国学联通电罢课。是日下午6时，公共租界捕房巡捕在新世界用机枪扫射行人、游客，造成南京路（今南京东路）第三次血案。
	6月30日	全国举行追悼五卅死难烈士活动。上海20万人举行纪念五卅死难烈士大会。
	1926年	
	5月21日	淞沪商埠督办公署总办及上海交涉员受江苏督军孙传芳派遣，与英、美、日3国驻沪领事讨论改组会审公廨问题，决定收回上海租界会审公廨。8月31日，上海《收回会审公廨暂行章程》得江苏省政府和驻京外交使团批准。次年1月1日，收回公共租界会审公廨。
	10月2日	徐家汇天文台参加第一次国际经度联测，并被列为世界上3个经度基点之一。1933年和1957年又先后参加联测。
	1927年	
	3月21日	上海工人举行第三次武装起义。晨，中共江浙区委书记罗亦农宣布12时举行上海工人总同盟罢工，在闸北、南市、虹口、浦东、吴淞、沪东、沪西7个区起义。12时，在周恩来、陈独秀、罗亦农、赵世炎等领导下，上海80万工人遵照上海总工会总同盟罢工令全体罢工。下午1时，罢工工人按起义命令到指定地点集合，举行武装起义。至夜，工人纠察队先后占领南市、浦东、沪西、沪东。闸北地区发生激战，交火30个小时。22日下午6时，占领除租界以外的上海市区。

（续表）

时期	年代	大事
中华民国	是日	北伐军第一军第一师薛岳部占领龙华。华界与租界交通阻断。
	3月22日	上海第二次市民代表会议召开，决议成立上海特别市临时市政府。公选白崇禧、钮永建、杨杏佛、罗亦农、汪寿华等19人为临时市政府委员。下午2时，西门公共体育场举行上海市民欢迎北伐军大会，50万人出席。
	4月12日	蒋介石在上海发动四一二反革命政变。
	4月18日	南京国民政府成立。是日，中共特委在沪举行会议，检讨党的工作。李立三提出今后上海区的工作策略，应积极争取无产阶级的政治领导权，扩大无产阶级领导。四一二政变后，中共转入地下，周恩来继续留沪办理善后事宜。
	5月2日	蒋介石在上海发表《告工界书》，宣布新劳工政策16条。内容有反对共产党鼓动罢工、解散上海各共产党工会、实行8小时工作制、增加工资等。
	6月26日	中共江苏省委在施高塔路（今山阴路）恒丰里104号成立，中共上海区委撤销。江苏省委同时兼上海市委，直接领导上海各区委。
	7月7日	上海特别市市政府成立，蒋介石出席成立典礼。首任市长为黄郛。
	是月起	上海特别市政府多次提出城市建设计划草案。1929年7月，决定将江湾一带约7000亩土地划为市中心区。1930年5月，市中心区域建设委员会编制《上海市中心区域道路系统图说明书》，印发《大上海计划目录草案》，其后陆续编制分区及交通计划、新商港区域计划等分项计划书。1931年11月，绘制《大上海计划图》。1937年八一三事变后，计划实施停止。
	8月20日	宋庆龄在沪发表《赴莫斯科前的声明》，重申孙中山三大革命政策，严厉谴责蒋、汪背叛革命。
	11月1日	江苏省上海地方审判厅、检察厅改为江苏上海地方法院。
	1928年	
	1月3日	中共青浦县委陈云、吴志喜等领导青浦小蒸地区农民暴动。
	1月4日	蒋介石由沪抵宁，正式出任国民革命军总司令职，主持北伐。

（续表）

时期	年代	大事
中华民国	春	国民政府宣布废除道的建置，沪海道被撤，原沪海道所辖各县隶属于江苏省。
	4月24日	上海特别市市政府训令各局、区市政委员，先行接收37个市乡，统一改为区。
	7月1日	上海市、县正式分治。9日，上海市政府接收上海县治权。上海、闸北、蒲淞、洋泾4市及引翔、法华、漕河泾、高行、陆行、塘桥、杨思7乡划属上海特别市；江苏省上海县剩闵行、颛桥、北桥、马桥、曹行、塘湾、三林、陈行8乡，县治仍在上海南市蓬莱路。次日，接收宝山县部分。
	9月	中共淞浦特委成立。辖松江、金山、青浦、奉贤、南汇、川沙、嘉定、崇明、太仓、宝山等10县，有130多个党支部、1700余名党员。
	10月9日	市公安局公布户口调查统计结果。全市正附户308894户、人口2717423人，列全国城市人口第一、世界第六。其中上海华界有华人1494587人、外侨9383人，公共租界华人827000人、外侨28000人，法租界华人348076人、外侨10377人。全市共计华人2669663人、外侨47760人。
	11月1日	南京国民政府中央银行在上海成立，正式对外营业。资本总额2000万银元。
	11月20日	中共中央机关报《红旗》在上海创刊，秘密发行。
	12月31日	上海交涉署照会领事团，《收回上海会审公廨暂行章程》本日期满。1929年1月1日，上海公共租界临时法院移归中国司法部。1930年2月17日，中国与英国、美国、法国、挪威、荷兰、巴西等国在南京签订《上海公共租界特区法院协定》，据此上海公共租界会审公廨正式改组为上海第一特区地方法院和江苏高等法院第二分院。4月1日，两院成立。
	1929年	
	3月17日	上海中医药界发起召开全国医药团体代表大会，反对中央卫生委员会通过“废止旧医”议案，提出“提倡中国医药，就是保全中国文化经济”。大会组成代表团赴南京请愿，迫使当局撤销该决议案。是日遂成国医节。
	12月1日	上海中央造币厂（今上海造币厂前身）开铸。
	1930年	
	3月2日	中国左翼作家联盟在上海北四川路（今四川北路）窦乐安路（今多伦路）中华艺术大学成立。冯雪峰、夏衍等40余人出席成立大会，鲁迅作《对于左翼作家联盟的意见》的讲话。

（续表）

时　期	年　代	大　　　事
	5月20日	中共中央在上海秘密召开全国苏维埃区域代表大会，讨论建立中国苏维埃中央政府。
	7月1日	根据国民政府5月20日公布的《上海市组织法》，上海特别市改称上海市，直属行政院。
	1931年	
	1月17—21日	中共党员林育南、李求实、何孟雄、欧阳立安等36人先后被捕。2月7日，林育南、何孟雄、李求实、欧阳立安、柔石、胡也频等24人在龙华淞沪警备司令部被秘密杀害。
	3月3日	明星影片公司《歌女红牡丹》在光陆大戏院试映，为中国第一部有声影片。3月15日公映，盛况空前。
中	4月1日	上海市通志馆筹备委员会成立，市长张群兼任委员长。1932年7月15日，上海市通志馆成立，柳亚子任馆长，开始编纂《上海市通志》。
	4月24日	中共特科领导人顾顺章在武汉被捕后叛变投敌，周恩来等采取一系列紧急措施，粉碎国民党当局破坏在上海的中共中央机关的阴谋。
华	5月5日	上海县政府择北桥为县治，举行县政府署奠基。1933年1月29日告竣，2月1日，从上海蓬莱路迁入新址办公。
民	9月21日	上海三菱、日邮等日商轮船公司码头工人罢工，反对日军侵占东北。23日，沪杭甬铁路员工组织救国会，抵制日货，拒绝为日本人做事。24日，上海3.5万名码头工人罢工。26日，内外棉等23家日商纱厂工人代表集会抗议。
	11月19日	十九路军所部七十八师抵沪，驻防淞沪。12月3—5日，十九路军军长蔡廷锴在吴淞等地检阅驻军。
国	是年	上海四行储蓄会大厦（今国际饭店）由金城、盐业、大陆、中南四行储蓄会集资兴造，邬达克设计。1933年竣工。
	是年	公共租界自来水厂日供水量达20万立方米，为远东最大水厂。
	1932年	
	1月18日	日本僧侣5人在三友实业社门前寻衅与工厂工人发生冲突，3人受伤。20日晨2时20分，在沪日浪人32人烧毁三友实业社毛巾厂，杀死报警华人1人、刺伤3人。下午2000名日侨在北四川路（今四川北路）一带捣毁电车、公共汽车及中国商店。21日，日驻沪总领事村井以日僧到三友实业社寻衅被殴事件为借口，向上海市市长吴铁城提出书面抗议和4项要求，并限中方于28日下午6时前作出答复。22日，上海市政府就日本浪人焚烧三友事件向日领事署提出严重书面抗议。

（续表）

时 期	年 代	大 事
中华民国	1月23日	中国军队十九路军在上海龙华淞沪警备司令部召开营长以上军官紧急军事会议，蒋光鼐、蔡廷锴、戴戟等参加，密令“如日本军队确实向我驻地部队攻击时，应以全力扑灭之”。晚市长吴铁城召集上海各界领袖数十人，商讨上海形势。
	是日	日军开始向上海遣舰增兵。日海军第十五驱逐舰队4舰及巡洋舰到沪。次日，又有一艘航空母舰并6架飞机、海军陆战队400余人到沪。26日，有13艘舰和468名陆战队队员到沪。
	1月28日	晚11时，日第一外遣舰队司令盐泽幸一以护侨为名，致函上海市政府令中国军队退出闸北。11时30分，日军向宝山路、天通庵路等地进攻。中国军队指挥蒋光鼐、军长蔡廷锴在沪宁铁路真如车站设临时指挥部，驻防闸北的中国军队十九路军奋起反击。一·二八淞沪抗战爆发。
	2月5日	商务印书馆、东方图书馆被日军炸毁，东方图书馆存书502765册，内有古籍善本书3745种、35083册。此为中国文化史上的一次重大灾难。
	2月16日	军政部令张治中率第五军到沪与十九路军共同作战，归蒋光鼐指挥。20日，日军在吴淞、江湾、闸北发动全线进攻，中国军队奋勇还击。
	3月20日	国民政府中央统计处初步调查，一·二八事变中上海市损失15.64亿元，受直接损害81万户，其中死亡6080人、伤2000人、失踪1.04万人。10月25日，上海市社会局发表一·二八事变损失统计，总数19亿余元。
	5月5日	《淞沪停战协定》(也称《中日停战协定》)由中国代表郭泰祺与日本代表重光葵等在沪签订。
	9月27日	沪杭公路竣工。10月10日通车，自上海至杭州，汽车行驶需4小时。
	12月29日	宋庆龄、蔡元培等发起成立中国民权保障同盟，在上海设总会，发表《宣言》。
	1933年	
	1月	中共临时中央由上海迁入中央革命根据地江西瑞金。春，中共上海中央局成立。
	3月1日	国民政府财政部公布《废两改元令》，规定先从上海实施银元本位制。上海中央银行开铸银币（俗称“孙头”）。10日，宣布新银元折合规元银（上海银两）0.715两。上海各业交易以银币计算，银钱业取消洋厘行市。

（续表）

时 期	年 代	大 事
	3月5日	华北危急，北平故宫博物馆文物南运，是日部分运抵上海，计1054箱，存仁济医院旧址。至8月9日，共3批计1万余箱。
	8月31日	上海火车站修复竣工，9月10日启用。车站毁于一·二八事变日军炮火。
	9月1日、7日	上海连遭2次台风侵袭，黄浦江吴淞口出现有记录以来的最高潮位5.47米（9月18日），市区马路积水、交通受阻，沿海各县淹没居民千余户，崇明全县死亡400余人。
	10月10日	上海市政府新厦（江湾）落成。12月20日，市政府各部门开始迁入办公。
	1934年	
中	6月14日	联华公司故事片《渔光曲》在金城大戏院（今黄浦剧场）首映。连映84天，创上海最高映出时间纪录。
	7月12日	上海最高气温40.2℃，创徐家汇天文台气象最高纪录。
华	12月1日	上海市博物馆在江湾市中心区府前左路（今长海路）奠基。1937年1月10日，试行开放。
	1935年	
民	2月	电影《渔光曲》参加莫斯科国际电影节展映，获荣誉奖，为中国第一部获得国际荣誉的影片。
	3月8日	电影明星阮玲玉服毒自杀，留下"人言可畏"遗言，引起社会舆论普遍关注。鲁迅著文《论"人言可畏"》，抨击逼人自杀的社会。
国	5月24日	上海电通影片公司影片《风云儿女》在上海金城大戏院（今黄浦剧场）首映。主题歌《义勇军进行曲》由田汉作词、聂耳作曲，风靡全国。1949年后，先后定为中华人民共和国代国歌、国歌。
	7月22—24日	中共上海临时中央局、江苏省委、共青团中央局再次遭到大破坏。8月26日，根据中共驻共产国际代表团指示，中共上海临时中央局宣告结束。
	8月16日	上海电影、艺术界千余人在金城大戏院举行音乐家聂耳追悼大会。聂耳于7月17日在日本溺水身亡。
	是月	上海市体育场（今江湾体育场）建成，可容纳6万观众，时为全国最大的体育场。

（续表）

时 期	年 代	大 事
中华民国	**1936年**	
	10月19日	晨5时25分，鲁迅病逝于上海大陆新村9号。22日，灵柩移上海虹桥万国公墓安葬，执绋者6000余人。
	11月22—23日	七君子事件发生。全国各界救国联合会负责人沈钧儒、章乃器、史良、王造时、邹韬奋、李公朴、沙千里7人，以"鼓动工潮""反动嫌疑""危害民国"等罪名被上海市政府公安局和公共租界、法租界捕房先后逮捕。随后被解往江苏高等法院第二、第三分院。引起全国震动，各界发起营救运动。次年7月31日，获释。
	12月14日	上海英文《字林西报》著文主张和平解决西安事变。因西安事变，淞沪警备司令部宣布当日始戒严。
	是年	全国第一家机械计算机制造厂通用制造厂股份有限公司建立。1940年，试制成功国内第一台GM计算机。
	是年	《辞海》上册由中华书局出版。主编为陆费逵、舒新城等。编辑历时20年。
	1937年	
	4月4日	上海至杭州开行特快旅客列车，全程运行时间3小时30分。
	4月16日	中国国际图书馆等在上海主办世界百科全书展览会，展出图书400余种、2000多册，分为中、日、美、德、法、俄等文种。
	5月27日	周恩来、林伯渠、秦邦宪3人组成中共代表团，由西安飞抵上海，在上海与各方人士会谈，争取中共公开合法地位，筹办公开刊物。
	7月上旬	根据中共中央指示，由刘晓、冯雪峰、王尧山组成中共上海三人团，主持上海党的工作。
	8月9日	国民政府资源委员会在行政院会议上，提出《补助上海各工厂迁移内地工作，专供充实军备，以增厚长期抵抗外侮之力量案》，决定将上海工作母机2000台连同工具，另择炼钢、炼氧、制罐、橡胶轮胎、制造防毒面具等生产设备及各厂3000余人，迁后方生产。10日，获行政院通过。12日，上海工厂迁移监督委员会成立，后组成上海工厂联合迁移委员会。上海开始迁移机器厂、面粉厂、纱厂、火柴厂、制酸厂、制碱厂等。

（续表）

时　期	年　代	大　　事
	是日	虹桥机场事件发生。下午5时，日本海军陆战队第一中队海军中尉大山勇夫和一等水兵斋藤要藏，不听上海保安团队员劝阻，驾军用汽车强闯虹桥军用飞机场警戒线内挑衅，开枪打死机场守卫后，被保安团队员击毙。市长俞鸿钧向日方提出抗议。是夜，中日双方表示愿以外交途径解决。
	8月12日	为防日军在上海发动挑衅，蒋介石部署上海军事。第八十九师、第五十七师一六九旅、第八十七师、第八十八师向上海集中，分配上海中国军队战斗系列。张治中、张发奎分别为第九、第八集团军总司令，两集团军分担上海右翼（沪西）、左翼（沪东）防务。中国军队封锁长江、吴淞口和黄浦江。
中	8月13日	上午9时15分，一支日武装便衣队窜入虹口横浜路上海保安团防地，哨兵鸣枪警告，日便衣队向哨兵开枪。10时半，商务印书馆附近中国军队向日阵地射击。傍晚，八字桥附近中国军队开始炮击。八一三淞沪战役爆发。
华	是日	中国全部空军兵力移京沪地区，共4个大队、飞机百余架。国民政府宣布封锁长江镇江以下江面，任命张治中为京沪警备司令。
	是日	涌入租界难民近6万人。14日，设10余处临时收容所，安置难民。
民	8月13日—11月12日	146家华商工厂从上海迁出，其中大多数经武汉迁往重庆。沪上360家华商机器厂毁于炮火，占总数63.2%。
国	8月22日	中国政府成立抗战大本营，全国划分为4个战区。划江苏长江以南（包括京沪）及浙江为第三战区，以冯玉祥为战区司令长官。淞沪战场兵团防区划分，苏州河以北，沿黄浦江以西，属第九集团军，以张治中为总司令。苏州河以南，浦东及杭州湾左岸，属第八集团军，以张发奎为总司令。江防方面由第十五集团军总司令陈诚指挥。另有第十八军、五十四军、三十九军加入，总兵力约30万人。重点防守沿江吴淞、宝山、月浦、浏河一带。
	8月23日	下午1时许，日机在南京路（今南京东路）投弹，落先施公司楼上，死伤平民百余人。
	8月26日	中国红十字总会及上海市救委会成立救护医院13所、特约医院13所，救护队6个、急救队3个等，救护淞沪会战的中国军队伤病员。
	9月7日	守卫宝山县城的九十八师五八三团第三营营长姚子青和全体官兵600余人，与日军血战九昼夜，壮烈殉国。宝山沦陷。

（续表）

时 期	年 代	大 事
中华民国	9月11日	日军决定增派第九、十三、一百零一师团及第三飞行团参加沪战。至此在沪日军兵力有5个师团近20万人、重炮300多门、坦克200余辆、飞机300余架、舰只70余艘。
	9月21日	国民政府统帅部令第三战区调整部署，分为右翼、中央、左翼3个作战军。右翼总司令张发奎，辖第八集团军及第十集团军。中央军总司令朱绍良，辖第九集团军和第十八师。左翼军总司令陈诚，辖第十五集团军及第十九集团军。在淞沪一带中国军队达40余万人。
	10月5日	以纱厂女工为主体的上海劳动妇女战地服务团赴前线随军开展宣传、民运工作。历经3年，辗转8省，行程2万余里。结束时部分团员分赴延安和皖南抗日根据地。
	10月10日	上海学生战时服务团团员达1000余人。成立技术大队、交通大队、防护大队、普通大队等分赴京沪线战区服务。
	10月18日	中共领导人张闻天、毛泽东电上海潘汉年、刘晓，指出中共上海党组织目前中心工作是加强各种救亡协会和群众团体工作。
	10月23日	闸北中国守军总退却。10月27日，中国军队第八十八师二六二旅五二四团团附谢晋元奉命率领一营（实有452人，号称八百壮士），坚守闸北四行仓库，掩护主力退却。与日军战斗四昼夜后，所剩398人奉命退入公共租界。
	是日	晨，日军逼近四行仓库，中国记者曹聚仁与女童子军队员杨惠敏进入四行仓库采访和慰问。
	10月27日	晨，日军侵占闸北，焚烧3天，数千民房化为灰烬。
	11月3日	中华文艺协会、剧本作者协会、中华作曲者协会、戏剧界救亡协会等50余个团体，组成上海文艺界救亡协会。
	11月4日	夜，日第八军在第八舰队护卫下，分乘约100艘船进入杭州湾。5日晨，在杭州湾北岸金山卫、全公亭同时登陆，中国守军陷入被夹击困境。日军向松江进逼，包围上海。
	11月8日	中国军队第三战区长官部向上海战区部队下达转移命令。
	是日	市政府布告，以沪南区南至方浜路，东西北至民国路（今人民路）之区域划为难民区，供难民栖身。9日，南市难民区开辟，约可收容难民10万人。
	11月11日	市长俞鸿钧发表《告市民书》，国民政府军委会政训处发表《告上海同胞书》。深夜中国军队撤离南市，开始全面退却。

（续表）

时 期	年 代	大 事
中华民国	11月上旬	中共江苏省委成立，书记刘晓。省委之下建立军事运动、工人运动、职员运动、学生运动、文化界运动、妇女运动6个委员会和巡警、海关两个特别支部。1938年秋，又增建教育界运动委员会。
	11月12日	日军占领南市，上海沦陷，公共租界和法租界成为“孤岛”。
	11月13日	国民政府淞沪战区指挥部所在地南翔弃守，淞沪会战宣告结束。会战历时3个月。
	是日	8月13日起至是日，日军先后编成上海派遣军和华中方面军，下辖近10个师团的兵力约28万人，动用军舰30余艘、飞机500余架、坦克300余辆，大举进犯上海。中国方面先后调集中央部队及广东、广西、湖南、四川、贵州、云南部队总兵力约70余师、军舰艇40余艘、飞机250余驾投入自卫战，毙伤日军4万余人。
	11月17日	南市、浦东沦陷后火烧四五日不熄，损失总计5亿元以上，难民失所者达二三十万人。
	11月19日	普善山庄及同仁辅元堂分别组织掩埋队，收葬阵亡士兵及罹难民尸数万。
	是日	中共上海党组织作出《关于上海陷落后上海党的任务的决议》。
	11月20日	中央、中国、交通、中国农民四大银行西迁，上海的4行改称分行，办理汇兑买卖。各商业储蓄银行向汉口、重庆等地设分行、支行及办事处。
	是日	日本华中方面军司令官和日本驻上海总领事，向公共租界、法租界提出有关禁止反日、禁止租界内中方政府机关活动等5项要求。
	11月28日	日本强行接收设于上海租界内的交通部上海电报局和广播电台、上海各无线电报房、上海新闻检查所，上海与各地公众电讯交通完全断绝。
	是月	自七七事变后，军统头目戴笠对在沪军统特工加派潜伏组，从事对日情报工作。上海沦陷后潜伏组多进入租界，从事暗杀汉奸和阻止上层人物投敌工作。
	是月	地处江湾战区的暨南、同济、复旦等高校校舍、图书等多被日军炮火焚毁。敬业、务本等6所市立中学损失达82万元。全市68所私立中学财产损失价值1571万元。

（续表）

时 期	年 代	大 事
	12 月 5 日	伪上海市大道政府在浦东东昌路警察局旧址成立，悬杏黄太极旗，苏锡文任伪市长。
	12 月下旬	公共租界工部局管理工厂事务股报告，淞沪会战中界内工厂全毁于战火的共 905 家，遭重大毁坏约 1000 家；由战区迁入沪西、沪中及沪北英军防线内 422 家。另据市社会局调查，淞沪会战中上海损毁工厂 2270 余家，损失总额约 8 亿元，其中闸北区损毁 100%，虹口和杨浦区完全被毁达 70%。
	是年	淞沪抗战中，经公共租界工部局处置的尸体共 101047 具，另清理战场掩埋士兵尸体 2201 具、居民尸体 1286 具。
	1938 年	
中	1 月 25 日	《文汇报》创刊，主笔徐铸成，由发行人英商克明在香港注册。称该报以言论自由为最高原则，绝不受任何方面控制。
华	是月	中共江苏省委决定成立中共浦东工作委员会，率先开展抗日武装斗争。
	3 月 28 日	伪中华民国维新政府在沪成立。梁鸿志任行政院长。辖区为南京、上海及苏、浙、皖 3 省部分地区。
民	4 月 7 日上午	沪江大学校长刘湛恩在静安寺路（今南京西路）大华路口公共汽车站候车，突遭黄道会 3 名暴徒枪击，不治身亡。此前刘恩湛拒绝担任南京伪维新政府教育部长。
国	4 月 28 日	伪大道政府接受伪中华民国维新政府领导，改称伪督办上海市政府公署，改挂五色旗，采用民国纪年。苏锡文任督办。辖区为宝山区、闸北区、沪西区、南市区、浦东北区、浦东南区、南汇区、川沙区、奉贤区、北桥区、嘉定区。
	10 月 16 日	伪督办上海市政公署由浦东迁至江湾，改伪上海特别市政府，傅筱庵任市长。日方在市政府设上海特务机关顾问部。
	是月	首批犹太人（奥地利籍）20 人自欧洲乘轮抵沪避难。各国在沪知名人士组织国际救济会募款帮助，介绍就业。
	10 月 19 日	旅沪犹太富商嘉道里召集上海犹太宗教团体和救济组织会议，决定成立资助来沪欧洲犹太难民委员会。
	是月	世界书局 1700 箱图书（约 300 万册）被日方劫掠运往日本。11 月 8 日，又一批书籍约 100 万册由日轮装运至日本。30 日，续运 100 万册去日。至此，被日方劫掠书籍 600 万册以上。

（续表）

时期	年代	大事
中华民国	12月1日	《上海特别市区公署组织条例》等经伪维新政府行政院核准，上海市辖区扩充为13个区。江苏省所辖南汇、川沙、奉贤、宝山、嘉定、崇明6县划归伪上海特别市管辖，改县为区；上海县西部改为北桥区，浦东区分为浦东南区和浦东北区。
	1939年	
	1月1日	伪市政府奉令将所辖浦东北区、南市区、闸北区、宝山区、南汇区、川沙区等区政务署改称区公署，嘉定县划归伪市府管辖。
	2月19日晚	伪中华民国维新政府外交部长陈箓在上海愚园路寓所被暗杀。是月，全市发生暗杀日伪人员案18起，死21人，伤10人。10月11日，伪上海特别市市长傅筱庵被佣人朱升源用菜刀杀死。
	5月28日	汪精卫等在沪拟定《中国方面提出关于收拾时局的具体办法》，提出“和平运动”主旨以“不变更政体和法统，而以变更国策收拾此次时局为要务”。
	是月	宋庆龄领导的保卫中国同盟委托上海人民第二次慰劳团将紧急援助物品，包括20万片奎宁、120万剂预防霍乱疫苗、2万只消毒包以及蚊帐用料、炼乳等送往皖南新四军医院。
	是月	新四军第一支队第六团在叶飞率领下，以“江抗”（江南抗日义勇军）名义东进镇江、苏州、淞沪地区，直逼上海。
	7月8日	汪精卫在沪发表声明，宣布“与蒋介石绝缘，进行和平救国运动；共同防共；亲日，中日提携”。9日晚，又发表广播讲话称，“中国应与日本实现外交方针一致，军事方针一致，进而谋求经济合作，求得共存繁荣”。
	夏	国民党中央委派吴开先到沪，建立上海统一委员会。以稳定上海工商界，“团结一切力量，展开广泛的反汪运动，打击汪伪组织”为主要工作。
	8月28—31日	汪伪国民党第六次代表大会在上海梵王渡路（今万航渡路）76号大礼堂举行，代表240人。汪精卫被推为伪中央执行委员会主席。会议通过《整理党务案》《决定反共为本党基本调整中日关系并尽速恢复邦交案》《修改中国国民党政纲案》。宣言称“以反共为和平建国之必要工作”，授权汪精卫领导“和平运动”。
	12月12日晚7时半	中国职业妇女俱乐部主席茅丽瑛出席俱乐部理事会，突遭汪伪特务暗杀。15日，逝世。16、17日举行公祭，成千上万民众吊唁。

（续表）

时期	年代	大事
中华民国	**1940 年**	
	3 月 12 日	汪精卫在上海发表《和平建国宣言》。3 月 30 日，汪伪国民政府在南京成立，伪上海特别市政府改隶汪伪国民政府。
	4 月 14—27 日	日伪军在青东大屠杀。日伪军 5000 余人在青浦、松江、上海县数乡烧杀劫掠，杀害 803 人，毁屋 1618 间。
	10 月 8 日	美驻沪领馆奉令撤退远东侨民。11 月 4 日，在沪美侨开始撤沪，首批 326 人，7 日 200 余人，19 日 470 人。
	1941 年	
	1 月 9 日	上海沪剧社演出根据美国同名电影改编的沪剧《魂断蓝桥》，首次用“沪剧”作剧种名，“申曲”自此改称“沪剧”。
	2 月 12 日	伪市政府修订的《上海市政府组织规则》下发。规定上海市政府直隶行政院，其辖区为市中心区、沪北区、沪西区、南市区、浦东南区、浦东北区、特别区、宝山区、北桥区、南汇区、川沙区、奉贤区、嘉定区、崇明区 14 区。
	3 月初	中共上海党组织组建振兴贸易公司，对外公开。采购上百万元药品、布匹、颜料、五金等物资，秘密运往新四军苏北抗日根据地。
	是月	新四军驻上海办事处秘密成立，主任杨斌。至 1942 年底，向根据地输送人员 1600 余人。
	4 月 24 日	坚守四行仓库的孤军五二四团团长谢晋元，被部下刺杀身亡。27 日，10 余万民众吊唁。
	12 月 8 日	太平洋战争爆发。日军进驻公共租界，接管江海关，并封闭中央、中国、交通、中国农民 4 家银行。上午 10 时许，日军由苏州河各桥梁分路开进公共租界。各公私银行均停业，日军派员管理中国银行，驻军监督，停止清算。
	是日起	除德国驻沪“领馆”、受法国维希政府节制的法国驻沪“领馆”和中立国瑞士的驻沪领馆继续留沪外，美、英和一些国家的驻沪领馆或被日军限令关闭或自动关闭。1945 年 8 月抗日战争胜利后陆续恢复。

（续表）

时期	年代	大事
中华民国	**1942 年**	
	1 月 23 日	美海军陆战队 1200 名战俘由横滨押解抵沪，拘入上海市郊集中营。2 月 1 日，天津与秦皇岛美军陆战队战俘 204 人被日军押解抵沪，与上月抵沪美军战俘关一处。从事劳役，直至战争结束。
	3 月 30 日	上海国际航运业务全部停止。
	5 月 11 日	公共租界工部局公布“联保长”“保长”“甲长”名单和“自警团”站岗的分布表。苏州河以南公共租界分 A、B 两大区，辖 7 个总联保、32 个联保、400 个保、4854 个甲。
	5 月 31 日	法驻沪总领事宣布，法租界成立中央保甲筹备委员会，各捕房区组织保甲筹备分会。法租界设 264 个联保、1038 个保、4499 个甲。
	1943 年	
	1 月 11 日	《中美新约》《中英新约》签署。主要内容为撤废英美在华治外法权、交还租界等。
	1 月 13 日	中共中央华中局取消中共江苏省委，成立敌区工作部，部长刘晓，领导上海、江苏的地下工作。1944 年 8 月，华中局敌区工作部改称城市工作部，部长刘长胜。
	2 月中旬	日本占领当局集中拘禁在沪英、美、荷等国侨民，德、奥在沪难民居留地区被限于提篮桥一带不足一平方英里的区域范围内。
	6 月 30 日	汪伪政府外交部长褚民谊与日本重光葵在南京签订《关于交还上海公共租界条款》及《了解事项》，规定 8 月 1 日起租界行政权及公共设施资产及负债，由伪国民政府“继承”。
	8 月 26 日	伪市政府命令第一、第二两区分署所有该区内以外国人名作路名的马路于 10 月 10 日改名。10 月 8 日，伪市政府颁发训令，从 10 时起一、八两地及越界筑路路名的西文，一律改用新名。10 日，全市 240 条以外国人命名的马路全部改用以中国地名命名的新路名。
	1944 年	
	8 月 1 日	伪市政府布告，全市行政区域新划定为市区、郊区和县区。各特别区公署一律恢复县治，区公署改称县政府。汪伪市政府从江湾市中心区迁至江西路汉口路办公。是日，第一、七区公署撤销，其辖区划为市区。第二至第六区公署分别改名为江苏区、沪北区、沪西区、浦东北区、浦东南区。

（续表）

时期	年代	大事
中华民国	**1945 年**	
	8 月 13 日	国民政府任命钱大钧为上海市市长，并派员到沪接管日伪上海市政府。9 月 9 日，钱大钧抵沪。12 日开始视事。
	8 月 15 日	日本宣布无条件投降，驻沪日军陆海军最高指挥官宣布奉上级命令，暂时继续执行维持治安任务，对妨碍日军治安警备者，依军法重处。
	9 月 7 日	美军宣布对上海港实行军事管制。两天后，美国海军第七舰队司令金开德率领 38 艘舰船进抵上海港，在汇山码头设中国战区美军调防部。至 1946 年 8 月结束军管。
	9 月 11 日 下午 2 时	中国军队第三方面军总司令汤恩伯向日军第十三军司令官陆军中将松井久太郎面交沪字第一号命令，接受驻沪日军投降。
	是日	上海市政府在原公共租界工部局大厦恢复办公。
	是日	陆军总部电令查封汪精卫等汉奸在沪房屋、财产。
	9 月	上海市区和郊区分为黄浦、老闸、邑庙、蓬莱、泰山、卢家湾、常熟、徐家汇、长宁、静安、新成、江宁、普陀、闸北、北站、虹口、北四川路、提篮桥、榆林、杨树浦、新市街、江湾、吴淞、大场、新泾、龙华、马桥、塘湾、杨思、洋泾、高桥 31 个区。次年设真如区。后马桥、塘湾两区未接收。南汇等 6 县复归江苏省管辖。
	10 月 1 日	京沪卫戍总司令部成立，汤恩伯兼任总司令。
	10 月 15 日	中国战区美军总部由重庆迁上海。17 日，美陆军部次长率美太平洋区空军总司令、美宪兵总司令等大批重要军政官长抵上海。
	10 月 24 日	市政府公布《上海区敌伪产业处理办法》。至 1946 年 6 月底，接收大体结束，查获物资价值 300 亿元。
	10 月 25 日	中美双方在上海举行遣返日本人联合会议，拟定《遣俘遣侨之计划》。决定使用秦皇岛、上海、青岛、广州、海口、厦门、基隆、高雄、连云港、雷州、三亚、汕头及越南海防等港口，遣返日俘、日侨，华中及沪宁地区日俘日侨集中由上海港口分批遣送回国。11 月 17 日，上海港口运输司令部成立。12 月 4 日，首批日侨由上海遣送回国。
	是月	50 家工厂始从重庆迁返上海。

（续表）

时期	年代	大事
中华民国	11月28日	市工务局拟定更改路名办法。其原则：以中国各省省名为主要马路之名称，全市马路分成干线数条，以中山、中正、林森、和平、建国等为路名。29日，市政府公布第一批新旧路名对照表。12月，上海市政府发布布告，改定中山北一路等62条马路新名。
	12月20日	美国总统特使马歇尔到上海。圣约翰大学等43所大中学校学生4000余人集会，递交《全市大中学生给马歇尔特使的公开信》，要求撤退驻华美军，停止援助政府进行内战。此为抗日战争胜利后上海第一次学生示威游行。
	1946年	
	1月14日	市政府发布《上海市区保甲组织暂行办法》等，15日起实施。月底，全市整编保甲工作完成，全市23个区，有1030保、23300甲、755130户。
	2月9日	上海黄金、食粮、布匹价格继续高涨，投机活动猖獗。
	4月至1949年1月	在沪对116名日本战犯进行审判。其中判处死刑14人、处终身刑者22人、有期徒刑75人、无罪释放5人。另美军在沪从日俘中检举出犯有战争罪行的45人，其中判处死刑6人、终身服刑8人、有期徒刑26人、无罪释放5人。
	5月1日	《新民报·晚刊》在上海创刊。1946年7月1日，改《新民晚报》。
	5月5日	由中国民主促进会发起，民主促进会、民主同盟、民主建国会、各产业工会、学生团体、教育团体、文化艺术团体、工商团体参加的上海人民团体联合会成立。6月5日，发表反内战宣言。
	6月19日	全市72所学校发起组成上海市学生争取和平联合会，并发表反内战宣言。21日，入会学校增至150余所。
	6月23日	上海人民和平请愿团赴南京请愿。各界群众5万余人在北火车站欢送代表，欢送后举行游行示威。当晚，代表们抵达南京下关车站时遭暴徒欧打，马叙伦、阎宝航、雷洁琼、陈震中受重伤。是为“下关惨案”。
	7月15日	中共代表团团长周恩来在中共代表团驻上海办事处举行中外记者招待会，揭露国民党当局挑起内战的阴谋。
	是年	在沪中共党员由抗日战争时的200余人发展到5000余人。

（续表）

时　期	年　代	大　　事
中华民国	**1947 年**	
	1 月 1 日	上海交通大学等 27 所大学学生 4 万余人游行示威，抗议美军强奸北京大学学生暴行，要求美军撤出中国。
	是日	中国民主促进会、民主建国会、九三学社等 11 个团体发表联合声明，指出《中华民国宪法》违反和平民主原则，主张立即停战，恢复和平，重新召开政协会议，成立真正民主统一的联合政府，实行全国普选，召开和平团结的国民大会，制定真正的民主的宪法。
	3 月 4 日	按中共中央决定，宣告中共代表团驻上海办事处结束。3 月 7 日，中共代表团撤离返延安。
	4 月 15 日	市长吴国桢召开经济紧急会议，决定对米、金、美钞、纱布等基本价格予以严控。
	5 月 14 日	交大、同济、复旦等校响应南京中央大学学生要求，开展增加公费，解决吃饭问题的斗争，是日开始罢课。17 日，交大、复旦等 8 校代表在中共领导下决定成立上海国立大学联合会，并推代表赴南京请愿。19 日，宁、沪、苏、杭 4 区 16 所专科以上学校代表在南京通过“反饥饿、反内战”的联合宣言。20 日，上海和南京、苏州、杭州等地学生在南京举行联合示威，为挽救教育危机，向国民政府行政院请愿，遭军警镇压，造成震惊全国的五二〇惨案。“反饥饿、反内战、反迫害”运动成为全国学生和社会各界反对国民党统治的统一斗争。
	6 月 9 日	上海 8 项公用事业涨价，电、电话、自来水、煤气、电车、公共汽车、轮渡、小铁路等费平均上涨一倍。
	9 月 5 日	上海市与江苏省划界问题，数度商讨后获得解决，七宝东部、大场全区划归上海市。
	是月	中共上海市委组成，书记张承宗。下设工委、职委、学委、教委、警委等运动委员会，后又增设科技部门委员会和近郊工作委员会。
	10 月	国民党军队当局成立川沙、南汇、奉贤、金山、上海、松江 6 县“清剿”区指挥部，对中共领导下的郊区游击武装实施“清剿”。
	1948 年	
	1 月 7 日	美国赠华经济物资 12.5 万吨（含 7.5 万吨食米及 5 万吨面粉和小麦），首批 2.2 万吨运抵上海。上海成立处理美国救济物资委员会。

（续表）

时期	年代	大事
中华民国	1月29日	同济大学学生为反对国民党当局破坏学生自治会，无故开除学生，举行罢课。国民党当局调集数千名军警包围同济大学。交通大学、复旦大学等28所学校学生到同济大学支援同济大学学生。国民党骑巡队驱马冲击学生，大批学生受伤、被捕，造成同济“一·二九血案”。
	1月30日	申新纺织九厂工人为反对年奖打折扣等开始罢工。2月2日，政府当局出动千余军警，并动用装甲车、机枪等镇压，3名女工当场被枪杀，40余人受伤，酿成申九二二惨案。
	8月1日	淞沪杭警备司令部封锁江海口岸，指定吴淞口等6处通行，设哨检查往来船只，严防物资流入解放区。
	8月19日	国民政府颁布《财政经济紧急处分令》，宣布“币制改革”，以金圆券为本位币，以1比300万元的比率收兑已发行之法币并收兑人民持有的黄金、白银、银币及外国币券；硬性限制物价。
	8月20日	为执行国民政府《财政经济紧急处分令》，行政院在上海设经济管制督导员。21日，俞鸿钧任督导员，蒋经国协助督导。
	8月24日	蒋介石任命俞鸿钧、蒋经国为上海经济管制督导员。是日，蒋经国在中央银行设立经济督导员管理处，以8月初到沪的“戡乱建国”大队为基础。蒋经国称这次到沪实施经济管制是“只打老虎，不拍苍蝇”，“宁可一家哭，不要一路哭”。招募1.2万名青年组成大上海青年服务总队，协助“戡乱建国”大队，在全市设11个人民服务站，设置一批告密箱。25日，决定禁止食油出口。28日，经济检查开始，出动军警，对全市所有市场、库房、水陆交通场所突击搜查，凡存期超过3个月的花纱布匹均予没收。30日，蒋经国规定每周二、四下午接见市民，接受对奸商控诉。
	8月26日	行政院经济管制委员会为加强经济管制，特设上海区物资调节委员会、检查委员会和物价审议委员会。
	10月1日	上海发生扬子公司案。公司经理孔令侃囤积大批汽车、钢铁、棉纱进行投机事发，蒋经国将其拘留。8日，蒋介石由北平飞抵上海。9日，宋美龄带孔令侃面见蒋介石。蒋即令蒋经国停止查办扬子公司一案。
	11月1日	蒋经国发表《敬告市民书》，承认在上海70天施行经济管制，收兑金银、限价等一系列措施失败，表示自责。5日辞职获准，6日离沪。

（续表）

时 期	年 代	大 事
	是日	市社会局暂定议价日用品为豆油、呢绒、煤油、煤球、卷烟、火柴与肥皂等8种。议价的工业原料为硫酸、盐酸、烧碱、纯碱、牛油、洋松、牛皮、厂丝、染料、橡胶10种。卷烟准自由买卖。取消限价，硬压70天的市场物价疾涨。
	12月1日	中央银行将第一批黄金200余万两、银币1000万元运往台湾。
	12月3日	招商局江亚轮行驶于沪甬线，晚8时许，在长江铜沙滩附近触水雷爆炸沉没，全船2500余乘客，仅811人生还。
	12月23日	轧金热达到高峰。上海市民为争购黄金，在外滩几家售金“国家银行”门前聚集六七万人，造成死7人、伤45人惨剧。下午5时，中央银行奉令宣布，是日起停止申请存款兑现，以平息金融市场混乱。
中华民国	12月28日	上海物价狂升，一日内上涨30%。
	1949年	
	1月4日	交通大学、复旦大学、暨南大学、同济大学、上海医科大学、上海商学院、上海音乐专科学校、吴淞商船专科学校等校校长，因学校经费难以维持，联名电呈教育部辞职。
	1月5日	江海关按总税务司令，免验放行4500箱重要文物，从上海运往台湾。
	是月	中共上海市委决定开展反破坏、反屠杀、反迁移、护厂护校护机关的斗争。以护厂队、纠察队、消防队等组织为基础，组成秘密的人民保安队和宣传队。
	是月	中央银行奉蒋介石密令，将上海库存黄金、银元、美钞悉运往台湾、广州、厦门等处分存。到5月初分批运走黄金277.4万两、银元1520万元、美钞1537万元。5月18日，警备司令部奉汤恩伯手令押运最后一批物资离沪。
	2月8日	国防部召开江防紧急会议。决定部队主力集中于镇江以东，以上海为据点，集中防守。京沪杭作战方针，以长江防线为外围，以沪杭三角地带为重点，以淞沪为核心，采取持久防御方针，最后坚守淞沪，与台湾相呼应。
	2月上旬	中共上海市委决定将全市党组织由按产业、系统划分改为按地区划分（公用事业、警察系统除外）。设沪东、沪西、沪南、沪北、沪中、新长、徐龙（徐汇、龙华）、浦东、北郊等区委。

（续表）

时 期	年 代	大 事
中华民国	2月16日	江湾军火库大爆炸，全部库藏的美制最新军火连同库房设施化为灰烬。
	2月25日	经中共中央上海局和中共南京市委的多方工作，凌晨1时30分，国民党海军最大的巡洋舰重庆号在上海吴淞口起义。26日，驶抵解放区烟台外港。
	3月1日	上海工人协会发出《工协纠察队总部通知》，要求各工厂企业建立工人纠察队，护厂反破坏，维护地方秩序，配合解放上海。
	4月24日	京沪杭警备总司令汤恩伯发布命令，确定淞沪地区守备部署。以驻淞沪的第五十二、七十五、三十七3个军分为第一、二、三守备团，分任沪西北区（浦西、铁路北）、沪西南区（浦西、铁路南）及浦东区之守备。另以驻在市区的交警、保警、宪兵统一编组为上海市区守备兵团。
	是日	参加接管上海的南下干部纵队8000余人到达江苏丹阳，由中共中央华东局领导，为解放上海及接管工作作准备。
	4月26日	蒋介石乘太康号军舰驶抵上海，在复兴岛召开军事会议，部署上海防务。
	4月30日	中国人民解放军上海市军事接管委员会（简称上海市军管会）第一次会议在常州召开。
	5月12日	上海战役开始。中国人民解放军开始向上海外围发起进攻。第三野战军第九、十兵团分别自浦东、浦西取钳形攻势进逼吴淞口断敌后路。
	5月13—22日	中国人民解放军肃清上海外围之敌，解放上海郊县。
	5月23日	中国人民解放军第九、十兵团开始总攻上海市区。
	5月24日	蒋介石乘飞机逃离复兴岛。
	是日凌晨	人民解放军发起总攻。第二十军攻占浦东市区，当晚主力进入上海市区。
	5月25日凌晨1时	中国人民解放军占领上海苏州河以南全部地区。
	是日	已解放的市区各商店开市营业，各工厂恢复生产，水、电、煤气供应正常，电话畅通。
	5月26日	上海代理市长赵祖康召集市府各局处负责人开会，按中共代表意见，布置维持治安，照常办公，妥善保管档案，准备移交。

（续表）

时 期	年 代	大 事
中华民国	5月27日	拂晓，解放军三野第二十三军占领京沪杭警备司令部，下午上海全境解放。上海战役历时16天（12—27日），解放军投入兵力近40万人，歼国民党军15.3万余人，解放军伤亡3.17万余人。
	是日	中国人民解放军上海市军事管制委员会成立，陈毅任主任，粟裕任副主任。为上海市军管期间的最高权力机关，统一军事、政治、经济、文化等各项事宜，下设军事、政务、财政经济、文化教育4个接管（管理）委员会和公安部、淞沪警备司令部、外侨事务处等机构。在市军管会的统一指挥下，按照系统、整套接收，调整研究、逐步改造的方针，对前政权机关和军事、经济、文化、教育单位进行接管改造。
	5月28日	上海市人民政府宣告成立。中国人民革命委员会任命陈毅为市长，曾山、潘汉年、韦悫为副市长。上海市军管会、市人民政府于是日下午2时接管上海市政府，并开始全面接管工作。
	是月	上海市辖境面积611.7平方公里，人口545万余人；工厂企业5990家，商店63000家；房屋23.5万幢，其中15.1万幢是住宅。
	6月1日	在沪各民主党派人士张澜、罗隆基、郭春涛、胡厥文、陈铭枢、史良宴请欢迎中共中央华东局、中共上海市委、上海市军管会和市政府主要负责人。
	6月5日	上海科学文化界举行盛大座谈会，科学、文化、教育、新闻、出版、文艺、戏剧、电影、美术、音乐等各方面162人出席。市长陈毅表示欢迎科学文化界人士团结合作以期建设新中国。
	6月10日	根据中共上海市委、市军管会作出的取缔银元、资金、美钞投机活动的决定，查封了证券大楼，打击了操纵投机金银黑市的为首分子，稳定了金融、物价。
	7月	废除保甲制度。全市1193个保、28552个甲全部废除。在市区建102个办事处，在郊区建53个乡和573个行政村。
	是月	陈云主持召开上海财经会议，对上海如何克服困难，实现财政经济的根本好转作出了重要决策。
	8月3—5日	上海市第一届第一次各界人民代表会议举行。中共中央华东局书记兼中共上海市委书记饶漱石作《粉碎敌人封锁，为建设新上海而斗争》的报告。市长陈毅作《关于上海市军管会和人民政府六、七两月的工作报告》，宣布接管任务胜利完成，市政府工作转入管理和局部改造阶段。

（续表）

时期	年代	大事
中华民国	8月6日	中共上海市委决定在市区建立沪东、沪南、沪西、沪北、沪中、虹口、嵩山、徐汇、静安9个区党委，并建立公用事业、邮电、铁道、航运、科技、文化、直属机关等党委。
	8月26日	应毛泽东邀请，宋庆龄由邓颖超、廖梦醒陪同乘火车离沪，28日抵北平，以特别邀请代表身份，参加中国人民政治协商会议。9月30日，当选中央人民政府副主席。
中华人民共和国	10月1日	中华人民共和国中央人民政府成立。
	10月2日	上海人民广播电台实况广播上海人民庆祝开国大典、保卫世界和平大游行。此为上海的广播电台第一次转播实况。
	12月16日	上海开始进行重要私营企业的公私合营，私营华通电业机器厂（今华通开关厂）被批准为公私合营。
	1950年	
	1月27日	华东军政委员会在上海成立，主席为饶漱石。
	是月	中共中央决定，中共中央华东局与中共上海市委分开。陈毅任中共上海市委第一书记。
	2月6日	台湾国民党出动包括B-24、B-25等14架轰炸机在内的混合机群共20余架，分4批轰炸上海电力公司江边电站（今杨树浦发电厂）、南市华商电气公司、闸北水电公司等目标。炸死军民588人（以上），炸伤军民870人，毁坏厂房、民房约1200间。
	3月12日	市长陈毅致电中央，报告上海经济困难情况。建议对上海私营工商业采取调整税收和缓购公债等措施，鼓励发展生产。得到中央人民政府主席毛泽东和中共中央的同意。上海逐步克服困难，恢复生产，稳定局势。
	6月16日	全市各区人民政府成立。全市有市区20个、郊区10个。
	7月28日	上海吴耀宗等基督教爱国人士发表宣言，号召教徒、教会割断与帝国主义的联系，建立自治、自养、自传的教会。中国基督教会三自革新运动由此开始。次年4月，中国基督教三自爱国运动委员会成立，总部设于上海。
	是月	全市开展以预防大花为主要内容的防疫清洁卫生运动，进行全民种痘。至是年底，全市接种106万人次。到1951年7月下旬，宣布全市消灭天花。
	11月30日	中共上海市委部署镇压反革命运动。

（续表）

时期	年代	大事
中华人民共和国	12月23日	市政府通过《上海市郊区土地改革工作计划》，决定在上海市郊区实施土地改革，并设立郊区土地改革委员会。上海市郊区土地改革开始进行，大批土改工作队下乡帮助工作。后先后颁布《上海市郊区土地改革实施办法》《上海市郊区土地改革中地主多余房屋处理办法》。
	是月	上海市执行政务院《关于统一国家财政经济工作的决定》和《关于统一管理1950年财政收支的决定》，实行高度集中的统收统支财政管理体制，各项财政收支全部纳入国家预算，收入上缴，支出另行审核下拨。
	1951年	
	1月5日	上海市军管会发布《对于反动党、团、特务人员实施登记办法》。规定从1月11日起全市进行登记工作。至8月基本结束，26896人向政府登记。
	2月	上海子弟兵响应中央号召，参加中国人民志愿军赴朝参战，抗美援朝、保家卫国。抗美援朝战争期间，上海有1683人牺牲在朝鲜战场。
	4月27日 午夜12时	全市统一行动，出动3.5万人，依法搜捕反革命分子，逮捕反革命分子8359人。4月29日，全市举行公审反革命分子大会，280万人收听实况转播，依法判处封企曾、陆杏生、陈小毛等9名反革命分子死刑。30日，处决285名罪大恶极的反革命分子。
	是月	上海各界人民为抗美援朝开展捐献飞机大炮活动。年内共捐款6800余万元，可购战斗机450余架。
	5月10日	全市开始展开揭露反革命分子罪恶，控诉恶霸运动。20日，黄金荣在《文汇报》《新闻报》发表《自述悔过书》，表示悔过。
	8月27日	上海市军管会下令收回英国人开设的跑马厅全部土地。9月7日，市政府决定将跑马厅南半部辟为人民广场，北半部改建为人民公园。
	9月30日	中共"一大"会址动工修复。次年7月1日初步建成。
	是月	上海市政府兴建全国首个工人新村——曹杨新村。1952年5月竣工。建筑面积32366平方米，分配给1002户劳动模范和先进工作者居住。
	10月	上海市中级人民法院判决法商逸园跑狗场归上海市文化局。1954年，跑狗场改建为上海市人民文化广场。

（续表）

时期	年代	大事
中华人民共和国	11月25日	市人民政府公安局根据市政府令，会同市民政局、妇联等联合行动，封闭妓院72家，收审妓院主、老鸨等334人，收容妓女501人。至1957年，全市妓院全部取缔，共封闭妓院627家，收审妓院老板、老鸨920人，收容妓女7513人。
	11月30日	上海市郊区土地改革运动结束。废除封建剥削的土地所有制，没收、征收土地18.41万亩、房屋8161间，没收地主的耕畜、农具和多余粮食，分给无地少地农民，25.5万名农民得益。
	12月19日	中共上海市委发出《关于开展精简节约、反贪污、反浪费、反官僚主义斗争的指示》。次年1月1日，上海市开展“三反”运动，到3月基本结束。全市42万人参加，共揭露贪污分子7019人。
	1952年	
	3月21日	中共上海市委派遣74个“五反”工作检查队分赴全市36个行业74家私营工商企业，发动工人参加五反运动。3月25日市长陈毅宣布上海市“五反”运动开始。经过定案处理的153030户，其中守法户占39.01%、基本守法户45.57%、半守法半违法户11.98%、严重违法户2.95%、完全违法户0.47%；资本家违法所得7.49亿元，行贿1140万元；盗窃国家经济情报1169件，应退补金额3.4亿元。
	8月15日	上海开始实施“二万户”工房建造工程。至1953年9月竣工，建成凤城、鞍山、日晖、玉田、志丹等9个工人新村，10万户职工家庭迁入新居。
	9月	上海国营纺织企业开始实行8小时工作制。次年12月公私合营和私营纺织企业分4批进行工时改革，从10小时两班制改8小时三班制。到1954年底完成改革。其他工业行业企业也相继实行8小时工作制。
	12月1日	上海60家银行、钱庄、信托公司合并成为统一的公私合营银行。
	是年	全市高等院校进行院系调整。保留复旦大学、交通大学、同济大学、上海第一医学院、华东师范大学、华东纺织工学院、上海财经学院、上海水产学院、中央音乐学院华东分院、中央戏剧学院华东分院等13所，新建华东化工学院、华东体育学院、上海第二医学院、华东政法学院，外迁上海航务学院等3所，并停办一批学校，调整一批学科、专业。
	是年	全市开始开展扫除文盲运动。大量举办识字夜校、识字班、识字组，教干部、青壮年工人和农民识字。

（续表）

时期	年代	大事
中华人民共和国	**1953 年**	
	5 月 22 日	上海市选举委员会成立。次日开始人口调查和选民登记工作。全市总人口为 620.44 万人。
	12 月 28 日	根据政务院《关于实行粮食的计划收购和计划供应的命令》，市政府制定《上海市加强粮食市场管理和实行私营米店代销办法的暂行规定》。是日起，上海米市场停止交易。次年 1 月始，实行粮食统购统销。
	是年	全市开始“第一个五年计划（1953—1957 年）”建设。中共上海市委提出上海市“一五”计划的基本方针是“维持利用，调整改造”。
	是年	“一五”期间，上海有 2 万多名建筑工人到外地参加国家重点工程建设。1953—1956 年，上海有 21 万名工人、技术人员、管理干部到外地支援建设。
	1954 年	
	1 月	中共上海市委作出《关于 1954 年调配与提拔干部的决定》。1953—1956 年全市从机关和国营、公私合营工厂企业中抽调和提拔 2.62 万名干部，充实各级领导。
	3 月 1 日	全市行业、居民用食用油开始按计划实行凭票定量供应。
	5 月 4 日	上海中苏友好大厦在哈同花园原址动工兴建。次年 3 月竣工。总建筑面积为 5.89 万平方米。
	8 月 16—21 日	市第一届人民代表大会第一次会议召开。主要讨论《中华人民共和国宪法（草案）》。
	9 月 15 日	上海市棉布开始实行计划供应，居民按照定量领取布票，凭票购买棉布和棉制品。是日发放第一期布票。
	10 月	肇嘉浜改造工程开始，到 1957 年 5 月结束。臭水浜变身成为林荫大道。
	11 月 17 日	上海 400 余种工业产品参展莱比锡国际博览会。
	1955 年	
	2 月 5—12 日	市第一届人民代表大会第二次会议召开。选举陈毅为市长。会议决定将上海市人民政府改为上海市人民委员会（简称市人委）。下半年各区人民政府也先后改称区人委。

（续表）

时期	年代	大事
中华人民共和国	2月	中共上海市委提出紧缩人口和加强战备的方针。8月，决定采取“停止发展，改造运用”方针。是年全市人口减少26万多人，工业总产值在全国的比重由1952年19.8%降至17.4%。
	3月27日	中国国民党革命委员会上海市第一次党员代表大会召开，选举产生民革上海市第一届委员会。
	是月	上海钢琴选手傅聪获波兰肖邦钢琴比赛第三名和《玛祖卡》最佳表演奖，为中国音乐家首次在世界钢琴演奏大赛中获奖。
	4月3日	经中共中央批准，中共上海市委第三书记、副市长潘汉年以所谓“内奸”问题被逮捕审查。1982年8月23日，中共中央予以平反昭雪，恢复名誉。
	7月21日	高等教育部通知交通大学：“经我部研究并经国务院批准，决定你校自1956年开始内迁西安，并提前于1955年开始基本建设工作。”1957年3月，开展整风运动中，交大师生对迁校事宜产生意见分歧。7月，形成“交通大学分设西安、上海两地，两部分为一个学校，一个系统，统一领导”的共识。9月，获得国务院批准。至1959年7月31日，国务院批复同意上海、西安两个部分独立成为上海交通大学和西安交通大学。
	是月	上海市开始承担第一个对外经济技术援助项目，帮助越南筹建统一火柴厂。统计至1993年，上海先后为37个亚、非、拉美和东欧国家援建轻、纺、化、电、冶金、机械、仪表、造船等成套项目共198项，向受援国派出专家、工程技术人员7000多人次。
	是月	根据中央指示，中共上海市委在全市党政机关和工厂、学校和企事业单位开展肃清暗藏的反革命分子的斗争。分5批进行，234万人参加。到1957年7月基本结束。
	8月12日	上海市人委接受私营棉纺、毛纺、麻纺、搪瓷、造纸、卷烟、面粉、碾米等8个行业共166个工厂及2个私营冷藏制冰厂业主公私合营申请。上海对私营工商业改造从单个企业公私合营发展到全行业公私合营。
	是月	首次发行上海市通用粮票，实行居民凭粮票、购粮证和单位凭工商行业用粮供应证到指定粮店按计划购粮。
	10月18日	第一支由90人组成的上海青年志愿垦荒队，到江西省德安县九仙岭农村务农，创建德安县第一个高级农业生产合作社。至1956年1月，全市共动员4721户、7498个劳动力（连家属共12961人）赴江西省垦荒。

（续表）

时 期	年 代	大 事
中华人民共和国	**1956 年**	
	1 月 18 日	上海市农业生产合作社代表会议召开。中共上海市委批准郊区 1808 个初级农业生产合作社合并为 348 个高级农业生产合作社，入社农户占郊区农户的 92.7%。
	1 月 19 日	全市 805 所私立中、小学和幼儿园及补习学校全部由国家接办。
	是日	全市 3.27 万户个体手工业全部参加生产合作社，基本完成手工业的社会主义改造。
	1 月 20 日	上海市资本主义工商业申请公私合营大会在中苏友好大厦召开。宣布市人委批准全市 205 个行业、106274 户私营工商业户实行公私合营。到年底经清产核资，全市公私合营企业的私股资金共 11.22 亿元。对私营股金发放年息 5 厘的股息。
	2 月 7 日	全市 60 所私立医院和 20 所私立医学化验所改为公立。
	3 月 13 日	市行政区调整。市区原有 20 个区，经调整，设黄浦、徐汇、闸北、虹口、邑庙、卢湾、长宁、新成、蓬莱、江宁、普陀、提篮桥、榆林、杨树浦、东昌 15 个市区，东郊、西郊、北郊 3 个郊区，水上区建制不变。
	6 月 7 日	陈镜开在上海举行的中苏举重友谊赛上以 133 公斤成绩打破最轻量级挺举世界纪录，成为新中国破世界纪录第一人。
	1957 年	
	5 月 11 日	中共上海市委宣传工作会议开幕，上海党组织整风运动开始。7 月，整风运动转入反右派斗争。反右派斗争中，包括 1958 年的“整风补课”，全市处理 2.8 万余人，其中 15419 人被划为右派分子。到 1978 年，根据中央有关精神，上海经过分期分批摘帽和全面复查，错划改正的共 16297 人（包括 1957 年后迁入上海市的），9 月后，99% 的被划为右派分子的人员得到了平反改正。
	9 月 17 日	毛泽东在上海接见有关人士，向中共上海市委领导和舒新城交代修订《辞海》的工作。
	12 月下旬	上海文化知识界人士纷纷下放市郊农村参加农业劳动，改造思想。至 12 月，共有 6000 人参加。
	年底至 1958 年 1 月	3800 名中学毕业生响应“上山下乡”号召，到市郊农村落户。

（续表）

时期	年代	大事
中华人民共和国	是年	上海市第一个五年计划全面完成。是年，全市工业总产值125.3亿元，社会商品零售总额26.22亿元，出口商品总值4.52亿美元。
	1958年	
	4月23日	全国第一家手表厂上海手表厂投产。7月1日，上海牌手表上市。
	是月	市人委组织编制上海城市建设初步规划，提出在市区周边的蕰藻浜、彭浦、桃浦、北新泾、漕河泾、高桥、周家渡、吴泾等地区建设工业区，在闵行、嘉定、安亭等地建设卫星城镇。
	5月27日	广慈医院（今瑞金医院）傅培彬、董方中、史济湘、杨之骏等医师成功抢救烧伤面积89.3%、三度烧伤23%的病人，打破国外文献宣称"灼伤面积超过80%无法治愈"的定论。
	7月24日	上海广播器材厂研制成功全国第一台国产电子管电视机上海牌17英寸黑白电视机。
	8月15日	为动员全市完成"大跃进"的任务指标，中共上海市委总结了江南造船厂等8个单位的经验，并树为生产跃进的"八面红旗"，发出"工农商学兵，跃进再跃进"的号召，动员全市掀起比思想、比作风、比智慧、比干劲的社会主义竞赛高潮。市人委对1958年的国民经济发展计划重新部署，工业生产计划增幅由15%提高到55%。
	8月23日	中共上海市委提出当年全市钢产量120万吨的目标，比上年实际产量超过1.3倍。9月16日，根据中共中央关于全党动员、全民动员大抓钢铁的指示，中共上海市委、市人委决定成立炼钢和冶炼设备生产指挥部。10月后，全市开展"大、洋、群"和"小、洋、群"结合的全民"大炼钢铁"的群众运动。各行业建立6700多座大小炉子，全市除冶金系统以外有40万人参加炼钢，在出钢高产日全市有100多万人参加。
	9月21日	上海市第一个人民公社上海县七一人民公社成立。至9月30日止，市郊4个县全部实现人民公社化。
	10月20日	经国务院批准，上海市调整行政区划。撤销东昌区、东郊区，合并设立浦东县。撤销西郊区、北郊区，农村地区分别划入嘉定、宝山、上海县。工业集中的近郊部分分别划入邻近市区。
	11月21日	经国务院批准，江苏省川沙、青浦、南汇、松江、奉贤、金山、崇明7县划属上海市。次年1月17日，国务院正式批准宝山、嘉定、上海三县划属上海。

（续表）

时期	年代	大事
中华人民共和国	是月	太浦河工程开工，江苏省吴江、江阴、吴县和上海市青浦、松江、金山6县12万民工参加。第一次施工于1959年5月5日结束，完成土方1205万立方米。太浦闸同时开工，1959年10月建成。
	是年	在青浦境内发现距今6000年前崧泽古文化遗址。1982年考古学界命名为崧泽文化。
	1959年	
	5月17日	上海第一医学院、复旦大学、上海交通大学、华东师范大学被列为全国重点高校。1960年增同济大学、华东化工学院、华东纺织工学院，1963年又增上海外国语学院。
	7月23日	《解放日报》发表《南京路上好八连》的通讯。此后，上海各界开展向好八连学习的活动。1963年4月25日，国防部授予该连“南京路上好八连”荣誉称号。同年8月1日，毛泽东为八连题写《八连颂》。
	8月28日—9月17日	中共上海市委举行全体扩大会议。要求各条系统在1959年跃进中夺取全胜，为1960年的继续跃进打下基础。会后，全市在党内开展反右倾整风运动，全市有4581名党员干部受到批判，883人受党纪处分。
	9月20日	上海音乐厅开幕，为全国首座音乐厅。
	第三季度	因“大跃进”，全市国民经济严重失调。工业生产原料不足，不少产品质量下降，从外地调入粮食困难，商品日渐匮乏，上海市场供应紧张。
	1960年	
	1月7日	经国务院批准，上海调整行政区划，撤销江宁、新成、蓬莱、邑庙、提篮桥、榆林6个区，设立静安、南市、吴淞、闵行4个区。市区由14个减为12个。
	1月7—17日	中共中央政治局扩大会议在沪召开。会议认为1960年仍将大跃进，设想用8年时间完成人民公社从基本队有制过渡到基本社有制。会后，上海响应中央号召，继续搞“大跃进”，使“一平二调”“共产风”再度泛滥。
	1月11—22日	中共上海市委召开市科学技术工作会议，草拟1960—1967年科技发展纲要，明确科技工作必须为经济和国防建设服务方针、工业技术改造贯彻“土洋结合”两条腿走路方针。提出上海要加速发展原子能、电子学、半导体、计算技术、新型材料等高级、精密、尖端科学技术。

（续表）

时 期	年 代	大 事
中华人民共和国	2月19日	中国第一枚试验型T-7M液体探空火箭在上海市南汇县老港镇东简易发射场秘密发射成功。
	4月15日	江南造船厂建造完成中国第一艘自行设计、全部采用国产钢材的万吨级远洋货轮东风号。始建于1958年，是日下水。
	9月	中共上海市委决定继续大规模围垦崇明岛和长兴岛滩涂，建立副食品生产基地。10月，成立上海市围垦总指挥部。次年冬，市围垦总指挥部动员市内干部、职工、学生和居民10万人在崇明、长兴两岛和奉贤沿海筑成50多公里长海堤，围垦土地12.5万亩，建16个国营畜牧农场。
	1961年	
	3月4日	上海中山故居、中国共产党第一次全国代表大会会址、中国社会主义青年团中央机关旧址和鲁迅墓4处列为第一批全国重点文物保护单位。
	4月10日	上海乒乓球厂生产的红双喜乒乓球在第二十六届世界乒乓球锦标赛中被批准为国际比赛用球。
	是月	中国队获得第二十六届世界乒乓球锦标赛男子团体赛冠军，上海运动员徐寅生、李富荣为中国队主力队员。
	6月	上海开始大规模精简职工。至年底，共精简15.8万人。次年又精简20.8万人。绝大部分被精简职工回原籍参加农业生产。1961—1963年，全市精简城镇人口52万余人。
	11月	中共上海市委召开工业会议，贯彻调整、巩固、充实、提高八字方针，并讨论《国营工业企业工作条例（草案）》（工业七十条），确定22个工厂为试点单位。
	1962年	
	5月22日	天马电影制片厂故事片《红色娘子军》获第一届《大众电影》百花奖最佳故事片奖，导演谢晋获最佳导演奖，演员祝希娟获最佳女演员奖，陈强获最佳配角奖。
	6月22日	上海江南造船厂、上海重型机器厂等单位设计制造的国内第一台1.2万吨自由锻造水压机在上海重型机器厂试制成功。
	1963年	
	1月2日	上海市第六人民医院陈中伟、钱允庆等成功施行世界上第一例断肢再植手术。

（续表）

时　期	年　代	大　　事
中华人民共和国	1月29日	国务院总理周恩来在上海市科学技术工作会议上作《建成社会主义强国，关键在于实现科学技术现代化》的讲话。首次公开提出中国要实现四个现代化。提出“实事求是、循序渐进、齐头并进、迎头赶上”的方针。
	4月	根据中共中央《关于厉行增产节约和反对贪污盗窃、反对投机倒把、反对铺张浪费、反对分散主义、反对官僚主义运动的指示》，上海首先在市、区两级机关开展“五反”运动。之后在工厂企业单位分三批进行，至1964年7月告一段落，共有124.4万人参加运动。
	11月2日	毛泽东在沪会见来华商谈两国建交问题的法国参议员、前总理埃加·富尔。之后，周恩来、陈毅与富尔在沪继续会谈。双方就中法建交达成原则协议。
	1964年	
	4月29日	上海虹桥国际机场改扩建工程竣工，解放后上海地区第一条国际航线巴基斯坦达卡—广州—上海民用航空线正式开通，巴基斯坦国际航空公司班机首航上海。
	7月1日	全国第二次人口普查，上海市人口1081.65万人。
	8月上旬	首批工厂开始开展社会主义教育运动，又称“四清”运动（即清政治、清经济、清组织、清思想）。至“文化大革命”前夕，全市共分3批，参加运动的有103万人。
	秋	按中共中央、国务院大规模建设后方生产基地用以备战（大三线）的决策和国家计划，上海开始实施向四川、贵州、江西、湖北、陕西、广西、甘肃、青海、云南、宁夏、福建搬迁军工、基础工业企业和短线产品生产企业，到1973年底结束。其间内迁企业411家、设备2.6万台，以及职工、干部9.1万人。
	1965年	
	5月	上海向索马里派遣无偿援助医疗队。统计至1995年，上海共向6个亚非国家派遣医疗队55个，并派医生参加其他省市组建的医疗队赴9个亚非国家工作。同时，上海持续向国家派赴10多个国家的医疗队供应医药器械物资。1973—1990年（不完全统计）达7925吨。
	9月	中国科学院上海生物化学研究所和有关单位合作，在世界上首次用化学方法合成结晶牛胰岛素。
	9月11—20日	来华参加中日青年友好大联欢的首批日本20多个青年团体的代表200余人在沪进行参观、联欢、交流活动。

（续表）

时期	年代	大事
	是年	上海工业生产能力大为提高，主要工业产品产量在全国所占比重，钢约占1/5，钢材约占1/4，机床约占1/4，缝纫机约占2/3，棉纱约占1/4，手表约占9/10。
	是年	为防沿海工业受到战争影响，上海工业生产能力西移，开始在安徽徽州、安庆、宣城3个专区和浙江临安等13个县（市）境内筹建小三线建设。小三线建设项目所在范围东西相距263公里，南北相距135公里，有工厂54个，配套企事业单位27个。到1984年共投资7.52亿元，有职工54437人。1988年，上海市委决定将在皖南的80个单位的财产无偿移交安徽省。
中华人民共和国	**1966年**	
	6月上旬	针对“文化大革命”中各高校造党委的反所引起的混乱，中共上海市委和各区县、局委决定成立工作组，向大专院校和部分中等学校派遣文化革命工作组。
	8月19日	上海大中学校学生普遍成立“红卫兵”组织，最多时达5340多个。
	8月23日	上海“红卫兵”仿北京“红卫兵”，冲上街头，开始所谓破“四旧”(旧思想、旧文化、旧风俗、旧习惯)。
	是月	各地“红卫兵”到上海串联，市人委专门成立接待站。至10月9日，外地到沪串联的“红卫兵”达37万余人。
	11月9日	“造反派”组织上海工人革命造反总司令部（简称“工总司”）召开成立大会，国棉十七厂保卫科干事王洪文任司令。10日，“工总司”以赴京控诉中共上海市委“资产阶级反动路线”为由，煽动数千群众聚集沪宁铁路安亭站，阻断沪宁铁路交通30多个小时，36趟客货车停运，酿成震惊中外的安亭事件。市长曹荻秋等赴安亭劝阻，并拒绝“工总司”的要求。
	是年	全市大面积开展人工回灌，以防止上海地面沉降，灌水量400万吨。经过5个月的人工回灌，市区地面回升，平均回升6毫米，最多的回升38毫米，控制上海地面沉降获得成功。
	是年	嘉定县城东公社澄桥大队宣家坟出土一批明成化七年（1471年）、十四年（1478年）的说唱词话和传奇刻本。包括明北京永顺书堂竹纸刊印本16种说唱词话和南戏《新编刘知远还乡白兔记》，为全国今存最早的诗赞系统说唱文字刻本。

（续表）

时期	年代	大事
中华人民共和国	**1967年**	
	2月5日	张春桥、姚文元策划并主持“造反派”组织在人民广场集会，宣布夺取中共上海市委、市人委的权，宣布成立上海人民公社。会议还发表《一月革命胜利万岁！——上海人民公社宣言》，宣告“一切权力归上海人民公社临时委员会”。
	2月23日	上海市革命委员会发出《关于将上海人民公社临时委员会改称上海市革命委员会的决定》，宣布上海市革命委员会（简称上海市革委会）成立。市革委会从此取代依法选举产生的中共上海市委、市人民代表大会和市人民委员会。原各委、办、处、科工作机构一律撤销，另设办公室和组。
	1968年	
	1月25日	上海市公检法军事管制委员会成立，对上海市公安局、人民法院、检察院实行军管。
	是月	上海市革委会在全市开展清理阶级队伍运动。5月，市革委会成立“清队”专案办公室，全市各单位普遍建立清队机构。
	7月8日	市知识青年上山下乡办公室成立，办理以中学毕业生为主体的城镇户籍知识青年上山下乡到外地、市郊农村、农场务农事宜，开始大规模动员知青上山下乡。全市中学生毕业生和社会青年开始上山下乡，到农村、边疆务农。
	8月22日	上海市革委会决定工人毛泽东思想宣传队（简称工宣队）进驻高校。次年1月，全市抽调9万多名工人组成工人毛泽东思想宣传队，进驻全市1971个独立单位。至1977年11月，工宣队全部撤离进驻单位。
	9月14日	《文汇报》《解放日报》转发毛泽东批示的关于川沙县江镇公社赤脚医生的调查报告《从“赤脚医生”的成长看医学教育革命的方向》，号召全国医务界走“赤脚医生”的道路。此后全国农村以生产大队为单位，普设赤脚医生，实行合作医疗。
	是月	上海星火食品商店开办，是全市商业系统中首家昼夜24小时营业的商店。
	10月15日	大批原中共上海市委和市人委机关干部被送往奉贤创办市直机关“五七干校”，参加农业生产劳动。至1969年6月，全市共建五七干校19所，在校人员1.5万人。

（续表）

时期	年代	大事
中华人民共和国	10月31日	国家指令上海市“制造人造卫星，试制东风型导弹和运载工具”。
	是月	全市城镇户口1966、1967届初高中毕业生开始到农村插队落户。至1978年，全市有111.3万名知识青年到黑龙江、吉林、内蒙古、云南、贵州、江西、安徽等地和上海郊县的农村、农场务农。
	1969年	
	1月16日	上海市革委会向中央报告，上海市郊有97%共2675个农村生产大队的贫下中农在管理农村学校。
	4月24日	经中共中央、国务院批准，上海市在南京梅山投资建设铁矿厂，并成立梅山铁矿厂（九四二四厂）工程指挥部。
	6月18日	上海市革委会印发并试行《上海市中、小学教育革命纲要（草案）》。《纲要》确定市区中小学由工宣队、郊区由贫下中农直接领导，同时把中、小学学制由12年缩短为9年。
	7月27日	上海市革委会召开动员大会，布置机关干部“四个面向”（面向农村、面向边疆、面向工矿、面向基层文教单位）。至1970年8月，有1600余人到工厂和黑龙江、吉林等地农村务工务农，另有4800人参加南京梅山工程建设，近3000人到中学当教职员工。
	12月7日	市郊全面推广合作医疗制度。至次年7月，全市97%生产大队实行合作医疗制度。
	1970年	
	2月	全市开展“一打三反”（打击反革命分子，反对贪污盗窃、投机倒把、铺张浪费）运动。至1972年基本结束。
	8月27日	国家计划委员会、军委国防工业领导小组向上海下达708工程任务，指令上海试制生产运输飞机，代号运10（Y-10）。
	9月28日	打浦路隧道建成。10月1日，黄浦江越江隧道竣工（浦西打浦路—浦东耀华路），长2761米，车行道宽7米，高4.2米，为国内第一条越江隧道。始建于1966年11月，1971年6月12日通车。
	10月	上海市革委会发出《关于实行野营训练的通知》，成立市野营训练指挥部，要求各区、县、局成立相应的指挥部。12月16日开始，全市各厂、机关、事业单位和大中学校逐步全面开展野营拉练，在“练好铁脚板，打击帝修反”的口号下，所属单位分批抽调人员，在10～15天内，仿效部队编制组队，按军队野外作战要求，自备食宿用具，徒步野营拉练。至1974年11月，全市300多万人参加。

（续表）

时期	年代	大事
中华人民共和国	11月7日	全市市区、城镇户籍中学毕业生工作分配，开始以兄姐分配去向为依据，实行“按档分配，对号入座”办法，延续至1978年。
	1971年	
	1月	上海市高校开始招收“工农兵大学生”。
	7月20日	诺贝尔物理学奖获得者杨振宁自美国抵沪探望父母，并与上海科学界人士座谈。9月7日，诺贝尔物理学奖获得者李政道自美抵沪探亲、访问。
	是月	中共上海市委写作组在上海市革委会专题写作组基础上成立，设6个组，正式成员40余人，到1976年，实际工作人员近300人。编辑出版《学习与批判》《朝霞》《摘译〈外国文艺〉》《自然辩证法》《教育实践》等8种刊物。在批林批孔、评法批儒、评《水浒》投降派及所谓反击右倾翻案风等运动中，与北京由江青等人控制的“梁效”等写作组南北呼应。
	9月18日	中共中央发出《关于林彪叛国出逃的通知》。10月下旬，全市各基层单位开始普遍传达林彪叛党叛国事件，声讨林彪反革命集团策划反革命政变和叛国罪行。
	1972年	
	2月27日	美国总统尼克松访问上海。当天，中美双方在上海就中美《联合公报》最后达成协议，次日发表，由是公报也称“中美《上海公报》”。
	7月10日	上海舞剧团赴日访问演出。访问期间，日本外相大平正芳、首相田中角荣先后会见舞剧团团长孙平化，正式表示首相将为实现两国关系正常化访华。
	是月	上海石油化工总厂围堤指挥部成立。12月28日开始在金山围海筑堤，至1990年围得滩地1.6万亩，用作上海石油化工总厂建设用地。
	1973年	
	2月22日	埃塞俄比亚航空公司开航亚的斯亚贝巴—孟买—上海国际航线，这是中国通往非洲最早的一条直接航空线。
	3月	上海体育馆开工建造。1975年8月竣工。
	9月	中国从美国进口的第一架波音飞机在上海交接。
	1974年	
	1月1日	上海市高、中级人民法院和各区、县人民法院恢复建制，上海市公检法军管会撤销。

（续表）

时 期	年 代	大 事
中华人民共和国	2月2日	根据张春桥、王洪文的要求，市总工会召开上海工人“批林批孔”万人大会。4月6日，又召开全市“批林批孔”经验交流会。
	10月31日	黄浦江上首座公路兼铁路大桥黄浦江大桥（今松浦大桥）开始建设。次年6月公路桥通车，9月11日铁路桥通车。
	1976年	
	1月8日	周恩来总理逝世，上海市民举行悼念活动。
	7月6日	朱德委员长逝世，上海市民举行悼念活动。
	7月29日	河北省唐山市发生7.8级强烈地震后，上海市紧急组织医疗队赴唐山抗震救灾。至1978年底，上海医务系统共调集4批约3500人，商业部门紧急发运药品1274箱、救济物资9900余箱支援灾区。
	9月9日	中共中央主席毛泽东逝世，上海市民举行悼念活动。
	10月6日	中共中央政治局对王洪文、张春桥、江青、姚文元4人实行隔离审查，粉碎江青反革命集团妄图篡夺党和国家最高领导权的阴谋。
	10月15日	上海人民集会游行，欢庆粉碎江青反革命集团的胜利。
	10月27日	中共上海市委召开党员干部大会，宣布中共中央改组上海市委的决定。撤销张春桥、姚文元、王洪文在上海的党内外一切职务。
	10月29日	上海百万军民集会游行，坚决拥护中共中央、国务院关于改组上海市委、市革会的决定。
	11月11日	中共上海市委成立清查江青反革命集团专案小组。次年11月25日，成立中共上海市委揭批江青反革命集团运动办公室。清查在上海同江青反革命集团篡党夺权阴谋活动有牵连的人和事。
	是月	中共上海市委召开全市第一次揭批“四人帮”大会，集中揭发批判“四人帮”在上海的余党阴谋策划反革命武装叛乱的罪行。到1978年5月，市委先后召开5次揭批大会，分别揭发批判其结帮篡党夺权、破坏经济建设、迫害干部与知识分子等罪行。
	1977年	
	1月3日	中共上海市委、市革委会召开有1.8万多人参加的农村干部大会，传达贯彻第二次全国农业学大寨会议精神，部署进一步开展学大寨运动。

（续表）

时期	年代	大事
中华人民共和国	4月15日	上海—兰州—乌鲁木齐航线通航，全长3635公里，为国内最长的航空线。
	是月	中共上海市委成立市委复查小组。11月，又成立市委复查办公室。全市各部、委、办、区、县、局和大专院校党委相继成立复查小组。对在“文化大革命”中被立案审查的干部进行复查，到1987年基本结束，101295名干部的冤假错案全部得到平反。
	5月26日	中共上海市委召开干部大会，传达贯彻全国工业学大庆会议精神。全市掀起工业学大庆热潮。
	11月24日	上海新钢厂筹建指挥部成立。12月5日，改为上海新建钢铁厂工程指挥部。12月底定名为上海宝山钢铁总厂，工厂规模为年产铁、钢各600万吨。次年12月21日，中国技术进出口总公司和日本新日本钢铁公司关于订购上海宝山钢铁总厂成套设备的总协议书在上海签订。23日，宝钢工程建设动工。
	12月11—12日	1977年度高考举行，全市11.1万名考生参加考试。1977、1978年两次高考全市高校录取新生2.5万多名。全国高校恢复统一文化考试招生制度。
	下半年	各级法院对“文化大革命”中判处的反革命案件和刑事案件进行复查。到1980年6月，复查基本结束，70.7%判处反革命案的纯属冤假错案，予以平反。
	1978年	
	5月	恢复研究生招生。1977、1978年度合并招生，全市共招收研究生1078名。
	是月	上海社会科学界开展关于“实践是检验真理的唯一标准”问题的讨论。
	9月23日	上海市工人文化宫话剧团演出工人作者宗福先创作的话剧《于无声处》。话剧以人民群众1976年4月5日在天安门广场掀起的反对江青反革命集团的斗争为主题。10月28日，《文汇报》发表剧本。11月4日，话剧团进北京演出，7日，中央电视台向全国转播演出实况。在国内外引起轰动。
	9月29日	上海交通大学赴美访问团赴美国访问，为全国第一个组团赴美访问的高校。

（续表）

时 期	年 代	大 事
	11月17日	中共上海市委发出《关于贯彻中央55号文件实施意见》，要求做好摘掉右派分子帽子人员的安置工作，落实党的政策。全市各级单位设立右派摘帽办公室。对错划为右派分子的16297人全部复查改正，恢复名誉，对原为中共党员的恢复党籍。次年12月31日开始，又对反右派斗争中未戴右派帽子，被定为“中右分子”“反社会主义分子”，或因“右派言论”而受处分的党员、干部进行复查，9000余人得到改正。
	1979年	
中华人民共和国	1月4日	中共中央转发上海市委《关于解决所谓“一月革命”问题的请示报告》。报告指出所谓“一月革命”，完全是林彪、陈伯达和“四人帮”策划的篡党夺权的反革命阴谋，是一场反革命风暴。“一月革命”被彻底否定。
	1月6—16日、2月13—15日	中共上海市委分两段召开工作会议，传达和学习中共十一届三中全会精神，对历史上上海地下党等7个问题作出结论。2月15日起，在全市掀起一个向群众进行全党工作着重点转移的宣传教育活动。
	2月28日	全国第一台国产每秒运算500万次大型集成电路电子计算机在上海华东计算技术研究所研制成功。
	3月2日	中共上海市委批转《关于上海地下党案件的调查报告》，为“文化大革命”中遭受迫害的原中共地下党员复查平反。到4月，“十大专案”全部复查平反，900余名原中共地下党员平反昭雪。
	3月15日	上海电视台播出瑞士雷达表广告，为中国电视第一条外商广告。是日，《文汇报》刊登同类广告，成为20世纪60年代后中国报刊的第一条外商广告。
	3月25日	中国远洋运输公司上海分公司柳林海轮由上海启航，恢复中断30年的中美海上航线。4月18日，抵美国西雅图港。5月15日，返抵上海港。
	6月	中国农业银行上海市分行、中国银行上海分行从中国人民银行上海市分行分设出来，成为专业银行。
	10月2日	上海市内电话局敷设第一根试验性光缆，从市内电话局海宁路分局至四川北路分局长1.8公里的120路光纤通信系统接入市内电话网开通试用。
	12月25日	26名上海纺织女工赴阿拉伯也门共和国工作。上海开始发展劳务输出。

（续表）

时期	年代	大事
中华人民共和国	是月	上海市统筹安排在外省市及上海市郊上山下乡务农回沪回城待业知识青年工作基本结束，全市40万人得到安置。
	是月	贯彻中共中央、国务院“调整、改革、整顿、提高”的方针，中共上海市委、市革委会对国民经济进行全面整顿。提出全面规划，综合平衡，边调整边前进，在调整中改革，在调整中整顿，在调整中提高，既要逐步改善比例失调的状况，又要保持一定的增长速度，逐步改善人民生活。
	是年	上海市开始吸收国外投资。进行中小型补偿贸易，引进技术、设备。后吸收外商直接投资，举办合资、合作企业。
	是年	到沪入学的外国留学生、进修生不断增多。至1993年，上海累计招收110多个国家的留学生7000余人。
	1980年	
	4月2日	市政府为贯彻中共中央、国务院“调整、改革、整顿、提高”方针，决定停建、缓建234个项目和86个单项工程，压缩投资256亿元，基本建设战线缩短1/3。
	4月10日	最高人民法院撤销1965年对上海市人民政府公安局副局长扬帆的判决，宣告无罪。公安部、中共上海市委相继为扬帆平反。受扬案牵连的700多人随后也复查平反。
	4月28日	美国驻上海总领事馆开馆。
	5月7日	市政府批转市建委、市侨务办公室《关于落实华侨私房政策的请示报告》，要求对在“文化大革命”中因受冲击被侵占的华侨、归侨、侨眷私房落实政策，抓紧清理退还。
	8月8日	中国迅达电梯有限公司上海电梯厂成立。该厂是全国机械工业第一家中外合资企业，也是改革开放后上海第一家中外合资企业。
	9月26日	中国自行设计、制造的运10飞机在上海大场机场首次试飞成功。
	是月	中共中央下发《关于进一步加强和完善农业生产责任制的几个问题》后，鉴于上海特殊情况，中共上海市委提出不搞包产到户、不搞分田单干、不搞口粮田，提倡小段包工、定额计酬和专业队、专业组承包的生产责任制。实际上到1982年11月，全市有622个生产队实行大包干，另有582个生产队分社员口粮田。
	10月21日	法国驻上海总领事馆开馆。
	10月30日	中国自行设计制造的第一条年产10万台16英寸黑白显像管生产流水线在上海电子管二厂建成。

（续表）

时期	年代	大事
	是月	华东师范大学第二附属中学接受联合国开发计划署援款20万美元，进行中学理科教学现代化建设试点，为第一个上海接受多边援助的项目。
	12月1日	上海电影制片厂摄制完成故事片《天云山传奇》，在国内的文艺作品中首次正面触及反右派斗争，在全国引起强烈反响。影片获得1980年文化部优秀影片奖，首届中国电影金鸡奖最佳影片、最佳导演奖等4项奖，第四届百花奖最佳影片奖。
	是年	上海港务局始对军工路杂货码头四、五泊位进行集装箱化改造。1983年底基本完成。为上海第一个集装箱码头，设计年吞吐能力12万标准箱。
中华人民共和国	**1981年**	
	1月7日	中国民航开辟北京—上海—旧金山—纽约航线，为新中国第一条飞越太平洋的远程国际航空线。
	2月10日	中美集装箱运输班轮航线首航，张家口号轮船完成上海—旧金山线航行。
	2月26日	上海在海外的第一个合资企业上海工艺品股份有限公司在瑞士日内瓦开业。
	3月18—21日	上海市城市规划工作会议召开，讨论《上海市城市总体规划方案纲要（草案）》。1983年10月，市长办公扩大会议审查并原则同意《上海市城市总体规划方案（送审稿）》。12月方案获市人大常委会通过。1984年2月9日，市政府将《上海市城市总体规划方案》报国务院。1986年4月，以中共上海市委、市政府名义向中共中央、国务院上报《上海市城市总体规划方案的汇报提纲》，中共中央书记处原则同意《上海市城市总体规划方案的汇报提纲》和《上海市城市总体规划方案》。10月13日，国务院批复原则同意《上海市城市总体规划方案》，指出这个方案和批复可作为指导今后上海城市发展与建设的依据。
	6月4日	国家名誉主席宋庆龄骨灰安葬仪式在上海西郊万国公墓宋氏墓地（今建成宋庆龄陵园）举行。宋庆龄于5月29日在北京病逝。
	是月	上海电影制片厂故事片《喜盈门》，获1981年文化部优秀故事片奖和农村题材优秀创作奖，第二届金鸡奖荣誉奖、最佳音乐奖，第五届百花奖最佳故事片奖。发行35毫米、16毫米、8.75毫米3种拷贝共4212个，创国产故事片拷贝发行数最高。放映后两年内，全国观众达7亿人次，创国产故事片上座率最高。

（续表）

时 期	年 代	大 事
中华人民共和国	7月25日	中共上海市委发出关于传达、学习中共十一届六中全会《关于建国以来党的若干历史问题的决议》的通知，要求把上海全党的思想认识统一到六中全会《决议》上来。
	7月26日	上海与香港合资经营的上海联合毛纺织有限公司成立，为上海解放后第一家沪港合资企业。
	8月4日	市政府颁发《上海市推行计划生育的若干规定》，提倡一对夫妇只生一个孩子。
	8月20日	上海市船舶工业公司成立，在全国企业中首家打破部门和地区界限，按行业联合经营。
	9月9日	上海橡胶制品研究所一科技人员利用业余时间为乡镇企业服务，收受酬金，被研究所以受贿罪控告。11月25日，长宁区检察院以受贿罪向法院提起公诉。法院裁决罪名“不能成立”。该案在全市引起反响。
	11月6日	高桥地区上海炼油厂、高桥化工厂等8家石油化工企业（单位）合并组建高桥石油化工公司，为全国第一个跨行业大型企业联合体。
	是月	世界首次人工合成酵母丙氨酸转移核糖核酸在上海获得成功。
	12月26日	国务院学位委员会下达上海市首批博士学位授予单位25个、硕士学位授予单位44个。
	是年	上海商业收购方式改为统购包销、计划收购、订购、选购4种。凡商业收购有余的，工业可以自销，打破原来非商业部门不能经商的规定。
	是年	上海开展对外承包工程和劳务合作业务，开始在海外投资办企业。
	1982年	
	4月14日	上海市区首座人行立交桥延安东路外滩人行立交桥开工。6月30日竣工。
	4月30日	市总工会、解放日报社等联合发起振兴中华职工读书活动。是年有20余万人参加，至1984年增至90余万人。
	9月11日	市政府决定在虹桥、闵行建立虹桥开发区。1984年，国务院批准命名为上海虹桥经济开发区和闵行经济技术开发区。
	10月15日	联邦德国驻上海领事馆开馆。

（续表）

时期	年代	大事
中华人民共和国	是日	上海施贵宝制药有限公司成立，为中国首家中美合资西药制剂企业。1985年10月18日，工厂竣工投产。
	12月14日	中共上海市委宣布取消1981年提出的市郊不搞包产到户等限制，决定在市郊推广家庭联产承包责任制。到1988年底全市农业生产责任制形成两种形式：家庭联产承包责任制，占全市生产队约94%；以生产队或作出组为单位，实行统一经营，占全市生产队6%。
	12月22日	国务院发出《关于成立上海经济区和山西能源基地规划办公室的通知》。通知提出上海经济区的范围，以上海为中心，包括长江三角洲的苏州、无锡、常州、南通地区和嘉兴、湖州、宁波等城市。次年1月5日，长江三角洲经济区规划办公室在上海成立。
	是日	上海港十六铺客运站重建竣工，投入使用，为全国最大的水上客运站。
	是年	上海医疗机械研究所研制成功国内第一台颅脑CT。
	是年	上海市与外资以合作经营方式，建成首个非生产性项目雁荡公寓和联谊大厦。
	1983年	
	1月1日	根据国务院批转的财政部《关于国营企业利改税试行办法》（简称第一步利改税）精神，上海市对国营企业实行第一步利改税。至6月1日，全市有5600家国营工业企业和财贸企业实行。
	4月3日	市郊人民公社开始政社分设。是日嘉定县曹王乡成立。到1984年6月，全市206个人民公社全部就社设乡，设立乡政府，人民公社下属的生产大队就队设行政村，设村民委员会。至此人民公社体制全部解体。
	4月9日	全国首家中美合资经营仪表企业上海福克斯·波罗有限公司开业。在全国第一个获得ISO-9001质量体系认证书。
	4月11日	第一辆上海桑塔纳轿车在上海汽车厂组装成功。20日，首批上海—桑塔纳轿车出厂。
	5月2日	国务院批准《关于上海市发展对外经济贸易工作几个问题的请示》，决定给上海引进和消化技术、利用外资、改造企业和开拓国际市场等方面更多的自主权，为“外挤、内联、改造、开发”创造条件。
	5月8日	上海废旧物资回收利用的经验引起国际重视，联合国开发计划署决定在上海投资成立资源回收研究网点。

（续表）

时　期	年　代	大　　　　事
中华人民共和国	6月1日	全国第一座核电站秦山核电站动工。1991年12月15日，一次并网发电成功。上海为核电站承担50%的设备研制。核电站建设最初于1970年2月由国务院总理周恩来提出，由上海筹建。
	6月11日	上海运动员朱建华在第五届全国运动会田径预赛中越过2.37米，打破跳高世界纪录。9月23日，在五届全运会田径决赛中，越过2.38米，再破世界纪录。次年4月10日，朱建华在埃伯斯特国际跳高比赛中，以2.39米成绩第三次打破世界纪录。
	7月26日	上海利用外资兴建的第一幢高级公寓——雁荡公寓在复兴公园工地举行开工典礼。
	8月19日	全市统一行动，开展为期3年的严厉打击严重刑事犯罪斗争（简称“严打”）。到1986年10月结束，共进行3个战役、13仗。
	9月18日—10月1日	第五届全国运动会在上海举行。上海队所获奖牌总数和总分均名列全国第一。
	12月	中英合资上海耀华皮尔金顿玻璃有限公司组建，这是改革开放后英商在上海投资开办的第一家企业。1988年5月，浮法玻璃生产线投产。
	1984年	
	1月1日	上海市无线电管理处在锦江饭店设置音响式寻呼台，向公众开放无线寻呼业务。上海开始发展无线寻呼业。
	1月29日	上海港、宁波港、南通港、张家港组成四港联合委员会，逐步形成以上海港为中心枢纽的长江三角洲港口联合体。5月8日，上海经济四港联合委员会成立。
	2月11—16日	邓小平在沪视察。15日，视察宝山钢铁总厂工地，并为宝钢题词“掌握新技术，要善于学习，更要善于创新”。16日，参观上海市微电子技术及其应用汇报展览，指出计算机的普及要从娃娃抓起；提出上海思想还不够解放，利用外资不够，希望上海对外开放要胆大一些。
	4月8日	上海研制的“长征三号”运载火箭成功发射中国第一颗地球静止轨道试验通信卫星。当月又成功发射一颗地球同步试验通信卫星。
	是月	上海社会科学院、上海市计划委员会、上海市经济研究中心联合召开上海经济发展战略讨论会，300余人与会。中心议题是在新的经济形势下，上海经济发展面临的新问题。

（续表）

时期	年代	大事
中华人民共和国	5月4日	中共中央、国务院批准《沿海部分城市座谈会纪要》，决定进一步开放上海等14个沿海港口城市。
	6月22日	上海市电子计算机工业公司在国内最早生产普及型家用计算器供应市场，每台售价300元。
	6月23日	中国数字程控电话交换机生产厂中国比利时合资上海贝尔电话设备制造有限公司成立。次年，生产世界领先的91240数字程控电话交换机。
	是月	上海61家大中型企业被列为中共中央、国务院在全国100家企业中实行厂长负责制的试点企业，实行厂长负责制，奖金发放上不封顶、下不保底，征收奖金税等“三配套”改革。7月9日，上海机床厂、上海第十七棉纺厂、上海无线电二厂等4家企业以此为基础，加上工资总额包干与经济效益挂钩浮动的配套，实行“四配套”改革，9月扩大至61家企业。上海工业系统改革启动。到1988年，全市96.7%的全民所有制企业实行厂长（经理）负责制。
	8月31日	调整扩大上海市区行政区划，川沙、上海、嘉定、宝山4县的部分乡镇地域划入市区管辖，市区总面积从230平方公里扩大到340平方公里。
	9月22—26日	上海经济发展战略研讨会召开。10月，中共上海市委、市政府和国务院调研组草拟《关于上海经济发展战略汇报提纲》。1985年2月8日，国务院批转提纲，并指出“上海在我国经济建设中占有举足轻重的地位。它是我国最重要的工业基地之一，也是全国最大的港口、贸易中心、科技中心和重要的金融中心、信息中心”。
	10月1日	市政府试行“联建公助”建设住宅办法。用联建公助的办法改造棚户区住宅，利用原有私房的基地，由企业单位集资，私房住户出部分资金，改建多层住房，解决市民住房困难。
	10月12日	联邦德国总理科尔访问上海并参加在上海安亭举行的中国和联邦德国合资的上海大众汽车有限公司工程奠基典礼。次年3月21日公司成立，9月1日开业。
	是月	台商在上海投资开办的第一家沪台合资企业——上海联华合纤有限公司成立。
	11月11日	上海解放后首家外商独资企业美国3M公司中国有限公司在上海成立。1985年3月7日，公司通讯器材厂投产。
	11月20日	上海飞乐音响公司成立，并向社会公开发行新中国成立后全国第一种股票。首期50万元，每股面值50元。
	12月16日	国务院决定，上海经济区的范围扩大至江苏、浙江、安徽、江西4省和上海市。

（续表）

时 期	年 代	大 事
中华人民共和国	**1985 年**	
	1 月 4 日	中共上海市委、市政府召开干部会议，传达国务院对上海工作的要求。国务院提出上海的发展战略，必须在加快传统工业的改造和新兴工业开发的同时，大力发展第三产业，加强城市基础设施，充分发挥开放型的、多功能的中心城市的作用。
	2 月 1 日	全市零售业、饮食服务中心中 4700 余家独立核算的基层商店实行全面改革。改革的内容有打破行业批零界限；财务权下放企业；实行工资总额包干，饮食服务业可采取拆账制；小型国营企业一部分改为国家所有，集体经营，一部分直接转为集体所有制，一部分租赁给个人经营，逐步实行经理负责制。
	2 月 11 日	英国驻上海总领事馆开馆。
	3 月 14 日	国务院批复上海市进一步开放的方案。方案提出上海市进一步对外开放的范围除老市区外还包括 10 个县的县政府所在镇，上海市政府批准的集中安排工业、科研项目的重点卫星城镇，上海市政府批准的所辖农村中利用外资建设的以发展出口为目标的农、林、牧养殖业生产项目及其加工项目。
	5 月 8 日	联谊大厦落成，为上海首幢沪港合建的涉外商务办公楼。
	7 月	《上海市普及义务教育条例》颁布，全市开始实施小学至初中九年制义务教育。
	8 月 7 日	全市第一次大规模普查。普查结果上海市人均国民生产总值 3259 元，就业人数 767.3 万人。
	8 月 10 日	上海首家大型农牧联合企业中泰合资上海大江有限公司成立，为全国最大的农牧业中外合资企业。
	8 月 15 日	全市村镇进行规划，完成 164 个乡镇控制性总体规划、近 3000 个行政村编制现状图和规划图。
	9 月 15 日	全国第一座万吨级高炉宝山钢铁总厂一号高炉点火投产。11 月 25 日，中共中央、国务院致电祝贺。
	10 月	美籍华人林同炎向上海市政府递交《实现现代化的大上海“全面开发可能性”研究》报告。次年经修改充实后提出《开发浦东——建设现代化大上海》报告。1987 年 4 月，上海市政府设立开发浦东中美联合研究小组，林被聘为高级顾问。
	12 月 31 日	国内第一家股票交易市场上海静安证券业务部成立，以现券交易为限。
	1986 年	
	1 月 16 日	上海章华毛纺织公司成立，为全市首家由工厂升为公司的企业。

（续表）

时期	年代	大事
中华人民共和国	1月20日	上海市农村工作会议召开。中共上海市委提出上海市郊农村经济在改革中走向城乡一体化，宣布进一步振兴上海市郊农村经济的10项政策。
	1月26日	中共上海市委、市政府提出实现住宅商品化，建议试行开征土地使用费，筹措建设资金。
	年初	全市首先在市机电工业管理局、医药工业局所属公司开始进行行政性公司的改革，简政放权。8月，全市全面开展。到1987年第二季度，市经委系统68个行政性公司，市建委、财贸办系统的9个行政性公司，撤销或解体60个，改为企业性公司8个，批准试办企业性公司9个。至年底，全市工业系统建立100多个企业集团。
	2月2日	上海航天局参加研制的“长征三号”第三发运载火箭发射成功。
	2月5日	19家世界知名大银行组成的国际银团，为上海展览中心北馆（今上海商城）建设提供1.45亿美元贷款签字仪式在上海举行。
	3月7日	市长办公会议讨论通过1986年要办成15件与人民生活密切相关的实事。市长江泽民强调各级政府每年都要为人民办成几件看得见、摸得着的实事。
	3月8日	国务院就上海市进一步对外开放作出批复，同意上海市郊10县列入经济开发区。
	3月18日	复旦大学遗传研究所在世界上首次完成水稻单细胞育成植株。
	5月10日	上海城市文化发展战略研讨会举办。会后形成《关于上海文化发展战略的汇报提纲》。提纲提出上海文化发展远期战略目标是将上海建成亚太地区最大的文化中心之一，近期目标是创建一个开放的、多样化的、鼓励创新的文化环境。1987年2月，中共中央书记处审议提纲，同意上海先行文化发展战略的试点。
	5月14日	上海首次举行人口和计划生育信息发布会。全市已基本杜绝多胎，独生子女领证率超过98%。
	6月	市政府颁布《上海市进一步推动横向经济联合的试行办法》。提出上海与各省市发展经济联合，建跨行业、跨部门、跨地区的企业群体；加快技术转移，发展经济联合，推动资源开发，促进商品、资金等生产要素流动。外省市竞相到上海开店办厂。

（续表）

时期	年代	大事
中华人民共和国	7月2日	上海航空工业公司与美国麦道公司合作生产的第一架新型客机MD-82飞机在大场机场试飞成功。
	7月3日	华山医院成功施行世界首例异体胎脑移植手术。
	8月27日	上海爱建金融信托投资公司开业，为改革开放后上海第一家民间金融企业。
	是日	上海康达纺织联合公司成立，上海、江苏、浙江3省市10家纺织厂参加组建为上海第一个统一经营、独立核算、共负盈亏、跨地区的紧密型经济联合体。
	是日	中国工商银行上海市分行短期资金市场成立，这是改革开放后上海最早有固定场所和成交日期的短期资金市场。
	是月	国务院批复同意上海市扩大利用外资规模。批准上海市在第七个五年计划期间可以在国际金融市场直接筹措资金，自借自还，用于加强城市基础设施建设，加快工业技术改造，增加出口创汇能力，发展第三产业和旅游业。9月21日，上海市政府对外宣布国务院决定。
	11月2日	上海房地产市场开业，是日预售10套商品房。
	是月	上海开办全国第一家外商投资企业外汇调剂中心，建立外汇调剂初级市场。
	12月10—16日	中国第一个国际性电视节上海国际友好城市电视节（后被定为第一届上海电视节）举办。16个国家18个城市的23家电视台、制片公司以及国内各电视台参加。
	是年	全市免疫接种“四苗”(卡介苗，麻疹疫苗，灰髓糖丸疫苗，百日咳、白喉、破伤风混合疫苗)，覆盖率达到97%以上，提前实现并超过世界卫生组织规定的1990年以县为单位1岁内儿童“四苗”覆盖率达到85%的指标。
	1987年	
	1月28日	工商企业实行租赁经营取得试点经验。全市有528家工商企业试行租赁经营，其中商业523家、工业5家，集体所有制426家、全民所有制102家。
	2月27日	1987年上海对外贸易洽谈会开幕，49个国家、地区2500名客商参加。
	3月21日	上海地铁一号线（新龙华—上海铁路新客站）建设工程获国务院批准。全线长14.4公里。

（续表）

时 期	年 代	大 事
中华人民共和国	是日	上海灯泡厂王菊珍发明的钨铈电极材料及设备工艺和用途，被美国专利局和商标局批准，获美国专利权，为中国实施专利法后上海获得的第一件美国专利。
	5月10日	经国务院批准，上海由国内外多方筹集资金建设的上海石化30万吨乙烯工程开工，标志上海基建投资管理和金融体制开始进行重大改革。
	6月27日	中国激光核聚变研究的大型工程多功率激光实验装置在上海建成，中国成为世界上极少数拥有这项高技术的国家之一。
	7月3日	上海市政府在东北、西北、西南、华北、华中、华南六大地区设立上海市政府办事处。
	8月10日	上海市快递服务公司成立。经营范围包括快递、电子信函、代办报关、代发广告、代客包装、上门揽收等。其中特快专递可直接通达40个国家和地区，国内50个大城市。
	10月10日	《解放日报》报道，上海已能独立、完整设计、制造大型运载火箭和人造地球卫星，形成航天工业。
	12月10日	因大雾人挤，黄浦江陆家嘴轮渡发生乘客挤轧伤亡事故。死亡16人，受伤70多人。
	是年	市政府拨出5.8万平方米住房，为人均居住2平方米以下的城市特困居民解困。次年拨出4.5万平方米住房，至9月底，特困户全部解困。
	1988年	
	1月	上海出现甲型肝炎的暴发流行。是月3、4日起，发生部分市民因食用来自江苏启东毛蚶染上甲型肝炎病毒病例，患病者人数骤增。市政府立即决定禁止市场出售毛蚶，并于1月25日发出《关于制止急性肝炎进一步蔓延的紧急通知》。至2月8日全市累计开设隔离点1254个，肝炎病床11.8万余张、家庭病床2.9万余张。3月21日市卫生局通告，1月19日—3月18日，全市甲肝发病292301例，直接死于急性、亚急性黄色肝萎缩11人。
	3月9日	上海市公安局与美国、香港地区警方联合，88小时破获毒贩利用空运锦鲤鱼藏匿海洛因到美国的国际贩毒案。拘捕毒犯15人，查获毒品4684.5克。
	6月7日	国务院批准上海市漕河泾新兴技术开发区为国家级开发区，为全国高技术开发区之一。7月23日，正式成立。

（续表）

时期	年代	大事
中华人民共和国	6月8日	中国第一颗气象卫星在上海制造成功。
	6月25日	中国民航上海管理局改制，分别组建民航华东管理局、中国东方航空公司和上海虹桥国际机场。
	7月5日	上海108家工业企业列入全国第一批大型企业名单，宝山钢铁总厂、上海石油化工总厂、上海高桥石油化工总厂为特大企业。
	7月8日	上海解放后，上海第一块有偿转让使用权的地块虹桥经济技术开发区26号地块1.29万平方米，通过国际招标，为日本孙氏企业有限公司以人民币10416万元的出让金获得，土地使用期为50年。9月1日，孙氏企业公司以28055054美元付诸受让金，获得《上海市国有土地使用证》，为新中国成立后第一个在中国内地获得土地使用权的外国公司。
	8月25日	苏州河合流污水治理工程开工。是日，开始治理苏州河水质的合流污水一期工程开工，投资16亿元，至1993年12月29日，主体工程建成。1996年，上海市苏州河环境综合治理领导小组成立，制定《苏州河环境综合整治方案》。1999年12月，苏州河治理一期工程开工，总投资86.5亿元。水域以治臭、治黑为主，分步实施6条支流截污、石洞口污水处理建设、综合调水、虹口港水系整治、水面保洁、曝气复氧等10项工程。陆域以“治脏、治乱、建绿”为主。2000年，基本消除干流黑臭，消除苏州河和黄浦江交汇口色差，华漕以东和以西干流的两项主要指标分别达到Ⅴ类和Ⅳ类水环境质量标准。
	是月中、下旬	上海市场出现抢购风潮，对市场商品供应造成极大冲击。
	9月27日	上海外汇调剂中心成立，上海外汇市场的价格全部放开。次日，上海外汇调剂中心开始进行交易。
	10月31日	沪嘉高速公路（上海交通路杨家桥—嘉定）建成并全线通车，为全国第一条高速公路。长20.5公里，时速120公里，昼夜可通6万辆汽车。始建于1984年12月21日。
	11月23日	长江沿岸23个中心城市在上海召开经济调查会，商讨长江流域经济发展。
	是年	上海开始出现城乡一体化格局。城市和乡镇企业联营迅速发展，年产值逾70亿元，出口拨交值19亿元。
	是年	上海工业总产值首次超1000亿元。

（续表）

时期	年代	大事
中华人民共和国	**1989年**	
	1月10日	国际上精度最高的天文学和测地学观察系统、中国第一条甚长基线射电干涉测量观测站（VLB1观测站）在佘山建成并启用。
	5月14日	上海文化出版社和山西希望出版社合作出版的《性风俗》，引起穆斯林群众愤慨，上海市新闻出版局决定停止发行此书，对出版社停业整顿。
	5月21日	市政府发出《告上海市民书》，希望学生以大局为重，立即停止一切游行、示威、罢课、请愿活动，恢复上海正常秩序。
	6月8日晚	市长朱镕基发表电视讲话，号召全市人民动员起来，稳定上海，稳定大局，坚持生产，保障生活，向各种破坏活动作坚决斗争。6月9日凌晨，全市约10万名工人纠察队队员和部分机关干部、公安干警拆除路障，维持交通秩序，市内交通迅速恢复正常。
	10月12日	曲阳新村住宅小区一期工程建成交付使用。小区总建筑面积78万平方米，可居住5万人，为全市配套齐全的最大居住新区。
	10月21日	唐振常主编的《上海史》由上海人民出版社出版，为第一种公开出版的上海全史。
	12月	1949—1989年上海十佳建筑评选揭晓，曲阳新村、上海体育馆、上海游泳馆、上海展览馆、淀山湖大观园、华亭宾馆、静安希尔顿酒店、上海铁路新客站、华东电力大楼、延安东路隧道被评为十佳建筑。
	是年	发售福利彩票834万元。1999年增至近9亿元，创历史最高，名列全国第一。
	1990年	
	1月3日	全国优秀新产品展评会揭晓，上海有157种轻工产品获奖，其中49种获国家质量奖，获金质奖、管理奖数量均居全国第一。
	2月28日	市政府召开“菜篮子”工程会议。市长朱镕基致信提出上海“菜篮子”工程的最终目标，要做到生产现代化、销售超级化、产供销一体化。

（续表）

时 期	年 代	大 事
中华人民共和国	3 月 8 日	上海地铁一号线开工，南起新龙华，北至上海火车站，长 14.57 公里。
	3 月 16 日	上海市市长国际企业家咨询会议首次会议在沪举行。美国、英国、日本、法国、联邦德国、加拿大等国家 60 余名国际企业家参加会议。主要议题为浦东开发、金融改革和产业结构调整。每年召开一次。
	5 月 3 日	上海市政府浦东开发办公室和浦东开发规划研究院开始办公。4 日，中共上海市委、市政府向中共中央、国务院呈报《关于开发浦东、开放浦东的请示》，对开发开放浦东的方针、政策、措施提出具体意见。6 月 2 日，中共中央、国务院批复原则同意。
	11 月 4 日	上海市嘉定县以年财政收入超过 4 亿元名列全国百名财政收入大县第一。
	11 月 6 日	国内最大的轿车生产基地上海大众汽车有限公司全面建成。
	11 月上旬	上海光学仪器研究所等单位首次研制开发成功被列为世界十大科技贡献之一的光学仪器计算机辅助设计系统（即 CAD 系统）。
	11 月 22 日	崇明东滩围垦第一期工程动工，于 1991 年秋完成，围得团结沙滩地 2.8 万亩。第二期工程于 1991 年冬动工，1992 年底完成，围得东旺沙滩地 6.6 万亩。
	11 月 26 日	经国务院授权，中国人民银行批准，上海证券交易所成立，为改革开放以来大陆开业的首家证券交易所。12 月 19 日开业。
	12 月 25 日	全国最大的平战结合人防工程上海人民广场地下停车场、地下商场动工。1994 年竣工。1995 年 9 月 29 日开业。
	是年	上海市国民生产总值达到 737 亿元，与 1980 年相比增长 1.03 倍，实现十年翻一番的战略目标。
	1991 年	
	3 月 5—14 日	上海、江苏、浙江、安徽、江西、南京、宁波 7 省市联合在沪举行 1991 年中国华东出口商品交易会（简称华交会），成交额达 10.23 亿美元。
	11 月 19 日	南浦大桥建成。12 月 1 日通车。为黄浦江上第二座跨江大桥、市区第一座大桥，也为中国最大、世界第二大斜拉索桥。

（续表）

时期	年代	大事
中华人民共和国	是年	市政府开始实施全市旧房改造。12月，中共上海市第六次党代会确定旧房改造中难度最大的365万平方米的棚户简房改造工程到20世纪末完成，全市人均居住面积达到10平方米，住宅成套率达到70%。确定全市64个地段作为改造基地，以房地产开发商为主的商品房建设，通过土地批租，拆除旧房，建造商品房。1998年起，又采取里弄住宅更新改造、拆落地改造，旧工房扩建改造和花园住宅置换改造等旧房成套改造的主要方式，推进全市旧房改造。
	是年	内环线高架路工程开工，上海市开始建设"申"字形高架道路网。1993年7月南北高架路开工，1995年12月建成。1995年延安路高架开工，1999年11月完成。全市"申"字形高架路网建成。
	1992年	
	3月10日	市政府举行1992年上海对外开放和浦东开发新闻发布会。市长黄菊宣布国务院又给予浦东新区扩大5类项目审批权限，增加5个方面资金筹措权，提出开发浦东要打好"中华牌""世界牌"。
	2月2日	上海联合纺织实业有限公司转制为股份有限公司，为上海首家中外合资股份公司。
	4月7日	上海石油化工总厂第三期工程建成。一、二、三期工程共建成58套生产装置，14个分厂及相配套工程和生活设施，形成年加工原油530万吨、合成纤维53万吨、塑料30万吨、油品100余万吨的生产能力。18日，上海石油化工总厂30万吨乙烯工程建成投产。
	5月28日	全国第一家国家级期货市场上海市金属交易所开业，铜、铝、铅、锌、锡、镍和生铁期货获准上市。
	9月28日	上海第一八佰伴有限公司获准在浦东开办，为全国首家中外合资零售企业。
	10月	中共十四大上，中共中央作出"以上海浦东开发开放为龙头，进一步开放长江沿岸城市，尽快把上海建成国际经济、金融、贸易中心之一，带动长江三角洲和整个长江流域地区经济的新飞跃"的重大决策。
	11月19日	中共浦东新区工作委员会和管理委员会（筹）宣布成立，作为市委、市政府派出机构行使相应职权。1993年1月1日，挂牌正式对外工作。

（续表）

时 期	年 代	大 事
	12月15—20日	中共上海市第六次代表大会举行。确定上海实现产业结构战略性调整，将原来上海经济发展的顺序从“二、三、一”调整为“三、二、一”，优先发展第三产业，积极调整第二产业，稳定提高第一产业。提出全市工业重点发展轿车、电子和通信（后改通信信息设备）、电站（后改电站成套设备及大型机电设备）、钢铁、石化和精细化工等六大支柱产业。
	1993年	
中华人民共和国	2月	市政府颁发《上海市城镇职工养老保险制度改革实施方案》，率先在全国省一级改革养老保险制度。次年4月，市政府颁发《上海城镇职工养老保险办法》。1995年1月，颁发《上海城镇私营企业养老办法》《上海市城镇个体工商户及其帮工养老保险办法》。到1998年，全市有5.04万个城镇企事业单位、机关及个体工商户430.6万人参加基本养老保险，220.4万名离退休人员参加养老保险社会统筹，城镇养老保险覆盖率达98%。
	4月1日	全市取消粮油供应票证。至此，所有的副食品供应票证全部取消。
	4月18日	上海市外高桥保税区封关运营，为中国第一个自由贸易区。
	5月9—18日	第一届东亚运动会在沪举行。9个国家和地区的1200余名运动员参加比赛。
	6月3日	全国第一个国家级茶叶交易市场上海国际茶叶商品拍卖中心建立。
	7月5日	中国第一条连接世界光缆通信网络的中日海底光缆工程，由中国负责的90公里光缆在上海地区敷设完工。12月15日开通使用。
	7月31日	上海人民广场220千伏地下变电站建成送电，为全国第一座超高压、大容量城市型地下变电站。
	8月中旬	上海汽轮机厂获得全国第一张ISO-9001质量体系认证证书。全市工业系统开始实施ISO-9000国际标准认证。
	10月7—14日	举办首届上海国际电影节。33个国家和地区的167部影片报名，确定19部参赛。之后每年举办，为中国首个国际A类电影节。
	10月28日	上海大众汽车有限公司名列1992年度中国最大的500家外商投资工业企业排名第一。

（续表）

时期	年代	大事
中华人民共和国	11月18日	上海建筑材料期货交易所开业，为全国第一家国家级建材期货交易所。
	12月31日	上海钢铁产量超1300万吨，创历史新高，居全国第一。
	是年	上海港吞吐量达1.76亿吨，成为世界第三大港。
	1994年	
	1月1日	根据国务院《关于实行分税制财政管理体制的决定》，对上海市实行按税种划分收入的财政管理体制。市对各区县也相应改革。市政府发布《关于市对区县实行分税制财政管理体制的决定》。
	2月1日	上海市对符合条件的外来人口施行蓝印户口制度，对到沪务工者施行寄住证和务工证制。
	3月27日	中国国际航空公司上海—法兰克福航线开通，为首条上海直通欧洲航线。
	3月29日	上海市希望工程办公室成立，开始救助外地贫困地区失学儿童。到1999年接受捐款1.2亿元，在外省贫困地区建希望小学550所，结对资助失学儿童3.8余万人，捐赠希望图书库500个；资助市内大中小学生5000人。
	4月14日	市政府宣布，1993年全市人口自然增长率为-0.78%，上海市在全国率先出现人口负增长。
	4月28日	上海市政府与国家教育委员会签署共建复旦大学、上海交通大学、上海外国语大学协议。此后又签署共建同济大学（与国家教委签约）、华东师范大学（与国家教委签约）、华东理工大学（与国家教委签约）、中国纺织大学、上海财经大学（与财政部签约）、上海医科大学（与卫生部签约）协议。
	是月末	中共中央总书记江泽民到沪视察，要求上海率先建立现代企业制度。11月23日，市现代企业制度领导小组成立，提出用3年时间在全国率先建立现代企业制度基本框架。到1999年全市完成改制企业1058家，破产企业140家，兼并918家。
	5月17日	闵行区马桥园艺场建成，占地37.5公顷，为亚洲最大的园艺场。
	5月23日	上海纺织行业评出20个著名品牌，分别为三枪、海螺、凤凰（毛毯）、民光、凤凰（羊毛衫）、钟牌414、春竹、鹅牌、大地、司麦脱、金钟、飞轮、飞马、皇后、三蝶、双羽、船牌、曼丽尔、章华、菊花。

（续表）

时期	年代	大事
中华人民共和国	8月22日	家乐福超市开设，为上海首家中外合资国际型超市。
	9月6日	全国第一个现代农业开发区上海孙桥现代农业开发区建立。
	9月28日	豫园商业旅游区一期工程全面建成，成为集园林、道观、商场为一体的旅游购物中心。
	10月20日	上海市政府与国家人事部共同组建的中国上海人才市场开业。
	是月	市规划、土地、园林等部门合作编制《上海市城市环城绿带规划》。市城市环城绿带由100米林带、400米绿带和主题公园组成。全长97公里，总面积7241公顷，总投资139亿元。1995年12月12日开工，到1999年完成绿地354公顷。
	1995年	
	1月16日	上海商品交易所成立，石油、建材、农资、化工交易所合而为一，与金属交易所、粮油交易所形成上海期货三足鼎立之势。
	9月16日 15点40分	青浦县白鹤乡邮电支局最后1000门纵横制交换机换用2000门S-1240程控交换机，全市城乡电话全部实现程控化。上海在全国率先完成邮电通信城乡一体化、电话交换程控化、传输数字化。
	9月19日	上海金卡工程ATM联网信息系统开通运行。这是中国首次实现一个城市ATM联网运行。
	是月	市政府颁布《上海失业保险办法》，把“待业保险”改为“失业保险”。1998年10月起失业保险费的缴费比例由1%提高到3%，并由单位单方缴纳改为单位和职工个人共同缴纳，是年全市参加保险的单位3万多家，覆盖400余万名职工，累计发放失业救济基金300余万人次，当年有17万人领取失业保险金。
	10月2日	上海市解决居住特困户项目获得1995年度联合国人居奖。
	11月5日	上海申花足球队获全国甲A联赛冠军。
	11月25日	上海电话网于零点由7位升为8位号码。350万门电话一次割接成功，上海率先在全国实现电话号码八位制。
	12月14日	日本索尼株式会社、上海广电股份有限公司、上海真空电子股份公司三方合资组建上海索广映像有限公司。为全国最大家电工业项目。

（续表）

时期	年代	大事
中华人民共和国	12月20日	全国首家中外合资零售企业中日合资上海第一八佰伴新世纪商厦开业。总建筑面积14.5万平方米，营业面积11万平方米，为亚洲规模最大的百货商店。
	1996年	
	3月27日	上海市城区工作会议召开，中共上海市委、市政府决定全市城市管理在市区实施“两级政府、三级管理”，在各县实施“三级政府、三级管理”的新体制。
	4月26日	中国国家主席江泽民、俄罗斯总统叶利钦、哈萨克斯坦总统纳扎尔巴耶夫、吉尔吉斯斯坦总统阿卡耶夫、塔吉克斯坦总统拉赫莫诺夫在上海共同签署5国《关于在边境地区加强军事领域信任协定》。当天下午，在上海展览中心中央大厅北厅举行签字仪式。
	4月29日	冠生园集团上海公司成立，为全国首家工商一体化的企业集团。
	5月	市政府发出《关于把上海建成现代化国际信息港的实施意见》，成立上海信息港领导小组。7月，开始上海信息港建设。1998年1月，上海科技网开通。到2000年底，高带宽、高速率、功能完善的信息港主体工程建成。
	6月5日	苏州河综合整治全面启动，目标是5年消除黑臭，15年建成观光河道。
	6月18日	上海市第一百货商店有限股份公司被世界百货业联合会吸收为会员，为中国百货业首家。
	7月	上海纺织、仪电控股集团公司再就业服务中心成立。此后全市成立7个服务中心。1998年，中共中央、国务院向全国推广上海经验。1998年8月，全市凡有下岗职工的企业都建立服务中心，总数达308个，涉及企业8046家，至1999年累计进入中心的下岗职工达60万人。
	8月9日	首届上海图书节暨’96上海书市开幕，全国500家出版社参展。
	9月26日	上海国际市民马拉松赛开赛。2000年起，改为上海国际马拉松赛。
	11月28日	上海华虹微电子有限公司超大规模集成电路芯片生产基地开工，为上海继宝山钢铁总厂、上海石化总厂后的又一重大建设项目。

（续表）

时 期	年 代	大 事
中华人民共和国	**1997 年**	
	3 月 10 日	市政府召开国有企业改革工作会议，要求抓紧推进企业“五大机制”（企业优胜劣汰机制、国有资产保值增值机制、职工能进能出的就业机制、经营者择优录用竞争上岗机制和覆盖全社会的保障机制）建设。
	4 月 9—10 日	国际商会第三十二届世界大会在沪举行，74 个国家和地区的 1000 多名代表出席会议。中国总理李鹏应邀出席并讲话。
	4 月 19 日	上海国有企业实行重大改革，广电集团实行资产重组，上海汽车工业（集团）总公司、上海广播电影电视发展总公司、上海上实（集团）有限公司分别注入 5 亿、2 亿和 1.29 亿元，其中上汽集团成为占有 48.5% 股权的第一大股东。
	4 月 27 日	中共上海市委召开推进建立现代企业制度改革工作座谈会。提出 1997 年实现建立现代企业制度基本框架。
	5 月 9 日	上海 12 家大型国有企业集团获得全国盘活国有工商企业房地资产产权的试点。12 家企业资产总值 126 亿元。
	5 月 19 日	上海至香港九龙的 99 次沪港直通旅客列车开行。
	6 月 3 日	上海市政府设立授予对上海建设有突出贡献的外国人最高荣誉奖白玉兰奖，是日市长向 7 名外国人颁奖。
	6 月 12 日	中美合资的上海通用汽车有限公司和泛亚汽车技术中心有限公司在浦东金桥出口加工区成立。总投资 15.7 亿美元。
	7 月 7 日	太湖流域综合治理工作会议在上海举行。会议宣布上海今后 3 年内将全面实施太湖流域治理三大骨干工程拦路港工程、红旗塘工程、黄浦江上游干流段工程。
	8 月 18 日	中国海运（集团）总公司在沪成立。有远洋、近洋、沿海、内河客货船舶 416 艘，总资产 255 亿元，员工 4.8 万余人。
	10 月 12—24 日	第八届全国运动会在沪举行。中共中央总书记、国家主席江泽民和国际奥委会主席萨马兰奇等出席开幕式。国务院总理李鹏出席闭幕式。
	12 月 10 日	逸仙高架路动工建造，为上海第一条由区引进外资兴建的高架路。1999 年 5 月 20 日建成通车。

（续表）

时期	年代	大事
中华人民共和国	**1998 年**	
	1 月 27 日	中国最大的远洋集装箱运输船队中远集装箱运输有限公司在上海成立，注册于浦东。有 117 艘集装箱船，总载重箱位 21.2 万标准箱，规模列世界远洋运输第五位。
	4 月 11 日	全国外经贸系统第一家国际服务贸易经营公司上海东浩国际服务贸易（集团）有限公司成立。
	6 月 29 日—7 月 2 日	美国总统克林顿访问上海。其间，在上海图书馆举行的座谈会上，克林顿第一次公开申述了美国对台湾的“三原则”，即：不支持台湾独立；不支持“一中一台”“两个中国”；不支持台湾申请加入任何必须由主权国家才能参加的国际组织。
	7 月 25 日	文汇报社和新民晚报社合并成立文汇新民联合报业集团。集团除拥有《文汇报》和《新民晚报》两报外，另有 10 种子报刊、一个出版社和 20 个经济实体，固定资产总值 17.6 亿元。
	11 月 17 日	宝钢集团联合公司与上海冶金控股（集团）公司、上海梅山（集团）有限公司联合，组建为上海宝钢集团公司。以宝钢为主体，总部集生产经营与资产经营为一体。
	11 月 18 日	中国人民银行决定撤销中国人民银行上海市分行，同时设立中国人民银行上海分行。该分行于 1999 年 1 月 1 日起正式履行中央银行职责，管理沪、浙、闽两省一市业务。
	1999 年	
	2 月 9 日	4 家民营软件企业合并组成上海复旦金仕达计算机有限公司，为国内最大的金融软件开发集团。
	2 月 19 日	国内第一头转基因试管牛在上海诞生。
	2 月 22 日	上海华虹 NEC（日本电气株式会社）电子有限公司半导体生产线投产，为国内第一条代表当今世界主流技术的半导体生产线。
	是日	上海虹口足球场建成，为国内第一个专业足球场。
	2 月 24 日	上海人民出版社、上海教育出版社、上海译文出版社、汉语大词典出版社和上海图书公司联合组建上海世纪出版集团。
	4 月 8 日	东海平湖天然气一期工程建成投产。始建于 1996 年 11 月 18 日。日产天然气 120 万立方米，开始向上海浦东地区供气。

（续表）

时期	年代	大事
中华人民共和国	7月22日	上海索广映像有限公司彩电大屏幕彩管生产线投产，为国内第一条全平面特丽珑大屏幕彩管生产线。
	8月18日	国泰证券有限公司和君安证券有限责任公司合并组建国泰君安证券股份有限公司，成为国内注册资本最大的证券公司。
	9月27—29日	’99《财富》全球论坛上海年会在上海举行。800余名中外代表出席，世界500强企业有60家参加。国家主席江泽民发表演讲。
	12月13—17日	第一届上海工业国际博览会在上海展览中心举行。之后每年举办，2006年更名为“中国工业国际博览会”。
	是年	全市轿车、电子和通信信息设备、电站及成套设备及大型机电设备、钢铁、石化和精细化工等六大工业支柱产业占全市工业总产值的比重由1992年的39%上升到72%。
	2000年	
	4月18—19日	世界企业孵化与技术创新大会（简称世孵会）在沪举行，并通过《上海宣言》。
	5月10—12日	美国亚洲协会第十一届企业年会在沪举行。国务院总理朱镕基出席开幕晚宴，并发表演讲。
	6月2日	沪港大都市研讨会在上海举行。市长徐匡迪和香港特别行政区行政长官董建华发表演讲。
	6月3日	中国金融战略研讨会在上海举行。主题探讨下一世纪中国金融的发展战略。
	6月5—7日	由联合国、联合国开发计划总署、上海市政府、信息产业部、中国科学院共同主办的亚太地区城市信息化高级论坛开幕。
	7月20日	首个国家级软件产业基地上海浦东软件园在张江高科技园区揭牌。
	12月4—6日	由联合国工业发展组织、国家经贸委、对外贸易经济合作部和上海市政府联合主办的亚太工业发展论坛在上海举办。
	12月11日	国际足联授予中国女足运动员孙雯（上海籍）“世纪足球小姐”称号。
	12月18日	中国第一条国道主干线京沪高速公路全线贯通。

（续表）

时期	年代	大事
中华人民共和国	**2001 年**	
	4 月 8 日	由沪东造船集团和中华造船厂联合组建的国内最大的造船基地——沪东中华造船（集团）有限公司成立。
	6 月 6—7 日	2001 年亚太经合组织（APEC）贸易部长会议在上海召开。国家主席江泽民发贺信。
	6 月 14—15 日	中俄哈吉塔乌六国元首在上海举行“上海合作组织”成员国元首非正式会晤、“上海合作组织”成员国元首会议，并签署《“上海合作组织”成立宣言》和《打击恐怖主义、分裂主义和极端主义上海公约》。欧亚大陆新的区域性多边合作组织——“上海合作组织”诞生。
	10 月 19 日	国家主席江泽民与美国总统乔治·沃克·布什在上海举行会谈，就中美关系和反对恐怖主义、维护世界和平与稳定等重大问题深入交换意见。
	10 月 21 日	亚太经合组织（APEC）第九次领导人非正式会议在上海科技馆举行，会议通过并发表《领导人宣言》和《亚太经合组织领导人反恐声明》。国家主席江泽民同与会领导人讨论全球及地区经济形势、人力资源能力建设以及亚太经合组织的未来发展方向等议题。
	11 月 2 日	国内钢铁工业最大的中外合资项目——上海克虏伯不锈钢有限公司一期工程正式投产。
	12 月 18 日	市政府一号工程、世界上展示面积最大的科技馆——上海科技馆建成并向大众开放。
	2002 年	
	1 月 10 日	黄浦江两岸综合开发工程启动，综合开发范围涉及浦东、卢湾、黄浦、虹口和杨浦 5 个区，规划面积 2260 公顷，岸线长度约 20 公里。
	2 月 28 日	苏州河环境综合整治一期工程列为 2002 年上海市重大建设第一号工程，这是上海有史以来第一次把环境保护项目列为第一号工程。
	3 月 26 日	中国银联股份有限公司在上海成立。该公司是在合并全国银行卡信息交换总中心和 18 个城市银行卡中心的基础上，由中国工商银行、中国农业银行、中国银行、中国建设银行、交通银行等银行卡发卡金融机构共同发起设立的股份制金融机构。

（续表）

时　期	年　代	大　　事
中华人民共和国	4月1日	上海国际航运中心洋山深水港区一期工程建设启动。
	5月10—12日	亚洲开发银行理事会第三十五届年会在上海举行。国家主席江泽民出席开幕式并发表重要讲话。
	6月3—4日	世界航空运输峰会暨国际航空运输协会（IATA）第五十八届年会在上海举行，130多个国家和地区的200多家航空公司和其他各航空机构的800多名代表参加会议。
	6月15日	上海开始实行居住证制度，凡具有本科以上学历或者特殊才能的国内外人员，以不改变其户籍或者国籍的形式来上海市工作或创业的，可分别申领A、B《居住证》。
	7月3日	瑞典斯德哥尔摩环境研究所与联合国开发计划署共同编写的《2002年中国人类发展报告》中，对中国31个省、自治区、直辖市的人类发展指数和环境指标作了量化，上海市排名第一。
	8月3日	由国际系统科学学会（ISSS）、中国系统科学研究会主办的国际系统科学学会第四十六届年会在上海举行，64个国家和地区的400多名专家学者、政府官员参加。这是发展中国家首次承办的大型国际性系统科学大会。
	8月17—18日	国际数学联盟（IMU）第十四次成员国代表大会在上海举行。49个国家和地区的127名代表及观察员参加大会。
	9月3日	在南非约翰内斯堡举行的可持续发展世界首脑会议上，表彰在城市建设和环境、资源保护方面取得突出成绩的城市。中国上海获得由联合国首次颁发的“城市可持续发展贡献奖”。
	9月5日	位于延长西路、志丹路路口的志丹苑住宅楼建造时发现元代水闸遗址，占地规模为1350平方米，有青石构成的石闸，这是迄今为止全国发现的最大的元代水利工程遗址。
	9月23—26日	由中国老龄委办公室和联合国亚太经社会合作主办的联合国第二届世界老龄大会亚太地区后续行动会议在上海举行。
	10月8—11日	第二十届残疾人国际（DPI）亚太区残疾人领导人培训研讨会在上海举行，亚太地区29个国家残疾人组织的100余名代表出席。
	10月11—14日	世界海商法界学术层次最高的会议——第五届海商法国际研讨会在上海举行，20多个国家和地区的200多名学者、专家、法官、律师参加。

（续表）

时期	年代	大事
中华人民共和国	10月15—17日	第五届地方政府应对灾害和紧急事件（英文简称LACDE）国际会议在上海举行，30多个国家和地区的400多名代表参加。
	11月19—21日	以“城市一体化交通”为主题的第三届公共交通国际联会（UITP）亚太区大会和第一届UITP国际城市轨道交通会议在上海举行，上海市获得由公共交通国际联会颁发的城市交通可持续发展奖。
	11月21日	中国科学家在上海完成“国际水稻基因组计划”第四号染色体的精确测序，揭开水稻“基因天书”一页。
	11月25—27日	以“互联网应用——呼唤创新”为主题的首届中国互联网大会暨中国互联网展示会在上海举行。
	12月2—3日	国际展览局第132次大会在摩纳哥蒙特卡洛举行。国际展览局89个成员国以无记名方式投票，经4轮投票，中国上海在5个候选城市中获得2010年世博会的举办权。
	12月10日	由中国电信集团建立的亚太互联网交换中心APIX正式落户上海，上海成为亚太地区最重要的通信枢纽之一。
	12月31日	世界上第一条商业化运营的高速磁浮交通系统——上海磁浮示范运营线通车，中国总理朱镕基、德国总理格哈德·施罗德共同为开通仪式剪彩。
	2003年	
	1月26日	台湾中华航空公司的波音747-400客机降落在上海浦东国际机场，台湾包机首航庆祝仪式举行。这是53年来首架循正常途径降落在祖国大陆的台湾民航客机。
	4月4日	上海市确诊首例输入性非典型肺炎病例。中共上海市委、市政府坚决贯彻“两手抓”方针，以“两级政府、三级管理、四级网络”体制为依托，依靠1600万上海人民，取得抗击“非典”阶段性胜利。5月28日，世界卫生组织顾问考察上海后说，上海是安全的，上海的防范“非典”经验应该让全世界共享。
	5月17日	国内最大吨位散货船——上海外高桥造船有限公司建造的首条绿色环保型17.5万吨好望角型散货船试航成功。
	6月21日	国内第一条采用沉管法施工的越江隧道——上海外环隧道工程建成通车，标志着全长99公里、总投资175.44亿元、历时10年规划建设的上海外环线全线通车。

（续表）

时期	年代	大事
中华人民共和国	6月22日	上海有史以来建造的最大吨位海洋工程、15万吨海上浮式生产储油装置（FPSO）——“海洋石油111号”在外高桥造船基地正式交付使用。
	6月28日	“世界第一拱”卢浦大桥建成通车。8项科研攻关成功突破九大造桥关键技术，成果达到国际领先和国际先进水平。
	7月1日	凌晨4时，正在施工中的上海轨道交通四号线（浦东南路至南浦大桥）区间隧道浦西联络通道发现渗水，大量流沙涌入，引起地面大幅沉降；9时，一幢8层建筑物倾斜，其裙房部分倒塌。至15日，抢险工程基本结束。
	8月5日	停泊于吴泾热电厂码头的“长阳”轮遭不明船舶撞击，导致85吨重油泄漏，黄浦江8公里岸线受污染，上海港船舶溢油应急计划立即启动，成功阻止重油污染上游取水口。
	8月7日	中国首辆燃料电池混合动力轿车样车“超越一号”通过国家科技部验收。
	8月12日	上海市政府与中国船舶工业集团就上海地区船厂布局调整签署合作备忘录，在长兴岛新开港下游1公里起，安排8公里岸线建设世界最大规模造船基地。
	9月24日—10月31日	上海博物馆斥资450万美元从美国购回的中国最早书帖集成《淳化阁帖》最善本在上海博物馆展出，观众达15万人次。
	11月14日	在长兴岛3.5公里岸线上建立的、投资超过10亿元的世界规模最大、技术工艺流程最先进的振华港机生产基地竣工，每年可生产岸桥100台左右，制造钢构件20万吨。
	11月18日	中国银行在上海率先推出个人黄金实盘交易业务——“黄金宝”，这是全国首次推出面向个人的黄金投资工具。
	是年	国内最大太阳能电池生产基地在莘庄工业园区建成，生产线采用最先进太阳能利用技术，年生产能力达10兆瓦以上供电量。
	2004年	
	1月13日	上海在“2003年中国人居环境范例奖和国家园林城市颁奖大会”上顺利通过国家建设部考评，获得“国家园林城市”称号。

（续表）

时 期	年 代	大 事
中华人民共和国	4月20—28日	联合国亚太经社会（ESCAP）第六十届会议及配套会议在上海举行。会议通过《上海宣言》和其他6项决议。亚太经社会62个成员和准成员、有关国际组织和工商界代表800余人参加会议。
	5月20—21日	以“城市信息化——信息技术促进发展”为主题的亚太地区城市信息化论坛第四届年会在上海举行，上海市获得亚太城市信息化杰出贡献奖。
	5月26—27日	由世界银行主办、中国政府承办、上海市人民政府协办的首届全球扶贫大会在上海举行，中共中央政治局常委、国务院总理温家宝出席开幕式并讲话。110多个国家、地区和国际组织的1200多名代表参加。会议发表《上海宣言》和《上海减贫议程》。“上海对口云南帮扶协作反贫困”案例在大会上作交流。
	7月28日—8月2日	首届由市新闻出版局主办的2004上海书展举行，全国130多家出版机构和众多期刊进场交易，参观人数逾20万人次。之后每年举办，2011年，上海书展升格为国家级书展，由国家新闻出版总署和上海市人民政府共同主办。每年参展出版社达500多家、参观人数逾30万人次，为全国规模最大的书展。
	8月27日	在第二十八届奥运会上，上海籍运动员刘翔以12秒91的成绩平男子110米栏世界纪录并夺得金牌，实现亚洲男子选手在奥运田径短道项目上金牌“零”的突破。
	9月24—26日	首届F1世界锦标赛中国大奖赛在上海国际赛车场举行，有10支车队25名车手参赛，法拉利车队的巴西车手巴里切罗获得F1首个中国大奖赛的冠军。
	11月3—6日	由世界工程组织联合会和联合国教科文组织发起，中国科学技术协会、中国工程院和上海市人民政府主办，以“工程师塑造可持续发展的未来”为主题的2004年世界工程师大会在上海举行。中共中央政治局常委、国务院副总理黄菊出席开幕式并讲话。大会通过《上海宣言——工程师与可持续的未来》，70多个国家和地区的工程技术专家学者近3000人参加大会。
	11月16日	2004年市政府一号工程的重点项目——位于金山区山阳镇的上海市公共卫生中心落成启用。该中心集传染病临床治疗、科研和培训于一体，中心总建筑面积8.9万平方米，设病床500张，同时在草坪上还可搭建临时病床600张。
	12月25日	上海光源国家重大科学工程开工典礼在浦东新区张江高科技园区举行。标志着国内迄今为止最大的大科学装置和大科学平台正式开工建设。

（续表）

时期	年代	大事
中华人民共和国	年底	230处优秀历史建筑列入保护名录。上海文物保护推出新举措，全市列入保护名录的优秀历史建筑已达600多处。
	2005年	
	4月30日—5月6日	第四十八届世界乒乓球锦标赛在上海举行。147个国家和地区的1500多名运动员、教练员和官员参加，中国选手包揽男女单打、男女双打和混合双打5枚金牌。
	6月29日	由中国石化股份有限公司、中国石化上海石油化工股份有限公司与英国BP集团合资组建的总投资27.48亿美元的上海赛科年产90万吨乙烯工程在上海化学工业区投入运行。
	7月9日	标志着上海现代装备制造业崛起的上海电气临港重型装备制造基地一期工程开工仪式举行，基地主要生产百万千瓦级发电机组部件、核电设备、重型燃气轮机等。
	8月2日	经国务院审定，总面积241.55平方公里的崇明东滩鸟类自然保护区和总面积420.20平方公里的九段沙湿地自然保护区为新建国家级自然保护区。
	8月10日	中国人民银行上海总部在浦东成立，成为推动上海国际金融中心建设的一项标志性成果。上海总部在总行领导和授权下开展工作，主要负责市场操作，直接促进上海货币市场、票据市场、外汇市场的完善与发展，推进金融产品创新、机构集聚和风险防范。
	8月19日	国家古籍整理规划重点出版项目《古文字诂林》，历时14年的编纂，由世纪出版集团上海教育出版社全部出齐。全书有12册，汇集1万多个字头，1000多万字的考释资料，是国内最权威的古文字汇释类工具书。
	9月8日	由国家国土资源部、财政部、环保总局、旅游局等部门组成的国家地质公园领导小组公布第四批国家地质公园名单，崇明岛成为上海地区唯一的国家地质公园。
	9月17日	首次在中国举办的国际田径黄金大奖赛在上海体育场举行。
	11月26日	全国出版领域第一家股份有限公司——上海世纪出版股份有限公司成立，上海世纪出版集团实现集团的整体转企改制。

（续表）

时期	年代	大事
中华人民共和国	11月29日	上海市推进实施品牌战略工作会议召开，授予上海宝钢集团公司、上海汽车工业（集团）总公司、上海电气集团股份有限公司、江南造船（集团）有限责任公司、振华港机（集团）股份有限公司、上海广电集团有限公司、中芯国际集成电路制造（上海）有限公司、上海海立（集团）股份有限公司、上海化工区、张江高科技园区上海先进制造业十大品牌。
	12月10日	上海国际航运中心洋山深水港一期工程全面建成，洋山深水港区开港暨洋山保税港区启用仪式举行。该工程为市政府2005年重大工程建设项目一号工程，标志着上海国际航运中心建设取得重大突破。
	同日	由上海市地方志编纂委员会历时10多年编纂，并由上海人民出版社和上海社会科学院出版社联合出版的《上海通志》首发式在上海展览中心友谊会堂举行。《上海通志》共10册、46卷、247章，近1100万字。
	同年	2005年，上海市对口支援援助资金和援建项目均达到历史最高水平。在8个对口地区投入资金3.29亿元，完成无偿援建项目448个，上海与各地签订合作项目339项，资金479.3亿元；各地来沪设立全资或控股企业注册资金100万元以上的有12548个，注册资金403.48亿元。
	2006年	
	1月9日	在全国科学技术大会上，上海获2005年度国家最高科学技术奖、国家自然科学奖、国家技术发明奖、国家科学技术进步奖和国际科学技术合作奖五大奖项，首次实现获奖项目全覆盖。46个项目（人）占全国321个获奖项目（人）的14.33%，获奖比例创历史新高。
	3月30日	2006上海世界旅游资源博览会（WTF）在上海展览中心开幕。海内外485家参展商带来50多个国家和地区的旅游资源资料，海外参展商的比重达到85%。
	5月17日	由联合国开发计划署南南合作特设局、上海联合产权交易所和国际技术研究院等单位共同主办的2006联合国全球南南技术创新和资本市场峰会在上海举行，“联合国全球技术产权交易系统”也在上海全面开通。
	6月10日	中国首个“文化遗产日”，2006年中国文化遗产日暨上海民族民间艺术博览会在上海东亚展览馆开幕。
	6月20日	上海苏州河环境综合整治一期工程获得国家环保总局授予的首批国家环境友好工程奖，这是中国建设项目环境保护的最高奖项。

（续表）

时　期	年　代	大　　事
中华人民共和国	9月8日	由上海期货交易所、郑州商品交易所、大连商品交易所、上海证券交易所和深圳证券交易所共同发起的中国金融期货交易所在上海挂牌成立。
	9月12—15日	亚洲审计组织第十届大会暨第三次研讨会在上海举行。亚洲审计组织的40个成员国以及世界审计组织国际政府审计杂志、世界审计组织秘书处，美国、英国等国家、地区和国际审计组织的近200名代表和观察员参加。中国当选为新一届亚洲审计组织主席国。
	9月18—21日	国际货运代理协会联合会（FIATA）2006年年会在上海国际会议中心举行，这是FIATA成立80年来首次在中国举办年会。年会有附属展览会，85个国家和地区参会，参展人数1038人，其中境外人员722人。全球十大物流企业和五十大船公司已全部入驻上海。
	10月19日	“海峡两岸（上海郊区）农业合作试验区”揭牌成立。该试验区设在上海郊区（含市郊农场），包括南汇书院、奉贤庄行、金山廊下、松江新浜、青浦金泽、嘉定华亭、崇明绿华和陈家镇等，其中以崇明岛为重点。
	10月20—23日	第二十七届世界乳业大会在上海光大会展中心召开，这是该大会第一次移师亚洲，60多个国家和地区的1500名代表参加。
	12月20日	上海被列为全国信息专业人才知识更新工程重点示范城市，这标志着“653工程”在上海市信息领域率先启动。“653工程”是从2005年至2010年6年间，国家在现代农业、现代制造、信息技术、能源技术、现代管理等5个领域，重点培训300万名紧跟科技发展前沿、创新能力强的中高级专业技术人才。
	2007年	
	4月2日	国内首批可以受理个人人民币业务的4家外资法人银行——东亚银行（中国）有限公司、汇丰银行（中国）有限公司、花旗银行（中国）有限公司和渣打银行（中国）有限公司在上海开业。
	9月10—30日	“FIFA2007年中国女足世界杯”比赛在上海、天津、杭州（含义乌）、武汉和成都5个城市进行。上海作为主赛场，承担开幕式、闭幕式及包括揭幕战在内的部分小组赛和决赛。
	10月2—11日	第十二届世界夏季特殊奥林匹克运动会在上海举行。2日，国家主席胡锦涛出席开幕式并宣布特殊奥运会开幕。

（续表）

时期	年代	大事
中华人民共和国	**2008年**	
	1月19日	上海实业集团、同济大学、英国奥雅纳公司、汇丰银行和SDCL五方共同签署《中国可持续发展生态城市项目设计、实施和融资谅解备忘录》。备忘录中，中英两国将合作把崇明东滩开发为全球首个可持续发展生态城市。
	1月28日	全球性保护组织世界自然基金会（WWF）在北京正式启动“中国低碳城市发展项目”，上海市和河北省保定市入选首批试点城市。低碳城市是指城市在经济高速发展的前提下，保持能源消耗和二氧化碳排放处于较低的水平。
	2月2日	世界湿地日。中国又有6块湿地加入国际重要湿地名录，其中有上海市长江口中华鲟自然保护区。该湿地北起八滧港，南至奚家港，由崇明岛东滩已围垦的外围大堤与吴淞标高负5米等深线围成，总面积576平方公里。至此，上海有崇明东滩湿地在内的2块国际重要湿地。
	2月13日	上海市向明中学在泰国国际发明展上获得热泵高效节能烘衣机、零排放烟囱、分体式节能无油烟锅和高速公路防撞安全栏杆4项金奖；发明者协会国际联合会决定在向明中学设立首个青少年创新实验基地，以加强学生和发明专家的互动沟通。
	2月28日	国家发展改革委举行国家高技术产业基地授牌大会，上海获批准成为首批6个综合性国家高技术产业基地之一，重点发展信息、生物、民用航空航天、新材料、新能源等高技术产业领域。
	3月10日	上海联合产权交易所、北京产权交易所、天津产权交易中心和重庆联合产权交易所4家产权交易机构在上海签署合作协议，共同约定建设统一的交易制度体系，这标志着全国产权市场统一交易规则系统工程正式启动。
	4月18日	中共中央政治局常委、国务院总理温家宝在北京出席京沪高速铁路开工典礼，并宣布京沪高速铁路全线开工。京沪高速铁路自北京南站至上海虹桥站，新建双线铁路全长1318公里，贯穿北京、天津、河北、山东、安徽、江苏和上海等7个省、直辖市，设计时速350公里，总投资2209.4亿元，总工期为5年左右。建成后，乘坐火车从北京至上海只需要5个小时。
	4月27日	崇明岛国家地质公园在西沙湿地揭牌开园。该河口类型地质公园以五区为中心：西沙地质科学景区、东滩湿地生态景观区、东滩国际候鸟生态景观区、东滩河口中华鲟生态景观区和世界级大河三角洲主题公园区。

（续表）

时期	年代	大事
中华人民共和国	4月28日	国内首座3000米深水半潜式钻井平台在上海外高桥造船厂开工兴建。该钻井最大作业水深3050米，钻井深度12000米，设计寿命30年，计划于2010年底交付。
	4月29日	国家土地督察上海局揭牌，该局负责对上海市、浙江省、福建省和宁波市、厦门市人民政府的土地利用和管理情况进行监督检查，并在上海率先开展共建保障科学发展土地管理新机制的试点。国家土地督察上海局是经国务院授权，由国土资源部向地方派驻的国家土地督察机构，代表国家土地总督察履行监督检查职责。
	5月9—10日	经国务院批准，由中国人民银行、中国银监会、中国证监会、中国保监会和上海市人民政府共同主办的以“世界格局中的中国金融”为主题的首届2008陆家嘴论坛在上海召开。澳大利亚、新加坡、中国香港、世界银行及国内金融机构高管和专家学者约300人参加。
	5月11日	中国商用飞机有限责任公司成立大会在上海举行，该公司是经国务院批准成立，由6家股东单位组成、国家控股的有限责任公司，主要从事民用飞机及相关产品的设计、研制、生产等业务，将研制150座级的大型客机。公司注册资金190亿元，总部设在上海。
	5月12日 14时28分	四川省汶川县发生8级特大地震。地震发生后，到6月底，上海先后向灾区派出各类专业救援人员1.5万人次，携带6万件套先进救援装备服务灾区。收治来沪灾区伤员300多人。上海人民捐款逾27亿元。此后，上海还为灾区群众援建8万套过渡安置房。按照中共中央、国务院的总体部署，上海对口支援都江堰市，19个区县结对都江堰各乡镇。
	6月3日	江南造船厂建厂143周年、搬迁长兴暨中船江南长兴造船基地一期工程竣工庆典举行。庆典活动有“江南伟业、薪火相传”长跑接力，火炬火种取自江南造船厂原址上最后建造完成的新型航天测量船，并通过143名火炬手传递到长兴造船基地。该基地位于长兴岛东南端，一期工程占地面积560公顷，使用岸线3.8公里。
	7月1日	由铁道部、江苏省和上海市投资394.5亿元建设的沪宁城际铁路动工建设动员大会在南京召开。该铁路从上海到南京全长300公里，其中上海市境内32公里，设4个车站。2010年7月1日竣工通车后，上海直达南京只要1个多小时。

（续表）

时 期	年 代	大 事
中华人民共和国	7月16日	国家新闻出版总署与上海市人民政府部市合作首次联席会议在上海举行，双方签署《国家新闻出版总署和上海市人民政府部市合作框架协议》，确定数字出版部市合作六大重点领域，实现新闻出版总署与上海市数字出版和版权的全面战略合作。同日张江国家数字出版基地正式挂牌成立，这是第一个国家级数字出版基地。上海版权产权交易中心正式开通，并入驻张江。
	8月4—7日	由国际翻译家联盟和中国翻译协会主办的以“翻译与多元文化”为主题的第十八届世界翻译大会在上海举行，全球70多个国家和地区的约1500名翻译界专家和学者参加。这是国际翻译家联盟首次在中国乃至亚洲地区举办的国际翻译界大会。
	10月10日	上海江南长兴造船有限责任公司为中国长航南京油运股份有限公司建造的29.7万吨超级原油轮（VLCC）“长江之珠”号完工交付，这是上海开埠以来建造的最大吨位原油轮。27日，由外高桥造船公司建造的载重31.8万吨的超级原油轮（VLCC）“华山”号提前5个月命名交船。
	10月19日	第六届中国国际发明展颁奖大会举行，上港集团副总裁包起帆和他的创新团队获得“集装箱物流全程在线信息和安全系统”“集装箱起重机实时在线安全监测系统”“散货自动化装船和卸船系统”和“激光对多通道集卡自动对位装置”4个项目金奖。其中，“集装箱物流全程在线信息和安全系统”项目获由日内瓦国际新发明新技术展览会特设的“最新发明创造大奖”。
	11月3日	由联合国开发计划署南南合作特设局、中国商务部国际经济技术交流中心及上海联合产权交易所共同发起的南南全球技术产权交易所在上海揭牌并投入运营，首批项目签约。
	11月10日	由联合国环境规划署认可、国际公园协会主办的2008年第十二届全球国际花园城市总决赛揭晓，上海市青浦区朱家角镇获“国际花园城市”称号。
	11月28日	中国自主研制的首架中短航程新型涡扇支线飞机——ARJ21-700在上海首飞成功，宣告填补中国航空工业空白并为民机产业奠定基础。
	11月29日	工程总投资约148亿元的超高层建筑上海中心正式开工，层高121层，总高度达632米，主体建筑结构高度580米，总建筑面积57.6万平方米，于2016年竣工交付使用。时为上海第一高楼。

（续表）

时 期	年 代	大 事
中华人民共和国	12 月 4 日	上海市第十五批跨国公司地区总部颁证暨中心城区外资重大项目集中签约仪式举行，有上海交运日红国际物流有限公司等 24 家企业签约，共 24 个项目，总投资 21.68 亿美元。采埃孚（中国）投资有限公司等 20 家跨国公司地区总部代表获得颁发的认定证书。
	12 月 6 日	洋山深水港北港区主体工程全面建成启用。港区北港区建成集装箱专用泊位 16 个，岸线全长 5.6 公里，设计年吞吐能力为 930 万标准箱。港区三期工程第一阶段于 2007 年 12 月竣工投产，第二阶段于 2008 年 12 月竣工投产。
	12 月 9 日	全球四大物流供应商之一的美国联合包裹运输公司（简称 UPS）在浦东国际机场正式启用耗资 1.25 亿美元建设的国际转运中心。该中心每小时货物分拣能力达到 1.7 万件。上海机场首次引进国际物流集成商，标志着国际航空货运枢纽地位在上海率先确立。
	12 月 15 日	海峡两岸空中双向直达航路开通仪式在民航上海区域管制中心举行，首架直航班机东航 MU2075 航班由浦东机场飞往台北桃园机场，台湾复兴航空 323 航班由松山机场飞往浦东机场。同日，两岸海上直接通航首航仪式在洋山深水港举行，标志着两岸正式迎来“三通”(空运直航、海运直航、直接通邮）时代。
	12 月 20—21 日	由中共中央台湾工作办公室所属海峡两岸关系研究中心与中国国民党国政研究基金会共同举办以“扩大和深化两岸经济交流与合作”为主题的第四届两岸经贸文化论坛在上海举行，海峡两岸各界人士 400 余人出席。论坛形成海峡两岸新的共识，提出 9 条“共同建议”；大陆有关方面就加强两岸合作、共同应对国际金融危机制定 10 项政策措施。
	2009 年	
	2 月 26—27 日	“万国禁烟会”百年纪念活动在上海国际会议中心举行，通过《上海宣言》。
	3 月 25 日	《国务院关于推进上海加快发展现代服务业和先进制造业建设国际金融中心和国际航运中心的意见》原则通过，提出到 2020 年，将上海基本建成与中国经济实力和人民币国际地位相适应的国际金融中心和具有全球航运资源配置能力的国际航运中心。该《意见》于 4 月 29 日在中国政府网正式公布。

（续表）

时期	年代	大事
中华人民共和国	4 月 18 日	全国第一家集气象、海洋、海事、水文、水利、供水、排水等业务于一体的水务公共信息平台——上海水务公共信息平台建成。
	7 月 6 日	首笔境外人民币结算款项由中国银行（香港）有限公司汇入中国银行上海市分行指定账户，跨境贸易人民币结算试点在上海率先启动。
	8 月 2—7 日	第二十一届国际生物化学与分子生物学联盟学术大会暨第十二届亚洲大洋洲生物化学家与分子生物学家学术大会在上海国际会议中心举行。
	9 月 4 日	中国首个海上风力发电工程——上海东海大桥 100 兆瓦海上风电示范项目首批 3 台风机正式并网发电。
	10 月 10—18 日	2009 年上海 ATP1000 网球大师赛举行，此前为大师杯赛，为唯一在中国落户的高级别网球赛事。
	11 月 5—8 日	2009 年高尔夫世界锦标赛—汇丰冠军赛在上海佘山国际高尔夫俱乐部举行。
	11 月 13 日	市林业总站宣布：黄浦江上游两岸建成 200 ～ 500 米宽的水源涵养林，总面积 3899 公顷，黄浦江上游实现森林全覆盖。
	12 月 25 日	中环线主线高架路浦东南段、内环主线高架路浦东段、华夏高架路（浦东国际机场北通道）“两环一道”主线通车，上海内环快速路网实现整体贯通。
	2010 年	
	1 月 11 日	上海国际航运研究中心首次发布中国航运景气指数（CSPI）、中国航运信心指数（CSFI）、中国航运预警指数（CSAI）和中国航运景气变动指数（CSCI）。
	2 月 26 日	第六代 3000 米深水半潜式钻井平台在上海外高桥造船有限公司出坞，成为中国深水海洋工程装备制造史上新里程碑。
	4 月 30 日 20 时 10 分	中国 2010 年上海世界博览会开幕式在上海世博文化中心举行。中共中央总书记、国家主席、中央军委主席胡锦涛出席开幕式并宣布上海世博会开幕。
	5 月 1 日 8 时 20 分	上海世博会开园仪式在上海世博中心举行。10 月 31 日闭幕。
	6 月 25 日	由渤海石油交易所和上海石油交易所共同授权的中泉长宁营业部开业，是国内首次在全国范围内向个人投资者开放现货连续交易产品，也是首次在全国范围内开设网点式营业部。

（续表）

时 期	年 代	大 事
中华人民共和国	7月8日	新华社联手芝加哥商业交易所集团指数服务公司（道琼斯指数公司），在上海推出“新华—道琼斯国际金融中心发展指数”(简称 IFCD INDEX)。
	8月9日	上海国际港务集团副总裁包起帆领衔制定的《集装箱 RFID 货运标签系统》正式成为国际标准化组织（ISO）认可的国际公共规范，是交通运输和物联网领域首项由中国提出并负责制定的国际公共规范。
	11月7—12日	国际博物馆协会第二十二届大会在上海举行。该会议第一次由中国承办。
	11月9日	人力资源社会保障部与上海市共建的中国上海人力资源服务产业园区在上海市闸北区揭牌运营。这是中国人力资源服务产业第一个国家级集聚区，入驻园区的各类人力资源服务企业达到 47 家。
	11月23日	上海市政府与国际展览局在巴黎签署世博会博物馆合作备忘录。在上海世博园区内设立长期性的世博会博物馆，全面展示中国 2010 年上海世博会盛况、1851 年以来世博会历史和 2010 年以后各届世博会情况，并作为国际展览局官方博物馆和国际展览局官方文献中心。
	2011 年	
	6月8日	世界最大的河口江心水库——青草沙水源地全面建成通水。
	9月3日	2010 国民体质监测公报在北京公布，上海市居全国体质综合指数之首。
	2012 年	
	10月15日	第一所中美合作举办的国际化大学——上海纽约大学在陆家嘴成立。
	11月12日	上海徐家汇观象台成立 140 周年。世界气象组织（WMO）授予徐家汇观象台国际“世纪气候站”证书，表彰其连续 140 年收集的长时间序列气候资料，对世界气象组织全球系统和计划的突出贡献。上海徐家汇观象台成为中国唯一的“世纪气候站”。

（续表）

时期	年代	大事
中华人民共和国	**2013年**	
	3月31日	国家卫生计生委确认上海出现全球首次发现的新型人感染H7N9禽流感病毒。
	4月2日—5月10日	上海启动流感流行应急预案Ⅲ级响应。2日，市联防联控机制及所属工作组和综合协调办公室正式运作，全市各相关部门和地区全面启动疫情防控工作。5月10日，市政府终止流感流行应急预案Ⅲ级响应，人感染H7N9禽流感疫情防控转入常态化管理。疫情发生期间，上海发现人感染H7N9禽流感确诊病例34例，其中死亡18例，治愈出院16例。
	8月22日	国务院正式批准设立中国（上海）自由贸易试验区。试验区范围涵盖上海市外高桥保税区、外高桥保税物流园区、洋山保税港区和上海浦东机场综合保税区4个海关特殊监管区域，总面积28.78平方公里。
	9月21日	新概念高效能计算机体系结构及系统研究开发项目通过国家“863计划”项目验收专家组验收，世界首台拟态计算机在上海问世。
	9月21—24日	世界胃肠病大会在上海世博会议中心召开。该大会成立55年来首次在中国举办。
	12月10日	中国城市竞争力研究会在香港发布第十二届中国城市竞争力排行榜，上海城市综合竞争力首次超越香港位列第一。
	2014年	
	3月22日	国家教育督导检查组在沪宣布，上海市义务教育均衡发展达到国家规定标准，建议国务院教育督导委员会认定上海整体通过国家义务教育均衡发展督导评估。上海在全国率先实现义务教育均衡。
	3月28日	国内首家社会资本投资的国际化综合医院——上海国际医学中心投入试运营。采取预约制，有近百名知名专家设门诊。
	5月21日	亚洲相互协作与信任措施会议第四次峰会在上海世博中心举行。
	同日	中俄两国政府在上海签署《中俄东线天然气合作项目备忘录》、中国石油天然气集团公司和俄罗斯天然气工业股份公司《中俄东线供气购销合同》。
	6月17日	第二十八届亚洲货运及供应链大奖（AFSCA）在上海揭晓，上海浦东国际机场首次被选为全球最佳货运机场。

（续表）

时期	年代	大事
	8月21日	首家国字号民营投资企业——中国民生投资股份有限公司在上海揭牌，注册资本500亿元。
	9月9日	联合国认定的“世界城市日”标志图案在上海揭晓。上海作为首个“世界城市日”的全球主会场，同时在轨道交通人民广场站启动倒计时并开通官方网站（www.world-cities-day.org）。
	11月6日	“2014新华–道琼斯国际金融中心发展指数”报告在中国金融信息中心发布，上海首次进入全球排名前十位，与香港并列全球金融中心城市第五位。
中	11月27日	上海北伽导航科技有限公司发布“航芯一号”，中国首颗40纳米SoC芯片在上海问世，北斗导航产业大规模应用的最大瓶颈突破。
华	12月31日 23时35分许	黄浦区外滩陈毅广场发生群众拥挤踩踏事件，致36人死亡、49人受伤。
人	**2015年**	
民	2月9日	首个股票期权产品“上证50ETF期权”合约上市交易，中国境内资本市场迈入期权时代，上海证券交易所成为境内首家产品线横跨现货及衍生品的交易所。
共	3月30日	北斗全球组网首颗卫星由“长征三号丙”运载火箭在西昌卫星发射中心发射升空，31日进入预定轨道。卫星由上海微小卫星工程中心研制，实现多个国内首创。
和	4月15日	第十五届劳伦斯世界体育奖在上海颁奖，也是劳伦斯世界体育奖首次在中国举办颁奖典礼。
国	4月27日	中国（上海）自由贸易试验区扩展区域揭牌，陆家嘴金融片区、金桥开发片区、张江高科技片区纳入上海自贸试验区，自贸试验区管委会与浦东新区人民政府合署办公。上海自贸试验区从最初的28.78平方公里海关特殊监管区扩至120.72平方公里。
	6月27日	上海最后一户人工煤气用户——嘉定区安亭镇墨玉路540号延峰伟世通汽车饰件系统有限公司接入天然气。至此，上海告别使用150年的人工煤气，实现城市燃气全天然气化。
	7月21日	第一个总部设在上海的国际金融组织——金砖国家新开发银行开业。

（续表）

时期	年代	大事
中华人民共和国	11月2日	中国首架拥有自主知识产权的商用干线飞机C919在中国商飞浦东制造基地总装下线。
	2016年	
	2月2日	上海首个国家级湿地公园——崇明西沙国家湿地公园揭牌。
	2月26—27日	二十国集团（G20）财长和央行行长会议在上海召开。会议讨论全球经济形势、增长框架、投资和基础设施、国际金融架构、金融部门改革、国际税收合作、反恐融资、绿色金融及气候资金等议题，并发表联合公报。
	3月4日	上海启动“外资促进十大计划”，即：亚太营运商计划、外资研发中心升级计划、境外招商引资计划、“工业4.0”引资计划、营商环境推广计划、国家级经开区创新发展计划、“一带一路”伙伴关系计划、国际组织引进计划、外企服务提升计划、投资促进人才培训计划。
	3月4—6日	首届国际滑冰联盟“上海超级杯”短道速滑及花样滑冰队列滑大奖赛在东方体育中心举行。
	4月19日	上海黄金交易所发布全球首个以人民币计价的黄金基准价格——“上海金”定价。
	5月13日	上海振华重工（集团）股份有限公司自主建造的12000吨单臂起重船在上海长兴岛基地交付上海打捞局，并命名为“振华30号”。该船以单臂架12000吨吊重能力和7000吨360度全回转吊重能力位居世界第一。
	6月6日	中远海运能源运输股份有限公司在上海成立，全球最大油轮船队诞生。
	6月7日	国内第一个“国家智能网联汽车（上海）试点示范区”封闭测试区在上海嘉定国际汽车城启动，标志中国版“安娜堡模式”正式开启。
	12月15日	上海崇明区东部长江口一块14.4平方公里的海域被农业部定为“国家级海洋牧场示范区”，是上海市唯一国家级海洋牧场示范区，也是全国42个国家级示范区中唯一以修复大江大河入海口生态环境为首要目标的海洋牧场。
	2017年	
	6月6日	2017年中国国际技能大赛开幕式在上海东方体育中心举行。该赛是中国首次组织的大规模国际性技能赛事，分设上海、苏州两个赛区，7—9日比赛，35个国家或地区的227名选手参赛。

（续表）

时　期	年　代	大　　事
	9月1日	上海乒乓球男队以3∶0战胜四川队，时隔52年后再次获全国运动会乒乓球男子团体冠军。
	9月29日	世界首条量子保密通信干线——“京沪干线”正式开通。结合“京沪干线”与“墨子号”量子卫星的天地链路，中国科学家实现首次洲际量子保密通信。
	10月15—18日	第四十四届世界技能大赛在阿联酋阿布扎比举行。上海6名选手代表国家参加6个比赛项目，杨山巍、潘沈涵分别获车身修理、花艺项目金牌，实现上海选手参加世界技能大赛金牌零的突破。
中华人民共和国	10月24日	上海超强超短激光实验装置（SULF）实现10帕瓦激光放大输出，是已知的最高激光脉冲峰值功率，达到国际同类研究领先水平。
	11月4日	联合国教科文组织（UNESCO）第三十九届全体大会通过决议，在上海设立联合国教科文组织教师教育中心。该中心是落户上海的首家联合国二类机构。
	12月4日	中央国债登记结算有限责任公司宣布设立上海总部，并将人民币债券跨境发行中心、人民币债券跨境结算中心、中债担保品业务中心、中债金融估值中心和上海数据中心五大功能平台迁入上海。
	12月5日	第二十九届国际电力大会授予上海外高桥第三发电有限责任公司全球清洁煤领导者奖中的最高效率奖和最低氮氧化物排放奖，是该奖项设立以来第一次颁给中国企业。
	2018年	
	3月31日	首个引入中国的国际级体育类专业博物馆和国际体育组织所属博物馆——国际乒联博物馆和中国乒乓球博物馆在上海开馆。
	4月27日	国家重大科技基础设施项目——硬X射线自由电子激光装置在上海张江综合性国家科学中心开工建设。项目总投资近100亿元，计划于2025年竣工并投入使用。
	5月28日	上海仪电控股（集团）公司自主研制的全球首台单机十兆瓦双向储能逆变器在第十二届国际太阳能光伏与智慧能源（上海）展展出，标志上海在储能技术与关键设备方面达到国际领先水平。
	7月3日	两大国家级制造创新中心——国家集成电路创新中心、国家智能传感器创新中心在上海张江揭牌。

（续表）

时期	年代	大事
中华人民共和国	7月10日	特拉斯（上海）有限公司成立，特斯拉纯电动车项目签约，规划年产纯电动整车50万辆的特斯拉超级工厂落户上海临港地区。
	9月17—19日	2018年世界人工智能大会在上海徐汇西岸召开。会上，上海继上年11月发布《关于本市推动新一代人工智能发展的实施意见》后，再发布《关于加快推进上海人工智能高质量发展的实施办法》。
	9月23日	复兴号列车G99次和G100次分别在上海虹桥站和香港西九龙站首发对开，标志沪港两地跨入高铁直通时代。
	11月5—10日	首届中国国际进口博览会在国家会展中心（上海）举行。5日，多个国家或地区的领导人、国际组织负责人、各国政府代表以及中外企业家代表等1500余人出席开幕式。国家主席习近平出席开幕式并发表题为《共建创新包容的开放型世界经济》的主旨演讲。
	11月7日	上海上港队主场以2∶1比分战胜北京人和队，提前一轮获2018年中国足球超级联赛冠军。这是上海足球历史上第一个中超联赛冠军。
	2019年	
	1月22日	中国最高人民法院举办的世界执行大会在上海召开，是中国首次就强制执行举办国际会议。
	3月30日	全球首个行政区域5G网络在上海虹口建成并开始试用，上海成为全国首个中国移动5G试用城市。
	5月30日	江南造船公司为中国海洋大学建造的新型深远海大型综合科学考察实习船“东方红3”号在上海启航。该船是全球最高标准科考船，国内首艘、国际上第四艘获挪威DNV-GL船级社静音科考级（SILENT-R）认证证书的海洋综合科考船。
	9月10日	全球首个综合性5G应用展示及联创平台——“5G全球创新港”在上海北外滩滨江开港，虹口“上海5G综合应用先导示范区”同时揭牌。
	10月29日—11月1日	第二届世界顶尖科学家论坛在中国（上海）自由贸易区临港新片区举行，世界顶尖科学家协会上海中心揭牌。
	2020年	
	1月21日	首次上海市疫情防控新闻发布会召开。22日，上海市新型冠状病毒感染肺炎疫情防控工作领导小组成立，市长应勇任组长。同日上海市疫情联防联控工作机制启动。26日起，上海市疫情防控新闻发布会每日举行。

（续表）

时 期	年 代	大 事
中华人民共和国	1月23日	上海首位接国家卫生健康委指令的专家（复旦大学附属中山医院重症医学科副主任钟鸣）赴湖北武汉支援防控新冠病毒肺炎。25日凌晨1时25分，上海医疗队首批驰援防控新冠病毒感染肺炎第一线的医务人员136人抵达武汉。至2月21日，上海先后派出9批1649名医务人员支援湖北省。至4月10日，最后一批援鄂医疗队员返沪，上海1649名援鄂医疗队员全部平安返沪，并实现“零感染”。
	1月24日	上海启动重大突发公共卫生事件一级响应机制，遏制新冠病毒感染肺炎疫情蔓延。
	2月17日	“随申办”App、“随申办”微信及支付宝小程序同步推出“随申码·健康”服务。24日，全市各级政务大厅启用“随申码”服务。28日，市新冠病毒感染肺炎疫情防控工作领导小组办公室发出《关于推广使用“随申码·健康”的通知》。3月2日起，“随申办”支持境外人士注册“获码”功能，“随申码”基本实现人群全覆盖。
	3月2日	《上海市2019冠状病毒病综合救治专家共识》发布，被誉为“上海方案”。
	3月6日	即日起，上海实施入境重点旅客“闭环”管理。28日零时起，所有入境来沪人员实施14天的集中隔离健康观察。
	3月24日	零时起，上海市重大突发公共卫生事件应急响应级别由一级响应调整为二级响应。全市自3月3日起无新增本地确诊病例。5月9日零时起，上海市重大突发公共卫生事件应急响应级别由二级响应调整为三级响应。
	5月2日	0点，上海本地新冠病毒感染肺炎确诊患者实现“清零”。共339确诊病例，其中治愈出院331例、死亡7例、1例治愈患者因基础疾病转至专科病房治疗。
	5月12日	洋山特殊综合保税区（一期）通过国务院联合验收组验收，成为中国151个海关特殊监管区域中唯一的特殊综合保税区。16日，洋山特殊综合保税区正式揭牌。洋山特殊综合保税区由国务院于1月批复同意设立。
	8月1日	2020ChinaJoy全球电竞大会在沪举办行，大会发布《电竞赛事通用授权规范》《电子竞技直转播管理规范》。同日，中国游戏产业研究院揭牌成立。
	9月25日	第二十八期全球金融中心指数报告（GFCI）排名公布，上海首次进入全球前三，位居纽约、伦敦之后。

（续表）

时期	年代	大事
中华人民共和国	11月18日	2020全球智慧城市大会（Smart City Expo World Congress，简称SCEWC）发布世界智慧城市大奖获奖名单。全球350个城市中，上海获最高奖项——世界智慧城市大奖，是中国城市首次获该奖项。
	12月16日	世界知识产权组织发布《2020年全球创新指数》中文版。上海排名第九，首次进入全球科技集群前十名。
	12月19日	转化医学首个国家重大基础设施在上海交通大学医学院附属瑞金医院落成。是继上海光源大设施及上海蛋白质中心后第三家落户上海的国家级大设施，也是中国在生物医疗领域的第一家国家级大设施。
	2021年	
	2月23—25日	2021世界移动通信大会（MWC）上海站展会在新国际博览中心举办，系MWC全球系列历史上第一次在中国首发。
	3月31日	上海天数智芯半导体公司正式发布高性能云端7纳米芯片BI及产品卡。国内首款全自研、真正基于通用GPU架构的GPGPU云端高端训练芯片在上海问世。
	同日	中国中铁装备自主研制的世界最小直径（7.95米）常压刀盘盾构机“畅通号”在上海下线。
	5月21日—7月3日	第十届中国花卉博览会在上海崇明举行。国内外2600多万人次线上线下观展。
	6月10日	国内首个“实时、动态、鲜活”的超大城市运行数字体征系统——上海城市运行数字体征1.0版正式上线。
	7月12—18日	第十四届国际数学教育大会（ICME-14）在上海召开，也是国际数学教育大会发起以来首次在中国举办。
	10月29日	首列“上海”号中欧班列“进博专列”抵达上海。该趟专列装载第四届进博会参展展品，抵达上海全程历时23天。“进博专列”抵沪，标志“上海”号中欧班列成功实现双向运行。首列“上海”号中欧班列于9月28日始发，从上海开行，驶向德国汉堡。
	10月30日—11月1日	以“应对气候变化建设韧性城市”为主题的2021年世界城市日中国主场活动暨首届城市可持续发展全球大会在上海举行。会上首次发布“上海指数”综合指标体系框架。

（续表）

时期	年代	大事
	2022年	
中华人民共和国	3月27日	市新冠肺炎疫情防控工作领导小组办公室发布通告：3月28日5时起，上海市以黄浦江为界分区分批实施核酸筛查。第一批，浦东、浦南及毗邻区域（包括浦东新区全区，奉贤区全区，金山区全区，崇明区全区，闵行区浦锦街道、浦江镇，松江区新浜镇、石湖荡镇、泖港镇、叶榭镇）先行实施封控，开展核酸筛查，4月1日5时解封。同时，浦西地区重点区域继续实施封控管理。第二批，4月1日3时起，按照压茬推进的原则，对浦西地区实施封控，开展核酸筛查，4月5日3时解封。由于疫情形势严峻复杂，封控延至5月底，上海实施全域静态管理模式历时两月余。
	6月17日	中国第三艘航空母舰下水命名仪式在中国船舶集团有限公司江南造船厂举行。中国第三艘航空母舰命名为“中国人民解放军海军福建舰”，舷号为“18”。
	6月22日	中国首艘、全球最大24000标准箱超大型集装箱船在沪东中华造船（集团）有限公司签字交付。
	11月22日	上海天文馆（上海科技馆分馆）获第二十九届西娅奖“杰出成就奖”，成为全球13个获奖项目之一，也是中国首个获奖博物馆和科技馆。

编后记

中国史志传统，历来以资料丰富翔实见长。孔子笔削《春秋》，微言大义，后有《左传》对其编年史事作详细阐述。自《史记》以降的二十四史，开创并不断发扬纪传体正史体例，对每个时代矫矫不群、贡献卓异者，天赋异禀、专擅一艺者，品行端方、引领风尚者，贪求私利、倒行逆施者，以及经济兴衰、文化之演进、社会之隆替，无不记述。两宋地方志定型后，地方志编纂成为新的传统，凡一域之地、事、人、物荟萃于一志。二十四史总篇幅3296卷、约3700万字，现存新中国成立前编纂的旧方志约8500种、11万余卷，占中国现存古籍10%左右。可以说，国家层面的“史”，与地方层面的“志”，共同构建了中华民族五千年文明史的主体记忆。

新中国成立后，党和国家领导人十分重视地方志工作。20世纪80年代至2020年，全国先后完成两轮大规模地方志书编纂任务。截至2022年，全国编纂新方志44874部，卷帙浩繁，规模宏大。其间，上海先后完成两轮修志任务：首轮规划内“一纲三目体系”（即“一纲”为《上海通志》46卷，“三目”为《上海市县志系列丛刊》10部，《上海市区志系列丛刊》12部，《上海市专志系列丛刊》112部），计约1.86亿字；二轮规划内完成《上海市志（1978—2010）》140部、上海市级专志54部、上海区县志24部，3个系列，计218部志书，约3.21亿字。上海市两轮修志成果，总量逾5亿字，极大地夯实了上海基础地情资料库。

司马迁在《史记》中，就修史旨归提出“究天人之际，通古今之变，成一家之言”。上海现存的旧志、两轮志书成果，总体上达成了史料翔实的史志传统，但对于社会各界概览性迅速了解上海前世今生的嬗变转身，殊为不便。基于此，有了编纂《极简上海志》的动议，融上海有史以来至2022年数千年历史于一体、新旧方志于一册，设总述、大事年表和16个专题、70万字左右篇幅，以极简之体例、极简之内容、极简之文字，为读者提供一个探索性的志书普及文本。

本志由上海市地方志办公室主持编纂，市志工作处具体负责撰稿。总述由黄晓明、杨军益撰稿，大事年表由黄晓明撰稿，政区、政事、经济由杨军益撰稿，法治、军事、交往由李洪珍撰稿，工业、口岸由刘雪芹撰稿，商贸、金融、城建由翟辉撰稿，农业、交通由张玉叶撰稿，科教、文化、民生由余璐撰稿。全志由黄晓明、杨军益统稿，王玉梅、姜复生审定。在本志征求意见过程中，郑辛逸、施伟东、张晓虹、沈开艳、鲍淡如、胡国强、任善根、袁钢、肖立伟、汤啸天、茅伯科、陈一川、卞关涛、陈宇先、胡洪瑞、张瑞山、秦宏峰等上海市政府有关部门、部委办局、高校、科研院所的相关领导及行业专家学者认真审读志稿，为提高本志质量提供了坚实的专业保障。

尤其要感谢市地方志办公室原党组书记、主任洪民荣，在策划设计阶段多次专门听取汇报，提出大量富有创见性的意见和建议。在撰稿阶段，还得到了相关部委办局的大力支持，特别是提供了2011—2022年的资料内容，补充了大量关键年份的重要数据。本办研究室唐长国主任和丁曦为本志资料链接制作了200多部志书的电子二维码。在出版阶段，上海人民出版社相关领导和责任编辑进行了认真细致的审稿和编校。在此，一并致以诚挚的谢意！

当然，以极简之志体来记述上海这样一座举世瞩目的社会主义现代化国际大都市的伟大历史，本身就是一项极具挑战性的难题，粗浅和疏误之处在所难免，恳望读者谅解、指正。

编者

2024年1月

图书在版编目(CIP)数据

极简上海志 / 上海市地方志办公室编. -- 上海 : 上海人民出版社, 2025. -- ISBN 978-7-208-19380-2

Ⅰ. K295.1

中国国家版本馆 CIP 数据核字第 2025K0B085 号

责任编辑 高笑红
封面设计 汪　昊

极简上海志
上海市地方志办公室 编

出　　版 上海人民出版社
(201101　上海市闵行区号景路 159 弄 C 座)
发　　行 上海人民出版社发行中心
印　　刷 苏州工业园区美柯乐制版印务有限责任公司
开　　本 787×1092　1/16
印　　张 38.25
插　　页 7
字　　数 722,000
版　　次 2025 年 4 月第 1 版
印　　次 2025 年 4 月第 1 次印刷
ISBN 978-7-208-19380-2/K·3462
定　　价 150.00 元